国家出版基金项目
NATIONAL PUBLICATION FOUNDATION

国家社科基金重点项目
（14AZD120）结项成果

有礼如仪

人生礼仪传统的当代重建与传承

萧放　等／著

江西教育出版社
JIANGXI EDUCATION PUBLISHING HOUSE
·南昌·

赣版权登字-02-2023-142

图书在版编目（CIP）数据

有礼如仪：人生礼仪传统的当代重建与传承 / 萧放等著．-- 南昌：江西教育出版社，2023.6
ISBN 978-7-5705-3501-9

Ⅰ．①有… Ⅱ．①萧… Ⅲ．①礼仪－研究－中国
Ⅳ．①K892.26

中国国家版本馆CIP数据核字（2023）第002169号

有礼如仪：人生礼仪传统的当代重建与传承
YOULI-RUYI: RENSHENG LIYI CHUANTONG DE DANGDAI CHONGJIAN YU CHUANCHENG
萧　放　等 / 著

江西教育出版社出版
（南昌市学府大道 299 号　邮编：330038）

各地新华书店经销
江西赣版印务有限公司印刷
635 毫米 ×960 毫米　16 开　35.75 印张　460 千字
2023 年 6 月第 1 版　2023 年 6 月第 1 次印刷

ISBN 978-7-5705-3501-9
定价：108.00 元

赣教版图书如有印装质量问题，请向我社调换　电话：0791-86710427
总编室电话：0791-86705643　编辑部电话：0791-86705903
投稿邮箱：JXJYCBS@163.com　网址：http://www.jxeph.com

前言

近年来，传统礼仪研究方兴未艾，引起了社会学、人类学、哲学、历史学等诸多学科领域的共同关注。一方面，礼学研究越来越成为一个焦点领域，学者们重新梳理礼学传统，尝试理解传统中国思想的实质和礼乐文明的真正内核，审视礼乐文明在世界文明体系中的独特位置。另一方面，人类学、社会学、民俗学等领域，也通过对历史的再理解，对“礼”及相关本土概念的阐释，反思理论话语。新时期的传统礼仪研究，坚持跨学科研究的取向，在中西文明比较的视野之下来认识礼乐文明，强调将“礼仪”置于中华文明演变的语境之中，探讨“礼仪”的生成机制、文化逻辑与独特性，并思考传统礼仪所蕴含的理论价值及其对于当代中国的重要意义，以期从中找到应对现代性问题的资源。

中国现代民俗学自兴起之时便关注传统礼仪。基于学术传统与问题意识，民俗学的传统礼仪研究尤为关注礼俗互动，在田野调查和史籍考辨的基础上，探讨传统礼仪与民间社会、日常生活之间的复杂关系。这也是当下传统礼仪研究不可或缺的视角。唯有深入观察传统礼仪在当下的传承与实践，才能更清晰地思考传统礼仪对于当代中国社会的重要意义，找到延续传统的可能路径。

人生礼仪是人的生命历程中所经历的通过仪式，在中国社会具有久远的历史传统与丰富的表现。冠婚丧祭等彰显人伦的人生礼仪是传统礼仪的重要组成部分，也是最具有生命力的部分。近年来，我们的研究团队，重新理解“礼”“俗”等本土概念，在此基础上对人生礼仪传统形态与当代传承情况进行了较深入的研究，并尝试以此探讨传统礼仪对于民俗学理论话语建构的价值及其对于当代中国社会文化的重要意义，借以思考传统礼仪重建的可能性与路径。

一、传统礼仪研究的回顾

在中国传统社会中，关于礼的制订与讨论有着久远的历史，形成了以礼为中心的学术体系与学术传统，亦即礼学。传统礼学是专门之学和征实之学，形成了基本的文献传统与研习方法，素称难治。大体而言，传统礼学呈现两种面向：一是自身浸润其间的“为我之学”，注重自身的修习、理论的探讨，考辨典章、名物、仪节，究明义理；另一面向则是“化民成俗”之学，注重仪制的撰作与研究。秦汉以降，几乎每一个朝代都要制定本朝的礼仪制度，有的还形成礼典，著名如《大唐开元礼》《政和五礼新仪》《明集礼》《清通礼》等。在官修礼书之外，历史上还出现了大量由私人编撰的有关冠婚丧祭仪制和日用伦常的家礼、乡礼类著作，诸如宋代司马光《书仪》、朱熹《家礼》，明代黄佐《泰泉乡礼》，等等。无论官修还是私撰，编订这些礼书的主观意图往往十分明确，都是想借此确立规范的仪制，指导现实生活中的礼仪活动。在漫长的古代中国，传统礼学的两种面向相辅相成，绵延不辍，影响至深。

自 1905 年清廷废科举以来，传统礼学经历了复杂的变化，传统礼仪研究处于古今中西不同研究范式和话语体系的相互激荡之间。此前在“中体西用”口号下，通过癸卯学制改革，包括礼学在内的传统经学作为“旧学”被保留。1912年民国肇立，经学在新的学制改革中被废除，传统经书也因此被划入新的知识体系，分别成为文史哲等学科的历史文献，对礼的研究也开始从传统经学的治学方式向历史学、人类学、社会学等转变。早年梁启超提倡“不把他当作经学，而把他当作史学”，即利用传统礼学所积累的丰富文献，结合出土文献、风俗资料等新材料，进行中国文化史、制度史、社会史、风俗史的研究。王国维、顾颉刚、杨宽等人及其同时与后学者，以此种范式，探求古礼古制，辨析礼的起源、实质，呈现古代社会礼制、礼俗风貌，为后世研究树立了典范。

处在旧学转入新学过程中的学者，其身心承受着文化转变的阵痛，一方面在西方现代学术思想和体系影响之下突破中国传统学问方式，另一方面在学术研究中始终贯穿着寻求中华文明出路的现实关怀。在新文化运动的影响之下，传统礼仪被视为旧社会、旧道德的象征受到猛烈批判，如吴虞等人对“礼教吃人”的申述。然而，在这一论述占主导的社会文化语境中，仍有许多学者采取了较为审慎的态度，从文化/文明的角度理解中国传统礼仪，将礼界定为中国传统社会和文化的重要特征，将礼视作理解中国传统社会的重要概念，将礼和礼教区分开，将对当时体制的批判与对礼乐文明的特征和价值的阐扬区分开。梁启超“中国重礼治与西方重法治相对”，被认为“深得文化分别之大旨所在”。钱穆景仰传统智慧，致力于以传统为基础寻求符合中国历史的中国出路，提出“要了解中国文化必须站得更高来看到中国之心。中国的核心思想就是‘礼’”。李安宅以社会人类学的方法研究传统礼仪，将礼作为一种文化/文明的观念。费孝通在《乡土中国》中以“礼治秩序”界说传统中国基层社会的特征之一，认为礼是社会公认合式的行为规范，乡土社会是礼治的社会，礼治在维持传统乡村社会秩序方面具有重要作用。

伴随着各种变革，传统文化不断受到批判，传统礼仪也不断发生变革，人们在断然抛弃旧礼仪时却一直没有建立起符合新时代的礼仪。与此同时，对传统礼仪的研究也日趋式微、归于沉寂。近三十年来，礼仪研究逐渐复兴，接续了近代以来的诸多研究范式并有渐趋丰富之势。一方面，从现代学科的角度深化传统礼学研究，或对礼的起源、发展历程、思想内涵等进行考证分析，或主要从文化史的角度梳理礼仪制度、呈现礼仪形态，或着力于传统礼学思想的整理与考辨。这一方面的研究蔚为大观，此不赘述。另一方面，一些人类学、社会学学者则重新解读费孝通、李安宅、钱穆等学者的观点，以"礼仪"这一概念重新审视中国传统社会和当代民间社会，剖析中国传统礼仪的特征、构成、运行机制，并试图以此突破西方学术范式在研究中国问题时所产生的局限。同时，礼仪传统对于当代中国社会的意义这一议题也受到许多学者的关注。礼仪的现代价值和意义、传统礼仪与当代民众生活、礼仪文化传统的传承与重建等问题是其中焦点。诸多学者意识到了传统礼仪文化与现代生活之间的重要关系，强调了重建礼仪传统的必要性和可能性。一些学者则进一步将此种重建付诸实践，探索在新的媒介和技术环境下重建礼仪传统的方式。

近代以来，不少西方学者对"礼"进行研究，认为"礼"定义了中国的文化身份，并探讨中国传统礼仪的意蕴和价值。如芬格莱特（Herbert Fingarette）对礼的作用有极精彩的发挥，在西方汉学界产生了巨大影响。在现代西方学术传统中，大部分社会学家和人类学家沿用英国人类学家拉德克里夫－布朗（A. Radcliffe-Brown）的观点，把礼翻译成 ritual，并按照 ritual 来研究。西方的另一些学者则从社会史、历史人类学的角度，关注到了中国传统社会或民间社会中的礼仪实践，如伊沛霞（Patricia Ebrey）对中国文化传统中家礼著述进行的社会史研究，华生（James L. Watson）和罗友枝（Evelyn S. Rawski）等人对晚清以来丧葬礼仪实践的考察，等等。

通过对国内外相关研究的简要梳理可见：首先，中国有着固有的深厚的礼学传统，形成了礼学文献系统和特定议题；其次，现代学科体制下的礼的研究，超越了传统经学单一的治学方式，在新的问题意识主导下，采用多学科、多视角，扩展了文献使用的范围和深度，既延续了传统礼学的议题，又拓展了新的研究领域；最后，学者们的研究大多有着强烈的基于历史与当下的现实关怀。

二、传统礼仪研究的民俗学路径

中国现代民俗学自兴起之时就关注传统礼仪。1924 年至 1926 年，周作人、江绍原在《语丝》上发表了关于“礼”的一系列讨论，可以视作民俗学关于传统礼仪研究的代表，体现了民俗学的现实关怀与理论视角。1924 年《语丝》创刊，在创刊号上周作人发表了《生活之艺术》一文，感叹中国的“本来的礼”的丧失，引发了他与江绍原之间关于“礼”的系列讨论。两人以制订民国“新礼”为名，江绍原戏荐周作人任“礼部总长”，自己出任“礼部次长”，先后共汇成九份“礼部文件”，直接促成了江绍原对“礼”的研究以及《发须爪》的写作。二人的讨论立足于中国的历史和现实，有着强烈的现实关怀，他们关注的问题是：当作为宇宙观、道德观总体呈现的“礼”沦落为一种没有生命力的刻板“礼教”时，如何重建维系人心的道德和恢复生活的艺术？同时，二人尤其是江绍原，以西方宗教学、人类学的理论范式研究“礼”。周作人将“礼”视为“生活的艺术”，江绍原认为“礼”是文化的复体。江绍原还触及了“官礼”与“俗礼”的问题，意识到“官礼”和“俗礼”是可以相互吸纳的，“俗礼”可以被“官礼”吸纳，“官礼”亦可以影响“俗礼”。关于礼仪的重建，江绍原则认为“无论怎样古的礼，若不用我们的科学智识、道德标准和艺术兴趣，好好的提炼一番改造一番，决不能合我们今人的用”。

周、江二人关于“礼”的讨论涉及了从民俗学视角出发研究传统礼仪的诸多议题。然而，长期以来“到民间去”“眼光向下”的民俗学更多地关注“礼”的另一面——“俗”，二人关于“礼”的讨论在中国现代民俗学后来的发展中并没有太多回响。近年来，渐有民俗学者重新思考传统礼仪对于理论话语以及日常生活的重要性。如彭牧对比“礼”与“仪式”这两个中西范畴的异同，反思西方宗教和仪式研究的局限。张士闪则梳理了礼俗互动传统及其所寓含的传统政治智慧和社会运作机制。已有讨论提示我们，要更好地理解民间社会、日常生活，需要突破以往的学术话语，回到思想史重新理解礼俗等本土概念，关注礼俗互动;同时，当下传统礼仪的研究也需要民俗学的视角，探讨礼仪如何传承实践，如何制度化、世俗化，如何成为关乎世道人心的文化基底。探索传统礼仪研究的民俗学路径是必要的，也是对前人的呼应。

基于相关研究的梳理，传统礼仪的民俗学研究应建立在对以下问题的认知和理解之上：

（一）礼的多重面相与丰富意涵

礼的传统并非一成不变。在漫长的历史过程中，礼的观念不断丰富、充实，随时而动，不断生成。在不同的历史时期，礼的内容、价值、意义、功能等诸多层面也都发生着变化。礼在中国传统社会和思想史中有着多重面相。就目前的考古发现和研究成果来看，具体的礼仪可上溯至初民社会的风俗习惯；从礼制的整体来看，周礼的主要来源是前代的祭祀文化与生活习俗。与前代相较，周代文化发生了人文的转向，由商代的祀神尚鬼，转而关注人间秩序和日常生活。集大成之周代礼乐，超出殷商祭祀文化的范围，成为体现道德理念的制度形态，不仅是制度和各种具体的行为规范、各种人际关系的行为仪节，也是对社会生活的系统化和理性化的规定。这一政治制度和文化系统完美融合的礼乐文明，也成为后世不断回溯的文化政治理想，“周礼”

也因此成为后世礼仪观念最重要的来源。春秋战国时期，礼的观念不断丰富充实。至周衰，礼崩乐坏，孔子及其后学，对周文化加以保存、整理，并对礼进行全新的哲学诠释，发掘其内在价值，赋予礼以新的精神，使礼学成为具有积极价值的理论。经孔子及其后学的整理和理论建构，礼成为儒家思想的核心观念之一。直至汉代，儒家典籍被尊崇为经，礼制被重新确定为国家祭祀和官僚制度的原则，儒家思想成为占主导的意识形态，儒家礼仪也因此成为中国传统礼仪的核心，集政统、教化、道统于一身，拥有不言而喻的权威性。

“缘情制礼”是礼仪制定的基本原则，“礼之重要性，则在导达人之情感”。礼以人情为基础，又对人情加以节制，使人情以恰当适宜的方式表达，以达“文质彬彬”之“中庸”状态。《论语》:“齐之以礼。”郭象注:“礼者，体其情者也。”礼是情的载体，而情是礼的内在精神。礼须践履而行之，礼的内在意涵需要以时时刻刻的身体参与来呈现。《礼记·礼运》又称:“礼也者，义之实也。”孔疏:“礼者，体也，统之于心，行之合道。”礼又是一种通过内心对外部的衡量而把握适宜分寸的、敬而行之的实践。礼既支配思想又支配行动，思想行为是结合在一起的。所以钱穆在《国学概论》中说:“《论》《孟》言‘礼’，皆明礼意，著于行事，不在简策。”

古代中国，礼作为社会生活的总规范，影响、浸淫至制度、器物、行为、观念、心态等各个层面。礼是天道秩序，是国家典制，是社会生活规范，也是儒家君子的理想人格、个人的身心修为，礼被视作统贯个人、社会、国家、天地、宇宙的基本准则。中国古人“修身、齐家、治国、平天下”的人生社会理想，依凭的核心都是“礼”。礼既是关于成为什么样的人的规定，也是关于社会如何建构的理论。总之，礼包含礼义、礼仪、礼器、礼制等内容，涵盖观念、价值、行为、器物、制度等多个层面，存乎冠婚丧祭、进退揖让之间，既关乎个人修养，也指向家国建构，贯穿自然人情与天地之道，是道德、宗教、审美三种价值的统一。

西方学者以 Ritual Study 的方法理论研究中国的“礼”，在已有的理论设想中，受涂尔干的信仰与仪式二分的宗教研究范式的影响，往往将“礼”作为客观研究对象。他们感兴趣的是中国传统礼仪所表现出来的行为方式及其社会价值和社会影响，而忽视了中国的礼学传统和文献传统以及礼的情感属性等丰富意涵。与西方的 ritual 相较，中国的古代礼仪，在获得集大成发展的周代，就早已超出一般宗教礼仪的范围，表现出鲜明的人文特色。礼的意义远大于简单的仪式过程与仪节。辜鸿铭很早便对西方人对礼的误解而有所洞察，对于他人把中国文化传统中的礼翻译为 rite，他曾大为光火，认为应当译为 art，将礼视为一种生活的艺术，是情感和行为恰当适宜的呈现。另一些研究则往往只专注于礼的某一方面内容的梳理和探讨，如典章制度，而缺少对礼的整体性的把握。

回到中国古代思想史，对“礼”的丰富内涵和文化特性进行全面把握，应是进行礼仪研究的首要任务。无论是从礼仪的角度重新理解中国社会，还是思考传统礼仪与现代生活之间的关系，对漫长历史中的礼的多重面相和丰富意涵的整体性再理解都应是起点。

（二）礼俗传统与人生礼仪实践

古人对于礼的重视和殷殷致意并不止于著述，通过对礼的践行，最终生成一种与天道相符，并囊括个人、家庭、社会、天下的礼治秩序，才是真正旨归。在关于礼治秩序的思想论述和实践中，中国古代形成了独特的礼俗传统，礼俗关系是传统礼学的重要议题。一方面，“圣人因俗以制礼”，俗是礼的来源，礼是对俗的系统化的规定；另一方面，俗始终处于礼的观照之下，风俗被视作礼的秩序实现的重要一环。风俗论述以及对民众日常生活进行礼仪规范的教化是古代至为重要的政治实践。

《周易 · 序卦》云 :“有天地然后有万物，有万物然后有男女，有男女然后有夫妇，有夫妇然后有父子，有父子然后有君臣。”人伦秩序是天地秩序的体现，也是构建家国秩序的基础。人伦是礼治秩序生成的核心，所以孟子才说“圣人，人伦之至也”(《孟子 · 离娄上》)，荀子亦言“圣也者，尽伦者也”(《荀子 · 解蔽》)。儒家主张“道在日用伦常中”，并不崇尚对日常生活的超越，礼仪的制定乃“缘情制礼”，紧紧扣住人情，将哲学思考落实在日常生活中，对民俗加以提升与文饰。因此，礼乐文明以人伦为核心，重冠、婚、丧、祭、乡饮等彰显人伦的人生礼仪与社会交往之礼。《礼记 · 昏义》中说:“夫礼始于冠，本于昏，重于丧祭，尊于朝聘，和于乡射，此礼之大体也。”今本《仪礼》所记述的十五种礼仪，全部属于人生仪礼和社会交往的仪节。在儒家思想中，如果没有这些礼，社会就像是没有了骨节，就要散架，所谓“昏姻之礼废，则夫妇之道苦，而淫辟之罪多矣；乡饮酒之礼废，则长幼之序失，而争斗之狱繁矣”(《礼记 · 经解》)。

同时，儒家强调通过礼乐教化，使孝悌忠信等人伦道德的种子自然而然地产生。历代士人以道自任，一直都是以礼化俗的主动承担者。一方面，风俗批评、风俗记录在中国古代的学术传统中占有极其重要的地位，形成了丰富的风俗论述。礼学思想所呈现的理想社会秩序是许多风俗论述的出发点与旨归，“风俗”常被视作攸关社会秩序的关键词。冠婚丧祭等人生礼仪是最受关注的内容，民情民性、伦理品性是诸多风俗论述的核心。纠正当世之疵谬，指出向上一路，以辨风正俗，是许多风俗批评的共同特点。关于风俗的论述，其背后有一个隐而不显的儒家礼学思想的世界。另一方面，士人阶层积极参与到礼仪实践之中，移风易俗，制礼作乐，推行礼仪于基层社会。宋代以来士人以礼化俗的实践尤为瞩目，影响深远。面对五代浇漓、社会生活礼法废弛，宋代士人以重建世俗化的儒家生活文化和人伦秩序为旨归，重新制定冠婚丧祭之礼，推及基层社会。朱熹编订《家礼》以及其后兴盛的“家礼学”或“四礼学”,正是此种实践的代表。宋明以来,此种“一道德，同风俗”的实践频繁展开，士绅与皇权都致力于以礼化俗，使儒家的伦常观念与生活规范深入民间。

尤为值得注意的是，宋代以来，随着印刷出版的发展和文字的广泛应用，基层社会的识字范围扩大，文本与实践、礼与俗之间的关系更为错综复杂。在国家礼典、礼书与文人礼仪范本之外，更加切于日常礼仪实践的民间礼仪文献大量涌现并逐渐形成特定的文献传统。在基层社会中，具有一定知识水平和文化能力的独特群体，在沟通文本与实践、礼与俗的过程中，发挥着重要的作用。这样一种历史，在当今社会仍有微弱却不息的延续。尽管多学科视角的礼研究扩展了史料的范围，除礼经、礼典之外，文人笔记、史志、政书等都成为重要文献，并偶有涉及民间文献，然而学者们的研究仍然围绕着精英与经典，对民间礼仪文献缺乏系统的研究。

传统礼仪之所以能对中国社会产生持续、深远的影响，源于其对于日常生活与日常实践的关注，礼与俗、文本与实践之间也因此形成了复杂而生动的互动。正是沉淀于广大基层社会中的日常礼仪，赋予传统礼仪文化强大的生命力，礼因落实于生活日用而产生广泛影响。“礼失求诸野”也正是在这一层面上才得以成立。因而，在对传统礼仪文化的探究中,除了关注历代政府与学者对礼的相关讨论和规定外,更应当考察礼如何对一般日常生活产生影响,换言之,礼如何制度化、世俗化，影响生活至深，国家或精英制定的礼的蓝图如何成为日常生活和社会生活的根基。对于后者，现有研究明显不足。礼仪重建是否需要以及如何进行，也都需要基于对传统礼仪实践的考察。

基于上述梳理和思考，我们认为，从民俗学的视角研究传统礼仪应立足于思想史、制度史等，对礼进行全面把握，聚焦礼俗传统，关注礼俗互动。在风俗论述和以礼化俗的教化中，冠婚丧祭等人生礼仪是颇受重视的内容。在过渡仪礼的理论框架之下探讨仪式内涵、结构特点、深层意义等，是研究人生礼仪最为常见的视角，然而此种视角忽视了传统人生礼仪的礼制、礼学、思想史等方面的属性。我们以人生礼仪为考察对象，梳理冠婚丧祭诸礼仪的仪程与要素、历史与现实、文本与实践，立足于中国当代社会，考察中国传统人生礼仪文化的丰富内涵和文化特性，从仅仅围绕精英与经典的礼学研究，转为强调礼的制度化、世俗化的过程及其与日常生活的关系。同时，我们结合田野调查，对人生礼仪实践的现状进行梳理分析。通过对历史的再理解以及对社会现状的洞察，发掘传统人生礼仪的当代价值，对中国当代社会的礼仪重建进行系统性的理论思考，为礼仪重建的当代实践提供恰当合理的建议。

三、人生礼仪研究的基本内容及特色

人生礼仪是指人在一生中几个重要环节上所经过的具有一定仪式的行为过程。在中国文化传统中，人生礼仪并不是一成不变的民俗事象，也不仅仅是一种人生过渡礼仪，而是中国传统社会礼仪制度、儒家思想和民俗生活互动的产物，一方面联结着寻常百姓的人生追求和需要，一方面联结着受儒家文化支配的传统价值观念，千百年来始终发挥着规范人生和统一教化的作用。人生礼仪是传统礼仪文化内涵、价值以及运行机制的集中体现。

诞育礼、成人礼（或称成年礼）、婚礼、丧葬礼、祭祀礼仪是中国传统社会贯穿人生的五大礼仪，也是我们主要考察的传统人生礼仪类别。诞育礼仪是人生经历的第一道礼仪，它围绕着新生儿诞生、养育过程展开；成人礼是青少年进入成人社会的通过仪式，它是以青年人生理成熟为基础，结合社会人的角色期待设计的青年成长礼仪；婚礼为人伦之始，决定着一个家庭的基本结构和之后日子的走向；丧礼为教化之重，哀死送亡是中国传统社会礼敬生命的重要礼仪，关系着每个家庭的人情厚薄；祭礼是慎终追远的孝道的重要体现。根据人生礼仪的性质特性，我们的研究从如下三个角度展开：首先，对不同时代传统人生礼仪的形态、要素、内涵进行梳理；其次，考察传统人生礼仪的传承与变迁；最后，立足历史与现实，探讨人生礼仪重建的必要性与可能性。具体包括以下三部分内容：

一是人生礼仪传统形态及其要素的研究。这部分研究基于对各类儒家经籍、国家礼典、文人礼书、地方史志、民间日用类书等文献的整理，主要包括三个层面的内容：首先，分别探讨上述各类传统人生礼仪的文化内涵、知识传统；其次，深入剖析各个传统人生礼仪的仪式过程、器用、服饰、空间、角色等要素，呈现礼仪的丰富内容；最后，呈现各个人生礼仪传统构建与变迁的过程。

二是人生礼仪当代传承实践的考察。基于广泛的田野调查，考察各个人生礼仪传统在当代社会的传承与实践的复杂面相，探讨背后的文化逻辑与机制，揭示人生礼仪传统在当代民众日常生活中的实践、传承逻辑，及其在个人、群体、社会等层面所具有的价值和意义。

三是人生礼仪传统重建的思考。对人生礼仪传统重建的必要性和可能性进行理论探讨，结合文献梳理与田野考察并结合当代社会现实，以恰当的方式参与人生礼仪传统重建的具体实践。

具体来看，研究内容包括：

（一）人生礼仪研究的基本内容

专题一：诞育礼仪传统的当代重建与传承研究

以诞育礼仪为主题，以中国诞育礼仪为主要研究对象，包括了孕前祈子、孕期生育、庆贺生子、养育习俗等内容。具体如下：

传统诞育礼仪的传承和变迁研究。利用大量礼经、礼书、正史、日用类书、地方志、文人笔记、医学典籍、蒙书等文献资料对传统诞育礼仪的仪式过程、生育信仰等进行爬梳和整理，探讨传统诞育礼仪的结构要素、特征、功能作用及其蕴含的生育观念，兼及成人礼对诞育礼的接续性意义等，对诞育礼仪的历史变迁作总体把控。

当代诞育礼仪的基本形态研究。通过多地田野调查，搜集当前中国城乡社会中传承和变迁的诞育礼俗，建立当代中国诞育礼仪资料库，并对资料进行分类整理和系统分析，综合掌握正处于社会转型期的中国社会诞育礼俗的主要类型、特征、含义、变迁要素和变迁原因等，着力探讨其中蕴含的民俗生活传承逻辑，为当前诞育礼仪重建提供事实依据和理论根据。

诞育礼仪在当代社会重建的策略、途径与具体方案设计研究。在文献与田野调查的基础上，梳理当代社会诞育礼仪的仪式过程、器用、服饰、空间、角色、礼物等礼仪要素，探讨其传承与变异。在此基础上，以传统诞育礼仪内容为基础，结合当代社会现实，遵从民众日常生活逻辑，设计与人的生命周期以及现代社会生活相适应的具有实践性的诞育礼仪指导方案。

专题二：成人礼仪传统的当代重建与传承研究

该专题以中国成人礼仪为研究对象，重点研究如下内容：

成人礼的历史形态及其传统要素研究。以传统礼仪文献，如儒家经籍、国家法典、文人礼书、日用类书、地方史志等为依据，从地域、社会分层、性别等多种角度就不同时期的成人礼仪式过程、器用、服饰、空间、角色等礼仪要素进行细致梳理，在此基础上对成人礼的特征、功能和变迁原因进行综合分析，以清晰地展示成人礼历史变迁的完整过程，把握成人礼变迁的规律，总结传统成人礼的深层次含义，为在当代日常生活中重建成人礼传统提供细致充分的历史和文化依据。

当代成人礼的传承演变研究及其当代社会价值和意义研究。借鉴人类学、社会学、教育学等相关学科研究成果，结合田野调查资料，对当前成人礼的传承和变迁形态进行比较和综合分析，探讨成人礼在当代民众民俗生活中的实践和传承逻辑，及其之于个人、群体、社会、国家等不同层面的价值和意义，以此构建适合当代社会的成人礼模式。

成人礼在当代社会重建与传承的策略、方法与具体方案设计研究。通过田野调查，梳理当代成人礼的仪式过程、器用、服饰、空间、角色等礼仪要素，探讨其传承与变异。以传统成人礼内容为基础，结合当代社会现实，从民众日常生活入手，设计与人的生命周期以及现代社会生活相适应的具有实践性的成人礼指导方案。

专题三：婚姻礼仪传统的当代重建与传承研究

该专题以婚姻礼仪为研究对象，重点研究如下内容：

对传统婚姻礼仪的文化内涵、知识传统等进行整理分析。在礼俗文化的整体背景下，从观念、制度、行为、器物等多个层面对中国传统社会婚姻仪礼进行深描，呈现丰富的文化图像与生动的文化场景。本专题不仅关注传统礼学范畴内的礼学经典与礼学著述中与传统婚姻礼仪相关的内容，同时注重对历史长河中影响日常生活之文人礼仪范本、日用礼仪指南等庶民文献的整理与阐释。在对历史的再理解中，对民间婚姻礼仪的传承与实践这一前人未及深入的议题进行着重呈现和探讨。通过上述对历史文献的深入爬梳，以及基于现代学科意识的再理解，本专题将深化对中国传统社会婚姻礼仪的文化内涵和当代价值的认识。

对传统婚礼的当代存续状态，进行田野调查，选择城乡婚礼个案，进行现场考察访谈。以了解当代社会都市、城镇和乡村中婚姻礼仪的基本形态，以及传统婚姻礼仪的传承状况。

对重建传统婚姻礼仪的社会实践进行追踪调查，考察并评估其功效。此外，我们也参考我国台湾地区婚姻礼仪形态及马来西亚、新加坡等国外华人社会婚姻礼仪形态、传统婚姻礼仪传承与重建的调查研究，思考当代中国婚姻礼仪传承与重建的具体方案。

专题四：丧葬礼仪传统的当代重建与传承研究

该专题以丧葬礼仪为研究对象，重点研究如下内容：

通过梳理丧葬礼仪传统的形成过程以及基本礼仪要素，探讨丧葬礼仪传统的基本内涵。我们以《仪礼》为本源，借助各类儒家经籍、国家法典、文人礼书、日用类书、地方史志等文献，探讨丧葬礼仪形成、变化的过程及特点，并阐释其中的社会、文化原因，以清晰地展示礼仪传统构建的完整过程。在文献资料和田野调查资料的基础上，通过具体的仪式细节及其产生的社会、文化背景，进一步深入探讨丧葬礼仪传统的变迁，也为在当代日常生活中重建丧葬礼仪传统提供精致、充分的文化依据。

基于田野调查，对当代的丧葬礼仪形态进行理论梳理，发掘丧葬礼仪传统的当代社会价值和意义。探讨丧葬礼仪在当代民众日常生活中的实践、传承逻辑；从民俗学的视角进入生活世界的研究，通过田野调查探讨丧葬礼仪在个人、群体、社会三个层面上的价值和意义。

基于传统梳理和当代调查，探索丧葬礼仪传统在当代社会重建与传承的策略、方法与具体方案。通过田野调查，梳理当代丧葬礼仪的仪式过程、器用、服饰、空间、角色等礼仪要素，探讨其传承与变异。以传统丧葬礼仪内容为基础，结合当代社会现实，从民众日常生活入手，设计具体可行的、与人的生命周期以及现代社会生活相适应的丧葬礼仪指导方案。在现有的丧葬制度背景下，移风易俗，去粗取精，以“孝”为核心，构建既能有效宣泄情感，传达爱与尊重，又符合当代生活节奏的丧葬礼。

专题五：祭祀礼仪传统的当代重建与传承研究

本专题以祭祀礼仪为研究对象，重点研究如下内容：

祭祀礼仪的历史形态及其传统要素研究。以传统礼仪文献，如儒家经籍、国家礼典、文人礼书、日用类书、地方史志、家谱等为依据，从地域、社会分层等多种角度就不同时期祭祖礼仪的时间、地点、人物、器用、仪节等礼仪要素进行细致梳理，在此基础上对祭祀礼仪的特征、功能和变迁原因进行综合分析，以清晰地展示祭祀礼仪历史变迁的完整过程，把握祭祀礼仪变迁的规律，总结传统祭祀礼仪的深层次含义，为在当代日常生活中重建祭祀礼仪传统提供细致充分的历史和文化依据。

当代祭祀礼仪的传承演变及其当代社会价值和意义研究。借鉴人类学、社会学、教育学等相关学科研究成果，结合田野调查资料，对当前祭祀礼仪的传承和变迁形态进行比较和综合分析，探讨祭祀礼仪在当代民众民俗生活中的实践和传承逻辑，以及祭祀礼仪之于个人、家族、社会、国家等不同层面的价值和意义，以此构建适合当代社会的祭祀礼仪模式。

祭祀礼仪在当代社会重建与传承的策略、方法与具体方案设计研究。通过田野调查，梳理当代祭祀礼仪的仪式过程，包括时间、地点、人物、器用、仪节五大要素，探讨传承与变异。在充分把握传统祭礼特性的基础上，根据当代社会生活的实际情况，提出重建祭礼文化传统的合理建议和具有理论高度且具操作性的祭礼推广方案。

（二）人生礼仪研究的特色

我们的研究重视文献研究与田野调查的结合。首先，围绕人生礼仪传统，强调文献资料的系统性。在文献的整理和研究方面，综合运用考据、义理之学，并对少有人系统关注的民间礼仪文献加以收集整理。我们重视以下文献资料：一是儒家礼学经典；二是历代礼典律令；三是文人礼书；四是民间礼仪文献，包括日用类书、通俗礼书等；五是家谱文献。此外，地方史志、笔记杂纂等也是重要的资料来源。其次，我们赴北京、云南、江西、福建、山西、河南、河北、浙江、广东、广西等地开展调查，同时关注我国台湾、香港地区以及马来西亚华人社区的人生礼仪活动。在田野调查中，我们以团队方式进行，团队成员互相参照，深入互动，并不局限于某个调查点的某类人生礼仪的考察，而是关注人生礼仪的连续性和整体性。最后，适当采用数字媒体技术综合呈现资料，如建立数据库以分类呈现传统礼仪文献整理和研究成果。

数年来，我们在礼与俗、精英与民间、文献与生活、传统与现代的互动中对人生礼仪的文本形态与生活形态进行关联研究，力图全面地阐释人生礼仪传统及其在当代日常生活中的传承与重建实践，强调对人生礼仪实践轨迹的研究，探讨“过去”如何参与建构“现在”，即“过去”如何被“日常化”。基于前文所述问题意识、研究思路与方法，通过对人生礼仪传统及其当代实践的研究探索，我们形成以下基本认识：

第一，围绕着冠婚丧祭诸人生礼仪，中国古代形成了特定的文献传统。儒家经典、文人礼书、民间日用类书等共同构成了中国传统人生礼仪的书写传统，记载着人生礼仪的历代演变，传递着传统礼仪知识与价值观念。这一传统以《仪礼》为蓝本，旨在为礼仪实践提供文本指南，呈现出切于日用、礼俗交融的特点，共同构成了人生礼仪传统亦礼亦俗的庞杂丰富的面貌。

《仪礼》在后世的礼典制作、文人礼书撰作中，都具有典范的作用，提供了最为基本的礼仪结构和框架以及思想基础，也是儒家士人探讨、变革相关礼仪的起点和参照。历代文人都致力于将古礼与日用融合，以使礼仪行用于世。这些士人所参与的文本书写活动，使得礼与俗之间分野变小，界限变得模糊。书写文本与生活的互动，也成为传统礼仪实践的重要特点。尤其是宋代以来，随着皇权与士人阶层积极向下推行礼仪，礼仪与民俗有着更深的融合，儒家礼仪也更为深刻地影响着基层社会。朱熹《家礼》则是宋代以来的新礼仪经典，被视为化民成俗的范本和民间行礼的指南，元明时期其他家礼类礼书对冠婚丧祭诸礼的制定，大多遵循《家礼》的框架，同时融合时俗或地方传统。宋代以来，民间坊刻发展，大量刊印日用类书，辑录与冠婚丧祭诸礼相关的各种知识，包括仪节、律令条例，礼仪实践中所使用的各类文书格式、范本，仪式中的联语、诗文、赞词等，展示了较切于日常生活的传统礼仪知识系统。《家礼》也更加日用化，出现了许多以“家礼”名之、实则为日用类书的礼仪指南，这类指南深刻影响了基层社会的礼仪实践。需要指出的是，不同礼仪类别的情况会稍有差异，其中婚丧祭的书写传统较为完整丰富，而诞育礼、成年礼则较为寥落。

第二，礼仪实践与民间信仰、地方传统糅合在一起，共同建构了基层社会的礼俗秩序，有着高度的社会治理价值。在礼仪实践与礼俗互动中，礼生、道士等礼仪专家发挥了重要的文化中介的作用。

第三，以人生礼仪为主要内容的传统礼仪的当代实践呈现出复杂面相。非遗保护运动的发展、传统文化复兴的倡导、价值重建的文化自觉等，都对传统礼仪的当代实践有所影响。一方面，传统礼仪在日常生活中得到传承、复兴；另一方面，在复杂的多重语境下，媒体、商业、民众、地方文化人以及学者积极参与，对冠婚丧祭诸礼进行重构。在多重语境下，传统礼仪在当代的实践，是一个礼俗再造的过程。

第四，对于传统人生礼仪的重建，学者应持审慎的态度。一方面，传统礼仪和传统人伦的重建是化解当下家庭人伦焦虑的重要途径，重建有其合理性。人伦是中国古代礼乐文明的核心。人伦关系渗透在人类生活的每一个角落，中西方皆如此。礼仪和人伦具有超越民族的价值。礼制的打破、旧式婚姻制度的取消、平等自由理念的深植，都无法取消人伦在现代生活中的重要性。经过千百年的浸染，传统人伦已经内化为中国人的深层文化心理，关乎世道人心。因此，无论是从世界的角度，还是从历史的角度看，传统人伦和礼仪都具有当代价值，对于新礼仪、新道德的建构有着重要的意义。另一方面，中国的儒家伦理和礼治传统是一种农业文明，离不开乡土社会的漫长孕育。随着社会发展，古老的乡土文明会被新的生产方式和生活方式取代。我们需要明确的是，在现代社会，礼治、德治不再作为一种主要制度来约定人们的生活，传统礼仪和人伦应该注入私德领域和个人修养之中。礼仪的重建也应当在私德领域和个人修养层面进行，使其成为当下人们多元选择之一种。传统礼仪的重建必然是中国传统文化与现代文明接轨、在自由平等之上的家庭伦理秩序的重建。传统礼仪的重建也应当是在维护个体尊严和价值的前提下进行，摈弃不适合现代社会的内容，保留可彰显亲情和现代价值的内容，保存脉脉温情，并回答“什么是良好生活”。

学者在传统礼仪重建的实践中扮演的角色应是社会的中介和中立的旁观者。我们的团队除了研究之外，之所以还写作传统礼仪知识的普及读物、参与具体礼仪实践的指导、提供可资参考的礼仪实践指南等，正是基于上述思考。

四、人生礼仪研究的价值

我们基于历史的理解和现实的考察，系统性思考中国人生礼仪传统与当代礼仪重建，具有学术与社会的双重价值。

一方面，人生礼仪传统及其当代实践的研究，是对中国现代民俗学理论话语的反思，也是对民俗学实践转向的呼应。实践是近年来中国民俗学转型过程中最重要的关键词之一。关于民俗学的实践理论、转向及争论，已有详细梳理，此不赘述。目前学界关于“实践”这一概念的界定莫衷一是。我们认同“知行合一”的“实践”，认为实践民俗学“既是‘从实践出发的社会科学’，也秉持中国古代与近代的风俗研究立场”。我们对实践民俗学的讨论，需要回到中国本土的古老概念和学术传统中。在中国古代有着风俗批评和以礼化俗的礼俗实践传统。我们从民俗学视角出发的传统礼仪研究呈现了传统礼仪如何制度化、世俗化、日常化的实践轨迹，以及多主体参与的传统礼仪的当代实践面相。作为“自觉的行动者”，我们也以审慎的态度，在传统礼仪的当代实践中扮演社会中介与中立的旁观者的角色。

另一方面，人生礼仪传统及其当代实践的研究体现了应对文化危机与困境、重建公共生活秩序的现实关怀。礼乐文明是中国文化遗产最核心的部分。人生礼仪有着高度的社会价值，它是践之于身的行为规范，也是约之于心的道德规范。在社会转型的现代化进程中，随着西方价值观念与生活方式的蔓延以及传统文化的失势，人生礼仪逐渐单薄缺失，人的内心与自我、与他人、与社会相通的一套规则被破坏。尽管政府开始倡导礼仪教育，社会组织如企业等也对礼仪颇为关注，介绍实用礼仪知识的书籍也不断涌现，然而由于系统性的理论探讨的缺失，仍无法真正改变人生礼仪传统衰落的趋势。传统礼仪形态的失范，使得我们这个建基于礼仪的民族变得躁动不安，失去一贯的庄重，直观意义上的礼仪形态失范，实际上扰乱的是中华民族的精神根底，反映的是中国传统文化的危机与困境。通过依旧流淌在民族血液之中的文化因子，寻找解决当代社会问题的良方，通过日常礼仪的重建，修复人与人之间的纽带以及公共生活，建设一套适合现代生活需要的礼仪体系，成为非常迫切的问题。本研究是在中国当代社会的语境下，在更为丰富的历史视野中，对中国传统人生礼仪进行再理解，发掘其中可以激活的成分和内容，促进传统礼仪文化的自我调整和更新，真正对新的社会文明发生积极的影响。我们探究历史上以及当代社会中的人生礼仪实践，对于中国当代社会的礼仪重建和人心聚合有着重要意义。

本书通过对人生礼仪文献系统的清理与研究，强调对于礼经、礼典、文人礼书之外的民间礼仪文献的整理和使用，扩大了史料的范围，对中国礼仪传统进行历史的再理解，更加贴近历史的真实。重视田野调查，以深入细致的田野调查对当代中国社会人生礼仪实践进行观察和探讨，从实地获取人生礼仪存在的现状。从历史与现代结合的角度，关注人生礼仪传统的丰富性与独特性，强调对文本与实践、礼与俗的错综复杂的关系的剖析，以把握礼仪传统影响于日常生活和基层社会的机制，并以此作为当代人生礼仪重建的参照，突破了已有研究或偏于历史，或偏于现代的局限。本书通过对人生礼仪文献的系统整理以及对人生礼仪实践的综合研究，发掘了新材料、探究了新问题、建立了新视角，是关于礼仪文化传承与重建的系统性的理论思考与学术尝试。

目录

第一章　诞育礼仪传统的当代重建与传承研究

诞育礼仪是中国传统的生命礼俗之一，也是家庭内部关系延续与外部关系构建的重要契机。从社会发展的角度来看，诞育礼仪习俗充分地表明了人生礼仪传承与社会关系构建之间的密切关系，可以成为人口流动较为显著的地域中完成社会关系构建的重要方法之一，其所体现的邻里互助机制，也成为历史及现实社会中较为典型的社会交往形态之一，是“大传统”与“小传统”的历史性与空间性实现互动的重要印证。我们对诞育礼仪传统的观照主要包含三个方面：一、诞育礼仪传统形成的信仰背景；二、诞育礼仪传统的体系结构及其内涵；三、诞育礼仪传统的当代价值及其重建。

第一节　诞育礼仪传统形成的信仰背景

在人们还不懂得自然与生命规律的时代，有关生命的知识常常是以讲故事的方式表达并传播、传承下去。生命的起始、成长与逝去是人们对自身的关注，于是各种各样与创造生命有关的神和神的故事被一代一代讲述与传承，所有这些关于创造生命、保护生命的神的故事，正是诞育礼仪传统形成的信仰背景。

一、神话传说中的生育神

繁衍生息是人类的本能，也是社会群居生活的基础与条件。在对生殖知识较为陌生的神话时代，人们对于生育的认知多与信仰相关，因此子嗣绵延的期望往往被寄予到神的身上。

（一）伏羲与女娲

伏羲与女娲是我国神话传说中的上古创世大神。伏羲教民渔猎，女娲炼石补天，这些能力让两位大神也成为人类生命孕育的供奉对象，民间还有关于他们结为夫妻才使得遭遇灭亡的人类重生的信仰。

伏羲是中华民族的人文始祖。晋代王嘉《拾遗记》有云："春皇者，庖牺之别号。所都之国，有华胥之洲。神母游其上，有青虹绕神母，久而方灭，即觉有娠，历十二年而生庖牺。"[①] 上古时代，有位姑娘到"华胥之洲"游玩，被青虹绕身后怀孕，经过十二年才生下一个儿子，这个儿子便是伏羲。在古代祖先的想象中，伏羲长着蟒蛇的身体、鳄鱼的头、雄鹿的角、猛虎的眼、鲤鱼的鳞、蜥蜴的腿、苍鹰的爪、白鲨的尾巴、鲸的须，这是龙的形象。中华民族儿女是龙的传人便由此而来。作为人文始祖，伏羲模仿自然界中的蜘蛛结网而制成网，用于捕鱼打猎；创造了文字，取代了在绳子上打结的记事方法；发明陶埙、琴瑟等乐器，将音乐带入人们的生活；制定了人类的嫁娶制度，以鹿皮为聘礼，并以所养动物为姓，或以植物、居所、官职为姓，以防止乱婚和近亲结婚，中华姓氏自此起源，绵延至今。

女娲是中华民族的女性始祖神，据《淮南子·览冥训》记载："女娲炼五色石以补苍天，断鳌足以立四极，杀黑龙以济冀州，积芦灰以止淫水。"[②] 女娲人首蛇身，也是中华民族的人文先祖：她仿照自己的

---

① 〔晋〕王嘉：《拾遗记》，载王根林等校点《汉魏六朝笔记小说大观》，上海古籍出版社，1999，第493页。

② 刘文典：《淮南鸿烈集解》，冯逸、乔华点校，中华书局，1989，第207页。

模样抟黄土造人，创造了人类社会；炼五色石来补苍天，斩鳌足以立四极，人类得以安居;并使人们结合，安排男婚女嫁，于是有了婚姻。女娲还是一个创造万物的自然之神，她开世造物，因此被称为大地之母，是被民间广泛而又长久崇拜的创世神和始母神。中国许多地方，都流传着女娲正月初一造鸡、初二造狗、初三造猪、初四造羊、初五造牛、初六造马、初七才造人的传说。

作为神话中的始祖神，伏羲女娲各自有着惊人的能力与传奇，帮助人类完成了很多创造性的工作，在后世的传说中也慢慢出现了两人共同的故事。民间有传说认为伏羲女娲本是兄妹,两人居住在昆仑山。由于一场洪水，世界就剩伏羲与女娲两个人，为了人类生命的延续，两人商议结为夫妻，又觉得羞耻，于是把命运托付给上天，使用占卜的方式来决定是否成婚。他们各自点起篝火，说："上天如果不让人类绝迹，同意让我兄妹二人结为夫妻，就让两堆火的烟合为一股；如果不同意我们结为夫妻，就让两堆火的烟分开。"两股浓烟最后合拢，两人为了繁衍人类从而结为夫妻。而在各地各民族民间流传的说法中，伏羲女娲也有着不同的叫法，比如四川、贵州、云南等地的苗族人民称其为傩公、傩娘。

以伏羲女娲为代表，各族人民的创世大神往往承担着创造人类的重任，因此也成为很多地方民间供奉的生育神，承载着人们对多子多福、传宗接代的期盼。

（二）葫芦生人

葫芦在我国历史里出现得很早，是人们日常生活里十分常见的食物和器具，也是传统文化里一个极具象征意义的符号，与生命的诞生有着密切的关系。

葫芦旧时有很多称呼，最早叫瓠、匏和壶，后来在流传中逐渐出现"壶卢"这个双音的名称。葫芦首先是作为食物进入人们的生活的。在最开始的时候，采集、挖掘各类植物是人们获取生存必需品的主要方式。后来人们将家畜、葫芦、水果等视为国家贫富的标志，汉代时人们已经将瓠制成脯，当作干粮储备，并且千方百计提高它的产量。三国时期，有“长柄壶卢”的说法。约在南北朝的时候，江南还出现一个发音与壶卢相近的名字——“瓠楼”。到了唐朝，“葫芦”这一名称开始流行起来。宋代以后，由于葫芦品种繁衍，名称也变得更多了。在明朝李时珍的《本草纲目》里出现了七种名称：悬瓠、蒲卢、茶酒瓠、药壶卢、约腹壶、长瓠、苦壶卢，主要是把葫芦按其性质、用途、形状大小等不同分类。

在浩瀚的民俗文化宝库中，有着大量的葫芦“创世”“赐子”“祈福”等的神话传说，葫芦成为寄托人们美好向往的“灵物”，是许多民族人们珍爱的吉祥物。《诗经》中有“绵绵瓜瓞，民之初生”，意思是说人是由瓜生出来的。在葫芦岛地区广为流传的孟姜女的传说中，主人公孟姜女就是从葫芦里诞生出来的。葫芦与我国许多民族都有着深刻的历史渊源，葫芦神话在中国各民族中相当普遍，“葫芦里生人”“洪水中葫芦救人”的神话在傣、佤、汉、傈僳、阿昌、侗、苗、怒等民族中广为传播。彝族《创世纪》中说：在远古洪水泛滥的时代，从葫芦中走出了一对男女，由于他们的结合，人类才得以繁衍。拉祜族长篇史诗《牡帕密帕》记载，人类是由葫芦孕育而来的。每年十月初十，是拉祜族人民的“葫芦节”，这天拉祜族人民穿着美丽的民族服饰载歌载舞，开始一年一度的庆祝活动。拉祜人还会把葫芦籽钉在小孩的衣领上以保佑孩子健康成长。同时，受古代“原始创世观”的影响，我国西南省份傣族和台湾地区的高山族等少数民族奉葫芦为本民族先祖，视为世代顶礼膜拜的图腾。

中国的创世神话很多，分别来自远古初民对宇宙中万物的初步认识，并由此产生的对人、植物、动物等起源的解释，也即是万物有灵思想的体现，有些被崇拜的对象还成为氏族的图腾。人是万物之灵，人的起源当然会首先受到关注，祖先们就利用这些神话传说解释人类的起源与繁衍问题。

二、民间信仰中的送子神仙

在老百姓日常的家庭生活里，有很多神仙是人们期盼新生命时顶礼膜拜的对象，这些神仙多以女性的形象出现。

（一）观音娘娘

观音娘娘的原型观世音菩萨来自印度佛教，其形象在中国的变化过程非常复杂。早年的观世音形象偏向于男子，《悲华经》认为观世音是转轮圣王的长子，《华严经》里也说观世音菩萨："勇猛丈夫观自在，为度众生住此山。"北魏和唐代的时候，观世音像还是男身，还有小胡子。到了宋代，观世音的形象逐渐变成了女身，慢慢变成了我们今天熟悉的形象。一般认为，因为观世音菩萨救苦救难的慈悲形象，有一种类似母爱的感觉，人们觉得女性形象更温柔亲切，甚至于民间给观世音菩萨创造了新的身世，说她是一个中国式家庭的女儿"妙善公主"，奉行孝道。中国民间对观世音菩萨形象的改变也不是不符合佛理。佛经上说，菩萨原本没有形象，但是为了方便拯救、教化众生，菩萨常要变化成各种形象。中国传统文化中的观世音菩萨三十三身，完全都是中国仕女的模样，有名的如"杨柳观音""水月观音""持莲观音"，还有完全来自于中国原创的"鱼篮观音"。

中国民间香火最盛的或是"送子观音"。传统社会重视香火的承接，一旦生不出儿子，压力会很大。因此人们对于生育尤其是生男孩的愿望极其强烈，送子观音的香火就特别旺盛。老百姓的宗教概念很模糊，多为功利性的目的，认为既然观世音菩萨能变化种种形象，便创造出了"送子观音"。这没有脱离宗教本意，而且送子观音也算合情理，因为求子不得也是人生的一种苦难。既然观世音菩萨能救苦救难，那么求子的愿望也不应该被排除在外了。《观世音菩萨普门品》里也明确说，礼拜观世音菩萨就可以求男得男，求女得女，所以送子观音按照佛理是可以存在的。

（二）泰山奶奶

民间有谚云“南妈祖，北元君”，说的是我国最受信奉的女神，在南方为妈祖，在北方为碧霞元君。碧霞元君，民间亲切地称为泰山娘娘、泰山老奶奶、泰山老母、万山奶奶、泰山奶奶、泰山圣母等。

关于碧霞元君的来历，素来有不同的说法：其一说是玉女，黄帝修建岱岳观时，曾经预先派遣七位女子前往泰山迎接西昆真人，玉女就是其中修道成仙的一位；其二说是汉代一位叫石玉叶的女子，她出生于四月十八日，面貌端正，生性聪颖，曾经伺候过西王母，十四岁那年得到高人指点，在泰山黄花洞里修行；其三说是东岳大帝（泰山神）的女儿。

据学者考证，明代之前泰山女神的称号是“玉女”，魏武帝曹操曾在诗作《气出唱》中写道：“东到泰山，仙人玉女，下来翱翔。”而宋元以后，民间对泰山玉女的崇信进一步扩大，以至于影响到了女真族皇室。泰山大观峰有金章宗明昌元年（1190）的题记，记述了皇姑濮国大公主奉命和驸马来到泰山，登顶并拜于玉仙祠下。到了明代，泰山玉女被“天仙玉女碧霞元君”的称呼所取代，影响更为深远，甚至超过了泰山本身。“天仙玉女碧霞元君”，通俗些讲就是“上天神仙泰山仁圣大帝之女守护东方的最高女神”。民间各地流传着许多故事都在证明她的神性，其中一则发生在北京的丫髻山：明朝末年，有人讨好作恶多端的大太监魏忠贤，建议在山上为他建造崇功祠，结果碧霞元君显灵，祠还没有建成魏忠贤就垮了台。这则故事颇有些政治童谣的意味，而对于以柴米油盐为生活中心的普通老百姓来说，皇权与政治都是遥远的，崇拜碧霞元君更重要的是因为人们认为她有求必应、灵验异常。对此，明万历二十一年（1593）王锡爵《东岳碧霞宫碑》里有很好的概括：“元君能为众生造福如其愿。贫者愿富，疾者愿安，耕者愿岁，贾者愿息，祈生者愿年，未子者愿嗣，子为亲愿，弟为兄愿，亲戚交厚，靡不交相愿，而神亦靡诚弗应。”这种有求必应的神性也使对她的崇拜迅速向周边传播，“香火自邹鲁齐秦以至晋冀”。

在民间信仰中，有求必应的泰山奶奶给予人们最大的福报之一便是送子。停步泰山碧霞祠外可以看见，周围的树上散系着各种红绳或是红带子，人们称之为“拴子”（取自谐音“拴枝”），岩石或是石碑上压着小石头，人们称之为“压子”。走到碧霞祠中，主神及其身旁的送子娘娘跟前也许凌乱、也许齐整地摆着些白白胖胖、活灵活现的瓷娃娃，如果有需求则让道士用红绳系一个带回家，人们称之为“拴娃娃”，这些都是为了求得子嗣。

（三）花蕊夫人

花蕊夫人本是五代十国的女诗人，其有《宫词》百首。民间流传着一个关于她的美丽的传说：很久以前，后蜀国王孟后主的妃子花蕊夫人很喜欢芙蓉花，孟后主就为美丽的花蕊夫人在城里城外种满了芙蓉花。后来，宋朝军队打进后蜀国，孟后主投降了，花蕊夫人也被俘虏了。宋朝皇帝赵匡胤见花蕊夫人十分美丽,便收她做了自己的妃子。可花蕊夫人十分讨厌他，每当夜深人静的时候，就拿出孟后主的画像流泪诉说思念之情。此事被宋太祖入宫看见追问，花蕊夫人急中生智说“所挂张仙，送子之神，蜀人皆知”，幸未追究。送子之神，于是从宫中传到民间，到了晚清年代，所传画像改花蕊女身像，花蕊夫人也就被尊为送子娘娘。

（四）陈靖姑

陈靖姑是闽南、台湾一带最受尊奉的生育之神，主管怀孕、生产。各种典籍都说陈夫人为福建人，名叫陈靖姑，或陈进姑，但有关她的家世，却又有不同的说法。据《三教源流搜神大全》载，陈靖姑祖居福州府罗源县，她的父亲在朝廷官拜户部郎中，母亲葛氏。陈靖姑有个兄长叫陈二相，另外还有个义兄叫陈海清。当地有大蛇兴灾害人，村里人只好立庙奉祀，每年重阳节要买童男童女二人供祭大蛇。当地百姓苦不堪言。观音菩萨赴群仙会后回南海，途中见福州恶气冲天，知有妖孽为害，于是决心派神人前去除害。她剪一指甲，化作金光一道，直透葛氏之腹，葛氏感孕，在唐大历年间正月十五寅时生下陈靖姑。陈靖姑生下来时，“瑞气祥光罩体，异香绕闼，金鼓声若有群仙护送而进者，因讳进姑”。陈靖姑十七岁的时候，带剑斩杀为害一方的毒蛇，除掉了长期危害百姓的妖怪。陈靖姑立了大功，这事传到了朝廷，封她为“顺懿夫人”。

（五）金花娘娘

金花娘娘，又叫“金花夫人”“金花小娘”“惠福娘娘”等，在有些文献里还会将“花”写成“华”，广州人则习惯称其为“送子娘娘”。金花娘娘是活跃于岭南民间传说中祀子息、掌生育的女性神祇，是岭南本土的民间女神，金花娘娘信仰在广州发端后渐渐向周围地区扩散，直到遍及粤东、西、南、北多个地方，在珠三角一带最为流行。在中国浩浩荡荡的历史潮流中，偏处岭南地区的广东长期被称作“蛮夷之地”，深深地受到中原强势文化的影响。而唐宋以降，广州成为中国对外贸易的重要港口，又同时受到来自中东和西方的文化影响。这一点突出地反映在岭南地区的宗教信仰层面上，呈现出一种明显的包容性和多元性。尽管如此，在岭南民间肇始的神灵依然是凤毛麟角。金花娘娘是该地流传范围最广，也是延续时间最长的一位，她可谓是岭南地区一个重要而独特的女性守护神。

金花娘娘信仰肇始于宋元时期，在岭南多地广泛流传，十分兴盛。关于她的传说被当时的文人或者志书编纂者收录在各类笔记和各地志书中，简繁多样、版本不一。而金花娘娘信仰的发展是随着广州商人的足迹一步步向外扩散的，概括起来，呈现出一种由广州逐步向周边地区呈放射状辐散的分布状况。伴随着金花娘娘信仰越来越广泛的普及，金花娘娘的形象在人们的口口相传中也变得愈益丰满。其神格由最初单纯的生育女神扩展到护儿育儿、治病祛病、福泽全家，又能感天应地以及庇佑一方的保护神。

（六）张仙

在民间，主管送子的神祇一般都是女性，只是身份、来历不同而已。除了上面说的“花蕊夫人”和“陈靖姑”、“金花娘娘”，“送子娘娘”们中也有一位“爷”，他就是被“花蕊夫人”提到过的张仙。

民间认为张仙能送子，也能佑子，所以称他为“张仙爷”。张仙神像一般是一身华丽的打扮，面如傅粉、五绺长髯，左手张弓、右手执弹。人们认为张仙所执之“弹”与“诞”字谐音，暗含“诞生”之意，因此人们将张仙爷奉为专管人间送子之事的“诞生之神”。旧时，很多老百姓家中把张仙画像挂在家中的烟道口处，供上香烛，还要放一小瓷碟，里面有四五个湿白面球，每日更换，说是喂天狗的。因烟囱冲天，会有天狗从此钻进屋里，吓唬小孩，传染天花。张仙守住烟囱口，天狗就不敢进屋了，可保佑孩子平安。

（七）麒麟送子

张仙作为男性神来送子已经是非常跳跃的思维方式了，民间还有“麒麟送子”的观念。麒麟是中国古代神话中的仁兽，也就是吉祥如意的象征，它能够为人带来子嗣。

传说，圣人孔子的降生就跟麒麟有着密切的关系。早年间，孔子的父母仅有一个孩子——孟皮，但他患有严重的疾病，不能参与祭祀之事，夫妇俩盼望能再有个儿子。一天夜里，有一只麒麟突然降临到孔府，并吐玉书，上面写有“水精之子孙，衰周而素王，征在贤明”。不久，孔子诞生，而那封玉书就是告诉人们：孔子并非凡人，乃自然造化的子孙，虽不会居帝王之位，却有帝王之德，称为“素王”。“麒麟吐书”随之传为美谈，“麒麟”也就成为能给人们带来聪颖男孩的吉祥之物。民间普遍认为，求拜麒麟可以生育得子。

除此之外，在生命孕育与成长的过程中，人们认为还有着诸多的习俗可以提供庇佑的神秘力量，比如山东部分地区幼儿在天社日穿黄马褂、谢痘母娘娘等的习俗，都在整个生命的起始阶段表达人们对于健康成长的期盼与祝福。

无论是远古时期对于生命规律的探索，还是现实生活中对于神秘力量的敬畏，都是人们在自然与社会中生存发展的重要内容，也是人们对自身认识不断加深的必经之路。

第二节　诞育礼仪传统的体系结构及其内涵

生命礼俗是中华民族较为重要的传统礼俗，包括人生旅途中的生、老、病、死各个阶段，是人们在面对或处在某个人生节点时所举行的种种仪式。其中，诞育礼仪为生命起始阶段的各种行为规范，鲜明地体现着人们对于新生命的期待与呼唤。

一、求子：祈祷新生命的象征

在传统家庭里，子孙满堂是根深蒂固的观念。因此，从缔结婚姻关系的那一刻起，祈求新生命的降临便成为十分重要的家庭事务。早生贵子，是人们对喜结连理的新婚夫妻的最大祝愿。许多地方的婚姻仪式中都渗透着求子的思维观念。女方嫁妆中的绣花被、绣花枕头上，一般都有寓意夫妻恩爱的鸳鸯戏水图案和象征连年多子的莲花图案，嫁妆中还要配置一对朱漆马桶，俗称“子孙桶”，桶内装进五个煮熟染红的喜蛋，寓意是“五子登科”。新房要铺床，在床上、被子里撒一些枣、花生、桂圆和瓜子之类的干果，寓意早生贵子。传统婚礼中，新郎新娘入洞房后，一般还有合卺、撒帐等仪式，其中许多具体的礼仪行为都表现出求子的意愿。

此外，久婚未孕者更会通过各种途径寻求子嗣，因此各地都流传着自古传承下来的、别具一格的求子仪式。

（一）拴娃娃

拴娃娃是一种求子的方式，旧时的庙会常见这样的习俗。就像前面说到的，道教为迎合这一世俗心理还塑出送子娘娘等神灵，专司生育之职。新婚夫妇或婚后不孕的妇女，以及盼孙心切的婆婆和母亲等纷纷到寺庙中祈祷，求拜后捎走一个小泥娃娃，以示主司生育的娘娘所赐之子：

手拿金缕线，
走到娃娃殿。
进了娃娃殿，
先拴娃娃头。
娃儿啊娃儿啊跟娘走，
不住瓦房都住楼。
——河南歌谣①

在河北邯郸涉县的娲皇宫，求子的女性一般需在娲皇前烧香、磕头、许愿，然后拿出身上带来的用坠有铜钱的红头绳做成的绑儿索儿，套在一个还愿送来的布娃娃的脖子上，口里叫几声已经起好的孩子的名字，将布娃娃装在裤腰里，直到家里，把布娃娃塞进被窝。

天津天后宫的道士们准备了大量的泥娃娃，凡来求子的妇女在许愿供奉之后，来到“娃娃山”，相中哪个就用一根红绒绳系在脖颈上带回家，据说半夜便可投胎，十分灵验。

（二）摸门钉

“丁”与“钉”同音，明清时期便盛行摸钉求子的习俗。传说摸钉宜男，因此很多地方的门钉都被摸得黝黑发亮。同理，“丁”与“灯”谐音，因此送灯也意味着“送丁”。古时广州，元宵节向庙里请灯，告诉司祝喜欢哪一盏，用红柬写上“某宅敬请”字样，故谓“请灯”；

① 阎天民主编：《中国歌谣集成》（南阳地区卷），南阳地区民间文学集成编委会，1989，第145页。

元宵节后三天，司祝便派人把人们所敬请的灯挨家挨户送去，谓之“送灯”。

（三）食物中的象征

在祈求、孕育与诞生新生命的过程中，饮食是极为重要的一个环节。《礼记·礼运》中言：“夫礼之初，始诸饮食。”又言：“饮食男女，人之大欲存焉；死亡贫苦，人之大恶存焉。故欲恶者，心之大端也。人藏其心，不可测度也。美恶皆在其心，不见其色也。欲一以穷之，舍礼何以哉？”[①]也就是说，礼俗事实上最初起源于人们对于饮食行为的规范，人的善恶很难揣测，需以“礼”来调整与约束，使其在欲前有所止，在恶前有所取。

久婚未孕者通过各种途径求得子嗣，吃食便是其中一种极为重要的形式。古语有曰“食色性也”，“食”与“性”乃是人类较为重要的生命欲求，两者有时很难分开。民间常常以“食”的行为来表达“性”的含义，以为吃某种东西，便可以受孕。

在人们最初的思维中，对于生殖繁衍并没有清楚的认知，而是通过对动物的观察认为天地万物皆为卵生。上古神话里有简狄吞燕卵生契的记载：“殷契，母曰简狄……三人行浴，见玄鸟堕其卵，简狄取吞之，因孕，生契。”[②]玄鸟即为燕子，也有传说简狄看到的燕子蛋为五色彩卵，觉得好奇而吞食。因此，很多地方的人们在清明节的时候将鸡蛋、鸭蛋、鸟蛋等煮熟并涂上各种颜色，称“五彩蛋”，然后投到河里，顺水冲下，等在下游的人争捞、剥皮而食，食后便可孕育。

云南鹤庆一带的白族妇女，每逢春耕前多到河塘祈子，祈子者手握两个煮熟的红鸡蛋，到塘里沐浴，并用红蛋滚擦身体，回家后与丈夫分食。朝鲜族婚礼里也有相关的习俗，一般在新婚之夜新郎住在女方家里，第二天吃饭碗里会放两个鸡蛋，新郎和新娘各吃一个，代表

---

① 〔元〕陈澔注：《礼记》，金晓东校点，上海古籍出版社，2016，第251、258—259页。

② 〔西汉〕司马迁：《史记·殷本纪》，太白文艺出版社，2006，第9—10页。

可以生儿育女。

除了蛋之外，还有枣、桃、菜、瓜可以作为求子的吃食。宋代《梦粱录》中多有记载春季妇人在水盆中争枣祈子的习俗。《清稗类钞》中记有广州地区的人们偷食莴苣（粤语称生菜）以求子嗣的习俗。近代民俗学者胡朴安在《中华全国风俗志》中记载了吃瓜求子的习俗：

> 丙辰清明，适逢阴历三月初三日，芜人谓之为真清明，为百年罕遇。据故老相传，乏子嗣者，备一南瓜，于真清明日，全瓜入锅烂煮，于午时取出，陈诸案上，夫妻并肩坐，同时举箸，尽量食之，必然得子。故是日市中南瓜极昂，每个有卖至七八元者。按此风不特芜湖有之，长江流域各处，殆皆有此种传说。[①]

由此看来，吃瓜得子的观念还是很有群众基础的，居然能够致使南瓜的市场价格陡升。传统社会，重男轻女也是根深蒂固的生育观念，因此也存在很多专门为祈求男婴的吃法儿。天津地区流行吃碰头蛋的习俗：如果妇女不生男孩，可托人找头胎生了男孩的人家，用男孩满三日的洗澡水浸泡鸡蛋，搅动水，然后找两个大端相碰的鸡蛋中的一个让求子者吃下，即可生男孩。台湾地区则流行"换肚"的习俗：如果出嫁的女儿一直不生育男孩，娘家会在产下女婴后的十天内挑选吉日，将糯米塞入猪肚，炖熟后放入新茶壶内立即送到女婿家中。夫妻吃完猪肚，将茶壶放在床铺下保存，表示女方已经"换肚"，以后保证能生男婴。

蛋也好，瓜也罢，吃食求子所选择的食物皆有一定的象征意义，这些都与早期人类不了解生殖过程，对其进行错误的阐释有关。如今，虽然人们已经不再相信饮食之于怀孕的直接功效，但吃食所内含的期待与希望仍在。

---

① 胡朴安：《中华全国风俗志》，岳麓书社，2013，第562页。

从本质上说，婚姻本身即具有绵延子嗣的功能，因此从婚礼开始，求子的仪式便开始出现了。以客家人为例：客家人在婚礼中的祈子活动形式多样，互相关联，包括置办含有祈子意味的实物、举办与祈子有关的仪式活动等。在婚礼中，客家人采用一系列的实物来表达祈子的心愿。在新娘的嫁妆中，有一把大红伞。用伞陪嫁，据说是因为伞（繁体字为“傘”）由多个“人”字组成，寓意“多子多孙”。新娘的嫁妆中还有不少物件具有祈子的意味：一对“子孙桶”，寓意“子孙满堂”；两束“状元红”花，寓意“子孙中状元”；两束柏树枝叶，寓意“百子千孙”（普通话和客家话中“柏”字与“百”字同音）；一条九尺红带，寓意“长长久久”“带子带孙”；一个鸡笼，内有一公一母两只小鸡，都需要在婆家饲养，不能宰杀或买卖，用来生蛋、孵小鸡，意味着成双成对、繁育后代。另外，在客家婚宴中，上的第一道菜名为“百年好合”，即红枣莲子汤，红枣、莲子寓意“早生贵子”。新人房间的布置也具有祈子的意味，婚礼当天，新人房的梳妆台上要摆上五个“斋盘”——槟榔、莲子、红枣、糖果、糕饼各一盘，其中，红枣、莲子寓意“早生贵子”。不少客家人还会在新人房间里挂上男婴的画像，祈求新人“早生贵子”“儿孙满堂”。

客家人在婚礼中还会举行与祈子有关的仪式活动。按客家婚俗，女子正式“入门”的那一天被称为“正日”。在“正日”的前一天，女方家要摆酒席宴请亲朋好友，这酒席称为“轿下酒”。在摆“轿下酒”当天，女方家里要举行“敬神”仪式。“敬神”，也叫“敬天”，既敬拜包括门神、灶神等在内的“天地神明”，也包括敬拜祖先。在当天的吉时，朝当天的吉利方向，一般是东南方向，摆上木制的四方八仙桌，桌面铺红纸。在桌面前端摆上一只香炉，香炉的左右两端是用来插红烛的，香炉中间是用来插大香的。香炉后摆上两排杯子，前排是茶杯，后排是酒杯。在杯子后摆上用一个大盘子装着的“三牲”——煮熟了的猪肉、鱼和鸡（阉割后的公鸡）。按“左鱼右肉”的规矩，左边放鱼，右边放猪肉，中间放鸡。值得注意的是，除了猪肉外，鱼是完整的一条，鸡是完整的一只。另外，还要摆上五个“斋盘”——苹果、发粄、糖果、糕饼、柑橘各一盘。苹果象征“平平安安”，发粄象征“发财”，糖果象征“甜甜蜜蜜”，糕饼象征“高高兴兴”“步步高升”，柑橘象征“大吉大利”。摆好祭品后，点燃香炉两边的红烛，然后点燃大香，斟茶倒酒，每个杯子都要倒满。女方父母家人每个人手里各拿五支小香并点燃，向着吉利方向祈祷神明和祖先保佑全家平安，保佑婚礼顺利圆满，保佑新人百年好合、早生贵子、儿孙满堂。大家同时拜三拜。拜完后放鞭炮，然后“化纸钱”，即烧纸钱给已故的亲人、祖先们。在迎娶新娘的“正日”，男方家也要举行“敬神”仪式，同样具有祈子的性质。

新娘出嫁时，与新郎共撑一把大红伞。将要出女家大门时，新郎新娘在大门口停住，女方父亲将茶和酒混在一个杯子里，淋在撑开的伞上，边淋边念“茶香酒香，子孙满堂，百年好合，五代同堂”，祈愿新人子孙满堂、多子多福。

到男方家后，等待吉时到，放鞭炮迎接新娘入门（门口铺着红纸），同时婚礼主持人喊：“夫妻恩爱永久到白头！”随后，主持人主持“拜堂”仪式，新郎站在左边，新娘站在右边。主持人念道：“吉日良时，X府高堂，新郎XX先生与新娘XX小姐，喜结良缘！一拜天地，一鞠躬，再鞠躬，三鞠躬，百年好合；二拜高堂，（面向父母）一鞠躬，再鞠躬，三鞠躬，早生贵子；夫妻对拜，一鞠躬，再鞠躬，三鞠躬，新郎新娘入洞房！”大家簇拥着新人进入新房。按照习俗，新娘将预先准备好的两个熟的红鸡蛋夹给新郎吃。众人纷纷祝愿新郎新娘百年好合、早生贵子。

二、怀胎：孕育新生命的禁忌

“十月怀胎，一朝分娩”，整个孕产过程是极为重要的人生阶段。在传统社会，人们相信在怀孕生产的女性周围既存在守护生命的神明，也存在伺机侵害的恶煞，因此必须通过一些手段或是仪式进行趋避，以护胎保产。

（一）食物与行为禁忌

怀孕期间，母亲是新生命孕育过程中汲取营养的唯一来源。因此，孕妇的饮食习惯是受到严格控制的，很多食物成了禁忌品，其中包含着人们长期生活经验的总结，也有想当然的附会。

忌吃胡椒。《本草经疏》中有：“胡椒，其味辛，气大温，性虽无毒，然辛温太甚，过服未免有害。”《随息居饮食谱》则强调：“多食动火烁液，耗气伤阴，破血堕胎，发疮损目，故孕妇……忌之。”因此，怀孕之人不能过多食用。

忌吃桂皮。《本草纲目》中有“桂性辛散，能通子宫而破血”，怀孕妇女是不能食用桂皮的。

忌吃苋菜。《本草纲目》中有苋菜滑胎的说法，而《饮食须知》当中也记载：“（苋菜）妊妇食之滑胎，临月食之易产。”因此可见，孕妇足月临产时食之是最适宜的。但同时也指出，苋菜具有滑利之性，所以妊娠早期的孕妇应该忌食，特别是有流产倾向或是有习惯性流产史的人更应该忌食 。

忌吃慈姑。《随息居饮食谱》明确指出：“（慈姑）功专破血、通淋、滑胎、利窍。多食发疮、动血、损齿、生风。凡孕妇……尤忌之。”因为慈姑有活血破血、滑胎利窍之品性，均对妊娠不利。

忌吃螃蟹。《名医别录》中记载蟹爪“破胞堕胎”，说吃蟹爪会导致流产。《本草纲目》中也认为蟹爪“堕生胎，下死胎”，说活胎容易流掉，死胎有助排出。《妇人良方·食忌篇》称“食螃蟹，令子横生”，意思是吃螃蟹令胎横难产。

忌吃鲤鱼。《千金方·养胎论》中有："妊娠食鸡子及干鲤鱼，令子多疮。"时至今日还有一些地方仍禁止孕妇吃鱼，认为会使婴儿皮肤不好。

忌吃兔肉。《论衡·命义篇》中有"妊妇食兔，子生缺唇"的说法，《博物志》中也有"妊娠者不可啖兔肉，又不可见兔，令儿缺唇"的记载。孕妇不能吃兔肉，否则生出来的孩子会长三瓣嘴，这一说法在我国流行甚广、范围极大，唐宋以降的各类医书中皆有相关记载。

忌吃鳖。《千金方·养胎论》中有"妊娠食鳖,令子短项"的说法，孕妇不能吃鳖，否则生出来的孩子没有脖子，这大概是老鳖常常缩脖的缘故。

汉族孕妇忌吃狗肉，否则将来孩子爱咬人；忌吃驴肉、马肉，否则生下的孩子夜里会哭;忌吃河蚌肉,否则孩子会嗞舌头;忌吃猪头肉，否则孩子会生疮；忌吃鸭肉，否则孩子会得摇头病；忌吃生姜，否则孩子会长六指。侗族孕妇忌吃葱蒜、羊肉、牛肉，否则婴儿将来会有狐臭，会成哑巴。朝鲜族孕妇忌吃章鱼，否则会生出没有骨头、又懒又蠢的子孙。怀孕后，孕妇需要注意调整饮食习惯，多吃鸡肉、猪肉、鱼等滋补食物，适量食用水果蔬菜，保证腹中胎儿所需营养。另外，随着现代健康观念的普及，不少孕妇还会在怀孕期间吃一些保健品，如叶酸、钙片等，以促进胎儿的生长发育。

在客家地区，孕妇也有不少的饮食禁忌。孕妇忌食具有刺激性的食物，如酒、辣椒、浓茶等;忌食寒凉生冷食物，如绿豆、冰冻饮料、螃蟹等；忌食薏苡仁、山楂等容易引起子宫收缩的食物；忌食活血化瘀类的食物；忌服药，以免影响胎儿的正常发育。此外，任何食物都不宜过量食用，不宜高脂肪、高钙、高蛋白、高糖饮食，不宜食用过量温补食品，不宜过度食用酸味食物。总之，除了禁食的食物之外，各种食物都要合理搭配，适量食用，保证营养均衡。

为了安全起见，一般来说，自妇女怀孕起，便只需安心养胎，不用做家务，家人也会考虑到家中的孕妇而特别注意某些禁忌行为。比如，按客家人的说法，孕妇不能在床底下放生姜，否则生出来的孩子的脚会跟生姜的形状一样，变形、粘连；孕妇不能在房间里放置剪刀等锋利器物，以免刺伤“胎神”，致使生出来的孩子有缺陷；孕妇不能触碰针线，更不能缝衣服，否则生出来的孩子会没有屁眼或者嘴巴粘连在一起；孕妇的居所不能钉钉子，否则生出来的孩子身上会有一个小洞；孕妇的居所不能刷油漆，否则生出来的孩子身上会带有黑痣或黑点；孕妇的房间不能浇开水，否则会将腹中的胎儿烫死，致使产妇流产；孕妇不能参加丧礼、不能去墓地等不吉利的地方，以免沾染晦气，对腹中的胎儿不利……孕妇的禁忌尤多，需处处谨慎。

孕育时期，女性的饮食有着极为严格的规矩和极具联想力的阐释，虽然有些部分过于演绎化、夸张化，但是仍然表达了人们优生优育的愿望，以及人类在社会发展过程中对于自然和自身认识与理解的不断深化和丰富。

（二）胎神与产图

闽台民间社会普遍相信“胎神”的存在，女性一旦怀孕，胎儿的灵魂就有神明依附，形成“胎神”。怀孕期间，“胎神”会一直守护在家中，并且随着孕妇怀孕天数的不同，守护家中不同的房间或不同的器物。因此，孕妇及其家人在其孕期都不能随意搬动家中的任何器物，不能碰钉子、穿针引线，否则会伤害到胎神。如果万一不小心惊了“胎神”，就变成了“胎煞”，需要采取补救的办法进行安胎。安胎仪式主要有两种：一是请人到庙中求取安胎符，将符烧成灰后与盐混合，撒在家中动了的地方或器物上；一是请红头师公在孕妇的枕边吹鸣“龙角”（即笛子），对孕妇念咒、画符，然后将“押煞符”贴在动了的地方或器物上。

临近生产，人们趋吉避凶的心理表现得尤为突出。古时，为指导产前行事以保母子无虞、分娩顺利，流行贴产图。产图是十二个月中有关产妇安产、藏胞衣诸事的忌宜方位图，分列八卦、方位、干支、神煞等。除产图之外，产房也可挂吉祥图案、喜庆年画，如“麒麟送子”“百子图”等。

除此之外，孕期还有一项非常重要的活动——预测胎儿性别。历史上，清宫图表也是经常用的。清宫图，是清代宫廷的太医们根据经验总结出来的一套预测生育胎儿性别的方法。据传它是依阴阳五行易理所设计的，主要是根据孕妇的年龄以及怀孕的农历月份来判断，有的说法也不准确。而在客家地区，尤其是在乡村，重男轻女的思想观念比较浓厚，女子怀孕后，婴儿的性别成为家人关注的重点。客家人一般根据孕妇孕肚的形状来判断胎儿的性别。据有经验的客家妇女描述，孕妇的肚子如果是尖而挺的，就会生男孩；如果是圆而扁的，就会生女孩。但是这种说法并没有科学依据，也时常出现误判的情况。

三、分娩：催促新生命的力量

十月怀胎，一朝分娩。孕妇步入孕育的最后时段，便开始进行生产的准备，这也是整个孕育阶段最为重要的环节。对于产妇而言，生产的过程充满未知与凶险，因此人们也会在趋吉避凶的心理驱使下采用一些催生或是顺产的方法，使得胎儿顺利降生。

（一）催生食物

赠送各类食物是母亲为产妇催生最常用的办法，一般送一些有利于滋补的高蛋白肉食以及含有大量矿物质和微量元素的果品。《梦粱录·育子》中有记曰：

> 杭城人家育子，如孕妇入月，期将届，外舅姑家以银盆或彩盆，盛粟杆一束，上以锦或纸盖之……并以彩画鸭蛋一百二十枚、膳食、羊、生枣、栗果……送至婿家，名“催

生礼”。[1]

在这里，催生的食物以鸭蛋为主，一般送生的，取与“生产”的“生”谐音。《金陵琐志九种·炳烛里谈》也有记载：

妇人将产子，母家必备小儿服饰及鸡肉面馓相馈，谓之催生。送礼后逾月犹不生，则遣女仆备熟面数碗送往女家，置诸地，急趋而出。女家人取食之，谓之过街面。是亦催生之余波也。[2]

现今，江浙一带仍然流行送催生礼的习惯。江苏地区，产妇的母亲送催生蛋到女儿家，要煮熟剥皮后藏在面条中，女儿吃了可以顺产。浙江南部地区，产妇的母亲要送“快便肉”，一般多为一寸见方的肉块，不偏不倚、方方正正，烧熟焖烂后由母亲亲自端给产妇吃，寓意顺顺利利、规规矩矩地生下宝宝。山东胶东半岛地区也流行送催生蛋，产妇的母亲需送去十二个染红的熟鸡蛋，产妇则要坐在产房的门槛上一口气吃光。湖北一带则流行送猪肚，将完整的猪肚清炖后让女儿吃下，便能顺利地分娩。陕北关中一带送包子，产妇要倒坐在门槛上，包子吃得越多越好，据说可以避免难产。陕西韩城送“角子”，即包有馅儿的馍，一般在临产前半个月送，“角子”谐音“脚止”，意思是不要再四处走动，以免惊动胎气。侗族孕妇临近分娩时，母亲一般会在产前二十一天左右，煮好大米饭，包上炒肉和煎蛋，送给女儿吃，一次无效会接着再送，每隔七天送一次。

在客家地区，孕妇生育前几天，娘家母亲会前来“催生”，希望女儿快快“轻”，“轻”在客家话中代表生产的意思。娘家母亲会带着十个生鸡蛋去探望女儿，十个鸡蛋代表十全十美，希望女儿生产顺利。孕妇收下鸡蛋后，当天要煮两个鸡蛋吃，寓意尽快生子。

赠送食物用以催生是比较常见的孕期习俗，但是在不同的地方，

---

① 〔宋〕吴自牧：《梦粱录》，符均、张社国校注，三秦出版社，2004，第310页。

② 〔清〕陈作霖、〔民国〕陈诒绂：《金陵琐志九种》，南京出版社，2008，第305页。

食物的种类、数量和制作方式皆有不同的规定及其特有的含义。一般说来，就是通过赠送的形式来寄托娘家人对于产妇顺利分娩的愿望，希望产妇吃下这些食物之后可以滋补身体，并且获得来自家人精神支持的力量。

（二）催生药与催生巫术

古人将临盆分娩视为生死攸关的大事，认为："内宜用药，外宜用法。盖多门救疗，以取其安也。"[①] 从古代医书和其他文献中可以得出，蛇蜕是利于生产的药物：蛇蜕用水浸，然后煎，干后收起来，如果有难产者，剪三小片像蛇一样的形状，喝下去，立刻生产。除这种药物之外，民间还认为难产是鬼神作祟，通常要拜祭催生娘娘。除了催生娘娘，此外还有种种催生巫术。首先是驱赶产鬼。民间相信有产鬼，但这种鬼最怕雨伞，只要把雨伞放在门后就可以辟邪了。其次是使用催生符，符上写有咒语如："天催催，地催催，催生女，快落地。麒麟左降生，凤凰右降生，降生凡间如安程。十二生相而前迎来，生落水，生落地，快生落地。吾奉十二婆姐敕命，火急如律令。"

此外，我国少数民族也有不少特殊的催生习俗：京族女性难产时，请"降生童"催生，画符，然后焚烧成灰，让产妇服下；藏族催生多祈祷神明保佑，并把房内外的罐子、箱子、门等打开，祈求产妇顺利生产；拉祜族则把扫帚放在产妇的背上，让她俯卧而生；柯尔克孜族女性遇到难产，要在帐篷上方拧一条绳子，地下铺一块毡子，以手拉绳，其他妇女用力压其腹，将孩子催促产下。

总而言之，无论是使用符咒，还是拜祭神明，祈求顺利生产的这些方法虽然都带有一定的臆想成分，并且随着现代医学的进步，这些方法基本都不采用了，但终究表达的是在医疗水平并不先进的背景下对于新生命的一种期待与保护，是不可忽视的民间思维方式与观念。

---

①〔宋〕陈自明：《妇人大全良方》，中国医药科技出版社，2018，第231页。

四、初生：分享新生命的喜悦

婴儿呱呱坠地，新的生命终于安然无恙地来到人世间，产妇家便开始四处奔走，与亲戚邻里分享添丁进口的喜悦。报喜一般由女婿担当，报喜的对象主要是产妇娘家，一则婚姻缔结的主要目的是生儿育女，新生命降临之后要立即通知亲家；二则生产过程极具风险，报告顺利生产的消息以免大家牵肠挂肚。

（一）报喜

在各地的报喜习俗中，蛋是比较常见的馈赠品，而且经常以煮熟并染红的鸡蛋为主。山东郯城一带，喜蛋的个数一般要带九，并放一个生鸡蛋在最上面，寓意已经顺利分娩。安徽淮北地区用红鸡蛋个数的单双来暗示婴儿性别，一般单数为男孩，双数为女孩。广州旧俗也是生男孩送单数，生女孩则送双数。河南开封一带则有所不同，如果是男孩，要六个或是八个，还要在红蛋的一头点一个墨点，表示“大喜”；如果是女孩，要五个或是七个，表示“小喜”。据说男孩用双数意味着好找媳妇，女孩用单数则是好嫁出去。江浙、湖北等地则是直接拎鸡报喜，生儿子拎公鸡，生女儿拎母鸡（也有的地方相反），报喜之后，这只鸡不仅不能留下，还要配上一只性别不同的鸡一起带回去，表示今后可成双成对，拥有好姻缘。

除了蛋之外，面也是常见的报喜之物。山东沿海一带即送一碗喜面，婴儿出生的第十二天归还空碗时需添一角六分钱的硬币，预示日后多财。江西的一些地方，喜面需用肉做臊子，而且面条碗数必须为双数。除此之外，为了表示庆祝与喜悦，酒也常用来报喜。浙江丽水地区流行“报生壶”，女婿提着内装黄酒的锡壶，壶嘴上插柏树叶或万年青，寓意“长命百岁”，生男孩在壶嘴上系红头绳，生女孩则不做装饰。四川成都也有以酒报喜的习俗，进门之时，壶嘴向里则为男孩，壶嘴向外则为女孩。台湾地区也有“报酒”的习俗，婴儿出生后三天以“鸡酒”“油饭”祭拜祖先,之后便将食物的一部分送往娘家和邻里，一般收到“报酒”的人都要回送一篮白米。苗族是由婴儿的爷爷带着一瓶酒和一袋炒面报喜，亲家则带着一只鸡（男孩带公鸡，女孩带母鸡）、鸡蛋和衣服随之看望。彝族则是由女婿带着一瓶酒、一只鸡（男孩带母鸡，女孩带公鸡）报喜，岳父岳母收下鸡后会换一只性别不同的鸡再由女婿带回。

在山东临沂地区，报喜的方式是挂红子——在新生儿家门口挂上一块红布，来标示这家有新生儿出生。红子一挂，来往的人就知道这家人添了孩子，而且可以从红子上的配饰来判断是男孩女孩。红子为方形红布（家族中有去世的人，没有过三年丧期的需要用蓝布），上面是弓，弓是用桃树枝做成，两个大蒜，七根梃子（梃子就是高粱秆，一般用红色的高粱秆，一边有凸出部分比作为箭头），也就是七根箭，弓箭搭配，就跟射箭是一样的。底下坠有一对铜钱。如果是小女孩就没有蒜。现在生男孩生女孩都一样，以前的时候会讲究这些差别。有的人家只是到市场上扯块红布挂在门上，红子在新生儿出生的第三天早上挂，挂在大门口的左边门庭上，偶尔也会区分一下，男左女右。一般是头胎挂红子，二胎不挂红子。红子的悬挂时间为一个月，到满月的那天早上摘下来，摘下来的红子就随便处理了。

在客家地区，婴儿出生后，女婿要带着米酒和鸡去“外家”（即妻子娘家）报喜，岳父岳母需要回礼，礼物一般是鸡或者鸡蛋，除此之外，还有婴儿的衣服、被子、背带、银手镯等物品。

当姻亲和乡邻得知新生命降临的喜讯之后，也会回赠一些礼物，用以庆祝，也称“贺喜”。在长江中下游、黄河中下游、淮河等流域，比较流行的贺喜习俗称为“送祝米”，缘于贺喜之物多以大米为主要礼品。还有一些滋补产妇身体的食物，如母鸡，有滋阴补血的功用；鸡蛋，易于消化、吸收;鲫鱼，可使奶水充足;红糖，性温补血;猪肚，可壮胃；猪心，可定神；猪蹄，可壮筋骨。

无论是报喜还是贺喜，都是人们为了分享新生命到来的喜悦而产生的社会习俗，是人们表达情感的需要，其所赠送的食物不仅仅具有滋补身体的功效，更带有殷切的期望与祝福。

（二）催奶

新生命顺利降临之后，就开始漫长的哺育期。《礼记·内则》有言“食子者三年而出”，说明传统社会哺乳的时间很长，在这期间，母亲的奶水是婴儿健康成长的主要食物，因而民间也有很多催乳的食方。

一般来说，产妇分娩后亲戚邻里探望时都会带些利于哺乳的食物，比如鸡、蹄髈等。闽台地区尤其重视吃鸡，条件允许的话，几乎每天吃一只鸡。如果是客家人，一般要以雄鸡炒姜酒，可以祛风活血。陕西潼关地区，产妇回娘家时，母亲要煮鸡肉，等女儿返回婆家时还要送一个“送奶馍”。四川各地则流行送“汤米罐”，即由娘家派一位德高望重的老年妇女，用瓦罐装米汤送到男方家里，寓意奶水充足。旧时还流行一种“开奶”的习俗，即婴儿出生后先吃别家妇女的奶水。苏北地区在“开奶”时还会在奶水里滴上几滴墨汁，希望孩子长大后可以有文才，与俗语所说的“喝点墨水”如出一辙。当然，对于产妇无奶或是少奶的情况，民间也有一些食疗的办法。《千金方》有治乳无汁方：“母猪蹄一具粗切，以水二斗，熟煮得五六升汁，饮之，不出更作。”《广利方》则是：“母猪蹄一具，通草十二分，切，以水大四升，煎二大升，去滓，食后服一盏，并取此汁，作羹粥煎得。”可见，民间治疗无奶的偏方多采用母猪蹄和中草药配制成药膳。

按客家风俗，妇女生完孩子后需要吃鸡酒。所以，有孕妇的家庭，一般都会提前准备鸡酒。在农村，鸡多为自家饲养，从雏鸡至长成，至少需要半年的时间。一般用公鸡来制作鸡酒，客家人认为公鸡较有营养，食用后可以使产妇更加健壮。用来制作鸡酒的公鸡也有讲究，孕妇生产后前三天需要吃用“生鸡”（即没有被阉割的公鸡）制作的鸡酒，主要是为了排除产后的瘀血。三天后需要吃用“熟鸡”（即已经被阉割的公鸡）制作的鸡酒，主要是为了进补。而阉割一百天之后的公鸡才能用来制作鸡酒，所以阉割公鸡的时间也要在产期前一百天左右。黄酒是制作鸡酒的另一大食材，客家妇女多会酿酒。黄酒的原料是糯米，酒酿好后一般储存在酒瓮中。制作鸡酒时，先将鸡肉与姜丝放入锅中炒熟，再加入酿好的黄酒，煮熟即可。

哺乳期间，婴儿多以母亲奶水为主食，但随着孩子逐渐长大，便开始杂以各种辅食以满足身体生长的需要，如米粉等，古人称这种习俗为“哺谷”。日本现存最早的中医养生著作《医心方》中有相关记载：

> 《产经》云：凡小儿生三日后，应开腹助谷神。可研米作厚饮如乳酪状。抄如大豆粒大，与儿咽之，咽三豆许止，日三与之，七日可与哺。十日始哺如枣核许。廿日倍之。五十日如弹丸许，百日如枣许。若乳汁少者，不从此法，当用意少增之。
>
> 今案，《本草》云：以如梧子十六枚准（弹丸一枚）。
>
> 一云：廿日后可乃始哺，令儿无疾也。若早与哺者，儿头、面、体喜生疮。亦令儿虚羸难长。若儿大小随宜哺增减之良。凡小儿不嗜哺者，勿强与，强与哺不消，便致疾病也。
>
> 又云，初哺小儿良日：五寅、五辰、五丑、五酉，皆大吉。
>
> 又云，男以甲乙，女以壬癸，亦吉。
>
> 又云，以成、收、开、定、满日，义日，保日，皆吉，哺儿，儿终身无病，大吉（义日：壬申、癸酉。保日：甲午、乙巳）。
>
> 又云，哺小儿忌日：五戌、五巳、五亥、丁日，大凶。
>
> 又，戊戌、戊辰、执、闭日，皆大凶。[①]

由此可见，“哺谷”不仅考虑到婴儿的身体特征和母亲乳汁的实

① ［日］丹波康赖：《医心方》，人民卫生出版社，1955，第551—552页。

际情况，而且还有时间、度量上的精细标准，不能操之过急，以免伤害婴儿身体。在浙江南部地区，“哺谷”又叫“开荤”“叨光”，荤食来自人丁兴旺的人家办喜事所余，以少量鸡鸭鱼肉或汤喂养婴儿，认为这样可以迅速成长、不得疾病。

五、育婴：护佑新生命的成长

最伟大的创造莫过于创造生命。从怀胎十月到呱呱坠地，一个新生命的诞生可谓历经重重难关，人们在这期间有无知与无助，有胆怯与迷茫，也有着无须言说的期待与渴望。于是，养儿育女的那些事儿，多少都带有些神圣的仪式感与使命感。诞育礼仪是中国传统的生命礼俗之一，是人的生命起始阶段举行的重要仪式，一般在初生、三朝、满月、百日、周岁等时间段进行，虽然各地区、各民族的礼俗形式不尽相同，但是都具有对新生命的欢迎与祝福的含义。

婴儿期是生命的初始阶段，婴儿比较娇嫩脆弱，需要精心呵护。古时，受鬼神等传统观念的影响和医疗水平的限制，衍生出一系列的仪式行为，目的便是希望娇脆的生命健康成长。

（一）三朝

婴儿出生后第三天举行庆祝仪式，一般的形式为“洗三”，又称“洗三朝”“汤饼会”等，主要是会集亲友顺祝婴儿健康成长。

“洗三”的风俗由来已久，唐代即已有相关记载：玄宗时，章敬吴后生代宗，第三天玄宗亲临观看其孙洗澡。杨贵妃也曾以锦绣裹安禄山，戏称杨贵妃三日洗儿也。宋代开始，三朝又加入落脐（脐带脱落）、灸囟（囟门针灸）的仪式，表示完全脱离孕期，正式进入婴儿期，因而成为十分隆重的诞育礼仪。据苏东坡说，宋时闽地百姓三日洗儿，家人及客都戴葱、钱，以祷祝此儿聪睿、进财。苏轼添第四子亦曾洗三，并往贺朋友孙子的洗三礼。整个两宋时代，君臣都有很高的文化水准。梅尧臣家洗儿时，欧阳修等人往贺，但都不具财礼，而是一人一首“贺洗儿诗”；梅尧臣答谢时也不发洗儿钱一类，同样是“洗儿诗”相酬。

人皆养子望聪明，我被聪明误一生。

惟愿孩儿愚且鲁，无灾无难到公卿。

——苏轼《洗儿》①

清代《道咸以来朝野杂记》:“三日洗儿，谓之洗三。”据说，这样可以洗去婴儿从“前世”带来的污垢，使之今生平安吉利。同时，也有着为婴儿洁身防病的实际意义。旧时，“洗三”仪式通常在午饭后举行，由专门以接生、洗三为职业的中老年妇女（人们习惯地称她们为“收生姥姥”或“吉祥姥姥”）主持。首先，在产房外厅设香案，供奉碧霞元君、三霄娘娘、催生娘娘、送子娘娘等十三位神像，产房的炕头上供炕公、炕母。由婆婆上香叩首，收生姥姥亦随之三拜。沐浴一般用温水，也有用具有象征意义的材料熬煮汤水进行的，比如用艾虎汤，取辟恶气之意；用姜葱汤，取“强壮”“聪明”之意。然后，主家将盛有温水的铜盆以及一切礼仪用品摆在炕上。收生姥姥把婴儿抱起，“洗三”拉开序幕。主家依长幼尊卑往盆里添一小勺清水，再放一些钱币，谓之“添盆”。此外，还可以添些桂圆、荔枝、红枣、花生、栗子之类的喜果。添盆时，收生姥姥一般都有套固定的祝词，你添什么，她说什么:添清水，她说“长流水，聪明伶俐”;添些枣儿、桂圆、栗子之类的喜果，她说“早儿立子”“连生贵子”“桂圆、桂圆，连中三元”；等等。

“添盆”后，收生姥姥便拿起棒槌往盆里一搅，说：“一搅两搅连三搅，哥哥领着弟弟跑。七十儿、八十儿、歪毛儿、淘气儿，唏哩呼噜都来啦！”这才开始给婴儿洗澡。如果孩子受惊哭了，不但不犯忌讳，反认为吉祥，谓之“响盆”。一边洗，还要一边念叨祝词:“先洗头，作王侯;后洗腰，一辈倒比一辈高;洗洗蛋，做知县;洗洗沟，做知州。”随后，用艾叶球儿点着，以生姜片作托，放在婴儿脑门上，象征性地

① 〔宋〕苏轼:《苏轼文集编年笺注（诗词附）》十一，李之亮笺注，巴蜀书社，2011，第555页。

炙一炙。洗罢，把孩子包好，用一棵大葱往身上轻轻打三下，说“一打聪明，二打伶俐，三打明明白白”；随后叫人把葱扔在房顶上，祝愿小孩将来聪明绝顶。拿起秤砣儿比划，说“秤砣虽小压千斤”，祝愿小孩长大后在家庭、社会有举足轻重的地位；拿起锁头三比划，说“头紧、脚紧、手紧”，祝愿小孩长大后稳重、谨慎。洗儿仪式完毕后，主家宴请亲朋好友吃“汤饼”。所谓“汤饼”，即是汤煮的面食，当然食物并不仅限于面食。

河南地区“洗三”时还要加一个滚鸡蛋仪式，即将鸡蛋从婴儿头上滚过，经过手、脚，边滚边唱：“滚滚头，一生不用愁；滚滚手，富贵年年有；滚滚脚，将来能登科。”广州旧日请亲朋好友饮三朝茶，吃甜醋煮过的鸡蛋和姜；湘西侗族叫吃“三早晨”，得到邀请的邻居们需携带鸡蛋和一两碗米；土家族除洗三、添盆之外，还有上族谱的仪式。

晋西南地区（即山西省西南部）被认为是中华文明的发源地之一，有着更具仪式特征的庆祝婴儿三朝的活动，其所孕育出的传统文化也成为生命仪礼的重要养分。这一区域的诞育礼仪具有一定的代表性，既充分显示了传统的积淀，又随地域、时代等社会环境而变，融合了当地人民的生活智慧。

晋西南地区婴儿初生时段，家人会在大门前两边摆放竹子以报喜。竹子摆放按男左女右的原则进行，如生男孩置双根竹子于门左，单根于门右，生女孩则置双根竹子于门右，单根于门左。比较隆重的诞育礼仪有两次，第一次约在出生第三天（也有的在第七天）举行，被称作“吃喜摆草礼”[①]，第二次是满月举行的庆祝活动。

1. 油旋儿

油旋儿是当地诞育礼仪中普遍使用的一种吃食，类似于鸡蛋灌饼，

① 语出《满月习俗》一文，由闻喜县民俗礼仪研究会成员崔云波所撰，于 2015 年 7 月 15 日闻喜调查中拍摄所得。原文本用“百草”，但根据上下文推断当为“摆草”，特此说明，另后文多处信息皆出自此文，不再赘述。

不同的是鸡蛋一般洒在油饼下方。油旋儿是婴儿初生庆祝仪式中必不可少的吃食，一般在出生第三天（或是第七天）举办的“吃喜摆草礼”中。这一天清早时分，亲朋好友中的女性家眷便开始着手制作油旋儿，让每个来庆祝的人都能吃到以表示分享主家添丁的喜悦。

2. 编草、挂草

更具仪式特征的民俗活动是编草（图 1-1）、挂草（图 1-2）[①]，又称“潎草”“撇草”[②]，传说起于唐末：闻喜有户人家生了个男孩，因望子成龙心切，就用谷草扎了个像窗户样的东西悬挂在门上，希望孩子长大后，能像闻喜的裴家子弟那样，寒窗苦读，金榜题名。裴家即是闻喜最为有名的“中华宰相村”——裴柏村。传说撇草起于裴氏，这一挂草形式迎合了许多人的心意，一时仿效成风，取代了由《礼记》上所流传下来的“男子设弧于门左，女子设帨于门右”的传统做法[③]，后传于闻喜至晋西南区域[④]。

图 1-1 编草

图 1-2 挂草

① 图 1-1、1-2 均来源于田野调查。拍摄时间：2016 年 4 月 9 日。拍摄地点：山西省运城市闻喜县姚村。

② 需要说明的是，“潎草”中的“潎”尚存异议。查阅当地文献有两种写法：一为“潎”，一为“撇”。前者有两种读音，pì 和 piē，皆与水有关；后者也有两种读音，piē 和 piě，皆与扔东西有关。此外，当地人在论及此仪式时使用“bié”一音，再考虑到仪式编草、挂草的动作，或许“别”字也贴近事实，此乃推论，尚未有实际证据，待考。

③ 详见《“撇草”与“挂旗”的由来》，《闻喜文史资料》第一辑，政协闻喜县文史资料室，1992，第 177 页。

④ 需要说明的是，裴柏村是当地最为出名的历史文化村落，虽然当地文化精英皆认为撇草源自裴氏，但尚未找到确切资料予以证明，习俗溯源于此或有“箭垛式”的嫌疑，存疑待考。

编草、挂草由执事人[①]取连穗带根的谷秆用红绳扎成十或十二束，左右斜向交叉成菱形格，用木钉和泥团使泥草贴墙粘定，菱形格的正中间置碗、筷、勺，有的会置小红旗于其上，根据婴儿性别写有不同的吉祥话（图 1-3）[②]。

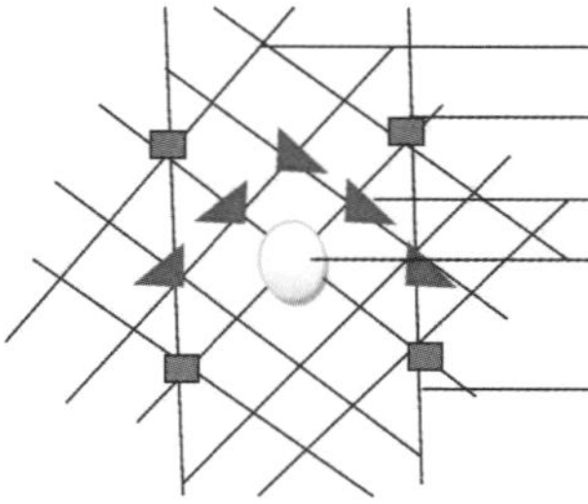

图 1-3　编草示意图

挂草的位置最初是在门楣之上（图 1-4），后由于晋南地区的门楣改用瓷砖，木钉通常不容易楔入，泥巴也难糊墙，所以便挪到用红砖砌成的院墙之上（图 1-5）[③]。一般说来，除非受恶劣天气的影响，挂的草都不再取下，也是香火延续、人丁兴旺的重要标志。

图 1-4　寺底村挂草人家

图 1-5　东颜村挂草人家

① 所谓的“执事人”皆是近邻，当地也有依据参与编草人数多少判断主家人缘情况的说法，这在田野访谈中多次由被访谈人提及。

② 据《满月习俗》和《“撇草”与“挂旗”的由来》两文及田野访谈资料综合描摹所得。

③ 图 1-4、1-5 均来源于田野调查。拍摄时间：2015 年 7 月 15 日。拍摄地点：山西省运城市闻喜县寺底村、东颜村。

3. 花馍

捏花馍、送花馍也是婴儿出生后的一项重要民俗活动，其中初生阶段赠送的花馍一般称为“遮风火熁”[①]（图 1-6）[②]，意为遮住四六风保佑孩子平安健康。婴儿生下第三天，姥姥家制作一个虎头圈状花馍送往产妇家中，摆放在产妇屋子的窗台上，可遮挡邪物。婴儿生下第七天或是第十二天，还要送单个老虎形状的花馍。

图 1-6　遮风火熁

而在山东临沂老荒村，庆祝新生儿出生的最大活动就是“送米糖”，一般是男孩第九天，女孩第十二天，现在也会根据国家的节假日进行调整，因为希望能够有更多小孩来参加。在这一天，亲戚朋友，尤其是产妇的娘家人，要携带鸡蛋、面粉、面条、小米、点心、红糖、小孩衣服、童车等前来祝贺。生孩子的家庭则摆宴款待，并送上相应的回礼。送米糖的时候，孩子姥姥家都会有专门的容器，一个放米，一个放面，另一个放麻花。送米糖时买来的童车一般要有一个摇篮车，一个学步车，现在还会有一个大型的玩具车。送米糖过程中有一个关键的仪式就是“铰头”。

---

① “火熁”的“熁”字也存在争议，据文化馆退休职工 WZG（男，70 岁）称，《县志》中用“熁”字，为动词，不符合本意。他认为应写作“火獬”，为怪兽的一种，且其询问过部分阴阳先生，当地有“百獬护平安”的说法。访谈时间：2015 年 7 月 14 日下午。访谈地点：山西省运城市闻喜县文化馆。按照民俗学研究学术规范要求，文中田野调查出现的人名以字母形式代替，特此说明。

② 图片来源于田野调查。拍摄时间：2015 年 7 月 15 日。拍摄地点：山西省运城市闻喜县文化馆陈列室。

铰头准备的东西有算盘（有的找不到算盘会用计算器来代替）、秤、麦麸子、六个钱（原先都是用铜钱，现在找不到铜钱的就用1元的硬币，主要是用来看字闷的，等铰头结束以后，新生儿的奶奶用簸箕上下颠簸，然后看硬币的字闷，有几个字，几个闷，通过这样来判断新生儿以后上学怎么样）、葱（一对）、艾（一对）、一本书、一支笔，这些物件全都放在大升（容器）里面。铰头在正午十二点进行，由新生儿的大姑、舅舅铰头。一般是舅舅先铰，然后再是姑姑铰。铰头需要给铰头钱。铰头的时候，婴儿的奶奶抱着，前面燃着一根蜡烛，铰头者先将剪刀在蜡烛上面耀一耀（拿剪刀在蜡烛火苗上烧一烧），然后铰头。铰头只是做一下动作，并不是真的把头发剪下来。

铰头的时候，姥姥家要准备很多礼物，有米、面、鸡蛋、馓子、童车、被子、衣帽、碗勺、布老虎等等。铰头结束后，其他的人就开始给钱，先是孩子的姥姥家里给钱，然后再轮到孩子的父亲家族的亲戚给钱，以前给钱的时候不怎么记，因为一般哪家给多少钱都是明确的，后来随着钱增多了，而且有的人趁乱不给钱，所以给钱的时候都要找专门的人给记一下。全部的钱都放好以后，现场点钱，最后看一看收了多少钱，由孩子的爷爷来封顶，即孩子的爷爷给凑成一个整数。比如说收了8650，孩子的爷爷可以给凑成10000，也可以凑成9000。这个具体的数目没有要求，基本上就是根据个人不同情况来定。然后就是新生儿的奶奶用簸箕颠簸硬币，看孩子读书的前程。

（二）满月

满月，又称“弥月”，男孩30天、女孩29天时，主家办酒席，亲友需送些食品、衣物、首饰等庆贺。一般来说，满月所送的礼物也是哺育阶段经常使用的，大多包含两类：一是送给产妇的，比如鸡蛋、米、面、肉类等，主要功用是望其身体健壮，也可以给新生儿提供更好的奶水；二是送给孩子的，比如项圈挂锁、虎枕虎鞋、礼馍花馍等，主要功用是祝愿新生命健康成长。

满月之日，一般还要举行剃头仪式，又叫“落胎发”。剃头礼举行前要查看历书，找准吉时。剃头仪程主要由新生儿奶奶家主持，由姥姥家赠礼，布置礼堂，请“全福人”（父母、配偶、子女全有的人）抱婴儿坐在礼堂中央，由剃头匠人为婴儿剃去胎发。剃胎发的规矩很多，要先备妥葱、红鸭蛋、红鸡蛋、石头、金锁片、铜钱，放在浴缸内。婴儿剃发前须先沐浴，并用红鸡蛋及鸭蛋在婴儿头上轻轻滚动三次，取其“红顶”，希望他平步青云、功成名就；红鸡蛋有再生、繁殖及圆满之意，也希望长个鸡蛋脸；红鸭蛋有希望他长得高壮的寓意。而葱取意“聪明”。石头取意“压胆”，期待小孩头壳快快长硬如同石子般坚硬。金锁片及铜钱象征财运及好运、大富大贵。黑龙江西部的蒙古族需由宾客依次为婴儿剪发，并诵吉祥语：“打开金剪为你首次剪胎发，你的叔伯祝你富贵荣华。打开银剪为你初次剪胎发，你的舅表祝你福禄腾达。打开铁剪为你第一次剪胎发，你的亲友祝你前程如霞。”

婴儿的“胎发”又称为“血发”，受之父母，除了要留一些表示对父母的尊敬、孝道外，剃下来的“胎发”也需要谨慎地收藏起来。绍兴一带把剃下的头发搓成一团，装在由姥姥家送的金丝或银丝打的络里，挂在床前，保存起来；杭州地区，胎发要悬挂高处，以求孩子有胆量；苏州地区，胎发用红绿丝线穿起，并挂小铜钱，辟邪压惊；东莞则要由母亲或婆婆用红纸包裹好，珍藏起来，不能轻易丢失；富阳地区，胎发与猫毛、狗毛一起用红纸包起，系上红绿线保存起来。

一般来说，在客家地区，婴儿出生一个月以后才能理发。理发的具体时间每个家庭都不一样，有时也会视天气情况而定，如果遇到冬天，可能会推迟给婴儿理发的时间，使婴儿保留胎发，抵御寒冷的天气。需要理发时，家长会将婴儿带到理发室，请理发师给婴儿理发，有些妈妈也会自己帮婴儿理发。一般都是将婴儿的胎毛全部剃掉，俗称“剃光头”。剃掉的胎发一般不保留。有些婴儿出生几个月后仍然头发稀少，也需要将胎毛剃掉，据说剃掉胎毛后长出来的头发会更加浓密。理发师替婴儿理发后，家长需要付钱给理发师，但不需要给红包。

晋西南地区诞育礼仪中做满月活动较为隆重，时间也另有讲究，一般男孩选在第 29 天，女孩选在第 30 天。在做满月的过程中，有极具地方特色的民俗符号与仪式活动。

稳竹、悬旗、挂匾是晋西南比较具有地方特色的满月习俗。做满月当天，姥姥家会准备食箩（内装五谷酒牲、香烛鞭炮、煮饼、花馍），婴儿衣裤鞋帽和花被等送往主家，意为“添盆”。另有满月锦旗、牌匾[①]，到达主家后悬置在门楣之上，以示祝福（图 1-7）[②]。

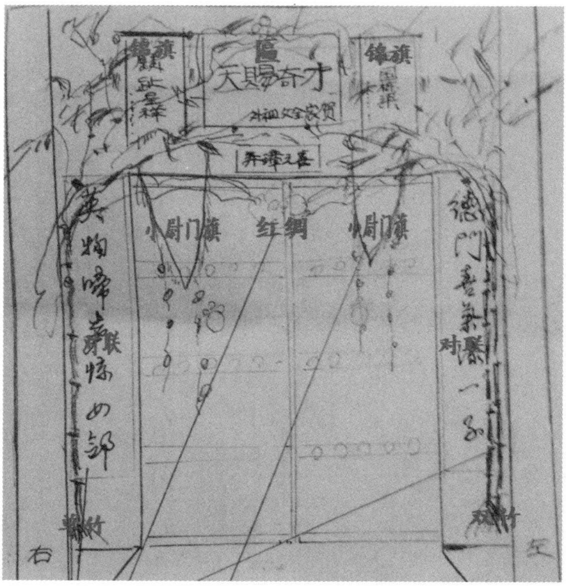

图 1-7　满月悬旗、挂匾示意图

挂旗始于闻喜约在明初，据说当时一户人家闺女出嫁得子后，家

---

① 据闻喜县民俗礼仪研究会成员 PKJ（男，72 岁，寺底村执事）介绍，牌匾是 20 世纪 70 年代之后才兴起的，之前只有锦旗，上面根据婴儿性别书写不同的文字。

② 此图由闻喜县民俗礼仪研究会成员手绘，图片来源于田野调查。拍摄时间：2015 年 7 月 15 日。拍摄地点：山西省运城市闻喜县文化馆。

人认为是件大喜事，特持青竹两根系上红绸并书“弄璋之喜”四个大字，前往女儿家道贺。此举本意是希望孩子长大后，具有竹子那样正直而立、四季常青的风格。不想当地人从此仿效起来，以至演变成了挂旗。后来，又添加了挂其他东西的习俗（图 1-8）[①]，比如镜子是愿孩子心明如镜，书本和蒜瓣是愿孩子著书立说、能写会算，红枣和桂圆是愿孩子蟾宫折桂、独占鳌头，等等。[②]

图 1-8 竹上坠挂之物

一般来说，满月当天主家在宴席开始之前会先举办相应的祭祀仪式，其大致流程如下[③]：

执事人领男女主人至祖堂行告祖礼，焚香、鞠躬后再到门前祭拜喜神，仍焚香、奠酒、鞠躬。之后，男女主人要进行稳定报喜竹子的仪式，一般先稳左边，男先女后，再稳右边，女先男后，然后净手，依然按照之前的顺序祭酒于竹上，执事人或有念词，“今朝若笋，明

---

① 图片来源于田野调查。拍摄时间：2015 年 7 月 15 日。拍摄地点：山西省运城市闻喜县东颜村。

② 此处详见《“撇草”与“挂旗”的由来》，《闻喜文史资料》第一辑，政协闻喜县文史资料室，1992，第 178 页。

③ 此处仪式过程详见《满月习俗》一文。

日成林，茁壮成长，早日成才”。之后，男主人来至门前香案处，男性宾客亦按序列就位，行三鞠躬礼，执事人酌酒，主人捧拳，一杯酒祭天、二杯酒祭地、三杯酒祭旗，祝愿家门人丁兴旺、香火绵延、人才辈出。主人致谢、鸣炮，执事人再领主人进行祖堂祭祀，仍是焚香、祭酒，行四次叩首礼。同时，婴儿父亲向各位长辈行礼拜谢。

事实上，从调查情况来看，竹、草、旗、匾这些诞育礼仪中的标志物使用起来比较混乱，也并不一定按照准确的时间界定来进行相应的民俗活动，比如用竹子报喜这个活动，当地人也有“南垣挂竹，北垣不挂”的说法[①]。此外，从调查的村落来看，明显可以看到区别的是东颜村和寺底村，前者多以竹、草为主，后者多以旗、匾为主。据推测，这可能与寺底村浓郁的楹联文化有一定关系。[②]

此外，花馍也是满月仪式中必不可少的物品，一般也是由外祖母家赠送。满月捏制的花馍比较有特色的有三种：一是“老虎腿腿”，即捏一双老虎腿形状的馍，当地称为“送腿腿”，寓意给孩子安上腿脚，赶快学会走路；二是“猫娃”，即捏个小猫，当地人认为猫是孩子的好朋友，可以伴随孩子慢慢长大；三是“囫囵”，即一个圆形面圈上再置放精细的十二属相的面塑，满月仪式中，定好时辰让姥姥把娃娃从馒头圈这边给奶奶递送过去，同时念叨“姥姥送奶奶接，孩子活过九十八”等俗语[③]。据调查可知，花馍虽为闻喜县国家级非物质文化遗产项目，并广泛应用于生命仪礼的各个阶段，但其发展时间仅可追溯

---

① 此种说法出自东颜村 ZDD（女，78 岁）之口。访谈时间：2015 年 7 月 15 日上午。访谈地点：山西省运城市闻喜县东颜村张氏家中。

② 寺底村是当时全国仅有的五个“中国楹联文化村”之一，自古就有“下了寺底坡，秀才比驴多”之美誉，家家户户门前都有对联。

③ 这一仪式有着过渡的功能。调查中我们还发现了另一种类似的仪式：钻裤腿，即由孩子的干妈缝制一条开裆的裤子，让孩子钻过去，让孩子钻过或是穿过一个物件表示成长和庇佑。这一仪式来自寺底村，由 WFL（女，70 岁）讲述。访谈时间：2015 年 7 月 15 日下午。访谈地点：山西省运城市闻喜县寺底村温氏家。

至20世纪七八十年代。在这之前，人们只使用普通的白面馍馍[①]。也就是说，在最初的诞育礼仪中，“馍”的功能更多的是集中在其作为粮食的意义上，与选取谷秆挂在门前的含义一样，是取农耕社会较为普遍的生活必需品代表对于新生命的庆贺与祝福之意。此后，随着社会环境的发展，又在最为简单的民俗事物上增添了内容与含义。

满月剃头是在民间普遍流行的一种重要习俗，在调查中发现，闻喜各地对于落下的胎发也有不同的处理方式，却都蕴含着其对于婴儿健康成长的祝福。姥姥家要赠送圆镜（照妖）、关刀（驱魔）、长命锁（续命），剃头时额头留聪明发、脑后蓄掌根发、眉毛全剃光，剃下的头发一般用红布包好、缝住，一种方式是将胎发包挂在村内最为茂盛的树上，寓意孩子像大树一样茁壮成长[②]；另一种是将胎发包置于劈开的谷秆头上插在墙头，寓意孩子随风长大[③]。

（三）命名

个人特称的“名”，最迟不晚于夏商，就已在中国出现了。而命名的具体情况，包括选择日期、参酌条件、遵循格式及宣示申报等，众说纷纭。西周开始，人们给下一代命名的形式逐渐形成一整套制度，并作为人生礼仪的最重要环节之一。对于古代中国人来讲，命名的意义远远不只是一个标识。据《礼记·内则》，命名礼仪是一个复杂但有条理的过程，分为：择日、理发、见子、名子、对答、告名、书名。孩子出生后三个月内，父亲不入产房，经常使人慰问，显示对妻儿的关心。三个月后，命名礼择日举行，家族中有头面的妇女如祖母、伯母、叔母等，以及父亲已为孩子请好的老师都来参加。

---

① 这一点我们在调查中访谈到的人都有介绍，说花馍是改革开放之后才在当地逐渐流行起来，随着作为国家级非物质文化遗产项目的推广得到了更为广泛的应用和发展。

② 此种说法出自东颜村ZDD（女，78岁）之口。访谈时间：2015年7月15日上午。访谈地点：山西省运城市闻喜县东颜村张氏家。

③ 此种说法出自寺底村WFL（女，70岁）之口。访谈时间：2015年7月15日下午。访谈地点：山西省运城市闻喜县寺底村温氏家。

当日，母亲先行沐浴更衣，孩子也剪去胎发，不可全部剃光要留一点，男孩留“角”，女孩留“羁”。礼仪开始时，母亲抱子（女）出房，辈分最尊的妇人先看婴儿，并喊着做母亲者的姓氏说：“某某氏，今天要让孩子拜见父亲了。”当父亲的应答道：“一定要好好教养他守礼循善。”然后，父亲走上前去，握过小孩的右手，给其以慈爱的笑，当场宣布给孩子的名。命名后，母亲立刻应答，谨记夫言，教儿成德。然后，她把孩子交给老师。对方抱过婴儿后，即依尊卑长幼的顺序，把小孩刚获得的名字向观礼者宣告。

命名礼的最后阶段是告祖、宰：告祖使新生儿之名获得家族内部的认可；告宰则为存档，其式为“某年某月某日某生”。从此，如不发生更名情况，命名礼上所给予的这一名称将伴随担当者终生乃至永远。

西周开始的命名制度，大致奠定了汉民族千年间命名礼的基本模式。当然，在漫长的历史岁月中，命名礼也有变化，一些具体细节会发生改变，比如命名的时间便有“三朝命名”“满月命名”“百日命名”“周岁命名”乃至“发蒙命名”等不同说法。此外，它还远远不能囊括中华民族多姿多彩的命名习俗。现实来说，各地各民族对于命名礼有着不同的诉求，但是命名礼背后所包含的情感和伦理却是相通的。中国人历来看重起名字，如俗语所说：“赐子千金，不如教子一艺；教子一艺，不如赐子好名。”我们需要用一个名称来寄托或表达美好的祝愿，也需要通过一定的仪式来维系家庭和社会关系。

（四）戴锁、开锁

在一些地区的诞育仪式中，锁扮演着重要的角色，兼具实用功能和仪式功能。

1. 长命锁

根据现有的研究资料来看[①]，长命锁的前身是长命缕，由汉代的朱

---

① 关于详细的长命锁的渊源发展，可参见万新华：《生命的寄寓——长命锁略谈》，《寻根》2006年第1期。

索演变而来。在汉代，百姓以五色丝制成朱索，于端午节悬挂于门户之上，认为能驱逐鬼疫。到了魏晋南北朝时期，由于当时战乱频仍，瘟疫、灾荒不断，人们开始用五色丝缕编成绳索在端午或者夏至时系在妇女儿童的手上，来祛灾辟邪、祈求健康。这一时期，朱索演变为长命缕，成为臂饰，并且在江汉地区得到了广泛的沿袭。唐朝时，端午系戴长命缕成为全国性习俗。宋代该习俗传入宫廷，除了妇女儿童之外，男人也多佩戴长命缕。并且这一时期出现了最早的长命锁，它由臂饰转变为项饰，这通过收藏于台北故宫博物院的南宋苏汉臣的《长春百子图》和南宋苏焯的《端阳戏婴图》可以得到印证。明清时期，随着习俗的进一步发展，"长命缕"就仅指婴儿系在头发上的五色丝绳了，而"长命锁"则成为儿童周岁时通常佩戴的吉祥颈饰流传至今。

通常情况下，姥姥要在婴儿满月或周岁时为婴儿佩戴长命锁。从材质上来看，长命锁有木质、石质、玉质、象牙质、金质、银质、铜质、铁质等，其中以象牙质、玉质最为贵重，银质最为普遍。从形制上来看，长命锁有如意卷云形、元宝形、长方形、麒麟送子形、扁食形（又叫作饺子锁）等形状。锁上通常采用浮雕方式铸有"长命富贵""三元及第""百庆""金玉满堂""多子多福"等吉语以及麒麟送子、柏枝、石榴、花草、刘海戏金蟾、福寿图等吉祥图案。临汾地区讲究在孩子满月时由姥姥送"麒麟送子"锁，其形状为孩童骑在麒麟之上，手里拿着一面旗子，链子挂两个胖娃娃，下缀四个铃铛或白菜。

项圈锁即将长命锁由项圈挂在孩童脖子上。南宋苏汉臣的《长春百子图》中孩童悬挂的锁即为项圈锁（图 1-9）。一般来说，项圈为可收缩的银质项圈。但是还有比较特殊的项圈是布项圈和铁项圈。临汾曲沃地区讲究做布项圈，即要七个不同姓氏的人用彩色线把红布缝成一个一边粗一边细的项圈，然后再把剩下的彩色线和棉花填充到红布中，使其具有立体感。铁项圈，即用破旧棺材上废弃的七颗铁钉，请匠人在夜深人静、星斗出齐后，以黑驴蹄子锤头打造而成，据说小孩戴上以后可以祛恶辟邪，良泰无恙。[①]

图 1-9 〔南宋〕苏汉臣《长春百子图》(局部)

脐带锁即以脐带作为锁链，下缀长命锁。脐带是婴儿与母体之间的连接，是婴儿获得营养的纽带，因此脐带在民间被认为是婴儿的生命线。脐带锁将锁和脐带连接，希望可以锁住孩子的生命、身体和灵魂，从而帮助孩子健康成长。制作脐带锁首先要将脐带在酒中泡制一段时间后晒至半干，在孩子满月这一天，请上有父母、下有儿女的“全福人”用红布将之包裹、缝制，形成一个项圈，并在下边挂上长命锁或者铁锁后埋入土地深处。以后每年孩子生日的时候拿出来包一层红布（可打开的锁子要献祭过灶王爷后打开一次），一直到十二岁生日最后打开一次后留下锁子，将脐带扔到高处的柏树上，让其风化，自然消失。临汾市汾西县讲究从婴儿出生开始要在婴儿脖子上挂一包裹着脐带的锁链，一直挂到十二岁。不过“孩子懂事后，多不愿带，就将锁挂在瓷罐上代之”[②]。

百家锁（或叫“千家锁”),一般刻有“百家锁”“千家保”等字样，是从长命锁中衍生出来的一种称呼。据叶大兵、叶丽娅的观点[③]，明代

① 杨迎祺:《临汾民俗考析》，山西省内部图书，2010。

② 汾西县地方志编纂委员会编:《汾西县志》，方志出版社，1997，第 479 页。

③ 叶大兵、叶丽娅:《中国锁文化史》，知识产权出版社，2011，第 66 页。

即有了百家锁，叫作“百家保贵”。民间认为孩子在百家共同的养育下能够防病避灾、健康成长，因此产生出了吃“百家饭”、穿“百家衣”的风俗，“百家锁”的内涵与此相同。据记载，江西等地孩子出生后不久会由父母用白米七粒、红茶七叶换取回礼铜钱百文为孩子打造百家锁，或找乞丐换其乞讨之钱（取百家讨得之意）为孩子购进百家锁。现山西地区已经没有如此繁复的百家锁，仅在长命锁身铸“百家”或以制钱锁作为替代。

制钱锁是百家锁的一种变异和简化形式。旧时民间讲究用百家的制钱为婴儿打造百家锁，但是随着钱币形式的变化和社会交往方式的改变，这种铸锁的方式不再可能成为现实。于是人们图方便，直接用红绳将三五枚制钱编起来，形成制钱锁，送给满月或者生日的儿童。这种风俗在 1980 年以前仍然存在。

2. 手锁、脚锁

手锁在临汾地区也叫“衔挂”，安泽地区称为“栏门锁”。孩子满月时，姑姑、阿姨等至亲前来看望时每人拿一件小饰品穿在红绳上构成手锁（图 1-10）。小饰品有颠倒驴、小斗、小棒槌、小瓢、蛇头骨、猪骨头、玉石块、小锁子，以及姥姥在三天时给挂的一对铃铛等。襄汾县讲究手锁上要系十种不同的东西，叫作“十不衔儿”。曲沃地区讲究要在手锁上挂个槟榔槌，孩子不停吃着可以不起口疮。

脚锁和手锁一样，也是在满月时佩戴。一般上边缀有姥姥送的一对铃铛，或者一个较小的银质长命锁。

图 1-10　手锁上的银质饰品

3. 面食锁

面食锁是山西临汾地区比较独特的一种锁。从孩子出生到成家立业期间，人们总是会将面食赋予锁的含义送给小辈，来表现对他们成长的关注和保护。在面食锁中，馉[①]是分布最广的一种面食（图 1-11），而综合各县市特点来看，襄汾的串铃、曲沃的馉娄比较富有特色。

图 1-11 馉

（1）馉，又叫作“套颈馍”“牛曲连”“圆食”等，分为白面馉和油馉。

白面馉是用面粉捏成的圆形面圈，直径一尺余，中间留一个套在孩子脖子上的大孔。馉身根据年龄和不同礼仪加饰许多面花，通常塑有花卉动物等，分别称作“太子耍莲”“十二生肖”“鱼儿钻莲”“松鼠吃葡萄”“麒麟送子”“蛾儿扑菊”“二龙戏珠”“龙凤呈祥”“猛虎驱邪”“凤凰戏牡丹”等。如果是男孩的话，馉上装饰的有龙、老虎，中间放龙、蛇、虎图像馍；如果是女孩的话，馉上装饰有凤凰、石榴、牡丹、芍药，中间放兔、鸟、花图像馍。有的在素面上塑项圈锁，锁上又塑有“长命富贵”“长命百岁”的字样，叫作花儿馉。[②]尧庙镇讲究过十二岁时，要在生日小孩的属相上点一个红点，叫作“点头

① 馉音 gǔ，字形不统一。《临汾市志》写作“箍栏”；《安泽县志》写作“谷恋”；《古县志》写作“箍拦”；《蒲县志》写作“馉圞”；史启东在《说馍》中写作“囫囵”；李百玉在《土门的花馍》中写作“馉揽”；张文丽在《闹满月》中写作“箍篮”；《可爱的临汾》中写作“箍拦”“箍练”。

② 杨迎祺：《临汾民俗考析》，山西省内部图书，2010，第 249 页。

脑”[①]。另外，临汾市在孩子结婚的时候还要蒸两条蛇盘到馏上。

油馏即油炸的馏，汾西地区称为油饼。直径尺余，扁状，中间有洞。在尧都区的吴村和县底等地，姥姥要在周岁和十二岁时给孩子送两份油馏，平年一份十二个，闰年两份二十四个。然后用红绳把馏穿到一起，在红绳上系上钱锁。河东的油馏做得比较精致，馍身讲究要有虎头、虎尾，还要插花；河西油馏上一般为暗花。

（2）串铃

戴串铃是曲沃、襄汾一带孩子过周岁时的风俗。串铃是用红线编起来的火烤的五个小馍圈，馍圈可以叠着摆放，也可以分开摆放，类似于制钱锁的编法和形状。

（3）馏娄

满月时，曲沃县姥姥会给外孙（女）蒸制馏娄这种面食。男孩的话，蒸一个老虎形的馏娄；女孩的话，蒸一个鱼形馏娄。馏娄分为上下两个部分，像葫芦的形状，上边的是凸字形的，下方的左右两边分别卷成两个圆圈；下边是凹字形的，上方的左右两边也是卷成的两个圆圈。四个圆圈中放四颗枣，中间空白部分间杂放置一些枣和花。曲沃人蒸馏娄，取其能把孩子箍搂住、约束住的意思。

4. 枷

临汾地区在孩子十二岁之前有往娘娘庙送枷的习俗，这一习俗在尧都区龙祠村一带最为兴盛。制作时，首先要选取有根、有梢、有叶的谷秆在开水中烫软折成三角形，两个三角形正反相套构成六角形，然后用红绳把关节处系好，在谷秆上缠上彩色纸条，最后在几个关节处及六个角处点缀几朵红纸剪成的梅花即可（图 1-12）。十二岁之前送的枷叫小枷，孩子出生、满月及周岁时都要送一个枷，以后每年增加一个，在当年的庙会时送上。十二岁时送的枷叫整枷，为十二个六

① 尧都区三晋文化研究会、根祖文化研究会：《尧都村镇风情——大型史略类散文》，山西省内部图书，第 839 页。

角形枷或者十二根秆草。送枷时，孩子要把枷套在脖子上送到寺庙里，献祭之后烧掉。

图 1-12　枷

5. 发锁

在满月前后，临汾市有给婴儿剃头的风俗，俗称“剃胎发”。辛亥革命后到新中国成立前，男孩子们剃头时，前额留马鬃（即在脑门部分留宽约一寸的长发），后脖顶部也多留一撮发，有的还要沿头一圈留宽约半寸的头发，称为“箍”，要留到十二岁才可剃掉。[①] 现在已经没有了“箍”这种发型，只是为了防止男孩，尤其是独子夭折，要请算命先生看过后，在发旋处或者后脖顶部留一撮头发，称为“百岁毛”“拽毛”“雀尾巴”，意思是可以把孩子拽住、管住，后脖顶部的一撮头发长大后会梳成一个辫子，十二岁生日时剪掉。女孩的话，要留一个朝天小辫，叫作“天不揪”。另外，还有的地方讲究要将胎发缀在项圈之中，“把剃下的胎发，揉成圆珠，用红布包好缝实，缀在孩子项圈或者衣服上，民间认为血为精气之本，胎发则为‘血余’；佩戴在身，可以消灾避难”[②]。

6. 姓名锁

锁不仅有实物形态，临汾地区在给孩子起名时，也会将“把孩子锁住、管住”的风俗寄寓其中，产生一些具有“符咒作用”的姓名锁。

① 黄翠莲主编:《可爱的临汾》，中共临汾市委宣传部，山西省内部图书，2010，第 16 页。

② 《临汾市志》编纂委员会编:《临汾市志》，中华书局，2013，第 2991 页。

这种符咒作用的姓名锁多用锁、拽、拴、拦、拉、保等字，并且和寄名神佛的风俗相联系。例如金锁、银锁、玉锁、石锁、锁女、富锁、双锁、庙锁、锁疙瘩、北拽、拽娃、树拽、三拽、栓子、拴保、拦拦、蓝蓝、拉住、拉子、神保、天保，等等。

（五）抓周

养育到一岁左右，要举行仪式以示庆祝，古代称“晬盘”，因其重要礼仪是抓周。旧时，抓周仪式一般都在中午进行。讲究一些的人家都要在炕前设案，上摆：印章、儒释道三教的经书、笔、墨、纸、砚、算盘、钱币、账册、首饰、花朵、胭脂、吃食、玩具。如是女孩抓周，还要加摆铲子、勺子、剪子、尺子、绣线等。一般人家，限于经济条件，多予简化，仅用一铜茶盘，内放私塾启蒙课本《三字经》或《千字文》一本、毛笔一支、算盘一个、烧饼油果一套。女孩加摆：铲子、剪子、尺子各一把。由大人将小孩抱来，令其端坐，不予任何诱导，任其挑选，视其先抓何物，后抓何物，以此来预测其志趣、前途和将要从事的职业。

如果小孩先抓了印章，则谓长大以后官运亨通；如果先抓了文具，则谓长大以后好学，能状元及第；如是小孩先抓算盘，则谓将来长大善于理财。如是女孩，先抓剪、尺之类的缝纫用具或铲子、勺子之类的炊事用具，则谓长大善于料理家务。反之，小孩先抓了吃食、玩具，也不能当场就斥之为“好吃”“贪玩”，要说成“孩子长大之后有口福儿”。总之，抓周是长辈们对小孩的前途寄予厚望，在一周岁之际，对小孩祝愿一番而已。

从文献记载来看，抓周仪式可上溯至南北朝时期，北齐颜之推《颜氏家训》就明确记载：“江南风俗，儿生一期，为制新衣，盥浴装饰，男则用弓矢纸笔，女则刀尺针缕，并加饮食之物及珍宝服玩，置之儿前，观其发意所取，以验贪廉愚智，名之为试儿。亲表聚集，致宴享焉。”[①]

---

① 〔北齐〕颜之推：《颜氏家训》，夏家善、夏春田注释，天津古籍出版社，2016，第54页。

到了唐宋时期，抓周风俗已从江南传至全国各地，谓之“试晬”或“周晬”。宋代孟元老《东京梦华录》记载说：“至来岁生日，谓之‘周晬’，罗列盘盏于地，盛果木、饮食、官诰、笔砚、算称（秤）等经卷针线应用之物，观其所先拈者，以为征兆，谓之‘试晬’。此小儿之盛礼也。”①

元代和明代，习俗更盛，被称为“期扬”。到了清代才有“抓周”“试周”之称。《儿女英雄传》第十九回就详细记载了一则抓周趣事：“这年正是你的周岁，我去给你父母道喜。那日，你家父母在炕上摆了许多的针线刀尺、脂粉钗环、笔墨书籍、戥子算盘，以至金银钱物之类，又在庙上买了许多耍货，邀我进去一同看你抓周儿。”《红楼梦》第二回里也介绍了贾宝玉抓周时伸手拿了脂粉钗环，被贾政嫌弃，认为其将来不过是酒色之徒。著名学者钱锺书先生就此曾经开玩笑：“《红楼梦》贾宝玉抓周抓了胭脂，我一岁抓周抓到书，取名锺书，儿时玩戏不足信。”但是，钱老的一生还是全部给了书。如此看来，儿时玩戏虽不足信，也有巧合之缘。

在客家地区，婴儿满一周岁也要举行周岁仪式。周岁，客家人称之为“对岁”，办周岁仪式叫作“做对岁”。婴儿周岁那天，主家要设宴招待亲朋好友，祝贺婴儿满一周岁。来参加酒宴的亲朋好友要送红包给婴儿，祝愿婴儿平安健康成长，婴儿的姥姥家会送衣服、鞋子给婴儿。周岁仪式是婴儿过的第一个生日，因而较为隆重。

（六）寄名

寄名，是为了保证孩子的健康成长，父母将他们送到道观寺庙，请道士或者和尚取一个道名或法名，从此在象征的意义上将孩子托付给道观或者佛门，从而缔结一种宗教和世俗的亲属关系，寻求神秘力量的庇护。

---

① 〔宋〕孟元老：《东京梦华录》，李士彪注，山东友谊出版社，2001，第54页。

寄名时，出家人要给孩子一些东西，比如僧衣、道衣、寄名符和寄名锁等。孩子寄名以后，有的要打扮成道士、和尚，以示出家，不过并不是永不还俗。因为父母无意让孩子遁入空门、为僧为道，只想借神佛仙道的保佑躲避灾厄。如果他们认为孩子已经度过灾厄期，能够独立抵御外来侵害，这种关系便可以终止了。终止关系的仪式叫“还俗”，也就是把寄名时交给寺庙的寄名袋取回来，回到世俗生活中来。

在北京顺义，过去的这种礼仪叫“跳板凳”，也就是在孩子长大的时候，选择吉日到庙上进贡，庙主责罚小孩，小孩便乘机跳过板凳，还俗回家。在天津，寄名的孩子十二岁跳墙还俗。跳墙前择一吉日，买一只簸箕，一把毛帚，预备八枚铜钱。跳墙当天，父母带领孩子向神像焚香祷祝，让孩子持簸箕和毛帚，拂拭香案，洒扫地下。然后，孩子站在板凳上，左右手各持四枚铜钱。旁观之人喊声“老和尚”，孩子便将钱向后撒去，跳下板凳，不回头地跑回家中。

在我国，寄名的习俗曾经是普遍存在的。古典小说《金瓶梅》《红楼梦》都曾写到寄名的习俗。近现代的生活中，也有寄名的例子。鲁迅先生小时候就寄名到了寺院，得法名“长庚”。此外还有一件百家衣，还有一条叫“牛绳”的东西，上面挂些零星的小东西，如历书、镜子、银筛之类，说是可以避邪。

寄名风俗在全国较普遍，但各地在细节名称上稍有差异。从性质上讲，和寄名相似的还有认干亲，因此被寄名的僧尼道姑也被称为“寄名干爹娘”。认干亲也是为了孩子好养活。因此在选择干爹、干娘上有讲究，一般讲要选择子女众多的“多福人”。因为觉得儿女多的人命大，能福佑自己儿女，同样也可以福佑自己的干儿女。不过，也有的专门选择贫寒人家认干爹娘，大概是认为贫寒者鬼神不扰，不像富贵人家小孩容易引起嫉妒，惹来灾难。也有两方家长关系不错，结成干儿女亲家，加深双方感情。

一般认干亲的仪式，也是要选一个吉利的日子进行。简单一点的，孩子正式向干爹娘磕三个头，改称呼就算完成。孩子小又特别娇的，认干妈时，干妈需穿一条特别肥大的红裤子，坐在炕头，由旁人抱着孩子从干妈的裤裆里钻出来，象征亲生一次。还要起个乳名，然后，干妈送给干儿女衣服、鞋帽、兜肚、饭碗、筷子、长命锁等。孩子的父母也要替孩子准备送给干爹干娘的礼物。拜亲仪式结束，干妈给干儿女带上长命锁，以后用干爹干娘送的碗筷吃饭，意思是吃干爹干娘的饭，托干爹干娘的福气，健康成长。

从呱呱坠地到咿呀学语，从三朝、满月到周岁，其间进行的种种仪式活动既表达了对于家庭圆满的祝福与庆贺，也寄托着对新生命茁壮成长的殷切希望，是合家欢乐、共享天伦的契机。

第三节　诞育礼仪传统的当代价值及其重建

人生礼仪展现着人们的日常生活经验，承载着普通百姓的世界观、价值观，也折射出包括亲属制度、人情交往等在内的社会关系风貌。一般而言，人生礼仪中的婚丧礼仪是主要内容，也更多地表现出仪式之于社会关系的重要作用。与之相比，诞育礼仪虽是中国传统人生礼仪的重要环节，但是由于其更多地指向家族成员增添之于家庭内部关系（血缘）的作用，因而对于家庭与外界的关系（地缘）关注较少。

一、诞育礼仪传统的当代价值和意义

在调查中发现，以山西省闻喜县诞育礼仪为代表的当代社会诞育礼仪传统，充分地表明了人生礼仪传承与社会关系构建之间的密切关系，成为人口流动较为显著的地域中完成社会关系构建的重要方法之一，其所体现的邻里互助机制也成为城镇化过程中较为典型的社会交往形态之一。人生礼俗不仅仅是生命各个阶段具有节点意义的仪式活动，更是调节自家与外界的社会关系的重要媒介。在以血缘和亲缘为

主的传统社会中，人生礼俗是人们彼此建立和稳固社会关系的主要活动，因此，除了极具象征意义的各种民俗符号之外，整个仪式进行的过程就是社会关系的构建过程。

美国人类学家罗伯特·芮德菲尔德（Robert Redfield）在研究墨西哥乡村时提出了所谓的“大传统”与“小传统”的概念：“在一个文明中，存在着一个具有思考性的少数人的大传统和一般而言不属思考型的多数人的小传统。大传统存在于学校或教堂的有教养的人中，而小传统是处于其外的，存在于不用书写文字的乡村社区生活中。哲学家、神学家、文学家的传统是一个在意识上的培养的传统，并输送下去。而最大部分人民所属的小传统被认为是被赋予的，不用仔细推敲的或被认为要提炼和润色的文化。”一般而言，对于“大传统”与“小传统”的概念，学界多从其差异性进行探讨，强调的多是两者的互动，往往忽略了其传承内容的历史性以及传承主体的多元性。

无论是“大传统”还是“小传统”，都有其传承的历史过程。美国学者爱德华·希尔斯（Edward Shils）在《论传统》一书中阐释了传统的要点：1. 传统是人们代代相传的事物；2. 相传的事物具有内在的同一性；3. 传统具有持续性。[①] 换句话说，传统是从过去来到现在的、具有历史性的东西。“大传统”多是处于显性层面的制度性、体系化的内容，对应“礼”的层面；“小传统”多是处于隐性层面的常识性、碎片化的内容，对应“俗”的层面。

古代中国乃为传统的礼仪之邦，衣、食、住、行皆有一定的礼仪制度。可以说，礼仪是古代社会存在与发展的主要内容与基本规范，正如《礼记·曲礼》所言：“道德仁义，非礼不成；教训正俗，非礼不备；分争辨讼，非礼不决；君臣上下，父子兄弟，非礼不定；宦学事师，非礼不亲；班朝治军，莅官行法，非礼威严不行；祷祠祭祀，供给鬼

① ［美］E. 希尔斯：《论传统》，傅铿、吕乐译，上海人民出版社，1991，第15—21页。

神，非礼不诚不庄。是以君子恭敬、撙节、退让以明礼。”[①] 统治阶级按照严格的礼法制度区分社会阶层，从而确保等级的明晰和社会的稳定。但是，适用于统治阶级的礼仪规范往往并不与平民百姓直接相关，即所谓“礼不下庶人”。也就是说，贵族阶层礼仪制度的制定与实施，并不以平民百姓为考虑和实践的对象。事实上，掌握在统治阶级手中的礼仪规范形成于原始全民平等的社会习俗，只不过在社会发展以后，阶层的分化导致礼仪制度为上层社会所占有，以便更好地划分社会等级。从这一意义上讲，礼与俗原本就有着十分密切的关联，而这种表现方式上的差异并不能从根本上否定礼俗之间的精神内涵关系：“礼在社会上下层有不同的表现，在社会上层表现为等级分明的贵族礼法制度，在社会基层表现为乡里庶族家礼俗规。”[②] 在这种密切的关联性之下，礼与俗有着极为明显的互动关系：礼通过俗扩展自己的适用范围，俗通过礼强化自己的精神准则，而这种互动关系也是在历史中不断推进的。

（一）调和家庭内部及近邻关系

诞育礼仪传统中参与互助的人群为社会关系网络的一部分，以主家为中心向外辐射，主要包括：

1. 血亲，以出生者为中心的血缘亲属关系；

2. 姻亲，以家庭成员缔结婚姻为主的亲属关系；

3. 乡邻，以居住区域为纽带的地缘群体，人们通过仪式中的互助行为主动调试与他人的社会关系。

在诞育礼仪中，这个社会关系网络（图 1-13）主要是以操办诞育礼仪的主家为中心点的“邻里圈”：

---

① 胡平生、陈美兰译注：《礼记 孝经》，中华书局，2007，第 6 页。

② 萧放：《传统节日与非物质文化遗产》，学苑出版社，2011，第 256 页。

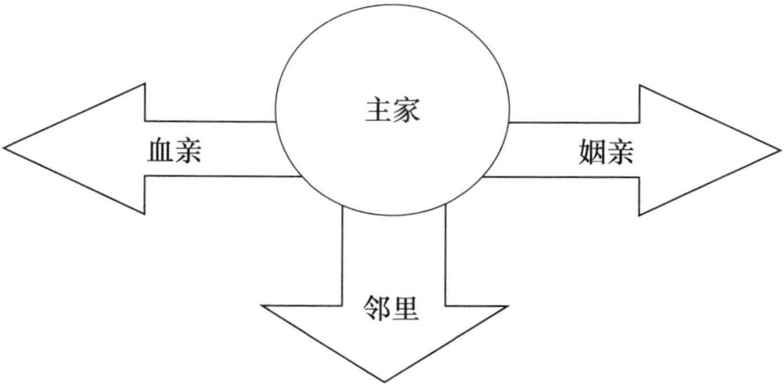

图 1-13 社会关系构成示意图

在这里，血亲与姻亲多是家庭内部关系的调和，而邻里则是家庭对外关系的重要层面，也是家庭社会关系调和的重要部分。在人口流动性较为明显的现实社会，构建与调适对外社会关系显得尤为重要，而诞育礼仪当为其中一个比较适合的契机，因此人们常常利用这样的时间段来构建或是强化以自己为中心的社会关系网络。

（二）重构流动社区中的社会关系

诞育礼仪传统算是人生礼仪中的“小传统”，其并不具备制度化的行为准则和条理化的仪式过程，多是围绕新生命诞生的祈福与祝愿活动，但也透露出了从过去绵延至今的生活经验。当然，这种生活经验与地域文化有着密切的联系，因而不可能完全相同。于是，当民俗承载者有了身份的转变或是空间的流动后，弥补传统的差异性所造成的缺失也成为一项重要的民俗活动，即通俗意义上讲的“入乡随俗”。比如，如有主家来自其他区域，便会通过举办当地传承的仪式活动构建新的邻里关系：

主家：“大的没瀐草（山西晋南满月礼），因为我们那边不兴这个。这个要办啊，搬到这里来了，这边儿的人都办啊！”[①]

① 访谈资料来自田野调查。调查时间：2016 年 4 月 8 日—4 月 9 日。调查地点：山西省运城市闻喜县姚村。主要调查对象：王家。

当然，这种尝试构建邻里关系的行为最终取得的效果因人而异：

远邻："他们不算我们村儿的吧，前些年从南垣搬过来的。"

近邻："当然是我们村儿的，他家都搬过来十多年了，我们才搬过来六七年呢！"[①]

由此说明，举办当地传承的仪式活动是迁居过程中构建新的社会关系的方法之一，但是其被承认的程度也随具体情况而变。可以确定的是，迁居时间越久，被认同的圈子越大，这应该与礼俗仪式的互动有着紧密的关系，这其中最重要的礼俗包含人生礼仪。与婚丧不同的是，诞育礼仪中多不含"礼金"一项，所谓"礼物"的流通，更多意义上是以劳动力为主要形式的互助。

当民俗承载者由一个区域向另一个区域迁徙时，会接触到与原有区域文化具有差异性的传统，其只有在不断地接受与实践之后才能逐渐进入迁徙区域的社会关系，并建立起自己的社交网络。当然，如果民俗承载者的势力足够大，或者人数足够多，也有可能将自身固有的传统散播于迁徙区域。这一接受或是散播与实践的过程正是具有历史性的传统空间传播的主要途径，其中与人的生命历程息息相关的各种礼仪通过礼物的流动、邻里圈的辐射等，成为新的社会关系构建的重要契机。

朱熹《中庸》注疏曰："礼，亲疏贵贱相接之体也。"[②]可见，礼俗是人与人之间实现社会互动的重要方式。古代儒家以礼的实践来构建各种社会关系，让每个人通过社会关系进入或是构建社会体制，这在民间也得到了较好的印证，只是未表现出冠冕堂皇的说辞而已，因为民众的智慧与行为从来都是实际的、较为零散的和不深究意义的。

---

① 访谈资料来自田野调查。调查时间：2016年4月8日—4月9日。调查地点：山西省运城市闻喜县姚村。主要调查对象：王家。

② 〔宋〕朱熹：《四书章句集注》，中华书局，1983，第36页。

二、诞育礼仪当代重建与传承的对策建议

诞育礼仪是中国传统的人生礼俗之一，是生命起始阶段人们对于新生儿的接纳、庆祝与福佑的重要仪式，一般在婴儿初生、三朝、满月、百日和周岁等时间段进行。虽然各地区、各民族的诞育礼俗形式并不相同，但是都具有对新生命的欢迎与祝福的含义，并具备一些极富特色的民俗符号，这些民俗符号便成为礼俗仪式中必不可少的元素。关于生命诞生的庆祝活动，在一定程度上还是家庭内部关系延续与外部关系构建的重要契机，其在某些区域所内嵌的亲朋以及邻里互助机制也成为城镇化过程中较为典型的社会交往形态之一。就此，诞育礼俗的当代重建与传承事实上包含着个人（新生命）、家庭（新生命所在的小环境）以及社会（新生命家庭关系的拓展）三个方面的价值与意义。

诞育礼的主体或说文化内核是对于新生命诞生和茁壮成长的庆祝与护佑，在从古至今的传承过程中，其主要承载于相对较小的环境之中，且不具备相对复杂甚至体系化的仪式过程。第一，诞育礼俗中的民俗符号随时代的更迭和地域的不同而产生变化。比如，新生儿周岁时抓周的物品选择上，从旧时的文房四宝、儒释道经卷、秤尺刀剪等，逐渐增加诸如手机、鼠标、望远镜、地球仪、指南针一类的物品。此外，晋南调查中各个村庄会因各自文化环境而呈现出各具个性的民俗符号，比如楹联和牌匾等。第二，随着社会变迁，诞育礼俗可以构建或是维系的社会关系发生了非常大的转变，因此对其当代重建与传承形成了一定程度上的冲击。比如，晋南调查中的“吃喜摆草礼”蕴含着邻里关系构建的内容，尤其是在迁居形成的新型社区中，但是其被承认的程度也随具体情况而变。第三，诞育礼俗的传承单位主要是以新生儿父母为主体的家庭，其主要面临的选择机动性和个体性更为复杂。比如，在山东部分城市进行的随机调查中，很多较为年轻的新生儿父母表示并不十分清楚洗三或者抓周的内容，也并不觉得此种仪式

真的会对新生儿产生影响。第四，国家生育政策的调整也直接影响着诞育礼俗的变迁。比如，关于求子的随机调查中，人们对于二胎性别的期盼会受第一胎的影响。此外，人们对于第二胎生命初始阶段的庆祝仪式也会根据第一胎而酌情选择，多数表示如果第一胎时已经举办周岁生日仪式的话，第二胎就不再举办，以免在社会关系构建和维系上产生不必要的麻烦。第五，随着人们生活状态的改变以及生存观念的更迭，出现了极具个性化的、有关生命存续的习俗活动。比如，传统社会中，诞育礼俗多以求子为主要内容，但从目前山东个别寺庙的调查中，发现当新生命不具备诞生的条件时，部分人们会选择堕胎并进行超度仪式以求心安。

从人生礼俗整体的角度来说，诞育礼俗是人类生命起始阶段，它来自人们对于新生命的期盼与祝福，在各地区、各民族中都有着极具特色的活动内容与含义。而从仪式的角度来说，诞生礼俗是以信仰为中心，辐射个人、家庭和社区的民俗活动，其内容比起婚丧等人生礼仪相对简单，范围也相对较小。从更大的社会范围考虑，礼仪制度可以说是成本较低又极为有效的社会管理形式，在礼仪制度正常且高效地运行中，人们更为在意的通常是如何做，而不是为什么，这也是包括诞育礼俗在内的人生礼仪应该且可以进行当代重建与传承的基础。尤其是在经历了粉碎旧有礼仪制度，剔除不适应现代社会需要的封建迷信等糟粕且较为盲目地接受西方礼仪之后，现时中国并没有建立起一套新的、可以长久适应社会形势的礼仪制度。就此，针对当代诞育礼俗的现状，在对其中存在的问题与经验进行总结的基础上，从以下方面提出诞育礼俗的当代重建与传承的对策与建议。

首先，从传统当代重建与传承的内蕴角度来说，需要重视民间信仰研究与人生礼仪重建及传承的关系问题。包括诞育礼俗在内的人生礼仪传统活动多以民间信仰为中心，其重建与传承也必然无法回避这一中心内容，因此，需要慎重且严谨地区分带有比较强的价值判断色彩和政治性内涵的“封建迷信”与价值中立、承认有一定的合理性并且可以在理解的基础上进行改变的“民间信仰”，重视包括诞育礼俗在内的人生礼仪传统所承载和表达的民间信仰内容，从情感的角度进行理解、阐释、重建与传承。

其次，从传统当代重建与传承的外延角度来说，需要重视社会关系网络与人生礼仪重建与传承的关系问题。包括诞育礼俗在内的人生礼仪传统活动，多牵扯人情往来以及背后所蕴藏的社会关系网络构建与维系，因此需要慎重且严谨地看待正常人际交往中的礼物交换与互助机制，以及因其而延伸出的不正当的社会关系网络内容，引导人们兼顾社会规则与礼仪制度，高效且人性化地处理社会关系。

最后，从民俗的特性来说，需要高度重视礼仪重建和传承的个性问题。包括诞育礼俗在内的人生礼仪传统是一个相对庞大的概念，各类别具有各自的特点，这就迫切需要对每一具体类别进行专门性的保护，因此相关的研究、重建和传承应该因地、因人制宜，根据各地方、各家庭的不同特点编制适合礼仪传承的细则与指导手册，切忌一套方案贯彻到底。诞育礼俗的重建与传承尤应重视这部分的不足，它不是简单地留存民俗符号、确定仪式规程的问题，而是应该有专门人员进行研究、调查，量身打造属于新生命所在环境本身的规矩甚至是细则的问题。

第二章　成人礼仪传统的当代重建与传承研究

成人礼是个体生命从自然人转向社会人、正式步入社会的过渡礼仪，在个体生命成长、家庭和谐发展和社区关系调适等方面发挥着不可或缺的作用。中国古代社会较早确立并传承着冠笄成人礼仪，至近代以来逐渐衰微，但自20世纪90年代以来，成人礼仪传统因应新时期青年教育需要而得以重建。21世纪以来，伴随着传统文化复兴之势，礼仪重建形式更为多样，并成为社会和学术界所关注的文化现象。本章将通过史料梳理和深入的田野调查，从四个方面进行论述：一是成人礼的释义以及当代重建成人礼仪的必要性；二是古代冠笄成人礼仪的历史变迁；三是当代成人礼仪的传承实践；四是成人礼仪的重建构想。

第一节　成人礼：个体成长的催熟剂

人格发展贯穿生命个体的整个历程。但在每一个成长阶段，生命个体都可能会遭遇某种社会和心理问题。若这些问题得不到妥善解决，就可能会造成个体社会化过程受阻，出现认同危机。青少年期或者青年期正是自然人实现社会角色扮演、习得社会规则的关键时期，若这一阶段个体发展受困，则可能会造成角色混淆和孤独感等问题。[①]“成年”便是青年期面临的一个重要问题，即如何成长为一个生理成熟和心理成熟的成年人。人类学研究认为，青年不仅是一个社会现象，也是一个文化现象。青春期的任何心理紧张均与所处时代的文化条件存在关联。[②]青年期除了要掌握必备的生存技能以外，还要接受社会文化，保持文化传递，实现社会生活延续，并通过对社会规范和价值观念的接受和内化，实现自我文化认同。所以，人类学者主张从文化角度来重新认识和不断改进教育制度，促进青年期的顺利过渡。而成人礼便是应对和解决青年成长问题的重要途径。那么，何谓成年，应对成年时期问题的礼仪制度又有哪些，这些礼仪制度起到什么作用呢?

一、何谓成年

通常来说，个体成熟或者说成年的界定是生理成熟和社会成熟的综合。生理成熟根据人的身体发育情况来判定，包括大脑和神经系统各项机能发达、身高和体重等各种身体机能发育健全、性机能趋于成熟、第二性征出现等各种体态和身体功能指标。从生理学上讲，性成熟是生理成熟的主要特征，女性的生理成熟年龄一般要早于男性。在中国古人看来，“女子七岁，肾气实，齿更发长。二七而天癸至，任脉通，太冲脉盛，月事以时下，故有子。……丈夫八岁，肾气实，发长齿更。二八，肾气盛，天癸至，精气溢，阴阳和，故能有子”[③]。也就是说，女子 14 岁、男子 16 岁时体态特征及性器官和功能都基本达至生理成熟。但相对于生理成熟，社会成熟的标准要复杂一些，不同族群、国家和地区的理解也存在一定差异。所谓社会意义的成熟，一

① 郑杭生主编:《社会学概论新修》(第四版),中国人民大学出版社,2013,第 119—120 页。

② [美] 玛格丽特·米德:《萨摩亚人的成年——为西方文明所作的原始人类的青年心理研究》，周晓虹、李姚军、刘婧译，商务印书馆，2010，第 212 页。

③ 姚春鹏译注:《黄帝内经》上,《素问·上古天真论篇第一》,中华书局,2010,第 20—22 页。

般包括掌握基本的生存技能、心理稳定成熟，能够充分认识自己的行为，并对自己的行为后果具有预见性，能够承担法律责任。这一笼统的规定通常要转化为具体的指标才能衡量。在中国古代，学力和心智的发展是衡量个体社会成熟的重要指标。学力主要通过伦理道德的习得来养成，如《礼记 · 冠义》中所说："凡人之所以为人者，礼义也。礼义之始，在于正容体，齐颜色，顺辞令。容体正，颜色齐，辞令顺，而后礼义备。以正君臣，亲父子，和长幼。君臣正，父子亲，长幼和，而后礼义立。"[①] 这里说得很明确，要成人需要容礼备、礼义齐，也就是儒家所提倡的通过"演礼"以"成人"[②]，"不学礼，无以立"[③]，"不知礼，无以立也"[④]。进一步来讲，礼仪的习得、学力的养成要靠长时间的教育，所以《礼记 · 学记》中载："比年入学，中年考校：一年视离经辨志，三年视敬业乐群，五年视博习亲师，七年视论学取友，谓之小成。九年知类通达，强立而不反，谓之大成。夫然后足以化民易俗，近者说服而远者怀之。"[⑤]《白虎通 · 辟雍》中也说道："古者所以年十五入大学何？以为八岁毁齿，始有识知，入学学书计。七八十五，阴阳备，故十五成童志明，入大学，学经籍。"[⑥]

关于成年的年龄规定，世界各国有不同的传统。当前世卫组织将青年的年龄设定为15—24周岁，有的国家成年年龄的上限较高，像马尔代夫和新加坡均定为35岁，马来西亚定为40岁。[⑦] 中国一般把青少年期的年龄范围定为11—28岁，因为在此期间青少年的生理发

---

① 〔清〕孙希旦：《礼记集解》下，沈啸寰、王星贤点校，中华书局，1989，第1411页。

② 此处套用王杰文《"演礼"以"成人"——中国古代"成人仪式"的理想与实践》一文的概念，见于《民间文化论坛》2016年第1期。

③ 杨伯峻：《论语译注》，中华书局，2009，第176页。

④ 杨伯峻：《论语译注》，中华书局，2009，第209页。

⑤ 〔清〕孙希旦：《礼记集解》中，沈啸寰、王星贤点校，中华书局，1989，第959页。

⑥ 〔清〕陈立：《白虎通疏证》上，吴则虞点校，中华书局，1994，第253页。

⑦ 赵化刚：《国际视野中的青年：定义、属性和问题》，《青年研究》2005年第7期。

育迅速并趋于成熟，心理和社会性发展至为关键。[①]这与中国古代的成丁制度有一定关联。古代成丁制度中，男曰丁，女曰口，统称丁口，或者人丁，简称丁。“丁口”一词早在秦代就已出现，汉代以后使用更加广泛。人丁属于“制度性词汇”，与赋税制度结合在一起，其作为社会成员中的特殊群体，“具有社会与自然的双重属性”[②]，将社会地位与职业作为界定人丁的重要标准。历代的成丁年龄有一个基本的底限——16 岁，这基本符合中国人生理成熟的标准。一直到民国时期，还将 16 岁视为成年年龄的法律应用。据民国三年（1914）法律规定，“十六岁为成丁，成丁之人自应认为有完全行为能力，故其行为如别无无效或撤销之原因，当然应认为完全有效”[③]。但当时法学家们对成年年龄的立法存在一些争论，有的主张参酌西方现成的成年制度，有的主张借鉴古代冠笄礼，有的主张依据古代丧礼或者参照民间习惯，这直接导致《中华民国民法》立法一拖再拖，最终于 1926 年《民国民律草案》中确定满 20 岁为成年。[④]1949 年以后，中华人民共和国国家法律规定 18 岁为成年年龄，法定婚龄男为 22 岁，女为 20 岁。但研究显示，近年来，青少年的生理成熟年龄有提前趋势。数据显示，与 20 世纪 60 年代相比，21 世纪初男女青少年的生理成熟年龄分别提前了 2.17 岁和 1.12 岁。[⑤]这可能又会对成文法的成年年龄提出一定的挑战。

相对于法律层面的成年规定，民间知识体系中也有着对成年的理

---

① 张大均、吴明霞：《社会变革时期青少年心理问题及对策研究的理性思考》，《西南师范大学学报》（人文社会科学版）2004 年第 2 期。

② 陈桦：《语言与历史：清代“人丁”概念的异变》，《清史研究》2006 年第 4 期。

③ 郭卫编辑：《大理院判决例全书》，上海会文堂书局，1933 年，第 32 页。

④ 参见胡丽燕《民国民法中成年年龄的确立及其法律效力》第一章和第二章相关内容，硕士学位论文，中国政法大学，2010。

⑤ 张大均、吴明霞：《社会变革时期青少年心理问题及对策研究的理性思考》，《西南师范大学学报》（人文社会科学版）2004 年第 2 期。

解和年龄规定。在中国，12岁、16岁是两个比较重要的年龄分界。其中，12岁成年习俗以普遍流行于山西、陕西、内蒙古等地的“过十二岁”为代表，在西南地区少数民族中，也普遍存在13岁（虚岁，即12周岁）作为生命历程的临界点的观念。①

“过十二岁”是从孩子出生一直到12岁之间每年反复出现的连续的过程，其核心是“挂锁”和“开锁”。挂锁主要是为了保佑孩子健康成长。比如，夫妻多年无子女、中年得子，家中几代单传，孩子体弱多病等，这种情况下，家长都倾向于给孩子挂锁以保平安长生。一般来说，挂锁是在孩子出生几个月或者一周岁时举行。挂锁之后，家庭还要于每年孩子生日或者特定的日子，举行相似的仪式。例如，在山西省沁水县西文兴村一带，孩子出生第一年开始戴枷，以后每年都戴，一直到虚岁13岁。“枷”是用干草做成的一个三角形的架子，上面缠上黄裱纸，每个角上挂上穗。枷的形状不变，只是大小会有变化。每年的三月二十日，孩子的奶奶或者母亲给孩子戴上枷，然后带着祭品和孩子到娘娘庙去谢娘娘，一直持续到12周岁结束。12岁时有个“开锁”仪式，寓意着孩子从此摆脱神灵控制，独立成人。在山西吉县，男孩出生后因体弱多病等，会寄名神佛保佑，12岁时要到庙还愿，称“小成人”“赎身”。仪式上，舅舅给孩子挂甲锁（也称“佛身锁”）。姑父、姨父或者父母为孩子披红绢绸，待祭品摆放完毕，父母带孩子一起叩拜神灵。②表示孩子从此脱离了神灵的控制，正式成人。③

那么，为什么要选定12岁作为生命节点呢？按照《左传·襄公九年》的解释，十二年“是谓一终，一星终也”④。在华北民间，人们

① 林继富：《人生转折的临界点——母题数字“十三”与藏族成年礼》，《青海民族研究》2004年第1期。

② 政协吉县委员会编：《吉县民俗》，内部资料，2008，第5页。

③ 《万全县志》（十二卷，民国二十三年铅印本），收入丁世良、赵放主编《中国地方志民俗资料汇编》（华北卷），书目文献出版社，1989，第198页。

④ 〔晋〕杜预：《春秋左传集解》，上海人民出版社，1977，第855页。

普遍认为，12 岁是生命的一个轮回，儿童魂魄长全，身体康健，不易受到惊吓或者其他不明之物的干扰，且头脑开通，开启新的生命阶段，也可以说是已略懂人事，具有成人的表征。比如民国《阳原县志》中曾提到，当时在缙绅之家，男子盛行早婚，通常 13 岁就可以娶妻，最晚不过 15 岁。为此编纂者认为，按照通礼先冠而后婚，未冠而娶不符合礼制，所以要将冠礼提前。古代曾三十而娶，二十而冠；现在则是十五而娶，十二而冠，这两者之间的意义一以贯之，只不过“今则习惯已成，行之者亦并莫知所以矣”[①]。

再来看 16 岁成人礼俗。关于 16 岁作为成人转折，民间解释不一。福建南安民间传说 16 岁出幼与广泽尊王 16 岁升天为神再投胎出世、16 岁中举身亡有关。孩子出生之后，当地人喜欢到广泽尊王庙祈福，并举行“拜契”仪式，意思是将孩子“托付”郭圣王，每年生日时要拜圣王，到 16 岁生日时到庙里给孩子“洗契”，即解除“托付”契约，意味着孩子从此进入成年阶段。台南地区则认为，16 岁成年源于清代对于童工与成人工的年龄规定，当时到了 16 岁就可以领取成人的工资。在广东潮汕地区民间俗语说“十五成丁，十六成人”，认为孩子出生以后是被关在花园里，由花公花婆保护，到了 15 岁方可以由大人领出花园，正式成人。在饶平县海山一带，“出花园”是一项隆重的家庭仪式。仪式之前，父母要事先准备好各种仪式用物。仪式当天设计一整套环节，促进孩子的身份转变。当天早晨，出花园者要吃父母事先准备好的猪内脏甜汤，代表着更新内脏。接着拜“公婆”神。“公婆”神是当地的儿童保护神，自孩子出生以后每年都要祭拜，这次拜完以后，要举行一个跳出“花园”的仪式，即孩子往返多次跳过一个盛放着糕点、糖果和花生米的竹箕（当地称“胶掠”），代表着摆脱幼稚。中午，全家人共用丰盛的午餐，“出花园”的孩子坐正位，

① 《阳原县志》（十八卷，民国二十四年铅印本），收入丁世良、赵放主编《中国地方志民俗资料汇编》（华北卷），书目文献出版社，1989，第 168 页。

吃鸡头（男孩用公鸡，女孩用母鸡），寓意着长大后出人头地、兴旺发达。席间共十二道菜，其中有青蒜、葱、芹菜等，寓意孩子长大以后能除会算、聪明勤快。仪式结束后，主家做好甜汤圆，分赠乡邻，将孩子长大成人的欣喜分享给大家。[①]有学者认为，浙闽台等地普遍流行着“做十六岁”习俗，其起源地应为福建省，后辐射到其他地方。而且至少在明清时期，“做十六岁”已经遍及城乡。[②]

这些民间成人习俗的主要特征：一是儿童保育功能突出，都是将未成年阶段的儿童寄托于神灵的保护，这种保护是一种“生而未全”的暗示，并非成年人有所求的信仰。而且，这种成人礼俗是伴随儿童成长过程连续不断往复出现的，比如甘肃西河乞巧节和广东天河乞巧节，就被定性为伴随少女成长阶段的往复出现的“成人礼仪”，这就扩大了一般意义上所认为的一次性完成的“过渡礼仪”，更符合一个人社会角色的实际养成过程。[③]二是性别角色区分不明显。这类与儿童养育相关的汉族成人礼俗往往没有明确的性别分立，并未附带更多的性别期待和社会角色的担当，并因其在儿童保育方面的突出作用，在当代社会得到稳定传承。

二、成人仪式教育的必要性

青年群体的社会成熟不仅关系到个体的成长，也成为全球化和信息化时代的一个突出的社会现象，并引发了一定的社会问题。

第一，儿童与成人之间的界限日益模糊。谈到“成人”，就不得不涉及童年观念的产生以及童年与成年之间的概念。儿童观念的研究

---

① 陈泽芳、杨映红：《潮汕“出花园”习俗调查》，《清远职业技术学院学报》2014 年第 2 期。

② 彭美玲：《台俗“做十六岁”之渊源及其成因试探》，《台大中文学报》1999 年第 11 期，后收入叶国良等著《汉族成年礼及其相关问题研究》，大安出版社，2004，第 165—212 页。

③ 王亚红：《甘肃陇南汉水流域乞巧节的“通过仪礼”意蕴阐释》，《临沧师范高等专科学校学报》2010 年第 1 期。储冬爱：《甘肃西和与广州珠村两地乞巧文化的比较》，《文化遗产》2014 年第 6 期。

始于20世纪60年代，在此之前，儿童常常作为一个小大人的形象而存在。法国社会史学家菲利普·阿里耶斯（Philippe Ariès）较早开始关注儿童的概念，他认为儿童的存在和相关概念是一个逐渐被发现的过程，心理学家们关注个体儿童到成人的发展历程，社会史学者则提出童年的概念是一个建构的过程。[①]然而，美国学者尼尔·波兹曼（Neil Postman）发现随着媒体的高度发达和读图时代、信息时代的到来，儿童与成人之间的壁垒正在慢慢消除。他通过对媒体的观察，认为活字印刷术造成了一个全新的成年世界产生，也导致儿童被区隔于成年世界之外。但是当今的电子媒体及其所承载的图像世界，却正在消除儿童与成人之间的壁垒，造成二者的混淆和融合。[②]因为儿童很容易通过图像或者直观的媒介信息来获取被成人社会视为界限的少儿不宜资讯，过早地出现知识上的早熟，社会化成熟提前。[③]与之相反，现代社会又出现了"成人的儿童化"倾向，表现为不愿长大、卖萌装嫩、啃老现象等。究其原因，社会结构的复杂化，学习知识和社会规范性常识之历程的漫长化，以及激烈、快速、瞬息万变的社会环境，还有生活方式与社会价值观的多元化，个体生命历程中成人轨迹的个性化等，均有可能对成人的"延缓"或"迟滞"产生不同程度的影响。儿童世界和成人世界逐渐接近并趋于同质性，彼此之间的连续性超越了其曾经的断裂性。

第二，个体化时代的"成人"失去了相对统一的客观标准。近年来，中国社会的个体化特征越来越明显。个人逐渐从传统的社会关系中抽离出来，个体意识和意愿得到尊重，个体的重要性日益凸显。也

---

① 黄进:《童年研究：一场观念和方法上的革命》,《教育研究与实验》2009年第5期。

② ［美］尼尔·波兹曼:《娱乐至死·童年的消逝》，章艳、吴燕莛译，广西师范大学出版社，2009，第162—164页。

③ ［美］尼尔·波兹曼:《娱乐至死·童年的消逝》，章艳、吴燕莛译，广西师范大学出版社，2009，第234—237页。

就是贝克所说的个体生活方式出现“解传统化”[①]。有学者就个体化进程中城市青年的成人问题进行研究，结果显示，针对“成年意味着什么”这一问题，绝大多数访谈对象认同“义务”“自主”和“付出”。而且，城市青年群体对于成人标志的认同主要有两个方向：一是关注价值、能力的主观认知型成人标志；二是侧重于角色、事件的客观事实型成人标志。在青年人看来，参加工作、上大学、脱离父母单独居住等人生中的“事件”，可被视为迈入“成人”的门槛。“结婚”和“生子”也被看重，这固然在于年轻人较多地倾向于选择与家庭能力及其角色过渡相关的成人标志，同时也可以反映出城市青年个体意识的崛起。[②]

第三，制度规定与个体成熟之间的冲突。中国对青年群体的法律责任规定，主要涉及16岁、18岁和20岁三个年龄节点。其中，《民法典》第十八条第二款的规定为：“十六周岁以上的未成年人，以自己的劳动收入为主要生活来源的，视为完全民事行为能力人。”[③]18岁是法定成年年龄，20岁是女子法定婚龄，22岁为男子法定婚龄。这些年龄节点带有一定的强制性，但有时也会与复杂的社会现实产生矛盾。在现实中，16岁的未成年人已经被视为完全行为能力人，但又不以自己的劳动收入为主要生活来源，还需要依赖父母，而且这个年龄段的青年正处于青春期，世界观、人生观和价值观尚未完全成熟，极易因价值观不定而引发社会问题。比如，近年来很多校园暴力事件、青少年团伙犯罪等多是这个原因，甚至更低龄化，引发诸多社会不稳定因素。另外是成年却不能结婚的尴尬现实。18岁青年已经生理成熟，具备结婚成家的条件，但是按法律规定却不能成家，带来一些不必要

---

① 张爱华：《贝克的个体化理论以及对研究中国社会的启示》，《理论界》2011年第10期。

② 王小璐：《个体化进程中的成年：当代青年对成年标志的选择及认知》，《广西民族大学学报》（哲学社会科学版）2014年第4期。

③ 《中华人民共和国民法典》（2020年5月28日第十三届全国人民代表大会第三次会议通过，2020年5月28日中华人民共和国主席令第四十五号公布，自2021年1月1日起施行），中国法制出版社，2020，第8页。

的麻烦。农村中存在很多未满法定婚龄就已结婚的现象，这些青年人即使结婚了也不能领结婚证，而且这期间如果女方怀孕的话只能违反国家政策生育或者去做人工流产。

针对青年时期的社会问题，许多国家通过修改本国法定成年年龄的办法加以改善，填补年龄差带来的心理真空。一种方法是降低成年年龄，缩小与法定婚龄之间的差距。例如，《德国民法典》在1974年12月31日以后的规定是将此前的21周岁成年改为18周岁成年，降低法定成年年龄。法国现行的《民法典》第四百一十四条规定年满18岁为成年，法定婚龄则为男18岁、女15岁。现行的《日本民法典》第三条对成年的规定是年满20岁，法定婚龄为男18岁、女15岁。英国1969年颁布的《家事法改革法案》则将成年年龄降低到18周岁，婚龄男女均为16岁。有的是出台成年缓冲制度，像《日本民法典》第七百五十三条的规定是未成年人结婚即被视为成年。美国的法律规定相对而言比较灵活，美国几乎所有的州都已通过相应法规，将成年年龄降低至18周岁，虽然各州对法定婚龄的规定未统一，但大致年龄范围是男性15—21岁，女性为14—18岁。部分州也出台了成年缓冲制度，如未满成年人年龄的男女青年须经父母同意方可结婚。有的州规定更严格一些，男子不满18岁、女子不满16岁者，即使父母同意也不能结婚。[①] 我国也建立了成年缓冲制度——劳动成年制，按照《民法典》第十八条第二款的规定，16周岁以上的未成年，以自己的劳动收入为主要生活来源的，视为完全民事行为能力人。但是，劳动成年制仍未能很好地应对现实的复杂性。近几年不断有人提出成年年龄和婚龄之间的变更问题，有的主张将成年年龄提高至20岁[②]，或者

① 张君：《论民法上的成年制度》，硕士学位论文，山东大学，2012，第7—8页。

② 郭丽红：《论提高成年年龄的法律意义》，《太平洋学报》2008年第2期；郭丽红、何群：《成年年龄的再确定——从行为能力的视角审视成年年龄》，《河北法学》2009年第10期。

降低结婚年龄[①]，根本都是要解决成年前后青年身份的认定问题。

法律界的努力有目共睹，但与自上而下、自外向内的法律刚性约束相比，“礼”“俗”和仪式教育的软性约束力量也不容忽视。一般来说，仪式教育具有规训人的行为和传承文化两种功能。理想状态下，教育者们希望通过设计具有象征意义的仪式符号体系，有目的、有计划地加以实施，对仪式参与者施加影响。人类社会很早便创制出各种成人礼俗来促进个体成长、解决成年期生命转折困惑。比如中国古代的冠笄之礼在历史上几经兴衰，一直未完全退出历史舞台，当前伴随传统文化的复兴，仿古的成人冠笄礼仪再次走进公众视野。由团委系统主导的 18 岁成人仪式教育活动，近年来也日渐形成规模。而且，当代成人仪式与古代冠笄之礼以及民间成人礼俗具有某种时空和意义的共通性，最重要的是都以伦理道德作为不变的仪式核心要素。这就给予了当代成人礼仪存在的合理性和发展的空间。

第二节　古代冠笄礼仪的历史变迁

中华古代礼仪制度至周代已基本确定，其中就包括成人礼仪制度——男子冠礼和女子笄礼。可惜冠礼在周代以后逐渐衰落，秦汉时一般见于皇室贵族阶层，直至宋代的礼仪复兴，再次较普遍施行。经元至明，国家重建礼仪秩序，制定完备的国家礼典、推行标准的礼仪文书、树立礼仪实践样本，民间礼仪实践有本所依、风行一时。有清一代，由于统治者改服革发，冠礼受到强大冲击，仪节或遗留或转化，礼俗融合之势明显。与冠礼相比，女子笄礼因与婚礼具有天然联系，

---

① 参见沈剑：《降低法定婚龄的可行性分析——基于法经济学的视角》，《西安财经学院学报》2013 年第 3 期；许云龙：《降低法定婚龄之原因探析》，《法制博览》2015 年第 24 期；高颖、张秀兰：《降低法定婚龄适时可行吗？——基于北京市近年初婚年龄的实证研究》，《北京师范大学学报》（社会科学版）2012 年第 6 期；等等。

其在基本内容和象征意义方面均得到稳定传承。

一、先秦时期冠笄礼仪的定型

周代冠笄之礼主要是士及以上阶层的专属，自天子至士人均须经冠笄之后方可成家。从现存古籍来看，士人冠礼保存较完整，公侯冠礼虽有记载，但不甚详。“天子之元子，犹士也。……三代士服，上通于天子，天子之元子冠礼，与士同。”[①]古代冠礼多择岁首举行。古人认为春季万物生长，也是男女情感萌发之时，故多于此时举行冠婚之礼。例如《夏小正》中就记载：“（二月）绥多女士，《传》曰：‘绥，安也。冠子取妇之时也。’”[②]《论语·先进》篇中也有：“莫（暮）春者，春服既成，冠者五六人，童子六七人，浴乎沂，风乎舞雩，咏而归。”[③]直至汉代还有相关习俗，正月“择元日，可以冠子”[④]。宋代有清明节加冠上头习俗[⑤]，如孟元老《东京梦华录》：“子女及笄者，多以是日（清明前一日）上头。”[⑥]

冠礼仪式繁复隆重，清人张尔岐将《仪礼 · 士冠礼》的礼法分为三段十八节（“行三加之礼”为三节），多为研究者所遵从。具体如下：

1. 冠期前事

（1）筮日：主人于家庙门前占卜举行冠礼的日期。

（2）戒宾：主人将举办冠礼之事知会其僚友，并邀请其

---

① 梁小进主编：《郭嵩焘全集》，第2册经部二，岳麓书社，2012，第643—644页。

② 夏纬瑛：《夏小正经文校释》，农业出版社，1981，第23页。

③ 杨伯峻：《论语译注》，中华书局，2009，第118页。

④〔汉〕崔寔：《四民月令辑释》，缪启愉辑释，农业出版社，1981，第1页。

⑤ 上头，即成人礼。关于“上头”的最早记载见于《南史 · 孝义传》：“（华宝）父豪，晋义熙末戍长安，宝年八岁，临别谓宝曰：‘须我还当为汝上头。’”此处指代的是男子冠礼。宋代，民间“上头”的称呼进入宫廷，蔡絛《铁围山丛谈》：“先是，诸王冠，止于宫中行世俗之礼，谓之上头。”也有的指代女子笄礼，如前蜀花蕊夫人《宫词》：“年初十五最风流，新赐云鬟便上头。”明清以后，“上头”多指代女子成年礼。清梁章钜《退庵随笔 · 家礼一》：“女子至十四，则择日为蓄发，谓之上头。”

⑥〔宋〕孟元老：《东京梦华录笺注》，伊永文笺注，中华书局，2006，第626页。

为宾客。

（3）筮宾：前三日，择吉选定正宾，为冠者加冠命字。

（4）宿宾：前两日，至宾客家再度邀请正宾，并约请一名赞冠者。

（5）为期：前一日，于家庙外举行仪式，宣布冠礼时辰，并通知众宾。

2. 冠日之事

（6）冠日陈设：冠礼当日晨起，陈设盥洗用具和三加礼用冠服。

（7）主人与宾各就内外位：主人、亲戚、冠者及诸位执礼者各就各位。

（8）迎宾及宾赞者入：主人迎候贵宾于门，贵宾抵门后，主人出门外迎接，主宾三揖三让，而后升堂。

（9）行三加之礼：正宾在赞冠者协助下，冠者行三加之礼。初加缁布冠，再加皮弁，三加爵弁，并致祝辞，三次不同；冠者三次易服。

（10）宾醴冠者：正宾授冠者以醴，并致祝辞。冠者祭醴，祭脯醢。

（11）冠者见于母：冠者持脯出门，北面见母于东壁，母拜受。

（12）宾字冠者：宾为冠者命“字”，并致祝辞。

3. 冠礼既成以后诸事

（13）冠者见兄弟赞者姑姊：均互行拜礼。

（14）冠者见君与乡大夫先生：冠者易服，奠挚见于君，之后持挚拜见乡大夫、乡先生。

（15）醴宾：主人致醴酒、皮帛于宾赞者。

（16）送宾归俎：宴飨酬谢各位宾客，送别宾客后，派人将祭祀所用之牺牲送至宾客家。[①]

可以看到，冠礼的举行空间涉及了家庙、东墙外、北闱门外、内寝、国君所处的宫殿、乡大夫和乡先生的居所等，构建出的是个人、家族、社会与国家同构的一个空间意义体。在中国古代宗法制社会，成年男子要想在家族中获得合法地位需要通过家庙举行特定礼仪予以确认。《士冠礼》中载，嫡子“冠于阼，以著代也；醮于客位，加有成也”，郑玄注云“醮之于客位，所以尊敬之，成其为人也”。[②]而庶子加冠于东房与正房门之间，“若庶子，则冠于房外，南面，遂醮焉”，郑玄注曰“房外，谓尊东也。不于阼阶，非代也。不醮于客位，成而不尊”。[③]这种明确的空间位置就把长幼、嫡庶的权力和地位分隔彰显了出来。同时，性别区隔也在空间中有所体现。《礼记 · 内则》载，当时男女“七年……不同席，不共食”，“(男子)十年，出外就傅，居宿于外……十有三年，学乐、诵诗、舞勺。成童舞象，学射御……二十而冠，始学礼……女子十年不出，姆教婉、娩、听从……学女事，以共衣服”。[④]在日常生活中“男不言内，女不言外。……内言不出，外言不入。男子入内，不啸不指，夜行以烛，无烛则止。女子出门，必拥蔽其面，夜行以烛，无烛则止”[⑤]。男子长大成人之后可拥有参与家族、社会和国家事务的权利，女子则嫁前随父，嫁后随夫，生存空间基本囿于家庭范围内。所以，我们看到，在冠礼中，母亲即使是作为青年的养育者也只能在宗庙外等候，姑姊妹则只能在内闱中静候。

作为一种“身体哲学”[⑥]，冠礼的举行要通过一整套仪文来体现，

---

① 彭林：《中国礼仪要义》，南京大学出版社，2014，第118—119页。

② 〔汉〕郑玄注，〔唐〕贾公彦疏：《仪礼注疏》上，王辉整理，上海古籍出版社，2008，第77页。

③ 〔汉〕郑玄注，〔唐〕贾公彦疏：《仪礼注疏》上，王辉整理，上海古籍出版社，2008，第67页。

④ 〔清〕孙希旦：《礼记集解》下，沈啸寰、王星贤点校，中华书局，1989，第768—773页。

⑤ 〔清〕孙希旦：《礼记集解》下，沈啸寰、王星贤点校，中华书局，1989，第735—736页。

⑥ 张再林：《作为“身体哲学”的中国哲学的历史》，《西北大学学报》(哲学社会科学版)2007年第3期。

包括个人的神态动作、仪容外貌、行止节奏、情景气氛，通过身体动作、衣服配饰和言辞等加以具体体现。[①] 正所谓“礼义之始，在于正容体，齐颜色，顺辞令。容体正，颜色齐，辞令顺，而后礼义备”[②]。

首先，冠者要完成三加冠礼仪。冠者身穿彩衣，彩衣为未成年男子的装束。接着，赞冠者为其束发，宾者为其加缁布冠。然后，再回房改服玄端、爵韠，出房面朝南而立，这就完成了第一加。接下来宾赞者为冠者去掉缁布冠，依照几乎相同的礼仪加皮弁。冠者起身回房，再改服素积、素韠，出房面南而立，这是第二加。最后是第三加，宾赞者为冠者加爵弁，冠者回房服纁裳、韎韐。

冠、服的使用非任意而为，此中大有深意。缁布冠是周人为保存古礼而设，只是在仪式上象征性地使用一下，实际生活中改戴玄冠。玄冠是当时贵族通常所戴，玄端服是贵族的礼服，第一加用如此设计，象征着冠者拥有治人的权利。第二加中所用的皮弁、素积和素韠，是周人保留上古战斗和狩猎的服装形式，象征着冠者成人之后可以参与戎事。第三加中所用的爵弁是周人的一种祭服。[③] 如此三次，象征着冠者从此拥有参与政治、参军打仗和家族祭祀的权利。

其次，冠者还要行醴醮之礼，与祖先神沟通，习得必备的交际礼仪。醴醮之礼行于每次加冠之后。加缁布冠后，赞者进上脯醢，宾取爵酌酒授给冠者，冠者行拜礼而后受爵，然后就席正中坐下，左手拿爵，右手取脯醢祭祀先人，又用酒祭祀先人，祭毕起身，到席子西端坐下，尝一尝酒，尝毕下席，向宾行拜礼。宾者回拜后，冠者把爵放在脯醢的东边，在席子西端站立。加皮弁后再次行醮礼，加爵弁后三行醮礼。[④]

① 彭美玲：《君子与容礼——儒家容礼述义》，《台大中文学报》2002 年第 16 期，后收入叶国良等著《汉族成年礼及其相关问题研究》，大安出版社，2004，第 239—306 页。

② 〔清〕孙希旦：《礼记集解》下，沈啸寰、王星贤点校，中华书局，1989，第 1411 页。

③ 杨宽：《古史新探》，上海人民出版社，2016，第 251—259 页。

④ 一般而言，行醮礼所用为干肉，不杀牲。如果杀牲就杀一头小猪，在第三次醮礼的时候进上俎牲，冠者用俎上的肺祭祀先人，然后品酒尝肺。

三加三醮之后，冠者取脯下堂，出东边的闱门，面朝北见母亲。母亲以成人礼仪相待。有学者认为，拜见母亲源于氏族社会脱离母亲的仪式，象征着成年男子从此要脱离家庭，以一个独立的成年人身份步入社会。所以，拜见母亲之后再去见兄弟姊妹、众亲戚、宾赞者等，已经是以成人姿态进行社会交际的开始和演练。[①] 最后冠者还要易服，服"玄冠、玄端，奠挚于君，遂以挚见于乡大夫、乡先生"[②]，接受尊长的祝贺和训导。拜见乡大夫和乡先生之时，双方均行成年人礼仪。

最后，仪式主持者还通过"命字"来提醒和规范成年者的言行举止，最终完成"已冠而字之，成人之道"[③]。按照周代礼仪，婴儿出生三个月后要由母亲抱着去见父亲，父亲"执子之右手，咳而名之"[④]，到成年冠礼时又另取字，作为平辈或者晚辈之间交际用，从此只有国君和家人、长辈仍可以名呼之，所谓"父前子名，君前臣名"[⑤]，若在人际交往中直呼其名便被视为不敬。"字"与"名"具有内在联系。按照英国人类学家弗雷泽（James George Frazer）所说，原始人把自己的名字看作自身重要的部分，相信对自己名字的恶意对待会损害自己的身体，所以产生了许多隐匿和更改名字的规定。当人们认为有必要隐瞒某人的真名时，习惯的做法是只叫他的姓或绰号。因为人的第二个名字不属于其身体的一部分，可以随便使用或告诉大家，而不影响本人的安全。只不过，后来名字的巫术意义逐渐被消解了，再加上儒家对于礼仪的改造和理论建构，命字以尊名，交往中称字不称名成为人际交往的规则。

与加冠命字仪节相伴随的还有诉诸听觉的祝辞和训诫，祝辞包括

① 焦杰：《试论先秦冠礼和笄礼的象征意义》，《南开学报》（哲学社会科学版）2011 年第 4 期。

② 〔清〕孙希旦：《礼记集解》下，沈啸寰、王星贤点校，中华书局，1989，第 1413 页。

③ 〔清〕孙希旦：《礼记集解》下，沈啸寰、王星贤点校，中华书局，1989，第 1412 页。

④ 〔清〕孙希旦：《礼记集解》中，沈啸寰、王星贤点校，中华书局，1989，第 764 页。

⑤ 〔清〕孙希旦：《礼记集解》上，沈啸寰、王星贤点校，中华书局，1989，第 49 页。

三种。

一是加冠祝辞。每一加后，主宾都要念诵祝辞，首加缁布冠，念祝辞曰："令月吉日，始加元服。弃尔幼志，顺尔成德。寿考惟祺，介尔景福。"[①] 再加皮弁，辞曰:"吉月令辰，乃申尔服。敬尔威仪，淑慎尔德。眉寿万年，永受胡福。"[②] 三加爵弁，辞曰:"以岁之正，以月之令，咸加尔服。兄弟具在，以成厥德。黄耇无疆，受天之庆。"[③] 意思是说，加冠之后，要放弃童稚之心，端正仪容，慎修德行，成为一个彬彬有礼的道德君子。

二是醴醮礼仪祝辞。醴辞曰："甘醴惟厚，嘉荐令芳。拜受祭之，以定尔祥。承天之休，寿考不忘。"[④] 如果不能行醴礼，则行三次醮礼，每一醮都有醮辞。初次醮酒，辞曰:"旨酒既清，嘉荐亶时。始加元服，兄弟具来。孝友时格，永乃保之。"[⑤] 再醮，辞曰:"旨酒既湑，嘉荐伊脯。乃申尔服，礼仪有序。祭此嘉爵，承天之祜。"[⑥] 三醮，辞曰:"旨酒令芳，笾豆有楚。咸加尔服，肴升折俎。承天之庆，受福无疆。"[⑦]

三是命字祝辞。辞曰:"礼仪既备，令月吉日，昭告尔字。爰字孔嘉，髦士攸宜。宜之于假，永受保之，曰伯某甫。"[⑧] 意思是说，美名配俊士，希望你从此保守自身德行，配得起这个名号。

训诫话语还包括国君和乡大夫的教诲。《国语 · 晋语六》曾详细记载赵文子加冠拜见栾武子、中行宣子、范文子、郤驹伯、韩献子、

---

① 〔汉〕郑玄注,〔唐〕贾公彦疏:《仪礼注疏》上,王辉整理,上海古籍出版社,2008,第 69 页。

② 〔汉〕郑玄注,〔唐〕贾公彦疏:《仪礼注疏》上,王辉整理,上海古籍出版社,2008,第 70 页。

③ 〔汉〕郑玄注,〔唐〕贾公彦疏:《仪礼注疏》上,王辉整理,上海古籍出版社,2008,第 70 页。

④ 〔汉〕郑玄注,〔唐〕贾公彦疏:《仪礼注疏》上，王辉整理，上海古籍出版社，2008，第 70—71 页。

⑤ 〔汉〕郑玄注,〔唐〕贾公彦疏:《仪礼注疏》上,王辉整理,上海古籍出版社,2008,第 71 页。

⑥ 〔汉〕郑玄注,〔唐〕贾公彦疏:《仪礼注疏》上，王辉整理，上海古籍出版社，2008，第 71—72 页。

⑦ 〔汉〕郑玄注,〔唐〕贾公彦疏:《仪礼注疏》上,王辉整理,上海古籍出版社,2008,第 72 页。

⑧ 〔汉〕郑玄注,〔唐〕贾公彦疏:《仪礼注疏》上,王辉整理,上海古籍出版社,2008,第 72 页。

智武子、苦成叔子、温季子、张老等九位大夫并接受训诫的过程。乡大夫们对赵文子或祝愿，或告诫。栾武子希望他做一个踏实做事的人，要务实。范文子告诫他要具备“贤者宠至而益戒”的德行。韩献子的劝勉提出了道德修养之于成人的重要意义，认为“成人在始，始与善，善进善，不善蔑由至矣。始与不善，不善进不善，善亦蔑由至矣。如草木之产也，各以其物。人之有冠，犹宫室之有墙屋也，粪除而已，何又加焉”①。智武子认为“文”和“忠”是一个人应该具有的品质，勉励赵文子要继承前辈的美德，忠诚侍君。最后，张老综合评述所有乡老之言，认为“从栾伯之言可以滋，范叔之教可以大，韩子之戒可以成”②，但是事成与不成，最终还要取决于赵文子自身的志向和努力。九位大夫态度不同，言辞各异，文中虽未直言受教者赵文子的心理感受，但可以推测，经此仪式，冠者能够体会到成长的意义。

相比男子冠礼，女子笄礼要简单得多。笄是古代妇女的一种发簪。古代儿童多留发，头发梳成小丫髻，称“总角”“丱角”，考古发现，在河南安阳殷墟妇好墓中曾出土一尊两面像雕玉小孩，其头上就作丱角式样，这是目前所见最早的一种式样。③待到成年之时，女孩总发加笄表示成年，称“及笄”。笄在上古时期就已存在，商代和周代初年的墓葬中就曾出土大量骨笄，男子单用，或者横贯椎髻，或者如冠礼中所展示的先用冠将头发罩住，然后再用笄穿过冠帽下面的孔，把发髻固定住。女子有的双用，有的单用。《仪礼》中对女子笄礼无详细记载，但据《礼记》相关记载可见其大致情形。《礼记·曲礼上》云：“女子许嫁，笄而字。”④《礼记·杂记下》又补充记载：“女虽未许嫁，

---

① 徐元诰：《国语集解》，王树民、沈长云点校，中华书局，2002，第388页。

② 徐元诰：《国语集解》，王树民、沈长云点校，中华书局，2002，第389页。

③ 沈从文编著：《中国古代服饰研究》，上海书店出版社，2005，第68页。

④〔清〕孙希旦：《礼记集解》上，沈啸寰、王星贤点校，中华书局，1989，第49页。

年二十而笄，礼之妇人执其礼。燕则鬈首。”[①]孔颖达疏云：“十五许嫁而笄，则主妇及女宾为笄礼，主妇为之著笄，女宾以醴礼之。未许嫁而笄，则妇人执其礼，无主妇、女宾，不备仪也。……鬈首，谓分发为鬌、紒，未笄者之法也。”[②]唐杜佑《通典》进一步补充说：“笄女礼犹冠男也，使主妇、女宾执其礼。……教以妇德、妇言、妇容、妇功。”[③]另外，按照王国维先生的研究，古代女子有取字，“女子之字曰某母，犹男子之字曰某父”[④]，杨树达先生进一步考证认为，也有女子不作“某母”而作“某女”，“古文母女二字本通用”[⑤]。这表明，女子笄礼基本上局限于发式的改变，仪式意义也相对单一，关键在于女子是否许嫁，亦隐含着女子为人妻、为人妇、为人母的伦理意义。杨向奎先生曾指出：“无论《昏礼》及《曲礼》郑注都有些前后颠倒，应当是成人而后笄，笄后而待嫁；并不是许嫁而后笄，笄后而成人。不是成人不笄，不笄不许嫁。”[⑥]按照这样的解释，笄礼的成人意义自然不能与冠礼相比，相反成为对女性的一种桎梏，进而维护男性统治。[⑦]不过，婚礼的稳定传承也在客观上保证了笄礼的存在。

二、秦汉至隋唐时期的冠礼传承

春秋战国时期，礼崩乐坏，冠笄之礼仅存于贵族阶层，民间较少见到。秦统一六国之后，也曾有兴礼制之举，但因秦朝仅传二世，能看到的仅有《史记》中的始皇加冠。汉朝再兴礼乐，皇室普遍实行冠礼。史载，西汉惠帝年十二加冠，武帝为太子时、年十六行冠礼，昭

---

① 〔清〕孙希旦：《礼记集解》下，沈啸寰、王星贤点校，中华书局，1989，第1126页。

② 〔清〕孙希旦：《礼记集解》下，沈啸寰、王星贤点校，中华书局，1989，第1126—1127页。

③ 〔唐〕杜佑：《通典》，王文锦等点校，中华书局，1988，第1590页。

④ 王国维：《观堂集林》上，中华书局，1959，第164页。

⑤ 转引自杨宽：《“冠礼”新探》，收入《古史新探》，上海人民出版社，2016，第245—246页。

⑥ 杨向奎：《宗周社会与礼乐文明》，人民出版社，1992，第259页。

⑦ 焦杰：《试论先秦冠礼和笄礼的象征意义》，《南开学报》（哲学社会科学版）2011年第4期。

帝年十八加元服，成帝年十七为太子时加冠，平帝年十四始加元服，东汉献帝年十四行冠礼，虽冠无定龄，但冠礼施行较前代为多。贵族也有行冠礼之举，据《汉书·东方朔传》载，馆陶公主召董偃，“因留第中，教书计相马御射，颇读传记。至年十八而冠，出则执辔，入则侍内”[①]。后汉应亨所撰《赠四王冠诗》中，题引“永平四年，外弟王景系兄弟四人并冠”，诗曰：“济济四令弟，妙年践二九。令月惟吉日，成服加元首。虽无兕觥爵，杯醮传旨酒。”[②]皇室冠礼举行时间多取正月。梁沈约《宋书》载：“汉惠帝冠以三月……后汉以来，帝加元服，咸以正月。”[③]汉代阴阳五行观念盛行，时人认为天子宜用纯阳的刚日，强调“男为阳”“君为阳”。[④]所以，“按八座书，以为正月之日，太阳亏曜，谪见于天，而冠者必有裸享之仪，金石之乐，饮燕之娱，献酬之报。是为闻灾不祇肃，见异不怵惕也”[⑤]。天子加冠统称为“加元服”，并将三加改为四加，冠服上也有差异，“汉顺帝永建四年加元服，用曹褒新礼，初加缁布进贤，次加爵弁武弁，次加通天冠”[⑥]。冠礼时还会赏赐群臣，以彰显皇权和父权的力量。比如，宣帝时皇太子加冠，朝廷对群臣大加封赐，“皇太后赐丞相、将军、列侯、中二千石帛，人百匹，大夫人八十匹，夫人六十匹。又赐列侯嗣子爵五大夫，男子为父后者爵一级”[⑦]；汉和帝加冠时，“赐诸侯王、公、将军、特进、中二千石、列侯、宗室子孙在京师奉朝请者黄金，将、大夫、郎吏、

① 〔汉〕班固撰，〔唐〕颜师古注：《汉书》，东方朔传第三十五，中华书局，1962，第2853页。

② 〔唐〕徐坚等著：《初学记》中，中华书局，1962，第353页。

③ 〔梁〕沈约：《宋书》，中华书局，1974，第335页。

④ 李隆献：《历代成年礼的特色与沿革——兼论成年礼衰微的原因》，《台大中文学报》2003年第18期，后收入叶国良等著《汉族成年礼及其相关问题研究》，大安出版社，2004，第15—98页。

⑤ 〔唐〕杜佑：《通典》，王文锦等点校，中华书局，1988，第2115—2116页。

⑥ 〔明〕徐一夔等：《明集礼》，收入《景印文渊阁四库全书》，第649册，台湾商务印书馆，1986，第477页。

⑦ 〔汉〕班固撰，〔唐〕颜师古注：《汉书》，中华书局，1962，第265页。

从官帛。赐民爵及粟帛各有差，大酺五日。郡国中都官系囚死罪赎缣，至司寇及亡命，各有差。庚辰，赐京师民酺，布两户共一匹”[①]。同时，加冠祝辞愈发华丽。史载东汉孝昭帝冠辞曰：“陛下摛著先帝之光辉，以承皇天之嘉祐，钦奉仲春之吉辰，普尊大道之郊域，秉率万福之丕灵，始加昭明之元服，推远冲孺之幼志，蕴积文武之就德，肃勤高祖之清庙，六合之内，靡不蒙福，承天无极。”[②]展现出磅礴的皇权气势。

魏晋皇家贵族的冠礼一反前朝加冠制度的繁缛，规定皇帝或者太子加冠时只用一加。“魏以后始冠于正殿。东晋诸帝加元服则百僚陪位，加衮冕毕，太保率群臣奉觞上寿，先以币告宗庙事讫，又庙见。北齐皇帝将加元服，先奏告天地宗庙，择日临轩加衮冕毕，太保上寿，群官三称万岁，后日文武群臣朝服上礼，又择日亲拜圆丘方泽，谒庙。”[③]并仍有加元服赏赐群臣、大赦天下之举，如东晋成帝《加元服改元大赦诏》：“大赦天下，改咸和十年为咸康元年。增文武一等，大酺三日。赐百官官银，鳏寡孤独米五斛。”[④]这一时期还出现两部重要的礼书，何桢《冠仪约制》及王堪私撰《冠仪》[⑤]。据此推测，民间应有举行冠礼者。

南北朝时期，终日战乱，朝不保夕，加之佛道二教盛行，儒家礼

---

① 〔南朝宋〕范晔撰，〔唐〕李贤等注：《后汉书》，中华书局，1965，第171页。

② 〔唐〕杜佑：《通典》，王文锦等点校，中华书局，1988，第1573页。

③ 〔明〕徐一夔等：《明集礼》，收入《景印文渊阁四库全书》，第649册，台湾商务印书馆，1986，第476页。

④ 韩理洲等辑校编年：《全三国两晋南朝文补遗》，三秦出版社，2013，第34页。

⑤ 《宋书·礼志一》载：“元嘉十一年，营道侯将冠。诏曰：‘营道侯义綦可克日冠。外详旧施行。’何桢《冠仪约制》及王堪私撰《冠仪》，亦皆家人之可遵用者也。”〔梁〕沈约：《宋书》，中华书局，1974，第335—336页。兹将王堪《冠仪》摘录如下：“永平元年惠帝时。正月戊子，冠中外四孙。立于步广里舍之阼阶，设一席于东厢。引冠者以长幼次于席南，东上。宾宗人立于西厢，东面南上。堪立于东轩西，南面西上。陈元服于席上。宗人执仪，以次呼冠者，各应曰‘诺’。宗人申诫之曰：‘以岁之正，以月之令，兄弟具来，咸加尔服，弃尔幼志，顺尔成德，敬慎威仪，惟人之则，寿考维祺，永受景福。’冠者高跪而冠，各自着布。兴，再拜，从立于宾，南上。酌四杯酒，各拜醮而饮。事讫，上堂，向御史府君再拜。讫，冠者皆东面坐，如常燕礼时。宾宗人东平王隆叔祚、王循道安、王业建始。此皆古礼也，但以意斟酌，从其简者耳。”

仪受到冲击，朝野之上虽仍遵礼制，但总体不兴。在朝廷层面，太子加冠仍是重要的典礼。据《梁书·昭明太子传》载："（天监）十四年正月朔旦，高祖临轩，冠太子于太极殿。"[①]《陈书·后主本纪》亦载："（至德二年秋七月）壬午，太子加元服，在位文武赐帛各有差，孝悌力田为父后者各赐一级，鳏寡癃老不能自存者人谷五斛。"[②]士族阶级强调言语行为必须合乎礼仪，做"动循礼度"的"礼仪人物"，这种礼的实践重视优雅，逐渐走向形式化，成为阶级身份的重要标志。[③]"即日常私人交接，亦复故意的装身分，摆架子，好像他们果然与别人有一种不可逾越的界线。"[④]史载南朝梁萧子范[⑤]和沈约均曾为其子加冠，如沈约《冠子祝文》曰："蠲兹令日，元服肇加。成德既举，童心自化。行之则至，无谓道赊。敦以秋实，食以春华。无耻下问，乃至高车。子孙千亿，广树厥家。"庄严典雅的祝文透着魏晋文人风骨，反映出当时士族家庭依然在恪守的一种礼仪文化生活，《南史·范缜传》亦载，"缜少孤贫，事母孝谨。年未弱冠，从沛国刘瓛学，瓛甚奇之，亲为之冠"[⑥]。《南史·孝义传》载："华宝，晋陵无锡人也。父豪，晋义熙末戍长安，宝年八岁，临别谓宝曰：'须我还当为汝上头。'长安陷，宝年至七十不婚冠。或问之，宝辄号恸弥日，不忍答也。"[⑦]说明成年后方能成家的观念仍为人们看重。

隋代享国日短，仅见《隋书·礼仪志四》中有皇太子冠礼。如此寥落之势，也难怪大儒文中子王通发出"冠礼废，天下无成人矣"的

---

① 〔唐〕姚思廉：《梁书》，中华书局，1973，第165页。

② 〔唐〕姚思廉：《陈书》，中华书局，1972，第110页。

③ ［日］谷川道雄：《六朝士族于家礼——以日常礼仪为中心》，李济沧译，收入高明士编《东亚传统家礼、教育与国法（一）：家族、家礼与教育》，华东师范大学出版社，2008，第3—16页。

④ 钱穆：《国史大纲》（修订本）上，商务印书馆，1996，第303页。

⑤ 〔唐〕欧阳询：《艺文类聚》上，汪绍楹校，上海古籍出版社，1982，第721页。

⑥ 〔唐〕李延寿：《南史》，中华书局，1975，第1420—1421页。

⑦ 〔唐〕李延寿：《南史》，中华书局，1975，第1820页。

感叹。直至大唐，社会经济繁荣，政权稳定，朝廷重订礼仪，以统天下。唐玄宗时撰《开元礼》，对自天子以至庶人冠礼做出详细规定，成为划时代的一部官方礼典。但礼仪实践仍多见于上层社会，民间并不多见。有学者指出，冠礼的衰落与隋唐统治者有关，但根本原因是当时正处于新旧社会结构变革时期，价值观念多样，文化发展多元，人们更重视外在的事功，重视世俗生活情绪，而缺少对传统人格心性的培养。[①] 比如唐太宗、高宗和玄宗时举行太子冠礼的时间都比较随意，太宗时因为二月举行冠礼有违农时，改定为十月。[②] 高宗和玄宗时又改为八月，《旧唐书·玄宗本纪》载："（开元）八年春正月甲子朔，皇太子加元服。"[③] 所以，冠礼在当时并不倡行的事实，便有了朝臣行冠礼而遭讥笑之情形。[④]

三、宋元时期的冠笄礼仪重建

唐以后，国家长期分裂割据、战乱，至赵宋再度统一。冠礼礼仪也在此时期得以重建。宋代皇家重视举行冠礼。周密《武林旧事》中曾详细描述了皇太子行冠礼，由司礼部分负责冠礼之前的器物和服饰准备，太常卿为掌冠，阁门官为赞冠。由礼直官、通事舍人、太常博士作为引领人，引入行礼处，准备就绪，再由这三人引皇子出东宫。冠礼一加用折上巾，祝辞曰："酒醴和旨，笾豆静嘉，授尔元服，兄弟具来，永言保之，降福孔皆。"二加用七梁冠者，祝曰："宾赞既戒，肴核惟旅。申加厥服，礼仪有序。允观尔诚，受天之祜。"三加九旒冕，

---

① 萧放：《中国民俗史》（明清卷），人民出版社，2008，第247页。

② 〔唐〕杜佑：《通典》，王文锦等点校，中华书局，1988，第1579页。

③ 〔后晋〕刘昫等：《旧唐书》，中华书局，2013，第180页。

④ 柳宗元《答韦中立论师道书》中记载："近有孙昌胤者，独发愤行之。既成礼，明日造朝至外庭，荐笏言于卿士曰：'某子冠毕。'应之者咸怃然。京兆尹郑叔则怫然曳笏却立，曰：'何预我耶！'廷中皆大笑。天下不以非郑尹而快孙子，何哉独为所不为也。今之命师者大类此。"〔唐〕柳宗元：《柳河东集》下，上海古籍出版社，2008，第542页。

祝曰："旨酒既清，嘉荐令芳。三加尔服，眉寿无疆。永承天休，俾炽而昌。"命字，祝辞曰："岁日云吉，威仪孔时。昭告厥字，君子攸宜。顺尔成德，永言保之。奉敕字某。"随后，由左辅宣敕戒曰："好礼乐善，服儒讲艺。蕃我王室，友于兄弟。不溢不骄，惟以守之。"宣讫，皇子再拜。第二日，"文武百僚诣东上阁门拜表称贺"。[①]

这一时期，大儒朱熹《家礼》文本的出现是当时礼仪实践的产物，也对后世产生了重要影响。朱熹从现实政治需要出发，对旧礼进行损益，他强调对礼本、礼文的"熟讲勉行"（《家礼》自序），以求再现古人修身齐家之道，谨终追远之心，这样有助于实现国家"崇化导民"的礼治目标。为了"切于人伦日用之常"，将贵族社会的古礼变化为世间普遍实行的世俗之礼，朱熹一方面坚守礼仪大节，以封建伦理灌输社会，另一方面采用了灵活的策略，对传统旧礼多所删节变通。他强调冠礼在模塑人们的伦理品格方面的重要意义，"故孝慈忠顺之行立而后可以为人，可以为人而后可以治人"[②]。对于具体的礼仪节目，因时变化，使得冠礼天道伦理因素消退，世俗社会伦理意识增强。

宋代行冠礼者大有人在。时人加冠年龄仍取十二岁至二十岁之间。朱熹《家礼》作"男子年十五至二十，皆可冠"[③]。例如，朱熹《跋潘显甫字序》："余年十六七时，屏山刘先生字余以元晦而祝之。"[④]黄仲元《大年字训》："从子身道之子焴孙设弧日，伯祖名之；年十八，将加元服，伯祖又字之大年。"[⑤]至于举行成人冠礼的时机，司马光认为需以熟读儒家经典为标准："若敦厚好古之君子，俟其子年十五已（以）

① 〔宋〕周密：《武林旧事》，钱之江校注，浙江古籍出版社，2011，第183—185页。

② 〔明〕丘濬辑：《朱子家礼》卷二冠礼，清嘉庆十四年重订本。

③ 〔宋〕朱熹：《家礼》，载朱杰人等主编《朱子全书》，第7册，上海古籍出版社、安徽教育出版社，2002，第889页。

④ 〔宋〕朱熹：《跋潘显甫字序》，载朱杰人等主编《朱子全书》，第24册，上海古籍出版社、安徽教育出版社，2002，第3875页。

⑤ 李修生主编：《全元文》，第8册，江苏古籍出版社，1998，第337页。

上，能通《孝经》《论语》，粗知礼义之方，然后冠之。”[①]真德秀《李自修祝词》提到："予友果斋李君公晦之子治，年十有五，锐志于学，过予粤山之麓，请字焉。为本《大学》之义，字之曰自修。”[②]

举行冠礼的日期也不统一，有的于正月举行。比如，王柏《时在字辞》："景定辛酉仲春己亥，遁泽时充之父冠其从子在于学古堂，俾亲友王某祝而字之。”[③]徐经孙《长孙敏学冠说》："正月丙午吉叶于卜吾孙敏学，肇加元服。”[④]有的于仲秋季节举行，如王柏《王岜字说》："壬申之秋八月壬辰，太常寺簿王君爰稽古典，肃宾友，僎介冠其子岜于庭，而命某字之。”[⑤]徐经孙《侄壬泰冠说》："咸淳三年九月望日，犹子壬泰冠，老伯矩山为之说，其辞曰：'我如汝年，冠于王正。今子既冠，迨此秋清。'”[⑥]还有的于岁尾举行，如宋元之际黄仲元的《林则时字说》："韵乡老人黄渊天叟之友清逸处士林伯雨之良子宜，韶妍警敏，有苍老气，处士爱之，叔父冲素处士尤异之。岁己丑十一月丙午朔，日南至之明日，冠。”[⑦]

冠礼上宾者的选择比较随意，不需要严格的卜筮，“但择朋友贤

① 〔宋〕司马光：《书仪》，收入《景印文渊阁四库全书》，第142册，台湾商务印书馆，1986，第467页。

② 曾枣庄、刘琳主编：《全宋文》，第313册，上海辞书出版社、安徽教育出版社，2006，第323页。

③ 〔宋〕王柏：《鲁斋集》，收入《景印文渊阁四库全书》，第1186册，台湾商务印书馆，1986，第51页。

④ 〔宋〕徐经孙：《宋学士徐文惠公存稿》，收入《丛书集成续编》，第131册，新文丰出版公司，1988，第323页。

⑤ 〔宋〕王柏：《鲁斋集》，收入《景印文渊阁四库全书》，第1186册，台湾商务印书馆，1986，第93页。

⑥ 〔宋〕徐经孙：《宋学士徐文惠公存稿》，收入《丛书集成续编》，第131册，新文丰出版公司，1988，第324页。

⑦ 李修生主编：《全元文》，第8册，江苏古籍出版社，1998，第327页。

而有礼者一人可也”[①]。如陈栎《族侄孙子敬子襄字说》:“族兄八府君二孙，长曰翼，年逾弱冠，次曰赞，年亦几弱冠矣，字犹断断未定，决于予。”[②]而且，原则上加冠命字应为宾者所为，且必须在仪式上进行。但宋代出现了文人请字、更字、改字之风，并请撰写字说。字说作为记叙冠礼过程，解释名字含义的一种文体。其中一类为字辞、祝辞，形式上或韵或散，或韵散结合，直接体现出与冠礼祝辞之间的渊源关系。这些冠辞不仅有具体的韵语类祝辞，还会叙述加冠前后的冠礼仪节，将儒家“忠君信友事亲”的成人观念寓于名字的解说之中，处处体现着长者们对冠者的殷切期望，这或许便是朱熹的“命以字之”之意。还有一些字说，名为“冠说”“冠赞”，多散文议论体，虽不是祝辞，但与冠礼也有着密切关系。

有的学者推断，字说创作的繁盛恰恰说明元代冠礼的衰颓，由于冠礼不得倡行于世，所以文人以字说创作来取代冠礼仪式。[③]字说创作通常有四种场合:一、行冠礼，聘宾命字，然后请撰字说。二、请字，然后请求命字者撰写字说，阐释其意。三、请字之后，别求他人撰写字说。四、直接请求对方撰说阐释名字之意。其中，第一、四两种情况相当少见。[④]命字和撰写字说与冠礼仪式出现了明显的疏离，并大有代替仪式的趋势，作字说者也不局限于宾者。有的宾者为冠者加冠命字且作字说，有的只加冠命字，字说由他人作。撰写字说者是否参与冠礼仪式不得而知。如欧阳守道《刘晖明夫字说》:“东冈刘君晖

① 〔宋〕朱熹:《家礼》，载朱杰人等主编《朱子全书》，第7册，上海古籍出版社、安徽教育出版社，2002，第890页。

② 李修生主编:《全元文》，第18册，江苏古籍出版社，2000，第172页。

③ 参见叶国良《冠笄之礼的演变与字说兴衰的关系——兼论文体兴衰的原因》、李隆献《历代成年礼的特色与沿革——兼论成年礼衰微的原因》的相关论述。

④ 刘成国:《宋代字说考论》，《文学遗产》2013年第6期。

得字于乡之达尊，曰明夫，而问予字说。”[①] 到了元代，这种趋势更为明显，吴澄的《宋诚字说》中说：“古之冠者，宾字之，有辞以致祝颂，载在《仪礼》。后世因此，或别作字说以寓规戒焉，然必出于所师尊之人而后可。”[②] 可见人们更注重的是字义的解说及其对受礼者的道德约束力而非冠礼本身。

元朝时期，儒士地位低下，但儒士们承续两宋新儒学的发展，也将礼仪实践付诸行动。[③] 比如当时江南大族郑氏家族就是严格执行家礼的典范，其子弟多有行冠礼者，仅字说中就见柳贯《郑泳冠字祝辞》、戴良《郑梴冠字祝辞》、朱震亨《郑湜加冠祝辞》和陈旅《郑涛字序》，且家族中人郑泳著有《郑氏家仪》，对冠礼作了具体规定。如陈旅《郑涛字序》中提到：“初，予读《浦江郑氏家范》，叹其扶导之有方，意必多佳子弟出于其间，恨未之见。一旦列宴于祭酒之堂，忽郑深仲几自外至，且谓予曰：深弟名涛，已尝筮宾，行三加之礼，字之曰仲舒矣。涛慕先生之风，当深来燕时，涛再三为深言，欲求先生之文以自勖。”[④] 吴澄在《陈垚伯高字说》中也提到：“夫冠而字，礼也；字而有辞，亦礼也。……及考《大戴礼 · 公冠》篇所记，亦有别为冠辞者，近世弥多。而予为人作字说，殆不啻数十。”[⑤] 反映出当时民间举行冠礼者大有人在。

元代民间基本遵从朱子《家礼》规定，十五岁左右加冠，比如，戴良《唐林字说》载“句章唐起贤之家子林，从予游久，今年十有五

---

① 〔宋〕欧阳守道：《巽斋文集》，收入《景印文渊阁四库全书》，第 1183 册，台湾商务印书馆，1986，第 709 页。

② 李修生主编：《全元文》，第 15 册，江苏古籍出版社，1999，第 54 页。

③ 参见贺少雅《从字说创作看元代冠礼的传承与变迁——兼论儒家的成人观念》，《文化遗产》2016 年第 5 期。

④ 李修生主编：《全元文》，第 37 册，凤凰出版社，2004，第 302 页。

⑤ 李修生主编：《全元文》，第 15 册，江苏古籍出版社，1999，第 27 页。

矣。起贤将责之以成人之道也，乃行三加之礼”[①]；郑玉《弟琏名字说》曰“玉生十有五年，先君子命名以易其小字”[②]。也有其他年龄加冠者，如元代郑泳《郑氏家仪》载：“吾家子弟年十六，许行冠礼，皆要诵背四书五经正文，讲说大义，否则直至二十一岁。”[③]何中《犹子养正字说》：“祖生年十七而冠，俨然成人，而父命之字也。”[④]

仪式举行并不严格。一般来说，加冠在前命字在后，比如元代字说中多有“既冠，字之某某”而后求字说之语，如蒲道源《刘伯受字序》：“刘福……今年逾弱冠，乡里之先辈共与进之，欲美其称呼，请字于余。”[⑤]但也有未加冠而提前命字者，如吴澄《吴彤文明字说》：“学子吴彤，年未弱冠，就孙先生受学。彤字文明，问其字学于予。”[⑥]更有为几个未加冠者同时命字者，如汪克宽《吴氏三子字说》：“友人吴仲实甫，年且耆艾，见三子长次皆就外傅而受学矣，请余字之，以叙其义而告之。余曰：‘冠而字，则祝之以辞，礼也。今尚幼，盍俟其稍长而命之字，可乎？’仲实答曰：‘生非欲使之尊其名以夸于人也，实欲使之敬其名与字，而亟责以成人之道，俾昭然知所以示训而永久不忘也。’”[⑦]不论加冠与否，均强调命字之举，在一定程度上弥补了部分仪式功能，对于个体成长仍然具有督促警醒作用。有的儒者在加冠命字后请多人申说字义，如黄溍《李生字说》：“中山李生弘道之字曰仲能，为之说以绎其义者三人矣，而未足以厌其欲，复来征予言。夫

---

① 李修生主编：《全元文》，第53册，凤凰出版社，2004，第335页。

② 李修生主编：《全元文》，第46册，凤凰出版社，2004，第351页。

③〔元〕郑泳：《郑氏家仪》，收入《四库全书存目丛书》（经部），第114册，齐鲁书社，1997，第396页。

④ 祖生，即养正之名。〔元〕何中：《知非堂稿》卷七，北京图书馆古籍珍本丛刊第94册，第503页。本章作者校点。

⑤ 李修生主编：《全元文》，第21册，江苏古籍出版社，2001，第249页。

⑥ 李修生主编：《全元文》，第15册，江苏古籍出版社，1999，第35页。

⑦ 李修生主编：《全元文》，第52册，凤凰出版社，2004，第146页。

冠而字，古也，冠礼废不举，而字之配名者不废；今也，在礼始冠，三加皆有祝之字辞，一而已。一字而三说焉，今之又今也。”[①]

宾者在冠礼中的作为也有不同。有的宾者为冠者加冠命字且作字说，如吴澄《邓衍字说》中提到，“往年虞子及之子集冠，予辱为宾，尝辞而字之”[②]，即《虞采虞集字辞》。有的宾者为冠者加冠命字但不作字说，而由朋友或者既冠者再另请字说，如王礼《刘仲恂字说》：“禾州刘君子衡……既冠，字曰仲恂，欲闻其义于余。”[③]按照古礼，加冠命字应为宾者所为，他人的字说不合礼数，但当时这种做法已经很多。正如吴澄《宋诚字说》中说：“非冠之宾而祝颂，谄也；非教之师而规戒，渎也。”[④]

宋元时期女子笄礼也出现复兴之势。《宋史·礼仪志》中有公主笄礼，参照男子冠礼，为十五岁的公主行三加命字和醴醮之礼。[⑤]司马光《书仪》中载，女子年十五许嫁，加笄。由家中的妇女长者或者亲戚之贤者为宾，赞者由宾者自择，家中的婢妾为执事。行礼于中堂，宾者为成人者加笄，赞者加首饰。所用衣物首饰从当时所着，笄是当时的朵子之类，陈服用背子。祝辞上与男子冠礼略有不同，戒宾宿宾之辞，改“吾子”为“某亲”或者邑封，字辞去掉“髦士攸宜”一句。[⑥]朱熹《家礼》中的笄礼大体遵循《书仪》。这一时期女子也可以请字。明朱荃宰在《字说》一文中提到，“女子笄亦得称字，故宋人有女子名辞，

---

① 〔元〕黄溍：《黄溍集》，浙江古籍出版社，2013，第219页。

② 李修生主编：《全元文》，第15册，江苏古籍出版社，1999，第51页。

③ 李修生主编：《全元文》，第60册，凤凰出版社，2004，第624页。

④ 李修生主编：《全元文》，第15册，江苏古籍出版社，1999，第54页。

⑤ 〔元〕脱脱等：《宋史》，中华书局，1977，第2730—2732页。

⑥ 〔宋〕司马光：《书仪》，收入《景印文渊阁四库全书》，第142册，台湾商务印书馆，1986，第470—471页。

其实亦字说也”[①]。在当时，有向名儒求字者，宋刘克庄《陈倩玉女》中说：“陈倩琰求字于余。余谢曰：‘君家有严君，余安能僭？’君请不置，而其乃翁亦竟未暇为，余不复辞。”[②]也有向本家亲戚中之德高望重者求字者，如宋游九言《黄氏三女甥名说》：“黄氏三女甥将及笄矣，求字于老舅游某。……名而字之，或存训戒，亦可也，虽然而母固已名，若辈曰华明柔矣，今其既殁，汝安敢忘，而余安可易哉。……即而母之训申之也，三甥志之。”[③]其另一篇《上官氏女甥名说》中记载：“上官氏女甥适黄氏子炜，而炜亦余家出也。既嫁矣，见其舅而求名与字于余。”[④]这些都表明当时部分上层社会的女子也在积极寻求一种社会肯定。美国学者伊沛霞曾对宋代女子的家庭婚姻生活进行多角度的展现和分析，客观上反映出宋代的女性在婚姻、家庭、经济生产、财产权和两性关系上并不是完全被动的，尤其是那些上层阶级的女性。[⑤]

四、明代冠礼的复兴

明代是礼仪复兴的大时代。太祖朱元璋高举“复宋”旗帜，灭元一统天下，尊程朱理学为正统，以礼治天下。成祖朱棣时，将朱子《家礼》颁布天下，是为民间礼仪生活的依据。皇家贵族也通过举办礼仪，起上行下效之功。《明志》嘉礼中记载了皇帝、皇太子、品官和庶人冠礼，其中规定皇太子加元服“参用周文王、成王冠礼之年，近则十二，远

---

① 〔明〕朱荃宰：《文通》，收入《续修四库全书》，第1714册，上海古籍出版社，2000，第69页。

② 辛更儒：《刘克庄集笺校》，第10册，中华书局，2011，第4640页。

③ 〔宋〕游九言：《默斋遗稿》卷下，收入《景印文渊阁四库全书》，第1178册，台湾商务印书馆，1986，第373页。

④ 〔宋〕游九言：《默斋遗稿》卷下，收入《景印文渊阁四库全书》，第1178册，台湾商务印书馆，1986，第373页。

⑤ 参见［美］伊沛霞《内闱——宋代妇女的婚姻和生活》，胡志宏译，江苏人民出版社，2010，第六章至第八章相关内容。

则十五”[①]。万历皇帝行冠礼时年十三岁，景帝之子朱见济行冠礼时年龄不过八岁。皇亲贵族冠礼都需要通过占卜得来。据《明实录》载，景泰四年（1453）二月“甲辰，礼部上沂王并荣王冠、仪注，及请择日祭告太庙，并持节诸执事官”[②]，成化二十三年（1487）五月丙寅，“礼部上五皇子冠日及冠仪：一，择六月初六日行礼”[③]。皇帝加元服在奉天殿，太子在文华殿，亲王在文华殿的偏殿。[④]

除此之外，明朝廷建立了一系列礼仪实施配套制度。成化、正德以后，朝廷开始实行乡约、乡社、保甲、社仓和社学等相互结合的地方政治方针，利用土地神等民间信仰对民众进行教化[⑤]。地方官员在以礼治国的大政方针下，也以刊行《家礼》及各种礼书为治政之要。嘉靖年间，河北广平府知府蒋以忠在府境内刊行《家礼四要》，推进礼仪下行。[⑥]万历间，湖南安仁李斗野刊刻《四礼简仪》，训示民众。[⑦]乡绅、耆老等能人作为城乡社会的支配阶层和推进力量，将《吕氏乡约》《郑氏规范》与“圣祖教民谕”等结合在一起，宣讲各类敕撰训诫书，促进家训族规、礼仪乡俗的一体化。[⑧]政府还从地方学校的演礼观习、培养礼生相礼和观摩士绅家礼实践三个非文本层面进行《家

① 〔清〕张廷玉等：《明史》，中华书局，2013，第1378页。

② 吴柏森等编：《明实录类纂》（文教科技卷），武汉出版社，1992，第748页。

③ 吴柏森等编：《明实录类纂》（文教科技卷），武汉出版社，1992，第804页。

④ 据时任礼部尚书冯琦言：“会典：皇太子冠礼，皆冠席、醴席于文华殿内。今文华殿既为临御遣官之地，则带冠、醴席似不敢设于殿内，不得不移于殿之东序，在皇太子一向讲读之所。亲王冠礼，旧在皇极门之东庑，若皇太子于文华殿东序行礼。则四王之礼不得不移于文华殿之西序。”

⑤ 科大卫：《明清社会和礼仪》，曾宪冠译，北京师范大学出版社，2016，第90页。

⑥ 《邯郸县志》（十七卷，民国二十二年刻本），收入丁世良、赵放主编《中国地方志民俗资料汇编》（华北卷），书目文献出版社，1989，第437页。

⑦ 《安仁县志》（十六卷，清同治八年刻本），收入丁世良、赵放主编《中国地方志民俗资料汇编》（中南卷），书目文献出版社，1991，第511页。

⑧ ［日］酒井忠夫：《中国善书研究》（增补版），刘岳兵等译，江苏人民出版社，2010，第22—85页。

礼》传播。[①] 费宏在《冠孙礼咏序》一文中说："自宗法既废，而冠礼随之，其图与说则具于《仪礼》。朱子表章之后，我太宗文皇帝实取而列之学宫，以幸教天下之臣民矣。"[②] 这一做法很有实效，在陕西省周至县，冠礼已久废不举，"明孝廉刘来凤考朱子《家礼》一行之后，督学曾公访求遗典，来凤具陈仪注，择未冠数人，行于黉堂"[③]。嘉靖年间，蒲台县令王淑诣学宫为诸生行冠礼。[④]

同时，明朝廷还将浙江浦江郑氏家族树立为民间士绅或者地方大族礼仪实践的样本。郑氏家族形成于南宋年间，家族重诗书礼义，以耕读传家，制定《郑氏规范》《郑氏家仪》以治家，元末明初达到鼎盛，先后三次被朝廷旌表为"郑义门"，明初被明太祖朱元璋敕封为"江南第一家"。明初重臣宋濂与郑家友谊深厚，他将自己聚族同居的儒家思想付诸于郑氏家族的实践，参与制定《郑氏规范》[⑤]，主持族人冠礼，还撰有字说教训子弟。宋濂的弟子方孝孺也是郑氏家族礼仪活动参与者，他在《郑氏四子加冠祝辞》记载了郑氏十世之长仲德父冠其从子杓及诸孙燧、爚、耀（燿）之事。方孝孺希望"四子者为君子"，"因字以勉其德"。[⑥] 方孝孺在《题郑叔致字辞后》中提到，友人郑叔致"之生也，其父取大学格物之义，名之曰格。及冠，其师太史公复以叔致字之，而祝之以辞，欲其用心于致知之学也"[⑦]。郑氏子孙按照《郑氏规范》所规定的"子孙自八岁入小学，十二岁出就外傅，十六岁入大

① 参见赵克生《明代国家礼制与社会生活》，中华书局，2012，第210—215页。

② 〔明〕费宏：《太保费文宪公摘稿》，第2册，收入沈云龙选辑《明人文集丛刊》，文海出版社，1970，第1079页。

③ 《盩厔县志》（八卷，民国十四年西安艺材印书社铅印本），收入丁世良、赵放主编《中国地方志民俗资料汇编》（西北卷），书目文献出版社，1989，第37页。

④ 《蒲台县志》（四卷，清乾隆二十八年刻本），收入丁世良、赵放主编《中国地方志民俗资料汇编》（华东卷），书目文献出版社，1995，第177页。

⑤ 参见常建华《元明时期义门郑氏及其规范的社会影响》，《河北学刊》2011年第2期。

⑥ 〔明〕方孝孺：《逊志斋集》，徐光大校点，宁波出版社，1996，第253页。

⑦ 〔明〕方孝孺：《逊志斋集》，徐光大校点，宁波出版社，1996，第607页。

学，聘致明师训饬”[①]，十六岁时子弟行冠礼，硬性标准是“须能暗记‘四书’‘一经’正文，讲说大义方可行之。否则，直至二十一岁。弟若先能，则先冠，以愧之”[②]。

值得注意的是，士人品官既是礼仪变革的理论建设者，也是礼仪的实践者。士大夫以朱子《家礼》为基础，对礼仪文本进行删繁就简、刊刻讲行[③]，出现了《家礼》注释本，《家礼》《明集礼》节编本、综合改编本和《家礼》补编本等多种文本形式以及简明的家礼图[④]。例如，丘濬“取文公《家礼》本注，约为《仪节》，而易以浅近之言，使人易晓而可行，将以均诸穷乡浅学之士。若夫通都巨邑、明经学古之士，自当考文公全书，又由是而上进于古《仪礼》云”[⑤]。宋纁坚持“礼时为大，似不必拘泥于古”的原则作《四礼初稿》，提倡礼仪简化。[⑥]焦竑、吕楠等也提倡礼仪简化，他们在做地方官时，“令民间行冠礼：设一饭，请冠者宗亲或比邻三五辈会食。冠者跪，令识字者晓以成人之道，随令冠者参神主，拜父母，如此而已”[⑦]。

当时，士人加冠的年龄在十五岁至二十岁之间，如王樵《彦湞字说》中记载的士子十四岁进之郡庠年有字，虽然于礼不合，但主要为了交游之便。[⑧]金实《郑环瑶夫字说》中，钱塘郑君良载之子环，年

---

① 郑强胜注评：《郑氏规范》，中州古籍出版社，2016，第108页。

② 郑强胜注评：《郑氏规范》，中州古籍出版社，2016，第65页。

③ 吴丽娱主编：《礼与中国古代社会》（明清卷），中国社会科学出版社，2016，第201—204页。

④ 赵克生：《明代国家礼制与社会生活》，中华书局，2012，第197—208页。

⑤〔明〕丘濬辑：《文公家礼仪节》，收入《四库全书存目丛书》（经部），第114册，齐鲁书社，1997，第432页。

⑥ 吴丽娱主编：《礼与中国古代社会》（明清卷），中国社会科学出版社，2016，第149—150页。

⑦〔明〕焦竑：《焦氏笔乘》下，李剑雄点校，中华书局，2008，第345页。

⑧〔明〕王樵：《方麓集》，收入《景印文渊阁四库全书》，第1285册，台湾商务印书馆，1986，第377页。

十五加冠。[①]柯潜《朱麃字志勤说》中的朱麃十八岁时由其伯父士宽为之加冠。[②]林希元《刘汝楠字说》中记载的刘生楹年十六加冠，取字曰“汝楠”。[③]丘濬《蒋冕敬之字辞》中提到的蒋冕十五岁领广右解首，十六岁卒业太学，并跟从丘濬求学，十七岁冠，由其兄长蒋昪为之加布于首。[④]加冠大多于岁首月首，“多于冬至或正旦加网巾于首，拜天地、祖宗、尊长”[⑤]。章懋《金仁甫字说》:“壬辰之春，正月望日，大理少卿金公，稽古典，宿宾赞，冠其子麟寿于庭，命予字之。”[⑥]何乔远《苏尔穆字说》:“封翁苏公艾斋以庚戌正月望日，冠其次君宁陵令之子肇煌。”[⑦]也有的在秋日，如罗大纮《周季子字说》记载周季子士遴，年十五举茂才，并于八月朔己卯冠。[⑧]章懋《陈麟允仁字说》中陈麟十九岁时，于当年八月八日，加首服。[⑨]有的无定岁亦无定日，张邦奇《吴生伯近字说》中记载的加冠日期与婚期相连：“正德辛巳

① 〔明〕金实:《觉非斋文集》，收入《续修四库全书》，第1327册，上海古籍出版社，2000，第217页。

② 〔明〕柯潜:《竹岩集》，收入《续修四库全书》，第1329册，上海古籍出版社，2000，第363页。

③ 〔明〕林希元:《同安林次崖先生文集》，收入《四库全书存目丛书》(集部)，第75册，齐鲁书社，1997，第654页。

④ 〔明〕丘濬:《重编琼台稿》，收入《景印文渊阁四库全书》，第1248册，台湾商务印书馆，1986，第434页。

⑤ 〔明〕万历《绍兴府志》(五十卷，明万历十五年刻本)，收入丁世良、赵放主编《中国地方志民俗资料汇编》(华东卷)，书目文献出版社，1995，第818页。

⑥ 〔明〕章懋:《枫山章先生集》，收入王云五主编《丛书集成初编》，第463册，中华书局，2011，第126页。

⑦ 〔明〕何乔远:《镜山全集》中，陈节、张家壮点校，福建人民出版社，2015，第782—783页。

⑧ 〔明〕罗大纮:《紫原文集》，收入《四库禁毁书丛刊》(集部)，第140册，北京出版社，2000，第9页。

⑨ 〔明〕章懋:《枫山章先生集》，收入王云五主编《丛书集成初编》，第463册，中华书局，2011，第125页。

十月辛卯，克俊吴先生冠其子远，将以十一月己巳醮之奠雁焉。”[①]加冠地点一般选择家中正堂或祠堂。张瀚《松窗梦语》中载:“子孙将冠，必先告于家庙，稍放三加冠礼，既令其长跪受训，始令谒于家庙，次令拜尊长，不邀大宾，亦仿古礼之遗意也。”[②]顾起元《客座赘语》中也记载“耿恭简公在南台为其犹子行冠礼”[③]。宾赞者选德高望重的尊长即可。归有光《太学生叶君墓志铭》中提到提学御史张鳌山，“亲至学为行冠礼，而字之曰世德”[④]。清代吴肃公《明语林》载:“邢侗就童子试，学使者（邹善）赏其文，因即院署治具迎宾，为行冠礼。”[⑤]观礼宾客，如果是皇室冠礼，则邀文武百官参加，士庶和品官冠礼多为同僚和朋友。如费宏《冠孙礼咏序》:“少宗伯新喻传公以七月壬□冠其元孙，选筮宾，得侍读白君秉德宏，及太史罗君景明、徐君舜和、秋官陈君健夫辈亦与介宾之列。”[⑥]而且，冠礼后少有拜见宾客者，丘濬《大学衍义补》卷五十中记载，“后世筮法不全，而为宾之人难得，惟择而用之可也”[⑦]。

这一时期文献中所见的女子笄礼多简便行之，且附于婚礼之中。例如，吕坤《四礼疑》中提到“近世女子多辫发鬈绾向后，连五簪贯之，许嫁则为半髻，以铜铁丝为圆座，上加虹桥，括于前后座上，障以乌纱，花簪连贯，一翟当于顶前。今仍其饰，而以翟为笄，于礼合

① 〔明〕张邦奇:《张文定公环碧堂集》,收入《续修四库全书》,第1337册,上海古籍出版社，2000，第221页。

② 〔明〕张瀚:《松窗梦语》，中华书局，1985，第140页。

③ 〔明〕顾起元:《客座赘语》，谭棣华、陈稼禾点校，中华书局，1987，第287页。

④ 〔明〕归有光:《震川先生集（二）》，彭国忠、查正贤校点，收入《归有光全集》，第6册，上海人民出版社，2015，第528页。

⑤ 〔清〕吴肃公:《明语林》，陆林校点，黄山书社，1999，第194页。

⑥ 〔明〕费宏:《太保费文宪公摘稿》,第2册,收入沈云龙选辑《明人文集丛刊》,文海出版社，1970，第1078页。

⑦ 〔明〕丘濬:《大学衍义补》，收入《景印文渊阁四库全书》，第712册，台湾商务印书馆，1986，第603页。

矣。……宜叉手低头屈膝，深深四肃拜，而丘文庄有见舅姑当拜手之说，即昏义扳地之文，叩头是已”[①]。

五、清代至民国成人礼俗的存续

清朝统治者入关以后，主动吸收汉文化，推行儒家礼仪，制定《大清通礼》，对婚丧祭礼等规定甚详，冠礼却未多提及。清初实行严厉的剃发留辫令，对汉族男子冠礼冲击极大，以致产生了“留头不留发，留发不留头”之说。清代冠礼也因此走向了衰微。但传统并不会因政权变动而瞬间断绝，冠笄礼仪在民间社会与地方传统相结合得到传承。

（一）冠礼的遗存

自晚明至清初，随着商业和城市文化发展，社会风俗的变化，许多学者力图在一个新的基础上建立一种新的社会规范，寻求一种协调欲望与秩序的标准，从而出现了由“内心的规则”转向“外在化的规范”的趋势。[②]讲求外在规范化的思想家以颜李学派的颜元、李塨为代表，他们一反明末热衷交游和结社的士风，倡导回归家庭，重视家礼实践，主张一种严格的礼制主义，呼应着当时学界想回归孔孟和原典的理念，也和清廷推行孝治天下的政策相符合，透视着学者试图重建社会秩序的努力。[③]例如，林伯桐坚持行冠礼的必要性，他指出当时社会已经是冠婚合一，因偏重于婚礼的择日，冠礼已徒具虚文，身在其中者也不明冠礼之深层含义。他建议：“曷不于十五六岁时，特为其子设一日之礼，教以成人，又命之字以荣之。虽平常之子，未有不稍动心者，从此较易于开导，又况佳子弟乎。”“世俗请冠宾必于福命至好者，此

---

① 〔明〕吕坤：《吕坤全集》下，王国坤、王秀梅校点，中华书局，2008，第1300—1301页。

② 王汎森：《权力的毛细管作用：清代的思想、学术与心态》，北京大学出版社，2015，第39—43页。

③ 吕妙芬：《颜元生命思想中的家礼实践与“家庭”的意涵》，收入高明士编《东亚传统家礼、教育与国法（一）：家族、家礼与教育》，华东师范大学出版社，2008，第113—153页。

亦人情。但士族冠子自当以齿望重者，为宾其福命不甚薄恶，足矣。”[①]以凌廷堪等为首的一些礼学家主张恢复民生日用之礼，以践行礼仪之功，行敦风俗厚人心之效。凌廷堪推尊荀子，重学重礼，主张对抗宋代以来的理学传统，重新提倡汉代礼学，倡导礼仪实践。他认为，礼乐化性，关键在于学习一途，“学”是知识上的了解，“习”是实际中的操练，“君子学士冠之礼，自三加以至于受醴，而父子之亲油然矣”[②]。

当时践行冠礼的士大夫极少见，而郭嵩焘就是其中之一。光绪九年（1883）十二月十五日“为炎儿举行冠礼，请胡子威、陈伯严为宾，李华卿、李瀑仙相礼，朱次江、曾重伯、寅伯、顺孙执事。用一加之礼。冠辞、醮辞皆依用《家礼》，惟命字辞曰：‘汝弱加冠，循名求实。勉汝夙成，昭告汝字。字汝含章，金贞玉粹。德辉不炀，勤思汝事。’是日亲友观礼者凡数辈，另席款之”[③]。他还作诗一首记载了为儿子举行冠礼的情景：“肯容愚狷上书干，神武门前许挂冠。归就儿童陈制度，懒防人世有讥弹。当筵弦管群英会，窥户云烟列岫攒。荐笏造朝真一笑，礼容输与柳州看。”[④]应该说，清末以至民国时期，冠礼已成为一种“文化景观”和供人消遣的趣闻。

随着西风东渐，中国社会经历了前所未有的世事变迁。民国政府成立以后，主动推行各种改革，其中礼仪改革改跪拜为鞠躬，以脱帽、握手进行交际等。只有接受儒家礼仪知识谱系的文化精英在坚守礼仪文本的留存。他们搜寻古代冠礼遗绪，记录到地方志和笔记文集中。例如，民国二十三年（1934）山东《东阿县志》中记载，当地婚礼前一日，新郎有加冠仪式，先叩拜天地和祖先，然后向亲友们行跪拜礼，

---

① 〔清〕林伯桐：《士人家仪考证》，收入《续修四库全书》，第826册，上海古籍出版社，1999，第45页。

② 〔清〕凌廷堪：《礼经释例》，彭林校点，北京大学出版社，2012，第3页。

③ 〔清〕郭嵩焘：《郭嵩焘日记》，第四卷“光绪九年”，湖南人民出版社，1983，第443页。

④ 梁小进主编：《郭嵩焘全集》，第14册集部二，岳麓书社，2012，第189页。

有表示成人的含义。从此人们对待男子的称呼就发生了改变，婚前称童子，婚后则被视为成人，作者认为这仍然是冠礼的遗绪，所以若“主政者果能修明而提倡之，闾里有矜式矣”[①]。学校也曾经出现改良冠礼举动，但是未能开展下去。据《新教育》杂志记载，有人主张借鉴古代冠礼的做法重行冠礼以提高学生的责任感，“欲使人人了解为国负责之义，必有一种形式足使爱国精神有所感发，有所寄托，庶足受国民为国尽责之效”[②]，建议在青少年十六至二十岁之间行授字加冠的典礼，以激发国民的爱国精神。但由于提议所涉问题太大，时间比较仓促，最后不了了之。

学校仍然是礼仪传承的载体，但也呈现出衰落趋势。据同治十三年（1874）《益阳县志》记载，读书之家在子弟们初补弟子员授衣顶之后就仿照古代冠礼“诹吉告庙，设宾，有醮词，冠以时制，以品递加。虽不尽如礼，稍存古意”[③]。光绪年间《道州志》中说，士人入泮授职之后，也必然会先筮日延宾，设席受贺，然后戴着帽顶拜客，大有成人冠礼之意。[④]光绪年间上犹县，参用明正德年间辑录的《四礼节要》，“命乡塾每月朔教童子肄习，于是大庾、南康多行之。大庾行于士大夫之家，南康则稍裕之家皆行，上犹、崇义亦间行之”[⑤]。民国期间，在陕西洛川县，关中宿儒在当代仍有很大的影响，他们“郑重

① 《东阿县志》（十八卷，民国二十三年铅印本），收入丁世良、赵放主编《中国地方志民俗资料汇编》（华东卷），书目文献出版社，1995，第333页。

② 这是本人在进行资料搜索时得到一个文件，但是限于仅是孤例，不便于进行过多的阐述，仅列于此留待以后继续追究和分析（资料来源于刘俊文总纂“中国基本古籍库”，北京爱如生数字化技术研究中心开发制作，黄山书社出版发行）。

③ 《益阳县志》（二十五卷，清同治十三年刻本），收入丁世良、赵放主编《中国地方志民俗资料汇编》（中南卷），书目文献出版社，1991，第672页。

④ 《道州志》（十二卷，清光绪四年刻本），收入丁世良、赵放主编《中国地方志民俗资料汇编》（中南卷），书目文献出版社，1991，第595页。

⑤ 《上犹县志》（十二卷，清光绪十九年刻本），收入丁世良、赵放主编《中国地方志民俗资料汇编》（华东卷），书目文献出版社，1995，第1182页。

成人之道，颇孳孳讲求斯礼，且参诸温公《家仪》、考亭《家礼》，斟酌定制，传播三秦，以故荐绅之家间或见诸施行云”[①]。所以，郭嵩焘主张士大夫子弟一旦参加科举并高中，要通过成人之服受教育，“俾自少而知礼仪之不可越，揣度子弟可以应试而为之加冠，酌古今之宜，准人情之安，约文申义，正其仪于始冠之日，此则士大夫之家皆可以行之者也”[②]。不过，学宫的冠礼实践也在衰微。以晋南学宫为例，明代万历初年时，“庠士有冠者，尚先白掌教先生。冠后，复乘朔望日，拜庙、拜堂，庠友亦分班答拜。今三加醮字，久废亡闻。俗有未及期，欲速成而冠，亦有过期，有妻子而犹饰作弗冠者，将何以成人？”[③]到了清乾隆时期更为凋敝，“今则同诸邻邑，亦无行焉者，不时沃也”[④]。民国时期，新式学校兴起，仍有沿袭清代科举旧俗于学生毕业之时举行成人礼的做法。比如，民国三十二年（1943）《新修大埔县志》载：“清代士子入学，或得科甲，及纳粟捐虚衔实职者，必择日行谒祖礼，具盛筵大宴族戚。……民国成立，此风已替。然潮州各属于学校毕业，仍有遵行者。”[⑤]

另外，明清时期一些地方大家族仍将包括冠礼在内的礼仪作为治家手段。清代以来的家谱中多保留着冠礼文本，“一以阐先王之法制，一以垂后来之法守，使凛凛然知有冠礼也”[⑥]。有的还进行礼仪改

① 《洛川县志》（二十六卷，民国三十三年泰华印刷厂铅印本），收入丁世良、赵放主编《中国地方志民俗资料汇编》（西北卷），书目文献出版社，1989，第122页。

② 梁小进主编：《郭嵩焘全集》，第2册经部二，岳麓书社，2012，第647页。

③ 《沃史》（二十五卷，清康熙七年刻本），收入丁世良、赵放主编《中国地方志民俗资料汇编》（华北卷），书目文献出版社，1989，第660页。

④ 《曲沃县志》（四十卷，清乾隆二十三年刻本），收入丁世良、赵放主编《中国地方志民俗资料汇编》（华北卷），书目文献出版社，1989，第661页。

⑤ 《民国新修大埔县志》（三十九卷，民国三十二年铅印本），收入丁世良、赵放主编《中国地方志民俗资料汇编》（中南卷），书目文献出版社，1991，第747—748页。

⑥ 上海图书馆编：《中国家谱资料选编》（礼仪风俗卷）上，陈秉仁整理，上海古籍出版社，2013，第17页。

革，比如安徽泾县汪氏“冠必年纪相若者三五人以便行礼”[①]。光绪湖南湘潭《石莲曾氏七修族谱》中载，冠礼仪式内容包括冠期、告祖仪注、告祖祝文、加冠仪注、祝冠词、祝酒词、祝字词、见祖仪注、见祖祝文等。湖南湘潭青山何氏，则有冠期、择宾、告祖、陈设、行加冠礼、行醮礼、行命字礼、行告祖礼、行礼宾礼等，仪式虽本《仪礼》，但所行礼、所用礼器和言语等皆以时制，并附有“请赞书”“告祖文”“冠兼成昏告祖文”。[②]徽州南屏叶氏宗族直至民国时期还为成年儿孙举行冠礼。冠礼前三日，家长和冠者于叙秩堂行告庙礼。仪式当天，年满十五岁的男丁，身着长袍马褂，按行辈排列，在叙秩堂前加冠。在击鼓奏乐和鞭炮声中，嘉宾或族长担任主持人，赞者执事，各司其职，祝辞完全遵照《仪礼·士冠礼》。礼毕，冠者以成人之礼拜见父母和尊长。最后，家长设宴答谢亲友宾客。众人回以祝贺之语，并对冠者进行教导。[③]湖南湘潭何氏家族在清代也有较为规整的冠礼仪式，仪式前期择宾。当天行告祖礼，然后一加冠、醮礼、命字，最后告祖、拜见父母和亲友。[④]

（二）冠礼的变身

近代以来的成人礼俗历史资料丰富，台湾学者李隆献着重从近代方志资料出发，对民间成人礼仪的历时变迁、仪式内容和变迁原因等

---

① 上海图书馆编：《中国家谱资料选编》（礼仪风俗卷）上，陈秉仁整理，上海古籍出版社，2013，第40页。

② 上海图书馆编：《中国家谱资料选编》（礼仪风俗卷）上，陈秉仁整理，上海古籍出版社，2013，第34—37页。

③ 赵华富：《黟县南屏叶氏宗族调查研究》，收入赵华富《徽州宗族调查研究》，人民出版社，2014，第158页。

④ 上海图书馆编：《中国家谱资料选编》（礼仪风俗卷）上，陈秉仁整理，上海古籍出版社，2013，第37页。

进行了详尽梳理和分析[①]，王杰文借助近代地方志中的成人礼俗，来探讨冠礼作为一种文化理想和实践之间的张力。[②]在此，我们结合部分田野调查资料对融入婚礼的成人礼俗、与地缘性组织结合的成人礼俗、和儿童养育相结合的成人礼俗三个类别再作简要论述。

在中国人看来，成家与否是童年的社会期望边界，与成人的区隔。[③]明清以后，冠婚合一成为冠礼的主要发展趋势。在湖南一带，男子于婚礼之前易名称字，被称为“簪花”。清道光《凤凰厅志》记载：“厅人于子弟将婚时，亲友备礼称贺，易名而为之字。父兄延客醮子，命以成人之道，谓之‘簪花’。女家亦如之，犹存古冠笄之意。”[④]清宣统《永绥厅志》中也有“男子届将婚时，戚党备物以贺，父母邀客醮子，易其名而为之字，命以成人之道，谓之‘簪花’。女家亦如之。此即古制加冠之意”[⑤]。也有的地方称为“贺郎”。在湖南龙山县一带，“婚前一日，其亲友因其名而字之，制小匾，鼓乐送至悬于厅，盖亦冠而字之［之］义。其父母于是日宰牲牢，具馔祀先祖，致祝词，宴客醮子，谓之‘贺郎’。其女家父母亦于是日宴女，亲为女上头簪笄，谓之‘带（戴）花酒’”[⑥]。湖北省东部一带，流行男子“升号匾”、女子“上头”，

① 李隆献：《近代方志所见民间成年礼及其传承与变化》，原载《张以仁先生七秩寿庆论文集》，台湾学生书局，1999，第687—734页，后收入叶国良等著《汉族成年礼及其相关问题研究》，大安出版社，2004，第99—164页。

② 王杰文：《“演礼”以“成人”——中国古代“成人仪式”的理想与实践》，《民间文化论坛》2016年第1期。

③ 王友缘：《传统童年观念的社会学研究——基于乡村民众的底层立场》，《全球教育展望》2015年第9期。

④ 《凤凰厅志》（二十卷，清道光四年刻本），收入丁世良、赵放主编《中国地方志民俗资料汇编》（中南卷），书目文献出版社，1991，第631—632页。

⑤ 《永绥厅志》（三十卷，清宣统元年铅印本），收入丁世良、赵放主编《中国地方志民俗资料汇编》（中南卷），书目文献出版社，1991，第634页。

⑥ 《龙山县志》（十六卷，清光绪四年刻本），收入丁世良、赵放主编《中国地方志民俗资料汇编》（中南卷），书目文献出版社，1991，第644页。

并有“陪十兄弟”“陪十姐妹”习俗。有的地方，姐妹们还要和新娘一起哭嫁，陪她度过这个特殊的关口，有学者认为，哭嫁习俗本身也具有成人礼的考验性质[①]。也有的保留了较为明显的冠礼仪式内容，比如在陕西一带，男子婚前加冠戴帽称“冠巾”，保留着“冠礼”“网巾”等前代冠礼的词语标志。清宣统三年（1911）陕西《泾阳县志》载：“冠礼虽久废，然县俗于子娶妇之前一夕为酒食，召戚族姻党会集，其父为子加冠命醮，子跪受之，名曰‘冠巾’，盖犹古冠礼遗意。”[②]

而河北、湖北、安徽、福建等地曾广泛传承的庆号习俗则是与地缘性组织结合的成人礼俗。庆号是村落中二十来岁年龄相仿的一辈，或已婚或未婚，已经或即将在家庭中独当一面，接受家族中人命字取号或同辈之间互赠名号的习俗。20世纪50年代，定州市乡村仍有此举。李景汉《定县社会概况调查》中记载，在河北定州市号头庄，“送号的时候，都在阴历每年正月举行。到时所有村中没有号的男子，共同找一个适宜地点，预备酒菜。请送号的朋友们和起号的先生大吃大喝一顿，算是酬谢。然后由起号的先生，用红纸把所起的号，按照格式给他们各写一张。一齐贴在街道墙壁上，或分贴各人的家门外。并且燃放鞭炮，作为庆祝。这种风俗，颇有古时冠礼的意味。”[③]所起的号“不但互相称呼是这样，就是一切契约文件上的名字，也是‘张洛益、李洛友’的写着。因此，年深日久便把他自己原来的名字和号的下一个字，一并都忘了是很多很多的”[④]。当地人只知道长辈的号，也就是大名，而不知其起号之前的名字。他们认为，起号之前的名字都是阿猫阿狗之类的小名，叫不出口。这个号就是他的大名，送号之后的名字伴随

---

① 向柏松：《哭嫁习俗的成年礼意义》，《中南民族学院学报》（哲学社会科学版）1991年第5期。

② 《泾阳县志》（十六卷，清宣统三年铅印本），收入丁世良、赵放主编《中国地方志民俗资料汇编》（西北卷），书目文献出版社，1989，第29页。

③ 李景汉编著：《定县社会概况调查》，上海人民出版社，2005，第394页。

④ 李景汉编著：《定县社会概况调查》，上海人民出版社，2005，第394页。

成年男子的终生，契约和去世后的墓碑上均采用此名。庆号既是为了交际方便，也是对成年者的尊重，也有利于加强村镇凝聚力，促进村民友好往来。参加庆号的年轻男子，通过这场活动一下子跨入了成年人的行列，自信心和被尊重感增强，家庭和社会的责任意识也会进一步增强。庆号还会影响到临近村落，成为地域社会中的一桩有影响力的事件。[①]

另外，至今民间普遍存在着与儿童养育相结合的成人礼俗。在山西、河北等地普遍流行的“过十二岁”习俗即是如此。民国九年（1920）山西《解县志》记载，当地富裕人家生子成长到十二岁之时，要前往后土庙（俗称“娘娘庙”）献祭。当天，亲族人等都前来庆贺，乡亲邻里也要带着礼物前来，大家烹羊宰牛，唱戏酬神，称为“还愿”。平常人家虽然没有这么大的规模，也要在孩子十二岁的时候到后土庙献祭“还愿”。记录者认为，此乃冠礼遗留，建议“有学识之君子，苟能于加冠训辞，演成俗语，行于是日，不惟此子知成人之道，即在座之亲族里党亦当闻所未闻，渐摩而知礼意矣”[②]。河北万全区，过去孩子出生第三日要供奶奶许愿，为孩子认神灵为亲，意思是孩童为神灵所赐。拜认神佛之后，每一年的奶奶庙会“有儿者必送高约五寸之泥人于奶奶庙，后面并写某家外甥、某家子，谓之‘替身’，至十二岁始止。……惟十二岁时，于奶奶庙会，必亲到庙还愿，表示以后已脱离奶奶之势力范围，亦成年之一种表示也”[③]。广泛流行于福建、浙江、台湾等地的“做十六岁”也是如此。清光绪《龙岩州志》载：“俗于男子十六岁时，父兄具香烛、茶果告于祖庙，责以成人，谓之‘出

① 参见张梦洲《河北农村的“鸿号”习俗》，《民俗研究》1998 年第 4 期。

② 《解县志》（十四卷，民国九年石印本），收入丁世良、赵放主编《中国地方志民俗资料汇编》（华北卷），书目文献出版社，1989，第 692 页。

③ 《万全县志》（十二卷，民国二十三年铅印本），收入丁世良、赵放主编《中国地方志民俗资料汇编》（华北卷），书目文献出版社，1989，第 198 页。

童子'，于古人命冠之意庶几近之。乡民或延道士诵经祈祷，则陋矣。"①民国《连江县志》载："其在民间，久废冠笄之礼，惟男女年十六则延巫设醮，会亲友告成人，谓之'出幼'。"②与此相似的还有"出花园"，如清乾隆《南澳志》中记载："七月七日，家家各祀睡床，以祝公婆生，男女年十五者就床而食，谓之'出花园'。"③学者米尔恰·伊利亚德（Mircea Eliade）提出，成人是从一种生命状态向另一种生命状态，尤其是两个精神世界（神圣和世俗）之间的来去。而且，其中比较多的是超越世俗层面向神圣层面的进发。经过一次象征性的死去，摒弃自然的人性，实现对死亡的超自然体验，建立与超越世俗的神性的连接。④但是，以上所述的民间成人礼俗很多却是摆脱"神圣"状态回归"世俗"。

相比冠礼的衰微，笄礼自周代确立以后并未受到朝代更替的强烈冲击。直至清代，汉族女子的服饰、发式和人生礼仪基本沿袭前代。成人与否一般从发式上可以进行区分，"国初犹以鬘髻相分别，名曰'倒鬘髻'，亦曰'观音髻'；及临嫁上梳，始改为蟠龙髻，以从妇人之制。今则短发犹覆额，已无不梳蟠龙髻者矣"⑤。这一时期，笄礼与地方习俗相融合展现出多彩风貌和强大生命力。林伯桐《笄礼各处多有行者考》中记载了闽粤一带的女子笄礼，"粤人间有十五而笄者，然将嫁始笄者居多"，而福建福州府女子，"至十四则择日，为畜发，谓之上头。

① 《龙岩州志》（二十卷，清光绪十六年张文治补刻本），收入丁世良、赵放主编《中国地方志民俗资料汇编》（华东卷），书目文献出版社，1995，第1327页。

② 《连江县志》（三十四卷，民国二十二年铅印本），收入丁世良、赵放主编《中国地方志民俗资料汇编》（华东卷），书目文献出版社，1995，第1205页。

③ 《南澳志》（十二卷，清乾隆四十八年刻本），收入丁世良、赵放主编《中国地方志民俗资料汇编》（中南卷），书目文献出版社，1991，第781页。

④ ［罗］米尔恰·伊利亚德：《神圣与世俗》，王建光译，华夏出版社，2002，第108页。

⑤ 《金堂县志》（九卷，清道光二十四年杨得质补刻本），收入丁世良、赵放主编《中国地方志民俗资料汇编》（西南卷），书目文献出版社，1991，第15页。

亦遍拜父母尊长”。[①] 前者与婚礼一并举行，后者则单独为礼。在江浙闽一带，婚礼前后流行送“上头糕”，如清光绪《平望志》：“旧志曰，童子十一二或十四岁始养发，发长为总角，十六以上始冠。女子将嫁而后笄。冠笄之日蒸糕以馈亲邻，名‘上头糕’。”[②] 再如清光绪《归安县志》：“女子则将嫁加笄，俱延亲族之尊者夫妇咸集（按，必须元配有子之人），命赞礼祝之，谓之‘上头’。礼毕，遍拜于尊长前，而馈亲邻以粉团，名曰‘上头团子’。”[③] 至今此俗犹存。

综观自周代以来的古代冠笄成人礼仪，我们会发现，成人礼仪尽管不断重建并走向衰微，但是实际已经融入中国人的成人观念之中，融入中国人日常的礼仪生活之中。成人礼仪所承载的正是以儒家思想为代表的中国传统伦理道德。作为儒家思想的奠基人，孔子在一生中曾多次提到理想人格的标准，而且提出一个成人之道，构成一个精神、实践和方法的统一标准。蔡元培先生对于孔子所提到的理想人格有一个言简意赅的论述：“孔子理想之完人，谓之圣人。圣人之道德，自其德之方面言之曰仁，自其行之方面言之曰孝，自其方法之方面言之曰忠恕。”[④] 而君子被设定为理想人格的标杆，或者说道德榜样。在孔子日常的言论中，“仁”作为理想人格的最高道德标准，“统摄诸德完成人格之名”[⑤]，人人均有达成之机缘，对于同一个人又有不同的体现

① 〔清〕林伯桐：《士人家仪考证》，收入《续修四库全书》，第826册，上海古籍出版社，1999，第49页。

② 《平望志》（十八卷，清光绪十三年吴江黄兆圣重刻本），收入丁世良、赵放主编《中国地方志民俗资料汇编》（华东卷），书目文献出版社，1995，第443页。其实，早在明嘉靖江苏《吴江县志》对此已有记载：“女子将嫁而后笄。冠笄之日，蒸糕以馈亲邻，名‘上头糕’。”但是明代所见记载不多，故不单论［《吴江县志》（二十八卷，明嘉靖四十年刻本），收入丁世良、赵放主编《中国地方志民俗资料汇编》（华东卷），书目文献出版社，1995，第433页］。

③ 《归安县志》（五十二卷，清光绪八年刻本），收入丁世良、赵放主编《中国地方志民俗资料汇编》（华东卷），书目文献出版社，1995，第680页。

④ 蔡元培：《中国伦理学史》，上海古籍出版社，2005，第13页。

⑤ 蔡元培：《中国伦理学史》，上海古籍出版社，2005，第13页。

和要求。《论语 · 宪问》中说："若臧武仲之知，公绰之不欲，卞庄子之勇，冉求之艺，文之以礼乐，亦可以为成人矣。"[①] 孔子心中的"成人"，也算是完美之人。而且成为完美的人关键要"学"，孔子说"吾十有五而志于学，三十而立，四十而不惑，五十而知天命，六十而耳顺，七十从心所欲，不逾矩"[②]。"学"不仅学文字经典，也包括礼仪、人生道理等。孟子则以"大丈夫"来代替君子之说，将礼义廉耻作为人的意义构成，认为"耻之于人大矣"[③]。荀子继续完善"君子"之说，他在《劝学》中提到："君子知夫不全不粹不足以为美也，故诵数以贯之，思索以通之，为其人以处之，除其害以持养之……生由乎是，死由乎是，夫是之谓德操。德操然后能定，能定然后能应，能定能应，夫是之谓成人。"[④] 荀子所主张的这种具有"全、粹、美"的人格主体，真与求知、善与意志、美与情感就集中于"成人"一身，把孔子所说的成人进一步具象化。

儒家所说的君子具有极其克制的温、良、恭、俭、让的综合品质，身体姿态彬彬有礼，风度翩翩，做人行事完美无缺，时刻保持着自身风度和尊严，所有这一切都要求在社会礼仪的限度之内，而要达到这种境界的重要途径是"为学"，只有不断学习才能将君子塑造成儒家意义上的"名流"。[⑤] 冠礼上，宾者对成人者的教诲也遵循着为学才能成贤成圣的思路。需要提及的是，儒家对于男女两性的规定和人格期待不同。中国古代阴阳观念认为，男属阳，女属阴，相对于男性在社会公共领域的建功立业，女性角色塑造主要局限于私人领域。对女性来说，所应具备的美德便是谦逊、纯朴、贞洁和孝敬公婆，并出现了

---

① 杨伯峻：《论语译注》，中华书局，2009，第 147 页。

② 杨伯峻：《论语译注》，中华书局，2009，第 12 页。

③ 杨伯峻：《孟子译注》，中华书局，2005，第 303 页。

④〔清〕王先谦：《荀子集解》，沈啸寰、王星贤整理，中华书局，2012，第 18—19 页。

⑤ ［德］马克斯·韦伯：《儒教与道教》，洪天富译，江苏人民出版社，1995，第 188—189 页。

《列女传》系列所描绘的女性理想主义形象。这种道德思想首先被士人阶层所接受和传扬。比如，男子成年加冠时把头发拉到头顶梳成顶簪，有时候加帽罩住头发，女子头发也扎着，并根据阶层、地区等不同，扎成不同的发式，但不戴帽子。成人礼中的冠和笄明确将男女两性做出区分。美国学者伊沛霞对宋代婚姻家庭的研究看到，几乎所有社会的人都感到有必要按性别属性来穿衣和梳妆，两性权力的不平等，部分当然是源于这种性别差异，部分则源于既成的、不容置疑的生活方式。不过，这种性别区分又使得女性在公共领域以外又合法地成了家庭私人领域的权威。因为女性的重要人生任务是培养孩子，让他们受教育并成家立业，如果女性在这些事情上表现不错，会受到人们的尊敬。[①]

第三节　当代成人礼仪的传承实践

1949 年以来，随着现代学校教育制度逐渐普及和完善，人的培养逐渐由传统的以家庭为主，转化为以家庭、学校、社会等多种因素的合力推动，但是各方在个体培养的目的和方式上存在差异。学校德育工作将为国家培养合格的社会主义建设者和接班人作为主要导向，但过度理想化的培养目标、片面强调德育社会价值的工具化导向以及功利化的手段，导致受教育者的人格发展受到束缚和压制。家庭更加注重个体在微观层面的成长，从个体的健康发育、良好性格的养成到约定俗成的成人观念的内化，个体在家庭和社会等层面接收到的信息与学校所给予的教育容易产生龃龉。而社会层面，20 世纪以来传统伦理道德观念和儒家教育模式不断被肢解和解构，内圣外王的理想人格在某种程度上已经被抛弃。进入 21 世纪以后，随着信息化技术和

① ［美］伊沛霞：《内闱——宋代妇女的婚姻和生活》，胡志宏译，江苏人民出版社，2010，第 18—38 页。

全球化的迅猛发展，现代主义和后现代主义各种思潮蜂拥而入，以意识形态为主导的价值观遭遇挑战，代之以尚处于建构过程中的杂糅的价值观和模糊的人格标准。在这种情况下，人们又开始重新进行历史回溯和价值观念的重构，向儒家伦理寻求资源支持重构成人仪式，以达到预设的人格培养目的。本节按照举行目的将当前的成人礼仪分为三种类型：一是全新创造型[①]，包括了18岁成人仪式教育活动、部分文庙仿古成人礼以及融合时尚和公益内容的活动形式。这种类型以培养现代社会所需要的“公民”为目的。二是仿古成人礼，旨在通过文化认同，追寻和继承儒家文化对于男女两性的人格规定和人格培养。三是乡土文化型。这些成人礼仪形式尽管源流不同，但在当代却呈现出相融相生的合流态势，体现出整个社会对青年教育的重视以及文化传承的努力。

一、18岁成人教育仪式的创制

18岁成人仪式教育活动自20世纪90年代以来由共青团系统主力推动，该教育活动在实践过程中主动吸收传统成人礼仪文化元素，借鉴国外成人礼仪建设经验，试图打造一套具有融合古今中外成人礼仪文化的青少年过渡礼仪。同时，社会上的成人礼活动，诸如远足、环岛自行车游、跨山越海、野外生存等，凸显成人礼过渡考验意涵，让青年在特定时空中体验仪式感的生活，以激发对亲人和生命的感恩

---

① 从目前的材料来看，全新创造型成人仪式包括了国家话语主导型、公益环保型和仿西式社交型成人礼，其中前两种为主体，仿西式成人礼国内比较少见。本章基于田野调查资料，主要讨论前两种模式。几百年前，在英国贵族社会，年满18岁的贵族少女会在指定的一天，身着漂亮衣服，拜见女王，表示社交的正式开始。并通过参加舞会，结识同性和异性朋友，可以谈婚论嫁，正式步入成人交际场。如今每年11月，世界各地的名门贵族、各界名人明星聚集在法国巴黎克利翁酒店举行“名门少女成年舞会”，美国纽约也有类似的国际名媛舞会，2014年3月上海举办了名媛成人礼舞会。2013年北京市101中学在圆明园举办了仿西式成人礼，但是作为一种舶来品的仿西式成人礼引起社会上一定的争议。

之情。

（一）政治教育型

18 岁成人仪式起源于上海。1989 年，上海黄渡乡团委为提高团委凝聚力，经过多次调研和协商，于 1990 年 4 月 29 日为全乡 109 名刚刚跨入 18 周岁公民行列的青年，组织安排了一次“黄渡乡第一届 18 岁青年生日活动”。[①] 不久，这一活动引起上海市团委关注，并经团委部门改造，演变成针对 18 周岁青年的成人仪式。1993 年 12 月，上海市举办了第一届 18 岁成人仪式，团市委还向上海市两会提交了确定 5 月 18 日为成人节的建议，建议将 18 岁青少年教育纳入法规化轨道，纳入青少年素质教育课程。[②]1995 年 5 月 4 日，团中央在北京人民大会堂组织举行了成人宣誓仪式。此后，18 岁成人仪式教育活动陆续被纳入《爱国主义教育实施纲要》《公民道德建设实施纲要》和《共青团中央关于规范十八岁成人仪式教育活动的暂行意见》等重要文件中，对仪式活动的目的、主体、内容、基本程序、组织领导者、誓词及仪式用品等做出具体规定。[③]1999 年下发《关于 1999 年深入开展中学生 18 岁成人仪式教育活动的通知》（中青发［1999］4 号）、2000 年下发《关于继续大力推进 18 岁成人仪式教育活动的通知》（中青办发［2000］4 号）、2002 年下发《关于深入开展中学生 18 岁成人仪式教育活动的通知》（中青办发［2002］8 号）。

2018 年 5 月，共青团中央印发《全国中学生 18 岁成人仪式规范（试行）》（中青发［2018］7 号）再次明确，举办成人仪式旨在抓住中学生从未成年向成年转变的关键时期，面向中学生加强思想政治引领和价值引领、培育和践行社会主义核心价值观，要注重政治性、教育性、

① 陆惠明：《永远的十八岁》，学林出版社，2000，第 215—230 页。

② 陆惠明：《永远的十八岁》，学林出版社，2000，第 241—258 页。

③《共青团中央关于规范十八岁成人仪式教育活动的暂行意见》，1996 年 4 月 8 日，共青团中央发布。

规范性和创新性，要求仪式原则上安排在“国家宪法日”（12月4日）举行，这与此前有所不同，更加强调了法治社会对于青年人的成年要求。同时，经过这些年的实践和探索，成人仪式基本程序较以前更为完备，并体现了时代特色：1. 升国旗、奏唱国歌；2. 学习习近平总书记对青年的寄语；3. 师长代表致辞，阐明成人仪式的意义，对参加学生提出希望和要求；4. 家长代表致辞，回顾孩子成长经历，表达美好祝愿；5. 师长、家长为参加学生佩戴成人帽或成人纪念章，赠送《中华人民共和国宪法》；6. 参加学生向师长、家长鞠躬行感恩礼；7. 参加学生代表发言，表达感恩之情、承诺成人责任、展望青春梦想；8. 参加学生朗诵经典，如《少年中国说》；9. 参加学生面向国旗庄严宣誓；10. 奏放团歌旋律，参礼学生迈过成人门。①

目前，18岁成人仪式活动在全国大中城市已经基本普及，并开始向中小城镇推进，呈现出制度化和法制化趋势。据不完全统计，全国已有26个省、市级城市通过立法确立了成人节或成人宣誓日（见表2-1），并结合设置成人仪式标志、仪式歌曲、具有一定地方特色的仪式内容等，上海市、汕头市是为代表。②逢重要的纪念日，各级团组织和宣传部门等组织会下发开展成人仪式的通知，或者制定相关文件将成人仪式教育制度化。在具体实施者层面，目前在全国范围内连续举办该活动十年以上的学校为数不少，已经形成学校德育的一种新传统，具备相应的制度和规范，仪式活动也趋于模式化和统一化。

① 《共青团中央关于印发〈全国中学生18岁成人仪式规范（试行）〉的通知》（中青发〔2018〕7号），2018年5月16日印发。

② 上海市的做法请见上文，汕头市的做法下文有叙述。

表 2-1　全国立法通过的成人节或成人宣誓日地区列表

序号	省（自治区、直辖市）、市（自治州）	节日日期	节日名称
1	上海市	1 月 1 日	成人节
2	河北省石家庄市	3 月 18 日	成人节
3	江苏省南京市	3 月 25 日	成人宣誓日
4	安徽省淮北市	4 月 6 日	成人仪式宣誓日
5	辽宁省沈阳市	4 月 18 日	成人节
6	辽宁省营口市	4 月 18 日	成人节
7	黑龙江省哈尔滨市	4 月 28 日	成人节
8	内蒙古自治区	5 月 4 日、10 月 1 日	成人宣誓日
9	湖北省武汉市	5 月 16 日	成人节
10	辽宁省大连市	5 月 18 日	成人节
11	河北省承德市	5 月 18 日	成人节
12	吉林省延边朝鲜族自治州	5 月 18 日	成人节
13	山东省青岛市	6 月 2 日	成人节
14	广东省深圳市	9 月 18 日	成人节
15	山东省济南市	9 月 24 日	成人节
16	新疆维吾尔自治区乌鲁木齐市	9 月 25 日	成人节
17	吉林省吉林市	9 月 28 日	成人节
18	天津市	10 月 1 日	成人宣誓日
19	广东省江门市	10 月 8 日	成人宣誓日
20	广东省汕头市	10 月 8 日	成人节
21	福建省厦门市	10 月 17 日	成人宣誓日
22	吉林省长春市	10 月 18 日	成人节
23	广东省广州市	10 月 18 日	成人宣誓日
24	河南省郑州市	10 月 22 日	成人节
25	宁夏回族自治区银川市	11 月 15 日	成人节
26	浙江省	12 月 9 日	成人节

注：依照立法日期的先后顺序排列。

尽管团中央和教育部门等对成人仪式活动的宗旨和标准做法做出了多重规定，但是活动在具体实施过程中仍然显示出执行程度的参差不齐和仪式内容上的差异性。仪式从一开始针对青年的教育和感化活动，到现在成为突出爱国主义教育和政治教育的仪式。

以汕头市成人节为例，该活动 1995 年由中共汕头市委宣传部等单位发起，后经汕头市人大正式确定每年的 10 月 8 日为成人节。成人节向社会征集遴选出固定的节歌《十八岁的誓言》，确定了统一的誓词和节徽，每年于不同地点举行成人宣誓、植树等活动。仪式首先是升国旗、奏唱国歌；然后邀请革命前辈宣讲革命传统，青年代表向英雄纪念碑敬献花篮，并接过革命前辈传送的国旗，代表着革命传统的延续；接着分别是党政领导致辞和新成人代表发表成人感言、表达志愿；随后是仪式的高潮环节，全体青年面向国旗庄严宣誓，要求青年人左手持《宪法》，右手握拳，并宣读成人誓词；最后由领导们向新成人们颁赠《成人纪念册》。[①] 仪式结束后，举行有意义的活动，如植树、种植“成人林”，或开展某种形式的志愿者活动。有时，成人仪式会邀请社区长辈或各行业精英、成功人士代表为青年人送上祝福，还有家长代表致辞，学生诗朗诵和各种形式的颁奖仪式等。在成人节上，18 岁青年以群体形式出现，集体受教育，集体表达情感，个别代表可以参加诗朗诵、接旗和受奖。

教育系统主导的成人仪式也具有强烈的政治教育倾向。其“不仅与古典的成人仪式，也与各地民俗或乡土的成人仪式没有直接关系，它基本上是在当代中国的教育、社会和意识形态的话语体系之中自发

① 《成人纪念册》的内容非常丰富，大致可以分为几类：一是“成人赠言”和“个人档案”；二是国家法律法规，像《中华人民共和国国旗法》、《中华人民共和国国徽及说明》、《中华人民共和国宪法 · 公民的基本权利和义务》、“参军须知”等；三是党团工作须知，包括“入党须知”“做一名合格的共青团员”；四是公民道德要求，像“广东省公民道德格言”“汕头市市民信用公约”；五是师长赠言等，比如“父母期望”“师长赠言”“青春赠言”“成长日记”等。可以说，《成人纪念册》包括了国家、政治、社会、家庭和个人各个层次的规定和内容。

生成并茁壮发展的”[①]。仪式通过升国旗、唱国歌和行注目礼、举右手宣誓等对理想中的社会主义接班人进行着身体的规训。各种条幅和标语等，处处宣扬主流价值观，提升学生的国家认同和民族情感。比如，某中学成人仪式的条幅分为两类，一类是鼓励学生学习和感恩的，像“诚实做人　感恩父母　勇担责任　茁壮成长（学校全体处室）”，“励志苦练技能，成才感恩父母（往届毕业生）”，“十八韶华、十八青春、十八志学”，“母爱如水、父爱如山”等。另一类则带有较明显的爱国主义教育色彩，像“时代的责任赋予我们，时代的光荣属于我们，让国家的进步，刻印我们的足迹”，“有梦想、有信念、有奋斗、有奉献的人生，才是有意义的人生。让民族的未来，寄望于我们的力量”，“我们是伟大事业最积极最有生气的力量”，“在中华民族复兴的胜利史上写下我们光辉的一页”，“让我们创造无愧于时代的人民的业绩”等。

当然，作为主要的教育机构，学校承担着教育和培养人的重要任务。学校在遵照精神执行，完成德育行政工作的同时，也可以根据学校的教育目标、个体化的学校文化传统和地方文化传统对文件要求的标准化仪式内容加以截取和变通，以适应本身和社会需要。大多数学校的成人仪式，均只截取了文件要求的成人宣誓仪式部分，对前面的志愿服务和相关道德教育关注较少。

以河北省 H 中学成人礼为例，该校在长期德育工作中摸索出一套富有特色的育人思路——成人、成才、成功。首要是为促进学生成人，设计一系列活动，像高一年级的远足、高二的成人教育月等，成人礼是成人教育月的总结和高潮部分，然后到高三以后努力学习，考中大学，争取成才，最后在这个基础上才可能取得成功。[②]依照同样的思路，该校的成人礼活动也分为三个阶段：仪式的户外阶段主要在操场上举

① 周星：《“现代成人礼”在中国》，《民间文化论坛》2016 年第 1 期。

② 被访谈人：L 老师，河北省 H 中学政教处主任。访谈时间：2016 年 4 月 21 日上午。访谈地点：H 中学政教处办公室。

行，由列队、升国旗、领导讲话、鸣 18 响礼炮、家长和师长给孩子加冠、亲子携手走入成人门、走成才路等几个环节构成。室内阶段在学校礼堂举行，包括领导讲话、亲子交换礼物、诗朗诵、家长代表赠送礼物、吹蜡烛分蛋糕、播放名人寄语、诵读《少年中国说》和成人宣誓等环节。然后是回到教室内，观赏学生制作的成长历程 PPT，与家长分享蛋糕，最后到操场上与老师和同学自由合影。H 中学按照团中央文件要求，还加入了不少文化符号设计，着力彰显 18 岁成人的内涵和意义。首先，仪式现场设置了大量成人意义的象征物。比如，加冠礼之前的 18 响礼炮，成人路两侧摆放的共 36 盆鲜花，作为生日礼物的一个直径 1.8 米、高 1.8 米、插着 18 根蜡烛的蛋糕模型等，都在显示“18”这个特定的数字的文化内涵。其次，加冠礼时使用了成人帽，成人帽选择具有中国文化特色的红色，象征着喜庆、红火，也象征着青年人的蓬勃朝气和青春活力。成人帽的整体造型和颜色均与现行的博士学位帽基本一致,体现着学校对学业和高考的重视。再次，仪式有标志着身份转换的成人门以及象征成人的《中华人民共和国宪法》和成人纪念章。学校还试图通过各个环节和仪式符号勾连起学生与学校、学生与家长、学校与家长、学校与社会等不同层次的关系，构建融合信件、生日蛋糕、音乐、条幅等在内的情感互动体系。书信是一种有距离感的情感沟通载体，也是解决沟通不畅的有效途径。H 中学属于封闭式管理学校，与一些城市中的走读生相比，学生与家长之间的沟通机会更少，书信所能起到的作用更大。因为中国人大多情感内敛，随着青少年的年龄长大，亲子之间较少使用肢体或者语言的情感沟通，这样正处于青春期的青少年与父母之间难免因代沟或者时空的距离感而造成情感交流的困难，书信成为大家吐露心声的一种好的方式。生日蛋糕则代表着社会各界、学校、家长等对学生的祝福，让学生感受到大家对自己的关注，若说蛋糕模型是一种纯粹的象征的话，那么颁发到班级里面的蛋糕则成为学生与家长、学生与老师以及学生之间真实的互动媒介。学生们通过相互之间分食蛋糕或者玩乐，实现情感宣泄和压力释放。另外，仪式中庄严的国歌是对国家和信仰的一种情感催化，而给人印象最深、仪式效果最强的莫过于读信环节的催泪音乐。音乐给人们带来情感的触动，使人们对仪式效果产生情感认同和正面评价，进而带来较为深刻的仪式记忆，给仪式参加者一种无形的情感动力。

就目前来看，18 岁成人教育仪式体现出如下特征：

第一，服务于高考的功利倾向突出。作为一种发明的传统，成人仪式与自发产生的仪式或习俗有一定区别，发明的传统一般都具有较为明确的社会与政治功用，这使得其能够长期存在。[①] 成人仪式的重建说明了这一点。我国自 20 世纪 80 年代开始推行教育制度改革，但应试教育仍占据着大半江山，学校的教育目的和培养模式都听从高考的指挥，成人仪式作为德育工作的一环自然也是要为高考服务，直接或间接与高考相捆绑。“高考誓师暨 18 岁成人仪式”“高考动员大会暨成人礼”“模考总结暨成人仪式”等仍是大多数学校的成人仪式主题。尽管有的学校在努力淡化高考标签可能引起的反感，仪式设计上也更加人性化，但是终究未能完全摆脱高考的影子。比如，仪式的举行时间多集中于高考前百日，目的是给学生鼓劲加油。有的选择在假日的前一天举办，这样既可以实现休假和放松，也不耽误平日的学习。仪式空间基本局限于学校，缺少社会空间的设计和参与。一般都是选择在操场、礼堂、教室等学校空间举行。

第二，价值取向杂糅。近几年来所提倡的社会主义核心价值观是学校德育工作的主流，但也杂糅着各种价值观念。仍以河北省 H 中学为例，在 2016 年的成人教育月活动中，校方通过布置各种展板集中传达着给学生的世界观。这个世界观的核心是将学习树立为学生的

---

① ［英］霍布斯鲍姆、兰格编：《传统的发明》，顾杭、庞冠群译，译林出版社，2004，第 394 页。

梦想，帮助学生成长为一个会学习、负责任、懂感恩的人。展板分别包括：感恩主题，如“感恩祖国，通过学习回报国家”，“感恩同学”，“感恩老师”，“感恩父母，通过子路的故事劝诫学生行孝”；梦想主题，如“用学生的口吻讲述通过不懈地坚持，最终考上中意的大学实现梦想的故事”，“引用多条习近平语录，鼓励青年将人生理想融入国家和民族的事业中”，“讨论中国梦是实现中华民族的伟大复兴”，“宣扬如何通过自问内心确认自己的终极梦想，并且切断后路，专注追求，心无旁骛”；责任主题，如“学习是国家社会赋予高中生的历史责任”，“学会对父母负责，同时学习对他人负责”，“做有责任感的中学生要做到六点：修身、孝敬、求知、合作、关心、报答”，“高中生作为现代公民应担当社会责任，愿为国家社会做出奉献和牺牲”；成长主题，如“培养社会公德心”，“十条好的学习习惯”。从形式上看，该校的成人礼以考试成绩为立论之本，杂糅了多重文化元素，包括爱国主义教育、儒家文化传统，甚至选秀文化，加以截取和重新加工，打包成一个光怪陆离但无比有震撼力和感染力的文化仪式，将回报父母的感恩就是要考大学的观念不断内化入学生的思想当中。这正反映出当前信仰缺位的情况下，教育机构重建信仰系统的努力，很明显这种努力已经取得了一定成效。但这样的信仰背后却是服务于读书改变命运的功利目的，并非牢固的自足的信仰体系。

第三，仪式结构统一化。首先，主题相对集中。在成人仪式程序当中，升国旗、唱国歌、面对国旗宣誓为必备环节，其他环节仪式总体上不外乎师长教导、感念师长、宣誓成人三个核心环节，分别对应着“责任、感恩、成长”主题，而形式则灵活多样。在师长教导部分，多为领导讲话、教师代表讲话、家长讲话以及各种嘉宾讲话；感恩师长部分，多采取与家长互换信件和礼物、向家长鞠躬、与家长拥抱等形式，尽力营造一种能够触动学生心灵的氛围；成人宣誓部分则有过成人门、戴成人帽、佩戴成人徽章、颁发《中华人民共和国宪法》、赠送成人纪念册、宣誓成人等多个环节。除此之外，还有文艺表演（诗词朗诵、话剧表演、仿古成人礼表演等）、放飞气球和白鸽、拓展性游戏和运动、颁发和分吃生日蛋糕、签名和许愿、扔帽子、印手模、合影留念、召开主题班会等，户外的活动还有组织参观、献血和植树等。其次，仪式用品统一化。包括代表国家与政治意义的国旗，确认成人身份的成人门，佩戴的成人帽、成人徽章和绶带，颁发的成人纪念物《中华人民共和国宪法》和成人纪念册，亲子沟通的书信和蛋糕等。再次，训诫话语套式化。主要有领导致辞、家长讲话和社会人士的祝福。勉励受礼者总结人生，开启新的人生阶段。最后，礼仪相对固定化。比如宣誓礼仪。成人宣誓所使用的礼仪与入团、入党的宣誓礼仪基本等同[①]，是入党仪式的部分复制版，所不同的是成人宣誓所面对的是国旗，象征着成为一名合格的国家公民，而入团和入党面对的是党团的旗帜。也有个别学校的学生宣誓成人时面对团旗或者党旗，这无疑混淆了成人与入党（团）的意义。

第四，文化表演模式化。“文化表演”最早由米尔顿·辛格提出，后来罗格·亚伯拉罕又提倡一种“展演”研究，谢克纳则进一步将社会科学与表演作为一个相互关联的整体来考察，他除了关注表演事件本身以外，还关注到表演活动的整个过程，强调参与者的体验及其相互之间的复杂关系。[②]他们共同关注的是“被限定的、强化的、公共的、在象征意义上具有共鸣性的事件”，像仪式、游戏、节日、典礼和器官等。[③]这种理论框架对于理解类似于成人仪式这种大规模的、公共性的，充满异质性和多义象征的文化形式具有很强的解释力。以

① 王连花:《中国共产党入党“宣誓仪式”的演进》,《广州社会主义学院学报》2011 年第 2 期。

② 王杰文:《“表演”与“表演研究”的混杂谱系》，收入其著作《表演研究：口头艺术的诗学与社会学》，学苑出版社，2016，第 7—10 页。

③ [美] 理查德·鲍曼:《13 世纪冰岛的表演与荣誉》,收入其《作为表演的口头艺术》,杨利慧、安德明译，广西师范大学出版社，2008，第 160 页。

H 中学为例，该学校作为一个全国重点学校，每年拥有超高的高考升学率，但是其管理和办学模式也广受社会质疑。这一方面提高了学校的社会声望，吸引了众多的模仿者，也在某种程度上促使校方借助德育工作来推广自己，展示自身形象，造成该校成人仪式的展演性越来越强。仪式中本应作为仪式主体的学生群体除了参与部分视频的拍摄和制作等事务性工作以外，在仪式过程中基本上处于被动接受地位。无论是升国旗、举行冠礼仪式，还是接受祝福和礼物，学生始终是作为一种在场的“他者”而存在。只有和父母交换信件以及仪式以后的吃蛋糕、合影才体现出学生的存在。家长作为观礼者和仪式参与者，除了观看舞台上的表演以外，也在观看其他家长和学生，相互之间都成为观看与被观看者，与校方和相互之间的互动都比较少，与子女的互动也仅限于特定的场合。仪式前的反复排练、为访客预留座位不但显示了校方对于活动的重视，也加重了成人礼活动的表演成分。校领导善于利用媒体资源撬动社会对该校的印象，每次的成人礼也都会邀请大量领导观礼，也常于此时召开会议邀请全国同行以及大量媒体进行参观，认为所有参加成人礼的客人，给成人礼带来了精彩。[①]但是，强烈的目的性减弱了仪式本身的象征意义，比如为保证仪式顺利进行，成人礼要多次彩排。而且为了凸显社会影响力，学校邀请了大量嘉宾，到场的嘉宾要给学生冠戴成人帽、与学生一起步入成人门，为学生点燃蜡烛、颁发礼物，对成人礼进行点评，对学生进行教诲。一些不能到场的嘉宾则隔空送上祝福。另外还有来自全国教育系统的同人作为纯粹的观礼者参与成人礼。这些社会影响力的表达让学生感受到社会各界对学校的关注，以此受到激励和鼓舞。

（二）综合考验型

考验本是通过仪礼的一项重要内容。在部落民族成人礼中，对身

---

① 2016 年河北省 H 中学 2014 级成人礼上的主持人语。

心的磨炼和痛苦的考验是必不可少的。在现代重建的成人礼中，人们仍然看重考验对于成长的催化意义。一些地方的团委、学校或社会团体等主动行动起来，发起了以成人仪式考验和生命体验相结合的现代成人礼。这些礼仪不仅看重体能和耐力的训练，也将现代青年服务社会、承担责任的志愿服务精神纳入进来，形式多样、内容丰富，为青年人所乐于接受。

以台湾地区为例。近二十年来，台湾地区兴起了以高山、海洋、岛屿等为主题的成人礼，通过认识台湾、挑战体能，结合成人礼的仪式举行，各县市地方政府、学校、民间社团几乎年年都在办理“登山成年礼”“海洋成年礼”“环岛成年礼”等活动，形成风潮，影响很大。其中，“高山成年礼”做得比较好。比如，高雄县政府 2003 年开始举办“塔关山成年礼”，以 18—20 岁的青年为对象，行前会有成年礼、登山相关知识的课程与体能训练，登山前会请布农长老主持祈福仪式，并由高雄长庚组成医团队随行。2012 年 7 月 29 日台南市政府举办“YOUNG 青春登山活动”，有 250 位满 16 岁的学生登上台南市最高峰大冻山，参与“大冻山成年礼”。“海洋成年礼”，如澎湖县政府 2004 年开始将传统成年礼与地方特色海上休闲运动异质结合，举行“体验乘风破浪挑战极限”的成年礼活动。活动让年满 18 岁的青年学子通过挑战风帆船、轻艇独木舟等海上活动，享受风的洗礼与成年的喜悦。台湾的教育和体育机构每年举办“单车成年礼”，借由环岛单车这种户外冒险来引出成年的意义，让青年学子学习团队合作、勇于挑战，进而养成其对于家乡和社会的使命感，达到教育、传承及成长洗礼之目的。单车环岛成年礼的活动内容丰富，包括了参观景点、露营、募款、捡垃圾、写给自己的信、写给感恩人的信、挑战赛、集体晨操、小队时间和篝火晚会等。每一年的设计又各不相同。2013 年在全台 41 个火车站进行文化巡礼。2014 年度以博物馆为主题。2015 年度以运动观光、运动场馆设施、运动竞技及运动产业为主题，分成台北区、彰化区、宜兰区、新北区、台中区、台南区等，以顺时针、逆时针的方向完成 1000 千米单车环岛。[①]

台湾师范大学文学院近几年推出“跨山越海”成人礼，让即将毕业的学生们跨龟山、越大海，体验历史，感受生命，还特别设计捡垃圾等环节，提醒大家增强环保意识和公益精神。该活动自 2013 年开始举办，后得到校方支持，影响力扩大。2013 年是第一次“试办”，仪式比较简单，限于本院内，且无龟山岛毕业典礼，校长也未参加。得到校方支持以后，更多地将活动的策划、实施放手给学生做。[②]2015 年 5 月 28 日—5 月 29 日，台师大文学院组织的本科毕业生“跨山越海”成年礼举行。活动的仪式过程大致包括以下内容：28 日，从台师大出发，至福隆车站集合。然后学生们在海滩创意摆图形，接着午餐。下午学生们走草岭古道，晚间在庆云宫住宿，晚餐后有晚会。29 日，师生从庆云宫出发到乌石港乘船，随后登上龟山岛。在龟山岛，毕业生集体穿学位服，由院长给毕业生拨穗，师生合影。接着师生绕岛步行一圈，并坐船再次绕岛一圈，认识龟山岛，接着乘船离开龟山岛，回到乌石港。午餐后，乘车到达新北市坪林区游览公园，再乘车回到台师大。回校后吃晚餐，晚餐毕，在学校礼堂戴彩披、颁发证书、观看文艺演出。

这项活动的举办源于系领导对院系以及学生建设的整体规划。因为该院的毕业生人文季活动已经举办了二三十年，渐成模式化，导致学生们参与度下降，而且文学院系所较多，相互之间沟通较少，若有一个带有整合性质的毕业活动，可以加深彼此的沟通和了解，尤其是可以让学生在掌握学科知识的同时，在毕业之际懂得人生的意义，懂

---

① 张家瑜：《单车环岛成年礼与复原力连结性之初探》，《休闲与社会研究》2012 年第 6 期。林秀富：《台南市东山区南溪里二重溪林家人生礼仪调查报告》（未刊稿）。

② 被访谈人：CGC，台湾师范大学文学院地理系教授。访谈时间：2015 年 6 月 16 日。访谈地点：CGC 教授办公室内。

得不管前面有什么艰难险阻，即使没有人协助也要勇往直前。这也就是选择“走草岭古道和跨越龟山岛”的象征意义。因为清代福建等地的居民来到台湾之后，不畏艰难险阻沿着草岭古道开垦荒山野岭以求生存，并且还走出大陆下南洋，走这条路的象征意义在于以此来鼓励学生毕业后不管遇到什么艰难都要往前冲。[①] 同时，活动策划也受到古代冠笄成人礼和台湾民间“做十六岁”成人礼俗的启发，比如“跨山越海”活动中的考验环节——走草岭古道，就与传统成人礼的考验和身份转换等有相通之处。走古道是对体力的一大考验。其实，在台湾的小学一般都会有带有考验和过关性质的毕业活动环节，比如把毕业证书放在水底，让小孩子去潜水自己拿上来。[②] 但是，活动所应具有的教育和仪式感稍弱。按照活动发起人的设计，先走草岭古道再登上龟山岛，在龟山岛上举行拨穗仪式，寓意是踏着前人的足迹，面向太平洋。[③] 但在访谈中，有的学生感受不到这层含义，认为就跟小学毕业时的活动一样，参加活动就代表你毕业了而已。[④] 很多学生都是出于游玩心理报名参加，有的是出于不得已，比如一位同学迫于活动需要来帮忙，此前他曾经多次到访草岭古道和龟山岛。这些都使得主办方所期待的人生考验意图有所减弱。

台师大成人礼主要是以学生毕业为契机，通过带有一定身体考验的活动让其体悟人生，具有很强的教育目的。毕业本身就具有一定的身份转换意味，再加上一定的身心考验，容易让学生产生仪式感。该

① 被访谈人：CGC，台湾师范大学文学院地理系教授。访谈时间：2015 年 6 月 16 日。访谈地点：CGC 教授办公室内。

② 被访谈人：一位大里小学男老师，成功大学的在读研究生，在此做老师以代替服兵役。访谈时间：2015 年 5 月 27 日。访谈地点：台湾宜兰庆云宫。

③ 被访谈人：ZZX，台湾师范大学文学院教授。访谈时间：2015 年 5 月 27 日。访谈地点：“跨山越海”活动行进途中。

④ 被访谈人：CQ，台湾师范大学文学院学生。访谈时间：2015 年 5 月 28 日。访谈地点：台师大文学院大楼。

活动从参加者角度出发，在活动的策划和组织、活动中各个环节的设置上都注意突出学生的主体性，比如在海滩上让学生做创意图案，对学生进行表彰，让学生自己去行走、去体验等。整个活动基本上都是学生们在亲身体验，校方主动隐身为服务者。整个成人礼看上去就是一个非常轻松的毕业活动，虽然有庄严的毕业典礼、表彰环节，有一定身体考验的登山跨海，但在学生看来基本上就是一个大聚会，所以无怪乎很多学生不愿意参加,来参加的很多也是出于游玩心理。不过，从校方在仪式过程中发生的一个插曲的处理上，可以看出对于成年人应有品质的肯定。有一次成人礼仪式过程中，等待乘船返回的时候发生了一个突发事件：有一队从彰化县来的老年人，想要征服 401 高地[①]，由于天热，有几个老年人中暑晕倒，叫了直升机来急救，直升机停在码头，所以学生们要等直升机走了才能去码头乘船。急救需要把老人从山上抬到直升机上，有十个男生自愿前去帮忙。这一善举得到校方的公开表扬和肯定。

二、仿古成人礼的兴起

仿古成人礼，又称汉服成人礼，是现代人着汉服、学习古代冠笄成人礼仪的一种仪式。这种礼仪形式与 21 世纪初汉服运动兴起有关。20 世纪 80 年代至 2003 年，民间的传统文化爱好者们开始了重构民族服装的尝试。汉服运动是带有一种怀乡症性质的文化寻根，但是其所谋求的汉服复兴，并不是一种文化复古，而是构建一套国服作为民族的文化符号，作为中国人在节日、仪式和社交等仪式性和公共场合的礼服，而非日常生活中的服装。[②] 为了扩大汉服的社会影

① 龟山岛最高的地方。乘船登岛，绕岛走一圈，是龟山岛的常规旅游路线，一般游客到龟山岛游玩都是这么走的，而 401 高地攀登难度比较大，需要特别申请，一般游客不会去挑战。

② 周星:《新唐装、汉服与汉服运动——二十一世纪初叶中国有关“民族服装”的新动态》,《开放时代》2008 年第 3 期。

响，汉服运动的组织者们组织了各种带有仪式感的活动，或者说穿汉服本身就是具有非日常的仪式感，比如穿着汉服在公共场合的时装表演，各种仿古的仪式，民俗节日中的游艺娱乐以及与国学、蒙学等机构合作开展传统文化课程。这其中的仪式就有各种公开的民间祭祀、汉服婚礼以及仿古的冠笄成人礼。由于这种策略性的汉服运动，古代的冠笄成人礼再度成为人们的关注点，并且正渐次得到官方的认可。另外与汉服运动相关联的华夏文化运动、古风文化运动以及来自国外的 Cosplay 文化等与仿古成人礼相表里，继续吸收冠笄礼的文化内涵，融合其他传统文化要素，共同进行着一场现代性试验。古风运动约发端于 2005 年，一开始是“古风音乐”的流行，后来随着“古风”的发展，“‘中国风’便从流行乐坛化作一股热潮延伸至中国各地，甚至成为一个新的文化符号，并带动全国范围内尤其是青少年对古典文化的尊崇”[①]。古风文化潮已经成为网络传媒中传统文化传播与重构的重要推手。近几年，仿古成人礼的举办越来越普遍，规模也越来越大，形式上也是不拘一格。一般由社会上的文化公司举办，多以《仪礼·士冠礼》为文本依据，服装选汉代、唐代和明代者居多，所行礼仪各地多有参差。空间多选在孔庙或者带有传统文化色彩的公园、博物馆等，举办时间以孔子诞辰、传统节日为主。有的学校成人仪式也会引入部分仿古成人仪式的表演，为仪式增加传统文化色彩，只有为数不多的学校举办完整的仿古成人礼。

（一）仿古成人礼仪分类

仿古成人礼仪按照不同的分类标准可以分成不同类型：按照举办主体的不同，可以分为政府型和民间型；按照参加人数规模，可以分为个体的和集体的；按照举办目的来分，可以分为经济导向型、道德教育型和文化认同型。在此，我们取举办目的的分类加以简述。

---

① 李贝：《“古风文化”产生缘由探析》，《河北科技师范学院学报》（社会科学版）2015 年第 1 期。

第一，经济导向型。随着市场经济的飞速发展，传统文化资源化、产业化已成为传统文化传承利用的一种常见模式。礼仪展演和礼仪文化商品化也比比皆是。孔孟之乡山东省曲阜、泰安利用得天独厚的人文地理优势，开发出“中华泰山成人礼”活动，将体验儒家成人礼文化、攀登泰山磨炼身心意志相结合，把现代的健康生活方式和传统文化体验融为一体，以文化促发展。曲阜孔庙于2006年开始举办曲阜孔子修学旅游节，在大成殿前为青少年行成人礼，引导青少年寻根朝圣、回望历史，广受海内外游客尤其是学生旅游团队的喜爱。[①]2013年以后，孔庙陆续开发推出祭孔展演、孔子礼仪课堂、经典诵读、开笔礼等一批修学产品，并将目光聚焦在成人礼的建设上。按照曲阜市宣传部门的说法，精心打造的曲阜孔庙中华成人礼，遵循三个“有机统一”的原则，即古礼与时代创新有机统一、冠礼与笄礼有机统一、体验性与参与性有机统一，从仪式程序到服饰、祝辞、成人礼证书等都进行了研究设计，2014年推出以后，根据社会需要随时举办。[②]2016年，除了孔庙的成人礼活动以外，曲阜市举行第三届百姓儒学节全民学礼大朝圣行动，其中也包含成人礼活动。[③]如果说传统冠笄之礼是囿于家庭空间中的“多对一”的教育模式，那么当前在学校、文庙等举办的成人礼则属于“多对多”的模式。前者由多位尊长者对一位受礼者进行祝福和训诫，后者则是多位施礼者对多位受礼者。为了更贴近个人选择，有的地方还推出私人定制型成人礼。比如，山东省邹城市推出“十八岁的选择——我的成人礼”私人定制版孟子修学游产品。该活动利用孟府习儒馆、山青世界、峄山度假村等修学游基地，根据客人定制需求，为广大符合古代成人礼年龄的人群，尤其是大中学校

① 《春季祭孔在曲阜尼山举行》，《齐鲁晚报》2014年4月3日B07版。

② 刘宝森：《曲阜孔庙推出升级版“成人礼”》，《深圳商报》2014年3月3日B04版。《设计成人礼服饰俩选手获奖1万元》，《齐鲁晚报》2014年4月4日H02版。

③ 《百余名学子在曲阜孔庙行古礼宣誓成人》，中国新闻网，发布时间：2016年11月13日。

学生而设计。[①]四川乐山犍为文庙推出个人专场豪华成人礼。仪式程序基本按照《仪礼·士冠礼》进行，父母为参礼者加冠笄，冠笄者拜父母、拜师长、拜孔子。受礼者的另一位长者则作为乡贤长者向冠笄者示训。然后，受礼者登台领誓：今天我已成人，我会担负我应有的责任，对自己负责，对父母负责，对社会负责。最后领取《成人证书》，上香敬拜至圣先师后，领取一条祈福带和一块祈福牌。祈福牌上有孔子像，下缀成人者的名字和"天天开心家庭幸福"的心愿。业界对于这种私人订制版的成人礼的批评主要集中于其高额的花费，认为受礼者父母的良苦用心可以理解，但不是每个人都能承受，而且效果如何也有待考察。[②]

第二，道德教育型。作为一种文化资源，传统文化在当代人的眼里作为一种异文化的存在，需要通过特定时空的表演来体验。文庙作为各地的科普教育基地和爱国主义教育基地，本身肩负着向青少年传播中华优秀传统文化的责任，成人礼与儒家文化、孔庙的天然联系，很自然地延伸出尊师重教、感恩师长等价值观念。各地文庙的成人礼活动多属于这种类型。在长春市文庙，每逢春节、清明节、中秋节等传统节日以及孔子诞辰纪念日，均有大型活动。2003年，长春市正式将每年10月18日确定为"长春市成人节"，2007年，长春文庙开始举办成人礼活动。至今，已有2000余名青少年在此行过成人礼。2016年10月18日的成人节教育活动由中共长春市委宣传部、共青团长春市委等单位共同主办，以"崇德向善 志存高远"为主题，仪式上100名参礼青年走过泮桥，敬拜孔子圣像，向教师代表、家长鞠躬，完成"敬圣""谢师""谢父母"礼。然后通过净手、企盼、大

---

① 《"我的成人礼"进入私人定制时代》，邹城政务网部门网站旅游局部门网站，发布时间：2014年7月14日。

② 《乐山：万元专场豪华成人礼 1个主角10人作陪》，四川新闻网，发布时间：2013年8月6日。

成、敬圣、谢师、谢父母等形式，感受中华民族传统礼仪；听取全国五一劳动奖章获得者讲话；接受《宪法》，佩戴成人礼巾。仪式结束后，听取中国工程院信息与电子工程学部院士的励志报告。[①]泉州市文庙成人礼则作为传统文化体验的一部分，与祭孔、拜师等传统文化要素结合，还融入了剥红鸡蛋的地方文化。近十年来，每年9月份开学前后，泉州市文庙都会集中举办祭拜孔子、成人礼和拜师礼系列活动，目前已基本模式化，影响也在逐年扩大。参加者包括学生代表、教师代表、学生家长及社会各界人士。2008年的活动以技术手段再现了“程门立雪”的场景，随后是祭孔礼，包括行祝告礼、三献礼（献花、献果、献帛）、朗诵祝祷文、向孔子像行三鞠躬礼等。成人礼包括承德礼、感恩礼和传承礼等，每位学生现场剥开两个红鸡蛋并吃下，寓意蜕去保护的外壳，成大成人；学生们向父母行感恩礼，父母送上为孩子准备的礼物，包括笔、刮胡刀、存折、镜子等，祝贺子女成年。[②]2009年的活动结合孔子诞辰2560周年举办，2013年的活动规模进一步扩大，由泉州市文广新局、市教育局、泉州孔子学会等单位主办，泉州府文庙保护管理处、泉州一中承办，泉州中远学校等协办，数百名学子参加。[③]2016年活动增加了第七届“泉州府文庙奖学金”颁奖仪式，并设“泉州市中学生高考状元榜”常年展示。此外，受2013年以来政府大力倡导传统文化的政策影响，北京通州文庙，山东济南府学文庙，山西大同府文庙，四川的都江堰文庙、广汉文庙、德阳文庙、犍为文庙，广西恭城文庙、柳州文庙，陕西铜川文庙，黑龙江哈尔滨文庙，云南大理下关文庙以及陕西西安博物馆、成都杜甫草堂博物馆等

---

① 《“崇德向善　志存高远”2016年长春市成人节教育活动在长春市文庙博物馆圆满举行》，长春文庙官方网站，发布时间：2016年3月23日。

② 《泉州府文庙昨举办“成年礼”和“拜师礼”活动》，转自《东南早报》2008年9月1日相关报道，新华网，发布时间：2008年9月1日。

③ 《福建泉州三百学子拜师纪念孔子诞辰》，中国新闻网，发布时间：2013年9月28日。

都开始建设此类活动。但无论是在礼仪内容的设计，还是服装、参加者、语言使用等方面，活动均没有形成统一的模式，而且仪式空间选择、内容设计与仪式目的之间存在明显的矛盾之处。文庙、汉服以及并不纯粹的传统礼仪成为被借用的仪式符号，承载着现代人对于文化的追求。

第三，文化认同型。仿古成人礼有时还被作为中华文化的象征符号系统加以实践和展示，让受礼者亲身体验中华文化的历史内涵，进而建立起对文化的认知与认同。例如，某学生在赴美留学之前于南京古中华门为自己办一场传统的成人礼，以进一步强化作为中国人的身份认同和文化认同。[①] 马来西亚某华裔女孩选择穿着鲜艳的汉服举办成人礼，以示对传统汉族文化的认同。[②]2008 年 3 月 30 日，厦门在海沧文化中心广场举行首届女孩集体笄礼，6 名女孩在长辈的引领下加笄成人。成人礼后，还有祓禊佩兰、对酒吟诗、插花茶道和古筝古琴表演等，让体验者从中感受到传统礼仪、节日、音乐等文化的魅力。而 2012 年福建省厦门市台商协会参与协办的海峡两岸感恩成人礼，文化寻根和文化认同的目的则更为明显。参加者为两岸学生，活动的服装和道具均为正统汉制，仪式中的请香、加冠、取字等也是庄严肃穆。

（二）仿古成人礼的现代意义和冲突的评价

当代大规模的仿古成人礼引起社会上颇多争议。诸如，衣服的不统一，礼仪的不完备等。支持者认为，仿古成人礼有助于传统文化传承，树立文化自信，强化文化认同，在民族文化和礼仪日渐西化的大环境中，不失为一种很好的尝试。与共青团和学校主导的成人仪式教育活动相比，前者以所谓理想的“成人”为指向，在仪式中灌输各种道德说教；而仿古成人礼试图以儒家所教导的“君子”理想为“成人”

---

① 《南京古中华门上演“女儿成人礼”》，网易新闻，发布时间：2011 年 8 月 7 日。

② 《遵循传统着汉服 大马 15 岁华裔女生举行成人礼》，中国新闻网，发布时间：2014 年 5 月 26 日。

和“做人”为依归，希望让受礼者通过对礼仪的践行达至修身、正心、诚意之效，提升个人的修养、品性和道德感，感悟传统文化魅力，培养文化认同感，因为“汉服成人礼并不完全是古代礼制的复活，而是依托古礼资源而建构的现代成人礼，其中内涵着不少现代性”[①]。作为一种建构性礼仪实践，仿古成人礼逐步获得了社会认可，并“进入官方或半官方的‘仪式政治’及文化艺术体制之内”[②]。北京师范大学民俗礼仪团队为山西省太原市W中学和北京市Y中学策划过两次仿古成人礼，以实践主体和研究者两种身份介入其中，了解到不同主体对仿古成人礼的仪式评价和观念冲突。

毋庸置疑，仿古成人礼具有一定的表演性质。关于仿古成人礼是一场空洞的表演，还是能对仪式主体产生共鸣和内心触动的活动，以维克多·特纳和戏剧学家理查·谢克纳为代表的文化表演论者曾做出一定的论断。他们强调参与主体的在场，仪式的社会功效，强调仪式的身份转换作用。谢克纳从“实效”与“娱乐”两方面对表演加以区分，他把二者看作存在于所有的表演中的辩证统一的连续体，但是每一场表演只有一方会有所侧重，这就决定了表演的不同性质，如果表演的目的在于实效就是仪式，如果目的在于娱乐则为戏剧。[③]以此来看，仿古成人礼不同于一般学校成人仪式的文化景观，其主观目的偏向实效，体现出强烈的功利性。例如，太原市W中学强调能带给学生的感动和奔向高考的情绪激发，Y中学虽然没有突出高考指向，但也未完全抹杀成人仪式服务于“高考”的目的。在团队做仪式策划之初，学校负责人就专门提到一定要加入“为高考加油”的寓意，传统文化

---

① 周星：《现代东亚社会的成人礼与成人问题》（未刊稿）。

② 周星：《本质主义的汉服言说和建构主义的文化实践——汉服运动的诉求、收获及瓶颈》，《民俗研究》2014年第3期。

③ ［美］理查·谢克纳：《从仪式到戏剧及其反面：实效—娱乐二元关系的结构／过程》，黄德林译，收入孙惠柱主编《人类表演学系：谢克纳专辑》，文化艺术出版社，2010，第170页。

无形中成为服务于高考的华丽外衣。

但是，仪式中所存在的冲突也显而易见。首先，仪式元素的古今冲突。比如，北京Y中学整个仪式环节的设计包括四个版块：一是谢师版块，内容是祭祀孔子的释菜礼，这个环节的设计涵盖了几层意思，包括对孔庙这个特定空间的尊重、所有人对至圣先师的尊敬、学生对老师的尊敬和感恩；二是成人版块，内容为古代冠笄成年礼表演，是针对受礼者的，而且因为是仿古成人礼，所以这是本次仪式的核心环节；三是感恩父母版块，环节包括读信、家长讲话和古诗词吟唱；四是报效社会版块，校长讲话和宣读成人誓词。其中，释菜礼、参照《仪礼·士冠礼》行冠笄之礼仪式表演、古诗词吟唱《诗经·小雅·蓼莪》、宣誓用韵文[①]为仿古环节，而看信、家长讲话和领导讲话以及宣读誓词则带有浓重现代气息。家长讲话提到宪法对一个成年人的责任和义务的规定，成为一个公民要懂法，要自觉传承民族文化；语言也都是时下比较流行的词汇，比较便于学生理解，但是与整个仪式的语言风格相差太大。校长也表示，当他看到家长是用这样的词汇时，他也改用自己惯用的风格了。

其次，古今礼仪文化内蕴的冲突。在Y中学的仿古仪式过程中，主持人串词、成人誓词和仿古的气氛还比较融洽，强调中国传统的修身、齐家、治国、平天下的理念，强调一个人的成人应该是要成为内修德行外修礼仪的谦谦君子。策划组代拟的讲话稿比较贴合古礼的内容，与仿古礼所提倡的谨守言行，礼仪以修身，修身以后再感恩、报国的思路一致。文中提出，古礼所提倡的，在当下仍然有意义的概念是“敬”，要敬顺先辈、敬慎天下，认为一个人成人后要有担当意识，要修身齐家报国，还提到在个人成长过程中，坚守信念，用一生的言

---

① 该仿古成人誓词由北京市Y中学高三学生拟稿，北师大民俗礼仪小组修改讨论定稿。名《冠笄铭》：“躬学笃志，峻德克明。观今鉴古，博雅通经。浮言务去，启民新声。先忧后乐，万邦咸宁。江山指点，激浊扬清。宜诫宜慎，允公允能。立心立命，开继太平。幼学壮行，毋忘初心。”

行去实践去修炼。但是校长讲话则提出，他的成人概念首先也是要做懂法的公民，还要具备爱国、诚信、理性、创新的基本素质，在他的概念中，自觉传承优秀传统文化是爱国的表现，也是一个人的根基，至于是否将传统文化中所具备的更多的优秀内容用以成人的修炼则没有进一步提及。家长讲话中特别强调法治社会下的公民要遵法守法。

再次，不同主体的价值取向冲突。学生们对于仿古礼表现出新奇感。在太原 W 中学，有的同学自己购买了汉服，他们了解传统冠笄礼的机会非常少，要么是语文老师在讲古代文化常识时简单提及，要么是参加学校社团活动有所接触，他们对被称为“古风”的传统礼仪形式充满好奇。一位表演者说，母亲听说她当天表演中会跪拜就一直觉得好笑，同学也说当天一定要看看她是怎么跪着的。[①] 而北京 Y 中学的学生则表现不一，大部分同学提到，这种非日常的仪式表演令人惊奇。尤其是女孩子，仿古成人礼是一次展示美丽青春的绝好机会。有些女孩花了很长时间去化妆、做头发，有的同学还查阅了不少资料看汉服怎样穿。有的认为与以往穿礼服的形式不同，感受也不同，尤其是现在的汉服基本都是改良过的，比较贴近于当代人的审美，也可以接受。如有的同学说：“我曾经觉得汉服就要一切都和古时的一样，完全复古，才算是对汉服、汉文化的一种崇敬和传承，但是看到今天台下出现的很多的‘改良汉服’，让汉服更贴近现代的社会的服饰，穿的人自得其乐，看的人也觉得赏心悦目，我突然又觉得，或许再加入自己的一些东西，才是对先人、对这个时代负责的做法。”[②] 有的同学说：“虽然我曾对集体穿汉服这种事比较不屑一顾，但加上毕业典礼，能在高三体验两种不一样的仪式真的是一件非常幸福的事。”[③] 部分同

① 被访谈人:YX,女,太原市 W 中学高三学生。访谈时间:2015 年 12 月 31 日。访谈地点:太原市 W 中学。

② 北京市 Y 中学 XYY 老师提供。

③ 北京市 Y 中学 XYY 老师提供。

学表示一开始对穿汉服在孔庙举行仿古礼非常抵触，但是现场仪式让他们改变了这种看法，如"'麻烦'是我最先想到的词。然而，当今天下午大成殿前庄严的鼓点响起，看着同龄人们仪态神圣，缓缓走上石级的时候，我才感觉到'麻烦'是这样有意义的。从了解、选购汉服，学会穿汉服，到练习敬拜礼仪，拿捏步幅步频，我们其实补了一堂最重要的课，一堂重新唤醒了我们中华民族身份的大课"①。但很多学生也看到仿古形式本身存在着内在矛盾。在时间选择上，Y 中学向来有借弘扬五四精神之机来举办成人仪式的传统，但仿古礼所展现和提倡的价值观和精神内核与五四精神是相违背的。②而且与传统冠礼中受礼者较多的礼仪实践相比，学校仿古礼中的主体参与性太差。从仪式的形式、举办的时间和地点、衣服的准备来说，学生们的参与都太少了，而且除了参与表演的同学和本身对传统文化、汉服感兴趣的同学以外，大部分对这套古礼的感受和理解都不够，并没有产生情感认同。他们更愿意接受能够张扬个性的、能够充分发挥主体思想自由和行为自由的形式，认为成人礼可以结合当代人喜欢的切蛋糕、文艺表演等形式，生动活泼一些。③他们更愿意接受男生穿着笔挺的西装，女生穿着优美的套服裙子，随心所欲地吃喝玩乐、快乐聚会。

与学生们相比，家长们的评价主要体现在地域和阶层的差异。太原 W 中学的学生家长多为城市工薪阶层或者务工者，出生于 20 世纪五六十年代的家长们对此除了表示好奇以外，更多的是对这种"古风"

---

① 北京市 Y 中学 XYY 老师提供。

② 事实上，社会上像 Y 中学的这种做法不少，比如 2013 年 5 月 4 日，厦门某商城内，一场传统成人仪式举行，现场近百名中学生，在师长的见证下发出青春誓言。为了再现传统的汉族成人礼，"导演"廊桥还是在细节上下了不少功夫："去图书馆找相关文献，找一些关于古代礼仪和服饰方面的资料，像沈从文的《中国古代服饰研究》等等，还有就是上网去了解。服饰也是考究《礼记》后，严格制作的。"

③ 被访谈人：YX，女，太原市 W 中学高三年级学生。访谈时间：2015 年 12 月 30 日。访谈地点：太原市 W 中学。

表演表示一无所知，觉得很无聊。而北京Y中学的学生家长对此种形式的看法则有所不同，家长的评价都比较正面积极和肯定，有的认为选择国子监这样一个传统文化氛围浓厚的地方很好①,与国家现在提倡传统文化复兴的基调吻合。有的家长评价道“继承传统,弘扬文化,以简示理，沁脾细无声。传道杏坛，挥洒正音，蕴道平凡，授人常以渔”②,“既是一次爱国主义教育,又是一场传统文化熏陶。在庄严的仪式中，不知不觉地增加了责任感和使命感，对孩子将来走入社会、承担责任起着潜移默化的教育作用”③。有的家长认为给孩子买一套汉服很好，价格也不贵，并为女儿当天的发式费了很大心思。④但是，也有个别家长认为这种形式主义的复古礼不值得提倡，拒绝参加。⑤

三、乡土成人礼俗的演变

乡土成人礼俗在民间社会一直发挥着不可替代的作用，并随着时代的变迁自发传承。进入现代社会以来，历次的政治运动和意识形态话语也不断渗入社会生活，包括中国人的个人成长和人生礼俗。总体上，乡土成人礼俗的演变主要体现在两个方面：一是民间自然传承的成人礼俗，二是将民俗传统作为资源建构出的传承形式。这两种形式之间在现代人的意义追求上呈现趋同之势。20世纪80年代以后，成人礼俗在宽松的政治环境下有所回升，但是随着物质条件改善和现代意识形态的渗入，乡土成人礼俗的神圣性正逐渐减弱，世俗性在不断

---

①　事实上，近年来孔庙和国子监是很多家长在高考前祈福的地方，近年媒体多有报道。地点的选择也很贴近家长们的心思。

②　北京市Y中学高三学生家长的观礼感受，由XYY老师提供。

③　北京市Y中学高三学生家长的观礼感受，由XYY老师提供。

④　被访谈人:CR,女,北京市Y中学高三学生。访谈时间:2016年5月7日下午。访谈地点:北京市Y中学。

⑤　被访谈人:HH,女,北京市Y中学高三学生。访谈时间:2016年5月7日下午。访谈地点:北京市Y中学。

增强，娱乐化日趋明显，男女平等、感恩教育、成人教育等现代观念渐渐成为人们所倡导和奉行的价值观念。

以河北深州的认干亲为例。传统上，认干亲是通过借助外人的力量保佑孩子健康成长的一种形式，具体为一系列的符号表征。比如，被认亲的母亲通常选择姓“刘”“赵”“蓝”“成（程）”，寓意留住、罩住、拦住和成人之意。认亲的双方还要查看认亲的孩子和干娘的生辰八字，用阴阳五行的说法来解释双方是否合适。仪式当中出现的用具也别有深意。在认亲当天，认亲的一方母亲带着孩子和蒸好的二十个黏窝窝（即用黏米做成窝头）以及一块蓝色的布料。到干娘家后，把黏窝窝贴在屋门门环上意为粘住了，然后将带来的礼物放置在进屋右侧的锅台前[①]。午饭前，干娘给干儿（女）“戴锁”。“锁”用一块敷有红纸的纸板或者红色纸板，裁成花篮或者葫芦形状，上面用红绳均匀缝上十二个硬币（过去为铜钱），外加一把小锁。当日，干娘将锁戴于干儿（女）的脖子上，锁戴上之后要一直回到自己家里以后方可取下。锁的形状各种各样，有花篮形（寓意拦住）、葫芦形、石榴形等。当天的午饭要准备长寿面、油条圈（当地称麻饧套，寓意套住）等。干娘要送给干儿（女）一双亲手做的鞋，鞋以蓝布做鞋面和鞋底，蓝色的布条沿边，蓝绳纳底，最后延长一绺蓝绳缝制在鞋底，意味着向下扎根，称为“扎根鞋”。孩子满十二周岁时“开锁”，母亲带着孩子和锁去干娘家。吃罢午饭，先在灶王爷前上香，然后干娘为干儿（女）戴上锁子，并用自己保管的钥匙开锁。接着，干娘用黄裱纸包住锁，与干儿（女）一起跪在灶王爷像前，烧黄裱纸和锁。掉落的钱币由干娘和干儿女共同来抢，多抢多福。可见，认干亲的寓意都是保佑孩子健康成长，而开锁意味着孩子成长中一个特定阶段的结束和生命的转

---

① 在当地，人们的正房坐南朝北，左右两侧为卧室，堂屋为做饭、吃饭和祭祀之地，通常一进门左右两侧是锅台，因为要烧火炕，现在已很少见。

折，带有一定的成人之意。近十年来，认干亲一般都不再拜灶王，除了挂锁、开锁的基本流程和锁的形制不变以外，双方赠送的礼物已经与其他年节的相差不大，如牛奶、水果、糕点等，干娘给干儿女的一般是孩子的衣服、鞋或者玩具、文具以及礼金，带有保育意义的符号体系式微。现在认亲不拘亲属辈分、距离远近，只要双方关系好就可以认亲，有的双方互认，所认干娘三五个甚至更多，认亲的范围也不拘于本村。而且，双方在日常的岁时节日、家庭成员的婚丧嫁娶等日常生活中的礼俗往来更为频繁，礼物赠送和礼金数额不断增长。仪式主体由被保育的孩子转变为主动建构社会关系的父母，仪式成为两个家庭建立拟亲属关系的手段。

再以山西普遍存在的“圆锁”为例，其世俗化和娱乐化趋势亦非常明显。在山西上党，现代“圆锁”习俗受学生上学和家长外出打工等原因影响，一般在国家法定假期内择吉举行。仪式中原来为核心的祭祖谢神步骤简化，而带有现代意识的“打开智慧之锁”“写出今后理想和志愿”“鞭打出门”“闯荡四方”等环节成为重头戏，象征着受礼者长大成人。开锁时，“三姓”开锁人分别在受礼者的头颈、腰上、脚下各开锁一次，共九次，然后主持再来开三次锁，一共开十二次。头部开锁意味着开启智慧；腰部开锁意味着解除身体束缚；腿部开锁象征着放开双脚。开锁后，孩子的舅妈或者小姨让孩子拨几下准备好的算盘，并在纸上写下以后的愿望或者是想考的学校和理想的职业，然后把这些东西放进书包里。主持人拿来一个面塑的蒸羊馍，让孩子咬一口，并用力扔到门外，越远越好，寓意让这只小羊带领孩子闯荡四方。然后孩子的父亲就会拿鞭子或者是扫帚“抽打”孩子，孩子背上装有算盘和写着愿望的书包跑到门外。旧时，为女子成人礼中鞭打环节准备的鞭子上面缠绕着十五颗红枣，寓意早日出嫁，而为男子准备的鞭子上面缠绕十五个铜钱，寓意早日赚钱养家，承担家庭责任。

现在不论男女，都会缠绕十五个红枣和钱币。[①] 人们都表示，孩子通过仪式更加懂事了，懂得体谅父母和照顾家人。父母也把孩子当成大孩子看待，给他更多的自主性和独立性，更注意从思想上关心孩子，更能和孩子平等地交流和沟通。

进入现代社会，民俗、传统文化作为“异文化”被人们所审视，成为一种被保护利用的对象。近年来，地方性成人礼俗也积极向主流话语靠拢，或转化为政府主导的文旅资源，或服务于文化公司的产业发展，或作为德育资源被引入学校教育体系。以浙江洞头“做十六岁”的民俗旅游为例。2010 年，当地有关部门组织举办了第三届东屏七夕民俗风情节，“做十六岁”作为其中一个环节出现。活动当天，十六岁以下儿童和刚满十六虚岁的少年以及部分儿童游客分别上台，听祝词，系红丝带，许愿祈福，最后焚烧七星亭敬神。仪式由当地德高望重的长者主持，另一位有威望的长者诵读祭文。[②]2014 年，洞头被授予“中国七夕文化之乡”，当年 8 月 2 日七夕节，东岙村举办盛大庄严的成人仪式，有全国民间文艺顶级专家的观摩。8 月 3 日举办了专题研讨会，与会专家认为，民间三大仪式中，洞头七夕成人仪式是至今发现传承最完全、最隆重的典礼。[③]借着政治和学术的双重肯定，2015 年七夕民俗风情节突出渔村成人礼的主旋律，以“渔村 + 文化礼堂”作为活动场地，五村共举成人礼、齐设祈福宴，为十六虚岁以下儿童及正当十六虚岁少年进行祈福，通过少年念诵弟子规，表达对抚育他们长大的父母的感恩之情。还开展文化村体验游、七夕成人祭拜仪式和七仙女走进渔村送平安等活动，力图展现原味的本土七夕节俗文化。[④]2016 年，当地再次举办七夕百人成人礼活动，邀请民俗专

① 张斌梅子：《山西省长治县东和乡南和村成人礼调查报告》（未刊稿）。

② 《七夕节有新意 洞头孩子成人礼》，温州网，发布时间：2010 年 8 月 17 日。

③ 《洞头七夕节成人仪式》，浙江文明网，发布时间：2014 年 8 月 4 日。

④ 《洞头七夕举办成人礼》，《浙江日报》2015 年 8 月 27 日第 20 版。

家编导舞台剧，增加了仪式的观赏性。在台南开隆宫的“做契子”活动则由政府与民间合作，加入观光、文化创意的特色，将这种以家族传承的祭祀神明习俗，发展成为庙宇的集体仪式和特色文化活动。团体仪式包括带领成年礼生向七娘妈上香感谢神恩、敬禀感恩状、钻过七娘妈亭、结状元灯、过平安喜鹊桥挂许愿卡、状元骑马绕街、孔庙祭拜孔子等。并有文创礼品如“成年礼袋”及“十六岁龟”，还有相关的讲座活动。[①] 近年来则从古礼出发，除了将传统仪式介绍与再现以外，还强调培养青年的现代人生观，并融合现代情境和当代艺术表演，带动当地文化产业和经济发展。比如，2011 年七夕推出了“爱情城市 2011 台南七夕嘉年华”和“做十六岁”等活动。“做十六岁”按时间顺序，分别安排了台南忠义国武英殿的“做十六岁科仪示范”，大冻山“挑战台南第一高峰：大冻山登顶、露营及野炊”，十鼓文化村“十六岁少年营”和七夕当天同时在开隆宫、临水夫人庙、永华宫、崇福宫等庙宇举办“台南做十六岁成年礼”等。[②] 在屏东县大武山的融合传统与现代文化元素的成人礼，参加者需要暂时远离手机和流行世界，完成三天两夜的山林智慧洗礼和闯关挑战，最后在海拔 3000 多米的北大武山大武祠，由部落长老将山神以大自然的现象命名，刻在小石头上，再抽出来送给学员取名，同时由县长颁结业证书给年轻勇士们，勉励他们以更负责主动的态度，迈向人生另一个阶段。这种尝试与当代发展休闲旅游也有直接关系。

同时，作为一种地方性知识，民俗被界定为传统文化资源纳入学校教育资源中。例如，广东省揭东区的集体“出花园”活动就具有责任教育的名头。当地宣传部门自 2009 年开始每年农历七月初七在万竹园旅游风景区举办集体“出花园”活动。活动融合了当地的传统成

---

① 林秀富：《台南市东山区南溪里二重溪林家人生礼仪调查报告》（未刊稿）。

② 黄丽华等：《台南七夕做十六岁活动源起、仪式内涵及转变之研究：以 2011 年活动为例》，《身体文化学报》2013 年 6 月第 16 辑。

人习俗和责任教育，内容丰富：首先是孩子们的才艺展示和歌舞表演。然后以家庭为单位，组织种植纪念树活动，让孩子纪念和感受成长。接着共饮“花园宴”。宴席一律按照当地出花园习俗的菜谱安排。宴毕，由父母为孩子写下成人寄语；孩子写下自己的志向与理想，并共同装入锦囊，保存下来。[①] 在这个例子中，出花园本来的神灵信仰和儿童保育意义被剔除，代之以责任教育，孩子和家庭都成为集体的一分子，仪式空间从家庭走向公共场合，并加入了歌舞表演等公共娱乐内容，文化表演性增强。福建二中则结合针对青少年责任感设计的主题教育“大德兴邦·十六岁公民责任感教育”活动相关要求，举办了集体“十六岁成人礼”活动之一。[②] 按照我国相关法律规定，年满十六周岁，以自己的收入为主要生活来源的，可以认为是完全民事行为能力人。年满十六周岁，属于完全刑事责任年龄，任何犯罪都要承担刑事责任。在福建省比较普遍以十六岁为出幼的成人礼俗，这个地域性的成人时间节点恰与法律规定相契合。

相比之下，山西地区的过集体十二岁生日，体现出明显的民俗适应性。一些学校主动将家庭式的过十二岁风俗转换为学校空间内的集体十二岁生日，既满足个体需要，也避免了一些陈规陋习。运城市盐湖区北街小学响应教育局关于落实全区中小学深入开展“陈规陋习”专项整治工作，为 47 名过十二岁生日的学生举办一场集体庆祝生日活动。学生们拜谢家长和老师，并进行宣誓，与师长共同点蜡烛、许愿、切蛋糕，共同在“禁止大操大办十二岁 倡导节俭新风尚”的条幅上签字。[③] 在媒体报道中，此举是为了“引导学生文明节俭庆祝生

---

① 《潮汕民俗“出花园”》，揭阳新闻网，发布时间：2013 年 8 月 14 日。

② 《盛世兴礼，大德兴邦——福建省“十六岁成人礼”系列活动在厦门二中拉开帷幕》，《创业天下》2015 年第 1 期。

③ 《盐湖区北街小学 47 名小学生集体过 12 岁生日》，黄河新闻网，发布时间：2015 年 4 月 16 日。

日，教育广大家长摒弃封建陋习，树立正确的价值观”。民间自发传承的过十二岁被定义为“封建陋习”，而集体性被认为有助于集约化、节俭化，同时家长和学生共同被置于受教育的位置，接受正确的价值观。过集体生日是目前学校德育活动的重要内容，能够看到的有集体过十岁生日、十二岁生日（与小学毕业典礼联合举办）、十四岁生日、二十岁生日（与大学生入学相结合）等，记录学生成长过程，祝福学生的成长。

总之，在政府和民间的共同建设下，成人礼的风潮逐渐催发出一种社会文化觉醒。[①] 不论是民间自发传承的礼俗，还是政府主导下的礼俗利用和调整，其利用途径和所构建出来的民俗表现形式以及仪式目的、价值取向正在逐渐走向一种共识，共同促进公民的责任意识、道德修养和人格塑造，共同推进公民社会和道德社会的建设。文化觉醒下的为人父母者与即将成年的孩子，正在逐渐形成一种共识，选择特定的时空以某种形式来省思成年的意义，或者遵从既定习俗进行有意义的创造，或者参与新型礼仪建设，共同推动青年教育和家庭建设。

第四节 成人礼仪的重建构想

前述成人礼仪的当代重建，无论是乡土社会自发传承的成人礼俗、团委和学校系统重建的 18 岁成人仪式，还是仿古成人礼的重构实践，都显示出成人礼仪的现代价值及其传承的生命力。但随着学校教育的普及，成人礼仪的重建过程中也面临着诸多问题，本节将进一步延伸开来，主要针对学校成人仪式的重建提出初步构想和讨论。

一、成人礼仪的重构原则

近年来，我国的教育改革目标和学校德育工作目标开始重视生活教育和德性教育的开展，以凸显教育培养人和塑造人的本质属性。成

① 林秀富：《台南市东山区南溪里二重溪林家人生礼仪调查报告》（未刊稿）。

人仪式作为学校德育工作的重要构成部分，恰能作为实践这一理念的试验。但综观当前的学校成人仪式，或者背负着沉重的意识形态包袱，或者浮于文化表演而忽视个体体验，或者因过度的娱乐化淹没对个人的磨炼，更因为套式化的训导和灌输式的教化难以触及青年的心灵，导致成人仪式难以实现催化成人的目的。究其原因主要是仪式主导者对成人礼仪缺乏明确的定位，忽略了青年人作为受礼者或者说仪式主体的身心成长的需要。①18岁成人仪式在创办之初就被直接定义为教育仪式，受礼者与施礼者之间存在着明显的身份不对等。仪式主体，包括团委和教育部门领导、教师、学生、家长之间具有明显的空间区隔，空间所附属的政治性和等级性在一定程度上剥夺了青年人的仪式主体地位。仪式中出现的一系列象征符号，大而化之的训导、标语和口号能在多大程度上让受礼者产生心灵共鸣实不敢判断，与高考誓师的捆绑也在某种程度上偏离了成人仪式的主旨。相比之下，古代冠礼的设计有更多的合理之处。冠者在整个仪式中是直接的礼仪实践者，其通过身体表演和言语训导能够感受到仪式的庄严和文化内涵，进而明确仪式之后作为成年人应该具有的仪态、责任和权利。因而，当代学校成人礼仪要想得到更好的发展，必须去包袱，还本原，还原成人仪式之“成人”本意。

（一）谁的成人礼：确立青年人的仪式主体地位

成人礼是谁的？毫无疑问，18岁的成年者是理所当然的受礼者。但是受礼并不等于被动地接受，他们仍然可以作为礼仪的亲身参与者或者说实践者。因为身体是仪式展演的载体，仪式需要参与者身体的

① 关于这方面的研究很多，比如闫丽雯《18岁成人仪式教育教育性的缺失及建构》(《青少年学刊》2015年第4期）中就提出，当前18岁成人仪式的主要缺失就表现在教育目标、教育过程和教育主体等方面的缺失。她认为导致缺失的原因是对仪式定位不够清晰、仪式内容和目的的认识不全面以及在实施过程中的操作不当。在此基础上，作者提出了要重视仪式主体自主性的建议。类似研究还有很多，且提出类似建议的多属于教育学角度的研究，在此不再列举。

共同在场，需要互动。[①]没有身体的参与和体验，仪式很难产生互动的效果。在田野调查中，我们屡次感受到学生们参与成人仪式的强烈意愿，以及他们未能亲身参与的遗憾之情。他们需要身体的体验，需要身心的磨炼，通过特殊的仪式去体验未知的世界，并为将来走向社会做好准备。但是，当前，大部分成人仪式都由学校主导，学校领导和教师的意志过多地主导了真正成人者的仪式内容和情感所需。固然，主流意识形态和国家民族情感等需要宣扬，但是并非所有的因素都需要全部纳入一场成人仪式中，或者说，成人仪式并不能承载太多的“意义”。这场仪式应该与升旗仪式、入学典礼、毕业典礼等一系列学校教育仪式有所区别，应该还原其作为个体生命转折的过渡礼仪内涵，更多地指向个体的体验，尊重仪式主体的意愿。也只有这样，才能从根本上提升学生的参与积极性，提升仪式效果。美国学者大卫·科泽指出，“仪式的作用在于构建权力”[②]。作为一场教育仪式，未来的成人仪式或许更应该摆脱偏重于社会政治的方向，尊重青年人的创造，给他们以更大的空间。只有在这样的理论设定之下，才可能真正以青年主体的内心需要为仪式设计的出发点，克服单向教育的模式，实现公民自由教育和社会自上而下教育的结合，充分发挥主体的自我能动性。

（二）谁做成人礼：构建多元主体协作机制

谁来做成人礼呢？毋庸置疑，成人礼的建设是一个系统工程，离不开全社会的参与，国家的号召与提倡以及相关制度的建设是必不可少的。这方面，台湾地区的做法可资借鉴。台湾地区早在 20 世纪六七十年代就曾兴起礼仪重建的热潮。从 1992 年起，开始有地方举办成人礼活动。这些成人礼仪形式有的将儒家文化内核与当代相结合，有的延续乡土传统加以时代演变，有的属于现代全新创造形式。2005 年 1 月，经由台湾相关部门修订颁行的《礼仪范例》增列了“成年礼”，

---

① ［美］兰德尔·柯林斯：《互动仪式链》，林聚任等译，商务印书馆，2009，第 49 页。

② ［美］大卫·科泽：《仪式、政治与权力》，王海洲译，江苏人民出版社，2015，第 32 页。

规定“凡年满十八岁之男女青年，宜为之举行成年礼，以谕知其人生应有之责任与义务。成年礼可个别办理，亦可集体办理”。建议的仪式程序为：宣布某年某月某日，某姓（某团体）青年子弟成年典礼开幕；奏乐（不用乐者略）；“礼生”引导行礼者就位（集体行礼者由外鱼贯进入礼堂，男左女右分列，肃立于行礼台前）；主持人就位；上宾就位；点烛、燃香；上香、祭祖（主持人持香，率行礼者向祖宗神位三鞠躬）；读祝告文；饮成年礼酒（行礼者行至主持人前领酒后就位，主持人率同啐酒，礼生接回酒杯）；上宾为行礼者端整服装之后，致辞训勉；赠送贺礼；行感恩礼（向家长三鞠躬，向上宾及主持人一鞠躬）；奏乐（不用者略）；礼成。这一规定保留了儒家冠笄之礼的基本仪式程序和精神内核，并结合了当代礼仪和社会发展需要，是一种不错的尝试，得到部分学校的支持。但是这种现代的成人礼举行时间不定，有政府机关的首长、民意代表和家长、师长参加，场面隆重。有的在仪式后举行民乐欣赏会或者联谊会，形式比较丰富。[①] 这可以说是教育部门的一种努力。

除了礼仪制度的推动，相关法律制度的建设也至关重要。在现代社会，少年儿童迈向成人社会的成长过程非常复杂而又千差万别，不同的国家、社会或文化，甚至在对成人的年龄标准，以及在什么时候才可以承担部分或全部法律责任的判断，都有着太多的选择性。几乎所有国家及地区的现代社会，都是以法律形式来明确成人年龄，这意味着现代社会的成人首先是单独的法人年龄，是能够对既定行为承担法律责任、同时亦获得相应的权利或资格的年龄。但在确认法定成人年龄的同时，又不得不采取各种年龄限制来应对成人过程的全部复杂性，包括人的身体、精神（心理）以及社会认知的成熟过程。在现代社会及文化的成人过程中，未成年人表现出各不相同的心理、身体和

① 李秀娥:《台湾的生命礼俗——汉人篇》,远足文化事业股份有限公司,2006,第54—55页。

社会性的问题，尤其是在心理、身体（性）和社会关系及文化认知等方面的成熟与成长，又每每出现难以同步、相互错位甚或背离的情形，也就使得问题更加复杂化。至少在中国，涉及性成熟的仪式化表象是需要和婚龄、男女社交及婚礼的相关礼俗联系起来予以考察的。

同时，学校要发挥更大的作用。未来的成人礼应该以集体成人仪式为主导，以学校教育空间为主，以学生为主要仪式主体。这就需要学校成人仪式明确仪式目的是以人为本，认识到优秀传统文化在涵养人的伦理道德素养的重要性。当前正在积极推进的教育改革不应成为空口号，建议在一些教育水平相对较高的区域，择取传统文化的精华，适时试点推行一套传统文化课程。这种课程是贯穿整个基础教育阶段，至少是高中阶段的，学生们可以通过各种选修课、实践课积累基础知识，结合丰富多彩的课外活动，较系统地吸收优秀传统文化尤其是礼仪文化的精神滋养，进而在日常学习的熏染之中培养起对优秀传统文化精神内核的认同，自觉地去学习和实践。在这方面，台湾地区的做法值得借鉴。2010 年，台湾地区颁布新的课程纲要，将成人礼纳入学科课程体系，作为高一年级上学期必修课，包括“公民与社会课程”“新六艺运动”“成年礼赞”“服务学习”等四个环节，为成人礼教育的制度化提供了保障。调查问卷显示，学生们通过系统的学习，对成人礼的认识比较深刻，认同感较强。[①]

另外，礼仪构建离不开学者的参与。从古代成人礼的传承到当代成人礼重建，从来都少不了知识阶层的参与和实践。不论是历代的礼仪传承，还是当代的礼文化普及和礼仪活动的推动，历来积极入世重视经世致用的知识阶层始终都是在场者，他们或者作文本研究，或者提出实践建议，更有的参与实践。对于当代成人仪式重建，不少学者都提出过建设性意见，比较有代表性的是《成年礼的仪式传统及其当

① 陈婧:《台湾现代成年礼教育意蕴研究》，硕士学位论文，华东师范大学，2014。

代实践》一文。作者在文中主要基于中国成人礼文化资源，借鉴中国台湾地区与韩日等国经验，力图提供一套具有操作性的仪式方案。文章对成人礼仪的举行时间、空间、礼服、礼乐、礼器、礼文等要素作了比较详细的规定。[①] 在我们曾经参与指导山西省和北京市两个中学的仿古成人礼策划中，取得了很好的仪式效果，得到了参与者的广泛肯定。这种实践既是一次知识启蒙，也是一种礼仪形式的构建尝试。

（三）做什么样的成人礼：确立中国成人礼的伦理内核

中国传统社会将成人礼视为“成人之道”，中古时期一度成人礼废，所以有人感叹“天下无成人”。如何成人，成为什么样的人，是成人礼的仪式程序与仪式目标。中国成人礼最关键的意义是通过仪式促成自然个体向社会成人的转变，即通过过渡仪式将懵懂的自然人转化为具有内在道德良知的伦理人。“伦理”，即人伦道理，是符合自然社会的道德意识与行为规范，是成人礼中所贯彻的核心价值观。我们举行成人礼，就是要通过行礼的时空环境、具体仪式环节与特定语言行为，对受礼人进行集中性的伦理规训与道德启蒙，催化受礼人的成人自觉，从而为成人社会提供具有道德意识与行为合乎社会法度的新成员。

成人礼通过仪式催生符合主流价值观的社会新人，是中国古今成人礼遵循的同一路径。周秦时代，中国本土文化初兴，传统伦理价值观初步确立。源自上古的成丁礼的冠笄之礼，已经凸显农业社会催化生命个体伦理品格的成人之道。冠礼于宗庙中举行，由父兄邀请宾者来主持，仪式繁复隆重，体现着对冠者成人的重视，也显示出浓重的父系家长制的权力色彩。仪式核心环节为“加冠”和“命字”，而又以“换装易服”作为主要程序。冠礼是在祖庙举行。祖庙是家族的神圣空间，子孙的成人意味着家族香火的传递。祖先信仰与世系绵延是传统社会的伦理核心，祖庙作为冠礼举行的空间，充分体现了冠礼成人的家族

① 萧放、李晓冬：《成年礼的仪式传统及其当代实践》，《中原文化研究》2015 年第 1 期。

伦理指向。冠礼最核心的内容是"加冠"和"命字"。对受礼人的"德"性训诫成为三加之礼的中心内容，这个仪节既是对个人身体意志的一种规训，所谓"三加弥尊，喻其志也"[①]，同时也将个人道德、家族伦理、政治伦理内化到受礼者心中。"命字"环节，实际是让成年者懂得如何以礼待人，如何维持与不同层级人群之间的关系，构建人际交往伦理的和谐状态，所以《礼记·冠义》云"已冠而字之，成人之道也"[②]。此外，冠者三加之后要拜见母亲，母亲与之行成人之礼，取字之后要拜见兄弟姐妹，均互行成人之礼。这些环节都是在构建长幼兄弟之间的一种家庭伦理秩序。同时，冠者还要去拜见乡大夫、乡先生，以强化社会伦理意识，在周代所建立的家国同构社会模式中，家长为一家之尊，国君是一个国家的大家长。所以，冠者面见乡老，忠于国君，是将对于家的"孝"延伸到对国家的"忠"，"忠孝"合一的价值观念正是中国政治伦理化和伦理政治化的具体表象。总之，经过服饰改变，礼仪训练，冠者做到了"容体正，颜色齐，辞令顺"，在此基础上，方可"正君臣、亲父子、和长幼。君臣正，父子亲，长幼和，而后礼义立"。

周代冠笄之礼经春秋战国之后，于汉魏六朝发生了诸多仪节变化，但其成人的伦理意义依然。隋唐时经过礼仪重整，冠礼得到部分复兴。到南宋时，朱熹从现实政治需要出发，对旧礼进行损益，强调冠礼在模塑人们的伦理品格方面的重要意义，以民众易于接受的方式行礼，进行道德训诫，无疑有助于仪礼对社会生活的影响与渗透。宋明以来，冠婚合流逐渐成为冠礼的主要走向。在特定时节，对成人者进行头饰的改变，通过对天地、祖宗、尊长进行礼拜，从而实现成人之道的伦理教育。清代统治者因文化传统，淡漠传统冠礼，上层社会冠礼几乎断绝。但自明朝兴起的民间冠礼并没有中绝，它采取了诸多的变异方

① 〔清〕孙希旦:《礼记集解》中，沈啸寰、王星贤点校，中华书局，1989，第703页。

② 〔清〕孙希旦:《礼记集解》下，沈啸寰、王星贤点校，中华书局，1989，第1412页。

式保存、发展古代的成人礼俗，其形式虽然有诸多改变，但传承伦理的核心价值没有改变。[①] 如今，传统成人礼俗大多随着历史发展不复存在或者发生转化，如上海地区的“庆号”仪式现已转化为一种地缘组织[②]，“过十二岁”“做十六岁”“出花园”等与儿童养育习俗相关的成人礼俗在某种程度上已成为成人的交际场。尽管如此，当代成人礼俗依然有着凝固不变的伦理价值观念。

近年来，中华优秀传统文化的创造性转化和创新性发展成为时代命题。中国传统社会以儒家伦理道德观念作为统领和整合社会的核心价值体系。历代礼学家均从儒家观念出发，阐发冠礼的礼仪和礼义。当代儒学和礼学研究者继续在此基础上展开探讨。葛兆光在《中国思想史》中对儒家礼仪思想进行解释时提出，以孔子为代表的儒士在礼崩乐坏的年代相比其他的学术派别更加注重仪礼或者说仪式和象征，他们不仅继承了仪礼的习惯，也掌握了其背后的象征知识。同时，孔子及其弟子又作了改造，他们更加注重礼义的探寻，即仪式所表达的思想观念，并追根寻源，探讨礼仪得以存在的道德伦理基础，也就是“仁”，认为只有人具备了符合道德理性的心理基础，才能够更好地奉行礼仪，遵守社会秩序。[③]

目前中国社会涌现出的成人礼仪实践正在成为一种文化唤醒，只不过尚未达成全社会基本共识，也未达到韩、日两国那种法制化，国家在是否构建举国一致的成人礼上态度也不够明朗。成人礼的重建牵扯到成人观念的复归、教育制度的保障、文化资源的整合以及仪式本身的具体操作等多方面问题。成人礼发展要保持稳定的根本是相对稳

① 此段参见萧放《从成年礼的传承变异看传统社会生活中的文化示范意义》，载王宁主编《民俗典籍文字研究》第一辑，商务印书馆，2003，第 263 页。

② 参见马流辉《从成年礼到同辈共同体——上海农村“庆号”习俗的社会学考察》，《民俗研究》2013 年第 5 期。

③ 参见葛兆光《中国思想史》（三卷本），第一卷，复旦大学出版社，2001，第 92 页。

定的精神内核，最关键在于成人观念的回归。当前的成人礼建设不可能脱离中华既有传统而全新再造。必须全面汲取中华优秀传统文化的精神内核，深入挖掘传统伦理道德的核心价值，结合当代社会实际，加以创造性转化和创新性运用，进一步明确仪式教育主题，才有助于打破仪式构建的瓶颈，促进其不断完善。

二、成人礼仪重建的面向

关于未来成人礼的走向，学者高丙中认为当前现代社会存在的成人礼，是囿于家庭范围内的私人的仪式，而且并非人人都拥有平等受礼的机会。但是当今中国正在努力推进建立的公民社会，作为现代的一种理想类型，其最大的优点就在于提供了人人能够证成的机会，主张人人平等的价值理念和人人可为的制度设计都使这种机会成为可能。但前提是，这种机会的获得需要走出去，需要步入社会，参与社会实践，他主张"以成功的私人为基础来实现成人机会"，鼓励青年人参加社会公益活动。① 对此我们深表认同，公益实践是每一个现代社会公民在成人过程中应该拥有的经历，公益精神是现代公民应该具备的素质，现代社会必须尊重青年人的独立成熟个体，应该创造更多机会，加强其身体实践，通过各种互动增强与同辈群体、师长之间的情感联系，培养感恩情怀，通过参加公益活动培养公民精神。通过参加公益实践活动，增强青年人对于个体社会角色的认知与生存技能的训练，培养其社会责任感。但是，这并不意味着社会公益实践一定要出现在成人礼的仪式设计中。成人礼仪应该也必须多样化，才能满足不同层次人群的需求。

社会的多元化同样需要多元的礼俗形态相适应，需要多元的主体来主导。当前的成人礼俗实践已呈现出强烈的多元化和差异性，地域

① 高丙中：《日常生活的文化与政治——见证公民性的成长》，社会科学文献出版社，2012，第319页。

之间发展不平衡，不同人群有各自的选择，不同的社会阶层展现着各自的追求，可以说是多地域、多层次、多群体、多价值取向的发展态势。所以，未来的成人礼应该是一种多元化的呈现模式。[①]成人礼俗主体涉及团委、宣传部门、旅游部门、学校、社会组织和团体、家庭等。其中，国家及相关部门、教育系统占据主导，也决定着未来成人礼的发展方向——服务于青年群体的公共仪式文化。

目前来看，团委和学校主导的成人礼以集体形式为主，且体现出较为强烈的爱国主义色彩，是适应改革开放和社会主义市场经济发展的产物，其被纳入学校德育活动中，得到国家政策和法令的支持，具有毋庸置疑的政治合法性。并且，已逐渐形成较为统一的主题和举办模式，成为学校德育工作必不可少的内容，并在全国形成较大规模和影响。而且仪式一旦构建起来一套象征体系，就会抗拒（虽然不免于）变化[②]，并形成相对稳定的文化内核，客观上对青年成长起到总结、提醒和再出发的作用。这种创造出来的传统对个体发展也有一定的催化作用，但较大程度地偏离了成人礼的本质含义。同时，以旅游和宣传部门为组织者的带有强烈的经济主义和商业色彩，与礼仪育人的目的更是相差甚远。相反，社会团体和组织出于社会公益目的的重建努力反而具有一定活力。我们认为，集体形式成人礼可以朝向两个方向：一是学校内的成人仪式，仍然是德育工作的组成部分；二是更多地走向一种公共仪式文化，纳入国家公共文化服务体系之中。这种公共文化以培养成熟的社会公民为目的，通过设计带有时代气息的社会公益活动和考验性内容，磨炼青年人的意志，培养青年人对于家庭、社会和国家的责任感，其应该与政治教育类型有一定的区分，着眼于“人”的建设和培养。所以，前提是，应该明确社会需要什么样的人的问题。

① 参见郑琼琼、潘梅《中日比较视域下的现代“成人礼”仪式之建构》，《中国德育》2011年第2期。

② ［美］大卫·科泽：《仪式、政治与权力》，王海洲译，江苏人民出版社，2015，第12页。

家庭模式因贴近于个体情感，一般认为能给青年较多的体验和感悟，其必然会继续存在，成为公共性质成人礼的有益补充。应该在积极培育多元参与主体的前提下，有所侧重地推动社会团体的参与，增进公益精神，这与我国当前积极推进的公民社会和培养现代公民的目的是相通的。作为集体成人仪式的一种调整，仪式内容上可以更加凸显孝道的主题，加强学生对父母的感恩之心，突出对家庭的责任，或者单独设计一套家庭版的成人仪式作为集体仪式的补充。杜维明先生在当代儒学的研究中曾提到，儒学的三纲“权威主义”曾经作为传统家庭的弊病在近代以来遭到强烈的抨击，然而 20 世纪六七十年代以来东亚地区经济的腾飞又重新使人们看到儒家式家庭在现代的转化以及儒家伦理的现世性，促使人们开始重新思考和评估儒家文化传统在现代东亚社会的角色，或者说儒家价值在现代家庭和个体成人中的作用。[①] 杜维明先生的论断非常重要，事实上，家庭伦理一直是凝聚成人仪式力量的重要方面，成人仪式中能够给予学生情感冲击的也是与家长的互动和来自家庭的责任。仪式组织者们也意识到家庭因素和家庭伦理构成仪式核心文化要素的不可或缺，不少地方开始尝试把家庭融入仪式构建中。例如，上海市根据 90 后一代的特点，及时调整 18 岁成人仪式教育方向，更为注重家庭教育的融合和参与，突出感恩教育的感染和内化作用。在市、区县和学校三级成人仪式上都会邀请家长代表参加，现场表达对孩子成人的美好祝愿和殷切希望；要求班团支部每年都组织“读一封父母来信”活动，请高三学生家长认真细致地给自己 18 岁的儿女写一封信，简要回顾在孩子成长经历中令自己和孩子激动难忘的往事，并对孩子提出希望与鼓励；组织学生在班会课上，一起读一读父母的来信，讨论读后感。除了这些常规举措，各级团组织提倡开展朴素的家庭版成人仪式，以弥补大型成人仪式个

---

① ［美］杜维明:《东亚价值与多元现代性》，中国社会科学出版社，2001，第 196—206 页。

性化不足的缺憾。比如嘉定区成人仪式教育活动主要以“感恩于心，责任于行”为主题，在发给学生的《走近18岁志愿服务册》中明确规定：每位学生在成人预备期阶段，要为父母端一次茶、捶一次背、洗一次衣服、烧一次饭、拖一次地板等。这种时髦的新现象、新趋势，在国内远未成熟。作为市民家庭文化的新趋势，这也是提升人们精神层次的聚会，一种亲子沟通的新模式。①

当代礼仪除了形式上的更新以外，在空间上也可以尝试创新。比如，有的学者提出在当前社会条件下，除了在家庭当中，还可以不拘形式地在公共空间建设礼堂，让人们回到历史中，回溯礼仪的场景。当然，这需要更细致的研究和计划，是一套与整个学理相呼应的机制。②有的结合本地区的文化空间开展礼仪活动。比如温州市苍南县马站镇蒲城社区在蒲城龙门文化礼堂为青年举行成人礼仪式。学生们在教师的领誓下庄严宣誓，正式成为一名成年人，开启人生新篇章。③另外，在当代社会，文庙因其深厚的传统文化积淀、浓厚的人文历史传承氛围，正在成为举办成人礼活动的又一场所。目前国内文庙已经开展成人礼仪式的有上海嘉定孔庙、宁波慈城孔庙、长春文庙、哈尔滨文庙等。而在此前，曲阜孔庙所举行的包含在其文化修学游和祭孔相关活动中的成人礼仪式也已经举办了数年，具有较高的知名度。各地文庙的成人礼仪式不尽相同，但基本都根据古代成人礼传统并结合时代特点加以编排。以长春文庙年首次举办的成人礼仪式为例，其程序包括企盼过泮桥、正途过权星门、敬圣、大成过大成门、参礼成人礼、谢恩和祈福祈愿。④这些活动都取得了不错的效果。有的学者还从传播形式

---

① 王晶、周凯：《上海：成人仪式尊重“90后”》，《中国青年报》2011年10月10日08版。

② 彭林等主编：《礼乐中国——首届礼学国际学术研讨会论文集》，上海书店出版社，2013，第536页。

③ 《蒲城社区举办成人礼》，苍南新闻网，发布时间：2013年11月3日。

④ 柳雯：《中国文庙文化遗产价值及利用研究》，博士学位论文，山东大学，2008。

方面进行创新。陈文敏、董天策曾以湖南卫视电视成人礼为例，深入剖析了这种电视仪式的性质、特征和影响，作者提出这种“被发明的新传统”，利用“电视媒介的中介化作用完成了政治节庆的仪式填充，实现了中华礼仪与现代媒介、政治仪式与日常仪式的有效对接，既赋予电视成人礼的时代意涵，也保证中华成人礼的一种新质发生”。电视仪式利用图符、表征和象征符号构建起来的意义体系使收看者获得了超出日常生活经验的体验，获得神圣感与崇高感。而且，通过媒体技术，保证场内外所有参与者共有行动、意识与情感，使互动实践成为可能。电视成人仪式在努力体现对青少年亚文化的尊重和体认，修正社会上对青少年的污名化标签,为这个群体赋权并加以鼓励。当然，亚文化必须置于主流话语和价值体系的征召和收编之内。为此作者呼吁媒体应该重视公共礼仪的建设，“使年青一代的传统文化情结、民族认同感、群体内聚力和内心幸福感落到实处”[①]。但是，湖南卫视电视成人礼 2009—2013 年共举办五届，此后便销声匿迹了。北京卫视 2012 年也曾经举办过一次《十八而志：五四成人礼》。不可否认，这样的节目会带来一定的社会影响,但是仪式本质上具有很强的体验性，不能够身临其境、亲身参与，难免只是隔靴搔痒。因而电视仪式必须与学校集体仪式、家庭仪式等结合起来。

总之，成人礼在逐渐走向多元化，培育多元化的参与主体，融合多元价值理念，吸收多元化的文化资源，构建出丰富多彩的形式，共同服务于当代青年成长。学者严春友、朱红文在探讨当代中国精神家园重建的问题时，提到中国文化的发展，需要以传统文化为基点，并以海纳百川的姿态，以开放的胸怀来接纳和汲取人类的优秀文化。但是，这并不意味着全盘接受，而是要对传统文化和外来文化进行“重新解释和重新建构，吸收那些具有恒久价值的理念和文化成果，在以

① 陈文敏、董天策:《电视“成人礼”仪式及其文化表意分析》,《新闻大学》2013 年第 2 期。

人为本的根本理念基础上，重铸中华民族的精神家园”[①]，其构建起的必须是一种不同于古代文化、西方文化的具有当代民族特色的新文化形态。成人礼仪的构建亦应遵循同样的思路。

理想中的成人礼仪模式可以兼收并蓄、多元并立。我们发现，很多年轻人倾向于西式酒会的形式，认为酒会带有很强社交性质，成人就是要学会如何与不同人打交道，习得成人的礼仪和交际语言。有的倾向于经历人生磨练，比如参加一次集体的公益劳动，集体清扫垃圾、体验乡下生活或者一次远足，给自己的成长以磨砺，留下一种难忘的经历，提升对社会和国家的责任感。年轻人认为，不论成人仪式的形式如何，集体的也罢，个体的也好，都需要创造特定的时间和空间，提升仪式感，并且仪式中要提升主体在仪式过程中的被关注度，促进多方面情感交流，促进受礼者的参与和思考。他们希望得到长辈的经验和训诫，认为一些校长和家长或者德高望重人士的讲话很有必要。[②]可以增添一些磨炼意志的实践活动，期待隆重的、正式的、有父母参与的仪式；避免形式主义，减少或取消领导讲话；有人表示仪式中的活动应当顾及到每个人，而不是只有学生代表才能被“选中”参与某些环节；希望学校为受礼者颁发物质证明如勋章、证书等，时刻提醒自己已经成人。还有年轻人提到了仪式应当有纪念意义、让受礼者印象深刻；避免形式主义；有父母、亲人在场；结合传统与现代；期待个人的而非集体的仪式；允许受礼者参与仪式环节的设计。[③]年轻人渴望交流与成长，他们希望一些成功的师兄、师姐分享自己的成长经历，以及如何克服成长当中的烦恼。在与年长者的交流互动过程中，

① 严春友、朱红文:《简论当代中国人精神家园的重建》,《北京师范大学学报》(社会科学版)2010年第3期。

② 以上综合对北京市Y中学高三学生的访谈。访谈时间:2016年5月7日下午。访谈地点:北京市Y中学。

③ 彭晓宁:《河南省新乡市一中“十八岁成人宣誓暨高三启航仪式”调查报告》(未刊稿)。

体会成人过程中的酸甜苦辣，体会成人的责任与价值，更好地走好人生历程。[①]

总之，本章在对古代冠笄之礼的历史梳理中，首先对仪式结构、文化内涵进行分析，然后结合时代背景的变化，对冠笄礼在每一个历史时期的具体表现作总结和分析。通过史料梳理可以看出，古代冠礼作为一种被不断建构的成人传统，在历史上并未中断，只不过有时为上升到显性的国家制度，有时沦为隐性的乡野之俗。其在先秦至汉代基本存在于社会上层，魏晋以后至隋唐，冠礼作为士大夫阶层的身份象征意义明显，盛唐虽有建设礼仪的愿望，但文化的恢复和重建并非朝廷政策所能左右，冠礼仍是在野之礼。但并不代表成人礼仪传统已断，因为礼仪文本的存在、文人们的不断阐释以及民间“先冠后婚”的观念仍存在。宋代伴随着理学兴起，冠礼得以重建，文人之间的频繁交往使得冠礼中的“命字”环节得以发展。李亦园先生曾将冠礼定义为“隐性的生命礼俗”，认为其与婚丧礼仪相比，较注重个人心理转换[②]，若以此而论，冠礼复兴也恰与宋初士大夫阶层追求事功，探求生命意义的高昂士风有关。经过宋代对儒家礼仪的重新阐释和整合，冠礼再次以礼仪之始的地位得以重建，并且在元代继续发展，明代在“复古”改制的大背景下，从皇室至士大夫阶层都有较普遍的举行，而且明代伴随乡约制度的推行，冠礼依托家族礼仪开展举行，礼俗结合趋势日益明显。需要注意的是，这一时期冠礼与学校教育的结合保证了礼仪知识的传承，也可以视为当代 18 岁成人仪式的滥觞。到清代由于剃发改服政策的高压态势，社会中上层没有再明显延续冠礼传统，更加凸显出民间礼俗中的冠礼遗绪的重要性。儒家对于礼仪整体性的强调，对于成人修身意义的强调以及与国家权力的结合，在某种

① 吴燕位、沈芮伊:《云南省昆明市师大实验中学成人礼调查报告》(未刊稿)。

② 许木柱:《男性成年礼的功能与现代生活——一个人类学的探讨》，收入《生命礼俗研讨会论文集》，中华文化复兴运动推行委员会，1984，第 34 页。

程度上都促进了冠礼在古代社会的传承和重构。

但是，清末以来随着科举制的废除和新式学制的建立，儒学也随着失去权力制度的支撑，最终成为一种“游魂”。民国以后，“读经科”“修身科”等课程被废，与学校制度的关系彻底撇清。“五四”时期，儒家价值观又进一步受到激烈的抨击。新一代知识分子所试图建构的是新的人格模式和新的德育制度。在当时教育界中，蒋梦麟、陶行知、陈鹤琴等都主张为了生活而进行道德教育，培养民主平民、平民人格，主张摆脱儒家的“顺民”“私民”，养成健全的现代公民人格。[①]正所谓“皮之不存，毛将焉附”，儒学教育体系的崩塌必带来儒家礼仪的解体。自此，冠笄之礼不再被提起，真正成为乡野之俗。后来，国家建立起新的教育制度和体系，与之前相比几乎为全新的制度。21世纪初，随着传统文化复兴，国家和社会又开始很自然地调用起传统文化资源，将古代冠笄之礼与当代重建的“成人仪式”相融合，出现了各式各样的仿古成人礼。而今，这种被建构的新传统也在逐渐形成一种真正的传统。这在某种程度上验证了特定时期内“混杂着反规范主义色彩的反传统的传统是缺乏持久力的”[②]，也说明传统是不断被选择性接受和建构的。

关于民俗学对于“传统”的概念问题，德国学者赫尔曼·鲍辛格曾有过比较尖锐的批评，他认为民俗学的问题在于“一是倾向于把传统看成静止的，不接受任何改变；二是把民间文化中保留的传统从根本上认为是有价值的、不可质疑的”[③]，并认为从启蒙时代开始，对“民间世界”的传统的消解和重整就已经开始，所以他提倡带给民众具有启蒙作用的日常知识。这个批判涉及人们印象中的传统问题。对于具

① 叶飞：《现代性视域下的儒家德育》，北京师范大学出版社，2011，第62—63页。

② ［美］E. 希尔斯：《论传统》，傅铿、吕乐译，上海人民出版社，1991，第319页。

③ ［德］赫尔曼·鲍辛格等：《日常生活的启蒙者》，吴秀杰译，广西师范大学出版社，2014，第79—80页。

有悠久文献传统的中国成人礼来说更应该引起注意，按照社会学家希尔斯的说法，传统从来都不会轻易被切断，尤其是在有文字的社会里，传统有更多的幸存机会。古代冠笄之礼在周代就确立了具有深厚文化内涵的标准文本，成为后世礼仪传承与重建的依据，加上当代社会因为传统文化复兴以及浓厚的怀旧情绪所引发的仿古成人礼兴盛，很容易给人留下传统在历史上未曾改变且依然具有生命力的印象。但传统并非都是有用的，一些传统注定是要被抛弃的。诚如礼仪本身所具有的等级性，笄礼对女性角色的狭义设定等。因此，当代成人礼的重建在一定程度上也是儒家传统的现代性问题。

儒家文化与现代精神是融合还是对抗，长期以来一直成为学界的热门议题。马克思·韦伯、列文森等都曾对儒家的现代性转化问题断然否定，但是 20 世纪六七十年代儒家文化圈内的经济文化发展使这一研究出现翻转，狄百瑞（W. T. Bary）、杜维明、刘述先、黄俊杰等均提到儒家与现代性相融合的可能性。诚然，在当今时代，儒家礼仪不可能完全复古再现，儒家文化也不可能成为主导价值观，但是仍有必要提倡“后权力型的儒家教育”[①]，其有利于将中国优秀传统文化向下传递，有利于社会价值观的整合。近年来国家对传统文化的提倡，对礼学研究和儒学领域的支持，学校德育从规范道德向伦理道德教育模式的转换，以及社会上兴起的各种儒家教育实践等都昭示出人们接续传统的努力。我们发现，人们对成人礼的建构正在逐渐形成社会共识，对儒家礼仪的社会认知也在进一步提升，最关键的是为社会上所认同的孝、敬、礼、让、廉耻等传统价值观中的核心理念与现代德育中的感恩、博爱、体谅等观念是一致的，这构成儒家德育现代性转化的可能性。

再扩而广之，全球化时代的青年教育正在引起人们的重视，成人

---

① 借用叶飞《现代性视域下的儒家德育》中的概念，指的是摆脱了权力关系的儒家德育。参见叶飞《现代性视域下的儒家德育》，北京师范大学出版社，2011。

礼作为一种培养和教育青年的手段逐渐成为更多人的共识。但综观东西方社会，成人仪式作为一种公众的过渡礼仪晦而不显，日本、韩国、德国有国家确定的成人礼，美国有中学毕业典礼，犹太民族和一些部族有宗教性成人礼，但都没有形成全国性的青春期庆典。我国的18岁成人仪式教育活动则往往将重心放在领导出席、讲话程序或者游戏活动上，意识形态痕迹过重，作为仪式主角的青年主体地位不明显，服务于高考的功利心态突出，社会反响较低。这都影响到当前成人礼的建设和推广。当前整个社会都意识到成人礼在青年教育中的重要性，并积极通过各种努力来促进礼仪形式的多样化和核心价值的统一化。其根本目的是要解决人的发展的问题。学者朱红文提醒我们说，尽管我们目前社会涌动着现代主义、后现代主义、解构主义等各种人文思潮，但是仍然要在现代性的角度下去看待人的发展。因为我国还没有像发达国家那样经历现代性的阶段，相反正在处于向现代化急速迈进的时代，人的现代化仍然更多地受到现代化政治制度、市场经济以及公民文化发展进程的影响。[①] 也就是说，我们不能摆脱生活的特定时代来谈人的培养和发展。民俗学者鲍辛格告诉我们，当代社会民俗学的研究不能忽略技术和大众传媒的影响。成人的问题也是如此。在媒介信息和技术手段空前发达的年代，个体成人也不可能是平面化的上承下效，而是多维力量下的成人。学者张德文也指出，当代理想人格要充分吸收儒家传统优秀内核，包括天人合一的天人观、以仁德为主重视人的全面修养的理念等[②]。可以说，当代成人礼的重建在培养什么样的人问题上尚不明确，也尚未达成一致，但是可以看出各方正努力走向一种共同的试探，共同促成一种各个阶层都可以接受的价值理念，即尝试着将优秀传统文化与当代德育相衔接，把当今世界所提倡的自由、平等等现代理想与中国本土价值观念结合，把地域社会的人格培

① 参见朱红文《在现代性的视野中探求人的发展》，《学习与探索》2005年第5期。

② 张德文：《人性善化与人格提升》，新风出版社，2006，第314页。

养向国家主流价值观靠拢。

总之，传统的构建并非一朝一夕，可能需要几代人的努力。可以预见，未来的成人礼发展是以为社会所承认的价值观为导向，由多元价值观具体指导，具有多元化的参与主体，多样的举办形式，共同推进相对一致的“成人观”的养育。最后，本章也尚有一些未尽之论。首先，传统冠笄成人礼的历史变迁仍有待深入探讨。本文虽将传统冠礼在每一个历史时期的基本表现和传承特征作了总体呈现和分析，但现在的材料使用宏观的和结论式的记载比较多，细节的描述比较少，很难具体判断冠礼在历史社会中的日常生活表现以及对不同社会阶层和人群的影响。并且，对女子笄礼的关注偏少，导致对“成人礼”和“成人”两个概念和内容的把握显得不够丰满。因而今后对于男子冠礼，可以在宏观把握的基础上尝试作断代和深入分析。女子笄礼则需要再继续搜集和补充材料。其次，田野调查资料仍待补充。当代田野调查个案虽然有一定的地理覆盖，但是总体趋于一般化，对当前的成人礼俗实践的把握也偏于宏观，缺少了对更多类型、地域、层次、群体的成人礼俗的考察。或者说“点”还不够深入，“面”也有待补充，今后将在成人礼研究的基础上，继续对田野个案进行拓展和深入，真正形成点面结合的研究结构。最后，回到本文的原点，即礼与仪式的问题，礼仪与仪式不同，并非特定时空中的过渡性表现，而是囊括了很多仪式化和带有仪式感且涉及个体的生命成长和日常生活中的细微末节，礼仪的概念显然要比仪式宽泛，仅应用仪式理论是不够的，尤其是对于成人礼来说，“成人”并非一个简单的成人仪式甚至一系列的仪式所能达到的，因而要把成人礼放到人的生命链条中考虑，理论亦应有所扩展。当然，成人礼仪背后是为了促进人的成长，培养一个合格的社会人，从这个意义上讲，文章对“成人”和“做人”的理论探讨还不太够。这些缺憾将在今后的研究中进一步弥补和加强。

第三章　婚姻礼仪传统的当代重建与传承研究

婚姻是一个兼含制度、法律、道德、风俗的复杂议题，是制度、生活等诸多方面的汇合点。在社会运行和民众生活中，婚姻的意义都极为重要。婚姻既是个体生活经验的重要组成部分，也是形成家庭的基本途径，而家庭是形成社会结构的基本单位。围绕缔结婚姻展开的一系列人事活动，标志着一个人进入了建立个体家庭、发展家族组织的新阶段。就中国的情况而言，包括婚姻仪礼在内的婚姻习俗，是一种比较典型的民俗传承事项。由经典所载纳采、问名、纳吉、纳徵、请期、亲迎组成的“六礼”是中国传统婚姻仪礼的主导原则，贯穿于这一民俗事象的传承演变之中。在中国古代社会，婚姻仪礼还是国家礼制、传统礼学的重要内容。在国家层面，中国形成了一套历代相承的婚姻礼制，历代体例虽有增删，但基本原则却没有根本变易。作为礼的重要组成的婚姻礼仪又是历代学者探讨的重要议题，与此相关的记录、论述充斥于各种著述中，由此形成了对婚姻礼仪进行记录、整理、讨论的文献书写传统。围绕着婚姻礼仪，亦形成了特定的学术传统与文献传统。作为一般人生命历程所必经的仪式，婚礼也是不同人群的思想观念、知识趣味以及人生体验的汇合点。

自清末以来，“文明婚礼”兴起，有识之士倡导取法欧美，变革传统婚礼，呼应时代思潮。随着政治经济文化的变迁，尤其是婚姻观念的变化，中国人的婚礼选择渐趋多元。与20世纪初西化的“文明婚礼”风尚相映成趣，当代社会传统婚礼越来越受青睐。基于对北京、河北、福建、山西等地的田野调查，本研究尝试以历史民俗学的视角，对传统婚礼的当代实践进行探讨，在厘清传统婚礼演变与知识传递特点的基础上，呈现多重语境下传统婚礼实践的复杂面相，并探讨传统婚礼当代实践的价值内蕴及其对于当代中国社会文化的重要意义，并在此基础上思考传统婚礼重建的可能性与路径。[①]

第一节　传统婚礼的演变与知识传递

探讨传统婚礼的当代实践，需先明确何为传统婚礼。传统婚礼并非一成不变的民俗事象，也不仅仅是一种人生过渡礼仪。[②]在中国古代社会，礼仪是制度、法律、思想以及社会不同人群生活的交汇点。传统婚礼则是中国传统社会礼仪制度、儒家思想和民俗生活互动的产物。礼制深入生活，时俗又融入礼制，礼俗互动铸就传统婚礼亦礼亦俗的文化内涵、既庄重又喜庆热闹的风格；既传达着儒家的人伦观念，又承载着民众趋吉祈福的心愿，体现着人生过渡的仪式内涵。因此，需将传统婚礼置于礼制史、礼学思想史以及民俗史之中综合考察，梳理其演变及特点，并以此作为探讨传统婚礼当代实践的基础。

一、《仪礼·士昏礼》：婚礼的经典范本

传统婚礼是中华礼乐文明一部分，在传统礼仪系统之中乃众礼之本，也是人伦之本，是家庭生活和政治生活的根本。《礼记·昏义》：“夫

---

① 本节所探讨的传统婚礼特指汉族传统婚礼。

② 在过渡仪礼的理论框架之下探讨仪式内涵、结构特点、深层意义等，是研究传统婚礼最为常见的视角，然而此种视角忽视了传统婚礼的礼制、礼学、思想史等方面的属性。

礼，始于冠，本于昏，重于丧、祭，尊于朝、聘，和于射、乡，此礼之大体也。”《礼记·郊特牲》又云：“夫昏礼，万世之始也。”《礼记·内则》则云：“礼始于谨夫妇。”无论是在礼经、礼典，还是宋代以来下于庶人的家礼之中，婚礼都是礼仪制定者所殷殷致意的。传统婚礼有着超出个人生命成长，关乎家族、社会、天下秩序的重要意义。

《仪礼·士昏礼》与《礼记·昏义》共同构成了具有儒家思想意味的婚礼，奠定了后世婚礼的基本构架，是后世婚礼书写的典范。前者是现存最早、最完整的婚礼文本，后者则是对前者的解说：以儒家学说对其进行阐释，解其所未明，补其所未备。二者的成书年代都不晚于战国时期。

（一）《仪礼·士昏礼》的仪节

根据《礼记·昏义》的概括，《仪礼·士昏礼》所记仪节有“六礼”，即纳采、问名、纳吉、纳徵、请期和亲迎等六项。《礼记·昏义》言“是以昏礼纳采、问名、纳吉、纳徵、请期……父亲醮子而命之迎”。六礼的具体内容，郑玄释为：纳采，“纳其采择之礼”；问名，“将归卜其吉凶”——贾公彦疏“问女之姓氏”；纳吉，“归卜于庙，得吉兆，复使使者往告，昏姻之事于是定”；纳徵，“使使者纳币以成昏礼”；请期，“夫家必先卜之，得吉日，乃使使者往，辞即告之”；亲迎，“大夫以上亲迎”，至“妇家大门之外”。[①] 但《仪礼·士昏礼》所载婚礼仪节远不止于此。清代胡培翚《仪礼正义》将《仪礼·士昏礼》分为前后相贯十六个节次，依其次序分别为纳采、问名、醴使者、纳吉、纳徵、请期、将亲迎豫陈馔、亲迎、妇至成礼、妇见舅姑、赞者醴妇、妇馈舅姑、舅姑飨妇、飨送者、舅姑没妇庙见及飨妇飨送者、不亲迎者见

① 李学勤主编，《十三经注疏》整理委员会整理：《仪礼注疏》，北京大学出版社，1999，第60—75页。

妇父母。[①]后两节为变礼，前面十四个仪节则是婚礼基本不变的主干内容。根据张光裕的研究，《仪礼 · 士昏礼》所载婚礼的整个过程约略可分成求婚、订婚、完婚等三阶段。[②]具体如下：

求婚阶段包含纳采、问名、醴使者、纳吉等四节。婚礼之初，男女双方家庭先由媒氏互通婚媾意愿，即《士昏礼》所谓“下达”。郑注补记曰："达，通也。将欲与彼合昏姻，必先使媒氏下通其言。女氏许之，乃后使人纳其采择之礼。"[③]女方同意之后，男方遣使者往返两家，行纳采之礼。使者执雁至女家，正式提出求亲；女方允诺后，男方使者随即又执雁入女家问女子名姓，此即问名。其后，女方为表答谢，设酒席以招待男方使者。使者返回后，男方进行占卜。卜得吉兆之后，男方则又遣使者执礼雁至女家通报，即纳吉。

订婚阶段包含纳徵、请期二节。纳徵，即男家向女家致送聘礼，以表示婚姻的约定。郑注："徵，成也。使使者纳币以成昏礼。"[④]礼品包括玄纁束帛与俪皮。前者为五匹黑色和浅绛色的绸缎，后者为两张鹿皮。纳徵标志着双方婚姻关系的正式确定。也就是说，女方收下聘礼后，一般不可随意更改婚事。下定聘礼之后，男家占卜以选定成婚吉日，并派使者执雁至女家“请期”。请期之后男女双方便开始筹备嫁娶之礼。女子于成婚之前还要举行笄礼，并接受婚前教育。

完婚阶段包括豫陈馔、亲迎、妇至成礼、妇见舅姑、赞者醴妇、妇馈舅姑、舅姑飨妇、飨送者等八节。成婚当天的昏时，男家预备酒食，双方家长各自训勉男女新人。随后新婿前往女家亲迎。待新妇抵达男家，新婿新妇同牢而食、合卺而酳，二人结为夫妻。成婚之后，翌日

---

① 〔清〕胡培翚：《仪礼正义》，收入阮元编、王进祥重编《重编本皇清经解续编》，第10册，汉京文化事业有限公司，1980，第7260—7284页。

② 张光裕：《仪礼士昏礼士相见之礼仪节研究》，台湾中华书局，1971。

③ 〔汉〕郑玄注，〔唐〕贾公彦疏：《仪礼注疏》上，王辉整理，上海古籍出版社，2008，第87页。

④ 〔汉〕郑玄注，〔唐〕贾公彦疏：《仪礼注疏》上，王辉整理，上海古籍出版社，2008，第97页。

天明，新妇行拜见舅姑之礼。礼毕，辅佐主人行礼的赞者则代舅姑赠给新妇礼品。接受“醴妇”之礼后，新妇以准备好的特豚等食物，向舅姑行盥馈之礼。舅姑则另以一献之礼飨新妇。至此，新妇正式成为这个家庭的成员，成为主妇。其后，舅姑招待并酬赠送嫁而来的女家亲眷，令其回女家复命。婚礼至此即告完毕（表 3-1）。

表 3-1　《仪礼 · 士昏礼》婚礼仪节

求婚	纳采
	问名
	醴使者
	纳吉
订婚	纳徵
	请期
完婚	豫陈馔
	亲迎
	妇至成礼
	妇见舅姑
	赞者醴妇
	妇馈舅姑
	舅姑飨妇
	飨送者

（二）《仪礼 · 士昏礼》的意义

《仪礼 · 士昏礼》的仪节连贯紧凑，细节丰富。陈顾远认为，“古视婚姻意义深远，礼仪遂以庄重为尚”[①]。《礼记 · 昏义》云：

敬慎重正，而后亲之，礼之大体，而所以成男女之别，

① 陈顾远：《中国婚姻史》，岳麓书社，1998，第 99 页。

而立夫妇之义也。男女有别，而后夫妇有义；夫妇有义，而后父子有亲；父子有亲，而后君臣有正。故曰：昏礼者，礼之本也。[①]

《仪礼·士昏礼》的各项仪节，在“敬慎重正”“亲之”“妇顺”的深刻内涵中展开。作为礼之一种的婚礼，贯穿着礼的基本精神，即以身体时时刻刻的参与来呈现礼的意涵，在进退揖让、服食器用的从容节制之间，敬而行之。同时，《仪礼·士昏礼》所载仪节充分体现了古代婚姻的意义。《礼记·昏义》云：

昏礼者，将合二姓之好，上以事宗庙，而下以继后世也，故君子重之。[②]

传统婚礼是以家族结合为导向的。儒家的夫妇伦理最终是服务于宗族和宗法政治的，即合好二姓，传衍子孙，而不是纯粹的夫妇关系行为规范和准则[③]。婚礼结合了社会中不同的家庭，有着承先启后的意义，连接着祖先与现在以及未来，承担着延续家族的重要使命，是家族持续发展的动力基础。这种婚姻观念处处体现于婚礼的仪节上。家庙是婚礼进行的最为重要的场所。成婚以前的诸项仪节，都在家庙中进行，“纳采、问名、纳吉、纳徵、请期，皆主人筵几于庙，而拜迎于门外，入，揖让而升，听命于庙”[④]。男家在进行婚礼的每一项仪式之前，都要谒告祖庙，以示行此礼乃受祖先之命。女家亦如之。成婚当天的亲迎，依旧在家庙中进行，新婿执雁入而奠，亲自接受新妇父母的托付。

---

① 〔汉〕郑玄注，〔唐〕孔颖达正义：《礼记正义》，吕友仁整理，上海古籍出版社，2008，第2276—2277页。

② 〔汉〕郑玄注，〔唐〕孔颖达正义：《礼记正义》，吕友仁整理，上海古籍出版社，2008，第2274页。

③ 李安宅：《〈仪礼〉与〈礼记〉之社会学的研究》，上海人民出版社，2005，第42页。

④ 〔汉〕郑玄注，〔唐〕孔颖达正义：《礼记正义》，吕友仁整理，上海古籍出版社，2008，第2274页。

其次，《仪礼·士昏礼》所述婚礼强调对男女在家庭中的角色和身份的塑造，通过婚礼的协调整合，男女双方在角色的认知以及责任的担负上有所明确，既能认知共同的责任，也能明了男女角色的特质，区分彼此的职责，由此建立家庭伦理秩序。如，强调男主女从，《礼记·郊特牲》解释亲迎时称“出乎大门而先，男帅女，女从男，夫妇之义由此始也。妇人，从人者也：幼从父兄，嫁从夫，夫死从子”[①]。且《仪礼·士昏礼》所载“六礼”之婚礼，皆发议自男家，男家居于主动地位。

《仪礼·士昏礼》尤其凸显对新妇的角色的塑造，强调其成妻、成妇的角色转换，其深重意涵体现于妇至成礼、妇见舅姑这两项礼仪之中。妇至成礼指的是新人行共牢合卺之礼，寓指新郎新娘正式结为夫妻，女子成为男子的妻子，也称为“夫妇”。妇见舅姑指的是新娘次日以新妇的身份拜见公婆，寓指男方正式接纳其为家庭成员，成为夫家之媳妇，也称为“子妇”。成妻和成妇的转变对一个女子来说是一生关键性转变。

《礼记·昏义》曰：“妇至，婿揖妇以入，共牢而食，合卺而酳，所以合体、同尊卑，以亲之也。”[②]牢，指宴饮的牲俎，夫妇同食其一。酳，以酒漱口，古人食毕洁口之用，并可借以安食，夫妇用同一瓠之半对饮。夫妇对坐，主食黍、稷以及调味品醢、菹、酱、湆各一份，摆放位置对应，而豚、鱼、腊俎则仅置一份，摆在中间，供夫妻共食，旨在象征男女双方正式结为夫妻（图3-1）[③]。对席、共牢的过程中男女双方尊卑同等，无所轩轾，层层渐进地营造“亲之”的氛围。孔颖达正义

① 〔汉〕郑玄注，〔唐〕孔颖达正义：《礼记正义》，吕友仁整理，上海古籍出版社，2008，第1092页。

② 〔汉〕郑玄注，〔唐〕孔颖达正义：《礼记正义》，吕友仁整理，上海古籍出版社，2008，第2274页。

③ 参见吕友仁《说“共牢而食”》，收入中华书局编辑部编《学林漫录：第14集》，中华书局，1999，第271—276页。

曰:“欲使婿之亲妇,妇亦亲婿,所以体同为一,不使尊卑有殊也。”[①]“体同为一”，即彼此亲爱，夫妻合体。三饭告饱之后的合卺之仪，其具体仪节是将瓠(即葫芦)剖成两半,夫妻各执一半对饮。清代胡培翚曰:“礼成乃用卺，重之，不轻用也。”可见这一仪节在婚礼之中具有极其重要的意义,象征着夫妻双方的结合,也便意味着一种新的关系的建立。

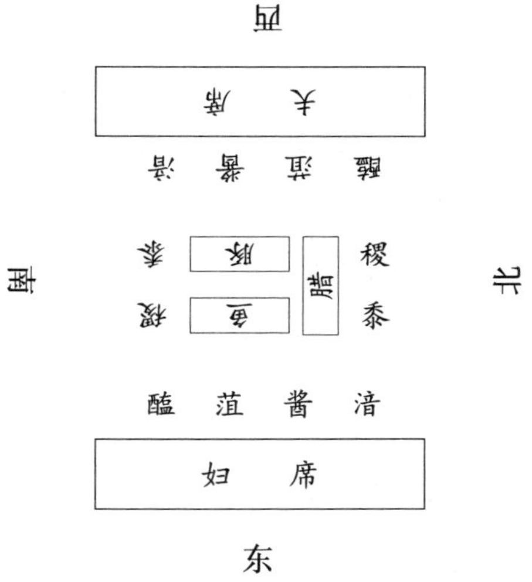

图 3-1 《仪礼·士昏礼》对席图

成婚之后,行成妇之礼,明妇顺之义。新妇拜见舅姑,行盥馈之礼，备办食物孝敬舅姑；舅姑则准备了一献之礼来款待新妇，表示对新妇的重视；最后舅姑由西阶下堂，新妇由东阶而下，象征着世代交替的重大意义。妇与所有家人相亲的关键，在于“妇顺”。由此，因婚礼而结成的夫妇、因婚礼而生成的亲子、因婚礼而组成的家庭成员，彼此之间，自然是夫妇有义、父子有亲、长幼有序；由有义、有亲、有序的人形成一个团体。

① 〔汉〕郑玄注,〔唐〕孔颖达正义:《礼记正义》,吕友仁整理,上海古籍出版社,第 2276 页。

总而言之，《仪礼 · 士昏礼》作为经典文本，其所述婚礼充分呈现了儒家理想婚礼的意涵，体现了“敬慎重正”的精神，强调夫妇角色的塑造和家庭秩序的建立。《仪礼 · 士昏礼》所呈现的是一个浸透着儒家伦理的礼仪空间。《仪礼 · 士昏礼》作为经典，是儒家在周代古礼的基础上所构建的体现儒家思想和秩序伦理的礼仪空间，重在儒家婚礼意义的呈现。随着礼制被重新确立为国家制度的原则，《仪礼 · 士昏礼》在后世的礼典制作、文人礼书撰作中，都具有典范的作用，提供了最为基本的礼仪结构和框架以及思想基础，成为儒家士人探讨婚礼、变革婚礼的起点和参照。尤其是《礼记 · 昏义》所概括的“纳采、问名、纳吉、纳徵、请期……父亲醮子而命之迎”的“六礼”，成为后世对传统婚礼的基本概括。随着婚礼文书如庚帖、礼帖等成为不可或缺的内容，“三书六礼”成为对传统婚礼的最精当的概括，流传至今。

二、古代的婚礼书写与婚礼演变

过于繁复的《仪礼 · 士昏礼》，难以行用于日常生活，历代文人都致力于将古礼与日用融合，以使礼仪行用于世。这些士人所参与的文本书写活动，使得礼与俗之间分野变小，界限变得模糊。书写文本与生活的互动，也成为传统婚礼实践的重要特点。尤其是宋代以来，随着皇权与士人阶层积极向下推行礼仪，礼仪与民俗有着更深的融合，儒家礼仪也更为深刻地影响着基层社会。

（一）中古“吉凶书仪”：婚礼的日用范本

制礼作乐的合法性必出于王政王权。然而自汉代起，一直未形成行之有效的国家礼典。关于婚仪的订定，在政府，则有汉平帝元始三年“诏光禄大夫刘歆等杂定婚礼。四辅、公卿、大夫、博士、郎、吏家属皆以礼娶，亲迎立轺并马”；光武帝时，张纯对于婚礼多所正定。在地方，则有韩延寿治颍川时，与地方长老议定婚娶仪品，略依古礼，不得过法;栾巴、卫飒、许荆任桂阳太守时，曾为当地设定婚姻之礼；李忠任丹阳太守时，强化当地嫁娶礼仪；又有锡光、任延在交趾、九真等地,“初设媒聘”,使“知姻娶”,而任延对于“贫无礼聘”的民众，更“令长吏以下各省俸禄以赈助之”。[①]

相对于国家法典礼制的阙略，六朝时期，礼仪的实践却在世家大族的日常生活中得到充分体现，并出现了“家礼”“家法”“书仪”等成文礼仪范本。魏晋南北朝时期,礼学的传习未有间歇[②]。六朝门第以礼学作为家学核心,并在行为上坚守礼教[③],在日常生活中对其进行实践，以凸显士族重礼优雅的态度和世家大族的门风教养[④],“士族各家制定家礼（家仪）且行之成文者极多”。不同于一般惯见的章句注解、经典诠释,这些“家礼”“家法”是基于对礼仪的重视及生活行事的需求,旨在“见用当时”，对家族成员具有约束力，在内容和形式上与经典所述有诸多不同。《隋书 · 经籍志》“史部 · 仪注类”录有两部六朝家礼。其一为徐爰《家仪》一卷。徐爰为南朝刘宋时人，乃曹魏仆射徐宣之后，其家族可能是随晋室南渡之士族。《太平御览》尚可见到徐爰《家仪》残文，其内容包括吉礼与嘉礼之部分。其二为李穆叔《赵李家仪》十卷。李穆叔为北齐时人，名公绪，字穆叔，出身赵郡李氏东祖房，是北朝士族。另《新唐书 · 艺文志二》录有崔皓所撰之《婚

① 参见〔唐〕杜佑《通典》卷五十八《礼十八》，王文锦等点校，中华书局，1988。

② 唐长孺先生指出,自两汉至六朝,传统经学一直在江南士族家族中保存、延续并发展下来,尤以礼学的发展和创新最为重要，儒玄双修（或曰玄礼双修）成为新的学术风尚。唐长孺:《读〈抱朴子〉推论南北学风的异同》，收入唐长孺《魏晋南北朝史论丛》，商务印书馆，2010，第345—376页。

③ 钱穆:《略论魏晋南北朝学术文化与当时门第之关系》，收入钱穆《中国学术思想史论丛（三）》，东大图书有限公司，1981，第138—141页。

④ 参见［日］谷川道雄《六朝士族与家礼——以日常礼仪为中心》，收入高明士编《东亚传统家礼、教育与国法（一）: 家族、家礼与教育》，李济沧译，华东师范大学出版社，2008，第3—16页。

仪祭仪》二卷，亦属于“家礼”类之成文礼书。

六朝家礼中，冠婚丧祭之仪最为重要。然而于史志中所见六朝“家礼”“家法”，并不是一般庶民日常生活婚丧喜庆之典礼仪文，而是儒学士族借以互竞门风、维持身份与任官优势之礼仪规范。这些属于儒学门第保持自身教养之“家礼”或“家法”，其所制约之范围仅限士人家族。进入唐代，特别是安史之乱后，士族门第所扮演之社会中坚角色虽然逐渐退却，但是家礼的影响仍在。

“吉凶书仪”的出现，则表明仅限于士人家族的礼仪文本扩大了其行用的范围。“书仪”原来是指书信范本，以供人学习模仿。[①] 汉魏之前，并未见到书仪类著作的流传。目前可见最早的书仪类著作，是西晋人索靖所撰之《月仪》，其内容以月为序，利用节气之寒暄问候，表达朋友间之情怀。至南北朝时，以“书仪”为名之书信范本大量出现，不但内容范畴扩大到吉凶礼仪时之往来文字，而且作者多为南朝的世家大族。[②] 这种文本书写传统一直延续到隋唐五代时期。

敦煌文书中残存大量唐代的书仪。依其内容主要分成三大类型：第一种类型称为“朋友书仪”，前半部是依年月节气之问候用语，后半部则是按月编排往复各一之书札，专叙朋友思念之情；第二种类型是“吉凶书仪”，此类属综合性书仪，内容除了书信范例外，还包括日常所遇吉凶礼仪时所用之书疏庆吊文字、吉凶礼仪之仪注、丧服制度、交往应酬之言辞等，可说包罗万象，是书仪中样态最丰富的一种；第三类则是“表状笺启书仪”，是专门属于公私往来应酬文字之模

---

① 周一良：《书仪源流考》，收入周一良《魏晋南北朝史论集续编》，北京大学出版社，1991，第261页。

② 周一良：《书仪源流考》，收入周一良《魏晋南北朝史论集续编》，北京大学出版社，1991，第261—262页。

板[①]。相对于“礼经”与“礼典”,“吉凶书仪”的撰作目的则在求取方便实用。与属门第家内行用之仪文的“家礼”相较，“吉凶书仪”内所刊载之礼仪，则通行于社会。

相较于南北朝，敦煌出土的“吉凶书仪”，在礼仪上已有简约化与庶民化的改变，例如由出身京兆杜氏，生活在开元、天宝年间的杜友晋所撰《吉凶书仪》(P.3442)，在书仪部分较强调与平辈相交往之“四海书仪”[②]。又如在《唐前期书仪》(S.1725)中,记录了许多《开元礼》所未载之婚礼仪节，这部分可能是民俗所流行之婚仪[③]。唐代中后期之“吉凶书仪”，则以郑余庆《大唐新定吉凶书仪》(S.6537v)为代表。《大唐新定吉凶书仪》约在唐宪宗元和七年（812）完成[④],是目前“吉凶书仪”写本中唯一存有目录者。从目录看来,《新定吉凶书仪》的内容包括百姓生活、朝廷仪制与官僚交际礼仪三大部分，显示“吉凶书仪”的内容已经大幅跨越士族的藩篱，展现出通俗性的面向，在叙述仪文时夹杂百姓的生活礼俗，并且把官宦与僚属之交往内容均载录其中；甚至还记载了朝廷之礼仪令式，以备撰写公文书时参照。可见《新定吉凶书仪》的内容比盛唐时期吉凶书仪更为丰富，但在形式

① 参见周一良《敦煌写本书仪考（之二）》，收入周一良、赵和平《唐五代书仪研究》，中国社会科学出版社，1995，第71—87页。赵和平:《敦煌写本书仪略论》，收入周一良、赵和平《唐五代书仪研究》，中国社会科学出版社，1995，第1—7页。赵和平:《敦煌表状笺启书仪略论》，收入周一良、赵和平《唐五代书仪研究》，中国社会科学出版社，1995，第38—39页。

② 姜伯勤:《唐礼与敦煌发现的书仪——〈大唐开元礼〉与开元时期的书仪》,收入姜伯勤《敦煌艺术宗教与礼乐文明:敦煌心史散论》，中国社会科学出版社，1996，第427—430页。

③ 参见周一良《敦煌写本书仪中所见的唐代婚丧礼俗》，收入周一良、赵和平《唐五代书仪研究》，中国社会科学出版社，1995，第285—290页。

④ 赵和平:《敦煌写本郑余庆〈大唐新定吉凶书仪〉残卷研究》，收入周一良、赵和平《唐五代书仪研究》，中国社会科学出版社，1995，第147—152页。

上却更加浅显而大众化[①]。在此之后的吉凶书仪，如张敖所撰集的《新集吉凶书仪》（P.2646）、《新集诸家九族尊卑书仪》（P.3502v）与《新集书仪》（P.3691）等，礼仪的内容多以郑氏书仪为底本而进行删定，而且所载礼制较郑氏书仪简约，民俗的成分显著增加；在书仪的部分，吊答书札中口语的比例也逐渐增高[②]。虽然《大唐开元礼》为一代之制，集汉唐礼典之大成，但其主要针对皇室和各品官僚而设，并不适用于士庶之家。相形之下，吉凶书仪偏重礼仪节文之细节，以士庶人家日用常行冠、婚、丧、祭诸礼为主要关目，参酌时宜、便于俗众、易于遵行，在民间生活中起到了礼仪规范的作用，广为流传。[③]

"吉凶书仪"最为重要的内容之一就是有关吉凶仪式的记载，其功能是让使用者比照行事。所谓吉凶礼仪，主要是婚礼和丧礼两类。下面以敦煌出土的张敖《新集吉凶书仪》为例，以呈现书仪文献中的婚礼书写。

《新集吉凶书仪》，约成于唐宣宗大中年间，为"河西节度使掌书记儒林郎试太常寺协律郎张敖"所撰集，是归义军时期的书仪范本。张敖《新集吉凶书仪》分为吉仪、凶仪上下两卷，而婚礼仪节见于

---

① 周一良：《敦煌写本书仪考（之二）》，第77—82页；前引吴丽娱《唐礼摭遗——中古书仪研究》，第60—62、227—236页。根据学者的整理研究，郑余庆《大唐新定吉凶书仪》残卷所存三十篇篇目如下：年叙凡例第一，节候赏物第二，公移平阙［式］第三，祠部新式第四，诸色笺表第五，寮属起居第六，典吏（史）起居启第七，吉凶凡例第八，四海吉书第九，内族吉书第十，外族吉书第十一，妇人吉书第十二，僧道吉书第十三，婚礼仪注第十四，凶礼仪注第十五，门风礼教第十六，起复为外官第十七，四海吊答书第十八，内族吉（告？）丧书第十九，僧道凶书第二十，国哀奉慰第廿一，官遭忧遣使赴阙第廿二，敕使吊慰仪第廿三，口吊仪礼第廿四，诸色祭文第廿五，丧服制度第廿六，凶仪凡例第廿七，五服制度第廿八，妇人出嫁为本家父母服式图第廿九，公卿士庶内外族殇服式图第卅。参见赵和平《敦煌写本郑余庆〈大唐新定吉凶书仪〉残卷研究》，收入周一良、赵和平《唐五代书仪研究》，中国社会科学出版社，1995，第154页。

② 赵和平：《晚唐五代时的三种吉凶书仪写卷研究》，原载《文献》1993年第1期，收入周一良、赵和平《唐五代书仪研究》，中国社会科学出版社，1995，第200—221页。

③ 周一良、赵和平：《唐五代书仪研究》，中国社会科学出版社，1995，第285—301页。

吉仪上卷之中。《新集吉凶书仪 · 吉仪卷上》见于敦煌写卷的，计有P.2646、P.2556、P.3246、P.3249、P.4019、P.3284、S.2200、S.4761、S.10735等，其中记录婚礼仪节的，只有P.2646、P.3284两笔，就完整性而言，P.2646首尾俱全，P.3284首尾虽残，但婚仪部分完整。[①]张敖的撰作目的在于“以传时世”，“采其的要”，“使童蒙易晓”，为人们日常生活中的礼仪活动提供指南。[②]张敖《新集吉凶书仪》所载婚礼仪节如表3-2所示。

表3-2　《新集吉凶书仪》婚礼仪节

<table>
<tr><td rowspan="3">通婚</td><td colspan="2">男家致通婚书</td></tr>
<tr><td colspan="2">女家受婚书仪式</td></tr>
<tr><td colspan="2">女家答婚书</td></tr>
<tr><td rowspan="9">成婚</td><td colspan="2">成礼夜，儿家女家各祭祖先之灵</td></tr>
<tr><td colspan="2">儿郎祭先灵之后，辞父母，随傧相出，向女家戏舞</td></tr>
<tr><td colspan="2">女家铺设礼帐仪式</td></tr>
<tr><td rowspan="6">成婚之礼</td><td>行礼</td></tr>
<tr><td>奠雁</td></tr>
<tr><td>父母诫女</td></tr>
<tr><td>同牢合卺</td></tr>
<tr><td>去扇</td></tr>
<tr><td>成礼</td></tr>
</table>

在这套婚礼仪式中，约有通婚与成婚两大部分。先由男家致送通婚书，女家接受通婚书后，予以答复。成婚当夜，男家女家各自祭祖，女家铺设礼帐，新郎前往女家，奠雁、同牢合卺、去扇、成礼。至于细节，先是男方用好纸、写楷体，敬谨修书，表达联姻意愿，并将通婚书放置于特别设计制作的木函之中，选派有才有貌又有官的儿郎两

① 本文所使用《新集吉凶书仪》文本释文，参见赵和平《敦煌写本书仪研究》，新文丰出版公司，1993，第542—545页。

② 赵和平：《敦煌写本书仪研究》，新文丰出版公司，1993，第542页。

人担任使者，携带精心备妥的礼物，一并送至女家，前后顺序是：第一押函、次函举、次五彩、次束帛、次钱举、次猪羊、次酒面、次野味、次果子、次酥油盐、次酱醋、次椒姜葱蒜，不得错乱。女方事先在堂前准备床案等物，迎接使者，受函开函、收下礼物之后，设酒饭款待使者，并致赠礼物送使者离去，同时作答婚书，辞情款款，同意婚配。成礼之夜，新郎祭拜先灵之后，辞别父母，随傧相出，向女家戏舞，如夜深，即作催妆诗。女家也举行祭典，并在宅上西南角吉地安置礼帐，由新郎以果子金钱撒帐，祝祷百年好合。撒帐后，新娘在堂中以扇及行障遮蔽，与新郎行礼，继而新郎升堂奠雁。奠雁结束，新娘仍在遮蔽下出堂，接受父母训勉。接着，新郎新娘在礼帐中分坐左右，同牢而食、合卺而酳。饮毕，张罗就绪，新郎东坐，新娘西坐，傧相在礼帐前咏除花去扇诗三五首，待新娘移去遮面花扇，新郎以笏约新娘花钗，即撤去烛火，完成大礼。此外，嫁女之家不熄烛，娶妇之家不动乐，并贺慰男女两家父母。

与《仪礼 · 士昏礼》相较，《新集吉凶书仪》对于新婿迎娶新妇回男家，以及成婚以后妇见舅姑等部分，并未着墨；而通婚部分，则几乎糅合了《仪礼·士昏礼》在成婚以前的下达、纳采、问名、纳吉、纳徵、请期诸项，并予以简化，不加细分，仅以婚书的致送、接受、答复统摄全程。而通婚书与答婚书，则是《仪礼 · 士昏礼》不曾提到的。成婚之夜，男女两家各自祭祖、新婿向女家戏舞、催妆、女家铺设礼帐、新婿撒帐、新妇以扇与行障遮蔽，以及咏诗去扇相见、贺慰两家父母等，则是《新集吉凶书仪》特具，而《仪礼 · 士昏礼》所没有的。此外，《新集吉凶书仪》中提到“如无雁，结彩代之亦得”。

在各项细节方面，成婚时间不在白天，“三献讫”“夫妻各饭三口”等以三为礼，“堂前北面”“宅上西南角”等方位概念，男家使者与女家主人的宾主对应关系，女家主人款待馈赠男家使者，成婚礼中新婿奠雁，女家父母告诫女儿勤勉从事，新婿新妇同牢合卺等，《新集吉凶书仪》一如《仪礼·士昏礼》。同时，整个婚礼程序虽然不是那么烦琐复杂，但就婚礼本身而言，即便简略不同，撰作者所强调的婚礼的价值仍在于结合两姓之好，承先启后，从而建立正常有序的人伦关系。婚礼仪式，在通婚部分，虽并未细分纳采、问名、纳吉、纳徵、请期各项，而是以婚书的致送、接受、答复总括之，也没有所谓的六礼，仪节虽然相异，但是约略包含了纳采、纳徵等主要项目，而且过程与态度都是极其敬谨慎重的，六礼礼文及礼物谒文的封装如此，通婚书的书写、装函、致送，以及答婚书的表白，也是如此。

在张敖《新集吉凶书仪》中，除了上述关于婚礼程式仪节的内容之外，还杂有通婚书、嫁娶祭文等，旨在为此类文书的书写提供范本。在所见其他敦煌吉凶书仪中，有关婚礼的文献，也呈现出远较《仪礼·士昏礼》更为丰富的样态，包括与婚礼相关的各种文书，如通婚书、贺婚书、嫁娶祭文等，还包括在婚礼仪式进程中演唱的下女夫词、祝愿新婿文、障车词等，以及婚礼仪节文献。[①]这三部分的内容共同构成了吉凶书仪中婚礼文献。[②]

简而言之，以《新集吉凶书仪》为代表的吉凶书仪，作为一种日用文本，其撰作目的在于为士民的日常生活提供吉凶礼仪指南。其中的婚礼书写，以《仪礼·士昏礼》为基本骨节，但在仪节方面大大简化，并融入了大量的俗礼，同时还包括了其他各种丰富的文字书写形式和内容，呈现出更为生动丰富的生活面貌，与《仪礼·士昏礼》相较，呈现出不同的旨趣，所形成的是另一种书写传统。

① 参见赵守俨《唐代婚姻礼俗考略》，原载《文史》第三辑，收入《赵守俨文存》，中华书局，1998，第13—31页。周一良：《敦煌写本书仪中所见的唐代婚丧礼俗》，收入周一良、赵和平《唐五代书仪研究》，中国社会科学出版社，1995，第285—290页。吴丽娱：《唐礼摭遗——中古书仪研究》，商务印书馆，2002，第355—366页。谭蝉雪：《敦煌婚姻文化》，甘肃人民出版社，1993。

② 关于这些文献种类，后文在探讨日用类书中的婚礼知识辑录时还将详细涉及，此不赘述。

（二）宋明以来家礼著述的婚礼书写

行用于士族家内之家礼或士大夫之间的书仪，融入了更多的俗的因素，较礼经而言也更为简单，且逐渐扩大行用的范围，但其规范的对象仍以士大夫为主。宋代延续了这一文献传统。作为日用礼仪范本，唐代以来的书仪文本在北宋前期仍然有着较深的影响。欧阳修在《新五代史·刘岳传》末说："岳等皆当时儒者，卒无所发明，但因其书增损而已。然其后世士庶吉凶，皆取岳书以为法，而十又转失其三四也……"[①] 刘岳所修书仪，以唐代郑余庆《大唐新定吉凶书仪》为本，据后唐明宗口敕，可能删去其中"起复为外官第十七"及"婚礼仪注第十四"中的冥婚仪部分，并在北宋前期公卿士庶之间通用。[②]

然而，由于宋代社会所发生的诸多变化，家礼、书仪的撰作发生了性质的转变。在秩序重建的诉求之下，宋代士人积极投入到以冠婚丧祭之礼为内容的家礼撰作之中。在宋代士人所建构的家礼中，更为广泛的阶层被纳入了礼仪实践之中，家作为礼仪实践的空间也具有了更为独特的意义。司马光《书仪》和朱熹《家礼》是这一时期此类著述的代表。元明时期，以朱熹为代表的理学思想逐渐获得肯定和推崇，朱熹《家礼》被列入礼典之中，成为国家礼制的一部分；同时，朱熹《家礼》被颁行于天下，具有了独尊的地位。在这样的背景之下，元明时期，士人们遵循朱熹《家礼》所创设的体例，秉持重建秩序的礼俗思想，不乏对朱熹《家礼》的踵武之作，形成了独特的家礼学著述类型。

家礼著述的内容是对家庭礼仪实践的规范，包括日常居家礼仪和冠、婚、丧、祭等切于日用者。其中对于婚礼的规范，是宋明婚礼文献的重要组成部分。本节所要探讨的是宋明时期家礼著述中的婚礼书写，即呈现这一有着特定思想源流和文献传统的著述如何探讨、制定

---

① 〔宋〕欧阳修：《新五代史》，中华书局，1974，第633页。

② 参见赵和平《敦煌写本郑余庆〈大唐新定吉凶书仪〉残卷研究》，收入周一良、赵和平《唐五代书仪研究》，中国社会科学出版社，1995，第146—177页。

婚礼。需要明确的是，婚礼的制定书写，在家礼著述中并非自成一体，而是笼罩在家礼编撰的整体思想之下，是作为家礼之一部分而存在的。

宋代前期，在力求挽回传统礼俗颓势，坚持儒家传统礼俗的私撰礼书中，以司马光《书仪》最为具体、全面。此书完稿于元丰四年（1081）冬季或稍晚时期，是司马光晚年之作。其内容可分为两大部分，包括表奏公文私书家书式部分，以及冠、婚、丧、祭诸仪，前者仅占一卷，后者为主要内容。一方面，司马光《书仪》继承了中古以来的书仪书写传统，唐代郑余庆《大唐新定吉凶书仪》、五代刘岳《书仪》是其直接来源；另一方面则显现出不同的特点，以完备的冠婚丧祭之礼作为主体。据载，司马光“晚节尤好礼，为冠婚丧祭法，适古今之宜”[①]。他自认为“性愚鲁，自幼诵诸经，读注疏，以求圣人之道，直取其合人情物理，目前可用者而从之”[②]。这也成为司马光编纂《书仪》的特点。除了遵循《仪礼》及《大唐开元礼》，《书仪》多从今俗，“直取其合人情物理，目前可用者而从之”。面对今俗的不遵古礼古制，司马光在编撰《书仪》时，指出其弊病，但认为“今以世俗之弊，不可猝变，故且徇俗”[③]。因而，在《书仪》中，司马光以《仪礼》中的士礼为本，但对其进行了简省，也因应对现实生活，在许多地方“从俗”“从众”“从简”“从简易”等。司马氏《书仪》虽然在许多地方结合社会实际情况对古代的士礼作了一些变通，但仍保留大量繁杂的古礼，因而并未能对大多数庶民产生影响，仍仅限于在有一定文化能力的士大夫阶层流传。[④]

北宋政和年间，《政和五礼新仪》颁行。这是北宋政府颁行天下、

---

① 〔宋〕苏轼：《苏轼文集》，孔凡礼点校，中华书局，1986，第491页。

② 〔宋〕司马光：《司马温公集编年笺注（五）》，李之亮笺注，巴蜀书社，2008，第76页。

③ 如其编定婚仪，亲迎条正文：“前期一日，女氏使人张陈其婿之室。”其注文写道：俗谓之铺房，古虽无之，然今世俗所用，不可废也。同一条还有“今世俗有结发之仪，此尤可笑”“今俗婚礼用乐，殊为非礼”等字样。

④ 参见杨志刚《〈司马氏书仪〉和〈朱子家礼〉研究》，《浙江学刊》1993年第1期。

各州县均须具备常行、具有礼仪教化和规范力量的第二部国家礼典。《政和五礼新仪》订有“庶人昏仪”“庶人子冠仪”“庶人丧仪”等专门针对庶人的礼文。为使民间依新颁之礼典来行礼，宋朝官方增设礼直官，“许士庶就问新仪”，并诏命开封府尹对《五礼新仪》进行分类简编，以便刊行天下，不遵行者均以论罪处分。[①]然而此法在执行之时却遭挫败，使民间生活受到影响。

直到南宋朱子《家礼》的出现，礼仪才真正在写作动机与内容上，扩及一般的庶民。朱熹一生热衷于礼仪的向下推行。他曾撰《民臣礼议》，慨叹“礼不难行于上，而欲其行于下者难也”，认为“州县之间，士大夫、庶民之家，礼之不可已而欲行之”，因而提议“取自州县官民所应用者，参以近制，别加纂录，……镂版模印而颁行之州县，……而民庶所用则又使州县自镂之板，正岁则摹而揭之市井村落，使通知之，则可以永久矣”，并辅以讲诵教习、库藏祭器、制颁祭服、撰作礼图诸事，以在士庶生活中推行礼仪。[②]朱熹认为司马光《书仪》“本诸《仪礼》”“参以今之可行者”“最为适古今之宜”[③]，然而亦有不备，因而其有志撰述，遂成《家礼》。

朱熹所撰《家礼》借鉴了《书仪》的体例，承袭了其中的一些具体仪节，并大量援引《书仪》中的文字，还直接搬用了《司马氏居家杂仪》的全部内容。与《书仪》相较，《家礼》不载表奏公文私书家书，只录冠、婚、丧、祭四礼各一卷，前加通礼一卷，共为五卷。体例的稍作调整已显示出《家礼》与《书仪》在编写目的上的差异。表奏公文唯有仕宦阶层用得到，并不适用于未获功名的士人及庶民大众；冠、婚、丧、祭却是家庭日用之常礼，清楚标明“冠婚丧祭”四种彰显人

① 〔元〕脱脱等：《宋史》，中华书局，1977，第2423页。

② 〔宋〕朱熹：《民臣礼议》，载朱杰人等主编《朱子全书》，第23册，上海古籍出版社、安徽教育出版社，2002，第3352—3354页。

③ 〔宋〕黎靖德编：《朱子语类》，王星贤点校，中华书局，1986，第2183页。

伦的人生仪礼的连续性与重要性，无论士庶皆应加以措意。同时,《家礼》在祠堂、祭田、深衣与宗法制度等礼制内容方面有着明显创发[①]。可见,《家礼》在性质上已经与唐代以来盛行的书仪有所差别。而体例上的差异，显示出朱熹期望由下而上从事社会改革的企图。

《家礼》以古制为蓝本，以时俗为参酌，虽然对古礼作了某种程度的简省，并对民间习俗有所接受，但是它基本上表现的仍是正统的儒家理念，从其在篇首设《通礼》，并将《书仪》里附于《婚仪》之后的《司马氏居家杂仪》置于《通礼》之中，可见《家礼》从整体上是关于家庭礼仪和伦理道德关系的设定。《通礼》及《司马氏居家杂仪》强调祠堂的重要性以及家庭成员在家庭中的角色和责任，是对儒家关于家庭伦理关系的进一步申发，奠定了《家礼》的儒家正统思想的底色。朱熹提倡实行儒家式的礼仪,更为主要的动机来自他对宇宙、人间秩序的整体设计。

朱熹《家礼》是一部未完成之作，草创未定，遂被窃走，至朱熹卒后方才出现,后经过弟子们的刊刻传播,才得以流传[②]。南宋时的朱熹，曾一度处于孝宗至宁宗的政治斗争漩涡中，其道学也被列为伪学遭禁。然而在其门人与其他理学家的推动下，朱熹道学在南宋末年获得了朝廷与士大夫的肯定，以朱熹为当代象征之理学道统得以建构完成。随着朱子学说的广泛流传,《家礼》在宋元时期为儒家知识分子所接受。政府的规定则是《家礼》能够更广泛地被接受的重要力量。

---

① 学者于此多有研究。可参见杨志刚《〈司马氏书仪〉和〈朱子家礼〉研究》,《浙江学刊》1993年第1期。

② 朱熹作《家礼》的真伪之辨，曾是学界的一段公案。学界对于朱熹《家礼》的真伪之辨、版本与流传已有较为深入的探讨,对于《家礼》为朱熹所作这一点也基本达成共识。可参考陈来《朱子〈家礼〉真伪考议》,《北京大学学报》(哲学社会科学版)1989年第3期。束景南:《朱熹〈家礼〉真伪考辨》,收入束景南《朱熹佚文辑考》,江苏古籍出版社,1991。[日]上山春平:《朱子〈家礼〉与〈仪礼经传通解〉》,收入吴震、[日]吾妻重二主编《思想与文献:日本学者宋明儒学研究》,华东师范大学出版社，2010。

元代，程朱理学被国家认定为儒学正统，同时《文公家礼》也被视作国家礼仪规范的重要范本。《文公家礼》行用天下最关键的阶段是明太祖与明成祖时。经明代政府的提倡与推广，《家礼》逐渐由私撰礼书上升至国家礼典的地位。《家礼》经由官方由上到下的努力提倡，逐渐为士绅接受，甚至成为他们自我规范与修养的依据。后代士人以《家礼》为基础和中心的诸多相关著述，则显示了《家礼》的“经典化”。南宋以降，关注礼教的地方官士绅，在程朱理学的影响之下，将《家礼》视为化民成俗的范本和民间行礼的指南。

宋明时期的家礼类著作，不仅延续了朱熹《家礼》的体例和基本架构，也继承了朱熹《家礼》简便从俗的撰述特点，以及由下而上进行社会改革的企图。为了更有效地推行《家礼》于民间，这些著述往往删减《家礼》原有文字，使之简明易晓，易于遵循，并在“因时而易”的信念下，吸纳地方习俗，对民间习俗采取一种弹性的态度，予以融通接受。“缘俗则礼行”是这些学者共同的观念 。已有研究指出，在强大的民俗压力之下，到了晚明，这种私家撰述的家礼类著述比先前的著作更加重视民间习俗，甚至连对民间礼俗的评述方式也发生了相应的改变，从原本比附于家礼礼文之后以论其合宜与否，转至通篇全录民间礼俗，而不录家礼文本。[①] 在宋明时期，朱熹《家礼》被后代政府纳入礼典并推行，同时经由后代士人不断注释、考订、仿作等，《家礼》不断被礼典化与经典化，可见朱熹《家礼》在宋明时期所受到的推崇。《家礼》表现出明显的会通性、实用性、简易性，有意为寻常士民百姓之家制定一套日用常行之礼。

《家礼》中的婚礼书写，以简要从俗为特点，其所规定的婚礼仪节和相关论述直接源自司马光《书仪》。从朱熹《家礼》所载来看，朱熹《家礼》中的婚礼基本上因袭了司马光《书仪》对于婚仪的制定，

---

① 何淑宜：《明代士绅与通俗文化的关系——以丧葬礼俗为例的考察》，台湾师范大学历史研究所，2000，第152—168页。

且有大量文字语句直接采自司马光《书仪》。《家礼·婚礼》中铺房、婿亲迎乘马、婿妇交拜等新设的仪节皆承袭自司马光《书仪》。《家礼》与《书仪》不同之处则是改纳采前一日告祖为纳采当日清晨“告于祠堂”，将三月庙见和“拜先灵”折中为迎亲后三日“主人以妇见于祠堂”。这里的将“拜先灵”改为“三日，以妇见于祠堂”，明显不同于司马光对婚礼的制定，而与程颐强调庙见、奠菜之礼的内在精神相通，正是朱熹所谓“后一截依伊川”。《家礼》对婚礼的另一处较大变更，是把“六礼”省并为纳采、纳币、亲迎“三礼”。

《家礼·婚礼》的正文十分简略，不订“厅寝户牖”“庭阶升降”的繁礼缛文，仅对主体过程进行描述，简明扼要。现将《家礼》所述主体过程列于下（表 3-3）：

表 3-3　朱熹《家礼》婚礼进程表

议婚	男子年十六至三十，女子年十四至二十，身及主昏者，无期以上丧，乃可成昏。必先使媒氏往来通言，俟女氏许之，然后纳采。
纳采	主人具书，夙兴，奉以告于祠堂。乃使子弟为使者如女氏，女氏主人出见使者，遂奉书以告于祠堂。出以复书授使者，遂礼之。使者复命婿氏，主人复告于祠堂。
纳币	具书，遣使如女氏。女氏受书，复书，礼宾。使者复命。并同纳采之仪。
亲迎	前期一日，女氏使人张陈其婿之室。厥明，婿家设位于室中，女家设次于外。初昏，婿盛服，主人告于祠堂，遂醮其子，而命之迎。婿出乘马，至女家，俟于次。女家主人告于祠堂，遂醮其女而命之。主人出迎，婿入奠雁。姆奉女出，登车。婿乘马先妇车。至其家，导妇以入。婿妇交拜。就坐饮食。毕，婿出。复入，脱服，烛出。主人礼宾。
妇见舅姑	明日夙兴，妇见于舅姑。舅姑礼之。妇见于诸尊长，若冢妇，则馈于舅姑。
庙见	三日，主人以妇见于祠堂。

（续表）

婿见妇之父母	明日，婿往见妇之父母。次见妇党诸亲。妇家礼婿如常仪。

与《仪礼·士昏礼》《书仪》等婚礼规定相较，《家礼》的婚礼书写具有如下特点：

首先，《家礼》中的婚礼在从俗从简方面更为突出。在仪式进程上，《家礼》把最为烦琐的婚礼简化成议婚、纳采、纳币、亲迎、妇见舅姑、庙见、婿见妇之父母等七个环节，与《书仪》严守婚姻六礼的节次迥异。朱子《家礼》卷三“纳币”下注云：“古礼有问名、纳吉，今不能尽用，止用纳采、纳币，以从简便。”另外《朱子家礼》也不突出“请期”这个环节。与此同时，朱熹《家礼》多有从俗之处，比《书仪》有了更多的变通。文中从俗之举，随处可见，比如“纳币”时，朱熹认为币用色缯也可，如果没有，用钗钏、羊酒、果实之类也可；在妇见舅姑时，不必拘泥于古礼中“腶修”“枣栗”等，统一用币也可。

其次，在整个仪式中，突出祠堂地位的重要性。

《家礼》最富创建性的，是关于祠堂的设计。《家礼》“祠堂”一节，许多内容出于《书仪·影堂杂仪》，但又有明显不同。《家礼》将“祠堂”置于卷首，祠堂被确立为整个家族生活的中心场所。在《家礼》所呈现的关于家庭礼仪的设计蓝图中，祠堂居于核心的关键地位。在朱熹的理学视野中，新的家族制度应该是法度严格、组织严密如同网状一般的大家族。其宗子、族长率领聚族而居，并用族规来规范族中每一层面和个体之言行。每一个大家族都应该建立祠堂，并对祠堂之方位做了规定：建于正寝之东，为独立于住宅和嬉游之所的单元建筑物。在祠堂中供奉高、曾、祖、祢四世神主牌位的四龛，每个家族必须有固定的族田（祭田、墓田），族田的来源由族人按规定捐赠，即将族中现有土地抽取二十分之一为每龛祭田，四龛祭田总数为现有土地五分之一。通过“祠堂”，家庭以至家族井然有序地连接在一起。

在婚礼中，亲迎之前，男方先要告于祠堂，且告辞庄重，为《仪礼·士昏礼》所未载;女子出嫁前，女家主人也要告于祠堂，则为《书仪》所未有。在《家礼》所载婚礼中，充分体现了祠堂作为家庭活动中心的重要性。

同时，与此相关，《家礼》体现了强烈的宗法观念，严格区分宗子与非宗子之间的差别。《家礼》所载婚礼，以宗子为主人，如果成婚之人并非宗子之子女，则由宗子行礼。如纳采告于祠堂，如非宗子之子，则为宗子告于祠堂，而非男子之父。

最后，改“三月庙见”为“三日庙见”。

司马光《书仪》并未言及庙见之事，朱子则依程颐之说，改为三日。《家礼》“庙见”下只有“三日，主人以妇见于祠堂”一语，说明这是妇至三日之后至祠堂拜见夫家先祖之礼。朱子自注说："古者三月而庙见，今以其太远，改用三日。如子冠而见之仪。但告辞曰:‘子某之妇某氏，敢见。’余并同。”这句话明白指出朱子改“三月庙见”为“三日庙见”。至于改动的原因则是三个月太久了。

元明时期家礼著述的婚礼书写得最为显著的特点是对于礼俗的态度。如前所述，元明时期的《家礼》著述，尤其是明代中后期的诸多著述以更为有效地推行儒家礼仪于民间为目的。与《家礼》相较，这些著述更加关注民间习俗，面对强大的民间习俗，多有从俗随时之举，体现了对于民间习俗更富弹性的态度，以及调整儒家仪礼与民间习俗的努力。这些著作遵循了朱熹《家礼》以简约文字诠释儒家婚礼仪文的方式，舍弃经典婚礼的烦琐仪文，大多依俗行事，期望能方便士庶遵行，以使儒家礼仪行用于民间。这种关于礼与俗的态度，体现在两个方面。

一方面是依人情与时宜，对俗礼予以接受与通融。以汤铎《文公家礼会通》为例，由于希望士人、乡人孺子、荒村贫窭均能方便地依书行礼。所以书中的条目虽然大体依照《家礼》，但文字却更为简单易晓，体例上也作了一些特别的安排，将《家礼》原来的条目再加细分，并用问答体的方式点明古今相异之处及何者为宜，同时解决在仪礼实施过程中出现的一些《家礼》未曾记载的情况。综观全书，除了记载、注释礼节仪文之外，处理习俗与礼仪之间的落差，也成为书中的重点。在汤铎所设计的“或问”当中，所面对的大多是礼经不载但民间惯行的习俗。

另一方面，在这些家礼著述中，儒家婚礼可以改变的限度是有限的。对于恶俗、薄俗的评判，著者依然遵循着儒礼的精神。在强大的民俗压力之下，处理礼与俗的冲突之时，他们仍以保持儒家的价值观念为前提。在明代中后期的著述中，这一点显得尤为突出。

宋明时期的家礼文献，延续了中古时代的书仪、家礼的文献传统，但是由于应时代的要求，宋代士人在秩序重建的诉求之下，殷殷致意于礼仪的改革，期望通过礼仪的重新设定和阐释，以达到化民成俗、秩序重建的目的，其中从司马光《书仪》到朱熹《家礼》逐渐完善了宋代家礼的书写。南宋朱熹《家礼》以不拘泥古礼的态度，从俗简便的特点，为庶人遵礼提供了一个可行的管道，到元明以下，更成为国家用以规范全民的礼制标准，对后世产生了深远的影响。朱熹《家礼》在国家的推进，以及士人们的不断阐释之下，在元明时期逐渐具有了礼典和经典的地位。元明士人，以《家礼》为范本，进行化民成俗的实践，与朱熹自下而上改革社会的企图一致。使礼仪简明易晓，以行用于民间，是宋明时期家礼著述最为突出的特点。宋明学者“缘俗而以先王之礼杂就之”[①]、注重实践的礼学态度，与清代学者“以古礼正

① 张祥鸢:《华阳洞稿》卷一《〈家礼考订〉序》，收入《四库全书存目丛书》，集部第132册，庄严文化事业有限公司，1995—1997，第523页。

今俗”的依于经典、注重考证的性格迥异。[①]

这样的特点和演变的轨迹同样体现于婚礼的书写之中。司马光《书仪》在仪式进程上对婚礼进行了省简，多有从俗从简的举措，而朱熹则进一步对《仪礼·士昏礼》以来的婚礼仪式进行省减，将“六礼”进一步省减为“三礼”。后来推崇遵循《家礼》的士人们，都遵循了这一从俗从简的原则。

明代中后期的家礼著述比先前的同类型著作更注意民间习俗。在婚礼的书写之中，他们对民间习俗的叙述，不只是将其附于礼文之后，只论述婚俗与礼合不合，宜不宜行，而是以流行于民间的婚俗为记述的重点，对婚俗表达了强烈的关注，并试图调和礼与俗的差距，对许多婚俗都采取了接受和肯定的态度。只要不违背礼意，礼文容许适度地增加或删减，其中也包括对民间礼俗有限度的接受，甚至可以将礼文与习俗加以结合。

虽然这些家礼著述对俗礼有着极大的关注，甚至对民俗也采取了予以接受通融的态度，但是它们仍然是以儒家思想为底色的。这从学者们对婚俗的批评和讨论可以看出。这一点尤其体现于士人们对庙见之礼的关注，以及对于婚礼中的奢侈之举的毫不犹豫地革除禁断。可见，家礼著述的从俗从简，仍是以不触犯儒家婚礼的基本精神为原则。那些可从俗从简的礼节，皆是一些并未触及儒家礼仪原则的礼节。

需要指出的，以上论述主要是从文献的角度描述宋明家礼著述的撰作和源流，并对其中的婚礼书写所体现的文人学者的礼俗思想进行分析。明代吕坤曾言：“家礼，有家之礼，非家家之礼也。”尽管方志中常载某地“冠、婚、丧、祭，悉遵文公《家礼》”，然而其所述是

---

① 在中国经学史学者看来，与清代的经学之盛相较，明代是经学的衰颓时代，以三礼为尤甚。〔清〕皮锡瑞：《经学历史》，中华书局，1989，第274—349页。[日] 小柳司气太：《元明的经学史》，连清吉、林庆彰译，收入 [日] 安井小太郎等《经学史》，林庆彰译，台湾万卷楼，1996，第182—189页。

特定撰述态度下的笼统之言。家礼著述撰作的特定的时代背景和思想背景，使得本文的讨论仅仅专注于其中所体现的礼俗思想。

那么朱熹《家礼》对婚礼所做的变革，如删定六礼为三礼、改“三月庙见”为“三日庙见”等，是否对民俗生活产生了实际的影响？以何种方式影响于民俗生活？朱熹《家礼》中的婚礼书写，是否如其所制定的丧祭之礼一样，对民俗生活产生了重要的影响？

值得注意的是，宋明时期，在学者的家礼著述之外，朱熹《家礼》还以另一种形态进入了宋明时期大量刊印的庶民文献，即日用类书之中。对于这一类文献所辑录的婚礼知识的梳理和探讨，将有助于对上述问题的理解。

（三）日用礼仪指南：宋代以来日用类书的婚礼知识辑录

宋明时期，随着经济的发展，出版印刷的繁荣，文化得到了广泛的传播，儒家思想尤其是宋明以来的理学思想观念也借助书籍的流通而得到了传播。然而，随着文字的广泛应用，以及具有识字能力的人群的广泛分布，通过文字在民间传播的不只是儒家的观念。远远溢出了儒家思想的义理架构的知识思想也有着更为广泛的传播，如风水术数、宗教经典、戏文小说等。与儒家思想观念相较，这些知识与观念在民俗生活中有着更为广泛的应用。印刷出版的繁荣，以及文字的广泛应用，为民间文化提供了自我表达和自我呈现的条件与氛围。日用类书的大量出版，正是这种文化自述和自我呈现的表现之一，它在宋明以来生活知识的建构与传递历程中扮演着重要角色。宋明日用类书知识辑录的方式，体现了编撰者的意图和潜在受众的需求。从这些日用类书之中可以窥见此时人们日常生活必需的知识架构之一端。随着生活知识的日渐文本化，人们可以通过书籍媒介的文字阅读来获取知识，并以此应对现实生活中的问题。

作为宋明日用类书中较为固定的一个门类，婚礼知识是此一时期庞杂的日用知识之一种，并形成了自成一体的文献书写特点。尤为值得注意的是，前文所述具有深远影响的朱熹《家礼》仅仅是宋明日用类书所辑录的婚礼知识中的一小部分，且往往经过删削之后被编入其中。换言之，宋明日用类书所辑录的婚礼知识的类别和范围，远远超出了家礼著述的架构。上一节所讨论的宋明家礼著述有着鲜明的学者观点和思想脉络，以及明显的礼俗教化意图。与之相比较，日用类书中有关婚礼的内容更具有知识属性。由于日用类书切于日用的特性，其中的婚礼知识辑录也呈现出不同于家礼著述的内容和旨趣。

产生于宋代的日用类书，综合了“日用”与“类书”两种特质，以切于日用生活为最显著的特征，并区别于传统的类书。历经元明的发展，日用类书的“日用”特征更为突出，并逐渐突破了传统类书所奠定的知识系统，呈现出更为实用和通俗的趋向。宋明综合性日用类书中设置了与婚礼相关的特定门类，其他一些门类中也包含了相关的婚礼知识。

从现存资料来看，宋元时期有两部以婚礼为主题的专题性日用类书，即宋刻元修本的《婚礼新编》和南宋末年编修的《新编婚礼备用月老新书》，二者在内容上有许多相同之处。从内容上看，这两部专题性日用类书，一方面延续了传统类书辑录事文的特点，仍然辑录了大量的古今事实和诗文，其中大部分与《新编古今事文类聚》相同。另一方面，这两部婚礼类书大大突破了传统类书中婚姻相关知识的范围，在事文之外，还辑录了大量应用于婚礼的实用知识，如各种帖式书启、婚礼致语、联对等，这也正是它们的日用性的体现，使其具有日用类书的特点。婚礼知识是宋明综合性日用类书中的固定门类，常置于家礼类、四礼门、婚娶门、伉俪门等门类之下。

关于宋明时期日用类书中的婚礼知识辑录可以得出以下几点结论：

首先，婚礼知识是宋明时期日用类书中的固定门类，具有宋明日用类书的演变特征，即逐渐向民间日用发展，所适用的范围逐渐扩大，由《事林广记》《居家必用》的仍集中于具有一定文化修养的文人阶层向满足四民大众的方向发展，其内容也更加简要实用。宋元时期，无论是专题性日用类书，如两部主要的婚礼指南《婚礼新编》《新编婚礼备用月老新书》，以及通俗启札类书如《新编事文类要启札青钱》，还是综合性日用类书，虽然以日用为旨，但仍是以士大夫文人为主要的使用对象，其内容的辑录仍保有传统类书辑录事文的特点，具有从传统类书向日用类书过渡的特征；到了明代，尤其是明代中后期以来，民间坊刻的繁荣，以及日用生活的凸显，使得一种新的日用类书得以产生，突破了传统的知识体系，日用的特征和民间的特征更为明显。

其次，宋明日用类书所辑录的婚礼知识与家礼著述中的文人思想观念和礼仪规范之间呈现出交错的关系，这种关系在这一时段中也呈现出与上述演变相一致的轨迹。宋元时期的日用类书如《事林广记》《居家必用》受朱熹《家礼》的影响较大，都较为完整地辑录朱熹《家礼》婚礼的主题内容，保存了其基本构架，即朱熹《家礼》议婚、纳采、纳币、亲迎、妇见舅姑、庙见、婿见妇之父母的七项仪式进程。明代以来，尤其是明代中后期的日用类书或者以一种删削简省的方式辑录朱熹《家礼》，或基本不载。朱熹《家礼》被辑录于宋明时期的日用类书中，但却越来越脱离了其本身的思想脉络和文献传统，在日用类书中仅仅成为一种形式和标志。我们可以看到宋明日用类书与宋明时期的精英思想观念之间的关系，以及作为日用指南的日用类书与文人学者礼仪规范之间的交错的关系。

再次，宋明日用类书婚礼知识辑录的最大特点，是大量辑录与婚姻相关的婚礼帖式书启、婚礼致语歌谣祝文喜联等。这一特点与中古以来书仪的婚礼知识辑录有着一脉相承之处，继承了其文献传统。同时这也提示了中国古代传统婚礼知识的复杂丰富。纵观宋明时期日用类书所辑录的婚礼知识，大致可以分为以下几类：婚姻礼法、婚礼书启帖式、婚礼致语歌谣祝文喜联、婚姻故事等。

最后，还需要特别注意的是，除了日用类书中专门设置的婚礼门类，还有其他一些门类也辑录了与婚礼相关的知识。这些知识主要分布在两个门类中。其一为选择门。选择门辑录有关吉凶选择的术数知识，嫁娶吉日的选择是其中的重要内容。其二为星命门。星命门辑录关于命相、命理的相关知识，也属于术数知识，其中辑录了大量与合婚相关的知识。这些知识与前述诸种婚礼知识共同构成了复杂多样的婚礼知识系统。

总之，通过上述梳理可见：

中古时期的“吉凶书仪”是将儒家礼仪与民俗生活相融合，对礼仪进行简化和庶民化的礼仪实践范本。其中婚礼以《仪礼·士昏礼》为基本骨节，大大简化仪节，并糅入了大量民俗所流行之婚仪。[①]朱熹《家礼》则是宋代以来的新礼仪经典，被视为化民成俗的范本和民间行礼的指南。《家礼·婚礼》的正文十分简略，不订“厅寝户牖”“庭降阶升”的繁礼缛文，简明扼要，仅有议婚、纳采、纳币、亲迎、妇见舅姑、庙见、婿见妇之父母等七个仪节，多有从俗从时从简之处。元明时期其他家礼类礼书对婚礼的制定大多遵循《家礼·婚礼》的框架，同时融合时俗或地方传统。

宋代以来，民间坊刻发展，大量刊印日用类书，分门别类辑录日用知识，以资四民生活参考。婚礼是其中固定门类，辑录与婚礼相关的各种知识，包括婚礼仪节，嫁娶条例，婚礼中所使用的各类文书格式、范本，仪式中的联语、诗文、赞词等，以及关于婚礼的术数知识，展示了较切于日常生活的传统婚礼知识系统，“颇资应用”[②]。随着《家礼》的深入民间，《家礼》更加日用化，出现了许多以家礼名之实则为日用类书的礼仪指南，深刻影响基层社会的礼仪实践。如清代张汝诚编撰的《家礼会通》、清代吕子振所编《家礼大成》，以及各类命名

① 周一良:《敦煌写本书仪中所见的唐代婚丧礼俗》,《文物》1985 年第 7 期。

② 胡玉缙:《续四库提要三种》，吴格整理，上海书店出版社，2002，第 22 页。

为“礼仪便书”“家礼簿”“酬世锦囊”的刊刻或手抄文献。[①] 除了基本的礼仪仪节，这类日用礼书中还包括各类帖式、婚联、歌谣致语等实用知识。

儒家经典、文人礼书、民间日用类书等共同构成了中国传统婚礼的书写传统，记载着传统婚礼的历代演变，传递着传统婚礼知识与价值观念。这一传统以《仪礼·士昏礼》为蓝本，旨在为婚礼的实践提供文本指南，以切于日用为特点，呈现出礼俗交融的特点，共同构成了传统婚礼亦礼亦俗的庞杂丰富的面貌。考诸历代方志对婚礼的记载，大都呈现出上述亦礼亦俗的特点，婚礼的基本框架承载着相沿成习的风俗与地方文化传统，尽管看似样态丰富，其结构、观念与意义并未有根本差异。

三、传统婚礼文书与礼仪知识传承

对民俗知识进行探讨的理想模式，应当是从民俗生活的立场来考察。然而，对历史社会中的民俗生活进行研究经常要面临的困境是：民间的视角主要仰赖于从精英书写的文字资料中所翻寻出的民众生活的痕迹来获得。尽管历来学者已对史料的运用作了许多开拓，但依然存在严重缺憾。民俗生活在历史文献的记述中多以碎片化的形态呈现，许多问题不可能获得有效材料以进行论证。但是，由于礼仪经典和礼仪文本在中国文化传统中的重要意义，宋明以来书写在民俗生活中的实质作用，以及宋明时期婚礼文献所呈现出的连续性和日用性，使我们可以其为基础，进行特定知识传统的探讨。尤其是日用类书，其撰作的目的本身便是为日用生活提供指南，虽然不能算是生活的实录，但却体现着时代的风尚和需求，是将日常生活所需知识凝结于文本之

① 参见刘永华《亦礼亦俗——晚清至民国闽西四保礼生的初步分析》，《历史人类学学刊》2004 年第 2 期；王振忠《明清以来徽州的礼生与仪式》，第四届传统中国研究国际学术讨论会，上海，2009。

中，为当时人们的观念、行为等所塑造，也构成着那个时代的文化和生活。从文献的传统来看，《仪礼 · 士昏礼》奠定了后世婚礼书写的基本框架，深刻影响着婚礼的实践；而宋明婚礼文献中频繁出现的婚姻礼仪文书、歌谣致语祝文等，作为婚礼的重要知识内容，在文献中也早有记录。换句话说，家礼著述、日用类书中所涵括的种类丰富的与婚礼相关的知识，如仪节、礼仪文书、歌谣等，有着较为清晰的文献传统和脉络。宋明时期书写文本在民俗生活中的重要意义，使得此种文献传统和知识脉络更为清晰、统一化，也更具有延续性。从某种程度上可以说，宋明婚礼文献所凝结和沉淀的正是与婚礼相关的基本概念、知识构成、文化语法结构，以及内在文化机制。也就是说，从这些文献本身，结合相关的记述，可以梳理出宋明婚礼知识的基本谱系和脉络框架。

从前面的梳理中，我们可以看到，在宋明这一特定的历史语境中，有着不同书写传统的婚礼文献彼此交错在一起，呈现出了由礼向俗生成演变的趋向。宋明时期的家礼著述与日用类书都以指导日常生活实践为目的，为日常生活中的婚礼实践提供礼仪范本和必要的知识指南。相较而言，家礼著述的婚礼是士人们以儒家义理为核心和基本框架，斟酌时宜而呈现的理想的应然的婚礼模式。这些著述大都只简要提供了婚礼的基本步骤和仪节，以及少量的文书样式。而日用类书所辑录的婚礼知识则是出于实用的目的，为人们的婚礼实践提供必要的知识，大大溢出了家礼著述的范畴。也正如前文所指出的，朱熹《家礼》的婚礼部分仅仅是日用类书所辑录的婚礼知识的一部分，且呈现出趋于简化直至消失的趋势。占据日用类书所辑录的婚礼知识的大量篇幅的是各种礼仪文书、歌谣致语祝文，以及与婚姻相关的各种故事。在其他门类中还有着丰富的关于婚礼的术数知识，如嫁娶时日的选择、合婚的命理之术等。家礼著述与日用类书共同构成了宋明以来婚礼知识亦礼亦俗的庞杂丰富的面貌。

在中国传统社会，婚姻被视为“人道之始”“人伦之大者”，其目的在于“合二姓之好，上以事宗庙，而下以继后世”(《礼记·昏义》)，是关系到伦常、社会和宗族延续的头等大事。“众礼之中，婚礼为首”(《后汉书》卷六二)，婚礼是敬慎重正之事，有着隆重而细密的仪式，婚礼文书则是配合着礼仪的遵行而出现，与一整套烦琐仪式相配套的礼仪性的文字形式。种类繁多、功用各异、形制特别、礼俗丰富、历史悠久的婚礼文书，构成了中国传统婚礼的独特面貌。

《仪礼 · 士昏礼》中所呈现的“六礼”，即纳采、问名、纳吉、纳徵、请期、亲迎之礼，奠定了后世婚礼的基本框架，在中国传统社会一直被尊为男女婚配必须遵行之礼。古语有云，“六礼行，婚姻成”。婚礼的隆重与细密尽显于“六礼”之中。然而，由于时代变迁，礼俗互动，后世婚礼往往根据现实需要和实际应用，将古今、正俗相融一体，在具体仪节上或有增删变化。如宋代司马光《书仪》制定婚礼，“并问名于纳采，并请期于纳成”，将“六礼”减为“四礼”。(《宋史》卷一一五)朱熹《家礼》则删去纳吉，仅剩纳采、请期和亲迎三礼。民间婚姻礼俗则更为纷繁复杂。尽管如此，中国古代婚礼大多是以新瓶装旧酒，未超出六礼的基本框架。

《仪礼 · 士昏礼》中并没有婚礼文书的使用，但在仪式进程中，男家女家往来都有郑重庄严的礼仪性婚辞，这些言辞的固定化和书面化，可视作后来婚礼中礼仪性文书使用的滥觞。婚礼文书较早出现于皇室和士大夫的婚礼之中。《晋书 · 礼志》载晋穆帝升平元年(357)纳皇后，太常王彪根据经传和旧例制定具体礼仪，其中六礼各有版文，即付诸书面、配合仪式的礼仪文字。唐代《大唐开元礼》亦载有类似的皇室婚礼六礼制文。宋代也有由皇帝正式颁发六礼制书之事：“(元祐)七年正月，诏尚书左丞苏颂撰册文并书。学士院上六礼辞语，……发六礼制书。”(《宋史》卷一一一)自晋历宋至清，皇室婚礼制文一脉相承，语句与形式都已成固定模式，历代礼志所载并无太大差异。

东汉郑众所撰《百官六礼辞》是一篇士大夫婚礼指南，其中提到六礼文及其形制："六礼文皆封之，先以纸封表，又加以皂囊，著箧中，又以皂衣箧表讫，以大囊表之。题检文言'谒箧某君门下'。"(《通典》卷五十八）皂囊在当时常被用作封装机密信函，在《仪礼·士昏礼》中，皂色也是显示婚礼庄重之色，因而礼文用皂囊则表示郑重。《通典·礼典》所引东晋王堪《六礼辞》也描述了士大夫婚礼中的礼版的书写方式和形制："于版上各方书礼文、婿父名、媒人正版中，纳采于版左方。裹以皂囊，白绳缠之，如封章，某官某君大门下封，某官甲乙白奏，无官言贱子。礼版奉案承之。酒羊雁缯采钱米，别版书之，裹以白缯，同著案上。"东晋王羲之曾作《与郗家论婚书》，是为其子王献之求郗昙女所作，是当时士大夫使用婚礼文书的一个例证。

到了唐代，婚礼文书的使用更为盛行。现存敦煌文书中残存大量唐代的书仪，其中一类"吉凶书仪"，是当时文人撰写的供士庶参考的书信范例和吉凶礼仪指南。在这些"吉凶书仪"所制定的婚礼中，详细而明确地记载了"通婚书""纳徵版""亲迎版"等礼仪文书的格式、形制和相关礼俗。

通婚书主要内容为叙男女生年、家系阀阅，并陈愿结婚媾之意，包括复体和单体两种形式。复体形式是指通婚书由正书和别纸两个部分组成。正书相当于一封短函，内容为用辞典雅的寒暄问候之辞，如唐代张敖《新集吉凶书仪》(P.2646）所载：

> 厶顿首顿首：阙叙既久，倾瞩良深（如未相识，即云久借徽猷，未由展觌，倾慕之至，难以名言），时候，伏惟厶位，动止万福，愿馆舍清休（如前人无妻，即不用此语），即此厶蒙推免，展拜未由，但增翘轸，谨状不宣。谨状。厶郡姓名顿首顿首。[①]

① 张敖：《新集吉凶书仪》(P. 2646)，录文见赵和平《敦煌写本书仪研究》，新文丰出版公司，1993，第538页。录文括号内为书仪作者所加小注，意在说明书仪具体格式。

别纸内容是具有实质性的论婚事项，包括男家求婚子弟的生年排行，所求为谁家女子，及媒人是谁等，如下：

第几男（或弟或侄，任言之），年已成立，未有婚媾。承贤弟厶女（或妹、姪、女），令淑有闻，四德兼备，愿结高援，谨因媒人厶氏，敢以谨请。脱若不遣，伫听嘉命。厶白。[①]

通婚书的单体形式则是将上述两种内容合于一张。通婚书须用好纸，并且用楷体书写，写好之后，还需紧卷装入函中。此函用梓木或黄杨木、楠木等制作，且函长一尺二寸，阔一寸二分，函板厚二分，函盖厚三分，函内阔八分，这些尺寸分别象征子弟、十二时、天地二仪、三才、八节，蕴含丰富的天地人之象；婚书装入函中之后，在函的中心作三道路子，以五色线绑缚。五色线则是自汉魏以来在民俗生活中具有特定的趋吉避凶的象征意义物品。[②]婚书装函并缚好之后，还需题封，署以自己的官衔郡望姓名。最后，通婚书函由函使押送至女方，女方以隆重仪式受通婚书函。女家接受婚书后，还需回复答婚书。女家的答通婚书与男家通婚书的形制、格式相一致，载寒暄问候之辞，陈允诺所求愿结婚姻之意及议亲之女的排行。通婚书函的各种规范可见男女双方家庭对于婚事缔结的郑重。

纳徵版是行用于纳徵即下达聘礼这一仪节中的礼版。根据《唐前期书仪》（S.1725）所提供的婚礼指南，纳徵版共有两块，长短大小一样，都“长尺二，广五寸，厚三分”[③]，分别象征十二个月、五行、三才，

---

① 张敖：《新集吉凶书仪》（P. 2646），录文见赵和平《敦煌写本书仪研究》，新文丰出版公司，1993，第538—539页。

② 从汉魏民俗文献可见，五色线常常出现于特定的节庆礼仪之中。如晋周处《风土记》载端午造百索系臂，又称五色缕，即五色线，以在禁忌颇多的五月趋吉避凶。参见〔晋〕周处撰、〔清〕王谟辑《阳羡风土记》，据《粟香室丛书》本影印，收入张智主编《中国风土志丛刊》第32—33册，广陵书社，2003。这一问题当可进行进一步的深入探讨，但与本文议题有所差别，故暂不具体说明。

③ 赵和平：《敦煌写本书仪研究》，新文丰出版公司，1993，第411页。

将天地四时人事皆蕴含于其中。且两版都由秋木制成，取千秋之意，表达对婚姻长久的希望。其中一块纳徵版上书三行字，清楚表明纳徵之意和行礼之人，第一行为“君有嘉命则室也，厶（婿父名）敬依先曲，玄纁束帛羊雁旨酒”；第二行为“谨遣某官姓某乙再拜”；第三行则写“纳徵”二字。这一块纳徵版要用一尺二寸的青帛包裹。另一块纳徵版则相当于题封，需在其“半肠之内，凿作卯头，裹三道白线缠之，加蜡封其线上，注作‘全’字，题云‘某官人门下合姓顿首叩头，或云白书’”。纳徵版和礼物须由人在早晨送去。使者到达女家门外，先致以纳徵版，女方开启看罢，聘礼才送入。与纳徵版一起送达的礼物也都附有题写了礼物名称的“三寸版子”，如“礼羊”“黄米”“礼雁”等。

由于在《仪礼·士昏礼》与《礼记·昏义》中并无记载，一些士人认为上述婚礼文书“出自近代，事无经据”，应当“请罢勿用”。(《唐会要》卷八十三）亦足见当时婚礼文书的盛行。

宋代是礼仪重建、礼下庶人、礼俗融合的时代。婚礼文书的使用深入士庶生活之中，种类更为丰富庞杂，无论是在士大夫婚礼还是在民间婚礼中，都是不可或缺的重要礼仪物品。据《东京梦华录》和《梦粱录》所载，两宋都城嫁娶有通草帖、细帖的习俗，下财礼之时则要呈送装帧讲究的礼书。宋人文集中收录了一些婚礼文书，而此时出现的供日用生活参考的日用类书则对婚礼文书有系统的辑录，如《事林广记》《婚礼新编》《新编婚礼备用月老新书》等。元代延续了这一礼俗，元人文集和元代日用类书中有着相类似的婚礼文书的收录和辑录。

刊印于南宋末年的《新编婚礼备用月老新书》分门别类地辑录婚姻礼仪知识，分为上下编，下编专门辑录各种婚礼文书，对婚礼中使用的书启、帖子、礼状等的格式和形制有分门别类的详细说明，并提供了许多格式范本和书启范文，以资参考应用。从其分类看，其中的婚礼文书涉及请媒、求亲、问名、聘定、请期、亲迎等诸多仪节，并行用于官宦、士人、农工商、娼优等各类社会阶层中，初婚、再娶、入赘各有差异。尽管名目繁多，但综合各类文献，宋代婚礼文书主要通行的包括草帖、细帖、聘定启状等几类。

草帖用于议婚之初，“草”有草拟之意。南宋临安的嫁娶之礼，女家先通过媒人，以草帖子通于男家，“男家以草帖问卜，或祷签，得吉无克，方回草帖”(《梦粱录》卷二十)。草帖内容包括议婚男女的籍贯、世系三代、生年月日等，女家草帖之中还需包括将要随嫁的奁田、房卧等。各类文献所载草帖式样大致相同，元泰定元年（1324）重刻本《新编事文类要启札青钱》所载草帖式样如下（图 3-2）：

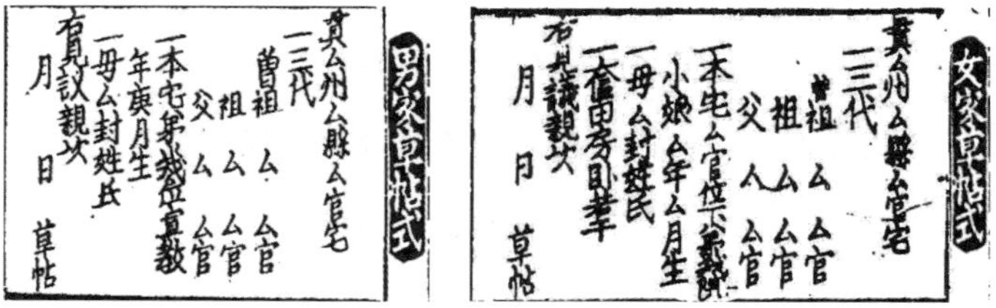
男家草帖式
貫厶州厶縣厶官宅
一三代
曾祖 厶 厶官
祖 厶 厶官
父 厶 厶官
年庚月生
一母厶封姓氏
右議親状
月 日 草帖

女家草帖式
貫厶州厶縣厶官宅
一三代
曾祖 厶 厶官
祖 厶 厶官
父 厶 厶官
小娘厶年厶月生
一母厶封姓氏
右具議親状
月 日 草帖

图 3-2　草帖

细帖，又被称为定帖，意味着婚事的确定。与草帖相较，定帖的内容并无太大变化。男方定帖的具体内容包括三代官品职位名讳，议亲人的排行、生辰、官职，主婚人等。如果是入赘则还要写明所带金银、田土、财产、宅舍、房廊、山园等;女家所回定帖，除了家庭、名姓、生年、排行等基本内容之外，还需要具体写明将要带到夫家的嫁妆，具体包括“房奁、首饰、金银、珠翠、宝器、动用、帐幔等物，及随嫁田土、屋业、山园等”。(《梦粱录》卷二十)《新编事文类要启札青钱》所载定帖式样如下（图 3-3）：

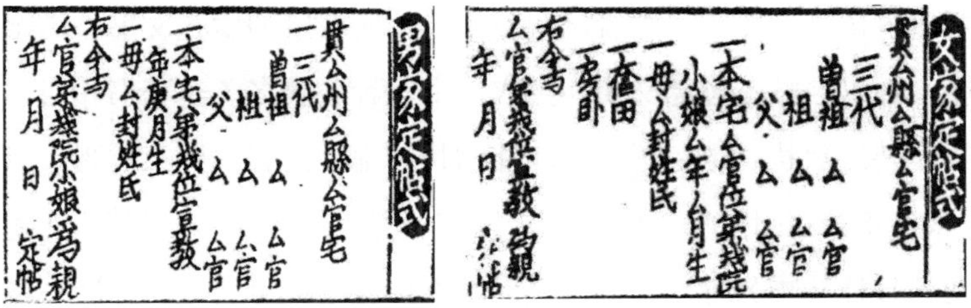

图 3-3　定帖

聘定启状则是用于下聘定礼之时的婚礼文书。根据《梦粱录》的记载，南宋临安的嫁娶之礼，在送聘礼之前还有送定礼的仪节。男家向女家所送定礼包括许口酒、各种礼物以及有着特定装饰的礼书。礼书共有两封，一封"用销金色纸四幅为三启"，另一封为礼物状，二者一起致送，名为"双缄"或"鸳缄"；"双缄"礼书以"红绿销金书袋盛之，或以罗帛贴套"，再放入五男二女绿盝中，用彩袱盖上，和其他礼物一起送往女家。女家接受礼书则有特定仪式，需在宅堂之中准备香烛酒果之类，用以祭告三界，再请女方亲属中夫妇双全之人开启礼书。送聘礼之时，除了聘礼之外，也用双缄聘启礼状，形制与定礼礼书相类似。以上礼书的形制大多用于庶人之家，官亲士大夫之家多用黄杨栅梓木函来装礼书，如前述唐五代的函书形制，以显示身份。

宋元时期婚礼文书的书启也注重文采，大量用典，以四六文行之，构成了书启的程式化、礼仪性的表达，一如唐代婚礼文书。宋元时期一些日用类书所提供的婚礼书启范文以及文人文集所载都具有这一特点。这种仰赖于一定知识和文学修养的婚礼书启，一直流行于文人之间。在明清文人文集中，仍可看到辞藻华丽的婚礼书启范文。

明代婚礼文书并未发生根本变化，在形制上仍然强调以体现郑重的楷书字体书写，并要使用上好的笺纸，且在文字的形式上不能出现单行只字，必须保证寓意成双成对的双行形式；不同之处在于，明代婚礼文书更趋简便。尽管在具体的名目上有所变化，但婚礼文书的实质内容仍一脉相承。综观明代日用类书所辑录的婚礼文书，求亲问名帖、回书名帖、过聘文书、过衣文书，种类繁多。过聘书相当于前文所述聘定启状，也包括书启和礼物状两部分内容。男家过聘书启写有“家谱年庶”，包括三代世系、外族、籍贯、年庚、命名等；礼物状则明列各种礼物名称。女方所复回聘书则效来书之式，仅将其中“过聘”改为“回聘”。明万历三十五年（1607）刊《鼎锓崇文阁汇纂士民万用正宗不求人全编》所载过聘书式如下（图 3-4）：

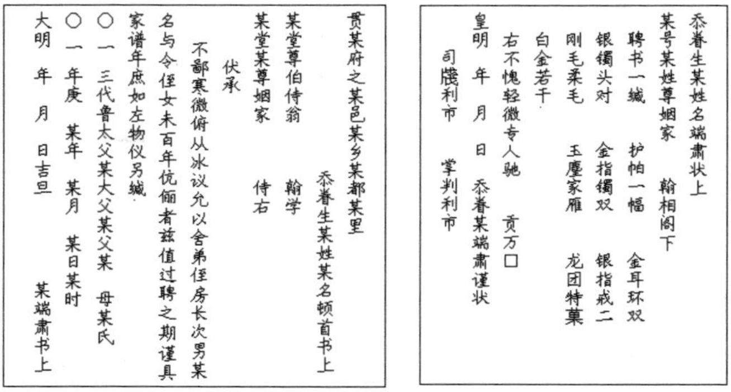
忝眷生某姓名端肃状上
某号某姓尊姻家　翰相阁下
聘书一缄　护帕一幅　金耳环双
银镯头对　金指镯双　银指戒二
刚毛柔毛　玉麈家雁　龙团特菓
白金若干
右不愧轻微专人驰　贡万□
皇明　年　月　日　忝眷某端肃谨状
司牋利市　掌判利市

贯某府之某邑某乡某都某里
　忝眷生某姓某名顿首书上
某堂尊伯侍翁　翰学
某堂某尊姻家　侍右
伏承
不鄙寒微俯从冰议允以舍弟侄房长次男某
名与令侄女未百年伉俪者兹值过聘之期谨具
家谱年庶如左物仪另缄
○一　三代鲁太父某大父某父某　母某氏
○一　年庚　某年　某月　某日某时
大明　年　月　日吉旦　某端肃书上

图 3-4　过聘书式

明代一度流行一种“龚侍郎聘书式”则是将上述书启和礼物状合而为一，更加简便。过衣书则是用于亲迎之前的请期促妆之仪中的婚礼文书，陈请期促妆之意，明列男家送往女家的花髻盖头、首饰衣物、花粉画彩钱果等婚礼所需之物；女家回书则列回送新婿的衣物鞋帽等。

清代文献对婚礼文书的记载颇多，除文人所撰礼仪指南和尺牍帖式集成、日用类书外，方志文献也多有相关礼俗记录。据《清俗纪闻》所载，清代一些地方男女双方对婚事允诺两三日后，要择吉日，送去下聘书简并授茶，下聘书简亦称为“订婚书翰”；其后则有送盘，亦有礼物目录和书简，女方则有回帖；其后女方送妆奁，则有妆奁目录和女家八字帖等（图 3-5），可见此时婚礼文书的行用极其重要。此时，婚礼文书格式与形制更趋简便。各地风俗不同，婚礼文书名目也各不相同，男女庚帖、聘定之时的通婚书最为常见和重要。

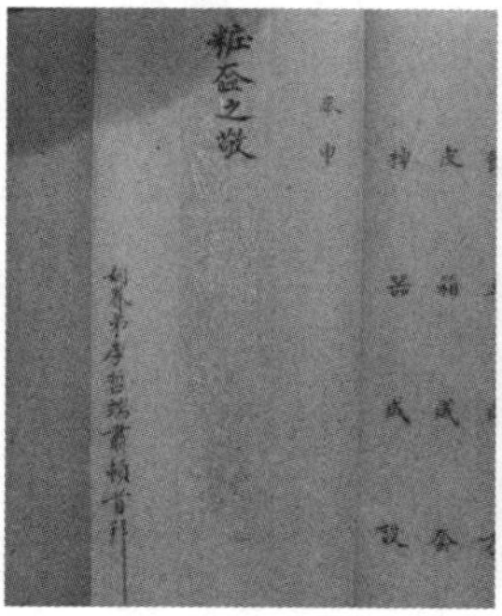

图 3-5　清代北京地区礼状

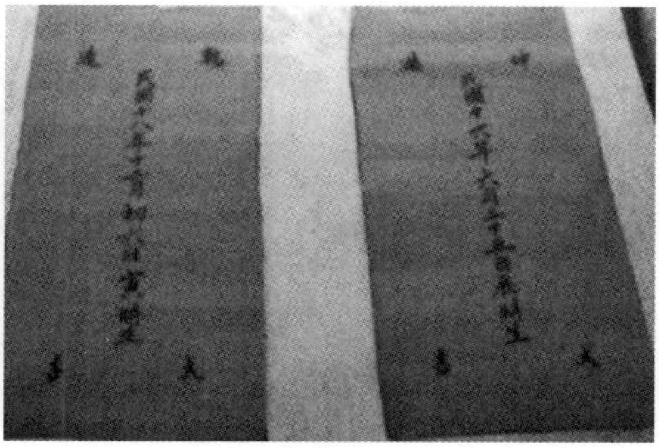

图 3-6　民国河北胜芳地区的定帖

庚帖出具男女出生年月日时辰，也称八字帖。庚帖有草帖、定帖，或小书、大书的区别，一如《梦粱录》所载南宋临安嫁娶之礼的草帖、细帖之分。草帖只为卜吉之用，若不成，则要退还。嘉庆《东台县志》载当地“村灶编氓初议婚，多以粗纸书女所生年月日时卜之，谓之草纸庚帖……不合，将草纸庚帖还女家另配”。民国初年修《杭州府志》所载清代婚礼，女家草帖称为“草八字”，男家草帖称为“草地脚”。议婚之初，“先由男家求婚送草地脚。红草笺书某人之子名某，年若干岁，住某处，红封送至女家；女家亦以红笺书某氏女若干岁，月日吉时生，由媒氏送至男家，互相求签问卜，吉则成，否则互还所送之帖，另议婚焉”。

婚事最后以定帖为准。定帖在清代文献中有很多称谓，如大帖、大八字帖、鸳鸯书、鸾书、礼书、销金书、龙凤帖，或通婚书、婚启等。双方送达聘礼之时，亦交换定帖。交换的过程都请媒证往来送达，常以“冠裳之客”或“亲友之尊贵者”为之。定帖的内容主要是男女生辰八字、姓名籍贯、三代世系。由男家开出的叫乾书，女家答书称坤书（图 3-6）。定帖写于红纸或红笺上，也有用描金鸾凤朱纸和红金笺、金花红笺的。湖南长沙、醴陵、湘乡等地用红绿笺。同治《安仁县志》

载，婿家先书男子年庚于红笺致女家，后女家亦书女子年庚于绿笺复婿家，即男红女绿。两湖和贵州一些地方，则将男女年庚书于一张红笺之上，左端列男子生辰，右端列女子生辰，即男左女右。一些有钱人家则用绛帛或红罗填写年庚。湖北孝感等鄂东一带，则以金或银造牌，镌婿生庚于上，女家如式报之。还有一种较为常见的定帖形制是将红纸四折六面，面书“天赐良缘”或“鸾凤和鸣”“文定厥祥”“龙凤呈祥”等字样，或用金字，内页则逐页书吉祥语，男女年庚、籍贯、结婚日期，媒证姓名等。这些礼帖不得写错，且要礼待书写者。随着时代发展，清末还出现了统一印刷统一格式的婚书，只需照例填写即可。

在漫长的历史中，礼俗交汇，婚礼文书种类样式繁杂，并不仅限于本文所介绍。然而，尽管名目、具体内容、格式有所变化，但是行用于婚礼过程中的各种礼仪文书的基本框架、意义功用并未发生太多变化。写有议亲男女姓名、生辰、排行、籍贯、家庭世系，以及往来双方的聘定礼物名称数目等内容的婚礼文书历来都最为核心和重要，如唐之通婚书、纳徵版，宋元之草帖、细帖、双缄礼书，明之名帖、过聘书、过衣书，清之庚帖、通婚书等，名目各异，而实质相通。这些婚礼文书自唐迄清，不仅是礼仪上的郑重往来，而且是律令所认定的婚姻关系的重要凭证，具有礼法的双重功用。《唐律疏义》卷十三《户婚二》载：“诸许嫁女，已报婚书及有私约而辄悔者，杖六十。虽无许婚之书，但受聘财，亦是。”宋元明清律令大致相同，强调婚书与礼状的重要性。格式和内容体现婚事郑重、喜庆、吉利的特征更是一脉相承，如需用彩笺真书，不能有单行只字，多用寓意美好姻缘的典故和辞藻等。正是这种与礼仪、律令、民俗相契合的基本礼仪格式和功用，使得婚礼文书历久弥新，不断演变，而成为传统婚礼不可或缺的组成，构成传统婚礼的独特面貌。

第二节 走向现代：近代北京地区婚姻礼仪变迁的个案研究

自清末以来，“文明婚礼”兴起，有识之士倡导取法欧美，变革传统婚礼，呼应时代思潮，而传统婚姻礼仪仍然在民间社会延续。这一时期，婚姻礼仪被视作社会变革的途径或者某种思想观念的表达工具，成为新旧传统论争、交锋的战场。近代婚姻礼仪的变迁是政治变革、现代性转型、文化惯性等多方面力量作用的结果，其影响一直延续至今。考察近代婚姻礼仪变迁，对于理解婚姻礼仪传统的当代重建与传承有重要意义。下面对近代北京地区婚姻礼仪变迁作个案研究，呈现婚姻礼仪在近代的复杂面相，为后文讨论当代传统婚礼的重建与传承提供知识谱系参考。

近代北京地区婚礼仪式的变迁过程可分为两个阶段：传统婚礼时期、新式婚礼时期。传统婚礼时期是指 1840 年到 1930 年左右，这一时期北京地区婚礼仪式的一般结构存续了《家礼》婚礼仪式的结构，表现为婚礼“三阶段”的完整，仪节的繁复；婚礼仪式的基本意涵存续前代的家族本位。新式婚礼时期是指 1930 年至 1949 年，这一时期婚礼仪式的一般结构是民国新式婚礼仪式的婚礼结构，表现为婚礼“三阶段”结构的残缺，仪节内容和数量的简化，结婚礼的西化；其基本意涵强调个体、社会维度对婚礼仪式的影响，一定程度上体现出社会本位的特征。新式婚礼时期，婚礼仪式的一般结构、基本意涵都与传统婚礼时期发生断裂，这催生了新的一般结构和基本意涵，体现在北京地区现代婚礼仪式的发生。

一、传统婚礼时期的婚礼仪式及其特征

近代北京地区传统婚礼仪式时期的时间起点是中国近代史的开端，即 1840 年，其时间终点的标志是《中华民国民法》的颁布实施，

即 1930 年左右。传统婚礼时期的空间范围大致由京师和京师附近的许多州县组成，如通州、昌平、怀柔等，它们大多属于今天的北京市，但也有固安、蓟州、清河等州县属于今天河北、天津的范围。在这一时期内，婚礼仪式在结构上存续了朱熹《家礼》婚礼仪式的结构，意涵上突出“家族本位”的特征，变迁机制以存续机制为主，主要分为晚清汉礼、晚清旗礼和民国旧式婚礼三种类型。

（一）存续“家礼婚礼”的结构

晚清时期的北京地区婚礼仪式主要分为旗礼和汉礼，汉礼主要分士族婚礼、北京礼和南礼。民国时期的旧式婚礼，主要是对旗汉礼的融合。表 3-4 是不同类型婚礼仪式的主要仪节和简单对比。

表 3-4　北京地区晚清婚礼和民国旧式婚礼的“三阶段”与“三阶段”内的核心仪节一览表

类别		三阶段		
		订婚阶段主要仪节	迎娶阶段主要仪节	整合阶段主要仪节
汉礼	士族礼	议婚、纳采、纳币、奉婚期柬	张陈婿室、迎亲、交拜、合卺	见舅姑、见祖弥、婿见妇之父母
	北京礼	问名（意愿、年庚）、合婚、行定、过礼	送妆、花烛、迎亲、拜天地、合卺、礼宾	庙见、回门、作双九、住对月
	南礼	说媒、过八字（门户条、八字）、放定、过礼	过嫁妆、迎亲、拜天地、合卺、闹洞房	见礼、庙见、回门、住对月
旗礼		相亲（过门户帖、相看）、合婚、放定、通信过礼	请亲友、送妆迎妆、娶亲送亲、拜天地、交杯酒、婚宴、致谢	双朝、见礼、倒茶、回门、倒宝瓶、单双九、住对月

（续表）

类别	三阶段		
	订婚阶段主要仪节	迎娶阶段主要仪节	整合阶段主要仪节
民国旧式婚礼	拿小帖儿、压小帖儿、下定、过礼	过嫁妆、迎亲、拜天地、合卺、婚宴	拜祖、分大小、回门、认亲、住对月

这些婚礼订婚阶段均包括四方面内容。其一，媒人沟通男女两家进行说媒。说媒主要包括两方面内容：了解婚配意愿，互换家庭信息。其二，媒人帮助获取男女的八字进行合婚。其三，合婚得吉之后，行定礼，即男女两家订立婚约的意思。女方收下定礼之后，婚约生效。其四，定礼之后，过礼和通信。过礼通信一般同时进行。过礼是下聘的意思，女方收取聘财之后，婚姻关系就算确定，得到当时的礼俗和法律保护。通信则是给女方通知迎娶的时间等安排。

迎娶阶段包括四方面内容。其一，女方送嫁妆。不同类型名称或有不同，送嫁妆、过嫁妆、张陈婿室均指送嫁妆的意思。其二，男方迎接新娘，迎接的过程中一般都有许多求吉、避害的仪节。其三，新郎新娘完成结婚礼，一般包括拜堂、合卺、座帐（坐帐）等内容。其四，宴请宾客。

整合阶段包括四方面。其一，见礼，即新娘拜见舅姑和男家宗亲，完成分大小。其二，庙见，即新娘进男家宗庙祠堂拜见祖先。其三，归省或回门，强调新娘回娘家，新婿拜见娘家亲族和祖先。其四，会亲，具体是指女方家族的亲戚来与男方走动，整合家族关系。

可见，这一时期北京地区婚礼均有完整的三个阶段，每个阶段均有四方面主要内容，由多个核心仪节展现，将其与家礼婚礼进行对比如下（表 3-5）：

表 3-5 北京地区传统婚礼时期婚礼仪式的一般结构与家礼婚礼对比

类别	近代北京传统婚礼时期一般婚礼		以朱熹《家礼》为核心的家礼婚礼	
	核心仪节	核心内容	核心仪节	核心内容
订婚阶段	通媒妁	打探婚嫁意愿和女方信息，互相了解家庭情况等。	议婚	男女到了结婚年纪，男家遣媒氏到女家“通言”，商量合婚意向。
	合婚	互换八字，卜筮婚姻结合的吉凶。		
	下定	女方收下男家定礼，表示男女两家的婚约初定。	纳采	女家有意向，则行纳采礼，且男女两家交换求婚书和允婚书，男女家都要告于祠堂。
	过礼	男家给女家下聘，女家收下聘财，两家姻缘男女婚姻关系成立。男家给女家送通信，告知婚期。	纳币	男家向女家送聘礼，即纳徵下聘。 除了聘礼，还需要具书、复书。
迎娶阶段	送嫁妆	女方向男方送嫁妆。	铺房	女家送嫁妆。
	迎亲	男家用仪仗迎接新娘到男家。	亲迎	醮子、命迎等内容。
	拜天地 合卺	完成以拜天地、合卺为核心仪节的结婚礼仪式。	交拜 合卺	新人交拜，饮用合卺酒。
	婚宴	男家宴请宾客。		

（续表）

类别	近代北京传统婚礼时期一般婚礼		以朱熹《家礼》为核心的家礼婚礼	
	核心仪节	核心内容	核心仪节	核心内容
整合阶段	见礼	新娘拜见舅姑、男家宗亲，融入新家庭和家族。	妇见舅姑、婿见妇之父母	大婚后第二天早上新妇拜见舅姑，舅姑醮之如女。新妇拜男家家族尊长。同日，新郎到女家拜女家宗亲、新妇的父母。
	庙见	新娘拜见男家宗祠祖先。	庙见	大婚后第三日，在男家祠堂，宗族族长主持新妇向祠堂祖先行礼。
	回门	新娘带新郎回娘家，新郎拜见新娘的父母、宗亲和祖先，让新郎融入女家。		
	会亲	大婚后九日，或者十二日、十八日，女家家族亲戚来男家串门认亲，促成两个家族关系的整合。		

可见，近代北京地区传统婚礼与家礼婚礼相比，整体结构、内容和功能基本一致，但部分名称略有不同，仪节数量也更多。所以说，这一时期北京地区的婚礼其实是对家礼婚礼的结构性继承，存续了完整的“三阶段”结构，保留了每阶段的核心仪节。而家礼婚礼又是朱熹在传统六礼婚礼的基础上适当修改并吸纳风尚简化而成的，也就是说晚清民国北京的传统婚礼其实也是对先秦以来的六礼婚礼的结构性

存续。可见婚姻礼仪在历史的传承中，生命力十分顽强。

（二）姻缘男女的包办制互动模式

传统婚礼时期，北京地区姻缘男女的互动模式是包办制的。互动模式是指姻缘男女在相识交往的过程中相互交流的特征。包办制是说姻缘男女的互动不是双方直接接触完成的，而是姻缘男女的家族、家庭帮助他们完成的。家族、家庭完成这一互动，主要借助的媒介是媒人、亲戚、好友。这些媒介都是家族、家庭主人社交关系网络中的一员。他们不受姻缘男女的意见和意愿左右，是姻缘男女家族族长或父母意愿的延伸。所以包办制的互动模式，主要是体现家族意志对姻缘男女互动的影响。

这一时期，北京地区婚礼的订婚阶段中，媒人是重要角色，对姻缘男女婚约的成立和婚姻关系的确定有重要作用。媒人是男家叩响女家大门的人。通过媒人建立男女两家的初步联系，然后帮助男女两家互相了解对方的家庭情况，如旗礼中的媒人帮助男家与女家互换门户帖，南礼中媒人帮助互换门户条等。此外，媒人还要帮助男家获取女家女子的年庚，甚至还要帮助男家去给女家下定礼和告知婚期等等。总之，媒人在订婚阶段对男女子婚约关系的成立有重要作用。媒人帮助姻缘男女互动的示意如下（图 3-7）：

图 3-7　包办制互动模式男女互动图示

媒人的存在，不是完成姻缘男女个体的结合，而是在帮助姻缘男女的家长完成两个家族、家庭的结合。一般来说，媒人并不与姻缘男女发生直接互动，媒人也无法知晓和传达姻缘男女对于配偶的要求。媒人促成的是姻缘男女家长的互动，了解和传达的是家长的要求。古语有“父母之命，媒妁之言”的说法，这背后也在暗示：父母之命与媒妁之言实际是一体的，这都代表的是姻缘男女家长的婚姻意愿。如《满汉礼俗》中描述：放定的时候，姑娘还都不知道哪（呐）。也是预先择个好日子，就是吉祥日子，由媒人给女家通过信儿去，然后到了那天，男家去个人。[①] 又如晚清旗礼中有所谓的“相看”仪节，即男女两家在媒人帮助下互换门户帖后，媒人会安排男家的主人或者其他亲友去瞧瞧看女子的长相，女子自己是不知道的。[②] 所以说，以媒人媒介为代表的包办制互动，不单单体现为姻缘男女的相识是间接的，他们的相知和缔结婚姻关系的互动都是间接的。

（三）婚姻关系的生效：家长主婚制度

传统婚礼时期，北京地区姻缘男女婚姻关系在礼俗层面生效需要完成两个婚礼仪节：下定、过礼。下定是男女婚约生效的仪节，过礼（或放大定）则是男女婚约成定的仪节。婚约成定之后，姻缘女子就算是男家的家庭成员，即使没有行结婚礼、庙见之礼，姻缘男女在礼俗层面其实已经有婚姻关系了。这一时期的《大清律例》和《大清现行刑律》中有关婚姻的规定认为男女双方只要交换了婚书，或女家收下定礼、聘礼，则算男女婚姻关系生效。故可知，这一时期判定姻缘男女婚姻关系生效与否，法律和礼俗是一致的，且法律规定遵循民间礼俗，体现出“依礼”的特点。

下定仪节得以进行需要满足三个条件：第一，男女及岁，即达到规定的允婚年岁；第二，是在媒介帮助下男女两家发生互动，互动的结果是双方家庭有合婚姻的意向；第三，是男女两家的姻缘男女合婚，将姻缘男女的八字条交给星相师卜算，合婚结果为中等婚及以上方可进行下定。这一时期，不同类型的婚礼仪式对下定仪节的称呼略有差异，但是均与“定”有关，此为沿用宋代“言定”的说法，只稍有改变。

---

① ［日］武田昌雄：《满汉礼俗》，上海文艺出版社，1989，第13页。

② 张宗平、吕永和译：《清末北京志资料》，北京燕山出版社，1994，第479页。

下定仪节的核心内容是男家要给女家送定礼，定礼一般是姻缘女子所用的钗钏首饰、如意戒指之类，女家收下定礼则表示同意求婚。在汉礼中，除了送定礼，男女两家需要交换龙凤喜帖，男家为红色龙凤喜帖，包括男子八字、主婚人信息和求婚书，女家为绿色龙凤喜帖，包括女子八字、主婚人信息和允婚书。正如《满汉礼俗》所言：放小定的礼物"不拘多少……是个信行的意思……在亲事上，却是一宗重要的证物"[①]。

在南礼和旗礼中，下定分为下小定和下大定。其中下小定又叫放小定，即前面所说的下定仪节。放大定和过礼则共同承担下聘的功能，类似家礼婚礼的纳币和古礼的纳徵。《满汉礼俗》指出："过礼和放大定，就是古时的纳徵，又叫纳币礼。旗人是富贵之家，才有过礼这节，汉人特重这个礼节。"[②]郑玄说："徵，成也。使使者纳币以成婚礼。"[③]《清末北京志资料》又指出："若双方满意，此事即定。男方父母向对方女子赠送衣服或首饰，作为彩礼。若是名门望族，则再举行一次送彩礼仪式。"[④]由此可知，放大定实为"送彩礼"。除了南礼和旗礼，文献记载中北京礼和民国旧式婚礼是没有放大定的，所以在这些类型中，过礼实际就承担了下聘的功能。

过礼的核心内容主要是过礼和通信。过礼其实就是向女家下聘礼。通信类似于"六礼"婚礼的请期，即男家定好婚期吉日等信息后，写在通书上，向女家请允。《满汉礼俗》指出："（通书）这是必需之要物，在法律上说，这是婚书。"[⑤]所以其实通书，就是旗礼中的婚书，其重要性类似汉礼中的龙凤帖。到了宋代《家礼》，朱熹将请期合并到纳币（纳徵），所以后世记录中下聘、请期常常合在一起。在民间礼俗层面，

---

① ［日］武田昌雄：《满汉礼俗》，上海文艺出版社，1989，第14页。

② ［日］武田昌雄：《满汉礼俗》，上海文艺出版社，1989，第24页。

③ 〔汉〕郑玄注，〔唐〕贾公彦疏：《仪礼注疏》上，王辉整理，上海古籍出版社，2008，第97页。

④ 张宗平、吕永和译：《清末北京志资料》，北京燕山出版社，1994，第479页。

⑤ ［日］武田昌雄：《满汉礼俗》，上海文艺出版社，1989，第25页。

即放完大定或行完过礼之后，女家收下男家的聘财，男女两家的姻缘男女的婚姻关系就真正建立了。

经过定礼和过礼而成定的婚姻关系，实际上受到当时的法律认可和保护。《大清律例 · 户律 · 婚姻》载：“凡男女定婚之初，若有残疾、老幼、庶出、过房（同宗）、乞养（异姓）者，务要两家明白通知，各从所愿（不愿即止，愿者同媒妁），写立婚书，依礼聘嫁。若许嫁女已报婚书及有私约（谓先已知夫身残疾、老幼、庶养之类）而辄悔者，（女家主婚人）笞五十。（其女归本夫）虽无婚书但曾受聘财者，亦是。”[①]不难看出，这一时期在法律层面姻缘男女的婚姻生效包括：婚书、私约和聘财。婚书、私约和聘财，三者满足一条，就算是婚姻关系成立，违背者要受到惩罚。婚书是指汉礼中的龙凤帖、旗礼中的通书等，这些都是婚约成定的重要文书。私约是指下定时候男家送给女家的定礼，女家收下定礼，则表示男家与女家有了私约。正如《满汉礼俗》记载：“若是男家有停婚另娶的事，女家可以凭这个（定礼、龙凤喜帖）去告；女家若是有罢亲的事，男家也可以凭这个去告。”[②]聘财是指放大定和过礼仪节的财礼，即使女家没有男家的婚书，也与男家无私约，但女家若收了聘财，也算是男女两家姻缘男女婚姻关系生效。所以说，晚清法律层面婚姻关系生效的标准是根据民间礼俗来定的，婚姻关系生效是由礼俗机制和法律机制共同作用，且法律机制是以礼俗机制为基础的。

更进一步，定礼、过礼仪节的操作与决策是由家族主婚人决定的，婚姻关系的成立与否，全凭主婚人的意愿，与姻缘男女的意愿无关。据《大清律例》所载：“嫁娶皆由祖父母、父母主婚，祖父母、父母俱无者，从余亲主婚。”[③]也就是说，婚姻关系生效的判定时，法律机

① 张荣铮等点校：《大清律例》，天津古籍出版社，1993，第217页。

② ［日］武田昌雄：《满汉礼俗》，上海文艺出版社，1989，第14页。

③ 张荣铮等点校：《大清律例》，天津古籍出版社，1993，第218页。

制以礼俗机制为基础，礼俗机制实际上就是体现和维护家族主婚人意志。这就恰恰反映出这一时期家族维度对婚礼仪式的重要影响。

（四）神明、家族主导的婚礼仪式见证体系

在晚清北京的士族婚礼仪式中，男家族长派族中子弟去女家纳采之前，需要告寝，即向祖先汇报情况。然后才会具求婚书，交付子弟为使去女家纳采。女家收下求婚书，在复书之前也需告寝，告寝之后方可复书允婚。告寝仪节反映出在汉族士族婚礼中，祖先是姻缘男女婚约言定的重要见证。这个仪节实际是对家礼婚礼中告寝的存续。但是，在南礼、北京礼和旗礼中则没有告寝，姻缘男女婚约言定的见证主要是媒妁和家族的亲戚。如前文所述，旗礼中下定仪节是直接让媒人代表男家去女家放小定。[①]南礼中也是请一个大媒（不同于介绍姻缘那个媒人）带着全份首饰和龙凤喜帖（含求婚书）去女家下定。[②]媒人、全福人和大媒既是男女两家互动的中间力量，又是男女两家姻缘男女婚约订定的见证。他们代表着一定的社会力量，但更是家族意志的延伸，本质上是家族意志的代表。

在行结婚礼时，不论是汉礼还是旗礼，新郎新娘都要拜天地。在南礼中，“喜堂上，设香案供寿星牌位”[③]；撒帐之后，新娘稍微休整梳妆后，“新郎同新妇拜祖祀灶”[④]。在旗礼中，新娘喜轿快到男家时，需要在“喜房的堂屋地上，设摆一张桌子，上头供上香、蜡、纸马等等。……（新郎、新娘）冲这桌子磕了头，这名就叫拜天地”[⑤]。拜天地主要是让天地和天地诸神为新郎新娘的婚姻关系做见证，这里面包含了当时人们的神灵信仰，也是时人“天地君亲师”儒家观念的体现。

---

① ［日］武田昌雄：《满汉礼俗》，上海文艺出版社，1989，第13页。

② 朱琪：《北京民间婚姻礼俗》，《民国档案》1994年第3期。

③ 朱琪：《北京民间婚姻礼俗》，《民国档案》1994年第3期。

④ 朱琪：《北京民间婚姻礼俗》，《民国档案》1994年第3期。

⑤ ［日］武田昌雄：《满汉礼俗》，上海文艺出版社，1989，第123页。

除了拜天地时需要拜神明，在见礼、庙见礼时也需要拜神明。旗礼中，新婚夫妇取柴一把到厨房供在神前，并点火烧锅中水，放入三杯水，三把米。[①]新郎带新妇到佛堂行礼，或者望空行礼，然后新郎带新妇到祠堂拜祖先。[②]南礼中，新郎挑开盖头后，新郎等人退出，伴嫂和老嬷给新娘换装，之后新郎新娘拜祖拜灶神。由此可见，除了迎娶阶段拜天地，整合阶段还需要拜灶神、佛等神明，以此表示家庭的神明、祖先接纳这位新人。

婚宴、见礼、庙见礼等仪节中，男女两家的亲族也参与见证。其中婚宴主要是亲族见证新郎新娘的结婚礼。而见礼、庙见、回门主要是男女两家亲族见证新妇、新婿融入彼此家族。不论在旗礼还是汉礼，庙见礼都需要拜祖先，或去家庙，或是墓前，以让家族祖先知道家族的人员变化。其中新妇的庙见礼尤为重要，标志着新妇完全成为男家家庭成员。这些内容都指向家族祖先、亲长等对婚姻关系的见证，通过敬祖先、明尊卑、分大小来体现。这些在一定程度上表达了新人夫妇对父母养育之恩的感谢，体现着孝道精神和中国人的伦理观念。

不论是媒人、家族的亲属还是家族的祖先，甚至是家族的友邻，这些见证力量都体现了家族维度力量对婚礼仪式见证体系的影响，反映了婚礼仪式对家族关系整合的重要作用。拜天地和拜神佛则主要体现了神明力量对婚礼仪式见证体系的影响，其中灶神和家族佛堂其实是家族力量的变体，它们本质上代表的是男家家族家庭的含义。而拜天地所体现的“天地君亲师”的观念，其本质上与重视家族关系整合的观念是相互联系的。故而，就这一时期见证体系而言，家族和神明是见证体系的主导力量，神明其实是家族力量的一种变体，反映着婚礼的家族本位。

---

① 张宗平、吕永和译：《清末北京志资料》，北京燕山出版社，1994，第481页。

② [日]武田昌雄：《满汉礼俗》，上海文艺出版社，1989，第140页。

（五）以“求子、求吉”为核心的仪式化表达

传统婚礼仪式中往往包含许多与新郎新娘有关的祈愿，如求子、求吉、求福、求财、求寿、祈婚姻美满等等。在众多祈愿中，求子、求吉是最核心的。这一时期的婚礼仪式中，人们往往通过诸多仪节来表达求子、求吉的愿望。这些仪节的形式、内容基本是固定的，且带有一定的对神秘力量的信仰色彩，呈现出程式化、仪式化的特征，所以称之为仪式化表达。

求子是这一时期婚礼仪式的首要关注。南礼主要体现为撒帐、“传宗接代”和寿星的“三多”之词。撒帐是指（饮交杯）毕，由赞礼人念喜词，以干果一盘频向帐中撒之，谓之“撒帐”。也就是拿一些与“生子”的读音谐音的干果，如荔枝、栗子、花生等。“传宗接代”是指新夫妇牵红，由喜堂至洞房行时，必以布袋铺地履行，其上袋数或九或七，取其七代九代传统也。新娘在红布带上行至中堂，为“传袋”。“袋”与“代”谐音，含有传宗接代的意思。“三多”之词是多福多寿多男子。“三多”之词是在南礼新郎新娘拜天地之后由亲友中一位年长老者担当寿星念诵。旗礼主要体现为吃子孙饽饽和倒宝瓶。旗礼吃子孙饽饽和倒宝瓶的习俗，是指新娘出嫁当天，娘家要拿两个碗、两双筷子放到新娘的喜轿里，这叫子孙碗。等到新郎新娘合卺交杯后，娶亲太太、送亲太太用子孙碗盛饺子喂给新婚夫妇吃，叫作吃子孙饺子。吃完子孙饺子，就寓意能够早生贵子。倒宝瓶则主要是整合阶段，新郎新娘回门之后，两人坐在炕上，牵出部分衣襟相重叠。由家里的老太太念着“一倒金、二倒银，三倒儿女一大群”的话，将宝瓶中的东西倒到夫妻衣襟重叠部分。民国旧式婚礼中过礼用“早生贵子”（取干果谐音），坐帐时用“早生贵子”撒帐、吃子孙饽饽等。

从这些记载可见，求子仪节祈求的方式主要有两种：其一是谐音原则，即通过谐音，形成吉祥话以求子；其二是祝词原则，用带有咒语色彩的祝词来求子。这些谐音吉祥话或者祝词，配合一定的行为，则

形成相应的求子仪节。这背后都反映出这一时期民众对神秘力量的崇拜。他们希望通过婚礼仪式上的一些仪节让这些神秘力量产生切实的作用，完成他们美好的祈愿。这也说明婚礼仪式对家族繁衍有重要作用和意义。

求吉是传统婚礼仪式关注的重点。不论旗礼、汉礼，都有许多仪节与求得婚礼吉顺、夫妻关系吉顺有关，其中旗礼求吉的现象最为突出。求吉的方式主要有两种：其一主动求吉，即实施吉顺的行为；其二是主动避煞，即规避和祓除不吉，如婚礼仪式中的各种禁忌。

在传统婚礼时期的订婚阶段，合婚求吉是婚礼仪式中第一桩重要的求吉。不论是北京礼、南礼还是旗礼，均要合婚。合婚结果若为中等及上等婚才能进行后面的下定，若为下等婚则终止婚姻流程。合婚的方式主要有两种：一种是交给星相师看算，以卜筮吉凶，这是十分常见的；还有一种则是将过八字条拿来的八字压在灶神菩萨下面，以观后几日内可有碗盘摔碎，若无则吉，若有则不吉。不论是星相师，还是灶神菩萨，均体现出当时民众对未知神秘力量的崇拜和信仰，体现了他们对婚姻的看重，筮之以神，听神的旨意；也反映了当时婚礼仪式与日常生活和信仰之间的紧密联系。

第二桩重要的求吉主要体现为择吉，包括下定、过礼择吉日和写通书之前的择吉仪节。择吉仪节主要体现在迎娶阶段。在迎娶之前，需要请星相师卜算迎娶的日期，上轿下轿的时刻，拜天地的时刻、方位，坐帐的朝向，以及与新郎新娘相冲的属相[①]，以遴选迎娶当天负责一应事务的各类人等。星相师卜算择吉之后，将一应事务写在通书上，然后男家将通书送往女家，告知婚期，并将新娘用的婚服和一些礼物共同送给女家。通信过礼之后，婚事的安排就按照通书所写进行，以

---

① 此后还有一次称为过礼的仪式，即男方请阴阳家选择举行婚礼之吉日，且择定姻缘女子上轿下轿之时刻等一切事项，并将当日执事之妇女宜用何种干支之人写在帖上，连同姻缘女子坐轿应穿之细筒裤等赠予女方。（张宗平、吕永和译：《清末北京志资料》，北京燕山出版社，1994，第479页）

求吉利。第三桩求吉主要体现为婚礼仪式的一应辅助人员，需要是双全的夫人、老人，又叫全口人、全福人，以及父母双全的童子。娶亲送亲的人数，定礼的数量，嫁妆的担数等都讲究双数。这都是表现传统婚礼时期婚礼仪式对成双、完整的祈求，表达的是对新郎新娘成双的祝愿，以及对婚姻家庭完满的祝愿。

除了以上三桩主动求吉之外，在迎娶当天，男家为了接纳新娘会有一系列活动避煞求吉，以祓除不祥。如男家发轿之前，需要压床、响房、照轿，其目的都是为了祛除不祥，以求吉顺。而所压之床，所响之房，与所照之轿皆与新娘的到来有关。娶亲队伍回到男家，新娘喜轿落地前，喜轿需要从火盆上跨过，是为祛除不祥；喜轿落地，新郎对着轿子虚射三箭，叫作“射煞”。此后新娘下轿，新娘口含着苹果跨过马鞍，是为“平安”。然后新娘抱着宝瓶进入喜房，坐到床上，是为“抱瓶”。新娘抱瓶安稳地坐到床上，则是平安吉祥的寓意。从下轿到进入喜房的床上，新娘脚不能踩在地上，必须踏着红毡走过，以免不祥，此仪节叫作“倒红毡”。可见，在传统婚礼中，新娘进入男家需要进行一系列的“考验”，这些“考验”仪节大多与祓除不祥有关联，是新娘身份转变、融入新环境的过渡仪式。在这个过渡阶段，人们通过一系列行为驱邪避煞，以保证接纳新成员可以吉顺、平安。

综上所述，这些求子求吉的祈愿，本来是与新人直接相关的，但却并非新人主动表达的，它们其实是家族意志的呈现，新人则是这场求子、求吉仪式中的重要“道具”，不可或缺却不由自主。所以，某种程度上来说，新郎新娘成为家族祈求子孙繁衍的媒介，婚礼仪式则是一场整个家族的祈愿仪式，再一次透露着传统婚礼的家族本位特征。

二、新式婚礼时期的婚礼仪式及特征

新式婚礼时期的婚礼仪式与传统婚礼时期有巨大差异。结构上，与家礼婚礼的结构发生断裂，表现为“三阶段”结构的残缺，结婚礼仪式的西化，婚礼仪节的简化和非程式化。意涵上，不再体现“家族本位”，而是以个体、社会维度为主，呈现出一定的社会本位特征，表现为婚礼仪式的变迁体现了较强的国家意志，婚礼仪式是政府风俗改革的重要阵地。

（一）残缺的“三阶段”：新式婚礼结构的基本特征

新式婚礼时期主要指 1930 年左右到 1949 年这段时间内的婚礼仪式。但因为这一时期的婚礼是对晚清民国的文明结婚礼和蔡元培主持的《婚礼草案》（1928 年）中新式婚礼的继承发展，故后文在讨论时会有所涉及。此外这一时期的新式婚礼对后来的茶话会式婚礼仪式和革命婚礼仪式产生了巨大影响，使得婚礼仪式的结构与传统结构继续断裂，进一步稳固了残缺的“三阶段”结构、仪节的简化非程式化和结婚礼的西化等特征（表 3-6）。在意涵方面，姻缘男女互动模式、婚姻关系生效机制、婚礼仪式见证体系等，都发生了较大变化。可以说 1949 年以后，北京地区的婚礼仪式主要是对晚清民国新式婚礼的存续，故此将它们放在一起讨论。

表 3-6　新式婚礼时期北京地区几种主要婚礼仪式的三阶段结构与核心仪节对比一览表

	订婚阶段	迎娶阶段	整合阶段
新式婚礼	自由恋爱、求婚、订婚、通告	准备、发请帖、迎亲、结婚典礼（结婚礼、谒见礼）、婚宴	（谒见礼）①
茶话会式婚礼	相亲、交往、定亲、彩礼、商议婚事、登记结婚	迎亲、结婚典礼、婚宴	（拜父母）回门
革命婚礼	相亲、交往、政审、登记结婚	迎娶、结婚典礼、婚宴	（拜父母）

① 本表括号内的内容表示其原本属于整合阶段时间段进行的仪节，但是在结婚典礼上已经举行了。

上表为北京地区新式婚礼仪式、茶话会式婚礼仪式、革命婚礼仪式的“三阶段”结构和阶段核心仪节的对比情况。从表中内容可知，这一时期婚礼仪式订婚阶段的仪节呈现出简化趋势和非程式化特征。新式婚礼中，主要包括订婚和通告仪节，婚礼仪节的程式化特征还较为明显。茶话会式婚礼仪式中，订婚阶段仪节数进一步减少，仪节形式进一步简化，婚礼仪节的程式化特征减弱。革命婚礼仪式则进一步简化。整个婚礼仪式的订婚阶段,逐渐以相亲、交往、登记结婚等为主。

迎娶阶段的仪节总体也在减少,程式化程度相较于订婚阶段略高。新式婚礼以发请帖、迎亲、结婚礼、谒见礼和婚宴构成，仪节虽然简洁,但十分固定。结婚礼的西化,且逐渐成为整个婚礼仪式的主要内容，将婚礼“三阶段”变为两头尖中间鼓的橄榄形状，成为新式婚礼的显著结构特征，并对后来的婚礼影响巨大。茶话会式婚礼和革命婚礼的迎娶阶段基本一致，这一时期提倡婚礼简办，故婚宴十分简单，一般也不会宴请太多宾客，故发请帖就比较少。迎亲也十分简单，不需要吹打等仪仗；结婚典礼主要是结婚仪式，其内容是新式婚礼仪式结婚礼和谒见礼的结合，但又省去了其中许多环节，如省去了交换戒指等西方风尚的内容。

整合阶段的残缺，表现为合并于迎娶阶段和仪节缺失。这成为这一时期新式婚礼最显著的结构特征。整个整合阶段的时间内，几乎没有仪式再进行。发展到后来，茶话会式婚礼仪式中或有回门，但也不能弥补新式婚礼改革带来的整合阶段残缺的事实。然而，整合阶段的功能实际上被迎娶阶段的结婚典礼所分担，体现为新谒见礼即为传统婚礼的“见礼、庙见、会亲”，即新郎新娘拜父母、拜男女家亲族，男女家亲族行相见礼等。到了茶话会式婚礼仪式和革命婚礼中，新式婚礼的谒见礼进一步缩减为对父母行礼，无会亲敬祖等内容。至此，叩拜或者谒见父母成为结婚典礼重要内容的格局得以奠定，并一直影响到今天。

综合新式婚礼时期不同类别婚礼仪式的内容，其一般婚礼结构与核心仪节分布如下（表 3-7）：

表 3-7　北京地区新式婚礼时期婚礼仪式的核心仪节和其与该时期三类婚礼仪式仪节的对应关系

阶段	一般结构	核心仪节	新式婚礼	茶话会式婚礼	革命婚礼
订婚阶段	相亲	男女到了适婚年龄，则有介绍人为之介绍对象，合适则相亲，相亲满意则男女互相交往。也有不经过介绍认识的，此类为自由恋爱，则不用相亲。	自由恋爱求婚	相亲交往	相亲交往
	订婚	交往一段时间后，姻缘男女互相满意，则与父母商量，一般父母同意后，姻缘男女则进行订婚。民国新式婚礼订婚不讲彩礼，20 世纪 50 年代开始关注男家住房、家具等，是彩礼的变体。	订婚	定亲彩礼	无
	商议婚事	订婚之后，男女两家一起商议婚期等各类婚礼细节。	通告	商议婚事	政审
	登记领证	1949 年后，姻缘男女结婚需要到政府部门登记，然后领取结婚证书。	无	登记领证	登记领证
迎娶阶段	迎娶	迎娶之前往往有许多准备工作，准备结婚典礼用的物资。结婚典礼当日，新郎用花车、自行车等迎接新娘到结婚典礼举办地点。	汽车、花马车	自行车、汽车	不用迎娶或用自行车
	结婚典礼	结婚典礼主要包括结婚礼、谒见礼。谒见礼在新中国成立初期和“文革”时期简化为仅拜父母，并融入结婚礼中。	结婚礼、谒见礼	结婚仪式	结婚仪式
	婚宴	这一时期婚宴十分简单。	汽水果品	茶水	喜糖
整合阶段	回门	这一时期整合阶段几乎没有仪节。	无	回门	无

总的来说，新式婚礼为婚礼的变迁带来了结构性变革，整个婚礼的结构产生重要变化，呈现出残缺的“三阶段”结构，整合阶段脱落，迎娶阶段结婚典礼逐渐代替婚礼的全部内涵，反映出了时代与传统婚礼的结构性断裂。

（二）姻缘男女的自由制互动模式

近代以来，西风东渐，自由、平等的思想也随之传入中国。清末民初，新式婚礼在北京的部分进步青年和海归知识分子阶层中兴起。他们提倡自由恋爱，自主结婚，提倡婚姻中男女平等，取消对女性的不平等束缚等。由此，自由恋爱的风气在部分人群中流行，他们的互动模式则是前文所述自由制互动模式中的一类。随着新思想的影响不断扩大，提倡自由、平等和去除封建愚昧的思想影响了民国中后期的婚礼仪式改革。1928年政府命蔡元培等人编修《婚礼草案》，1930年左右颁布实施《中华民国民法》等事件，促使广大民众改革婚礼仪式的内容和思想，很大程度上改变了男女的互动模式。

与传统婚礼时期姻缘男女包办制的互动模式不同，新式婚礼时期男女的互动模式是自由的。包办制互动强调家族对姻缘男女个体意愿的把控，姻缘男女的互动并非二人直接完成，而是双方家族与媒介共同完成的。这种互动是间接的，是家族意志的体现。自由制互动模式强调姻缘男女相识、交往等互动是自由的，并充分体现和尊重他们的个体意愿。他们的相识、交往，甚至是操办婚事等行为中的互动，虽然会借助一些媒介，但总体是个体意愿的体现，是直接的。这一时期，自由制互动模式包括两种类型：其一是自由恋爱，即姻缘男女的互动，是完全直接的、面对面的；其二是借助一定的媒介相识和交往，但媒介传达的主要是姻缘男女的个体意愿。

姻缘男女相识一般也需要媒介，其媒介叫作介绍人。在民国的新式婚礼中，介绍人除了介绍男女相识，在男女的订婚仪式上是重要见证，体现为男女的订婚帖上需要介绍人的签名；还是男女婚姻关系生效的重要见证，体现为男女的结婚证书上需要介绍人的签名和印章。1949 年后，订婚仪节被简化，介绍人不再是男女婚约生效的见证，但仍旧是介绍男女相识的重要媒介，是见证男女结婚礼的重要角色。

介绍人的身份是多样的，但主要是姻缘男女的同事、朋友、同学、亲戚等。各种身份介绍人的共同特征是，他们主要都是姻缘男女个人社交关系网络中的角色，介绍人是姻缘男女个体意愿的传达者和延伸。介绍人往往直接与姻缘男女发生互动，促成男女相识，然后姻缘男女自主进行交往、恋爱。即使介绍人通过姻缘男女父母介绍，但交往与否都需要尊重姻缘男女的个体意愿。这种男女互动的方式就完全不同于包办制相识互动模式，其互动如下（图 3-8）：

图 3-8　新式婚礼时期自由制互动模式下的男女互动图示

介绍人介绍与传统婚礼时期的过门户帖、合婚、相看等仪节有类似之处。传统婚礼时期的这些仪节表现的是在媒人帮助下，男女两个家族、家庭之间的交往，增进彼此的了解，体现的是家族意愿对婚礼仪式的影响。而新式婚礼时期的相亲、交往，是在介绍人的帮助下，姻缘男女个体之间互相交往、了解，体现的是个体意愿对婚礼仪式的影响。这与传统婚礼的功能和意涵是完全不同的，是新式婚礼仪式意涵和传统婚礼发生断裂的具体表现。

（三）婚姻关系的生效：证婚制度与登记制度

新式婚礼时期，北京地区姻缘男女婚姻关系的生效依旧分为礼俗层面生效与法律层面生效，其中法律层面生效才意味着男女婚姻关系真正生效，并受到国家法律保护和制约。同时，这一时期的法律在认定男女婚姻关系生效时，逐渐摆脱礼俗的控制，表现为以法为准的原则，法律只是适当考虑礼俗；1949 年以后，婚姻关系的生效体现出“依法”原则，主要根据登记制度确定婚姻关系。

民国新式婚礼仪式中完成订婚礼，需要满足三个条件：其一，男女符合法律规定的年龄，即“男未满十七岁，女未满十五岁者，不得订定婚约”[①]。其二，要有订婚信物，即男女交换订婚帖。其三，交换订婚帖需要订婚双方在公共场所交换，并需要主婚人、介绍人和订婚人签名。由此可见，婚约的生效其实也是需要见证的，见证力量主要是男女之父母和男女姻缘的介绍人。这在一定程度上存续了传统婚礼时期家族力量决定男女婚约关系生效的传统。但是在存续这种传统的同时，更多的是重构和断裂。家庭逐渐替代家族，完成相关的重构。父母和家族的意志逐渐让位于男女个体意愿，则是断裂的表现。民国新式婚礼中，订婚仪节是婚约关系生效的仪节。订婚之后的“通告”，则类似传统婚礼时期的通信过礼仪节，是在两个家庭层面确定姻缘男女婚姻关系初步生效的仪节。经过通告仪节，男女两家要立下婚期帖，两家父母要在上面签字，此后姻缘男女便须按照婚期帖的约定，如期举行婚礼。这反映出，虽然个人意志在婚礼仪式中不断上升，但家庭对姻缘男女婚姻关系的确定还是有影响的。

新式婚礼仪式中，婚约成立并不意味着婚姻关系的生效。“婚约者，男女双方约定将来应互相结婚之契约也。”[②]《民法概要》指出：“婚约，乃结婚之预约。在依法结婚前，男女双方尚未发生夫妻关系。”[③]民国新式婚礼婚约关系生效后，在法律上承认婚约关系，但婚约可以

① 《中华民国民法·亲属》，转引自钟乃可《通俗法律讲话》，上海中华书局，1936，第 32 页。

② 杨与龄编著：《民法概要》，中国政法大学出版社，2013，第 407 页。

③ 杨与龄编著：《民法概要》，中国政法大学出版社，2013，第 408 页。

解除，不可要求强制履行。[①] 婚姻关系真正生效，是需要举办一场结婚礼仪式。《中华民国民法·亲属》规定："结婚，应有公开之仪式及二人以上之证人。"[②] 结合《婚礼草案》《清稗类钞》等可知，当时的新式结婚礼仪式是公开的，且有证婚人、介绍人出席，并会在男女二人的结婚证书上签字盖章。虽然这一时期的结婚证书不是政府颁发的，但是有了签字和盖章，则可以找到人证证明二人的婚礼仪式，以此满足法律规定的公开仪式的条件，进而证明婚姻关系的确立。可以看出，在这一时期，婚姻关系的生效是以法为准参照礼俗的证婚制度。这就进一步压缩了家族意志对婚姻关系的控制，让个人意志和社会力量对婚姻的影响扩大。

1949 年以后，北京地区主要流行茶话会婚礼仪式、革命婚礼仪式。总体而言，这一时期婚礼仪式的订婚仪节形式不断淡化，但仍有订婚这样一个仪节。如茶话会式婚礼仪式中，姻缘男女相亲交往一段时间后有结婚意向多与父母商议，父母同意后，家长则备礼正式确定男女的婚约关系，称之为定亲或订婚。送的礼物多为生活用品和衣物。传统婚礼时期，男女婚约成定有婚书或通书，新式婚礼时期的民国新式婚礼有订婚帖，而新式婚礼时期的茶话会婚礼仪式和革命婚礼，甚至是今天的婚礼仪式中，一般没有订婚文书，甚至连正式的订婚仪节也没有。这与《中华人民共和国婚姻法》的颁布有关。

---

① 第九百七十二条 婚约，应当由男女当事人自行订定。

第九百七十三条 男未满十七岁，女未满十五岁，不得订定婚约。

第九百七十五条 婚约不得请求强迫履行。

第九百七十六条 婚约当事人之一方，有下列情形之一者，他方得解除婚约：一、婚约订定后再与他人订定婚约或结婚者。二、故违结婚期约者。三、生死不明已满一年者。四、有重大不治之病者。五、有花柳病或其他恶疾者。六、婚约订定后成为残废者。七、婚约订定后与人通奸者。八、婚约订定后受徒刑之宣告者。

《中华民国民法·亲属》，转引自王新宇《民国时期婚姻法近代化研究》，中国法制出版社，2006，第 68 页。

② 黄右昌:《民法亲属释义》，上海法学编译社，1946，第 36 页。

1980年9月通过的《中华人民共和国婚姻法》规定："禁止包办、买卖婚姻和其他干涉婚姻自由的行为……结婚必须男女双方完全自愿……结婚年龄……要求结婚的男女双方必须亲自到婚姻登记机关进行结婚登记……取得结婚证，即确立夫妻关系。"[①] 从法律条文来看，禁止包办和买卖婚姻，即是禁止父母等他人参与干涉男女的婚姻，禁止通过婚姻索取财物。这两条禁令，是对传统婚礼仪式合婚、下定和过礼等仪节的否定，从国家层面，想要自上而下地革除旧式婚礼中的习俗，保障人民的自由、平等，带来新的风尚。法律层面不再承认婚约，所以在民间订立婚约仪节的重要性降低，仪节内容自然会减少甚至消失。婚姻关系生效，全凭姻缘男女自主、自愿到国家有关政府部门登记，领取结婚证书[②]。领取证书之后，则婚姻关系生效，反映出婚姻关系生效的依法原则。

综上所述，近代以来北京地区新式婚礼中婚姻关系生效分为证婚制度和登记制度，不同于传统婚礼时期的家长主婚制度。家长主婚制度，体现了礼俗机制对婚姻关系生效的决定性作用，法律是以礼俗为基础的。而新式婚礼时期的证婚制度和登记制度，都是体现法律机制对婚姻关系的决定性作用。不过证婚制度的法律机制受到民间礼俗的

---

① 《中华人民共和国婚姻法》，法律出版社，1980，第3页。

② 问题九：结婚为什么要到人民政府登记？婚姻法施行后结婚没有登记是否必须补行登记？

【答】婚姻法规定："结婚应男女双方亲到所在地（区、乡）人民政府登记。"为的是人民政府应具体查明：结婚是否出于男女双方自愿，是否已够婚龄，是否买卖婚姻，是否合乎一夫一妻制，有无违背亲属间禁止结婚规定等情况；经查明合法的，准予登记，发给结婚证，给以法律保护。同时可以使男女在婚前慎重考虑结婚问题，婚后更好地巩固夫妻关系，严肃地处理家庭问题。因此，结婚须男女双方亲到人民政府登记。

婚姻法施行后，婚姻登记机关已建立而不去登记结婚是不应该的。对事实上已结婚而仅欠缺结婚登记手续者仍认为是夫妻关系，可不必补行登记。如其自愿请求补行登记者也可补行登记，并发给结婚证。在一九五三年三月贯彻婚姻法运动后，男女结婚时，男女双方均应遵守婚姻登记制度，进行登记。（《中央人民政府法制委员会有关婚姻问题的解答》，《人民日报》1953年3月22日，第03版）

影响，体现出以法为准的原则；登记制度的法律机制不受民间礼俗的影响，体现出其依法原则。证婚制度和登记制度都是国家层面对婚礼仪式改革的具体措施，是风俗改革的重要表现，反映了这一时期以法律形式出现的国家意志对婚礼仪式中婚姻关系确立的影响，体现了社会维度力量的巨大影响力。

（四）社会力量主导的见证体系

法律层面确定了婚姻关系的确立，在礼俗层面，婚礼的重要仪式仍旧需要各种见证。在北京地区传统婚礼仪式中，见证体系主要是由媒妁、家族和神明构成，媒妁、家族和神明实为一体，是家族意志的体现，表现出传统婚礼家族本位的特征。新式婚礼的见证力量主要由介绍人、证婚人、家庭、亲属和国家在场构成，其中社会力量占据了主导，一定程度上体现出这一时期社会本位的倾向。

民国新式婚礼仪式中，婚约的成立需要介绍人在订婚帖上签字，所以其见证力量主要是介绍人。介绍人的身份往往多为姻缘男女的同事、好友。同时，《中华民国民法》规定结婚需要公开仪式和二人以上证人，所以民国新式婚礼的结婚礼见证主要力量便是证婚人和介绍人，他们需要在结婚证书上签名盖章。证婚人一般是有一定社会地位的人，是新郎新娘的师长等，如冰心与吴文藻的婚礼上（图 3-9），他们的证婚人就是当时燕京大学的校长司徒雷登[①]。介绍人和主婚人共同构成民国新式婚礼仪式中代表社会维度的见证力量。

1949 年以后，茶话会婚礼仪式和革命婚礼仪式中，因为婚约不受法律认可，故而订婚礼几近消弭。媒妁和介绍人在仪式层面不再是姻缘男女婚约关系成立的重要见证力量。这一时期尽管婚姻关系的确立全由婚姻登记决定，但在结婚礼仪式层面仍旧保持了证婚制度。在

① 王炳根选编:《冰心文选·冰心散文选》，福建教育出版社，2015，第 124 页。

图 3-9　冰心、吴文藻的结婚照片

这一时期茶话会式婚礼仪式和革命婚礼的结婚礼中，证婚人致辞是重要环节。证婚人一般都是单位的领导[①]。单位领导实际上也就是具有一定社会地位的人，与新郎新娘的联系一般不是亲缘联系，这与民国新式婚礼类似。但不同的是，这一时期的单位领导往往还代表着集体利益，甚至有时候是国家意志的代表。具体体现为，单位领导致辞的内容往往是宣传《婚姻法》，对"新郎新娘提要求"，努力工作建设国家

① 茶话会式婚礼仪式的结婚典礼：

甲、司仪宣布结婚典礼开始。

乙、致辞环节：

a. 证婚人致辞。证婚人一般是单位的领导，致辞内容往往将婚姻、家庭和工作，个人和集体等相结合，宣传《婚姻法》的思想等内容。

b. 主婚人致辞。主婚人往往是家长，主要说祝福的话和感谢的话。

丙、鞠躬礼：

a. 向毛主席像鞠躬；

b. 向家长鞠躬；

c. 向来宾鞠躬。

丁、新郎新娘致辞：一般来说新郎新娘的发言多是报告恋爱经历等。

戊、歌舞表演、说笑，又叫"闹洞房"。

（根据茶话会式婚礼仪节调研整理）

革命婚礼的结婚典礼：

甲、全体共唱《东方红》和《大海航行靠舵手》。

乙、全体背诵两段"最高指示"。

丙、新郎、新娘向毛主席像三鞠躬；新郎、新娘向双方家长三鞠躬；新郎、新娘互相鞠躬。

丁、来宾代表（一般为单位领导）向新郎、新娘提要求。

戊、新郎、新娘表决心（婚后如何搞好学习、工作、计划生育……）。

己、分发喜糖。

（根据《中国婚姻调查》整理。黄传会:《中国婚姻调查》，中国言实出版社，2021，第93页。）

等。这与民国新式婚礼中证婚人展读结婚证书和祝福婚姻的致辞有所差异。反映出茶话会婚礼仪式和革命婚礼仪式将婚姻仪式空间作为思想学习和教育的场所，将婚礼仪式的集会，变成思想宣传和教育的契机。这与当时《人民日报》紧锣密鼓宣传《婚姻法》，批评包办婚姻等的舆论是同步的，是推动整个社会进行风俗改革的重要举措。故此，茶话会式婚礼仪式和革命婚礼仪式的证婚人见证力量，是新人个人社交关系网络的社会维度见证力量，更是国家在场的社会维度见证力量。

新式婚礼的见证体系除了见证人和介绍人，还有代表着国家意志的国旗、领导人像等内容，这些在某种程度上是一种国家在场。在民国的新式婚礼结婚礼中，婚礼礼堂装饰有孙中山大总统遗像、中华民国国旗和国民党党旗（图 3-10）。新人在行结婚礼时需向遗像、国旗和党旗行三鞠躬礼。这些元素都是国家意志的符号化体现，代表了婚礼仪式中的国家在场，新郎新娘的结婚礼里国家意志是重要的见证力量，是推进婚礼改革，促进自由、平等思想传播的重要形式。

在茶话会婚礼仪式和革命婚礼的结婚典礼上，也有类似的国家意志的符号化体现。茶话会式婚礼仪式的结婚典礼上，新郎新娘需要向毛主席像行鞠躬礼。革命婚礼仪式结婚典礼上，新郎新娘除了要向毛主席像行鞠躬礼，开场还要和其他来宾一起唱《东方红》《大海航行靠舵手》，并背诵两段“最高指示”。可见在新式婚礼的结婚典礼上，以领导人像等符号为代表的国家意志成为新郎新娘婚礼仪式的重要见证力量。

此外，在新式婚礼中，家族维度的力量仍旧是见证体系的组成部分，主要体现为男女双方家庭中父母是主婚人，结婚典礼中有诸多来宾是家族亲属。但不论是家庭的主婚人还是家族的亲属，在婚礼仪式的见证中的作用都不如传统婚礼时期大。这反映出家族力量的弱化，也反映出家族维度力量由族长中心变为家庭中心，表现为主婚人从族长变为父母，也透露出家族维度力量的衰弱和重构。所以，不得不说在见证体系的变化中，传统婚礼意涵也在发生断裂，新的意涵在新式婚礼中逐渐产生并影响重大。

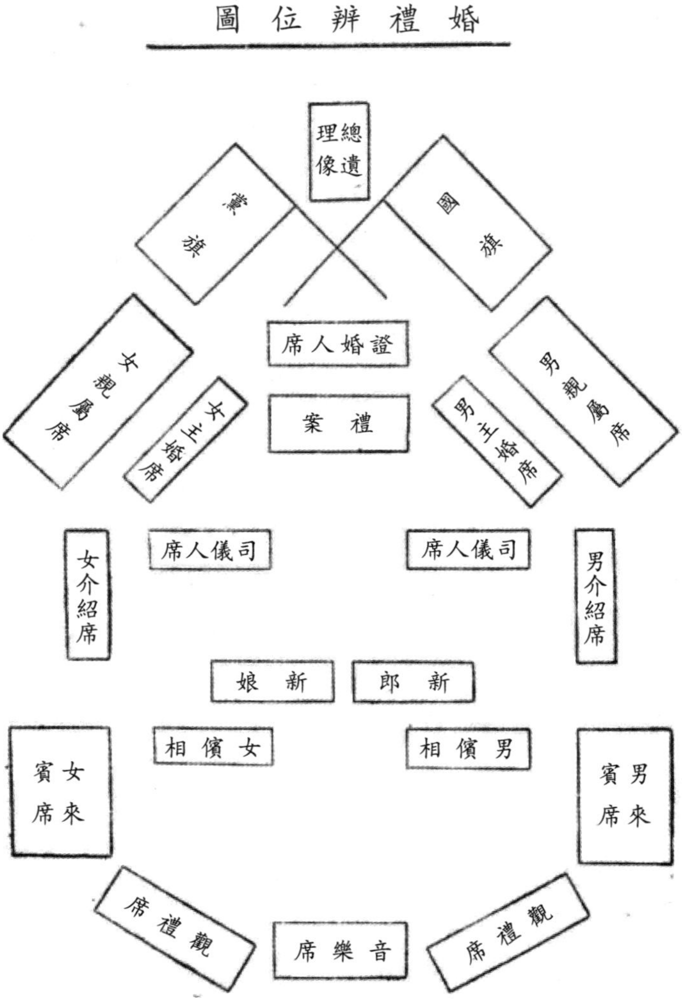

图 3-10 《婚礼草案》中民国新式婚礼的婚礼辨位图

第三节　礼俗再造：传统婚礼当代实践的复杂面相

当下中国社会正处于传统、现代与后现代多元时空并存的状态，传统婚礼在当代的实践呈现复杂面相。一方面，传统婚礼在日常生活中得到传承、复兴；另一方面，在复杂的多重语境下，媒体、商业、民众、地方文化人以及学者积极参与，对传统婚礼进行重构。传统婚礼在乡村的复兴，是自20世纪八九十年代以来乡村传统文化复兴的一部分，近年来深受城镇化的影响。城市中传统婚礼的实践则更多是商业、风尚与个人审美趣味、价值诉求共同作用下的选择。同时，随着近年来非遗保护运动的发展，传统婚礼作为富有特色的传统文化资源，也被改造。此外，传统婚礼实践还进入到当代儒学研究的视野，一些学者对传统婚礼尤其是儒家婚礼进行主动复活，试图重建儒家人伦价值，带来了一定的社会影响。总之，在多重语境下，传统婚礼在当代的实践，是一个礼俗再造的过程。

本节通过以下考察来呈现传统婚礼当代实践的复杂面相：第一，传统婚礼在城市中的重构；第二，乡村传统婚礼传承；第三，非遗语境下的传统婚礼传承；第四，当下儒家婚礼的复兴。

一、复合的仪式：当代城市婚礼的主流

改革开放以来，城市婚礼呈现出多元化的复合特征。在现代性转型过程中，基于个人选择而结成婚姻纽带已成为大家的共识。与此同时，婚礼的选择也更趋多元化。一方面，城市中的婚礼仍然是近代以来婚姻礼仪变迁的呈现，婚礼的结构、意涵相较于传统婚礼都发生了变化；另一方面，在现代价值观念和时代风尚的影响之下，传统婚礼又在当代城市婚礼实践中被重构，传统婚礼的习俗或某些元素被纳入到新的婚礼仪式中。以下仍以改革开放以来北京地区的城市婚礼作为考察对象，以探讨当代城市婚礼的特征。

（一）存续与重构：当代城市复合婚礼的结构特征

当代城市复合婚礼的订婚阶段基本与新式茶话会婚礼仪式订婚阶段的特征一致，体现为仪节数量少，仪节并未形成仪式化、程式化的

内容和形式。复合婚礼的相识相亲、交往与新式婚礼时期基本一致，都不同于传统婚礼时期的过门户帖、过八字和合婚等内容。但在当代城市的复合婚礼中，男女双方在定下婚约之前，双方父母一般会关注对方的家庭情况，尤其是财产、房产方面，这些内容与传统婚礼时期又颇为类似。复合婚礼中，一般没有隆重的订婚仪节，但需男家家长携带薄礼拜访女家认亲，以便进一步商量婚事，以及商量子女新家庭的物质保障。这个物质保障就类似于传统婚礼时期彩礼的变体。也有的直接是男女两家定下婚事后，宴请比较亲近的亲戚聚餐，算是告知近亲订婚的消息。婚约定下后，需要进行结婚登记，领取结婚证书，这是订婚阶段最重要的内容。所以，复合婚礼订婚阶段主要包括相亲、认亲、登记结婚三个核心仪节。仪节的内容和形式简单，基本上与新式婚礼时期一致（表 3-8）。由此可知，复合婚礼的订婚阶段直接存续了新式婚礼的结构和内容，呈现出仪节数量少、仪节非程式化的特征。

表 3-8　北京地区复合婚礼时期与新式婚礼时期、传统婚礼时期婚礼结构和核心仪节的比较

<table>
<tr><td rowspan="2">类别</td><td>复合婚礼</td><td colspan="2">传统婚礼</td><td colspan="3">新式婚礼</td></tr>
<tr><td>酒店婚礼</td><td>一般婚礼</td><td>民国旧式</td><td>一般婚礼</td><td>新式</td><td>茶话会式</td></tr>
<tr><td rowspan="6">订婚阶段</td><td>相识</td><td>通媒妁</td><td>过门户帖</td><td>相亲</td><td>自由恋爱</td><td>相亲</td></tr>
<tr><td>交往</td><td>合婚</td><td>过八字</td><td>交往</td><td>交往</td><td>交往</td></tr>
<tr><td rowspan="2">见家长、认亲</td><td>下定</td><td>放小定</td><td>订婚</td><td>订婚</td><td>定亲、彩礼</td></tr>
<tr><td>通信过礼</td><td>通信过礼</td><td>商议婚事</td><td>通告</td><td>商议婚事</td></tr>
<tr><td>婚检</td><td>无</td><td>无</td><td>无</td><td>无</td><td>无</td></tr>
<tr><td>登记结婚</td><td>无</td><td>无</td><td>登记结婚</td><td>无</td><td>登记结婚</td></tr>
<tr><td rowspan="2">迎娶阶段</td><td>婚纱摄影</td><td>无</td><td>无</td><td>拍结婚照</td><td>婚礼照片</td><td>拍结婚照</td></tr>
<tr><td>发请帖</td><td>发请帖</td><td>发请帖</td><td>（发请帖）</td><td>发请帖</td><td>无</td></tr>
</table>

（续表）

<table>
<tr><th rowspan="2">类别</th><th colspan="2">复合婚礼</th><th colspan="2">传统婚礼</th><th colspan="3">新式婚礼</th></tr>
<tr><th colspan="2">酒店婚礼</th><th>一般婚礼</th><th>民国旧式</th><th>一般婚礼</th><th>新式</th><th>茶话会式</th></tr>
<tr><td rowspan="7">迎娶阶段</td><td colspan="2">过嫁妆</td><td>过嫁妆</td><td>过嫁妆</td><td>无</td><td>无</td><td>无</td></tr>
<tr><td rowspan="2">迎娶</td><td>迎娶</td><td>迎娶</td><td>迎娶</td><td rowspan="2">迎娶</td><td rowspan="2">迎娶</td><td rowspan="2">迎娶</td></tr>
<tr><td>难婿</td><td>闭门礼</td><td>闭门礼</td></tr>
<tr><td rowspan="3">结婚典礼</td><td>结婚礼</td><td>拜天地合卺</td><td>拜天地合卺</td><td rowspan="3">结婚典礼</td><td>结婚礼</td><td rowspan="3">结婚仪式（包括拜父母）</td></tr>
<tr><td>敬茶礼</td><td>无</td><td>无</td><td rowspan="2">谒见礼</td></tr>
<tr><td>敬酒礼</td><td>无</td><td>无</td></tr>
<tr><td colspan="2">婚宴</td><td>婚宴</td><td>婚宴</td><td>婚宴</td><td>婚宴</td><td>婚宴</td></tr>
<tr><td rowspan="6">整合阶段</td><td colspan="2">（敬茶礼）</td><td>见礼</td><td rowspan="2">见礼</td><td rowspan="2">拜父母</td><td rowspan="2">（谒见礼）</td><td>（拜父母）</td></tr>
<tr><td colspan="2">（敬酒礼）</td><td>庙见礼</td><td>无</td></tr>
<tr><td colspan="2">回门</td><td>回门</td><td>接回门</td><td>（回门）</td><td>无</td><td>回门</td></tr>
<tr><td colspan="2">度蜜月</td><td>无</td><td>无</td><td>无</td><td>无</td><td>无</td></tr>
<tr><td colspan="2">无</td><td>会亲</td><td>认亲</td><td>无</td><td>无</td><td>无</td></tr>
<tr><td colspan="2">无</td><td>住对月</td><td>住对月</td><td>无</td><td>无</td><td>无</td></tr>
</table>

复合婚礼的迎娶阶段主要有婚纱摄影、发请帖、过嫁妆、迎娶、难婿、结婚典礼、婚宴等核心仪节。其中婚纱摄影、发请帖、过嫁妆、迎娶、结婚典礼、婚宴总体都与新式婚礼的仪节类似或存在直接联系。复合婚礼的结婚典礼主要由结婚礼、敬茶礼和敬酒礼构成，新式婚礼结婚礼仪式包括结婚礼和谒见礼，而传统婚礼的结婚礼包括拜天地、合卺、坐帐等一系列仪节。故此本文认为复合婚礼的迎娶阶段主要也是对新式婚礼的存续，存续了新式婚礼的西化结婚礼。复合婚礼的难婿则主要与传统婚礼时期的闭门礼类似，婚宴的规模也与传统婚礼时期的婚宴更类似。由此可见，复合婚礼时期婚礼仪式的迎娶阶段的仪节既有对新式婚礼仪节的存续，又有对传统婚礼内容的重构，在结构和内容上都呈现出复合特征。

复合婚礼时期的整合阶段主要包括回门和度蜜月。其中回门与传统婚礼的回门基本相似，只是在内容形式上略有不同。但与传统婚礼的整合阶段相比，复合婚礼整合阶段的核心仪节数还是偏少，新诞生的度蜜月主要是对外国风尚的学习。所以说，复合婚礼整合阶段既有对传统的存续，又体现出整合阶段与传统的断裂和进一步创新发展。

不难看出，复合婚礼的“三阶段”结构一方面存续了新式婚礼时期的残缺、不均衡的结构，使得整合阶段相比于传统婚礼显得残缺，还因为过度关注结婚典礼，而使得整个婚礼仪式三阶段显得不均衡；另一方面，当代婚礼不断吸收传统婚礼和外国风尚，丰富了不同阶段的仪节数量和内容形式，在一定程度上对整个婚礼仪式进行了重构，这就让整个婚礼仪式呈现出复合和复杂的特征。

（二）自由制互动模式的多样化

当代城市复合婚礼中姻缘男女的互动是自由的，与新式婚礼基本一致。不同的是，复合婚礼自由制互动模式体现出多样化的特征，具体是互动媒介的多样化，可以分为介绍人、婚介所、互联网等类型。

1.“婚介所”媒介

改革开放后，姻缘男女互动媒介出现新的类别：婚姻介绍所。婚姻介绍所的兴起与发展与政府力量的推动密切相关，是政府上层力量用社会组织引导婚礼仪式改革的重要表现。结合《人民日报》的相关材料（表3-9），可以追溯婚姻介绍所在全国的兴起与发展的大致情况，并探索婚姻介绍所媒介对复合婚礼时期姻缘男女互动模式的影响。

表3-9　1980年到2000年《人民日报》有关“婚介所”的报道存目

编号	《人民日报》新闻报道题目	时间与版面
1	上海轻工局成立婚姻介绍服务组	1980-09-25 第1版
2	淮北第一棉纺织厂党团组织关心青年婚姻大事 想方设法为纺织煤矿青工搭“鹊桥”	1980-10-04 第3版
3	天津成立婚姻服务所	1980-11-06 第1版

（续表）

编号	《人民日报》新闻报道题目	时间与版面
4	全国一些大中城市相继成立婚姻介绍所	1980-11-26 第 3 版
5	愿天下有情人皆成眷属 ——介绍北京市朝阳区婚姻介绍所	1980-11-29 第 3 版
6	农村也需要婚姻介绍所	1981-03-01 第 3 版
7	让青年们都有美满幸福的家庭 ——记天门县小庙公社婚姻介绍所	1981-03-11 第 3 版
8	建议农村也办婚姻介绍所	1981-08-04 第 2 版
9	农村也应建立婚姻介绍所	1983-07-27 第 8 版
10	山村办起了婚姻介绍所	1983-10-27 第 4 版
11	三十岁以上未婚青年婚姻是个社会问题 中央书记处要求各级党组织重视和关心——工会妇联共青团应抓好这项工作，婚姻介绍所活动场所要扩大	1984-06-11 第 1 版
12	对办好城市婚姻介绍所的几点意见	1984-07-04 第 4 版
13	全国婚姻介绍所工作座谈会在京召开	1985-05-22 第 4 版
14	乐为老年人搭“鹊桥” ——访南京市白下区老人婚姻介绍所	1986-05-31 第 4 版
15	北京婚姻介绍所应接不暇 成功率不高所起作用不小	1986-08-29 第 4 版
16	北京八十九万老年人百分之四十无配偶 十五家老龄婚姻介绍所牵线搭桥	1986-09-05 第 4 版
17	兰州军区成立婚姻介绍所	1988-01-14 第 4 版
18	为驻西北部队官兵牵线搭桥 西安创办军人婚姻介绍所	1988-05-07 第 4 版
19	大龄青年择偶难已经缓解 北京市婚姻介绍所不忙了	1988-06-12 第 4 版
20	北京婚姻介绍所呼吁 全社会要关心大龄女青年	1990-03-08 第 3 版
21	西安军人婚姻介绍所成人之美	1991-05-09 第 3 版
22	婚姻介绍所应该有人管	1992-01-11 第 5 版
23	沧州地区婚姻介绍所形成网络	1992-05-15 第 3 版

（续表）

编号	《人民日报》新闻报道题目	时间与版面
24	应该建立农村婚姻介绍所	1992-09-22 第 5 版
25	杨丹与少数民族婚姻介绍所	1993-01-26 第 5 版
26	农村也应建立婚姻介绍所	1997-12-08 第 9 版

根据上表可知，从 1980 年到 2000 年，《人民日报》共有 26 篇文章讨论“婚介所”相关的内容。1997 年之后，有关“婚介所”的文章逐渐变少。从这 26 篇文章可以看出，“婚介所”最初是单位中的“婚姻介绍服务小组”，后来天津发展出了“婚姻服务所”，最后才固定名称“婚姻介绍所”。从 1980 年到 1997 年，婚姻介绍所一直是政府解决大龄单身青年等相关问题的重要手段。例如，1980 年，在天津的婚姻服务所开幕仪式上，天津市副市长出席了活动[①]。1984 年，30 岁以上的青年未婚是社会问题，中共中央书记处要求各级党组织、工会妇联和团组织都要重视这个问题，并抓好这项工作，扩大婚姻介绍所活动场所[②]。这些都反映出社会力量和国家意志对婚礼仪式改革的关注和影响，也反映出国家组织对男女自由互动的保障，因为婚介所是以

① 据新华社天津 11 月 5 日电：天津市在 11 月 1 日成立婚姻服务所，有四百多名未婚男女青年参加了这个服务所的开幕仪式。天津市副市长赵均出席了开幕仪式。仪式结束后，为未婚男女青年举办了丰富多彩的联欢活动。这个婚姻服务所是共青团天津市委和市民政局联合举办的。（《天津成立婚姻服务所》，《人民日报》1980 年 11 月 6 日）

② 新华社北京 6 月 10 日电：中共中央书记处最近讨论了关于三十岁以上未婚青年的婚姻问题，中央书记处要求各级党组织要对这个社会问题给以应有的重视和关心，工会、妇联和共青团组织应把解决这个问题作为一项重要工作认真抓好。今年 2 月 27 日，陈云同志在一份反映天津市人民政府要求各级领导干部关心三十岁以上未婚青年婚姻问题的材料上写了批语，指出三十岁以上未婚青年的婚姻问题不仅天津有，北京和其他地方也有，尤其是女青年方面占的比例很大，是个不算小的社会问题。他建议中央书记处议一下，指定一个部门专门抓这项工作。胡耀邦同志在陈云同志作出批语的当天要求书记处按陈云同志批语，印成书记处例会文件，议一议。议时请总工会、全国妇联同志参加……（《三十岁以上未婚青年婚姻是个社会问题　中央书记处要求各级党组织重视和关心——工会妇联共青团应抓好这项工作，婚姻介绍所活动场所要扩大》，《人民日报》1984 年 6 月 11 日）

尊重个人意愿为前提的。

从《人民日报》的材料来看，1990年以后婚姻介绍所出现了一些“异象”，即婚介所通过介绍男女相亲进行牟利[①]，这是违反国家法律的。《中华人民共和国婚姻法》第一章第三条规定：禁止借婚姻索取财物。婚姻介绍所借介绍男女认识，收取各类费用牟利，当算作是借婚姻索取财物。这样的婚姻介绍所往往不是政府和党团相关组织出力设立和监管的，报道也从侧面说明当时已经有很多“民间”婚姻介绍所“拔地而起”。此外，从90年代开始“官方”的婚姻介绍所的工作也从主要解决普通青年男女的婚姻问题，转移到主要关注老人、残疾人和军人等群体。婚姻介绍所与其说是服务男女婚姻关系的，倒不如说是一种社会的“关爱组织”。婚介所的功能从最初单纯地帮助适龄男女结合，变成政府关注特殊人群婚恋问题的社会组织。

民间营利婚介所的大量出现，反映出婚介所在男女相识、交往互动中的重要性加大，许多人接受用婚介所的方式来促成男女相识和交往。这种营利的婚介所与传统婚礼时期的媒婆、冰人多有类似之处，所以说改革开放后婚礼仪式多有“回潮”，实不为虚。但从仪式与仪节的角度来说，这算是对传统婚礼时期仪节的存续和重构，其存续媒婆以介绍姻缘盈利的特点，却在形式上予以重构，利用当下人接受的“婚介所”这一新的形式——社会组织，行媒婆的介绍功能。但是，传统婚礼时期，“媒妁之言”既是婚约关系合法的重要条件，也是家族意志对婚约关系生效的延伸体现。媒婆除了显性地沟通姻缘的作用之外，还是潜在的法律和家族意志约束。而民办的婚介所，虽如媒婆

① 时下，开办婚姻介绍所在我们这里很随便，牌子一挂就开业了。至于收费，更是五花八门，什么登记费、咨询费、劳务费、见面费等等，少则两元，多则三十多元。有的婚姻介绍所，挂上“恋爱角”“自选婚姻中心”之类牌子，当大把的钞票装满开办人的腰包后，便匆匆收场，不辞而别。婚姻介绍所是为男女婚姻大事牵线搭桥的，对那种无人管、专为捞钱的婚姻介绍所，应该管一管。（丁先昌、廖大林：《婚姻介绍所应该有人管》，《人民日报》1992年1月11日）

盈利，也行媒婆介绍姻缘的功能，但其一定程度上还是体现着姻缘男女个体意愿的，与姻缘男女婚约成立、婚姻关系成立几乎没有约束关系。所以，民办的婚介所，其实是融合了不同婚礼时期相识交往仪节的特点。这种融合是存续，是重构，更是复合婚礼时期复合性的重要体现。

2. 互联网媒介

除了婚介所之外，互联网也是复合婚礼时期特殊且较为普遍的媒介。随着科技的不断进步，各类社交软件和网站越来越发达，青年男女多用社交软件和网络进行相识和交往，诞生所谓的“网恋”。但“网恋”是不是能最终结为夫妻关系，则不一定。互联网的沟通是虚拟但直接的，相比于介绍人和婚介所可以更详细、具体地促进姻缘男女相识、了解和交往。通过互联网媒介相识的姻缘男女，其实和自由恋爱相识的没有太大差别，只是一个是现实空间中的面对面，一个是虚拟空间中的面对面，二者之间均无其他人介入。男女的相识、交往均是个体意愿的体现。此外，与介绍人和婚介所等媒介相比，互联网媒介下的男女互动模式缺少他者参与，也就少了来自他者的潜在监督，男女的聚合就显得更加自由。在这三种媒介中，介绍人的潜在监督力量最大，互联网和婚介所的监督力量都很小，其中互联网最小。

总的来说，复合婚礼中姻缘男女的互动媒介是多样的，既有新式婚礼时期产生并持续至今的介绍人媒介，也有这一时期新生的婚介所和互联网媒介，甚至还有许多别的形式，如电视节目等。但就一般的情况来看，这一时期姻缘男女的互动还是以自由恋爱和借助介绍人完成互动为主。这体现出复合婚礼的复合特征，也体现出个体意愿对互动模式的影响。

（三）婚姻关系生效：“依法”原则对礼俗机制的吸纳

复合婚礼时期婚姻关系生效的机制与新式婚礼大体一致，尤其与新中国成立初期婚礼仪式中婚姻关系生效的机制相似，包括法律和礼俗两重机制。

在礼俗层面，婚姻关系生效需要经过订婚和举行结婚典礼两个仪节。订婚主要是酒店婚礼仪式中的认亲仪节，即男家家长同意姻缘男女的合婚姻意愿后，带礼物（茶叶等）去女家拜访，然后和女家家长认亲，商讨婚事相关的事务。也有的是家长同意子女结婚之后，召集近亲会餐，告知近亲子女将要结婚。就一般而言，经过了认亲仪节，男女双方的婚约关系成立，双方家庭也就基本认可了婚姻关系。等到结婚典礼完成后，婚姻关系就完全确立。

在法律层面，姻缘男女达到规定年龄，依法自愿、自主前往民政部门登记并领取结婚证书，则婚姻关系成立。婚姻关系生效与否是完全依法断定的，2004 年 4 月最高人民法院颁布实施《最高人民法院关于适用〈中华人民共和国婚姻法〉若干问题的解释（二）》（后文称《解释二》），其中第十条规定："当事人请求返还按照习俗给付的彩礼的，如果查明属于以下情形，人民法院应当予以支持：（一）双方未办理结婚登记手续的；（二）双方办理结婚登记手续但确未共同生活的；（三）婚前给付并导致给付人生活困难的。适用前款第（二）、（三）项的规定，应当以双方离婚为条件。"[①] 从这一条最高法院给出的解释可以看出，婚礼仪式在处理婚姻关系生效与否引发部分民间彩礼等经济纠纷时，在一定程度上参考了民间礼俗，是礼俗机制参与婚姻关系生效判定的重要表现。这与此前完全依法原则不同，也是当代婚礼仪式复合性特征的体现。

（四）社会、家庭主导的见证体系

复合婚礼的订婚阶段虽存续了新式婚礼订婚阶段非程式化和仪式简化的特征，且法律上已经完全废止了婚约相关内容。但在礼俗层面，男女行结婚礼之前，仍有订立婚约这一过程。就调查情况来看，北京

---

① 《最高人民法院关于适用〈中华人民共和国婚姻法〉若干问题的解释（二）的补充规定》，中华人民共和国最高人民法院，http://www.court.gov.cn/fabu-xiangqing-36972.html。

的订婚约仪节主要是认亲。认亲主要是男女两家父母碰面,增进了解，并讨论安排后续的彩礼和结婚典礼等相关事宜。认亲后，一般表示男女两家父母同意子女成婚。当然,有的家庭订婚约也需要简单的仪节，一般是男女双方近亲家族成员会餐。可见婚约的订立，主要由男女父母见证，由家庭和家族成员完成了婚约订立仪式的见证。

男女婚姻关系的确立，主要依靠法律判断，即是否依法领取结婚证书。所以复合婚礼时期姻缘男女婚姻关系的完全生效不需要见证力量，直接由法律确定。

这与早期新式婚礼时期不同。早期新式婚礼仪式虽主要是法律决定，但法律规定婚姻关系的成立需要有公开仪式和两个以上见证人。这使得婚礼仪式的见证和婚姻关系在法律层面的生效产生联系。后来进入茶话会式、革命新式婚礼时期，婚姻关系生效完全依法，不再需要仪式和见证。

虽然新式婚礼以来,依法原则逐渐成为判断婚姻关系的核心原则，但在礼俗层面人们仍旧需要一场公开仪式，来宣告并让大家见证新郎新娘的婚姻关系成立。在复合婚礼的结婚典礼上，新郎新娘互相宣誓仪节是结婚礼的核心内容，是礼俗层面婚姻关系生效的核心仪节。宣誓仪节存续了民国新式婚礼的内容，而其来源是西方婚礼仪式。但在中国，不论是民国还是当下，宣誓仪节的宣誓对象一般都不是基督，也不是其他神明，而是新人彼此、双方家庭和来宾。这就揭示家庭家族和社会的见证意义，这一见证还体现在结婚典礼上的敬茶礼和敬酒礼中。

敬茶礼是指新郎新娘行完结婚礼后，给双方父母行拜礼和敬茶的仪节。敬茶礼的拜礼，一般与新式婚礼时期一样是鞠躬礼，但现在更时兴行跪拜叩首礼，以表示对父母的尊敬和感恩。拜礼后，会响起抒情温暖的音乐，然后司仪引导新郎新娘向父母敬茶并改换称呼。行完敬茶礼，就意味着新人被双方父母完全接受，在父母们的认可、见证下，新人的婚姻关系在家庭层面就算完全确立。事实上，复合婚礼的敬茶礼是对新式婚礼谒见礼的存续。谒见礼主要是新人向双方父母鞠躬，表达敬意并获取家长认可。这其实是对传统婚礼整合阶段见礼的存续。北京传统婚礼的汉礼和旗礼中，拜天地后第二日，新妇拜见舅姑行见礼。《昌平州志》载："三朝，妇出茶果馈姑舅，家众毕集，序长幼，定称呼，遂理妇事。"[①] 又《满汉礼俗》载大婚后第三日新妇要行"倒茶礼"，即"新媳妇预备好了烟、茶、点心，把合家的人请到他的屋里来用茶、点心……这是古礼的新妇三日入厨房，作饭敬翁姑的意思"[②]。由此可知，当代婚礼的敬茶礼与传统婚礼的见礼、倒茶礼联系紧密，又与民国新式婚礼谒见礼息息相关，呈现出复合性特征，体现了家庭核心成员对新人婚姻关系确立的见证意义。

如果说敬茶礼是男女双方父母对婚礼仪式的见证，那么敬酒礼则是新人的亲属、好友等来宾对婚礼仪式的见证。当代复合婚礼敬茶礼后，新郎新娘挨桌向来宾敬酒，有的则是双方父母跟随新人一起向来宾挨桌敬酒。敬酒的过程中,新郎新娘互相给对方介绍不熟悉的亲友，并向亲族长辈问安，来宾则在敬酒过程中向新郎新娘送祝福。这一仪节实际上与早期新式婚礼谒见礼中新郎新娘向亲族行鞠躬礼的功能一致，但在茶话会式和革命婚礼仪式中，除谒见礼中的拜父母被存续下来，其他拜亲族、男女亲族互相行相见礼等仪节都消失了。而复合婚礼时期的敬酒礼在一定程度上与早期新式婚礼的谒见礼有一定存续关系，还与传统婚礼时期新郎致谢敬酒仪节联系更紧密。根据《清末北

① 《昌平州志·风土记第九》，光绪十二年刻本。

② ［日］武田昌雄:《满汉礼俗》，上海文艺出版社，1989，第146页。

京志资料》记载：“（吃完子孙饽饽后，新郎从喜房出来）到席前叩头致谢，酒席结束后皆辞去。”[①] 此外，敬酒礼还将传统婚礼的见礼、庙见中的“分大小”等与家族整合有关的仪节和功能都融合到敬酒礼中，既符合了新式婚礼时期以来简化仪节的趋势，又将相关的功能复合到仅存的仪节中。

综上所述，复合婚礼仪式的见证体系主要由家族维度和社会维度构成。家族维度包括家庭和家族亲属，其中以家庭为主；社会维度主要是新人和新人父母的社交关系网络。婚约订立的见证主要是家庭、家族维度，结婚典礼的见证则主要是由家族和社会维度共同构成。

（五）以爱情为核心的个性化表达

传统婚礼中，仪式往往充满家族对新人的期许，具体以求子、求吉为主，关注家族传承，是家族本位的表达。新式婚礼中，仪式渐渐成为新人主动表达的呈现，具体内容不再以求子、求吉为主，而是将自由、平等的思想结合男女的爱情进行表达，突出特点是移风易俗目的和人民婚礼仪式生活的紧密结合。复合婚礼时期，“婚礼无定制”进一步发展，虽说大体上按前文所列的仪式流程进行，但在仪节的多寡和具体内容的表现形式上呈现出明显的个性化特征，程式化、仪式化色彩进一步弱化。在表达诉求时，新郎新娘也从传统婚礼时期被动变为主动，内容也主要是表达彼此的爱情。值得一提的是，在众多个性化表达中，许多年轻人也采取传统婚礼的形式来表达自己的个性，如将不同朝代的传统婚礼仪节内容和形式，经过改造融入自己的婚礼中。

1. 婚纱摄影：浪漫与长存的爱情

婚纱摄影是指当下婚礼仪式中，姻缘男女在基本确定婚姻关系后，挑选中意的婚纱摄影工作室拍摄婚纱照等相关的内容。在访谈中，受访对象都表示自己特别重视婚纱摄影，觉得这是定格彼此的爱情。简

---

① 张宗平、吕永和译：《清末北京志资料》，北京燕山出版社，1994，第481页。

要分析婚纱摄影[①]和婚纱店[②]的广告语可以看出，其内容主要集中在定制、爱情、浪漫、女性、美丽、旅行等关键词上。从这一现象可以看出，当代婚纱摄影的吸引点主要是让男女通过影像定格浪漫的爱情，定制属于自己的记忆；通过婚纱摄影旅行，留住一段关于爱情的记忆等。这都反映出，当代新人对婚姻的理解更多是关于浪漫和爱情的。

值得一提的是，婚纱摄影之所以能成为当下婚礼仪式中不可或缺的内容，除了商业运作和受到外国风潮的影响，还受一定的历史习惯的影响。当代的婚纱摄影其实与早期的结婚照有关系。婚礼仪式中的结婚照最早出现于晚清时期，当时的一些外国人给行完结婚仪式的新郎新娘拍照，以为留念。以北京为例，结婚照成为婚礼仪式中的重要内容是从文明结婚兴起开始的，也就是清末民初。新式婚礼时期的新式婚礼仪式中，行完结婚礼、谒见礼之后，新郎新娘需要摄影留念。当时的结婚照，如下所示（图 3-11、图 3-12）[③]：

---

① 常见婚纱摄影广告语：

爱情，在此见证；幸福，从此开始。

爱我，就请相约水晶之恋，珍藏我们幸福浪漫吧。

我们一路走来，便是最好的证明。

留住浪漫瞬间，记录幸福美丽。

光彩夺目，定格永恒——爱的选择。

留住精彩瞬间，留传真爱百年。

记录地久天长的浪漫，见证一生一世的幸福。

（网络资料：http://www.xuexila.com/fanwen/ad/chuangyi/1132909.html）

② 婚纱店广告语：

见证真爱，成就经典。

留影一瞬，情定一生。

定制只属于您的爱情光影。

定格浪漫，绵延幸福。

释放浪漫，绽放美丽。

（网络资料：同上）

③ 图 3-11 为桂林张心渊、邵阳尹蕴素文明结婚摄影照片二幅，《妇女时报》1913 年第 10 期。图 3-12 为新式结婚礼，原载《中国大观图画年鉴》（1930），第 221 页。

图 3-11　新式婚礼结婚照　　图 3-12　新式婚礼礼成后的摄影

1949 年以后，《中华人民共和国婚姻法》要求婚姻结合必须登记领取结婚证书，而结婚证书上逐渐出现贴照片的位置，但贴照片的结婚证书不多。1955 年第一部《婚姻登记管理办法》发布并实施，婚姻登记制度开始有统一标准，结婚证书的样式也逐渐统一，照片也成了结婚证的重要内容，这也在一定程度上催生了大家结婚拍照的习惯（图 3-13）[①]。

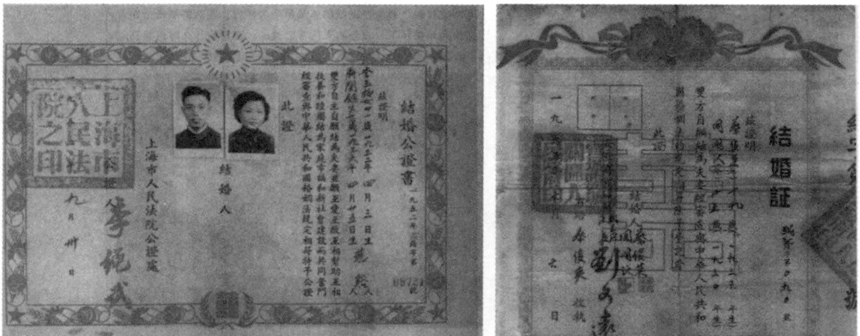

图 3-13　李玉梅女士的结婚公证书（1952 年）、
蔡俊英女士的结婚证（1955 年）

到革命婚礼时期，有研究者指出："结婚照也在这个时候（'文革'时期）开始兴起了，其实就是简单的一起照张合影而已。70 年代的

① 许芳、荆绍福主编：《老结婚证书》，中国档案出版社，2009. 第 122、170 页。

这种合影中，新人的胸前会有领袖像章，袖子上戴着红袖标，并手举着毛主席语录在胸前。”[①] 改革开放之后，经济迅速发展，人们生活水平提高。一些在国外流行的婚礼仪节也被吸收到，婚纱照和婚礼录像等服务都开始进入大众的婚礼仪式。如《人民日报》1987 年 7 月 11 日第一版发布的要闻《天津成立婚礼服务部：结婚庆典热闹又省钱》就记载了婚庆公司开始提供婚礼录像[②]。

历经百年，婚纱摄影从最初的一张照片，变成今天婚礼仪式上的不可或缺的仪节，表明了大家对“留念和长存”的重视，体现出新郎新娘在借助婚纱摄影表达个性的同时，对爱情长存的重视。

2. 婚戒：一颗永流传

当下婚礼仪式中，除了婚纱摄影等是婚礼仪式和爱情的重要见证和存证，婚戒亦是。且婚戒也往往与爱情的长存及浪漫联系在一起。

对首饰的偏爱并不是当下婚礼仪式独有的，晚清北京的旗礼和南礼，对首饰的偏爱几近偏执。晚清南礼，过礼下聘时，男家要准备全套的首饰。旗礼下大定也是要大量的首饰。[③] 当时的首饰更多是财富的象征，象征着男家的富贵，也象征着财富的流转。在众多首饰中，戒指也包含其中。这些戒指上往往还有一些吉祥字样，以图吉利。那时的戒指，一般是全金的或鎏金银里。

早期新式婚礼中，在结婚礼或者订婚礼上交换戒指成为一种习惯。《婚礼草案》载有：新郎新娘交换戒指。《清稗类钞》和《新北京指南》亦有类似记载。据《大中华京师地理志》记录，当时婚戒有金戒和钻

---

① 梁景和主编:《婚姻·家庭·性别研究（第三辑）》，社会科学文献出版社，2013，第 259 页。

② 天津市服务公司在位于市中心的交通饭店特意开设了婚礼服务部，承办青年男女的婚礼。他们设计了多种婚礼形式，有舞会式、郊游式、酒会式、野餐式等。还提供芳香浴、美容、录像等系列服务。婚礼不失高雅热闹，花销又不很大，一次婚礼最多花五六百元。（《天津成立婚礼服务部：结婚庆典热闹又省钱》，《人民日报》1987 年 7 月 11 日）

③ [日] 武田昌雄:《满汉礼俗》，上海文艺出版社，1989，第 17—18 页。

戒。可见，钻戒在民国时期，就已经进入北京地区的婚礼仪式了，在新郎新娘给结婚证用印后交换，然后再行夫妻交拜的双鞠躬完成结婚礼。当时社会认为，婚礼仪式上使用婚戒是从国外传进中国的，婚戒重在强调男女之间的爱情的联系，是一种宣示拥有的标志物。但我们也不可忽视戒指在传统婚礼仪式中就是重要的元素，这种历史习惯加强了大家对外来婚戒的好感，促进大家对婚戒的接受。

改革开放以后，婚戒逐渐成为婚礼仪式中不可缺少的元素。许多新人往往在刚定下婚期就要准备婚戒的购买甚至是定制。因为当代城市婚礼的核心仪节除了宣誓，就是交换婚戒。它象征着双方的爱情和夫妻同体。并在钻石的坚定不变特征中，昭示彼此的爱情长存不灭，是浪漫而深刻的。而说到夫妻同体，这则与传统婚礼合卺而饮颇为相似。传统婚礼的合卺酒杯是一个葫芦瓜做成,分而成夫妻二人的酒杯，合而成完整的瓠。合卺酒后就象征着夫妻同心同体，患难与共，不离不弃。也许正是因为这些传承千年的婚礼意涵，助推了今天我们对婚戒的认同。

3. 讲述爱情

当下婚礼仪式中，新郎新娘讲述爱情的方式是多样的、个性化的。除了前文所述的婚纱摄影和婚戒，婚礼仪式中的结婚请帖也是新郎新娘讲述爱情的重要载体。明清时期，北京地区结婚礼举行前，必向亲友发送结婚请帖，上面会注明婚礼时间、地点、邀请人与被邀请人信息等，各家各户的请帖样式和内容大致都是一致的。今天的婚礼，请帖分为纸质版和电子版。纸质版的请帖内容大致相同，但形式各有不同，可以个性定制。

当下更为流行的电子版请帖则更是充满个性。其内容是个性的，除了宴会关键信息外，附加内容的写法各有不同，常常还会包含展现新人幸福快乐、爱意满满的结婚照、生活照等内容；其形式更是充满个性，往往表达着新人们的职业、兴趣、爱好等。可见，请帖不仅仅是邀请函，还在一定程度上变成了新郎新娘讲述爱情、展现个性的重要载体。

除了请帖，当下结婚典礼上有专门的仪节供新郎新娘讲述彼此的相遇、相知、相爱故事。当司仪宣布结婚典礼开始之后，一般第一个环节就是新郎新娘爱情故事展示的仪节。在这个仪节上，一般是在酒店舞台的大屏幕上播放新郎新娘相识到相爱过程的视频，视频一般三五分钟。也有的婚礼上不放视频，采取做一个摄影展的形式，将新郎新娘从相识到相爱的照片张贴在一面墙上，标出时间段，让来宾感受新郎新娘走过的爱情之路。这些仪节虽然形式有异，但核心内容和目的是一样的，即向来宾展现二人的爱情故事。其实，在结婚礼上向来宾讲述爱情并非复合婚礼时期首创。就北京地区而言，在结婚礼上新郎新娘讲述自己的爱情故事最早可见于茶话会新式婚礼仪式中。在茶话会婚礼仪式的结婚典礼上，新人夫妇互相鞠躬之后还要致辞。在溥仪和李淑贤的婚礼上，二人就分别致辞，讲述自己的爱情和对对方的看法。[①]《北京志》也指出一般来说新郎新娘的发言多是报告恋爱经历等[②]，参加的亲友们可以追问他们交往的细节。

二、旧瓶装新酒：乡村传统婚礼传承

此处所讨论的乡村，并非传统意义的村庄，而是基于城镇化、乡村流动性，扩及乡镇和县域，可概括为乡村基层生活共同体。由于社会发展，乡村婚礼中出现了许多时尚的元素，如穿婚纱、吃蛋糕、摄像等。但在我们的调查中，当下的乡村婚礼与地方文献中所记录的传统婚礼有着直接的传承关系。当下的婚礼与过去的婚礼并无太多实质性的差别。除了因应现实需要，一些仪式环节省略，或先后次序有所

① 李淑贤口述、王庆祥整理：《溥仪与我》，延边教育出版社，1984，第37—39页。

② 北京市地方志编纂委员会编：《北京志·民俗·方言卷·民俗志》，北京出版社，2012，第139页。

调整之外，婚礼的整体框架并未发生变化。拨开时尚的面纱，传统婚礼的基本构架和关键仪节仍不可或缺，并承载了更多的丰富细节和地方文化传统。尽管在诸多因素的影响下，乡村文化传统已经发生断裂，但人们依然尝试用“旧瓶装新酒”，试图再造传统婚礼，将时尚与传统婚礼相融合。

在乡村婚礼中，沉淀了许多深远的传统，是对传统婚礼的传承，可以从中窥见一些婚礼礼俗的历史脉络。文本与礼仪实践互动的特点，依然体现在当下的乡村婚礼中。古代日用类书、通俗礼书等辑录了各种婚礼文书、仪式赞语，作为范本供婚礼实践者学习与使用。如赞语，是仪式中的唱赞、喝彩之辞，往往寄寓对新人的美好祈愿。有些地方也称之为喜歌。敦煌文献中的《下女夫词》即此类赞语。宋代以来的日用类书中也大量辑录。直至当下，仍可在民间搜集到手抄《喜歌集》。福建一些地区如福州、莆田等地的乡村婚礼，仍保留着婚礼中唱赞词的礼俗。当地喜娘或亲友中习于礼者引导仪式行进，每一阶段都有一段赞词，仪式引导者每赞一句，众人便高声附和“好啊”。如莆田涵江的一场婚礼，新娘下了轿，踏过仙人掌，进入房中，喜娘喊赞语，众人应和。赞语如下：

> 新郎公开轿门，生子中状元（众人：好啊）！
>
> 新郎牵新娘，家庭做有有（众人：好啊）！
>
> 新娘妇牵厅前，金银珠宝临门来（众人：好啊）！

在乡村婚礼中，地方文化传统非常稳固，往往有着深远的历史，与当地的民俗生活紧密相关。如山西面食是当地人的饮食方式，也是生活文化的一部分。在山西很多地方，装饰精美的花馍也是重要的礼仪物品，在婚丧嫁娶中使用。又如祭祀是传统婚礼的一个重要环节。《仪礼·士昏礼》有亲迎前醮子的仪节。后世的礼典、礼书都有相应的礼仪规定。在地方社会，婚礼的祭祀往往与当地的民俗信仰相关，除了对祖先的祭祀之外，还会将当地信仰的内容纳入其中，构成婚礼举行者的完整的信仰世界。

莆田涵江婚礼中的祭祀非常隆重，与当地的信仰紧密结合。以我们所调查的李家婚礼为例。新娘是李家的独生女，新郎是外地人。涵江当地重子嗣，重家族，独生女家庭往往会招赘婿。但是新郎新娘并不认同。新娘家人也并未向新郎提出要求。但新娘家仍然将新郎当作儿子，操办了完整的醮子祭仪。祭祀从婚礼正日子凌晨三点半新郎上头之后开始，一直持续至清晨，将近四个小时。祭祀由当地的经师主祭，分成请神迎神、唱木偶戏酬神、送神三部分。祭棚里摆放着七张供桌，分别供奉着“皇天后土三界神祇”“昭惠庙吴圣天妃”“鳌头境文武诸神”“昭利庙张公圣君”“四方恩主诸神”“福德正神大爷二爷”“李家本门历代公妈宗祖”“十方孤魂野鬼”。供奉“皇天后土三界神祇”牌位的供桌上的一个用红纸糊成的贴着吉祥图案的六边形的框里放着一张红纸，上书举行祭祀的人家的住址、家庭成员等。有趣的是，在红纸上新郎的身份是赘男而非子婿。在新郎并不知情的情况下，新娘父母想要通过这样一种方式，通过神明的确证，将新郎的身份定为自家的赘婿，既避免了现实中的尴尬和冲突，又符合当地的风俗观念，遂了新娘家人的心愿。迎神之后，则是演木偶戏酬神。木偶戏演出的过程中还有两项重要的仪式。一项是新郎过桥。新郎在两位木偶戏演员的带领下，跟随木偶从戏台的东边经过戏台绕到西边再绕回原地，其中一个木偶戏演员还要提着主家奉上的供品，如此反复五次。随后新郎站在戏台中，木偶戏演员唱念几句，众人应和几声，仪式结束，演出继续。另一项仪式则是木偶戏演员提着戏里的四个木偶角色来到新房，一字排开在床前，另一人在床边一边撒花生桂圆，一边说祝福添丁进财、福禄双全之类的赞句，其余人应和“好啊”。随后众人回祭棚戏台，继续演出。最后，经师送神。

乡村婚礼的新，体现在服饰、物品等的变化，其内核并未发生变化。如许多乡村婚礼中都流行穿婚纱，但婚纱内必须要穿红色衣裤。河北胜芳婚礼当天的晚上，娘家人要带着蛋糕到婆家看新娘，新娘随后要向公婆敬献蛋糕，并改口。看似新潮的仪式，实则仍是传统的内核。娘家人送蛋糕乃是传统婚礼餪女之俗的演变。所谓餪女是指女儿嫁后三日或数日，娘家馈送食物问候。这一习俗记载于该地民国方志之中。蛋糕是因时代风尚而出现的新的礼仪物品。这些时尚的出现，并未破坏婚礼传统的基本结构。

城镇化带来了居住空间的变化，许多人住进了楼房。与传统的乡村居住空间相较，楼房里可供使用的礼仪空间被大大压缩。高楼林立的现代小区里，没有祠堂、大厅等可以容纳众多亲友的礼仪空间。一些地方的做法是在小区的公共空间里搭一个棚子，作为婚礼礼仪空间之一。同小区的业主并不会有异议。这个棚子既是主家招待来帮忙的亲友的吃饭之处，也是办喜宴的地方，还是举行其他一些仪式的空间。人们极力在一个新的居住空间中，展开传统婚礼。在莆田涵江，搭建在小区空地上的棚子，除了是招待亲友之所，也是祭祀之所。

在传统基层社会，底层文人或亲友中“习于礼者”往往承担着指导礼仪实践的重要职责。在当代乡村基层生活共同体中，这一职责则由当地文化人、婚庆公司或懂礼的亲友共同承担。他们的传统婚礼知识，既来自传承和经验，也来自主动的学习。他们通过当地文史资料的阅读，或网络资料的查找、报刊文章的搜集，不断完善传统婚礼知识系统，主动将时下的流行元素加入到婚礼当中，同时，他们又谙熟地方传统，凸显地方文化特色和传统特色，共同重构乡村婚礼。很多地区仍然活跃着传统婚礼礼仪专家，如山西闻喜的礼宾先生、福建福州地区的喜娘等。当下乡村婚礼中的摄像师也俨然是传统礼仪专家。

把婚礼的全过程拍摄下来留作纪念，是很多乡村婚礼的标配。这项服务通常由当地的婚庆公司提供。为了完成拍摄，摄像师需要具备完整的当地婚礼知识。他们的知识既来自当地的习于礼者，也来自书本、网络学习。摄像师从头到尾跟随新郎新娘，将婚礼的全部过程拍摄下来，不仅仅是婚礼的记录者，同时也是婚礼仪式的推动者。举着摄像机随意走动的摄像师俨然一副导演的架势，有计划地将婚礼进程中的各种内容记录下来，并且指导参加婚礼的人应该如何做，以便更好地将场景收入镜头内。有时，他们还要充当仪式专家的角色。他们对于婚礼中的每一个步骤都谙熟于心，还包括每一个环节应该念诵的吉祥话、婚礼歌谣等，不太熟悉礼仪的人常常要向镜头后的摄像师咨询自己要如何行事。

综上，乡村婚礼仍与传统婚礼有着相当强的连续性，尽管出现了许多时尚元素，但其基本构架并未发生实质变化，仍与传统婚礼一脉相承，沉淀着许多历史深远的礼俗，亦凸显了地方文化特色。地方文化人、婚庆产业、民众共同参与，不断修复、充实传统婚礼知识体系，再造传统婚礼。

三、化俗为雅：非遗语境下的传统婚礼改造

2004年，中国正式加入《保护非物质文化遗产公约》。非遗保护的价值理念与时下的文化危机感、集体怀旧情绪等汇合，引发了“对乡村传统生活方式和传统民俗价值的全面再评价”①，并掀起了一场声势浩大、持续至今的非物质文化保护运动。在一种新的文化观和非遗想象下，这场运动由政府主导，媒体、学者、地方文化人、公众共同参与，重新认识、发掘并再造地方文化传统。

传统婚礼亦礼亦俗的文化内涵，既庄重又喜庆热闹的风格，样态丰富的礼仪内容，别具一格的地方特色，以及与日常生活的密切关系等，使其在非遗保护运动中备受青睐。政府、媒体、地方文化人合力将传统婚礼非遗化、资源化，对其进行再造。传统婚礼文化的传承者也自觉以新的文化观来修正礼俗。商业则借非遗之力，将重新打造的

① 周星：《非物质文化遗产保护运动和中国民俗学——“公共民俗学”在中国的可能性与危险性》，《思想战线》2012年第6期。

传统婚礼变为产品，呈现在婚庆行业的服务菜单中。

非遗语境下对传统婚礼进行改造的核心是去除婚礼中的粗俗内容，将其文明化、雅化。此种化俗为雅的传统婚礼改造，往往是以婚礼礼仪专家的转变为核心而展开的。包括喜娘、礼生、司仪等在内的当代婚礼礼仪专家对于传统婚礼文化传承人身份有着相当的自觉，他们通过传统的继承、自主的学习等方式，不断顺应社会文化发展新趋势和新风尚，将传统婚礼文化资源化、非遗化。

福州喜娘可视作非遗语境下传统婚礼再造的典型个案。福州喜娘源自福州闽侯，是福州传统婚礼中不可或缺的礼仪专家，至今仍活跃在福州地区的婚礼中。喜娘在礼俗繁杂的福州传统婚礼中充当引导者，并以喝彩[①]为鲜明特色。喜娘习俗是福州市第四批市级非物质文化遗产，2017 年 1 月被列入福建省第一批至第四批省级非物质文化遗产代表性项目名录扩展项目名录。2017 年年底，中国民间文艺家协会发布决定，命名闽侯县为“中国喜娘文化之乡”。[②]

福州喜娘是福州传统婚礼中不可或缺的礼仪专家，至今仍活跃在福州地区的婚礼中。在福建地区，喜娘为福州地区所独有。旧制福建福州府辖十县，称作福州十邑，即闽县、侯官、福清（包括今平潭）、长乐、连江、罗源、闽清、永福（今永泰）、古田、屏南。闽县、侯官二县所辖区域，为今天的福州市区和闽侯县；古田、屏南二县，今已划为宁德市管辖。福州喜娘都以当地人担任，必须能说地道的福州话（平话）。但是，具体来看，喜娘在福州十邑的盛行程度又有所不同。在地域分布上，喜娘以闽侯、长乐、连江、闽清、福清五县用得比较多，其他县用得较少，有的则根本不用，比如平潭县在婚礼中就不会用到喜娘。总的来说，从地域上来看，福州喜娘源自闽侯县，现在较

① 喝彩即仪式中的唱赞。每个仪式进程，喜娘都会唱赞一些吉利话，众人附和“好啊”。

② 参见“东南网”，http://fz.fjsen.com/2018-03/05/content_20783126_all.htm#content_2。

为出色的喜娘也大多集中于该地区。为了体现喜娘所具有的福州当地文化的特色,现在的民俗研究者和新闻媒体通常都会在喜娘前添上“福州”二字，以表特指。

喜娘并非旧称,而是比较晚近的叫法。喜娘,旧时称伴房妈(“妈”,有的也写成“嬷”，福州话，音“马”)。作为一种特定的婚礼礼仪专家而出现的“伴房妈”至少已有上百年的历史。旧时，伴房妈活跃于福州地区的乡村、城镇中，是婚礼中不可或缺的角色。20 世纪 50 年代初，随着新的婚姻法的颁布，政府提倡树婚姻新风、简化婚礼，城市中延请伴房妈陪伴新娘、引导婚礼的传统由此中断。但乡村之中的此种传统一直未中断，只在“文革”时期有所沉寂。20 世纪 80 年代末 90 年代初，伴房妈又重新活跃于福州地区的乡村、城镇之中，并逐渐得到更大范围的关注。20 世纪 90 年代由福州市民间文艺家协会组织了一批民俗专家、媒体记者一起讨论，根据“伴房妈”的主要功能，将其意译为“喜娘”，作为这一独特的婚礼礼仪专家的新的称呼。2010 年 10 月由福州电视台和福州市民间文艺家协会共同主办的首届“福州喜娘电视大赛”,更是将福州喜娘塑造成了一种当地文化的象征。在新的语境下，福州喜娘由“伴房妈”而成为“福州三宝”之一 。

从“伴房妈”到“喜娘”，既是一种名称的变化，也蕴含着内在的价值的转变。旧时，伴房妈在婚礼中主要负责陪伴新娘离开家门，并陪伴新娘完成整个婚礼，还需在婚礼上“喝彩”，活跃气氛，同时还需承担新娘的婚前教育尤其是性教育的工作，这也是其“伴房妈”之称的主要来源。伴房妈必须熟知当地的婚礼习俗，并有驾驭婚礼场面、左右逢源的本领。福州民间有个习惯,在某个称呼后面加上“妈”,通常含有一种没有恶意的轻蔑戏谑的味道，由此也可看出人们对旧时伴房妈有一种特定的期待——在有限的粗俗中寻获开心。随着时代的变迁，尤其是近年来媒体和当地文化人的不断介入推动，非物质文化遗产中传统文化的打造等，与传统的伴房妈相较，喜娘发生了诸多变化。

（一）作为“伴房妈”的喜娘：传统喜娘的选择与职能

1. 成为喜娘

需要说明的，传统喜娘是以“伴房妈”的名称出现的。

关于婚姻嫁娶，乾隆《福州府志》卷二十四《风俗》只有一段记载：“按：今俗婚嫁只以财势相雄，市井强有力之家奁值累千金，至有鬻产治具者，若延师则纤毫必较。谚云：有钱嫁女，无钱教子。其风为已下矣。凡初聘，用钗镯酒果之仪，继行纳币礼。合卺之日，贽见舅姑。三日，谒家庙，以次及其家众。”[①]其中并未提及伴房妈。清末传教士卢公明（Justus Doolittle）记录了福州的婚礼习俗，但其中也未提及伴房妈。[②]而在记述福州地区历史兴衰的福州方言小说《闽都别记》中则详细记录了入赘、主婚、出帖、婚书、闹房、伴房妈、妆奁、媒人谢金、财礼、试妆酒、拜门礼、纳采贽币、出房酒等种种与婚姻嫁娶相关的词语及仪式、习俗。其中第5—6回叙周启文与吴青娘联姻之事，提到伴房妈。据其所述，“吉期既至，延请亲眷，鼓乐喧腾，花烛烂漫，启文、青娘双双出厅拜堂，饮了合卺，至暮客散。盖招上门无闹房。初更，伴房妈便辞出”[③]。可见伴房妈在当地婚礼中的身影。

旧时，要成为喜娘有着诸多的讲究，有着约定俗成的条件限制。

在民间社会中，婚礼最为突出的一项诉求是“吉利”。因此也与礼典将婚礼归为“嘉礼”的分类方式不同，在民间社会中婚礼被视为“吉礼”。“吉礼”之意不同于五礼分类体系中与祭祀相关的“吉礼”。在婚礼中担任引导者的礼仪专家喜娘的选择也以“吉利”为先，在婚礼中喜娘首先要是一种吉利的象征。

成为喜娘的首要条件是已婚且已生育男孩。在重子嗣传承的传统

① 〔清〕徐景熹修，〔清〕鲁曾煜、施廷枢等纂《乾隆福州府志》，收入上海书店出版社编《中国地方志集成·福建府县志辑》，上海书店出版社，2000，第504—505页。

② ［美］卢公明：《中国人的社会生活》，陈泽平译，福建人民出版社，2009，第29—56页。

③ 〔清〕里人何求：《闽都别记（上）》，福建人民出版社，1987，第33页。

婚礼中，已生育男孩的喜娘陪伴在新娘身边出现在婚礼当中，能为新娘带来生育方面的好运。如果没有生育男孩，即使成为喜娘，也没有人延请①。其次，喜娘应当相貌端庄。此外做喜娘还有非常重要的一个禁忌，“喜娘不能有白头发”。人们在婚礼中可以祝福新郎新娘白头到老，但是不允许喜娘有白头发，“这不吉利，如果有白头发的，一定要染黑”②。除此之外，对于传统喜娘的年龄限制，则有不同的说法。有人认为“喜娘年纪不宜太大，五十几岁可能就不做了”③；另一些人包括一些喜娘则认为做喜娘没有年龄限制，年纪很大了仍可以做喜娘。旧时，福州长乐县则一般选聘中年的船民妇女充当，也许与长乐靠海的地理位置相关，至于其具体原因则待考。尽管对于喜娘的年龄上限说法不一，但从“伴房妈”这一称呼则可看出，无论如何，喜娘一定是略上年纪、有着较为丰富的婚姻家庭生活经验的女性。总的来说，喜娘的选择是以“吉利”为首要条件，这与许多文献记载中所提及的婚礼中的“全福之人”有着异曲同工之处。

其次，能充任喜娘的人需是聪明伶俐、头脑灵活之人，尤其是需要口齿伶俐。因为喜娘在婚礼中陪伴在新娘身边，既要引导新娘入男家行应行的礼仪，又要代替新娘在热闹的婚礼前后称谓亲戚宾客、敬酒供茶和收礼道谢等，需八面玲珑，非一般人能为之。

正是由于上述诸多条件的限制，传统喜娘多为“半路出家”。她们大多依据自己的丰富的婚姻家庭生活经验，出众的人际交往能力，以及天赋的并略带喜感的表演能力和口头表达能力，通过特定的学习，如拜师学艺的方式，而成为喜娘。福州地区亦有代代相承的喜娘，即

① 被访谈人：LMY，女，1972 年出生，2001 年开始做喜娘。访谈时间：2012 年 8 月 17 日。访谈地点：福州市闽侯县白沙镇大目埕村。

② 被访谈人：LZG，男，1950 年出生，现已退休。退休之后，L 先生加入了福州本地的民间民俗讨论会“南仙茶摊”，“南仙茶摊”与喜娘的关系密切。同时，南仙茶摊也是老福州传统的公共空间，人们聚集于此闲谈。访谈时间：2012 年 8 月 11 日。访谈地点：南仙茶摊。

③ 被访谈人：LZG。访谈时间：2012 年 8 月 11 日。访谈地点：南仙茶摊。

女承母业。如福州地区有名的闽侯上街金牌喜娘三姐妹陈夏玉、陈秀珍、陈秀兰，就出自传承了四代的喜娘之家，她们的母亲、外婆、曾外婆都是喜娘。在这个家族中，做喜娘的技能和知识也只会传给已婚的女儿。

传统喜娘的相关礼仪知识的传习基本依靠口口相传和身体实践，并没有专门的文本指南。也有人提及在学习的过程中，会借助一些"书"，即类似于"婚丧喜庆百事通"之类的日用知识读物。在喜娘之间也偶尔会有（极为稀少）一些秘密传播的文本，这些文本其实是整理出来的部分喝彩诗，内容非常简短，文字所标示的是福州话的发音。这种传播方式极为稀少，如今已很难寻到流传下来的文本。总的来说，喜娘所掌握的主要是一种通过口头和行动传承的知识系统。学徒的喜娘通过师父的讲述以及自己的观察来学习如何成为一名喜娘。通过不断的实践和观察，以及师父所传授的要点，学徒的喜娘才能了解整个婚礼环节，并能在恰当的时刻做出恰当的反映。正如有的喜娘所说：

> 像我们平常，以前学的时候，也是看一下别人怎么做。也有去拜师。我那个师父，她就是跟我讲一下，哪一些细节，许多的事情都是自己后来磨炼出来的。有的人说有书，但我觉得自己都是磨炼出来的。你如果书是死搬硬背的话，现场你也发挥不了。我自己结婚的时候，就是我做喜娘时候的师父做的。我的师父也是通过别人说，我要去跟她学，她就是跟我讲一下要点，像什么喝彩的那些词，都是别的师父给我的。[①]

可见，成为一个喜娘最为重要的在于自身的观察和实践。在现场时所受到的质疑，在她看来也是一种学习的机会。她还提及跟着师父去做场的重要性。

① 被访谈人:LMY。访谈时间:2012年8月17日。访谈地点:福州市闽侯县白沙镇大目埕村。

以前都没跟（做场）。如果有跟的话，效果会更好一点。临场不会那么害怕。如果不跟的话，做场的时候，可能会一下子就懵掉，不知道该做哪一个程序。如果跟了几场之后，就会知道，这个程序走完之后，下一个程序应该怎么做。[①]

既然喜娘的知识传承主要是口传心授，这便意味着在学习成为喜娘的过程中，全靠自己的观察和实践，在应用的时候进行自我独立的创造。如果喜娘的喝彩诗没有花样上的变化，她就很难在当地产生影响，也会影响了自己的“业务拓展”。也正因为如此，虽然喜娘不是一个读书人，却必须是个聪明好学、伶牙俐齿之人。

最终能否成为一名喜娘，需要依靠东家的认可。作为一种婚礼礼仪专家，喜娘不能被视作一种职业身份；作为一个只在婚礼仪式中存在的角色，福州喜娘的身份是被东家所赋予的。也就是说，只有在被东家认可的情况下，喜娘才可以成为喜娘，几乎可以说，喜娘只有在婚礼现场才可以称作喜娘。一个女子，并不因为她做过一场婚礼的喜娘，就会被称为喜娘。她必须获得一种持续性的认可，会不断有人来请她去担任喜娘，她才能被称为喜娘。否则，她很可能从此不再以喜娘的身份出现在婚礼之上。

2. 婚礼中的喜娘

婚礼中的喜娘陪伴在新娘左右，指导新人行礼，称谓亲戚宾客、敬酒供茶，也要帮助东家收礼道谢，八面玲珑，细致周到。婚礼中，喜娘的穿着，一定要得体，不能过于艳丽，也不能过于土气。作为婚礼礼仪专家，喜娘既是新娘的“伴房妈”，又是调节现场氛围的“DJ”[②]，其角色和职能交叠复杂。而喜娘在婚礼上有时又是“红包托”，给宾客们带来尴尬和不好的印象。对于喜娘在婚礼中的具体的职责和复杂的行为，我们将从喜娘与新娘、喜娘与宾客、喜娘与东家的关系这几

① 被访谈人：LMY。访谈时间：2012年8月17日。访谈地点：福州市闽侯县白沙镇大目埕村。

② 被访谈人：LZG。访谈时间：2012年8月11日。访谈地点：南仙茶摊。

方面来加以呈现。

过去所有人家的婚礼都有伴房妈，大户人家则会请喜娘来作伴房妈。作为伴房妈的喜娘，最为核心的职能便是陪伴在新娘身旁，引导新娘走完婚礼的整个进程。伴房妈的称谓也正是由此而来。

喜娘多由女方雇请，于迎亲这一天早早地来到女家，也有头一天就去做准备工作的，帮助新娘家人准备，布置新人出嫁行礼时的厅堂。出嫁当天，喜娘要帮助新娘梳洗打扮。最早时新娘要穿蟒裙蟒袄，盖上盖头罗，这些都要尽早做准备。最为重要的是，喜娘要很快进入角色，做到与新娘交心、无话不谈。

在娘家装扮好之后，新娘将在伴房妈的陪伴下跟家人做临行前的道别。先要告别女方家的祖宗。其次向祖父母告别，再次向父亲母亲、哥哥嫂嫂等亲属告别。在整个告别的过程中，都由喜娘引导新娘进行。作为礼仪的引导者，而非家人，喜娘要不带任何情绪，引导新娘做到得体周到。

> 因为今天女儿出嫁，家里的人本身都有各个方面个人的情绪因素在里面，不可能面面俱到，只有喜娘才可能面面俱到。喜娘是整个婚礼中的司仪，她要考虑到方方面面，不带任何情绪。道别不同的亲人，她就要用各种语言请新娘向不同的亲人道别。[①]

在道别之时，喜娘自身“不带任何情绪”，但又巧妙地引导内心充满复杂情绪的新娘同娘家亲戚道别，让相关的仪式顺利地进行下去。从这个时候到整个婚礼结束，喜娘是新娘最亲近的一个人。中国古代婚姻制度讲究“父母之命，媒妁之言”，男女双方在结婚之前从未谋面，按今天的观念来看，旧时男女结婚时都年纪尚轻，中国古代婚姻礼仪又颇为烦琐。女子第一次踏入男方家门，她既是一个陌生人，又是一

---

① 被访谈人：LZG。访谈时间：2012 年 8 月 11 日。访谈地点：南仙茶摊。

个将从属于这个新的家庭的女人，作为一个新人，她要比在自己家中显得更加谦卑、小心翼翼。在这样一种恐慌、担忧、战战兢兢、手足无措的情形中，喜娘的陪伴，毫无疑问为新娘增添了一份特殊的温情。

到了新郎家这边，喜娘这一整天都陪伴在新娘左右，“要做好贴身丫鬟、母亲、朋友这三重身份”[①]，帮助新娘顺利度过正式进入男方家庭的第一天。新娘第一天正式入到男方家庭，需处处小心，甚至口渴要倒水也不能过于随便。喜娘则要适时询问关心。面对在男方家庭中的诸多繁杂礼仪以及亲友，喜娘则要教新娘要如何做。

除此之外，喜娘还要在新娘行礼时喝彩，以表达祝祷。旧时新娘坐轿到男家，轿子到了男家门前，新娘先不急于打开轿门下轿，而是由外甥来请新娘子下轿。外甥一般选年纪小的一位，如果亲姐妹的外甥偏大的，就请堂姐妹的外甥“请下轿”。在外甥请新娘下轿的同时，喜娘在一旁喝彩：

双手开了花轿门，
外甥先来接新人，
双手接了红红包，
外甥就成外甥哥。[②]

以上四句喝彩诗都由福州话唱出，每唱一句，在旁边围观的人都会跟着用福州话呼应“好啊”。喜娘在婚礼中的喝彩也由此拉开序幕。喝彩结束后，新娘要给外甥红包，红包中可以放钱，也可以是金银小工艺品，还可以是食品之类。喜娘喝彩的最后一句“外甥就成外甥哥”，寓意新娘很快就会生儿育女。

福州有“新娘入门先坐厅”的习俗，即新娘刚刚步入男家大门，便上了厅，由喜娘导引，坐在左侧已备的椅上。其后则要行“见厅”之礼。等仪式准备好了，待长辈列齐后，由喜娘陪伴，新娘起立升

① 被访谈人：LZG。访谈时间：2012 年 8 月 11 日。访谈地点：南仙茶摊。

② 此喝彩诗由 LZG 提供。

厅，行“见厅”之礼。喜娘宣唱婚礼程序：一拜天，二拜地，三拜堂上祖先牌。新娘则面向厅前三拜，以示“拜天地”；再面向厅堂上三拜，以示“拜祖宗”；再拜父母（如一方已殁，用灵牌代替）；再后，按辈分与亲戚长辈逐个拜识见面。在拜识时，父母或亲戚长辈必须给新娘送红包（重礼送金、平礼送钱）。最后，夫妻交拜后由龙凤烛导引，新郎新娘进入新房，同饮合欢酒。

拜见公婆的时候，除了公婆给新娘见面礼外，还有一个重要的仪式，即婆婆要为新娘加添两朵“四季花”。“四季花”由红色纸制作，每一朵“四季花”上有一对穿着红衣的婴孩形象，一对“四季花”有四个男婴形象，象征“百子千孙”。福州喜娘简称之为“添花”，在婆婆为新娘“添花”时，喜娘也会喝彩：

添花添在左，添子添孙早！

添花添在右，发财长长有！

添花添长春，福寿喜宁康！

添花添得崴（高），起厝（盖屋）又置田！

添花添得矮，明年当娘奶！

同样地，喜娘每喝彩完一句，众人便用福州话高呼“好啊”。

新娘完成以上仪式后，意味着她已经成为男家家庭的“新妇”了。随后新娘要入新房“卸妆”，换去礼服，穿上新的衣裳。如果是在农家，新娘还要跟随喜娘和新郎来到厨房拜见灶公和灶妈。在新郎新娘行跪拜或鞠躬礼的时候，喜娘会在旁边喝彩：

新人下灶前，家业隆隆崴（高）；

新人拜灶公，合家庆年丰；

新人拜灶妈，明年抱仔婆婆当大妈……

喜娘每喝彩完一句，众人便用福州话高呼“好啊”。

随后，新娘在喜娘的引导下，先揭锅盖，舀水洗鼎；再持火钳，夹柴草入灶生火；而后，使用一下鼎铲，瓢子等，模拟煮饭和烧菜的动作。在此过程中，喜娘会在旁边喝彩：

新人揭锅盖，煮饭又炒菜；

新人洗米泔，养猪长得肥；

新人鼎铲菜，一家大发财；

新人舀水来，明年手抱男仔来……

喜娘每喝彩完一句，众人便用福州话高呼“好啊”。

喜娘带着新娘拜见公婆后，下一个重要的环节便是婚宴，也被称为“大席”。新娘和喜娘并不是在婚宴一开始就出场，而是要等到上“太平燕”时才会出场。在福州传统婚礼中，喝酒入座要按辈分大小、宾主之规。正厅第一桌最大位要让给祖母娘家来的亲戚坐（俗称“妈头亲”），其次是母亲娘家来的亲戚（俗称“奶头亲”），其他宾客可任意组合入席。席间必有一碗“太平燕”。“太平”即鸭蛋，“燕”即福州特有的肉燕。“太平燕”即鸭蛋与肉燕混煮，撒上葱末及什锦菜即成。当“太平燕”端出之时，必须鸣炮，以示吉庆，宴会由此进入高潮。是时，新郎新娘向各位宾客劝酒、敬酒、请糖，并致谢。新娘由喜娘引导，拜见“见厅”时尚未拜见的长辈。[①] 旧时行跪拜礼，喜娘还要负责携着红毡，在新郎新娘跪拜前把红毡铺在地上。

婚宴结束之后，喜娘还要负责应对宾客的闹洞房。大席之后，亲戚朋友涌进洞房看新人，并出花样让新郎新娘表演“戏出”，闹到更阑夜深始散。闹洞房的时候，宾客和喜娘都要唱喝彩诗。洞房门是关着的，宾客来了，领头的那个会唱：“手拍房门，双喜临门；夫妻恩爱，长发其祥。”每唱一句，众人便跟着高呼“好啊”。喜娘有时会立即开门，热情地代新娘递香烟，献热茶，送糖果；但有时也不轻易开门，而是对唱道：“手拍房门太重，来客很不自重，喜日喜庆大喜，再唱一首敬重！”这样一来一去，既活跃了气氛，又能帮新郎新娘缓解紧张与

① 被访谈人：LMY。访谈时间：2012年8月17日。访谈地点：福州市闽侯县白沙镇大目埕村。

羞涩，起到圆场和保护新娘的作用。

应对完宾客的闹房，喜娘拿了“花彩”（小费）退出新房，新婚夫妇始上床安寝，喜娘的工作也基本上结束了。在这一整天中，有些喜娘还会教导新娘很多其他的知识，“好的伴房妈会教导新娘如何相夫教子，如何孝敬公婆，如何妯娌和顺。但这样的伴房妈仅凤毛麟角，一般的只能作一些类似新婚夫妻性生活方面的指导等而已”[①]。也有人认为“最早的喜娘的工作既不是介绍相亲，也不是主持婚礼，其实是最早的性教育工作者”[②]。

应对宾客是喜娘在婚礼中的另一种较为重要的职责。在婚礼中，喜娘要代东家和新娘应对宾客，因此与宾客也有着较多的互动。如宾客要在喜娘的每一句喝彩之后都高呼“好啊”。喜娘在婚礼过程中，还常会与宾客逗趣，带动婚礼现场的气氛。宾客则为了“报复”喜娘，软的会施些计谋，硬的则直接灌酒，让喜娘当场出洋相。喜娘此时，依然要讲吉利话，要扮演好象征吉利的符号，并在化解众人调侃捉弄的过程中又给众人带来了不少欢乐。

同时，过去喜娘也通过向宾客讨要茶钱作为自己的辛苦费，以此来获得更多酬劳。喜娘讨茶钱是传统，旧时结婚当天，新人迎宾的时候，站在门口很少说话，亲戚来了都是喜娘招呼分糖果、倒茶水，客人会给喜娘一些辛苦费。忙活完一桌一桌的敬酒拿见面礼之后，有的喜娘还会端着一个茶盘到各桌敬茶，茶盅里斟的多是井水烧开冲沏的茉莉花茶，有的还会在茶水中添加冰糖，做到色味俱佳。喜娘端着茶盘一桌一桌走过，姿态优雅，表情喜庆，同时口中还会喊道：“各位先生、太太齐请茶！”座上每人便举一盅品尝，顺手往盘里递入“花彩”，昔时多用银币铜钱，零零碎碎的，也有出手阔气的，给一枚银元，喜

① 方炳桂、方向红：《福州老行当》，福建人民出版社，2002，第111页。

② 被访谈人：WNX，男，1957年生，福州电视台《攀讲》栏目监制，是近年来福州“金牌喜娘”大赛的策划者。访谈时间：2012年8月15日。访谈地点：福州电视台。

娘当即道谢。一般喜娘会上茶三巡，第二巡喊："各位先生、太太再请茶！"第三巡高呼："各位先生、太太齐道谢！"在喜娘请茶的过程中，有些宾客原本不想喝茶给钱，但由于喜娘恭敬地站在身边，且周边其他亲友都已端下茶盅，最终也会"被迫"接下茶盅并往茶盘中递入小费。如果喜娘让太多人"被迫"接下茶盅，众人则可能会起哄灌喜娘喝酒，在此情况下，喜娘也不得不喝。有修养的人家则会叮嘱喜娘不要向宾客讨要茶钱。

喜娘应对宾客的另一重要场合则是闹房之时。在过去的很多地方，宾客"会借闹房跟喜娘开开玩笑，甚至比较粗鲁的会动手动脚。这个时候的喜娘，不能对一些比较粗鲁的言语和行为生气。喜娘要有足够的社会经历，要用四两拨千斤的心态来应付这些年轻人"，"如果喜娘不能应付闹房的场面，人家就不会请"[①]。

正如前文所说，喜娘的身份是由东家所赋予的，喜娘是由东家所雇请。喜娘在婚礼中协助配合东家完成各种事宜。在东家有所不周全之处，喜娘则要帮助其化解。

> 如有时候，喜娘还要跟厨师配合。如果客人来得多，大菜就要上得早，这样新郎新娘才有时间去敬酒，要不就来不及。上完大菜之后，后面的菜需要跟进度配合。因为福州人都知道，上到最后的一道鱼，然后青菜，甜汤，就等于发布了一个信号：今天的宴席的菜结束了。有些城里的酒店就有这个问题，他们把菜早早上完了，农村的客人如果看到上鱼了，上甜汤了，就会认为酒席可以结束了。没有敬到酒，东家的经济收入就会受到影响。这里面有很多细节问题，喜娘都要照顾得到。[②]

在带新郎新娘讨要见面礼时，喜娘一定要配合东家。"东家说要

---

① 被访谈人：LZG。访谈时间：2012年8月11日。访谈地点：南仙茶摊。

② 被访谈人：LMY。访谈时间：2012年8月17日。访谈地点：福州市闽侯县白沙镇大目埕村。

就要，说不要就不要。你不能东家说要了，你不去要，东家说不要了，你却去要。”[①] 喜娘也是婚礼中其他人与东家人沟通的中介。如，在东家不知道或忙得忘记了或喝醉了的情况下，喜娘有义务替厨师到东家那边拿红包。

东家则要在闹房结束之后付给喜娘“花彩”，即酬劳。过去，延请喜娘的东家一般都是左邻右舍的乡亲和熟人，一般都是说去就去，因此酬劳也不会太高。正因喜娘并非一种职业，有时，东家会不把喜娘当一回事，连饭都没得吃，甚至会以没做好为由，克扣喜娘的酬劳。

也正是因为喜娘在应对宾客时的逗趣和奉承，以及为自己讨要茶钱的行为，以及喜娘拼命为东家向宾客要钱的行为，传统的喜娘在民间社会中的地位不甚清晰。作为一个熟习婚礼各种礼仪的礼仪专家，喜娘受人尊重;但如果在婚礼现场做得过头，则又会受人戏谑和歧视，被视为“上不了台面的人”。

（二）作为“福州三宝”之一的喜娘：喜娘的当代变化

经历过一段时间的沉寂，自20世纪80年代末90年代初以来，喜娘又重新活跃在福州地区乡村城镇的婚礼之中。但是随着时代的发展，尤其是媒体和当地文化人的介入，喜娘在诸多方面都发生了变化。

在当代社会，成为喜娘的一些条件已经发生了一些变化。如成为喜娘的女性已不要求已生男孩。正如一位喜娘所说：

> 这个（当喜娘必须是生了男孩的女性）是以前传统的想法。最早的时候，如果你没有生育男孩子，人家都不愿叫你。以前我们农村也有这样的看法。现在大家的观念提升了，人家就能想得比较明白，生男生女又不是由喜娘决定的。你不能保证，你请了一个生过男孩的喜娘，新娘就一定会生男孩。生男生女由不得我们，是不是？人家也只是图个吉利！吉利

① 被访谈人：WNX。访谈时间：2012年8月15日。访谈地点：福州电视台。

归吉利，后来，人家目光放远了，人家做得热闹，做得场面OK，人家就会去请她，不会在乎她到底是生男还是生女。[①]

其次则是对于喜娘的年龄限制越来越宽泛，主要体现为喜娘的年轻化，不必是中年妇女才能做喜娘，甚至不需要已婚。闽侯县上街镇陈氏三姐妹中的大姐陈秀兰，是常被大家列举的例证。陈秀兰可谓出身于喜娘世家，1966年生，26岁便做了喜娘。

给喜娘这一群体带来更大变化的是“非物质文化遗产”保护语境的形成。与“非物质文化遗产”保护相关的话语，带动了人们对于传统文化的重新省视，也带来了人们对于传统文化的重新构建。其中，喜娘作为一种极具地方性色彩的文化事象，在这一新的语境之下，在媒体和文化人的推动之下，转化为一种地方文化的名片和地方文化传统的承载者和传承者，由地位不甚高的“伴房妈”成为“福州三宝”之一。2010年10月福州电视台与福州市民间文艺家协会共同主办了首届“福州喜娘电视大赛”，让喜娘在电视屏幕上展示自身的风采和才艺，拔得头筹者则获封为“金牌喜娘”。主办者主办此次比赛的原因，一方面是把喜娘文化视为福州的民俗文化，另一方面也是支持喜娘文化兴盛的闽侯县进行非物质文化遗产的申请。[②]在政府对当地文化传统的宣传中，喜娘也成为符号之一。在民众的心目中，尤其是在当地的民俗文化爱好者之中，喜娘则是当之无愧的文化传统的承载者和传承人。

在这样一种转变中，无论是媒体，还是当地的文化人，都积极主动地呈现喜娘文化的正面形象，有意地摒弃、批评他们所认为“不文明”的地方。喜娘在婚礼上代新郎新娘讨要见面礼与其言辞的粗俗，是现在的人们认为的不好之处。一些喜娘在带着新郎新娘向亲戚讨见面礼时，会高声喊出红包中的数额，比如“舅舅长得比较帅，一拿就

① 被访谈人:LMY。访谈时间:2012年8月17日。访谈地点:福州市闽侯县白沙镇大目埕村。

② 被访谈人: WNX。访谈时间: 2012年8月15日。访谈地点: 福州电视台。

是五百块”“姨妈的三百元比较新，是不是刚发的退休金”之类的唱词，这种押韵的唱词虽然能给其他人带来欢乐，但对于将喜娘视为民俗文化象征的媒体和地方文化人看来，都是一种不值得提倡的、不好的行为。而在一些老福州人的回忆中，这种喊出红包数额的做法甚至在过去的福州是不曾有的。

“福州喜娘电视大赛”的策划者则对喜娘文化有着如下评价：

> 这种习俗确实有不好的地方，而且喜娘有时候说的话确实有点粗俗，确实不是那么有文化，有的是一天书都没读过，她们更多地口传心授，一代代传下来。即便有喝彩诗的记录，但都记载得不规范，因为都是按福州话的音记的。虽然她们也有与时俱进，但与时俱进的东西反而就更落入俗套。比如一看这个新郎，就说“器宇轩昂，一看以后要进党中央”。我觉得这种表达不够严肃，有点过了。①

面对喜娘文化中“粗俗的、不好的东西”，出于“保护民俗文化”的目的，这次比赛举办的一个重要意图是要对喜娘进行“一个正确的引导”。

> 喜娘有她的长处，例如她的随机应变，她的诙谐，她的出口成章，她的脱口秀，但是也有粗俗的、不好的东西。后来我们台觉得要保护这个民俗文化，要对她们进行正确的引导。所以我们就办了两届的金牌喜娘大赛。第一届是2010年，第二届是2012年。②

特别强调通过这种在媒体上竞赛的方式，来提升喜娘的文化修养，并且在他看来，喜娘的整体素质的确提高了，他认为：

> 经过我们两次比赛以后，喜娘整体的素质提高了，她们也会自己编新词。这些喜娘大多在乡镇，也成为计划生育、

① 被访谈人：WNX。访谈时间：2012年8月15日。访谈地点：福州电视台。

② 被访谈人：WNX。访谈时间：2012年8月15日。访谈地点：福州电视台。

婚育新风的演讲宣传员，比方说，三姐妹的陈秀兰，她的文化相对比较好，初中毕业，也当过幼儿园老师，所以经常参加演讲比赛、参与宣讲，普通话和福州话都能说。[①]

除了成为福州地方文化的符号和民俗文化的承载者、传承人之外，喜娘作为礼仪专家也越做越红火，她们也主动顺应时代，发生了很多变化。其中最为突出的变化是喜娘越来越专业化。

经过两届“福州喜娘电视大赛”，喜娘们都主动寻求变化，提升自身的素质和能力，以获得更多的认可。喜娘向城市中婚庆公司的司仪学习，并学习更多的才艺，如唱歌、跳舞等。在婚礼中，喜娘则会更多地展示自身的才艺。有趣的是，喜娘声名大噪之后，婚庆司仪们也开始向喜娘学习，力图给自己的婚礼主持添加一些地道的色彩，如向喜娘学讲福州话或学一些喝彩的段子。一些喜娘甚至具备了在现代婚礼中充当司仪的能力，甚至能把前面的司仪一直到后面的上大菜的任务都承担下来。喜娘有时也被婚庆公司延请主持婚礼。与喜娘的势头大涨相应的是，喜娘的身价也倍增。过去喜娘的酬劳很少，或者是根据给东家要来的礼金多少按照百分比来拿。根据调查，数年前喜娘的出场费最高只有三五百，现在则是数倍增长，达到上千。有些则是按照婚礼宴席的桌数来算，如金牌喜娘上街陈氏三姐妹的酬劳是一桌就一百多。

现在的喜娘也更为专业化。随着社会的发展，喜娘的功能日渐专业化，喜娘的地位也有所提升。总之，喜娘从过去的既给宾客带来欢乐又带来尴尬，同时又要承受被宾客调侃甚至调戏的角色，逐渐转变为一个专门为宾客提供欢乐、为东家提供专门的礼仪服务的角色。在当下的婚礼中，喜娘更多的是以其对传统婚礼礼仪的熟悉掌握，为东家提供其所需的服务，一切听任东家的吩咐，以让东家满意为要。前

① 被访谈人：WNX。访谈时间：2012年8月15日。访谈地点：福州电视台。

文所述诸多仪式在当下福州的婚礼中已基本不用了，如导引新娘进厨房的仪式等。喜娘也基本上不参加闹房。在当下的婚礼中，喜娘作为伴房妈的引导礼仪的职能弱化，甚至基本没有了。在喜娘的职能中多了更多的主持的因素。如人们会专门请喜娘来主持晚宴，因为喜娘在晚宴上可以其喝彩、唱歌、跳舞等才艺活跃气氛；在敬酒时，喜娘因为懂得礼数而能做得周全。另有一些人则是有意要举行所谓复古的传统婚礼，作为传统婚礼的象征，喜娘自然是不可或缺的，但是喜娘主要是指导人们如何布置婚床，或者被请去专门主持“见厅”之礼。婚床和“见厅”在当代的复古婚礼中，都是传统的符号。

在现代婚礼盛行的当下福州社会中，喜娘所掌握的婚礼礼仪知识成为一种专门的知识。比如说，在福州喜娘越来越多地向婚庆司仪学习时，司仪也会向喜娘学习。但是“喜娘可以学司仪，司仪要去学喜娘就很难”。经由媒体的推动而为人关注、身价大涨的喜娘也开始对其知识传承的方式进行改变。如前文所述，过去喜娘的学习主要靠言传身教和自己的实践，虽然有着家族传承和师徒传承的方式，但是喜娘的婚礼礼仪知识并不是一种严格意义上的封闭的知识体系，喜娘们可以通过观察和实践来获得更为丰富的知识。但是随着喜娘在福州当地婚礼中的地位以及在当地文化中的价值的凸显，喜娘开始通过更为严格的师徒传授的方式，将自己所掌握的知识变成一种需要得到认证的专门性甚至是秘传的知识。闽侯县上街镇陈氏三姐妹，祖上三代都是喜娘，她们的礼仪知识和技能都来自家传。在2010年的首届“福州电视喜娘大赛”中，陈氏三姐妹拔得了头筹，因此获得“金牌喜娘”的称号，成为福州地区最负盛名的喜娘。之后，在一些文化人的支持之下，陈氏三姐妹成立了“金牌喜娘会所”。“金牌喜娘会所”更像是一个培训机构，是三位喜娘培训徒弟的场所。她们意图将培训带徒弟的事情系统化、正规化，将自己的喜娘礼仪知识和技能作为一个门派的知识来传递。“金牌喜娘会所”会发给徒弟证书，以作为“金牌喜娘”

三姐妹的徒弟的凭证。这样一种认证的方式，使得喜娘的知识更加成为一种专业性的知识。从陈氏三姐妹所收的徒弟也可见此种专业性的趋向。陈氏三姐妹现在所收的三个徒弟均为大学生。

在非遗语境下，人们对于传统文化的价值重估，也带来了喜娘身份的置换。喜娘由过去的鄙俗，而有了渐“雅”的趋势，其职能越来越专门化，其知识体系也逐渐专门化。随后，在非遗保护运动中，喜娘作为一种极具地方性色彩的文化事象，在媒体和当地文化人的推动之下，转化为一种地方文化名片和地方文化传统传承者，由地位不甚高的“伴房妈”成为具有代表性的非物质文化遗产。从“伴房妈”到“喜娘”，内含一种价值和文化引领，人们既遵循传统的婚姻礼仪，同时又在其中渗入了现代文明的意识。人们期待现代的婚礼能够既喜庆热闹，又有序文雅。

四、从时与保真：儒家婚礼的主动复兴

当下，还有一些儒学研究者、传统文化爱好者，主动复兴儒家婚礼，张扬儒家思想传统。他们本于经典，直接回溯至古代经典《仪礼·士昏礼》《朱子家礼·婚礼》，并参酌时俗，对儒家婚礼做现代化改造，以求从时与保真，既能体现儒家婚礼的内在精神，又能符合当代人的生活节奏、心理节奏和实际生活情况。越来越多的此类复古儒家婚礼被践行。

学者朱杰人、张祥龙分别于2009年和2010年为自己的儿子举行了被改造的儒家婚礼，都引起了一时轰动。朱杰人依据本于朱子之教、删繁就简、吸取西式婚礼精华、具有较强观赏性的原则，为他的儿子举行现代版朱子婚礼，把《朱子家礼·婚礼》压缩为“纳采”“纳币”“亲迎”三个程序，把原本应该发生在几天、几个月的仪式集中到一个晚上展示，并以“亲迎”为重点；强调告于祠堂（祖宗）及新人父母在婚礼中的主导作用，突出醮子礼、纳雁礼；同时吸取民间拜天地、拜

祖宗、拜父母、夫妻对拜的习俗；保留交换婚书的仪式，新增了行交杯礼；吸取了西式婚礼中拥抱、亲吻的内容，并以此为全部仪式的终结之点。[①]

张祥龙于2010年为其子结婚设计的儒家婚礼仪式依据《仪礼》《礼记》，特别是《朱子家礼》中记载的儒家古代婚礼，同时为了适应当代人的实际生活境况而做出必要的调整。婚礼程序为：先导、入场、迎娶（新郎父母命子祭神迎娶、新娘父母命女祭神被迎娶）、亲迎式（诫子、诫女）、告拜（内含“妇见舅姑”“庙见”等古礼）、礼成（内含“共牢而食、合卺而酳”古礼）、其余（内含“婿见妇之父母”）、主持人宣布婚礼结束。[②]

这两场婚礼的最大特点，是对儒家古礼的复活，以及对儒家婚礼内在精神意蕴的强调，通过场地的布置、庆联的文字、音乐的选择、服装的配合，以及告于宗祠、祭神迎娶、祭神被迎娶、诫子、告拜、共牢而食、合卺而酳等儒家婚礼的核心仪式环节，力求将儒家婚礼的核心价值曲折周致地层层展示和实现于当场，以达到庄重而热闹的效果。设计者强调婚礼“合二姓之好，上以事宗庙，而下以继后世”的意义，体现“阴阳有时，男女有别，夫妻有亲，夫妇有义，家庭有和”的人伦，确证新人对父母、家庭、族群及配偶的责任和承诺，但同时又兼顾了年轻人的接受程度，吸纳了一些西式婚礼的内容。

第四节　文化自觉与价值重建：传统婚礼重建的路径思考

当下的传统婚礼实践呈现出复杂面相，政府、学者、民众、地方

---

① 朱杰人：《朱子家礼的现代演绎》，《人民政协报》2010年11月15日。

② 张祥龙：《儒家当代婚礼仪式——保真与从时的尝试》，收入其《复见天地心——儒家再临的蕴意与道路》，东方出版社，2014，第299—307页。

文化人、媒体、商圈等共同参与，重新建构传统婚礼。尽管各自语境有所不同，但当代传统婚礼实践蕴含着价值重建的共同诉求，体现了传统婚礼当代实践者的文化自觉。他们在礼仪实践中张扬传统文化尤其是传统伦理道德的价值，试图修复当下社会生活的某些问题。

一、传统礼仪价值重建的实践

这种价值重建的文化自觉在地方文化人身上尤为明显。如山西闻喜礼宾先生、福州南仙茶摊的民俗文化爱好者。

山西闻喜县的礼宾先生活跃于当地基层社会，多是一些懂礼数、能写会编的文化人，在各种传统礼仪庆典中承担引导之责。他们传承了传统礼生的礼仪知识系统，谙熟婚丧嫁娶之礼，同时有着高度的文化自觉，应时而变，传承礼仪，著书立说，聚会切磋，沟通着当下与传统，令人感到惊异。2011年，他们自发成立了“闻喜县民俗礼仪文化研究会”，共同探讨、传承传统礼仪民俗。研究会现有450多名会员，每月都有例会。例会主要是由主讲老师为大家授课。主讲老师都是研究会的成员，是公认的经验和知识丰富的礼宾先生。授课内容既有具体礼仪知识的梳理传授，也有礼仪观念、文化观念的探讨交流。[①]他们认同传统礼仪，也自认为应该承担着宣扬传统礼仪、传承传统礼仪与伦理道德的责任。

请掌握专门的礼仪知识的人在礼仪中引导礼仪在闻喜县比较普遍。但是与临汾市司仪的商业化、职业化有所不同，闻喜县的司礼者更为传统，是当地民俗社会和民俗生活的一部分。这些司礼者在当地被称为“礼宾”。这些礼宾先生是当地的“红人、能人与忙人”[②]，在日常生活的各种礼仪庆典中担当着替主家和宾客周全礼数的重要职责。

---

① 何斯琴：《山西闻喜婚礼调查报告》（未刊稿），2015年7月。

② 被访谈人：QSL（闻喜县民俗礼仪文化研究会会员）。访谈时间：2015年7月14日下午。访谈地点：闻喜县姚村。

据当地的礼宾先生介绍，闻喜当地的礼仪民俗隆重、细腻、烦琐，讲究文辞，讲究德孝文化。[①]红白喜事等是“财力、人力、细曲不细曲、礼宾先生”四种力量的较量。[②]当地人说“红白喜事显人丁”。“细曲不细曲”则是看这家的文化素养如何，制作的花馍是否精致，土布手艺是否精湛，祭品是否丰富周全等。另外则是看礼宾先生能否周全礼数。在当地，为了显示对礼仪的重视以及避免在进退往来之间的礼数不到，不仅主家要雇请数位礼宾，上门的宾客也会带着自己的礼宾来指导行礼如仪。

闻喜几乎每村皆有礼宾先生，且都是一些懂礼数、能写会编的文化人。无论是过去还是现在，礼宾都需要具备多项素质：第一，要懂得礼数。白事要懂得二十四套礼数，红事则须对“六礼”谙熟于心。除红白事之外，满月、上梁、乔迁、祝寿等各种人生礼仪、生活礼仪都须掌握，各种祭祀，如祀后天等也须懂得。礼宾先生的这些礼仪知识，都来自学习，有些是得自书本，有些则是得自口口相传。第二，要有一定的文化基础，包括一定的文笔素质，毛笔字要过关，会写对联，会写祷文、祭文、贺词等。第三，还需掌握一定的易学知识，通晓一定的择吉风水知识，能打课书。第四，还必须懂得民俗社会里的各种称呼，能够厘清复杂的亲属关系。此外，还要对当地的礼仪音乐有所掌握，能够在礼仪进程中选定合适的曲目。

由于礼宾先生在民俗生活中的重要性，以及礼宾先生这一群体的文化自觉，闻喜当地的礼宾先生在2011年自发成立了“闻喜县民俗礼仪文化研究会”，共同探讨、传承传统礼仪民俗。在整个山西省，这样自发成立的民间礼仪民俗研究会尚属唯一。入会的礼宾先生需要

① 闻喜县民俗礼仪文化研究会座谈WHY讲话。WHY，闻喜民俗礼仪文化研究会会长。时间：2015年7月14日上午。地点：闻喜县文化馆“闻喜民俗礼仪文化研究会”。

② 被访谈人：QSL（闻喜县民俗礼仪文化研究会会员）。访谈时间：2015年7月14日下午。访谈地点：闻喜县姚村。

符合一定的入会条件。首先是本人行径要好;其次是要谦恭,说话文明,办事文明;第三要懂礼、通礼;第四要会书写,即具有一定的文笔素养,能写对联、祭文、悼文等。研究会覆盖整个闻喜县,为了便于联络,又成立了几个分理事会,负责不同地区的会员交流。每个会员在研究会中都有相应的编号。研究会还会为会员制作一个会员证,印着姓名、性别、职务、职称、编号等信息。

研究会的礼宾先生大多是非职业的,一些是退休了的教师、政府工作人员。这些人大多是出于对礼仪民俗的兴趣和热情而成为礼宾,主持策划红白喜事和各种礼仪庆典。他们并不收取佣金,只会按照礼数收受一定主家奉送的点心等酬谢。研究会会员中也有一些较为职业化的,以收取报酬为目的,大约每天一百到两百不等。闻喜县的许多礼宾先生对于礼仪民俗文化的传承和实践有着相当的自觉。一方面,他们会主动地学习礼仪知识,建构完备的礼仪知识体系。他们学习的途径主要是书本阅读。礼宾先生们有自己的藏书。藏书的内容主要分成以下几个部分:第一,辑录各种礼仪知识的实用手册,如《传统酬世汇编》《农村实用礼俗·对联》《婚丧喜庆实用大全》《民间实用应酬手册》《中华民俗风情礼仪志》等。这些实用手册内容包括婚娶的典礼程序、请柬格式、礼簿格式、年妨内容写法,以及对联、封条、贺婚幛格式祝辞等各类婚礼文书的写法。第二,则是易学术数类书,如《三元总录》这一经典,又如各种择吉、阴阳宅风水理论等。第三,则是各种介绍地方风物和地方文化传统的书籍,如闻喜方志、各村村志等。

对于书籍所载知识,礼宾先生并非照搬,他们时常结合自身的生活经验对书本所载进行反省、更正。书本所载毕竟有限,有时无法应对所有现实情境,礼宾先生们在礼仪实践中往往能从书本出发因时而变。此外,礼宾先生还颇热衷于著书,编修各种与礼仪民俗相关之书籍。礼宾先生的收藏之中,有一些便是友人所著。如当地一位礼宾先生编著的上下两册《传统酬世汇编》在闻喜的礼宾先生中流传较广。这位礼宾先生退休前曾是中学教师，在政府的教育部门也曾任职数年。退休后回到闻喜的乡下老家，积极参与乡村礼仪民俗的实践，担任礼宾。同时，还积极搜罗各类相关的知识，包括旧时礼宾参考的各类文献，以及他自己读书看报得来的时代新貌，将其结集成书，并自费印刷。《传统酬世汇编》涉及传统日常生活所需各种礼仪，于婚丧最为详尽。除了各类礼仪文书极其丰富范例之外，该书对于极具闻喜特色的鼓乐曲目也尽力搜集罗列，对日常礼仪实践有着极强的指导价值，因而为当地很多礼宾所遵循。后来一些礼宾先生认为书中对于易学知识并无太多涉及，而易学知识对于礼仪实践来说又不可或缺，因此这位礼宾先生又搜罗了各种易学知识，编成《实用易学集录》，供人参考。

除了上述三类知识类的藏书之外，这些礼宾先生还积极地关注国家文化建设，将自身的礼仪实践与国家意识形态相结合。许多礼宾先生对于礼仪民俗的价值的认知因为有来自政府的提倡而更为确定，并且大多比较认同国家对于礼仪民俗文化的评论以及相关倡议。

除了“闻喜县民俗礼仪文化研究会”，另一个与礼宾先生及其礼仪实践密切相关的组织则是“红白理事会”。红白理事会是隶属于村委的一个组织，其成立主要是由政府主导的。早在20世纪八九十年代，北方的一些乡村便已有红白理事会。政府对红白理事会的职能定位基本是移风易俗，主要是为村民的红白事提供必要的帮助并进行一定的监督，防止乡村红白事的大操大办奢侈之风。闻喜县基本上各村都有红白理事会。

福州南仙茶摊的民俗文化爱好者同样如此，他们每周聚在一起，一起研讨福州本地民俗文化和传统文化，协助打造喜娘文化。一些有名的喜娘，在与他们的互动下，也自觉在婚礼实践中多强调做人道理，以及传统家庭伦理道德等。儒学研究者与传统文化爱好者复活儒家婚礼的实践则是以重张儒家婚礼的核心价值为其宗旨。

二、传统婚礼重建的建议

这种价值重建的文化自觉既是一种思想传统，也是对当下中国现代生活危机的回应。

首先，这种价值重建的文化自觉与试图通过礼仪实践来重建社会秩序的儒家思想传统一脉相承。在古代中国社会，礼是儒家思想的核心观念之一，也是制度和文化的根本。礼被视作统贯个人、社会、国家的基本准则。礼既是关于成为什么样的人的规定，也是关于社会如何建构的理论。通过对礼的践行，最终生成一种与天道相符，并囊括个人、家庭、社会、天下的礼治秩序。人伦是这一礼治秩序生成的核心。《易》云："有天地然后有万物，有万物然后有男女，有男女然后有夫妇，有夫妇然后有父子，有父子然后有君臣。"人伦秩序是天地秩序的体现，也是建构家国秩序的基础。所以孟子才说"圣人，人伦之至也"，荀子亦言"圣也者，尽伦者也"。儒家主张"道在日用伦常中"，并不崇尚对日常生活的超越，礼仪的制定乃"缘情制礼"，紧紧扣住人情，将哲学思考落实在日常生活中，对民俗加以提升与文饰。

因此，礼乐文明以人伦为核心，重冠婚丧祭乡饮等彰显人伦之礼，所谓"昏姻之礼废，则夫妇之道苦，而淫辟之罪多矣；乡饮酒之礼废，则长幼之序失，而争斗之狱繁矣"（《礼记·经解》）。同时，儒家强调通过礼乐教化，使孝悌忠信等人伦道德的种子自然生发，由此形成各得其所的礼治秩序。对民众日常生活进行礼仪规范的以礼化俗是古代至为重要的政治实践。历代士人以道自任，是以礼化俗的主动承担者。一方面辨风正俗，批评民间社会的婚丧嫁娶诸多礼俗；另一方面，移风易俗，制礼作乐，推行礼仪于基层社会。宋代以来士人以礼化俗的实践尤为瞩目，影响深远。面对五代浇漓、社会生活礼法废弛，宋代士人以重建世俗化的儒家生活文化和人伦秩序为旨归，重新制定冠婚丧祭之礼，推及基层社会。朱熹编订《家礼》正是此种实践的代表。

宋明以来，此种“一道德，同风俗”的实践频繁展开，士绅与皇权都致力于以礼化俗，使儒家的伦常观念与生活规范深入民间。

“夫婚姻者，人道之始。是以夫妇之义，三纲之首，礼之重者，莫过于斯。”[①] 在古代中国，婚姻被视为社会成立的基点，夫妇则是人伦的始源，是其他人伦关系的起点。婚姻的意义通过婚礼而得以呈现。婚礼被视为众礼之首，为礼之本，是儒家理想的家庭伦理关系的建构的开始，是叙人伦、安室家、定邦国的根本。《仪礼·士昏礼》“合二姓之好，上以事宗庙，而下以继后世”（《礼记·昏义》），体现了“阴阳有时，男女有别，夫妻有亲，夫妇有义，家庭有和”的人伦，以庄重为尚，强调夫妇角色的塑造和家庭伦理秩序的建立。通过婚礼隆重、连贯、紧凑、细致的仪节，生成夫妇有义、父子有亲、长幼有序的家庭伦理。因此，历代重建价值秩序的礼仪实践中，婚礼都不可或缺。

其次，不同于传统社会通过儒家礼仪实践重建人伦价值和礼治秩序，近代以来对礼教和人伦的批判是主流。在诸如平等、自由等现代理念的影响下，人们批判传统礼教和家庭伦理对人性的压抑，掀起了婚姻、家庭改造运动[②]，以作为社会变革的切入口。时人认为“政治之改革，决不能不先社会之改良，而社会之改良，尤必在男女之进化……我今日世俗之婚制，固亦未尝无礼式矣。然而繁文错杂，通人窃笑，秽谬多端，智者见羞，误以传误，古礼无存，此野蛮之礼式而非文明之礼式也”。[③]“文明婚礼”由此兴起，取法西俗，删繁就简，崇尚节俭，体现现代平权自由之理念。

繁文缛节的礼制，失去了人情的基础，就会僵化成压抑与束缚人性的桎梏；但任由人情泛滥，冲破任何节制与礼文，又会造成人伦解

① 〔北齐〕魏收：《魏书》，卷五《帝纪第五》，中华书局，1974，第122页。

② 1920年民国日报的《觉悟》副刊，开展了一场关于“废婚运动”讨论，也就是说对人伦的批判终于发展到了人们认为婚姻和家庭是否可以废除的这样一个程度。

③ 杜士珍：《政治学：婚制改革论》，《新世界学报》1903年第14期。

纽的混乱局面。在对礼教和家庭人伦的一波又一波的批判、改造之中，现代中国面临“三千年未有之大变局”和彻底的文明蜕变，旧制度旧道德被打破，然而新制度新道德尚未确立。现代中国的婚姻和家庭在历次变革中陷入了价值混乱或缺失的困境，充满了人伦焦虑，也引发了人们对自身文化传统的重新认识，对当下社会发展、文化生态的反躬自省。传统文化的复兴，是当下应对此种危机的一种途径，而传统礼仪的实践是其组成部分。传统婚礼的当代实践也因此体现出价值重建的共同诉求，重申传统家庭伦理的价值。

梳理传统婚礼当代实践复杂面相之下的共同价值诉求、文化自觉及其产生背景，我们还需要探讨传统婚礼实践中重建人伦价值的诉求是否有其合理性、传统婚礼中所承载的人伦是否仍具当代价值，更进一步的问题则是，传统礼仪重建的可能路径是什么?

第一，人伦关系渗透在人类生活的每一个角落，中西方皆如此。所不同的是，人伦是中国古代礼乐文明的核心。近年来已有学者从文明的视角对现代中国的人伦问题进行理性反思，发掘礼仪和人伦所具有的超越民族的价值。[①]礼制的打破、旧式婚姻制度的取消、平等自由理念的深植，都无法取代家庭在现代生活中的重要性。近代以来对家庭伦理的批判，并不意味家庭不再重要，恰恰说明家庭仍然是建构新道德新制度的关键。家庭伦理关乎的实际上是“何为良好生活”这一命题。同时，经过千百年来的浸染，传统人伦已经内化为中国人的深层文化心理，关乎世道人心。因此，无论是从现代社会的角度，还是从历史的角度看，传统人伦和礼仪都具有当代价值，对于新礼仪、新道德的建构有着重要的意义。传统礼仪和传统人伦的重建自然也是化解当下的家庭人伦焦虑的重要途径。

---

① 如吴飞近年来的一系列研究。他提出从“文质论”的角度重新审视礼仪的价值，同时强调人伦的重要性。参见吴飞《当前的礼学研究与未来预期》,《中国哲学年鉴》2015 年卷，第 91—99 页。

第二，如费孝通先生在《乡土中国》中所揭示的，中国的儒家伦理和礼治传统是一种农业文明，离不开乡土社会的漫长孕育。[①]随着社会发展，古老的乡土文明会被新的生产方式和生活方式取代。我们需要明确的是，在现代社会，礼治、德治不再作为主要制度来约定人们的生活，传统礼仪和人伦应该注入私德领域和个人修养之中。礼仪的重建也应当在私德领域和个人修养层面进行，使其成为当下人们多元选择之一种。

传统礼仪的重建必然是中国传统文化与现代文明的接轨，是在自由平等之上的家庭伦理秩序的重建。在维护每个人的尊严和价值的前提下，保存脉脉温情，实现家庭的和睦喜乐。早在新文化运动时期，已有学者意识到浩荡的人伦批判失之偏颇，他们更加主张批判僵化的礼教，重建一种更加强调亲情的自然的家庭人伦关系。[②]因而当下传统礼仪的实践，应当与现代理念相结合，摈弃不适合现代社会的内容，保留可彰显亲情和现代价值的内容。婚礼作为家庭生活的开端，是围绕着“什么是美好的家庭生活”而展开的。传统婚礼的实践则更应强调家庭伦理对于家庭生活的重要性。

婚姻是一个兼含制度、法律、道德、风俗的复杂议题，是制度、生活等诸多方面的汇合点。作为一般人生命历程所必经的阶段，婚礼也是不同人群的思想观念、知识趣味以及人生体验的汇合点。将传统婚礼置于中国古代礼乐文明生成演变的语境中，可以看到传统婚礼有

---

① 参见费孝通《乡土中国》，上海人民出版社，2006，第40—44页。

② 当时许多学者采取了较为审慎的态度，将礼与礼教区分开，将对当时体制的批判与对礼乐文明的特征和价值的阐扬区分开来。如辜鸿铭对他人把中国文化传统中的礼翻译为“rite”而大为光火，认为应当译为“art”，将礼视为一种生活的艺术，是情感和行为恰当适宜的呈现。李安宅在对礼进行的社会学研究中，亦强调礼和礼教的区分，认为礼教可以不要，而礼不能抛弃。礼教是礼仪的官方样式，而礼则是一种文化/文明的观念。这一时期，柳诒徵、费孝通、邓子琴、江绍原、周作人等都涉及到这一议题，对作为文化观念的礼的特征及礼俗关系都有所探讨。参见江绍原《礼的问题》，《语丝》1924年第3期；李安宅《〈仪礼〉与〈礼记〉之社会学的研究》，上海人民出版社，2005。

着亦礼亦俗的文化内涵。中国当代的传统婚礼实践有着复杂面相：乡村婚礼仍与传统婚礼有着相当强的连续性，尽管出现了许多时尚元素，但其基本构架并未发生实质变化。在非遗保护的语境中，政府、媒体、地方文化人合力将传统婚礼非遗化、资源化，对其进行以雅化、文明化为宗旨的再造。儒家婚礼的主动复兴则是对儒家婚礼内在精神的张扬。传统婚礼的当代实践还体现出重建人伦价值的文化自觉。传统婚礼的当代实践，让我们看到了传统礼仪的现代性价值，是以古代资源解决现代性问题的尝试，对于解决当代中国的人伦焦虑和文化困境有着重要意义。但是，我们仍然要明确，包括传统婚礼在内的传统礼仪已不再是规约人们生活的制度，传统礼仪和人伦应当注入私德领域和个人修养层面，传统礼仪的重建也应当是在维护个体尊严和价值的前提下进行，并回答好“什么是良好生活”的问题。

第四章　丧葬礼仪传统的当代重建与传承研究

丧葬礼仪是礼仪的重要组成部分，关联生死，反映个人行动与社会结构。传统丧礼有鲜明的历史脉络，呈现生活形态，并解答一些生活恒久性的本质问题。在现代社会中丧礼能以程序化的仪式和集体参与解决现代“个人”因无结构而产生的焦虑，并为群体和社会提供团结一致的核心精神与行为规则。本部分从三个方面对丧礼进行研究：第一，丧葬礼仪的传承与变迁；第二，丧葬礼仪的文化内涵；第三，丧葬礼仪的当代传承与重建。

第一节　丧葬礼仪的传承与变迁

一、丧葬礼仪的文化变迁

（一）丧葬礼仪的起源

生活在大约两万年前的北京山顶洞人，已经有掩埋死者的习惯，并有了随葬品。这种随葬品现象表明，人们相信死者在另一个世界也与这个世界一样需要使用各种器物，这就是中国历史上伴随着不同时期，从原始社会到奴隶社会再到封建社会的随葬习俗或文化。而这种随葬习俗是建立在人们的灵魂信仰和死后到另一个世界的信仰基础上的。

原始社会时期的古人相信，人是有灵魂的，他们从做梦推演出独立存在的灵魂，认为灵魂不依托肉体但却寄存于肉体而存在，当灵魂离开肉体，要么睡着，之后会醒来；要么生命结束，死亡来临。所以，原始人相信人们可以通过呼喊或其他仪式让灵魂重新回到身体，这其中的体现之一就是丧礼中的招魂习俗。当然，人们也认为灵魂离开后未必一定会回来，灵魂会在死者的周边或其他地方继续存在，这就形成了必须善待死者的一系列习俗，我们称之为丧葬习俗。生前是以血缘关系而一起劳动生活，因此，死后也需要埋葬在一起，这就是族葬，并形成了氏族的共同墓地制度，这一制度在家族墓地制度上影响了中国数千年。

中国丧葬礼仪基于信仰和农耕文明，因此埋葬方式对于汉民族等农耕民族影响非常大。中国女娲造人的神话，与其说是关于中国制陶或制瓷的由来的故事，不如说是中国人相信生命来源于泥土，女娲从大地中创造了人类，大地也养育了人类，最后人类需要回归大地，进入所谓的阴间，即在地底下的另一个世界。所以，中国人的“入土为安”就是这种信仰和习俗的综合表达，人们强调“叶落归根”，这个根是家，是家乡，是国家，最后也是大地。因此，只要认同了这种文化，他就要回归这片土地，这是基于信仰的土葬的力量，也是与农耕定居文明对于人民浸润影响的结果，这也是中国人热爱国家的深层心理。

（二）丧葬礼仪的内容与形态

中国丧葬礼仪的所有内容都是服务于传统信仰、农耕文化、家族制度和埋葬方式的。从对死者的送终仪式到入土安葬，体现的是孝道文化。一位对于家庭有贡献的长者即将去世，需要所有的家庭成员聚在一起，一方面是对长者在死亡过程中恐惧的安抚，另一方面也是让家庭成员共同面对这个艰难和令人悲伤的时刻。当长者去世后，需要啼哭呼叫长者，需要招魂仪式——人们相信死者的灵魂就在附近，只要声音足够响，就可以使灵魂回到身体中而复生；需要立即点上长明灯——相信死者在到另一个世界（阴间）时，因黑暗而需要照明。需要小殓——给死者沐浴更衣，让他干净地到另外一个世界；停灵三天——期待死者的重生并进行各种悼念活动。然后，一系列的仪式，报丧、送无常、含口钱、设灵堂（棚）、大殓、成服、选墓地、造棺材（大部分老人已经造好寿材）、守灵、祭奠、吊丧、择吉出殡、入土安葬、居丧等，陆续进行。

中国丧葬礼仪在不同的历史时期处于不断的变异之中，虽然各地各民族有着不同的具体表达，但表现出适应环境和文化发展的变革是一种规律。比如，随葬习俗，原始社会是将死者生前的生产或生活器具随葬，奴隶社会时期不仅随葬这些器具，还随葬奴隶等。但随着人们对于生命重要性认识的提高，到了春秋战国时期，随葬奴隶或殉葬的习俗基本上被革除，随之而来的是随葬陶俑等替代品。同时，随葬器物的习俗，也在社会发展中被替代物冥（明）器所取代，虽然权贵依然可能随葬生前的实物，但普通百姓作为习俗表达的则是随葬明器（一种专门为死者随葬而制作的简单、粗糙且不实用的仿实用物品，如陶房、陶牛、陶器具等）。后来，随着纸的发明和广泛使用，这些陶瓷明器，又被纸制的用品，包括一些图绘的用品所替代。利市锡箔是较为传统的流行性用品，后来更多地被冥币所取代。最近这些年时兴的纸制洋房、家用电器，甚至汽车飞机等，就是这种习俗发展的结果。风水文化的信仰与阴阳五行等相结合，在丧葬习俗中得到更多方位的表现，至少到汉代时，就已经非常盛行。到魏晋南北朝时出现了以图墓为业的专业人员，在死者的安葬时间选择、安葬地点选择、安葬参与人员选择等方面，都起着巨大的作用。直到今天，全国的许多地方，民间丧葬礼仪仍然需要依靠礼仪专家来完成一部分仪式。这一过程中，上层社会的信仰，包括不时出现的有帝王气的吉穴的各种传说，起了推动作用，说明文化是在发展过程中成熟和传承的。

与风水文化相似，道教等宗教文化在丧葬习俗中的渗透和影响不断加大。人们相信通过宗教仪式可以比较快地帮助死者进入另一个世界或迅速地重新投胎做人，于是专业化的道场和科仪成为丧葬习俗中非常重要的内容。人们相信这些宗教（有时也有民间半专业的）人员参与的作用，并使他们在丧葬过程中成为重要的指导者。而这些专业人员的参与，也使丧家在悲痛中得到一些安慰，使本来的心灵伤痛得到一些安抚。与此同时，汉代形成的居丧习俗在魏晋南北朝社会动荡的打击下很快弱化，虽然唐代以后得到提倡和修复，但却在近代迅速衰弱，现代民间都不重视居丧习俗和文化，说明文化的发展有其自身的规律。至于建立在血缘亲情基础上的五服制，原来特别强调父党的存在和价值，如子为父居丧三年，但为母则只有一年。在明代经由朱元璋等改革后，为母也是居丧三年，父母同等重要，而其他亲属的五服差异，在后来的民间习俗中区别已经越来越小，除了孝子的服饰有着一些特殊性外，其他孝服在当下都是象征性的。五服制下的居丧习俗由于居丧而不事劳动，在一定程度上会影响社会经济的发展，对于平民百姓来说，生存是第一位的，因此，这种习俗也在清末至民国后逐渐弱化，一些方便且具有象征意义的诸如佩戴黑纱等文化成为城市居民居丧的重要表征。

（三）丧葬礼仪的文化变迁

中国丧葬礼仪是随着环境和生产需要而产生的，一些内容也随着环境或生产方式、生活方式的改变而改变。如同样的土葬仪式到了舟山等地的渔民群体中，便有了潮魂的仪式和埋葬方式。而入土为安的坟墓，也由中原等地的馒头坟，变为浙江、福建、广东等地的八字坟、椅子坟、龟壳墓或其他的坟式。除了一些先富起来的人会比较铺张之外，大都还是按照传统的方式在村落家族中的墓地上建坟埋葬，虽然比之前更漂亮更大气,但也是与社会经济发展相一致的一种文化行为。文化是发展的，社会的发展必定会带来文化的变异，但这种发展和变异，是一种自主的、民众认同的变异，而不是强加的。否则，只要强加的前置条件消失，原有的文化就会复生，这是一种规律，很难改变。

中国丧葬礼仪的变迁说明，重死和烦琐的丧葬习俗或仪式实际上是对死者的尊重，是一种文明的进步。如果一个民族只重生不重死，只会让社会迷失生的意义，失去对生命的尊重，最后失去道德的底线，甚至在某种程度上，使人重新沦为生物学意义上的动物。

二、经典文献与丧葬礼仪传统

（一）《仪礼》中的丧葬礼仪知识

为了适应社会群体的精神与生活实践的需要，中国人很早就发明了各种礼仪，并且礼仪随着社会阶层的分化，逐渐制度化，配合着传统的等级社会。不同等级的贵族，使用不同的礼仪，以维护其等级社会秩序。西周时有无礼书类文献，尚无确凿证据以断言，但周公制礼，应不仅是历史传说。到了春秋时期，随着生产力的发展，新的阶级力量开始崛起。与此同时，周王室衰落了，诸侯强大起来，维护等级秩序的礼也随着旧制度与关系的瓦解开始动摇，导致“礼崩乐坏”。孔子以维护和恢复周礼，建立礼制社会为理想，于是批评和斥责违反礼和破坏礼的行为，并编订《礼》来规范行为，恢复社会秩序。[①]《仪礼》中丧礼的规则成为后世遵从的典范。《仪礼》中的丧礼属凶礼，一共包括《丧服》《士丧礼》《既夕礼》《士虞礼》。《丧服》记述天子以下，人死后相互哀丧的礼节、服饰。《士丧礼》是士丧父母自始死至殡之礼。《既夕礼》与《士丧礼》实为一篇，因简册繁重厘而为二，历来被视为《士丧礼》的下篇或续篇，讲述先葬二日既夕哭时与葬间一日之仪节。《士虞礼》既是丧礼的延续也是祭祀的开始。

《仪礼》独列《丧服》篇，详细叙述丧礼服制，将丧服分为斩衰、齐衰、大功、小功、缌麻五档，每一档中又根据亲疏、贵贱有等级差

① 杨天宇：《仪礼译注》，上海古籍出版社，2004，第1—7页。

异，从材质、制作、穿着时间、形貌、长短等各个方面区分，以貌表心，服以表貌。虽然内容烦琐，但熟悉规则的人则可以根据服制获得着装者的身份、贵贱、服丧阶段等信息。“是现今所存有关丧服制度最早且最完整的纪录，而且由于它还是历代设立丧服制度的依据，因此其重要性自不待言，后代虽然由于因时制宜的考虑，以致各代的丧服制度对于《仪礼·丧服》的内容确实各有损益，不过蕴藏于其中的精神礼义，则莫不以此篇为本源。”[①]服制既能烘托形貌，向外传达信息，又能凸显心情表达思绪，所以丧礼之时，服制的差异与变化意义重大。章景明《先秦丧服制度考》中明确指出丧服制度是由于亲属观念的扩大而逐渐形成的，而《仪礼》中所见的丧服制度，恐怕是后来的儒家根据严密组织的宗法制度亲属网络，按照彼此亲疏远近之别，用上杀、下杀、旁杀的办法，制定而成的丧服主张。形成丧服制度后，利用彼此家族组织而扩大为社会基层组织，从“以亲九族”而达到“平章百姓”的理想，不过这种制度却也未必普遍通行于先秦时期。[②]

《仪礼》丧礼仪式过程分别见于《士丧礼》《既夕礼》《士虞礼》，《士丧礼》记录的是“自始死至于既殡之礼”，将始死已殡之后，未葬之前的丧礼仪式都记录在内。[③]包括初终、小敛、大敛、成服、朝夕哭、迁柩、祖奠、发引、窆、反哭、虞祭、卒哭、祔、小祥、大祥、禫。《仪礼》的丧礼仪式过程，由相应的器物、方位、动作等构成，不同的仪式阶段，不同的等级、亲疏都有不同的内容。另外，男女在丧礼中的参与情况也明显不同。

《仪礼》记述丧礼知识“情文极细密，极周经”。服制、仪式过程、器物、方位、动作、性别都有非常精细的分类，内容丰富、详细。整

---

① 林素英：《丧服制度的文化意义——以〈仪礼·丧服〉为讨论中心》，文津出版社有限公司，2000，第3页。

② 章景明：《先秦丧服制度考》，台湾中华书局，1971，第11—18页。

③ 〔汉〕郑玄注，〔唐〕贾公彦疏：《仪礼注疏》下，王辉整理，上海古籍出版社，2008，第1043页。

个丧礼耗时很长，分为不同的仪节，每个仪节又细分为很多环节：丧服的形制、服期，从服、加服有各种规定；参加人角色规制明确，进入的路线、站的位置、仪式活动等都详细规定；丧葬用品的色彩、规格、质地、使用方式都不同；祭品的制作、使用场合、使用者等也都各异。冗长的仪式过程，烦琐的仪式环节，精准的仪式器用，每一个细节都在表达“慎终追远”的内涵，同时明确巩固等级、亲疏。通过遵循这一套复杂的丧礼仪式体系可表达哀思，还可维护阶级统治，保障社会秩序，以实现社会和谐稳定。

（二）《家礼》中的丧葬礼仪知识

唐五代以后，民间佛道盛行，从而削弱了儒学在民间的地位。此时华夏文明力矫佛教影响，道统复兴为一大潮流。在丧葬礼仪方面，士人们也竭力排佛复古。宋代在维护和复兴儒家传统丧礼方面，较唐人要彻底得多。官方、民间的礼制律令都着力杜防佛教礼仪的渗透。儒者想要复兴儒礼，则须改变“礼不下庶人”的古制，促使儒礼世俗化、平民化。另一方面，《仪礼》所记载的“士礼”由于过于繁缛，随着社会的变迁，使用面越来越小，为了适用和推广礼制，“士庶通礼”出现并在现实生活中发挥指导作用。士庶通礼出现在唐代而完善于宋代，这与门阀贵族的消退、社会结构和等级制度之变化有关。经过唐末五代的大动荡，宋代士庶的界限在现实和观念中都基本消失。[①] 司马光《书仪》开始将家礼世俗化，但仍显烦琐难以通行闾里，于是朱熹以其书为底本，删减而成“庶民之礼”的《家礼》。

朱子《家礼》是一部有关家族（宗族）的冠婚丧祭仪礼的实用书，并非以王侯、贵族为对象，而是以士庶为对象，因此在中国礼仪发展史上有划时代意义。[②] 家庭、家族是传统社会的基本单位，维系整个

---

① 杨志刚：《〈司马氏书仪〉和〈朱子家礼〉研究》，《浙江学刊》1993 年第 1 期。

② ［日］吾妻重二：《朱熹〈家礼〉实证研究》，吴震、郭海良等译，华东师范大学出版社，2012，第 11 页。

社会的治乱与发展，家庭礼仪则是维护家庭、家族内部秩序，乃至整个社会秩序的重要规范，是重要的文化传承内容。朱熹《家礼》应时而变，广泛流传，备受尊崇。[①] 司马光认为，礼，“纪纲是也”。[②] 而朱熹则认为，礼就是情感、生活、行为规范的实践总结，所谓“礼者，履也”(《说文》)。“古礼非必有经，盖先王之世，上自朝廷，下达闾巷，其仪品有章，动作有节，所谓礼之实者，皆践而履之矣。故曰‘礼仪三百，威仪三千，待其人而后行’，则岂必简策而后传哉！”[③] 朱熹认为礼制也要随着时代、人情、民俗的发展而变化。不同的时代，根据不同的人情世故所重新规范的礼仪，才是真正适用的礼仪，所以云：“若有圣贤，为之就中定其尊卑隆杀之数，使人可以通行，这便是礼。”[④]

古代社会，礼仪有很强的传承性，新的礼制不可能完全弃用先代礼仪，朱熹认为：“古今异便，风俗不同，虽有崇儒重道之君，知经好学之士，亦不得尽由古礼，以复于三代之盛。其因时述作，随事讨论，以为一国一家之制者，固未必皆得先王义起之意。”[⑤] 因此古礼也必须根据时代、风俗变化，在古礼的基础上不断调整，以建立适应社会需要的新礼制。而“就今人所行礼中删修，令有节文、制数、等威足矣”方能结合实际制定简单易行的礼仪，“‘礼，时为大。’使圣贤用礼，必不一切从古之礼。疑只是以古礼减杀，从今世俗之礼，令稍有防范节文，不至太简而已”。[⑥] 随着社会的变迁，“礼”作为一种社

---

① 安国楼：《朱熹的礼仪观与〈朱子家礼〉》，《郑州大学学报》（哲学社会科学版）2005年第1期。

② 〔宋〕司马光：《资治通鉴·卷一》，中华书局，1956，第2页。

③ 〔宋〕朱熹：《讲礼记序说》，载朱杰人等主编《朱子全书》，第24册，上海古籍出版社、安徽教育出版社，2002，第3585页。

④ 〔宋〕黎靖德编：《朱子语类》，王星贤点校，中华书局，1986，第2205页。

⑤ 〔宋〕朱熹：《跋古今家祭礼》，载朱杰人等主编《朱子全书》，第24册，上海古籍出版社、安徽教育出版社，2002，第3826页。

⑥ 〔宋〕黎靖德编：《朱子语类》，王星贤点校，中华书局，1986，第2177页。

会制度必然要顺应时宜。“古礼如此零碎繁冗，今岂可行！亦且得随时裁损尔。……百世以下有圣贤出，必不踏旧本子，必须斩新别做。”[①] 因此最好、最进步的礼制是适应社会的礼制。朱熹的礼仪观在继承古礼传统基础上，更贴近民俗生活之实际。[②] 朱熹认为整理古礼并非为完全遵循，而是为了阐明礼的源流，“岂能一一尽行？后世有圣人出，亦须著变。夏商周之礼已自不同，今只得且把周之礼文行”。[③] 然而，礼虽然应时而变，变的却只是礼仪实践层面的因素，维护社会秩序的主旨是不会改变的。其后，元代黄瑞节《朱子成书》、明洪武三年（1370）敕撰书《大明集礼》、永乐十三年（1415）敕撰书《性理大全》，以及成化十年（1474）丘濬《文公家礼仪节》八卷，都可以作为考察《家礼》的普及。[④]

《家礼》卷四用较大篇幅，从初终开始到治葬，最后到禫，较为详细地记录了丧礼仪节。通过丧礼这一“纪纲人道之始终”的大事来实现社会秩序的规范。其中没有单独的丧服篇，具体的服制规则记录在成服仪式中。但朱子丧服是在参考《仪礼》因时而变对当时风俗的修正。如：“今人齐衰用布太细，又大功、小功皆用苎布，恐皆非礼。大功须用市中所卖火麻布稍细者，或熟麻布亦可。小功须用虔布之属。古者布帛精粗，皆有升数，所以说‘布帛精粗不中度，不鬻于市’。今更无此制，听民之所为。所以仓卒难得中度者，只得买来自以意择制之尔。”[⑤]

关于丧礼的仪节，《朱子语类》中有记载，“恐怕《仪礼》也难行。

① 〔宋〕黎靖德编《朱子语类》，王星贤点校，中华书局，1986，第2178—2179页。

② 安国楼：《朱熹的礼仪观与〈朱子家礼〉》，《郑州大学学报》（哲学社会科学版），2005年第1期。

③ 〔宋〕黎靖德编：《朱子语类》，王星贤点校，中华书局，1986，第2185页。

④ [日]吾妻重二：《朱熹〈家礼〉实证研究》，吴震、郭海良等译，华东师范大学出版社，2012，第17页。

⑤ 〔宋〕黎靖德编：《朱子语类》，王星贤点校，中华书局，1986，第2198页。

如朝夕奠与葬时事尚可。未殡以前，如何得一一恁地子细？只如含饭一节，教人从那里转？那里安顿？一一各有定所，须是有人相，方得”。[①]于是从丧礼实践考量，《家礼》将《仪礼》的细节简化，尽量适应当时的实际需求。记述跟《仪礼》大体一致，也包括服丧、祭奠、葬礼、祭祀等仪式，但是顺序有一些不同，具体包括：初终、沐浴、袭、奠、为位、饭含、灵座、魂帛、铭旌、小敛、大敛、成服、朝夕哭奠、上食、吊、奠、赙、闻丧、奔丧、治葬、迁柩、朝祖、陈器、祖奠、遣奠、发引、及墓、下棺、祠后土、题木主、成坟、反哭、虞祭、卒哭、祔、小祥、大祥、禫。数十个小礼仪细致而精确地记述了仪式顺序、动作、方位、仪节、供品、服制、时间、空间、文书和声音。内容则要简单、易懂得多，而且文中加入了对当时礼仪现实的一些评价。《家礼序》中说明了对古礼删减之缘由与用意：一方面，宋代古礼散佚毁损严重，完整保留的经书很少；另一方面，随着时代的变迁，古礼也已经不能适应当时的需要。于是朱熹既对现存文献进行整理，加强学术研究，也在古礼的基础上编修新的礼书颁行。编修新礼书时，朱熹遵古礼之“本”，“谨名分，崇敬爱”，但又不拘泥于古礼的细微末节，删繁就简，略浮文，务本实，从今世俗之礼。[②]

根据社会发展《家礼》对《仪礼》进行了删减，但在丧礼记述后面附上了各类丧礼中所用文书的基本格式，这是《仪礼》中所没有的。这样的丧礼文书在后来的日用类书、家谱和民间礼生的丧礼文献中皆有所见。作为一种应用型的文书，其在丧礼仪式中非常重要，在丧礼知识的传承中也扮演着非常重要的角色。《家礼》中记述的丧礼文书有致赙奠状、谢状，慰人父母亡疏、父母亡答人疏，慰人祖父母亡启

---

① 〔宋〕黎靖德编：《朱子语类》，王星贤点校，中华书局，1986，第2275页。

② 朱杰人：《〈朱子家礼〉：从文本到实验——以婚礼为例》，转引自陈来、朱杰人主编《人文与价值：朱子学国际学术研讨会暨朱子诞辰880周年纪念会论文集》，华东师范大学出版社，2011，第214—215页。

状、祖父母亡答人启状三种。

朱熹制礼在于既沿用传统，又适应社会发展和具体实践的需求。“古礼于今实难行。尝谓后世有大圣人者作,与他整理一番,令人苏醒，必不一一尽如古人之繁，但放古之大意。古礼难行。后世苟有作者，必须酌古今之宜。若是古人如此繁缛，如何教今人要行得！古人上下习熟，不待家至户晓，皆如饥食而渴饮，略不见其为难。”[①] 丧礼部分的记述被认为最能表现朱熹制礼的体贴至切、斟酌至宜的苦心。[②] 他主张修身须借由领悟经书的实用真理来获取“真”知，而对经验知识的探求就是理解人的真正本质。所以礼仪实践则是学习做人的正当方法。[③] 朱熹一生重视礼的研究，想由此给社会行为以广泛的指导。因此在此意义上，礼仪实践就是要借由道德劝导的改造力量促成人格理想现实化。[④]《家礼》制定后得到广泛的应用，成为举行丧礼的重要参考依据，士绅依照此宗族礼仪规范显示自己的领导地位，每一次丧礼都成为确认宗族成员的身份聚合。[⑤] 一般民众则将规范仪式程序与佛道丧礼融合。

（三）《仪礼》《家礼》所呈现的儒家礼仪文献脉络

古礼的研究应当注意不同的时空条件和阶层关系。中国文化，经历了数千年曲折复杂的发展与变迁，所谓“古礼”，必定会因时空转换产生出不同的内容。例如《仪礼》，父在，子为母、妇为舅姑并服

---

① 〔宋〕黎靖德编：《朱子语类》，王星贤点校，中华书局，1986，第2178页。

② 史向前：《朱子〈家礼〉与道德建设》，载龙念主编《朱子学研究》，安徽大学出版社，2008，第102页。

③ [美]杜维明：《道、学、政：论儒家知识分子》，钱文忠、盛勤译，上海人民出版社，2000，第128页。

④ [美]杜维明：《儒学传统的重建——钱穆〈朱子新学案〉评介》，载李振声编《钱穆印象》，学林出版社，1997，第237页。

⑤ [比]钟鸣旦：《礼仪的交织——明末清初中欧文化交流中的丧葬礼》，张佳译，上海古籍出版社，2009，第14页。

期年而已；嫂、叔为避嫌，无服。而唐以后，因为宗法实力与女权观念之消长，社会风气渐开明，母与舅姑服加至三年，嫂、叔之间亦有服。[①] 仅先秦时期社会风俗的发展就经历了三个阶段：原始风俗阶段，俗、礼并存阶段，礼、俗合一阶段。[②] 其间存在“雅文化”与“俗文化”的区隔问题。前者相当于一般所谓的“礼”，后者相当于一般所谓的“俗”；礼俗既不能混为一谈，也不能全然割裂。按郑玄注《周礼·大宰职》云：“礼俗，婚姻、丧纪，旧所行也。”《土均》又云：“礼俗，邦国都鄙民之所行，先王旧礼也。君子行礼不求变俗，随其土地厚薄，为之制丰省之节耳。”可见“俗”虽属市井小民之事，却也受到上层“礼”风行草偃的影响。皮锡瑞也有云：“有王朝之礼，有民间通行之礼。论定礼之制，则民间通行之礼小，而王朝之礼大；论行礼之处，则民间通行之礼广，而王朝之礼狭。”[③] 文化总是多元呈现且互相渗透、传播、累积的，因此要真正理解“礼”，既需要从历史的维度探究其传承脉络，也要充分考虑礼俗的互动及其在整个社会结构中的位置。

而《家礼》被认为是朱熹将理学思想深入庶民、影响草根的一种社会实践。朱熹“关注与重视‘天理’与‘人心’的连结与过渡，重视‘天理’对形而下的世俗社会的影响与干预。在他看来，‘礼’就是进行这种影响和干预的最有力的手段。所以他说：‘礼者，天理之节文，人事之仪则也。’”[④]《家礼》形成以后，对宋以及宋以后的民间家礼都产生了积极影响，特别是对其后的中国家庭伦理产生了极为深

① 彭美玲：《古代礼俗左右之辨研究：以三礼为中心》，台湾大学出版委员会，1997，第8页。

② 蔡锋：《先秦时期礼俗的发展历程及其界说》，《山西大学学报》（哲学社会科学版）1991年第3期。

③〔清〕皮锡瑞：《经学通论》三《三礼》，中华书局，1954，第20页。

④ 朱杰人：《〈朱子家礼〉：从文本到实验——以婚礼为例》，转引自陈来、朱杰人编《人文与价值：朱子学国际学术研讨会暨朱子诞辰880周年纪念会论文集》，华东师范大学出版社，2011，第212页。

刻的影响，形成了独具特色的中国古代民间礼，且一直延续至今。[①]各种资料显示，朱熹后的礼书作者都继承了朱熹对待古礼和今俗的礼学思想。对民间习俗吸收变革，又不拘泥于古礼的文字，重视将古礼的本意保存。明清的私家礼书，愈加注重民间习俗，甚至以民间习俗为记述重点。[②]

总而言之，无论如何变化，从《仪礼》到《家礼》的丧礼记述来看，一以贯之的原则在往后的丧礼记述中得到充分的体现。

第二节　丧葬礼仪的文化内涵

一、复合的仪式过渡与表述

（一）“热闹”的白喜事

民间常将丧礼称为“白喜事”，亦称“喜丧”，即有“悲喜交杂”之意。随着社会的变化，达到一个年龄去世，被认为是享到了天年，福寿双全，因此人们不悲其死，反而要庆其福，故称白喜事。把丧事当作喜事办，对亲朋吊唁者，可设酒席招待，亦可猜拳行令，欢乐不忌。丧葬礼仪就情感和社会设置而言，本是悲哀之事，同时所有参与者的身体却又要跟着“热闹”一番。

“白喜事”，“白”“喜”都有两个层面的含义。因为孝眷及吊唁者戴孝，故称“白”。丧服从来都是不染色的，采用麻布原本色泽，虽然不是全然意义上的“白”，但尽量保留原色、原质地。家人、亲属成服之后，丧礼仪式中“白”是主题色。另外，“白”乃悲伤的表达。丧服根据亲疏由粗及细，通过身体感受服装的粗糙，从而表达失去亲人的哀恸。虽然现在的孝服已经无法感受“切肤之痛”，但仍有感官冲击和身份认同的作用。“喜”有两个层次：其一是表象的，即我们

---

① 陈力祥：《王船山礼学思想研究》，巴蜀书社，2008，第26页。

② 陈彩云：《朱子〈家礼〉中的禁奢思想及对后世的影响》，《孔子研究》2008年第4期。

所见之热闹场面；其二则是丧礼之复合的深层内涵。能将丧葬礼仪称为白喜事，当然与灵魂不灭、祖先崇拜的观念是一致的。

因此“白喜事”是一种复合的表述。悲喜交加的矛盾心理，源自对死者的眷恋和恐惧：既要切断死者与人世间的联系，又着力保持这种联系；对死者家属既百般宽慰又表示出若干禁忌；丧期中既痛苦悲哀又大操大办，要弄得异常热闹。此矛盾的心理，反映了人类对死亡的某种相似的心理状态。[①] 丧葬礼仪是一场以自身的文化传统、习惯的方式处理亡者身体的仪式行为，然而关涉其中的身体却包括了亡者的、家人的、亲友的，以及仪式专家和仪式表演者的。

热闹似乎与死亡形成鲜明的反差，与儒家经典肃穆的、立足于“哀”的仪式也相去甚远。湘楚之地，经过儒文化与楚文化的长期互动后，丧葬礼仪有了自己独有的特色。将哀乐、祭祀与娱乐结合起来，也与传统的中原文化大相径庭。儒家传统礼仪与佛道，以及民间风俗的不断融合，形成独具特色的民间礼俗实践。热闹的丧葬礼仪，上承礼仪传统，下接民俗生活之地气。热闹也是对“过渡礼仪”的极好诠释。经过“热闹”的身体表述，亡者的离世成为大家接受的事实，亡者也成功进入祖先集团，接受供奉；家人、亲友的相聚加深了联结，加强了社会关系；家族的经济地位和社会地位也会得到巩固和提升。“热闹”对于丧葬礼仪，是一种最理性、最实际的民俗选择。“热闹”并不等于不庄严肃穆，也不等于没有悲伤和追思，而是在周全地表达悲恸的同时，有节奏地满足其他各种功能。

（二）仪式的互动

丧葬礼仪中的筵席非常重要，是孝家答谢吊唁者、沟通亲友的重要形式。无论是谁，身体都全方位地、自觉不自觉地参与着习俗的传承与新关系的建构。丧葬礼仪中大多数人都无法对仪式有统筹了解，

---

① 仲富兰:《现代民俗流变》，上海三联书店，1990，第98—99页。

无法明晰自己的脚本，但是通过座次、职责、服装、饮食、动作的身体参与，所有人井然有序地完成一种复杂的表述。筵席囊括了复杂的关系，是社会网络、家族关系的直观表征，又遵循日常的生活节奏，在仪式中一再重复出现。因此筵席是适合讨论丧葬礼仪身体表述的重要设置。

1. 坐席：有节奏的身体互动

筵席早中晚餐与儒家朝中夕奠礼的节奏是一致的，餐前举行奠礼，奠礼完毕才能进餐。因此餐前餐后可以说是丧葬礼仪主要的沟通环节，通过祭奠礼邀请亡者享用供奉，实现生者与亡者沟通。而筵席内外，孝家与坐席者沟通，坐席者互相沟通。对于生者而言，筵席就是一次以“死亡”为主题的聚会，推杯换盏之间实现社会互动。

随了礼则要坐席，这对于中国人来说是基本的礼仪规则。于孝家而言，这涉及预算、面子；于随礼者而言，这是人情世故的基本模式。朝中夕奠和三餐筵席就像鼓点一样，使得复合的丧葬礼仪仪式有明确的节奏。朝中夕奠不仅有家人参加，还需要观众，来进餐的人就是最好的观众。大家一起观摩仪式，一起等着入席。正式开席前，都管[①]还会通过麦克风招呼大家起立齐声高喊“高升”，以寓意祝愿亡者升登极乐。

朝中夕奠能顺应日常生活的节奏恰恰是湘乡形成以儒礼为框架的丧葬礼仪仪式的原因之一。内容丰富的佛道礼仪和多种表演形式都没有将儒家丧葬礼仪仪式淹没，正是因为朝中夕奠礼的身体表述与三餐筵席的节奏一致，与人们基本的生活节奏一致。人们已经习惯了丧葬礼仪中“吃饭”与朝中夕奠连在一起。因此，尽管佛道礼仪和多种表演吸引眼球，但是儒家朝中夕奠却是必需品。“复合型”的丧葬礼仪，组合的原因却是多种多样的。儒礼满足祖先崇拜、“孝”的需求，并

---

① 都管：仪式中统管全局的人，一般都由村主任或者书记担任。

能巩固社会关系；佛道满足超验、娱乐的需求；其他表演满足礼物交换、娱乐的需求。但时至今日儒礼依然是丧葬礼仪的框架性礼仪构成，原因则在于儒礼无论在意识形态、伦理规范，还是在日常生活，都一直占据着中心位置。现在，虽然儒家意识形态、伦理规范的影响力已经逐渐削弱，但“孝”的观念、祖先崇拜的意识依然存在，更重要的是，人们已经习惯了朝中夕奠在丧葬礼仪中的节点作用。朝中夕奠已经成为过渡仪式中的常规设置。人们会在共有的生活过程中塑造世界，而这个世界可以说是透明的、显而易见的。人们理解这个自身创造出来的世界，但这些在传递过程中会发生改变。而历史作为现存制度的传统，具有客观性特点，来源于个人生活的“模塑”却在个体之外，在现实中持续存在。[①]

所谓之“沟通”，以“吃”为起点，但内容和意义又远远大于吃。人们通过祭奠、哀悼、馈赠、闲聊，以身体的一系列动作建构着文化。亡者与生者的沟通，涉及亡者的“他界”生活，以及后人所期望之“祖荫”。而生者间之沟通背后是复杂的人情往来，关乎礼物交换的规则、范围和内容。

2. 回赠：流水的人情

坐席是礼物交换的即时反馈。吊唁者需要送纸钱、祭幛、花圈以及礼金，孝家会将这些内容一一记录，以作为礼物交换的依据，往后再逐一反馈。但筵席作为即时的礼物反馈，更加关涉双方的面子，因此酒席是实打实看得见的、面对面的孝家与吊唁者的一场互动。

筵席的水准一定要跟吊唁者的馈赠相当，因为关涉孝家的“面子”，即社会地位、经济地位。所以筵席的规模需要孝家根据经济实力、家族大小、人际网络等综合考量。人们常把红白喜事中由于吃席人多，不停开席，吃完即走，又立马安排人席，不停“翻席”称为“流水席”。

---

① ［美］彼得·伯格、托马斯·卢克曼：《现实的社会构建》，汪涌译，北京大学出版社，2009，第51—52页。

虽然湘乡丧葬礼仪筵席并没有那么夸张，但也绝对是“流水席”。吃席的人边聊边吃边喝，结束后就离场。若是又来了人，孝家立马要安排其入席。厨师们也早有准备，随时待命，一波一波地上菜。“流水”重点并非餐饮的规格和档次，而是对流动前来吊唁的人的尊重。

礼物交换核心在于“流动”，此次的“人情”将成为下次“人情”的依据。这种“人情”表现在几个方面：第一，是否参加丧葬礼仪。参加不是随意的，在亲友网络内的人才有这样的资格。孝家若是没通告之，自然是有失礼数；孝家也会努力用好的仪式、表演、筵席、烟酒、诚挚的态度招呼好参加的亲友；而亲友若无缘无故地不参加则会被认为不给孝家“面子”，会影响彼此的关系。第二，“人情”的物质表现为礼金、祭幛、纸钱、花圈。礼金、祭幛、花圈的多少，赠送者的亲疏、姓名，都被账房先生清清楚楚地记录，以作为礼物交换的凭证。吊唁者进入丧葬礼仪的第一步就是到账房登记入册。礼物交换讲究“相称”“相当”。相称是与赠送者的亲疏、辈分、经济条件相称，相当是要与孝家过去的赠予相当。祭幛登记完毕后要悬挂在灵堂内，花圈则要摆放在灵堂入口两侧，其数量也是孝家“面子”所在。“人情”有明确的记录方式，账本是书面的记录，而参加亲友则是生活的记录，谁来了谁没来，甚至送了什么，大家都记得清清楚楚。

所谓之“流水”不仅仅指本次丧葬礼仪的筵席，更是指在人情交往上的“流水”，社会网络的巩固与维系很大程度上就是依靠这种持续不断的礼物交换。因此并没有真正意义上的“不散的筵席”，只有不断循环轮换的流水的人情。

另外，所谓的人情也不仅限于绝对的交换立场。丧葬礼仪，特别是村落中举行的，也有浓厚的质朴的人情味。筵席虽然阵势很大，却不像很多人所认为的那样铺张浪费。剩菜其实不多，若是剩下了较多菜肴：其一，厨师会回收，留作下顿再处理后端上桌，大家也不以此为怪；其二，村里也常常有一些家境不好的妇女来收，即使她们没有随礼，孝家也不会阻拦；其三，村里难免有一些有生活障碍的人，参加的熟人常常会将筵席的剩饭剩菜端给他们吃，周围的人也没有不满和鄙视，习以为常。

（三）复合的仪式表演

首先，作为一个整体，丧葬礼仪的表演元素是复合的。儒家礼仪、道教科仪、唱夜歌子、舞龙、鼓队、中乐队、西乐队，各有特色，有的是纯粹的表演，有的则是自成体系的仪式。流行音乐—花鼓戏小调，道士长袍—西乐队主持人的短裙，高亢的唢呐—浑厚的架子鼓，喊礼的文言文—相声里的时尚用语，诸如此类，身处其中的人却并不觉冲突。

其次，每种表演本身也是复合的。儒、道仪式相当复杂自不必说，其他的表演为了效果形式也不单一。西乐队不仅仅演奏西乐、唱歌、为儒礼伴奏，还要自编自导一台包括歌舞、相声、小品、魔术的演出。舞龙队不光要舞龙，还要会打鼓、伴舞。只有唱夜歌子表演相对单一。

最后，表演者身份是复合的。儒、道是职业的礼仪专家；唱夜歌子者、西乐队、中乐队也算是科班出身；但舞龙队、鼓队就是由一般的热爱跳广场舞的中老年妇女组成。各自掌握的技能、难度有较大的差异。

大部分的民众以他们的身体行动来进行表述。最重要的观众，是亲属、亲友组成的当地社群，他们通过长期生活实践决定习俗形态并确定仪式的恰当动作。人类学家吉尔伯特·刘易斯（Gilbert Lewis）认为："参与仪式就如参与艺术一样，策划、创造或表演的人也同时是他们作品的观赏者；作为一个观赏者来说，他主动地对表演做出诠释。仪式的创造者、表演者和观赏者那种暧昧的主动和被动的性质，也就是仪式的其中一部分价值所在。"[①] 因此这些表演是"仪式性"的，体现着其作为仪式一部分的价值和意义。同样的演出换一个场景，或

---

① Gilbert Lewis, *Day of Shining Red: An essay on Understanding Ritual*. Cambridge: Cambridge University Press, 1982, p. 38.

者割裂地去评价，都会显得突兀与不协调。但在经过长期的仪式化的生活打磨后，这种表演在仪式中便能融于整体，和谐统一。

复合的表演有显著的娱乐性，这也符合大家对“热闹”的诉求。然而娱乐背后有更深的缘由。表演的形式是热闹的，传达的观念则是深刻的。菲奥纳·鲍伊（Fiona Bowie）曾总结人类学家理查德·谢克纳（Richard Schechner）的说法：表演和仪式的异同在于是具有“效力”（efficacy），还是只为娱乐。[①] 丧葬礼仪的效力则在于通过热闹的表演，传达“孝”的观念，并满足民众超验的信仰需求，强调、巩固家族的社会地位、经济地位。罗杰·亚伯拉罕斯（Roger D. Abrahams）用“展演”来超越“表演”，将表演、仪式、节日、游戏等包括其中，认为在展演活动中，社区成员共同参与、使用其文化中最深层、最复杂的多种声音的、多种价值的符号与象征，从而进入潜在而有意义的经验里。文化展演被强调、被习惯、被期待。参与是可能的，且被鼓励。仪式活动因为使参与者感觉离开日常生活，变得“受强调的、具有强烈自我意识的、被命名的与被框架化的、共同活动的、风格化的”，而显得不真实；而又因为采用日常生活的动机和情景而被带入新情景，所以又显得超真实。[②] 因此丧葬礼仪中人们的行为和思想互相汇聚和互动，历史和现在融合在一起，呈现出丰富、复合的形态。

（四）身体过渡

1. 对亡者身体的处理

可以说，对亡者身体的处理是整个丧葬礼仪的核心，对死亡的恐

① Fiona Bowie, "Rites of Passage" and "Ritual Violence", in *the Anthropology of Religion: An Introduction*, Oxford. England: Blackwell Publishing Ltd., 2000, p. 160.

② Roger D. Abrahams, *Toward an Enactment—Centered Theory of Folklore*. in Frontiers of Folklore, Edited by William R. Bascom, Colorado: Westview Press, 1977, pp. 79-120.

惧，对亡者的不舍，对未来的祝福，都交织在身体过渡的整个过程，反映了人们对死亡的理解。初终之时，亡者在床上不能被移动，孝子全家人跪在地上，边哭边烧三斤六两倒头纸作为亡者的起身钱，这个钱被认为是亡者去往冥界的路费。[①] 湘乡烧倒头纸先在地上垫上一个围裙，纸钱的灰烬要用来填充放置在棺材中的枕头。还要烧三十六根线，黑色或者白色的棉线、纱线都可以。起身钱烧了以后，再烧一个事先准备好的纸扎轿子，叫作“起身轿”，起身轿由纸扎师傅制作。

湘乡有“买水沐尸”的风俗，孝子在家人陪同下来到水边，首先要敲铜锣，根据亡者的年龄，一岁敲一下。然后要敬水府龙王，需要将五个铜钱扔入水中，现在是扔五个一元的硬币。因为他们认为亡者已经往生，属于另一个世界，所以所用之水需要“买”，以免欠下无法偿还的债务。水取回后要在壶中加热，用来为亡者沐浴。男性为男性亡者沐浴，女性为女性亡者沐浴，可请专人，也可请亲戚朋友为之，孝家会支付报酬。湘乡沐浴亡者的“五心”，即双手心、双脚心和额头。“五心”是与“心”相连的肢体末端，洁净其象征着洗涤灵魂，做好了前往他界的准备。这种风俗在湖南、广西等很多地方都存在。人们把“沐尸”当作为亡者顺利转换身份的准备，而“买水”虽有不同演绎，但应是向神灵“买”，既体现所用之水的圣洁，也是与神灵沟通死亡信息的方式。

沐浴过后就是为亡者换装入殓，即小敛。湘乡寿衣一般是由大女准备，他们认为这样亡者到阴间就可以“走大路”[②]般顺畅无阻。寿衣一般穿五层，较为简单的仅三层，一件为一层。寿衣不得超过七层，

① 湖南省地方志编纂委员会编:《湖南省志·民俗志》，五洲传播出版社，2005，第448页。倒头纸是在亡者落气后立即焚化的，可多可少，但不能随便扫掉，有的地方纸灰要和“开路”灰、“引路”灰一起放入“醮盆”，置于棺材前。据说倒头纸是亡者进入阴曹地府随身携带的，一定要在落气后立即焚化。

② 走大路：方言，意谓很顺利很自在。

七层为贵族穿着，平民则以五层为限。俗传穿七层离“九天”最近，转世更快，而五层则只图“五方得利”，以期往西天之路顺利。而对于不满三十六岁或遭凶等非正常死亡者，则要穿九层。因为这类亡者在阴间磨难会较多，穿九层衣有利于超生转世。[①] 寿衣从单忌双，做寿衣的布料不能斜纹，怕子孙走邪路；可用绸子，但不能用缎子，因为谐音“断子”；不能用皮毛料，怕投胎成禽兽。现在一般就用普通棉布。过去寿衣是由亡人亲属妇女帮做，但现在一般去专门的卖寿衣、花圈的店铺购买。寿衣外层用黑布，线头不能打结，以避免亡人去往冥界的路上有劫难。制作寿衣不回针，不安纽扣，用布带。穿好寿衣后，给亡者口中塞入米，过去有塞金箔的风俗，现在没有了。换好装以后，将亡者放在由两张高凳架起的门板上（或者大的木板），头朝门脚朝内，放置在堂屋的左边。或者一般省略这个程序直接入棺，棺内放入松柏枝、扇子、饭团（天热则换成大米一把）、梳子（限女性），并将初终之时烧的起身钱灰放入枕头内。棺摆放在堂屋的东侧（左侧），以高凳架起，镶边的花毯覆盖其上。[②] 如果天气炎热，为了防腐，孝家一般会租用冷藏设备。在装设备之前，为了避免冷藏导致棺内潮湿，会在棺内放入厚厚的樟树枝，等到封殡时再将树枝和设备一并取出。

以上程序只对家人开放，正式对外的丧葬礼仪并不立即举行，需要由地生[③]择日。地生根据亡者的生辰八字算出合适的举行礼仪的时间、出殡的时间和查忌年份（即与亡者相冲克，封殡仪式、发引仪式中需要回避的人的出生年份）。

封殓，即大殓，具体时日由地生事先算好，在第一天张贴出来。

---

① 余炳贤：《奇风异俗话大冶》，湖北省大冶市民间文艺家协会，2006，第52页。

② 根据上文家谱记载“尸置正中”，《家礼》中也记载，尸“置堂中间”，而在当代湘乡丧礼实践中，棺材是摆放在堂屋的左边的。可能现在堂屋右边的位置要让给道士设坛场，做法事。但也有可能与楚文化中尚左的传统有关。见张正明《楚文化史》，上海人民出版社，1987，第106—108页。

③ 地生是专门看风水，选屋基、葬地的人，也兼顾算与此有关的日子。

封殓时，如果有冷藏设备则首先将冷藏设备取出，然后将棺内染湿了的樟树枝取出，并稍作整理。然后，亲人先由右自左绕棺一周，瞻亡者遗容。此时阴阳永隔的情绪被渲染，是整个丧葬礼仪中最悲伤的时刻。接着由香烛司等将亲戚送的被子盖在亡者身上，男的盖红被，女的盖绿被。男红女绿的规则常见于人生礼仪之中，求子鲜花要男红女绿，给新生婴儿穿新衣颜色为男红女绿，结婚庚帖也是男红女绿，盖被、幡、灵位的颜色亦然。清明节上坟“挂山青”，也有男红女绿之别。有说男红女绿原意是颜色的阴阳象征，红色代表阳，绿色代表阴。又说古代官员裤子是红色的，所以红色代表男性，推崇为官兴族，而女性则以青衣黛眉为美。

现在湘乡的寿被第一层由儿子准备，称为“家被”，女儿和其他亲属都可以赠送，统称为“子孙被”。盖被的顺序以亲疏为依据，有时还会张贴出盖被的顺序。按传统，被只能盖单数，九层最尊贵，寓意以后子孙众多，家族兴旺。之后在棺四周涂上胶，将棺盖盖上，在两侧各钉上两口钉子。再用宽透明胶整整封上一圈，最后用红纸条再封一周。整个过程的具体操作都需假外人之手，家人不能参与。

2. 生死过渡

“留不住”表达俗世的无奈，“我去也”有一种一尘不染的超脱感，这是一种生死的对话，是一种在热闹丧葬礼仪中关于生死的冷静的思考和教育。在生死之间找到普遍的真理，才能彻底超脱生死的束缚。从棺材前方走到后方，仿佛就经历一次生死过渡，亡者与生者也在经历一场对话，既然此生“留不住”，只能启程升登彼界，道一声“我去也”。

临终的时刻总是让人恐惧的，热闹的仪式虽然常被认为不必要，但对于处理生死过渡而言，却极其重要。荀子就特别强调隆重的意义：“礼者，谨于治生死者也。生，人之始也；死，人之终也；终始俱善，人道毕矣。故君子敬始而慎终。终始如一，是君子之道，礼义之文也。……丧礼者，以生者饰死者也，大象其生以送其死也。故如死如生，如亡如存，终始一也。”（《荀子·礼论》）“留不住”表达一种对生命消亡的无可奈何、无能为力；“我去也”则有一种面对死亡的豁达与从容。这也与庄子强调的顺从自然造化的生命态度一致，化解生死的矛盾。如庄子说“生也，死之徒；死也，生之始”（《庄子·知北游》），“生之来不能却，其去不能止”（《庄子·达生》），“一死一生，一偾一起，所常无穷”（《庄子·天运》），这都表明一种安时处顺、生死由之的态度。[①]

中国人的生死观是一个复杂的话题，但丧葬礼仪对生死观的最好诠释则应该是通过仪式模糊了生死的界限，消解了死的痛苦与执着，让死亡成就“生”的永恒。中国传统文化以“生”为立足点，宇宙观、人生观、社会意识，都渗透着“生生不已”、无穷循环的主题，儒释道思想都肯定并强调生命的存在。“生命意识构成‘天人合一’的宇宙图式和思维模式的内核，极大地影响着民族精神的铸就和国民性格的塑造。‘生生不已’使得我们的古老文明格外地长命，使得传统社会、传统观念历经数千年仍未寿终正寝，使得我们的文化充盈着乐观祥和气氛而缺少悲剧意识和危机感。”[②]

首先，借由对亡者身体的处理，表达对待生命的终结的慎重。初终有“属纩”之仪节，确信生命的真正终结，再要招魂，以引导亡魂往生极乐。入殓前，在亡者脚附近点长明灯的习俗被认为能温暖足心，以防诈死。

其次，整个仪式的重点都在“过渡”，而不在“终结”。避讳“死”，而代之以“往生”“老”，模糊绝对的生死界线，强调对亡者引导及其身份的过渡。儒礼将亡者引入“祖先”行列，仍保留在家族体系之内；

① 郭于华：《死的困扰与生的执著：中国民间丧葬仪礼与传统生死观》，中国人民大学出版社，1992，第151页。

② 郭于华：《死的困扰与生的执著：中国民间丧葬仪礼与传统生死观》，中国人民大学出版社，1992，第184页。

佛道仪式将亡者导向极乐，永享安乐。

最后，丧葬礼仪用“生”的景象来演绎“死”的主题。现场讲究“热闹”，最重要的就是人气，家族兴旺、亲友众多，是热闹的前提。无论是儒家祭奠礼，还是道教科仪，都需要亲属参与，人越多，仪式越有效果。子孙众多、家族兴旺，是对亡灵最好的告慰。

仪式可以让人放下对生的执着，接受“留不住”的死亡事实；同时又经过仪式的转换系统，顺应自然，“我去也”荣升祖先，庇佑后人。亡者静静地躺在棺材中，经过几天热闹的仪式，各种借由身体达成的“对话”，让家人、亲属、邻友都接受死亡这个事实。然而生命的终结绝不是彻底的结束，经过丧葬礼仪的过渡，借由跪拜、祭奠、表演等给生者一个缓冲，确认、巩固亡者的社会、经济地位；同时给亡者一个合理的去处，换一种形式继续留存在家族之内。

二、丧葬礼仪的生存智慧——武陵地区土家族的个案研究

土家族聚居在湘鄂渝黔交界的武陵山区，世代以山地农业为生产方式。尽管生产生活条件艰难，其族民仍不畏困境、勤勉向上，养成了乐观豁达、自信朴实的品格，在人生礼仪上逐渐形成独特的习俗传统。当代文化转型时期，都市化、信息化、全球化进程相互交错，人的异化与人的回归冲突、融汇，现代生活面临着因为传统因素的消退而形成的结构性危机。如何应对这些困境与变革，如何汲取历史经验而弥补新因素的缺失，成为民族传统文化进入现实生活的重要问题。同时，以民俗过渡礼仪理论来研究土家族丧葬礼仪，讨论这一礼俗传统观照下的个体人生和族群社会，反观当代日常生活的都市化困境与礼俗互化的新变过程，在文化遗产的语境下别开生面地进行传统礼俗与当代意识的深层对话，可以高扬传统的生存智慧，突破都市化礼俗忽略生命尊严、否定人伦信仰的现代危机。

（一）“跳丧”与“歌丧”

土家族丧葬礼仪传统的显著特色为“跳丧”与“歌丧”，以狂放乐观的精神面对死亡，超越人生的终极苦难。

“跳丧”起源较早，定型于唐宋，是土家族先民“父母初丧，击鼓以道哀，其歌必狂，其众必跳”（见《蛮书》引《夔州图经》）的仪式。“跳丧”一词取自土家语“撒耶尔嗬”，是人们在丧葬礼仪上模仿劳动生产和动物行为而成的舞蹈形式。“跳丧”鼓点为调，数人齐舞，悲壮豪迈，气韵生动，热闹非凡。土家族的丧葬仪式，易给人以浓郁的节日印象，仿佛丧葬礼仪不是为逝者祭吊，而是在为整个村落举办一场声势浩大的狂欢集会，宣扬生命的力量，使人陶醉于歌舞的享受之中。“跳丧”体现了土家族丧葬礼仪的生命达观精神：一面是死亡对个体的否定，一面则是族群对个体死亡的超越。有了否定，个体也就有了寻求补偿的精神需求；而族群整体更需要生命的繁衍与村落传统的延续，从而形成了以狂欢仪式来实现族群补偿，实现族群对死亡的超越。土家族丧葬礼仪的狂欢性可以从庆典的溯源说那里找到理论支点。这一学说将庆典视为一种有诞生、成长、演变、成熟等过程的“生物”，它起源于图腾崇拜，其最原始的形式是祭礼。由这一理论推之，丧俗传承的夸张与现代的异化，演变成具有族群庆典的悼亡仪礼。

“跳丧”习俗起源在学界有多种讨论。主要的观点有两个：一是源于土家族早期先民巴人狂放有力的军队阵法。这种载歌载舞的军队阵法，既鼓舞士气，又训练军队，在冷兵器时代具有强大的作战能力。二是源于图腾信仰与原始巫术。土家族崇拜老虎，也敬仰山地生态系统中其他具有强大生命力量的动植物，如水杉等。族民逝去的仪式上，人们相信逝者魂魄要化身为虎，回到先祖的神圣世界，于是模仿老虎、水杉等自然动植物的动作、形态来为逝者获取回归图腾的力量，同时为生者集聚战胜死亡、灾难的信念与能量。通宵达旦地祭悼逝者，转换生命模式，谋求的是生命与死亡过渡仪式之后的新生与成长！从起源论来看，土家族“跳丧”习俗应该是综合性的文化形态，融合了多种优秀的文化因子进入到丧葬礼仪传统之中，使得土家族具备了因为高度关注和深度建设“生命文化”的神圣气质，“临死而后生”“除了死字无大灾”，在整体的民族生命史上完成了“民族过渡仪礼”，以近于反常的行为方式，在悲痛欲绝的丧葬空间中，展示出一个穿越了死亡世界的坚强民族的伟岸气象！

土家族丧葬礼仪的另一个显著特色是唱《丧鼓歌》，与“跳丧”相应，也即“歌丧”。《长阳县志 · 习俗 · 丧祭》载：“家有亲丧，乡邻来吊，至夜去旧伴亡，于柩旁击鼓，曰丧鼓，互唱俚歌。”在丧葬礼仪上以歌祭亡，以歌颂生，“歌丧”的本质显然是对生命的执着。土家族以丰富而独特的历史经验与生活实践，创造了《丧鼓歌》这一充满哲学意味的文化形式，它的内容涉及土家族生活的多个方面，但是真正悼亡的曲词却极少。《丧鼓歌》以主题而言可分为悼亡歌、情歌、生活歌、娱乐歌和历史歌。其中，情歌、生活歌、娱乐歌展示了土家族通达进取的人生哲学：倾诉恋情，互结盟愿，细语琐事，追忆日常，插科打诨，调谑嬉笑，等等。《丧鼓歌》的这些颂唱，都在灵堂上描绘出逝者曾忘情参与的意象空间和情绪空间，重述逝者人生的丰富与精彩，表彰其在家庭生活和村落传统中做出的重大贡献，还原亲友们印象中的美好记忆。正是这些象征生命的空间和“事实”，让逝者如生，召唤起人们与亡故亲友的“重逢”，逝者因而获得“在”的人生意义，获得与整个族群“共生息、同进取”的生命情怀，这就是歌师们反复咏叹的文化意蕴吧。

当代都市化的丧葬礼仪处于传统弱化而新因素粗放的转型之中，个体在逼仄的环境里被消解意义、漠视情怀，“物化”与“工具化”的场域中，人的品格被定制，群体性的同质标签不是因为认同而存在，相反是作为工业标准化生产需求而被强加。丰富的、互动的、纵深的人的尊严与历史，成为都市化进程里现代人不得不放弃的财富。正是在此意义上，土家族丧葬礼仪传统的价值显而易见，从个体和群体两个维度，支撑着人的精神存在，使其在“物化”与“工具化”的进程中可以抵抗结构性的消解。

（二）执着生命，超越死亡

土家族丧葬礼仪寓含了“执着生命，超越死亡”的生存智慧，升华了“临危而上、自信豁达”的民族精神，展开了从死亡灾难的绝境中淘洗民族灵魂、整合民族关系的伦理篇章。

死亡对于所有民族都具有极限的悲剧意义。丧葬礼仪正是人们面对死亡灾难、超越个体悲剧的文化策略。我们需要从死亡本体出发，反观人们选择丧葬仪礼的行为。土家族世居山地，依山傍水，渐习自然之德，从生命消长中悟出“临亡而生，既生而思亡”的人生哲理，并将这一抽象的“生死观”落实到人生礼仪之中。因此，土家族人的丧礼与婚礼色彩特别绚烂夺目，显出奇异的民族光辉。在“跳丧”与“歌丧”的生命张扬中，土家族展现的不是琐碎的祭礼仪式，而是其在千百年的生命历程中凝聚的一种生存智慧：在死神的宫殿前，毫无退缩与悲观，而是以生命的无限憧憬之歌面对个体生命的消歇，颂唱出自信的生命豪情。正是这样一种奇异的“送丧仪式”，给土家族架起了一座崇尚生命、积极进取的生存之桥。在“哭嫁”与“悲婚”的生命哀号中，土家族隐藏了新婚宴尔的喜悦，却在近乎“生离死别”的情绪里洞见了人生消退的“无奈与悲凉”。新生的开始与衰亡的急迫，让我们体察到土家族宏阔的生命视野和大义凛然的自然态度。一“丧”一“婚”,一“歌”一“悲”,反其道而精其义,从“婚礼”的“悲观”走到“丧礼”的“乐观”,土家族建立起新生与死亡的“辩证逻辑”,“悲生而知危，歌丧而达观”，从丧葬礼仪中升华出“临危而上，自信豁达”的民族精神。在此意义上，我们可以说，土家族的丧葬礼仪犹如一曲古老而稚嫩的生命之歌，从遥远的先民社会，延绵至发达的信息时代，依旧充满生命的魅力，突显出生命哲学最为永恒的主题：超越于死，执着于生。

（三）以礼"颂唱"超越"死亡"之痛

土家族丧葬礼仪具有严整而神圣的文化系统，饱含坚韧与温情的生存智慧。在当代丧葬仪礼变革之际，可以从中提取一些简单而本质的人生哲理，帮助我们澄清生命的价值，唤醒生命的温情，树立起"尊重个体生命，捍卫经典传统"的思想法则。

生命可贵，悲痛以陈其逝，颂唱以述其生。"歌丧"之礼以"颂唱"为主，超越"死亡"之痛，回归生命细节的真实与丰富。在无极的"死别"典礼上，还原逝者的"生命价值"，逝者曾经的欢笑、梦想、拼搏、收获、奉献，还流淌在此刻的现实之中，亲友们的记忆，还保存着逝者的荣光与幸福。在此永别之日，所有的人，包括血缘亲族，包括邻里乡亲，也包括关联在地缘和业缘之间的素不相识者，都在颂唱逝者人生的圆满中欢呼生命的可贵。这是多么神圣的丧葬礼仪仪式，它一定会激发起生者的热情与乐观，让逝者安息，令生命的尊严得到高扬！

从这个意义上讲，所有的丧葬变革必须基于"生命尊严"才具有合法性，除此而外，皆需省思和重修。生命的延续即是传统的达成，这也是土家族丧葬礼仪所蕴含的生存智慧的要义。因此，我们倡导"尊重个体生命，捍卫经典传统"的思想法则，在特定的时代困境压缩生命空间之时，需要警惕看重外部因素而忽略生命尊严的误区，需要细读经典传统从而吸取生存智慧来化解困境，需要更充分、更全面地综合考察来分析现实困境与本质矛盾，需要以更开放、更包容的文化气度来学习多民族的丧葬礼仪传统，从而研究制定精当的"改革方略"，为人们永恒的生命尊严和生死仪礼提供温情友好的制度服务。

中华文化绵延不绝的一个重要因素，是多民族文化传统具有丰富多样的生存智慧。地域个性鲜明的文化传统，不仅为我们提供了适应自然和社会变迁的多种生存模式，而且还以民族融合、互动创新的文化智慧，解决了层出不穷的发展难题。在此，评介武陵山区土家族独特的“跳丧”与“歌丧”的礼俗传统，期待能为当代丧葬改革提供参考。

三、魂兮归来：坟墓、祠堂与子孙万代——南洋华人的文化经验

南洋华人传统殡葬的目标在于圆成未来的祭祀文化。由殡、葬而祭祀，过程不外是传统“礼俗”的呈现，但这关系到礼俗之存在意义，涉及文化自信与民族主权。“礼”，延续着全民传统的共同道德观念与社会规范。“俗”，往往呈现出当地群众以地方文化色彩丰富其生活的意愿。中华先辈作为祭祀礼俗的实践者，对此作用早已深有体会。《左传·成公十三年》就是将礼俗的软实力摆在军事的硬实力之前，两者相提并论，说“国之大事，在祀与戎”。

而南洋华人殡葬礼仪实不同于宗教信仰的殡葬礼仪。其最大贡献，就是南洋华人殡葬不讨论有无来世或死后世界，重点在如何延续死者的生命意义，升华死者的精神，让死者回归家庭、家族、社群生活，成为祖先或先贤，永远启示与鼓舞后人的生活方向。此即《诗经·大雅·文王》所云：“无念尔祖，聿修厥德。永言配命，自求多福。”由此总结出“魂兮归来”与“慎终追远”两个观念。

“魂兮归来”与“慎终追远”如何实践，就体现在各地民间如何因地制宜、因时制宜去继承《礼记·三年问》所谓“三年之丧，二十五月而毕”的细节，由此展现其精神内涵与宗旨。殡葬礼俗由奠而殡、由殡而葬、由葬而祭，最终目标是要把原有白事逐步转变成红事，从悼念死者生荣死哀转化出积极作用，升华为对待先人的崇功报德，以逢年过节祭祀墓地与神主，圆成各家各户自身的家风，保证社会、历史、文化的延续。

最重要的是，有礼俗存在才可能摄礼归义、摄义归仁。生者从年年循环举办的各种纪念，感受死者“音容宛在”，感受死者在活人心目中的位置不因其离世而改变，“仁义”因此成为可感受的真实。礼

仪传达的内涵也是要经过活动去传播，在后代参与者心中深化与内化，如此即是文化传承。人们其实都在依靠活动与仪式潜移默化，从验证自己正在继承传统，确立自身是“华人”也是“好人”的自信。

如斯经验，过去屡屡发生在由中原而华南的先民之间。华南先民各姓村落族谱常有记载《认祖诗》或《迁流诗》，其内容强调着“任君随处立纲常”“年深异境犹吾境”“晨昏须上祖宗香”等诗句组成的祖训，传播在漂洋过海下南洋的后辈之间，感受尤为深刻。祖先与我同在斯土，这片土地供奉着祖先香火，即祖先佑护我在开扩土地，如此脚下土地与我之安身立命融为一体，也彰显着“我在，中华在”的主权意义。

（一）殡：奠祀要极备哀荣

当代南洋华人继承中国传统殡礼，基本上是按照《仪礼》，由“初终”礼仪一路照顾细节直到“大殓”。只是，当地为了尽快让死者下葬，会密集在三天、五天、七天内完成整个过程，尽快完成奠礼和出殡。由此也可能提早举行“小祥礼”，让死者更早“魂兮归来”，为其在家中立神主，以慰后人思念。

若参考唐朝柳宗元《为韦京兆祭太常崔少卿文》，其中提及了“丹旐即路，祖奠在庭”，南洋华人为先人出殡，无论如何，至今总还是包括这两件大事。由此可见，南洋继承华南礼俗，做法纵有差异，原来精神面貌亦未废改。

奠礼者，重在“盖棺定论”。中华殡葬礼俗的主要要求不在“哀”，而是强调“哀荣”。因此，灵柩封棺前，死者生前参与的各种单位有义务联合撰写奠文，谈论死者一生行谊与贡献，为其子女以及后人留下激励。由此也才能确定死者未来立神主，以精神生命“魂兮归来”，从此与子孙同在，是有意义的。

至于柳宗元说的“丹旐”，即“铭旌”，《礼记·檀弓下》说：“铭，明旌也。以死者为不可别已，故以其旗识之。爱之，斯录之矣。敬之，斯尽其道焉耳。”而此地延续着华南宗族村落借助殡葬表达人事互动的礼俗，“铭旌”依然如柳宗元所提，多以丹布缝制，但主家不自备“铭旌”，都由女婿或孙女婿赠送。而且，有多少位女婿和孙女婿，就要多少杆“铭旌”。到出殡时，所有“铭旌”都是由女婿家请人高举，走在队伍最前边，女婿或孙女婿就跟在后头。这就表示亲家对主家的感情与尊重，暗示大众不可小看失去老主人的丧家，表明各位姻亲家族、宗族会在背后支撑。

（二）葬：墓地有微言大义

每个地方的墓园，原本就是地方集体记忆的载体。所有坟墓都各自以它们的形态，结合着墓碑文字，叙说从家族到当地社会的历史文化。正如马六甲三宝山那座 1622 年“皇明显考维弘黄公妣寿祖谢氏”墓，其右下角刻着“壬戌年仲冬谷旦，孝男黄子辰同立”，足证此处果然是海港社会，人们盛行以干支计算时间、航海定向，甚至命名子女。而且，当地认同着“皇明”体制，死者入土为安在“朋友”共建的义冢，墓碑则强调君臣、父子、夫妻、兄弟关系，足以从“五伦”俱全证实这是个完整华人社会，礼俗无殊中原。

再进一步说，南洋各地华人通常延续着华南先辈墓葬惯例，除了会在墓碑上表达“皇明”“皇清”或“中华”，以及刻上祖籍地的省县乃至乡里名称之外，还会使用“显考、妣”“先考、妣”“故”等字眼。其中，用得上“显考、妣”的，总是有儿有孙，且能在生前奉养父母至善终；而那些父母白发人送黑发人，由孙辈替他立碑的，只能是“先考、妣”。还有无后代者，由女儿或其他人治丧，将来不是任何家族直系“先人”，仅是亲属的“故人”，就写作“故”。墓碑记载皇朝和祖籍地归属，表达家国情怀是一致的，而“显考、妣”的称呼又是喻示着墓主至少三代人生于斯、长于斯。一旦使用“先考、妣”“故”则是暗含贬义，警示着后人，异地开疆拓土务以开枝散叶为要，不要重蹈覆辙。

（三）祭：祠堂保源远流长

古代宗族往往选择家乡附近最美好的山埋葬先人，以表敬爱，并且因着山的灵气与先人灵气合而为一，立约保护“祖坟”或“公冢”神圣。所谓保有“好风水”，何尝不是源于保护山林、水源，维持山下需要的生态链？然而，也正因坟地总有距离，日常封山难行，各家各户要先人“魂兮归来”，经常与子孙同在，依靠的就是在家中或者村子里的祠堂供奉先人的神主。

据《仪礼》，人死一年后属“小祥礼”，家人这时可除去孝服，换穿素服，撤除家中为了奠祀死者临时设立的灵台与灵牌，为死者准备永久的神主灵位和香炉，为死者举行“合炉”仪式。“合炉”的仪式，或将神主列进祠堂，和其他祖先牌位共用一个香炉，或直接把来自死者原有灵位的一些香灰加入家中“某门堂上历代祖妣”的祖先炉中。这样，不论是否保持死者神主牌位，都意味着死者成为家族呼唤“列祖列宗在上”的其中之一。“合炉”是强调“家教”的神圣教育：个人生命是家族集体历史的延续，一生受着历代先人家风传统庇护，生前有义务感恩祖先，维护祖先文化与德行，最后又回归其中，参与列祖列宗接受后代子孙崇拜与效法。

传统社会的孩子常是在祠堂接受蒙学教育，在列祖列宗神龛前边上课。例如海南省，至今还有很多父老记得上学叫“上祠堂”。孩子们每年清明扫墓，学习到自己和其他乡亲是依赖同一处“风水”（具体的环境与文化）长大，这就是具体的地缘认同；孩子们每天上学，也会发现自家或同学家人到现场拜祭，由此加强了自己的姓氏或血缘认同。这样的中华认同不是抽象而空泛的，是源自童年的体验，有具体的血缘与地缘归属，感情也就真实而深厚。

诚意、正心、修身、齐家的道理，要从道德的范围放在知识的范围去实现，就得依靠礼俗去承载与传播。殡、葬、祭，按照《论语·八佾》说的“祭神如神在”，事死如事生。如此，人们应尊重每位先人的生存意义和死后尊严，并切记死者带不走的生前死后的事。殡、葬、祭三者层层相接又共同分担的任务，就是突显先人留给后人的“哀”与“荣”，包括总结死者经历，保全美好记忆，记取死者未完成的遗憾，去照顾死者家庭、亲朋、社区及后辈的心情，鼓励后来者继续走向更美好的未来。

孔子既重视“慎终追远”而又在《论语·先进篇》说“未能事人，焉能事鬼”和“未知生，焉知死”，对照可知其重点不在讨论鬼神观念和死后世界传说，而在生者如何安身立命。殡葬要考虑义理性的“礼”，也要成全接地气的“俗”，目标都在内化与深化“敬如在”之仁义。不管有神无神，子孙万代不变的是“有情有义”；不论先人鬼神是否存在于外，后代总能延续心中对父祖辈的敬爱，不会因为时空变化去改变。由于我诚心，我就能想象将心中的故人投射到现有空间，与过去的先人作现在的对话，以此启发我对现在问题的看法，也印证吾心本具的仁义忠孝。如此，现场氛围亦足以潜移默化少年儿童，让他们体会父辈对先人尚且如此，他们对生者更应珍惜。

第三节　丧葬礼仪传统的当代传承——湖南湘乡的个案考察

一、民间丧葬礼仪传承与日常生活实践

中国有长期的礼仪传统，因此若要深入地探讨当代人生礼仪的传承与应用，则必然需要梳理其历史演变。将人生礼仪放置于“历史”的维度中去研究其传承，探讨其当代价值显得非常有意义。着眼于当代礼仪传承与应用的研究，“日常生活”成为一个非常重要的研究视角。关于日常生活的研究诸多学科都做出了尝试，而人生礼仪传统与日常生活相结合的研究恰恰是对这种研究路径的一种探索。

（一）丧葬礼仪传统的生成与传承

人生礼仪是社会民俗事象中的重要组成部分。每个人之所以经历人生礼仪，决定因素不只是他本人年龄和生理变化，而且是在他生命过程的不同阶段上，生育、家庭、宗族等社会制度对他的地位规定和角色认可，也是一定文化规范对他进行人格塑造的要求。因此，人生礼仪是将个体生命加以社会化的程序规范和阶段性标志。[①] 而丧葬礼仪是人生礼仪的重要组成，其与社会组织、信仰、生产与生活经验等多方面的文化交织，集中体现了在不同社会和文化类型中的人伦观念、信仰特点和社会结构。

古代中国"以礼为立国根本"，古代中国社会具有礼俗社会的特征。围绕诞生礼、成年礼、婚礼和丧葬礼仪的民俗非常丰富、完善，尽管有些仪节已成为古代文献中的记载，当代再也看不到，但大部分仪节一直流传至今，人们尚可耳闻目睹。从中国传统文化结构来考察观念与生活及百姓日用之学，重新构建礼俗社会的知识系统，既有助于传承传统礼仪文化，更能为当代的生活实践提供指导。研究丧葬礼仪在当代生活中的价值和意义，将中国人生活方式的外在形式与内在观念形态结合起来考察，有助于从物质生活到精神生活，全面认识民族文化和思维方式，增强文化自觉，促进文化转型。

从儒家经典《仪礼》《家礼》，到历代各类民间文献中都有详细的丧葬记述。尽管内容、形式上不断变化，但其中的丧葬礼仪基本框架是一以贯之的。这套记述形成了内容丰富、体系完整的知识传统，体现着制礼者构建社会的理想，并通过丧葬礼仪的展演在生活实践中不断地实现社会构建。或者说，从礼仪的角度，由繁到简，由上到下，由简单到复合，各种变化从未停止，但仪式基本的框架从《仪礼》就已经奠定，并一直延续到当代的民俗实践中；而从礼义的角度，通过

① 钟敬文主编:《民俗学概论》(第二版)，高等教育出版社，2010，第144页。

仪式践行以“孝”为核心的家族伦理、维护社会秩序的礼的基本精神从未改变。

习惯化的活动被视为当然，为人类活动赋予意义。习惯化活动的类型化（typification）生成制度。[①]礼仪书写首先体现了制礼者的社会理想。制礼源于维护社会秩序、实现社会构建的考量，在吸纳礼俗的同时，将大量的制礼者的需求融入其中，通过文字记载将礼制确定下来。而书写的目的在于以此指导礼仪实践，来最终达成社会构建。而且过去的礼仪书写往往成为后来者制礼的依据，于是礼俗知识体系既是社会构建的资料来源、重要记载，也是社会构建的重要手段。

宋代是中国社会承前启后的转型时期，儒家学者在倡导“修身齐家治国平天下”的思想方面，始终不遗余力。宋代礼制将社会成员区分为皇室、品官、庶人三个阶层，庶人阶层虽然占据社会人口的绝大多数，承担重要的生产活动，也是文化的重要创造者，但在礼制中却被忽视，三个阶层上重下轻，甚至颠倒。系统地整理、规范庶民之礼成为维护社会秩序的当务之急。于是朱熹将礼仪化繁就简，使其适宜于大众，《家礼》自觉地更新传统礼仪以适应当时更广大民众的生活实践。朱熹制定《家礼》目的在于使“礼”更贴近庶民阶层，“从而改变民众习染佛道的状况，改变儒家学说在民间地位被削弱的状况，重振古礼以匡正社会秩序，在社会稳定中求得发展与自强”[②]。通过推广普及《家礼》这样的礼仪读本来改变“礼不下庶人”的古制，让更多的人知道儒礼的具体内容和操作程序。

《家礼》成功地在庶民阶层推广和践行了儒礼，儒礼实践成为民众生活的重要内容，并成为后世制礼的重要依据。除了文人礼书、国家礼典外，日用类书是自宋开始的另一种“礼”的重要载体，使得儒

① 赵万里、李路彬：《日常知识与生活世界——知识社会学的现象学传统评析》，《广东社会科学》2011 年第 3 期。

② 郑春主编：《朱子〈家礼〉与人文关怀》，福建教育出版社，2010，第 8 页。

礼的具体内容和操作程序为更广大的民众所熟悉，并成为重要的礼仪实践依据。日用类书将冠婚丧祭等礼俗分类刊登，为民众日常生活提供便利。日用类书中的丧葬礼仪记述沿用儒礼的基本形制，但书写方式更加简单，阅读难度减弱，操作性增强，其目的是供庶民大众随时查阅，方便生活。因此，日用类书中的记述以更贴近民众生活的方式指导着礼仪实践。

而从当代丧葬礼仪田野调查中看，湘乡家谱、礼生礼书等丧葬礼仪知识的记述将纵贯的知识传统，具体落实到了湘乡的民俗实践。山西闻喜礼宾先生之间也有大量流传的传统礼书，并且其礼书的编纂、整理工作一直在持续。家谱是家族成员的行为规范，也是家族礼制的重要记载。家谱中的记述延续儒礼传统，重视礼仪的操作性，又融入了诸多民间信仰、地方习俗的内容。而礼生礼书则是当地礼生主持丧葬礼仪仪式的重要文本参考和礼仪范本。

丧葬礼仪知识的文本书写凝结了世代的集体记忆，而其依照“代代重构”的形式存在，记忆的再现并非依靠浅表的逐字逐句的记忆，而是叙述宽度以及叙事结构在起着主要作用。[①] 总而言之，《仪礼》搭建了一套形式完善，内容翔实、精确，意义深远的知识体系的基本框架；《家礼》将礼制推广，重视使庶民熟悉其内容与操作；日用类书的工具书性的丧葬礼仪知识书写简单、明了；地方家谱、礼生礼书知识重操作、包容性强。由此可见，从古至今大量的礼俗书写形成了一套礼俗知识传统，而礼俗知识传统的生成，始终源于社会构建的需要，并始终蕴含着礼与俗、书写与生活实践的深刻互动。丧葬礼仪知识传统一直在通过生活构建社会，且构建的内容从古至今，并无根本性的变化，即在宗族（家族）内部倡导一种以“孝”为核心的人伦之爱，通过宗族（亲族）内部的礼物交换、人情往来，巩固群体团结，维护

① ［法］雅克·勒高夫：《历史与记忆》，方仁杰、倪复生译，中国人民大学出版社，2010，第64页。

社会秩序。

由儒家经籍、国家法典、文人礼书、日用类书、地方史志等历史文献构成的这一套“文本”人生礼仪知识传统，不仅有宝贵的历史价值，也为理解当代的人生礼仪提供了重要参考。这套礼仪“文本”系统既是民众践行丧葬礼仪的指导，也是丧葬礼仪的记述传承，然而要获得完整的礼仪传统，还需要“生活”的素材。随着社会的变迁，现在的人生礼仪发生了很大的变化，文献是理解人生礼仪的重要切入点，也成为探讨礼仪实践、传统礼仪复兴和重建的出发点。

（二）丧葬礼仪实践的信仰建构

丧葬礼仪在中国有清晰的传承脉络，是民众日常生活中自然存在、流传、变化的礼仪，它有丰富的文化内涵，能有效地进行社会规范，维护社会正常秩序，是融合在整个礼俗生活之中的。而仪式得以进行必然需要建构一套深层的信仰予以支撑，“民间信仰或者以之为支撑的文化符号被认为是我们固有的、具有本真性（authenticity）的，因而是中国作为一个政治共同体在文化上的一种认同基础”[①]。湘乡礼俗生活中有一个复合的信仰世界作为认同的基础，这种复合性与丧葬礼仪的复合性同源。据《湘乡县志》，“县民在信仰上儒释道混杂，诸佛众神并存，不拘佛、神来历品位，只以载福为目的”[②]。而这种复合型的信仰作为一个整体融合在民众日常生活之中，可以说既是当地人生活的一种内容，也是一种生活的形态。“日常生活现实是由环绕在我身上的‘此地’（here）及我所呈现的‘此刻’（now）所构成。这一‘此地此刻’正是我在日常生活现实中注意的关键所在，同时也是我的意识的实在性所在。”[③]“信仰”即是湘乡民众“此地此刻”所享有的一种

① 高丙中：《作为非物质文化遗产研究课题的民间信仰》，《江西社会科学》2007年第3期。

② 湘乡县志编纂委员会编：《湘乡县志》，湖南出版社，1993，第913页。

③ ［美］彼得·伯格、托马斯·卢克曼：《现实的社会构建》，汪涌译，北京大学出版社，2009，第19—20页。

普通生活。

丧葬礼仪具体仪式的操作皆有赖于礼仪专家的引导与指挥。这套仪式背后固然有仪式制定者的社会规范理想，但对于民众来说，日常生活中的仪式实践是受信仰所推动。有关传统丧葬礼仪，在意识形态范畴，中国人有一个强烈的信念，就是今生与来世的延续：没有强烈的灵肉二元论；相信一个人的社会地位，大致上不受死亡影响；在死者的世界里也保持两性平衡的观念；生人与死者之间能沟通交换。丧葬礼仪有关的信仰首先体现为儒家推崇的"孝"的观念。远及祖先崇拜，近遵亲疏差序，由此社会构成一个和谐有序的格局。因此惟送死者当大事，以仪式举行来恢复、巩固、稳定此格局。然而，除此之外，民众在民间生活中还深受灵魂不灭、祖先崇拜的影响。这些信仰的交织也恰恰说明了复合型丧葬礼仪存在之原因。

1. "慎终追远"的孝道信仰

在中国传统文化的伦理道德体系中，"孝"是最基本、最重要的道德。"慎终追远"也是要通过践行仪式，倡导"孝"的道德观念，实现"孝"的道德教化。先秦时期，孝道就是中国人价值观念的核心所在，孔子界定的所谓孝道为"生事之以礼，死葬之以礼，祭之以礼"。"礼"是中国文化秩序之核心，是整个规范性社会政治秩序的黏合剂，是行为规范，史华慈（Benjamin Schwartz）认为"包括仪式、庆典、仪态或一般行为举止。这些行为在家庭之内、人类社会之内以至超乎自然的神圣领域之内，形成人神互动角色的网络，将人类与神灵连接起来"[①]。在儒家理论中，礼是安排国家秩序和创造稳定阶层社会的手段，表现贵贱、亲疏、男女、长幼之别，也借由动作进行有关孝道的

---

① Benjamin Schwartz, *The world of Thought in Ancient China*, The Belknap Press of Harvard University Press, Cambridge, *Massachusetts and London, England*, 1985, p.67.

教化，透过动作来教导信仰。[①]

而就仪式动作而言，虽然丧葬礼仪上有儒道的不同仪节，但这些仪节对于参加者而言最终可分解为跪、拜、绕行。一般民众并不能清楚地区分跪、拜、绕行的动作，也不知道何时该进行这些动作，皆要在礼生、道士的引导和指挥下进行。

跪是丧葬礼仪中最常见的动作，无论是吊唁者、孝家，还是道士，在灵堂中“跪”是一个常态。“跪”，进一步则是俯伏，在礼生念祭文，道士念经时，孝服人等需要俯伏聆听。“拜”，是由一系列程度有别的动作组成。[②] 丧葬礼仪中居丧答拜宾客时行稽首礼，要先拜，然后两手拱至地，头至手，不触及地，表示极度的悲痛和感谢。顿首即磕头，头叩地即举不停留。湘乡家谱等记载拜的动作按照程度由轻及重，分为叩首、顿首、稽首、稽颡。现在讣告中不分亲疏，一律写“泣血稽颡”，但在祭奠礼中拜的动作皆依古制有所区分。绕行的动作有小圈、大圈、殓棺科仪绕棺；破狱拜桥科仪绕道场；请水科仪绕到水边；报庙科仪绕到土地庙；破血湖科仪先在道场绕，然后出门绕到水边；发引则要绕境，在整个村子或者县城绕一大圈。殓棺科仪、破狱拜桥科仪和破血湖科仪，绕行中还夹杂着跪拜的动作。

跪、拜、绕行的参加者、程度、位置、顺序都依亲疏有所区别。这些动作，一方面表达对亡者的崇敬，另一方面以差序而区分，强调亲疏格局。这些动作在传统的礼俗生活中并不罕见，虽程度有不同，但都属于一般的礼节的基本构成。但当代这些动作完全异于民众的日常生活，可以说仅仅通过这些动作就能形成“阈限”。民众在完成这些动作的过程中，获得更强烈的仪式感，从而更快速地进入丧葬礼仪的情境中，更投入地体验“过渡礼仪”。如此仪式本身也能达到最好

① ［美］罗友枝：《一个历史学者对中国人丧葬仪式的研究方法》，《历史人类学学刊》2004年第1期。

② 杨英杰、苑朋栋编著：《中国历史文化》（第二版），南开大学出版社，2011，第89页。

的效果，帮助宣泄情感，进行“孝”的教化，巩固亲属圈。

“孝”之践行不仅要表现对亡者的哀悼与尊敬，更重要的是将亡者视为即将进入祖先集团的家族成员。丧葬礼仪的前提在于对祖先的崇敬，并且相信祖先与后人之间有效沟通的可能。在宗族、家族体系之内，死亡是一种过渡，是由生者集团进入祖先集团的过程。借由焚香、敬酒、敬茶、供奉供品和筵席、祭文等，沟通亡者与生者。仪式完满结束之后，亡者则晋升祖先集团，获得接受祭礼的资格。

2. 功利性的祝愿

礼生、道士是传统仪式中的关键人物，在民间社会中，礼仪专家能否在礼仪实践中获得合适的收益，直接决定着仪式的活力。如果礼仪专家收益不好，就不会有人愿意从事此行业；而如果仪式本身不能满足民众的需求，礼仪专家也没有执业的可能。尽管现在有很多其他表演填充儒道仪式的间隙，但是儒道礼仪在不断民间化的过程中，本身也善于吸收新的元素，既让仪式更具表演性、观赏性，又能获得更多的收益。

除了主持相关仪式获得的收益，现在湘乡丧葬礼仪中，儒道都有些机动增加收入的方式。道教解结玄科，道士解结的绳子上过去要穿上铜钱，现在则用纸钞代替。每一个参加解结仪式的家属都要在解结完成后，在道坛的盘子上放钱。愿意招揽的道士会说些吉利话，家人亲属一般也乐得开心，还会互相起哄，放几块、几十块都可以。仪式结束以后，这些钱就归道士所有了。

儒礼中几乎没有可以安插“收费”项目的仪式，也很难满足家人亲属财源广进的愿望。但有的比较灵活的礼生，在客奠家奠后增加一个“奠酒”的环节，唱一段《奠酒词》，然后让大家给钱以表孝心。《奠酒词》中会加入对后代身体健康、财源广进等的祝愿，收钱的时候也会说一些这是表孝心，祖先会保佑后人，给钱多少都是个意思之类的话。参与者则会献上几十块，甚至上百块。不过，奠酒环节在当代丧葬礼仪中并不常见。

这样“收费”的环节因礼仪专家而异，并不是所有的礼生和道士都热衷于此。民众对此并无反感，几块、几十块都不会有什么损失，反而能够活跃气氛。更重要的是，民众都希望能直接获得功利性的祝愿，相信能不受鬼魂困扰，还能获得祖先庇佑。

总之，丧葬礼仪的民俗实践在“慎终追远”背后是一个复合型的信仰体系。儒礼满足“孝”的教化，巩固家族地位，实现社会规范；佛道满足超验的信仰需求、释放、安抚；功利性的祝愿既能满足即时的需求，又能恰当推动仪式的存续。经过一场复合的丧葬礼仪，强调“孝”的观念，实现“孝”的教育，稳定、巩固了社会关系、社会地位。亡者得到超度，不会变为没有归宿的灵魂，直达极乐之后荣升为祖先，拥有荫庇后人的能力。后人借由仪式成功将亡者的身份过渡，相信有了合法身份的祖先会保佑自己，还能在清明、中元与祖先沟通，传达思念与希冀。

二、民间礼生“喊礼”

（一）当代湘乡礼生“喊礼”的程序与内容

礼生，又称赞礼生、主礼生，或者称为主祭、礼先生、先生，有些地方甚至直呼其为“喊礼的”。他们是中国传统礼仪、信仰生活中一种重要的仪式主持人。他们参与神明崇拜、祖先祭祀、婚嫁丧葬等礼仪实践。[①] 现在湘乡礼生主要行朝中夕奠礼、家奠礼和客奠礼，书写挽联、讣告、祭文等，在丧葬礼仪上与道士及其他表演者分工合作。礼生行礼的整个实践过程被称为喊礼，也就是说礼生除了撰写丧葬礼仪文书、主持祭奠仪式，还要用有节奏有音调的声音将仪式过程、祭奠文书“喊”出来。喊礼是一种演唱传统礼俗的民俗活动，除了演礼

① 李向平、文军、田兆元主编：《中国信仰研究·第一辑》，上海人民出版社，2011，第69页。

规则和仪式过程外，还有内容和音乐，也就是演礼的诗、词、文和曲谱。曲谱包括礼生的唱腔谱和乐师的器乐谱。礼生唱腔分为悲调和平调。悲调用于丧葬礼仪，平调则是婚丧共用。乐谱则多为婚丧专有，只有一部分共用。一个完整的喊礼过程，包括仪式过程、宣读参加祭奠礼孝服人等的名字，以及诵读祭文。平调是丧葬礼仪中运用最多的腔调。[①] 悲调是丧葬礼仪特有的腔调，多采用“前起后和，单起众和”的形式，为的是出现“一人起歌众人哭”的效果。[②]

以客奠为例。

客奠是亲戚祭奠亡者的仪式，参加的都是晚辈，客奠按亲疏分场次进行。客奠的顺序是由亲到疏，再由疏到亲。[③] 但实际的顺序与公布出来的往往有区别，比如有的亲属没有赶到，临时调换顺序，或者根据孝家自己的情况更改，礼生往往从权而为。

根据家谱记载客奠过去是朝祖礼的一部分。[④] 现在湘乡客奠仪式

---

① 由“引礼生、歌童生、赞祝生、歌诗生、读礼生”单独演唱的是“东升路赞、西降路赞、迎神文、孝文、祭文、生没词、堂奠文、朝奠文、暮奠文、成服文、孝服文、盥洗词、香文、酒文、食文、各种献词、挽歌、思成文、利成文、告成文、撤馔词以及《招魂祠》《破狱诀》《接亡赞》《安灵词》”等，“大宾”演唱《孝敬》章节也属此类；其中由多人前唱后和的篇目有“《易·序》《圣经》《正气歌》《二十四孝》《孝经》《诗·蓼莪》《诗·南阶》《诗·楚茨》及绕棺诗、绕棺词、灵椿词、蒿里词、薤露词、丧礼词、思亲词、诔词、侑酒词、资箔词、永诀词、送神文、送行诗等。调式以记录的《挽歌》和《孝文》作为代表”。（参见贾绍兴《喊礼——湘西神秘婚丧礼俗考察记》，学苑出版社，2009，第134—136页）

② 贾绍兴：《喊礼——湘西神秘婚丧礼俗考察记》，学苑出版社，2009，第140、144页。

③ 如果亡者是男性则客奠的顺序如下：1. 女婿；2. 内侄；3. 外甥；4. 姨侄；5. 姻侄；6. 干儿子、徒弟、世侄、侄婿、堂侄儿；7. 脉侄。如果亡者是女性顺序则是，内侄、脉侄、女婿，然后是下一辈的外孙、孙婿。客祭顺序一般会张贴在大门边，香案附近。（资料来源于2013年4月14—16日湘乡园艺场丧礼）

④ 献祭过程如下：行宾奠礼、放炮、起鼓、奏乐、执事者司事、主祭生诣盥洗所、盥洗、就位、跪、拜兴四、诣香案前、行上香礼、就位、跪、上香三、兴、复位、诣灵座前、行奠献礼、就位、跪、奠爵三、献匕箸、献馔、止乐、读文。（参见《湘乡上湘大育乡视物冲郭氏三修族谱》，1937，浣阖族公刊，藏国家图书馆）

过程与朝夕奠相似，但客奠场次较多，耗时很长，喊礼由礼生独自完成，陪长辅助。[①] 但每个阶段的献祭过程基本一致：

行客奠礼 升炮 起鼓 鸣金 奏大乐 管乐奏 中西乐合奏[②] 小乐 诣盥洗所 盥洗 洗毕 复位 诣香案前 跪 上香 又上香 三上香 焚香 搁杖 再拜 起立 叩首三 复位 诣食案前 跪 初奠爵 又奠爵 三奠爵 俯伏 献箸 献馔 各馔通献 反箸 陈餐 献香茗 献果珍 献米粢 俯伏 读悼奠文 读毕 乐复作 化楮 焚文 俯伏 复位 跪 叩首三 退位 礼成 孝子叩谢 大合乐[③]

（二）喊礼的变化

礼生喊礼本来是有固定的曲子和乐谱的，并有专属的乐队，但现在曲子和乐谱都已经失传，乐队也没有了。[④] 以前礼生的乐队跟现在的中乐队一样，有鼓、锣、钹、笛、二胡、唢呐，人数少则四五个，

---

① 但也有例外，2013 年 4 月 14—16 日湘乡园艺场丧礼中，为主的李道士正在跟主持此场仪式的樊礼生学习做礼，在客奠中他们就轮流喊礼，当然祭文都是樊礼生此前写好的。如此仪式过程、喊礼的节奏、音调等都稍有不同。

② 如果第一天没有请西乐队，则只有金鼓齐鸣，第二天西乐队参加，则西乐演奏也加入到祭礼中来。依次类推，举行奠礼时，来了多少类型的奏乐团队就会有多少参与进来，礼生也根据实际情况在主持仪式中自行增减奏乐类型。

③ 客奠过程湘乡的丧礼都基本一致，但是不同的礼生具体内容会有所差异，此过程根据录音 20130415YYCBDL。录音说明：湘乡园艺场丧礼朝奠礼。时间：2013 年 4 月 15 日。

④ 先秦时期丧礼不用音乐，居丧限制音乐，《礼记·曲礼上》云："临丧则必有哀色，执绋不笑，临乐不叹，介胄则有不可犯之色。" 居丧不可言乐，要求一般的人，"望柩不歌，入临不翔。当食不叹。邻有丧，舂不相；里有殡，不巷歌。适墓不歌，哭日不歌"（《礼记·曲礼上》）。汉武帝以后，儒家丧礼仪式渐渐用法律形式固定，丧期奏乐不仅受道德谴责，还有违法律。《唐律·职制律》规定，凡居父母、夫丧作乐，徒刑三年，即使路遇奏乐而遂听者，也要杖一百。然而，自唐代开始，居丧作乐屡禁不止，且民间兴起的丧礼用乐的习俗还影响到上层阶层。尽管有争议，但丧礼用乐在当时已占主导，且屡禁不止。而民间这种情况则出现更早，不仅禁而不止，还日益兴盛。宋代不仅民间，连士大夫阶层都不遵守了。但关于丧礼用乐一直有争议，有反复。明代民间丧礼"扮戏唱词，名为伴丧，修斋设醮，鼓乐前到，及设荤酣饮"。直到清代，有的地方还禁止丧礼用乐。可见，丧礼用乐的制度规定与民间实践一直未能统一。

多则六七个，跟随礼生（那时往往有四个左右的礼生）一起出去做礼。他们是一个团队，就跟现在的道士一样。礼生的乐队不仅在行礼时演奏，在礼生读祭文时也伴奏，以烘托气氛。[①] 与道士不同，虽然彼此配合，但礼生和乐队始终是分离的，因为他们的知识是独立的。礼生知识重点在做文喊礼，而不需要学习乐器，乐队则只会演奏不会做文喊礼，他们不可替代。道士和乐队是融为一体的，每个道士既会念经做法，也会演奏乐器。也许正是因为知识体系的特点，随着时间的推移、社会的变迁，道士综合一体的知识形式上没有改变，而礼生与乐队则分离开，渐渐地与喊礼相配合的乐曲也流失了。

不同的礼生有不同的喊礼音调，礼生可以根据自己的理解和需要使用不同的语调，也能在喊礼中增减一些环节。比如有的礼生喊礼，虽然仪式过程与别的礼生基本相同，但用词相对随意、活泼些，并非经常积极地与各类乐队互动。称呼处省略农历岁次，祭文内容也没有那么押韵、规整，在其中加入了很多“嘞”“嗯”“啊”“咯”这样的语气词，这些词是湖南方言和花鼓戏中常用的。仪式过程的喊礼音调跟一般的礼生差不多，但会加入一些别人没有的桥段，例如客奠刚开始鸣一炮后请西乐师傅吹奏迎宾曲，鸣二炮后请西乐师傅吹奏哀乐。客奠礼中，礼生还说，某母一生艰辛，请奏一曲《悠悠岁月》，家奠中则让西乐演奏《世上只有妈妈好》。

湘乡过去在喊礼中插入《诗经》《阳关三叠》，但现在则是穿插现代歌曲。而喊礼中唱诵的加入与楚文化的歌舞传统有关，是一种儒家礼节与楚文化交融的表现。由于楚人特殊的族源，顽强不折、奋发向上的民族精神，先秦楚声就已经发展成为独具风格的地方艺术。先秦

---

① 资料分别来源于访谈 20130415FKL、访谈 20130330XYL、访谈 20120803MD。
被访谈人：FKL。访谈时间：2013 年 4 月 15 日。访谈地点：湘乡园艺场丧礼现场。
被访谈人：XYL。访谈时间：2013 年 3 月 30 日。访谈地点：湘乡云门寺边。
被访谈人：MD。访谈时间 2012 年 8 月 3 日。访谈地点：韶山韶光村。

楚歌楚乐，以浪漫的南方风格混融一体，且现在仍在流传。如今湖南、湖北流传的很多民歌、仪式歌曲颇似楚辞的体式。先秦楚歌乐吸收了华夏文化的传统，在当今方音区中仍保存着《诗经》的遗韵古风。[①]过去礼生喊礼必定有很多歌曲与之配合，在不同的仪节中唱诵不同内涵的歌曲。但现在湘乡的喊礼中已经没有这两首了，代之以流行歌曲，或者干脆省略不用。而据记载湘西喊礼中则仍在用《诗·蓼莪》等一系列歌曲。[②]湘西能保留这种传统的唱词和曲调，背后有极其复杂的原因，但根据书中所载，当地丧葬礼仪完全由礼生完成，没有佛道参与，礼生在丧葬礼仪中画符、敬神、喊礼、唱曲，表演非常完整。也就是说，整个丧葬礼仪的人伦的、超验的需求，以及视听、互动的需求都是由礼生满足的。可见在这种情况下礼生唱词、曲调得以传承是理所当然的事。而湘乡现在没有这些唱词有两方面的原因：一方面，乐队与礼生分离后，很多乐曲也随之慢慢流失了。没有专业的乐队配合（所谓专业指专精于喊礼的演奏），礼生现在已经不知道要如何唱诵。另一方面，湘乡丧葬礼仪表演形式很多，比如夜歌子，已经能够满足现在民众的此类需求。[③]

现在也并不是所有的礼生都在喊礼中插入流行音乐，有的礼生会觉得那样不伦不类，既然没有曲调和唱词了就干脆省略。而有的礼生认为在喊礼中加入识别度高的流行歌曲，既能活跃气氛，也能充分抒发情感。尽管这种插在喊礼中的流行歌曲，与前文所述《诗经》和《阳关三叠》等相去甚远，但却也是礼生喊礼中的一种重要曲调，其作用是相似的。随着喊礼的乐队和乐谱流失，代之以流行音乐，既能表达

① 杨匡民、李幼平：《荆楚歌乐舞》，湖北教育出版社，1995，第11—15、21、31页。

② 贾绍兴：《喊礼——湘西神秘婚丧礼俗考察记》，学苑出版社，2009，第136页。

③ 虽然调查中唱夜歌并没有唱《诗·蓼莪》，但根据《荆楚歌乐舞》相关记载“夜祭”时需要唱“蓼莪诗”“迎神诗”“薤露诗”“侑食诗”等十首歌。（杨匡民、李幼平：《荆楚歌乐舞》，湖北教育出版社，1995，第106页）

哀思、渲染情感，也切实可行，不失为一种权宜的替代方式。

三、当代道教丧葬礼仪的传承与实践

湘乡道教可追溯到原始宗教和楚地的巫教，但近源是作为唐代国教的道教。[①] 明清以来，湘乡全真派逐渐衰微，而正一派一直流行。根据湘乡县志，虽然历史上道教有全真教也有正一派，但是目前参与丧葬礼仪仪式的都是后者。正一派道士多为家传自营道坛,传授子孙，平时俗装住家，或农或工，不戒七情六欲，仅在登坛行法事时着道装。正一派为从事丧事道场所设的“坛”甚多。[②] 当代湘乡丧葬礼仪中的道士都称源自江西龙虎山，是正一派张天师的徒子徒孙，他们所使用的科书等文本也能佐证。例如龙泉观《开辟玄科》文末“正一灵宝开辟玄科终”、金鸡观法事程序文首“无上清微灵宝济度利幽皇坛所”、显真观《受生寄库道场》文首“太上灵宝天尊说禄库受生寄库科”。这些正一派的道士是“火居道士”，平素生活与一般民众无异，居家劳作，结婚生子。因此正一派道士更易于在地化，在制度性的长期传承中，能巧妙容纳地方性的文化传统，如将地方音乐、戏剧之类融入科仪之中，也正因为擅长这些文艺技艺而更方便融入社区性的民俗活动中。[③]

现在湘乡正一派的所谓“道坛”并没有道观之实体，而是一种分类单位。一共有龙泉观、金鸡观、显真观、高真观等二十四个道坛。这二十四个坛又分属于八个不同的班派，不同的班派科仪文本差别不大，但在乐器的演奏、仪式顺序等方面有所区别。湘乡正一派道士以举行道场为主要业务，他们能配合儒礼仪式，又自成特色，应时而变，

---

① 湘乡县志编纂委员会编:《湘乡县志》，湖南出版社，1993，第913页。

② 湘乡县志编纂委员会编:《湘乡县志》，湖南出版社，1993，第915页。

③ 李丰懋:《礼生与道士：台湾民间社会中礼仪实践的两个面向》，载王秋桂、庄英章、陈中民主编《社会、民族与文化展演国际研讨会论文集》，台北汉学研究中心，2001，第341、344页。

非常活跃。正一派道坛与民众结合紧密，具有扩散型宗教的特质，满足了民众信仰需求，在儒家的教化力量之外发挥其在社区生活的宗教功能。正是这种与民众日常生活的紧密相关，使得正一派能顺利地将仪式活动渗透，使道士成为一种礼仪性的职业。民间道教道场设置根据孝家出资多寡天数有所差别，现在一般以三天为主，多则六天，少则两天。道士们根据不同的天数、亡者的性别安排仪式。道教法事在丧葬礼仪期间与儒教祭奠仪式和其他表演穿插进行。

（一）民间道教的场景与文检

1. 仪式场景：坛场、联语、法器、服装

道士到达丧葬礼仪现场先开始布置坛场。首先，前后摆放三张八仙桌。第一张桌子是“台前”，桌子前挂着绣花红锦布，所绣内容没有定式：有的绣着一个大寿桃，寿桃中间一个哀字；有的绣牡丹；有的绣着龙凤呈祥；有的绣“神光普照”字样。桌子正中放着亡者的香位，两侧摆放玉清元始天尊、上清灵宝天尊、太清道德天尊三位天尊的小画像。桌上点着香烛，陈设着酒水。另两张桌子叠放，上面的桌子前面放上小屏风。屏风后道士们将两面锣悬挂在桌子横梁处，下面的桌子上摆放着手鼓、唢呐、二胡和其他备用的法器等。这个位置也是仪式中高功法师以外的其他道士演奏、诵经的场所。然后，在三张桌子的后方竖起红色的幡，上面绣着龙凤。最后，墙上还要挂上三清真人的大幅画像。

举行有些科仪需要更大的空间，如果条件允许，一般会在堂屋外重新搭建坛场，比如开辟玄科、破血湖科、破狱等。首先，在堂屋外，前方叠着两张方桌，上方的桌子正面搭上红色的锦布。然后，在叠放的方桌前留出科仪表演的空地。最后，在空地前方连续排列两张方桌，供道士们念经、奏乐。

道士布置坛场时还会在堂屋外悬挂联语。有的班派临时写联语，竖行书写于黄色纸条上；有的班派用现成的印制在塑料画纸上的联语。

联语一般七个字，四句一副。

根据道士执照中记载，出师所授法器包括：神锋宝剑一把、师刀一把、法角一只、皂旗一竖、法杖一根、拷鬼桃条七根、明珠一颗、香炉一只、书符神符、水碗一盂、法鼓一面、铜锣一面、神卦一幅、天蓬尺一条，朝股科佩珠履岳牌、金钟玉磬、净鞭法尺、如意简笏、铙钹铮铃、木鱼铃杼、生箫法乐、灵幡羽扇、铁罐女青天律一部、符画科范各一宗。[①]

这些法器在现在的丧葬礼仪中不会都用到，现在一般用到的法器包括：师刀、香炉、书符、神符、水碗、法鼓、铜锣、神卦、法尺、铙钹铮铃、木鱼铃杼、生箫法乐、灵幡、法印。不同的科仪用到的法器不同，例如，请光科仪中高功法师会用到水碗、法刀、铃、大米、蜡烛、钹，而殓棺玄科则需要用到绳子、钱币等。

科仪中常用的乐器包括二胡、唢呐、钹、鼓、锣，为了音效更好，仪式中都会使用音响、麦克风，有的班派还将二胡改成插电二胡，使得声音更加响亮。现在为了适应需求，道士们还会配备一些西乐，比如吉他。

根据道士执照记载，道士服饰包括冠替愿帽、绛衣雨衣、鹤氅、道服百衲伏魔衣。[②]湘乡丧葬礼仪中，道士穿法衣和绛衣。冠则有时用纯阳巾，有时用雷巾，有时使用五老冠。丧葬礼仪中不同的科仪道士穿着不同的衣冠，大多数的情况下只有高功法师穿戴整齐，都讲及其他道士一般就穿着平时的衣服。根据观察，开坛和化屋焚笼科仪，道士没有穿戴道服道帽，就是平时的穿戴；具文申奏、荡秽、开辟五方、请光、解结、朝参十殿科仪，高功法师穿绛衣，戴纯阳巾；请水、报庙科仪，所有的道士都穿绛衣，戴孝帽或纯阳巾；殓棺科仪，高功法师穿法衣，戴纯阳巾或雷巾；关灯闯狱、拜桥绕道科仪，高功法师

① 根据 XCL 道士执照。拍摄时间：2013 年 3 月 30 日。地点：湘乡田园村 XCL 道士家中。

② 根据 XCL 道士执照。拍摄时间：2013 年 3 月 30 日。地点：湘乡田园村 XCL 道士家中。

穿绛衣，戴雷巾和五老冠，光脚，都讲穿绛衣，戴纯阳巾；破血湖科仪，高功法师穿绛衣，戴雷巾和五老冠，光脚。一般情况下道士们没有穿特别的鞋子，胶鞋、皮鞋、布鞋都有，在需要光脚的仪式中，若天气较冷则光脚穿拖鞋。

2. 文检

丧葬礼仪科仪需要用到很多文书，包括奏、表、疏、文、申、状、牒、札，这些文书在不同的时候用在不同的仪节中。这些文书由道士在丧葬礼仪现场书写，有的班派事先刻印好基本格式，只需要当场填写亡者基本信息；有的班派全文都用复写纸、圆珠笔书写。这些文书在使用完毕后都要焚化。书写文检是丧葬礼仪科仪的重要环节，也非常耗费人力，现在丧葬礼仪的文检书写有所简化，除非是道士家办丧葬礼仪，文检才会书写得非常正规。[①] 龙泉观文书记录了申奏格式、遍闻牒、请圣表尾、司命疏、请光表尾、破狱牒式、十王表尾、救苦表尾、三元表、路引式、度桥榜、沐浴式、凭式、请水牒等文书的应用书写格式。[②]

根据现场对比，不同班派书写的沐浴榜和度桥榜，内容大同小异，主要词汇也基本一致，但格式、文字、称谓稍有不同。可见，不同的班派传承不同的文本，因此书写上会有所差异。文本也随着流传有所变异。而很多具体书写文本的知识是没有文本记载的，比如，榜文书写完毕后，如何在上面画符。另外，道士临场书写时也并不全然照搬文本的格式和具体文字。

不同班派，随身执照的基本格式、内容差不多，但有的注明了所举行的科仪内容，有的没有。另外文本中亡者亲属顺序的书写往往也有一定的差异。除了工具性文书外，还要用到科仪文本。道士需要背诵工具性文书的内容，需要记住法部中的内容。即便科仪文本可以在仪式现场照本宣科，但是很多情况下，道士也是能背诵的。

---

① 被访谈人：XCL道士。访谈时间：2013年3月30日。访谈地点：湘乡田园村XCL道士家中。

② 根据“龙泉观文书格式”。拍摄时间：2013年3月30日。地点：湘乡田园村XCL道士家中。

（二）民间道教丧葬礼仪实践

1. 仪节设置

根据田野调查，湘乡丧葬礼仪中道士一般会举行以下仪式：开坛仪式、具文申奏、荡秽、开辟五方、请光、殓棺、解结、朝参十殿、受生寄库、破血湖、请水、报庙、关灯闯狱、拜桥绕道、化屋焚笼。根据主家的具体情况（亡者的性别、死亡原因、城乡、预算等），仪式会有所增减、合并。这些仪式都有固定的科仪文本，不同班派的道士使用的科仪文本也大同小异，但具体操作却会因传承和举行的地点有所差异。

现在湘乡丧葬礼仪仪式基本上包括前文所述的环节，然后根据孝家的出资、亡者的性别等进行调整。比如，三天道场举行如上内容，但两天半的道场则将请水报庙仪式省去。为了方便，道士们往往将一些仪式连在一起举行，比如请水和报庙本来是两个仪式，但都要到户外去，请水要在白天举行，报庙要在半夜举行。而在现在的时间中，为避外出两趟，也因为现在半夜不再举行道场，就将两个仪式连在一起，一般在第二天下午举行。破狱和拜桥本来也是两个分开的仪式，现在也连续举行。

这些仪节都有各自的内涵和功能，本质上没有高低之分。然而仪节的表演时间、使用道具、观众多少、参与性、观赏性则有所区别。开坛仪式、具文申奏、荡秽属于常规性的仪节，所用道具较少，形式相对简单。开辟五方、请光、朝参十殿，会用到一些专门性的道具，参与性和观赏性稍强。殓棺、解结、请水、报庙、受生寄库、破血湖需要孝服人等参与，用到的道具更多，比如解结的绳索、受生寄库的笼、血湖塔等，观赏性和参与性要更高些。关灯闯狱、拜桥绕道则是高潮，因为其一般在第二天的晚饭后举行，参加仪式的孝服人等最齐全，观众也最多；仪式时间比较长，大约两小时；场地陈设最复杂，占地面积最大；表演内容最丰富。化屋焚笼仪式是整个法事的结尾，在发引后举行，只有孝子、孝孙等参加，参与性、观赏性都较弱，但起到了总结的作用。所以这些仪节的设置既有功能上的考量，也有节奏上的搭配。

2. 仪式过程

湘乡不同的道教班派有所不同，科仪文本无大异，但其中的音乐、道士间的配合，还有一些程序都有变化。因为各自口传心授的知识有所不同，同一班派的道士，背景知识一样，在学习和具体的仪式实践过程中不断配合，形成一定的默契和规范，从而达成行动的一致。[①] 比如破狱拜桥仪节，龙泉观是先开一半的地狱门，接着拜桥，然后再开另一半地狱门。而金鸡观和显真观是先开完所有的地狱门再拜桥。仪式奏乐也有很大的差异，不会绝对统一，也没有十分精准的规定，全凭个人当时学得怎么样，大家的演奏不可能百分之百契合。一方面，这是因为没有经过十分正规的训练，演奏、配合难达完美；另一方面，演奏目的在于配合仪式表演、渲染气氛，而不是要追求演奏的完美。[②]

尽管班派分明，彼此丧葬礼仪知识却也有融合的现象。例如，金鸡观的 HJ 道士等参师到龙泉观的 XCL 道士门下，XCL 道士不以班派不同为怪，非常认真地教授，HJ 道士他们也非常认真地学习。因此在知识体系上，两个班派有融合。而这种融合一直延伸到实践中，龙泉观人手不够的时候，金鸡观的几个道士常常来帮忙。XCL 道士为主的道场，金鸡观的道士都遵照龙泉观的规则、习惯来表演。而在乐器演奏上，固定的班底，常常配合出一种默契。由此一来，在仪式表演中不同班派也能渐渐达成和谐，融为一体。

道士民间仪式实践的基本顺序一般不变，以龙泉观三天两夜道场

① 被访谈人：XCL 道士。访谈时间：2013 年 3 月 28 日。访谈地点：湘乡碧星村丧礼现场。

② 被访谈人：HJ 道士。访谈时间：2013 年 3 月 29 日。访谈地点：湘乡碧星村丧礼现场。

为例：第一天，开坛、申奏、荡秽、开辟五方、请光、殓棺、解结；第二天，荡秽、朝参十殿、请水报庙、关灯闯狱、拜桥绕道；第三天，荡秽、化屋焚笼，其间包括数次念经忏。不同的班派做法略有不同，如果亡者是女性还设有破血湖的仪式。县城丧葬礼仪则会将关灯闯狱、拜桥绕道的仪式放在第二天下午完成，晚上举行客奠家奠。

儒家祭奠仪式面向人伦，规范人们行为，维护社会秩序；而道教法事面向神秘世界，满足民众信仰需求。仪式表演借助法器、服装、文检，在固定的坛场内，将科仪文本付诸实践。

以拜桥仪式为例。拜桥仪式或称度桥科仪，是在道士诵经礼忏、进表符召、破狱等仪式之后，人们认为亡灵经过了前面的科仪，得到神明宽赦，洗刷了生前的一切罪孽后，具备了升登仙界的条件。于是，道士行拜桥仪式，祈祷神灵引领亡魂度过仙桥，升登极乐。根据记载，“道教建设法桥一般有两种形式：一是用桌椅等具打设，上面用白黄布架通，黄布一段称为‘金桥’，白布一段称为‘银桥’。二是用木材做成的专门的桥梁，桥上铺盖有‘度桥真符’和‘冥币’等具。金银桥上还要张贴《金桥榜》《银桥榜》”。[①]

但在湘乡仪式实践中的“桥”却结合了这两种方式。首先要在堂屋外用三张方桌，数张条凳搭建一个高台，高台顶端放置亡者遗像，或者做一个草人穿上亡者生前的衣帽，脸部挡一面镜子。然后从堂屋引长长的一条塑料膜，以之象征桥。高台前段的条凳上摆上纸桥，上面写着“上金桥”。再根据情况，找一块平稳开阔的地方，搭建一个木桥。木桥由两个楼梯和中间的桥拱三部分组合。木桥装饰有纸扎的莲灯、桥顶，桥侧贴着沐浴榜和度桥榜。道士诵经后带领亡者的家人、亲属各持一支点燃的香绕圈过桥，时跪时起，绕的速度越来越快。邻居好友在一旁观看，有专人发烟、瓜子、花生等，就跟观看一场重要

① 任宗权:《道教科仪概览》，宗教文化出版社，2012，第304页。

表演一样。拜桥既有参与性又有观看性，非常热闹，算是整个道教仪式的高潮。

（三）民间道教丧葬礼仪传承与实践的特点

1. 融合多元表演的仪式

相对于礼生喊礼，道士们通过衣着、道具、动作、音乐、诵经等，将丧葬礼仪仪式进行得更有观赏性、参与性。在丧葬礼仪中经常听到的一个关键性评价是“热闹”，丧葬礼仪办得热闹似乎是大家所追求的。在基本的传承不被改变的情况下，道士也会选择那些参与度高、表演性强的仪式；在乐器的选择上也会有倾向，为了声音大、效果好，二胡、笛子都可以插电，有的道士甚至会选择西乐，比如萨克斯和插电吉他。然而，道士的仪式表演又跟唱花鼓戏、西乐队、鼓队的表演不同。道士的仪式有丰厚的内涵，从乐器的演奏、配合，到法部、经文、科仪的诵读，再到手势、步伐等动作都有复杂的来源和文化内涵，也更难学习。但是这种涉及信仰的内涵，在表演中渐渐被淹没，大家更看重是否“热闹”。所以道士们在很多仪节中也有从权之举，放弃那些传统的、复杂的，又不易被理解的内涵。在具体实践中也难免有不甚严谨，甚至偷工减料的情况，但因为道士知识的区隔性使得一般民众无法辨别差异，只有为道士家办的丧葬礼仪是万万不能懈怠的。[①]

2. 完整翔实的文本体系

道士有各种各样的文本，科仪文本、法部、基本格式文书等，都有非常详细的、相对应的记录。这些文本的使用贯穿整个仪式过程，形成一个完整的文本体系。XCL 道士说他们的殓棺仪式就跟以前的不同，因为他父亲执道的年代，佛教道场非常兴盛，那时他父亲在自己的仪式中吸收了很多佛教的元素，在殓棺仪式中加入了一个出五方的桥段，这是学习了佛教王子出四门遇见四个不同的人的故事，这一

---

① 被访谈人：XCL道士。访谈时间：2013年3月30日。访谈地点：湘乡田园村XCL道士家中。

变化表现在他所使用的《殓棺玄科》中。[①] 仪式文本在传承、流布过程中也在不断变化。过去文本是用毛笔手写的，但是现在也有很多是直接复印的，这无疑会影响到文本的传承模式，由此产生的改变也慢慢地表现在文本上。

3. 与儒佛的融合

现在湘乡丧葬礼仪，礼生主持的朝中夕奠礼、家奠礼、堂奠礼，形成一套固定的、日程化的模式，支撑起整个仪式的基本框架。而就整个丧葬礼仪而言是复合型的，道教仪式是其中重要内容，穿插于儒家仪节之中，通过复合型的表演，满足信仰与“热闹”的需求。礼生表现专长的方式就是完成祭奠礼，而道士则在斋醮仪式中展现其传承道教传统的专长。在仪式中，礼生和道士分别作为儒道的仪式专家各司其职，各展其长，然后民众根据其所理解的义理架构将两种各有所传的宗教与哲理拼合。儒礼满足人伦需求，道教科仪满足信仰需求，其他表演满足娱乐、交换需求，使其在一整个礼仪的文脉中各适其宜，最终构成一种复合型礼仪的完整构图。

尽管儒道丧葬礼仪知识体系、传承差异很大，却依然有不少交叉与融合。其间并没有严密的区隔，反而在“丧葬礼仪知识”的统筹下，出现交融的和谐发展趋势。现在出现的道士学习礼生知识的现象就是极好的佐证。

而且这种融合不仅限于儒道，XYL礼生保存的《儒教经忏科》即是儒、释融合的例证，其将儒家丧葬礼仪仪节和佛教仪式结合起来，是典型的儒家丧葬礼仪传统在地方与民间文化互动的例证。“经忏科”一般是佛道所使用的体例，却在前面加上“儒教”二字，此乃典型的儒释道在丧葬礼仪中的混合，既有儒家传统的规范仪式，也有佛道的宗教内容。但从题名和内容来看，宗教信仰的内容甚至都超过了儒家

---

① 被访谈人:XCL道士。访谈时间2013年3月30日。访谈地点:湘乡田园村XCL道士家中。同时据龙泉观《殓棺玄科》。

的内容。《儒教经忏科》是XYL礼生在跟叔父和姑父学习做礼时获得的，是他叔父的手抄本，然而他表示其从未付诸礼仪实践过。由此可见礼生也曾经想要通过文本的重新调整，适应民间社会对丧葬礼仪仪式的多元需求。

如果礼生能整合一个团体完成儒家礼仪和佛道仪式内容，则能成为丧葬礼仪仪式中的唯一主角。但是除了礼生外，丧葬礼仪中佛道势力一直此消彼长，完全没有被儒家礼节消解。与之相反，现在道教却非常活跃，甚至有将儒家礼节融合的趋势。[①] 礼生祭文中也常常有“早登极乐”之类的字眼。龙泉观《殓棺玄科》中加入的改编自佛教故事的情节，破血湖科仪中用到的经文《佛说大藏正教血盆妙经》，也是儒释道融合的例证。

道教本身在神谱结构上而言，就是一个“开放”的宗教，其宇宙理论体系以道、阴阳、五行为主，兼及八卦、谶纬，枝杈横生、五花八门。道教神谱庞大，且唐宋以后不断扩展、更替。与道教神谱一样，道教的仪式、方法也是一个不十分严整的体系。[②] 所以在丧葬礼仪仪式中，道教既能开放地融入佛教内容，也能积极地学习儒教知识。湘乡儒家礼节已经有了沐浴、饭含、大殓的环节，但也并不排斥道教的开咽喉、殓棺仪式，两套一样作用的仪节可以同时出现在一场丧葬礼仪之中。现在湘乡坛场联语中也云：“儒宋设教礼为先，释证菩提万朵莲。道将真武历年起，三教原来共一天。”[③]

在民俗实践中，这种知识的融合，甚至都不局限于儒释道之中，而是由当下强势的知识体系，以存在和发展的需要为动机，不断地融入新的内容。例如，HJ道士说，现在干道士这行要赚钱则必须各类知识都由自己的团队掌握。即法事的各个环节最好都能团队独立完成，

① 被访谈人：XYL。访谈时间：2013年3月30日。访谈地点：湘乡云门寺边。

② 葛兆光：《道教与中国文化》，上海人民出版社，1987年，第329、337页。

③ 根据2013年3月27—29日湘乡碧星村丧礼坛场联语。时间：2013年3月27日。

而不需要外出雇用。比如，法事中有很多纸扎活，如果道士团队不会纸扎，就要请外人完成，而现在请一个人一天要三百元。HJ 道士也跟 XCL 道士学了扎纸活。现在有的道士不仅仅学习礼生知识，还学习西乐演奏。[①] 假若这种趋势不断扩大，道士简直可以包揽做完一整套的丧葬礼仪。

儒释道能在一定程度上跨越区隔，在民俗实践中打破义理实现知识融合，其目的在于更好地满足、适应民众的日常生活，更服帖地满足人伦、超验的全方位需求。通过一种巧妙的方式，儒释道在可允许范围内，基于民众日常生活的需要，有机地融合，以更好更完善地处理由死亡而来的人生、社会危机。民俗实践中丧葬礼仪知识是复合型的，可达成不同传统在生活中的融合，意在满足民众生活的需求。也就是说，无论儒释道在丧葬礼仪实践过程中如何此消彼长，民众始终需要人伦、信仰两个方面的知识满足。在死亡发生后，家族经济、社会地位需要确定，社会关系有待巩固，社会秩序必须维持；同时，又要借助信仰的力量缓解死亡的冲击，满足民众的归属感和安全感。

第四节　丧葬礼仪传统的当代重建

一、丧葬礼仪的当代价值

中华优秀传统文化是党的十八大以来治国理政的重要文化根基。习近平总书记多次强调中华传统文化的历史影响和重要意义，“不忘本来才能开辟未来，善于继承才能更好创新”。优秀传统文化是一个国家、一个民族传承和发展的根本。党的十九大以来更是进一步深化了传统文化的当代价值，彰显了中国共产党以文化复兴助推民族复兴的坚定决心。丧葬礼仪作为中华优秀传统文化的重要组成部分，是我

① 被访谈人：HJ 道士。访谈时间：2013 年 4 月 10 日。访谈地点：湘乡县城。

们在生活中践行民族传统文化的重要方式，其对继承优秀传统文化、和谐基层社会、密切党与人民群众的鱼水关系，有着极为重要的现实意义与应用价值。

我们应该充分认识丧葬礼仪对于当代中国社会的价值与意义：丧葬礼仪是传统礼仪文化重要而又特殊的部分，它从上古“三礼”经典传统到人们历代相沿袭的生活传统，虽然代有变化，但其慎终追远、悼亡护生的核心礼仪意义没有改变。丧葬礼仪关联生死，是个人行动与社会结构联结的深刻体现，是我们探讨和理解社会文化、群体关系等的重要切入点，其内核是民众感念先人、生死相依的灵魂信仰。作为一种人生过渡礼仪的表达，它又嵌于不同群体的日常生活之中。传统丧葬礼仪有鲜明的历史脉络，呈现多样的生活形态，并基于一些生活恒久性的本质认识问题，不可能在短时间内实现根本性的转变。在中国的许多地方，各种传统丧葬礼仪形态依然在当代生活中为人们所践行，这些礼仪实践与民间信仰、地方风俗糅合在一起，共同构建与维护当代乡村社会的礼俗秩序。

丧葬礼仪，历史悠久，构成复杂，在当代生活中对待丧葬礼仪的传承一定要谨慎，不能因为一些表面的现象与一时的功利需要就简单粗暴地施行“一刀切”的方式铲除。传统一旦被再次割裂与严重伤害，中华民族有赖于此的木本水源、慎终追远的传统理念将失去百姓的心理根基，普通民众一旦在精神上无所皈依，那将是社会离散的巨大灾难，这绝不是危言耸听。

为了进一步阐明传统丧葬礼仪的当代价值与意义，具体论述如下：

（一）丧葬礼仪是中华民族文化传承的重要载体

中国是一个具有悠久历史的农业大国，农业社会安土重迁，生于斯，死于斯，世世代代延绵不绝。人们对土地有着深厚的情感与信仰，一生的奋斗都为了“盖棺定论”与“入土为安”，围绕着这一归宿，形成了隆重而繁复的丧葬礼仪。丧葬礼仪是人生礼俗的重要组成部分，也是民族文化传承的重要节点，在有关丧葬的礼义、礼器、礼仪层面都有丰厚的积累与多样的表达，凝聚了千百年来各地区、各民族、各阶层的文化智慧，涉及的文化内涵复杂、多元，传统文化精神依托丧葬礼仪的方式在民众日常生活中得到生动传承。如果我们丢掉这一礼俗文化载体，就等于割断了我们民族的精神命脉。

（二）丧葬礼仪中蕴含着丰富的风俗教化资源

风俗教化是中国的文化传统，自周秦以来，历代当政者为整合社会都强调王道风教，重视以柔性的方式治理社会，丧葬礼仪就鲜明地贯彻着这一思想。丧葬礼仪不仅在“丧从死者”理论原则与规制层面由礼仪制定者把握方向，在历代礼典中也有详细的规定与表述。在民间风俗中更是将丧葬礼仪作为重要的行为规范和道德教化的工具，人们通过丧葬礼仪行为与语言示范教导子孙及观礼的群众，要在日常生活中重视孝道与友善。民间社会以丧葬礼仪为家庭伦理教育与社会道德教育的特别载体。

同时，基于一家有丧、邻里相帮的传统习俗，人们在丧葬礼仪中聚集相会，互相帮扶，在特定仪式时空中以民俗潜移默化的方式，增进乡村社会的团结，促进基层社会的善治。

（三）丧葬礼仪是中华民族“慎终追远”的生命伦理的重要呈现

“慎终追远，民德归厚”，是儒家对待丧祭的基本态度，是传统中国人的生命伦理观念的重要体现。我们尊重生命个体，重视生命价值与集体的关系。死亡仪式是社会生活的重要环节，我们凭吊亡人，不仅是物伤其类，更重要的是缓解因个体生命的终结所带来的社会关系、情感联结的停止与伤害，避免造成个人、家庭、群体与社会的心理危机。为了社会关系与人民情感的修复与再造，丧葬礼仪着力于“情感”安抚与释放，初衷是要让亲人离世所带来的猝不及防的忧伤、痛苦、失落得以妥当的安放，所以仪式需要特定的时空。对中国人而言，死亡不是终结而是转换，经由丧葬礼仪将生命的希望通过死亡仪式转化成另一种形式继续留存，生命终结而其意义依然留存，维系、规范着各种社会关系。“慎终追远”是对亡者一生的真切哀思与深情追忆，也是对“孝”的深化，稳固一种由家及国的道德基础。以礼导民，通过制礼“抚世道而厚人心”。丧葬礼仪是慎终追远的生活实践、文化表述，是中华民族归属感的重要呈现。

传统的丧葬礼仪是基于中国社会生存环境的精巧而周密的文化设计，其理念是通过对每一个生命个体的仪式关怀，让逝者得到尊重，让生者得到慰藉，从而实现家庭关系的稳固与乡里社会的和谐团结。《礼记》云，“丧从死者”；民谚，“死者为大”。对于这样民族特色鲜明的文化传统的当代实践，我们应该秉持敬畏与谨慎之心，切不可恣意妄为，否则伤害的不仅是村民百姓，也是社会、国家与民族的未来。

在当代日常生活中，丧葬礼仪依然是民众生活中非常重要的一部分，虽然当代已经有了很大的变化，但是基本的礼仪功能，甚至环节、内容都因循传统。特别近一二十年以来，传统丧葬礼仪又有了各种程度的复兴。丧葬礼仪具有的社会网络的维系、情感的宣泄、族群归属感的建构等功能逐渐受到重视。

现在越来越多的人开始尝试在生活实践中复原人生礼仪传统，举行“传统”的人生礼仪，以传承传统文化，协调当代生活。人生礼仪传统的当代价值和意义也被逐渐发掘。然而人生礼仪传统究竟该如何在当代日常生活中重建？当代中国社会，面临“礼仪重建”的困难任务。传统国家及其文化赖以证明其“正统性”的整套礼仪制度，在“欧风美雨”的吹袭之下和翻天覆地的社会、文化变革以后，已经不复存在。百姓日常生活中的各种礼仪习俗，由于知识分子阶层对自然科学法则的推崇和国家政治力量推行的一系列“移风易俗”的举措，也发生了巨大的转变。而适应新的社会文化形态和经济全球化趋势的新的礼仪制度，则有待重新建立。

在强调重建礼仪的时候，应该对“礼仪”本身存有一种“敬畏”之心。

礼仪和我们称之为“传统”的其他许多事物一样，都可被视为文化创造的产物。这种“传统”的传承，依赖于“制度化”地培养读书人的教育机制，但更重要的是植根于一代又一代普通百姓在日常生活经历中的“言传身教”。礼仪习俗得以传承不替，其更本质的根源来自普通百姓的日常生活，来自相对“非制度化”的家庭与社区内部的“耳濡目染”。因此“礼仪重建”也应从感染、渗透形式的教育入手。①

因此丧葬礼仪传统在当代日常生活中的重建，首先要准确把握、梳理礼仪传统，包括其流变、时代背景、礼仪细节等；也要将其放置于当代日常生活的视角中去探索礼仪的传承与应用。其次，从传统到当代，丧葬礼仪的很多元素都发生了改变，但是本质性的、内核性的关于对个体生命的重视、社会责任的强调等皆一以贯之。作为具有悠久文明的国家，中国的人生礼仪积存着厚重的历史蕴含，也随着时代的发展而发生了变迁，特别是丧葬礼仪与殡葬制度的契合是个非常值得深入讨论的问题。如何在现行制度允许的范围内实现传统元素的介入，将文化的元素、“孝”的元素融入礼仪展演之中，是亟待解决的问题。

随着现代化进程的深入，我们越来越发现，很多社会现象都要从社会的日常生活中去寻找原因。理解了自己的共同体的生活世界，才有望理解自我，达到文化自觉。现代化的礼仪设计应该与中国人的生活世界紧密相关，日常实践的领域是蕴含着共同体的普通人的本源性文化价值的基本领域。丧葬礼仪连接生死、个体生活与社会生活、现实体验与文化观念、个体记忆与社会情感价值，是私人领域和公共领域的中介。总之，丧葬礼仪传统的重建与其他人生礼仪一样，不仅仅是要弘扬中国传统文化，传承文化精髓，更重要的是借此构建一种以对人的尊重与爱为基本出发点的，集教育、规范等功能于一体的良性

① 柯延主编:《集思录: 名家论坛》第三辑，知识产权出版社，2010，第59—60页。

机制。

二、都市丧葬改革与文化传承

都市丧葬形式是当代乡村丧葬改革的蓝本。因为中国都市大多数已经经过了强制火葬的阶段，都市人逐渐习惯了认同了火葬形式，所以当代都市的丧葬管理较少出现如乡村丧葬改革那样极端的情况。都市丧葬也有其文化传统，因此都市丧葬文化不仅是引人注目的民俗，更是值得关注和传承的文化遗产。然而现实的状态是，都市的丧葬仪式简陋，费用高昂，难以满足人们对于家族文化传承的需求。如果都市的丧葬文化不能令人满意，那么追从都市丧葬形式的乡村丧葬改革一定会出现很大的阻力。所以，都市的丧葬文化建设不是都市本身的事情，伴随城镇化步伐，都市的丧葬文化将影响中国整体社会的丧葬文化的进程，影响社会与民情民意的和谐安定。

都市丧葬文化与传统乡村丧葬文化的最大区别是葬地公共化、丧事承办机构化、丧葬活动商业化。过去在乡村社会，存在着家族和宗族墓区相对集中，或者某些村落的墓葬区相对集中的情况，但是整体上墓葬分散化，公共化程度弱。受风水文化的影响，墓葬区往往不够确定，或者受山地形态的影响，难以集中建立墓区。城市公墓化安葬在当下是常态了。公墓分了等级，有一级公墓、二级公墓和三级公墓等的多样化墓地供给。

都市的丧事承办机构化。虽然在乡村也有专业的丧葬服务者，但是由于人口不像都市这样密集，传统乡村的丧葬服务者总是间歇性的，难以像都市那样成为专门的工作和职业。而一条龙的丧葬服务团队，办事麻利，操作专业，得到市民的认同。都市丧葬服务机构是一条很长的产业链。服务者主要是整合各种资源，满足不同的服务要求。

都市丧葬服务，显然是商业化的操作。过去的乡村，有支付关键丧葬服务人员礼金的习俗，但一般的亲属和同乡村民，是“帮忙”的，是互助的，很少有付费一说。除了丧葬礼仪的服务，现在城市丧葬最大的开支就是墓地购买了。几千一穴到几万、几十万一穴，近年来墓地价格大涨，人们大呼“死不起”。在上海，一个墓穴要几十万，就远远比内环线的房子贵了。一般城市的公墓都是明码标价，可以网上查看购买，也可以到现场考察购买。各地还出台了公墓等级标准。一般说，选择高档的公墓花费就很大，仅仅是停放在骨灰堂，则费用并不是很高。

现代殡仪馆都有很多的告别厅，有通行的送别礼仪。礼仪相对简单。大多数告别仪式都是由殡仪馆专人司仪，哀乐队也是由殡仪馆提供。由于送别仪式繁忙，一个殡仪馆有多支乐队。一般来说，乐队人员不是很专业，只要能演奏几个简单的曲子就行。城市殡仪馆乐队往往是洋鼓洋号，较少唢呐锣鼓的。送葬仪式一般一到两小时，一个接一个。像上海这样的城市每年有十多万人去世，每天有几百具遗体处置，所以难以在殡仪馆举行过去那种三天三夜或者七天七夜的悼亡仪式。有些外来的丧葬机构讽刺城市的丧葬仪式是“一一三模式”：一首哀乐、一枝花、三鞠躬。三鞠躬完毕，即将死者送入焚化炉火化，然后等待大约半小时,领回骨灰回家。许多殡仪馆还设置了跨火装置，让送葬者跨火驱邪。一般说，回家供奉骨灰，有逢七祭祀的习俗，如头七，而最为关注五七。然后购买墓穴，择日下葬。

都市丧葬礼仪远不如乡村隆重，丧葬文化远不如乡村丧葬文化那样水准高、符合传统。这是让乡村人士难以接受现代殡葬改革的重要原因之一。都市的丧葬，可以更有文化。都市的丧葬文化，可以建设成都市文化的重要组成部分。

丧葬礼仪是家族文化传承的重要礼仪。善待亡者，礼敬亡者，不仅是传统孝道的体现，也是现代文明的体现。不能把丧葬仅仅看作是遗体处置。社区有人逝世，社区居民应该主动肃静哀悼，而不能自私到对于丧葬礼乐之声哀悼之声还要指责。一次丧葬礼仪就是一次生命观教育。我们要适度提高丧葬礼仪的开支，这与铺张浪费没有关系，而是尊重生命，报偿先人。

都市丧葬的礼仪，尽可能民乐化、传统化，这也是安送亡者、顺乎传统的做法。相关佛道礼仪，应该有一定程度的举行。在当下，对于城市的传统丧葬礼仪的调查研究尤其重要。因为近年来这种越来越简化的礼仪，已经使得都市近乎遗忘传统的丧葬礼仪。

我们试举一例来说明丧葬文化的重要性。比如都市的墓志铭文化曾经十分发达，上海的墓志铭，明清以来是非常丰富的。那些墓志铭，不仅记载了一部部个人的生命史与家族史，还富含厚重的家族文化，是建构家族认同、身份认同的重要元素。墓志铭讲究文辞雅驯，富有情感，也要富有美感。墓碑上过去还有墓联，比如："堂前教诲言犹在，墓旁哀思泪长流。"这联很感人。还有："人间未遂青云志，天上已成白玉楼。"这联也富有达观的人生态度。可是，现在上海的墓园，就很难看到有墓志铭了。大理石碑背后空荡荡的，没有关于亡者的生平叙事。少量的有文字记载，却很少有有文采的。我们觉得这是不尊重生命。一篇墓志铭就是情感的凝聚，至少可以传承数十年。这样生命的价值延续了，人生的意义也彰显了。墓志铭是生命赞词，会唤起人们对于生命的热爱，凸显生命的能量。

假如我们使城市丧葬文化成为文化传承的载体，那么城市就不是无根的处所，而是充满温情的地方，这样城市化本身也会成为迷人的过程。

都市的丧葬文化传承，一是要挖掘都市自身的传统，二是要让进入城市的群体带入他们的丧葬传统，丰富都市丧葬文化的内涵，三是要适应城市的生态与城市环境。这样，都市的丧葬文化就是都市文化建构的重要组成部分了。

近年来，各地丧葬改革声势浩大，从河南到江西、山西、山东、福建等地纷纷出台丧葬改革施行方案，引起了社会广泛关注和强烈反响。

三、丧葬改革存在的问题

针对当前的丧葬改革现象,我们对其存在的具体问题做以下讨论:

首先，地方政府的一些改革措施，忽视丧葬礼仪作为中华传统礼仪文化重要组成部分的基本属性，人为割裂当代丧葬改革与文化传统之间的有机关联。

中国被誉为礼仪之邦，礼仪是维系中国文化的重要社会活动。丧葬礼仪作为传统礼仪文化的重要组成部分，在民众生活中历代传承，蕴含着深刻的内涵。当前的丧葬改革不应该被悬置于时间之外，其与礼仪文化传统是一脉相承的。如果丧葬礼仪传统在地方社会治理中被强行割裂，其生命力也就会自然丧失，传统之维系将举步维艰，丧葬改革也将失去根基。

其次，部分地区推行丧葬改革的具体措施简单粗暴，混淆了丧葬陋俗与优秀丧葬文化传统的关系，造成恶劣的社会影响。

丧葬礼仪解决的是中华民族根本性的问题，切不可为了眼前的发展贪功冒进，要有针对性，深入思考，谨慎展开。丧葬改革需要结合多方力量，群策群力，严谨论证，而具体实施更是要小心翼翼，及时反馈，及时调整。粗暴地强行改革可能会对传统礼仪文化和民族情感造成永远无法修复的遗憾。

各地丧葬文化中总是无法避免一些类似于“坟头蹦迪”的陋俗，然而不能将陋俗与丧葬礼仪文化传统相混淆。而且,丧葬乱象的出现，恰恰是因为文化传统的断裂，民众找不到合适的仪式表述，而让粗鄙者乘虚而入。虽然当代社会结构已经改变，传统的礼仪秩序不再成体系地存在，但是，在中国许多地区依然以当代方式践行着各种礼仪形态，礼仪传统与民间信仰、地方风俗糅合在一起，共同构建了礼俗秩序，怎能以“迷信”加以否定呢?

最后是城乡丧葬改革的“一刀切”问题。

随着城市化进程加快，乡村也面临急速的转型，然而城乡生活依然有着本质的不同。不能要求城乡在丧葬改革的进程上同步，应该根据各地生态环境、人口密度与宗教信仰等情况，因地制宜，采用针对性强、符合民众生活需求的丧葬制度。中央的丧葬改革本意是减轻民众的丧葬费用负担，实现环境保护。但从实际情况看，部分地区极端的丧葬改革政策非但没有达到改革初衷，反而严重伤害了人民群众对党和政府的感情。在“以人为本”的今天，究竟该如何在现代社会中正确地对待丧葬礼仪，如何进行丧葬改革，必须深入思考与科学对待。生死大事，关系民生与善治，关系民族的历史与未来，管理者、治理者对此不可不谨慎从事。

四、丧葬改革建议

根据中国丧葬文化传统与当代社会治理需要，我们提出以下丧葬改革建议：

第一，丧葬改革的目的是构建适应现代生活、符合文化传承、满足民众生活需求的优良丧葬礼仪。丧葬改革是关系到千家万户、关系到民族传统延续与当代生命礼敬的重大文化工程，必须充分吸纳相关学科的研究成果，充分听取民间礼仪专家的建议，推行共同参与的社会善治方略。

丧葬改革不是要“破”而是要“立”，要实现传统文化资源的创造性转化，通过行之有效的行政手段，建立适应当代生活逻辑的礼俗秩序。丧葬礼仪基于中国人生活的恒久性本质问题，在时间、空间上累积了民众生活经验和对生命本体意义的表达，因此具有深邃的文化智慧。在现代社会中有机融入传统礼俗，关注生命的基本转折点，能以程序化的仪式和集体参与解决现代“个人”的种种焦虑，并为群体和社会提供团结一致的民族精神与行为规则。传统丧葬礼仪的当代实践应该谋求挖掘抽象层面的意义，如何将其中的情感元素、认知元素与当代生活关联起来，采用更符合现代生活的礼俗制度来呈现生命之爱与祖宗之敬。

高校和研究机构的学者从多个学科针对丧葬礼仪传统与实践开展了长期深入的研究，已经形成丰富的研究成果，因此施行丧葬改革时，应该充分吸纳学者们的成果与建议。同时，民间礼俗专家具有长期的礼仪实践经验和系统的礼仪传承脉络，也应充分听取他们的意见与对策，取其精华，去其糟粕，为丧葬改革所用。

第二，丧葬改革必须充分尊重民族文化传统，厘清当地丧葬礼仪传统的文化内涵与现实功能。必须因势利导，施行"城乡双轨制"。将乡村丧葬改革与乡村振兴结合起来，与当地乡贤、礼仪协会结合起来，将城市丧葬改革与临终关怀结合起来，从而让优秀丧葬礼仪服务当代社会建设。

丧葬礼仪在世代传承的文化时空中展演生命的内涵与意义，构建文化认同感与归属感。丧葬改革必须充分尊重民族文化传统，通过深入、持久、针对性强的文献梳理和田野调查，细致掌握传统的丧葬仪式过程、核心内容及其传承人的全部信息，充分发挥丧葬礼仪传统的现实功能，有理有据地渐进展开，最终实现文化传承与移风易俗的长远目标。

在现代化的进程中，城市和乡村的生存环境与生活方式不同，丧葬的方式也不应该城乡划一；山区与平原的土地利用、耕地分布、人口密度等情况不同，也应该有不同的丧葬要求，这些都必须根据城乡的差异来确定政策导向。乡村丧葬制度既要尊重历史传统，还要将其与乡村振兴战略结合起来。乡贤作为地方上德高望重、熟悉乡土礼仪的长者，他们了解当地文化传统、社会变迁，其所掌握的地域、民族传统文化资料，是进行丧葬改革的重要资源，同时也是地方传统维系、发展的重要力量。在不少地方乡贤组建了相关的礼仪协会，如山西闻喜的礼仪协会，就集合了全县500多名礼仪先生，他们定期学习，共同服务乡里，他们是丧葬礼仪改革的实践者、引导人与文化传承的重要动力。

因地制宜的乡村丧葬制度改革不仅有助于乡风文明建设、生态宜居建设，而且对于乡村文化振兴与社会发展也具有积极意义。我们不能只着眼乡村发展与丧葬文化的表象，而要深入考察乡村土地、伦理秩序、文化传承等与丧葬改革的内在关联。要坚持治理有效的原则，有针对性地制定丧葬改革的政策，充分发挥乡村丧葬文化的优势，有机地引导其适应现代社会发展的节奏。而在城市中，则可以充分利用现代医学的临终关怀服务，以隆重简朴的丧葬礼仪文化方式，实现优质的临终关怀与庄重的追悼仪式的结合，敬重亡人，抚慰生者，为构建和谐社会做出实质性贡献。

第三，将丧葬改革与传统丧葬礼仪关联起来，加强各个层面的生命教育，以生命尊重的伦理观念与“慎终追远”的文化关怀，服务当代社会的丧葬需求。

生命的有限是人类最根本的一个困境和价值所在，在漫长的时间中人们一直在寻求解释生命的方式。如何看待死亡，是我们理解生命非常重要的方式，也决定着人们如何看待、安放生命。随着时代的发展，人类寿命的延长、风险社会的到来，20世纪六七十年代，生命教育成为欧美、日本等发达国家和地区现代教育学关注的重要对象。生命教育是一种生活知识和人生情感的教育，当代中国的“生命教育”不应绕开传统丧葬礼仪中蕴含的丰富的教育资源，而丧葬改革恰恰是一个促使我们将传统与现代结合的，进行生命教育的契机。

对生命伦理的尊重，对亡人的礼敬，是中华优秀传统，“慎终追远”是中华民族传承与发展的基本哲学和生活理念，解决了中国人归属感的问题，对于家国传承与发展有着极其重要的价值与意义。而丧葬礼仪正是以尊重生命、“慎终追远”为核心的。因此，丧葬制度改革也要以此为核心，在仪式时间与仪式空间上给予理解和便利，在现代社会环境下，提供针对性的社会服务，如尊重礼敬亡人的表达方式，不能因为要解决当下表层的现实问题就将此根本性的问题抛诸脑后。

讨论丧葬礼仪传统在当代的传承与应用时，不可回避两个研究的维度，或者说视角。一方面，讨论丧葬礼仪传统，必须将人生礼仪放置于中国社会文化发展的长时段历史中，做系统的、翔实的梳理。这样能更好理解“传统”之意义和其产生、变化、变迁的节奏、原因、时代背景、后世影响。如此我们在当代所见之丧葬礼仪就不是一个单薄的礼仪呈现，而是厚重的积淀产物。另一方面，传统若不落脚于当代,也无法体现出其对生活实践的影响。而“日常生活”的研究视角，恰能与生命历程之“人生礼仪”相契合。充分发挥民俗学研究之长处，又结合社会理论的相关研究，能使人生礼仪当代传承与应用的研究更加深入。应将传统延续到、落脚到生动的日常生活中去讨论，立足当代生活实践，尝试以礼仪传统规范社会、优化个体生活。

传统丧葬礼仪作为一种地方民众生存方式和生活状态的表现，有着无法割裂的历史脉络，又基于一些生活恒久性的本质问题，因此不可能在短时间内根本上被取代。传统丧葬礼仪是对这些基质性问题的思考，并在时间、空间上累积了民众生存的智慧和对生命本体意义的表达。如今随着现代化进程的加快，将有更多的乡村转变为城市，传统丧葬礼仪的存续也成为重要关注点。“在前现代文化中，生育和死亡的过程当然不会在整个社会的众目睽睽之下进行。……它与传统习俗有着密切联系，同时也与对代际传递的宏观解释紧密相关。而现如今……被当成一种离散的现象来对待。”[①] 在现代社会中有机融入“人生礼仪”，关注于生命的开始与终结的基本转折点，能以程序化的仪式和集体参与解决现代“个人”因无结构而产生的焦虑，同时，为群

① ［英］安东尼·吉登斯：《现代性与自我认同：晚期现代中的自我与社会》，夏璐译，中国人民大学出版社，2016，第 189—190 页。

体和社会提供团结一致的核心精神与行为规则。[①] 如何深层挖掘传统丧葬礼仪中对生命的重视，对基于时间和空间的礼俗秩序的尊重，对情感的表述，采用更符合现代生活的仪式化方式呈现这种爱与敬，这些都需要在相关政策的允许下，多学科相结合，就不同地区、民族的具体情况展开宏观与微观相结合的深入思考与讨论。

---

① ［英］安东尼·吉登斯：《现代性与自我认同：晚期现代中的自我与社会》，夏璐译，中国人民大学出版社，2016，第 190 页。

第五章　祭祀礼仪传统的当代重建与传承研究

近年来，随着民俗学学科体系的进一步完善和学科交叉研究的深入发展，新材料不断出现，新理论不断引进，研究视野不断扩宽，人生礼仪的研究得以更加深入、系统，产生了一批有分量的科研成果。既有理论探讨，也有实践引导；既有当代重建与传承的研究，也有历史性的研究；既有本土传统传承，也有外来文化的比较研究。在祭礼方面，祭礼的当下实践转向、历史研究、理论研究、社会治理研究等方面均取得了较为丰富的成果。祭礼研究逐渐从重历史梳理、重个案描述，转变为阐释性、实用性、“朝向当下”的学术研究范式，学者的社会参与意识、问题意识得到前所未有的强化。实践导向下的祭礼研究，将目光放在了当代日常生活中的祭礼重建。

中国文化中悠久的历史传统是祭礼得以重建的重要根基，为了进一步理清祭礼发展历史，需要重点对祭礼历史研究中的几个薄弱环节进行挖掘。一是礼生与中国祭礼发展的关系。[①] 中国传统社会生活中祭礼知识的传承依赖礼生的“文化中介”作用。从宋代朱熹《家礼》，到明代丘濬《文公家礼仪节》，再到宋明以来地方宗族的祭礼实践，

---

① 邵凤丽、萧放：《礼生与祭礼知识传承》，《文化遗产》2015年第5期。

祭礼中的礼生经历了由无到有，且不断壮大的过程。礼生最终成为仪式专家，承担了将祭礼知识转化为行为实践的责任。他们在祭礼知识历史传承过程中发挥了重要作用。二是祭礼中女性的角色问题。[①]在中国传统社会，宗祠祭礼是传统宗族深化血缘认同、维护生活秩序的重要仪式。从先秦《仪礼》的士人祭礼模式初创，到宋明宗族对《家礼》祭礼的继承、变革实践，女性在宗祠祭礼中的角色由居于核心地位的主妇逐步被边缘化为专司祭品的厨娘。女性祭祀角色的历史变迁表明岁时祠祭的举行是对宗族生活中性别秩序与伦常关系的维护与强化。三是祭礼实践的地域性。[②]明代嘉靖年间发生的“大礼议”对山东中部社会及祭祖礼仪产生的影响。朝廷将庶人可以祭祀“始祖”纳入礼仪改革之后，山东中部新兴起的士大夫构建宗族以及表达宗族观念的重要方式是重新考证始祖、为始祖撰写墓表、修建有始祖的祖茔、围绕墓地展开的祭祖仪式以及联宗。可以说，在明代“大礼议”之后的山东，士大夫家族并没有出现大规模建设祭祖式祠堂的现象，而是以墓地祭祀礼仪为核心展开了他们的宗族建设。

到了当代，对祭礼重建问题的关注主要表现为三点。首先是具体重建的原因。祭礼在当代重现生机，除了作为外因而存在的宽松的社会氛围、传统文化的复兴浪潮，以及非物质文化遗产保护政策的持续推进外，更直接的原因是家族组织和家族活动逐渐重现。综观祭礼的重建过程，实质上是祭礼内在生命力的绵延，表现为具有神圣性且被高度认同的历史传统的存在，并通过祠堂、墓地等“原初”空间而可视化，再经由家族组织筹集充足的祭祀经费，进行有效的管理，最终促成祭礼仪式的当代重建。在这个过程中，礼仪传统、“原初”空间、“礼仪经济”与家族组织四者并存，相辅相成，保障了祭礼传统的顺利重建。

---

① 邵凤丽、萧放：《从主妇到厨娘——传统宗祠祭礼中女性角色的历史变迁》，《民俗研究》2017 年第 3 期。

② 任雅萱：《明代山东中部的墓祭礼仪与宗族观念》，《民俗典籍文字研究》2018 年第 1 期。

其次是当代祭礼重建的主要类型、构成特点。从祭祖礼仪的发展历史看，中国传统社会祭礼深受朱子《家礼》祭祖礼仪模式的影响，并且这种影响一直延续到了当代社会，成为当代社会复兴祭礼的重要基础。但由于社会文化背景变迁，当代祭礼在保留传统模式的基础上，对具体标准和操作方法进行了适应性调整，试图将传统礼仪模式与当代生活进行结合，发展出既继承祭礼传统，又符合当下民俗生活需要的新型祭祖礼仪类型。

最后是在当下社会，祭礼重建作为一种文化选择能发挥的诸多现实功能。恢复重建祭祖礼仪是当下部分乡村重新凝聚乡民、推行社会治理、传承传统的重要方式。在浙江松阳，作为江南叶氏祖源地，叶氏族姓文化是该地区社会文化的重要内容，叶氏祭祖不仅是叶氏族人寻根问祖的仪式行为，也是松阳地区乡土文化传承的重要依托与载体。近年来，在多方力量的推动下，叶氏祭祖开始恢复。在日常生活中，叶氏祭祖承载着传承孝道、重温亲情、传承历史、强化区域文化认同等多重功能与价值，为乡土文化的良性传承提供了重要保障。浙江S村通过恢复传统的春祭活动，实现了历史文化传统与当下生活需求的良性衔接、国家基层管理与血缘家族延续的和谐并存与共促发展。恢复祭祖不仅能对一个具体的村落产生重要影响，同时也可能对一个地区产生积极影响。从以上个案可以看到，祭祖礼仪为乡土社会的发展提供了积极助推力。虽然现在对于这一问题的讨论还处于初步发展阶段，但可以预测这种思考方式将被继续推进。

第一节　祭祀礼仪的历史传统

祭礼的当代重建与传承受到了社会转型、生活变化的现实影响，同时中国文化中悠久的历史传统是祭礼得以重建与传承的重要根基。为了进一步理清祭礼发展历史，需要重点对祭礼历史研究中的几个薄弱环节进行挖掘。

一、礼生与祭礼知识的传承

中国民间祭礼的发展过程，深受朱子《家礼》文本的影响。作为家族礼仪文化范本，朱子《家礼》创制了经典祭礼模式，并被宋明以来民俗社会广泛接受和使用，成为塑造传统祭礼形态的重要文本。在《家礼》祭礼模式的社会传播过程中，能够最终将礼仪文本融入民俗实践、指导礼仪实践的是礼生。礼生既是仪式专家，也被认为是士大夫文化向民间文化转化过程中的“文化中介”。在《家礼》文本与民间礼仪实践的关系中，作为“文化中介”的礼生承担了将文本知识转化为行为实践的责任，他们在礼仪知识历史传承过程中扮演了重要角色。

目前学术界对礼生的研究侧重进行区域性分析。李丰楙指出礼生与道士是 1949 年以前台湾最重要的两个仪式专家群体，但二者存在差异，礼生通常由识文墨、通礼仪的致仕官员、生员或普通文人充当。[①]刘永华通过对晚清至民国时期闽西四保礼生的研究，认为四保地区的礼生包括两个层面的意义，一是作为一种行当的礼生，一是作为角色、训练和认同的礼生。[②]刘秒伶在分析江西万安礼生的生平经历和礼仪习得时，将当代万安礼生与晚清至民国时期福建四保礼生进行比较，发现当代万安礼生是一种职业礼生，即刘永华所说的作为一种行当的礼生。[③]王振忠通过对明清以来徽州地方社会的礼生与仪式问题的分析，认为徽州的礼生不是职业性礼生，他们多由家族中的读书人自行

---

① 李丰楙：《礼生与道士：台湾民间社会中礼仪实践的两个面向》，载王秋桂、庄英章、陈中民主编《社会、民族与文化展演国际研讨会论文集》，台北汉学研究中心，2001，第 331—364 页。

② 刘永华：《亦礼亦俗——晚清至民国闽西四保礼生的初步分析》，《历史人类学学刊》2004 年第 2 期。

③ 刘秒伶：《万安一个乡村礼生的历史与现实生活——以我的外祖父为例》，《华南研究资料中心通讯》2005 年第 39 期。

充当。[①] 研究表明，明清以来礼生确实成为儒家礼仪活动的重要组成部分，发挥了“文化中介”的作用。

（一）《家礼》祭礼中礼生的缺位

作为一代通儒，朱熹秉持着宋代知识分子特有的“先天下之忧而忧，后天下之乐而乐”的社会责任感，积极投身于救治时弊的潮流中。他认为宋朝社会面临的诸多问题都与礼之不行有关，“版籍之所以不正，田税之所以不均，政缘教化未明，风俗薄恶，人怀私意，不能自克。是以因循积弊，以至于此”[②]。朱熹生活的时代，古礼不行于家已久，“士大夫幼而未尝习于身，是以长而无以行于家。长而无以行于家，是以进而无以议于朝廷，施于郡县；退而无以教于闾里，传之子孙，而莫或知其职之不修也”[③]。朱熹认为士大夫自幼不学习礼仪知识，日常生活中也不践行礼仪，导致他们完全不懂礼仪。在仕途中，无论是参加国家政事，还是管理乡民社会，缺乏礼仪教化的后果将会非常严重。在礼崩乐坏的现实面前，朱熹开始思考如何恢复传统礼制，重现儒家礼仪盛世。

在家族礼仪生活中，朱熹强调要重视祭礼。朱熹认为“人之生，无不本乎祖者，故报本反始之心，凡有血气者之所不能无也”，“报本反始”是做人的基本要求。[④] 在历史的发展中，“古之圣王，因其所不能无者制为典礼，所以致其精神，笃其恩爱，有义有数，本末详焉”，先秦时期，已经形成了规范的祭祖礼仪。后来“遭秦灭学，《礼》最先坏。

---

① 王振忠：《明清以来徽州的礼生与仪式》，第四届传统中国研究国际学术讨论会，上海，2009。

② 〔宋〕朱熹：《经界申诸司状》，载朱杰人等主编《朱子全书》，第 21 册，上海古籍出版社、安徽教育出版社，2002，第 957 页。

③ 〔宋〕朱熹：《跋三家礼范》，载朱杰人等主编《朱子全书》，第 24 册，上海古籍出版社、安徽教育出版社，2002，第 3920 页。

④ 〔宋〕朱熹：《跋古今家祭礼》，载朱杰人等主编《朱子全书》，第 24 册，上海古籍出版社、安徽教育出版社，2002，第 3825 页。

由汉以来，诸儒继出，稍稍缀辑，仅存一二”[①]。秦朝时礼制遭到破坏，后经汉儒缀辑，仅保留了十之一二，已无法恢复当年的盛况。汉儒虽然努力恢复传统礼仪，但是受时代环境的影响以及个人学识的限制，重新缀辑的汉儒礼仪著述无法与先秦古礼相媲美，“以古今异便，风俗不同，虽有崇儒重道之君，知经好学之士，亦不得尽由古礼，以复于三代之盛。其因时述作，随事讨论，以为一国一家之制者，固未必皆得先王义起之意”[②]。历史发展到了南宋，被保留下来的汉儒礼仪著述已经寥寥无几，“然其存于今者，亦无几矣”[③]。在朱熹看来“报本反始”是祭祖礼仪产生的最初情感原因，也是祭祖礼仪的核心精神。三代以后，先王礼仪遭到破坏，历代虽有知经好学之士意图恢复古礼，但是存于今者甚少。为了延续儒家礼仪文明，继续发挥儒家礼仪教化的社会功用，也为了解决宋代礼俗矛盾的社会危机，恢复传统礼仪已经迫在眉睫，朱熹深刻地认识到自己所担负的礼仪重建的历史责任。

朱熹的一生都重视对礼仪的研究和创制，他先后编写了《祭仪》《古今家祭礼》《家礼》《仪礼经传通解》等多部礼仪著作。其中，《家礼》对后世家族礼仪生活产生了深远的影响。

朱熹在编写《家礼》祭礼时没有设置礼生的角色。在朱熹看来，庶民祭礼区别于皇室、贵族的家庙祭礼，是寻常百姓日常生活中的仪式活动，与个人生活息息相关，生活中的每个人都是礼仪的参与者、互动者。祭礼是一种可知可感的生活仪式，是具有普世性的习俗文化，它的突出特点是具有大众实践性，因而举行祭礼不需要设置专门的礼生负责执礼。当然，为了使祭礼顺利进行，需要一定数量的执事人员

① 〔宋〕朱熹：《跋古今家祭礼》，载朱杰人等主编《朱子全书》，第24册，上海古籍出版社、安徽教育出版社，2002，第3826页。

② 〔宋〕朱熹：《跋古今家祭礼》，载朱杰人等主编《朱子全书》，第24册，上海古籍出版社、安徽教育出版社，2002，第3826页。

③ 〔宋〕朱熹：《跋古今家祭礼》，载朱杰人等主编《朱子全书》，第24册，上海古籍出版社、安徽教育出版社，2002，第3826页。

辅助仪式进行。在《家礼》中，朱熹设定的祭礼仪式的辅助人员有祝读和执事者两类。祝读主要负责恭读祝文和嘏辞，执事者负责给主祭人提供酒、馔、巾等物品。

朱熹认为祭礼无需设置礼生，也出于“重大节、略繁文”的祭礼原则考虑。朱熹认为仪节是祭礼制定中的关键问题，需要审慎斟酌。庶人祭礼的制定既有古礼可以参考，同时又有时俗作为对照，如何在两者之间做出取舍，抑或综合互补，朱熹需要认真思索。

在祭礼的制定过程中，朱熹首先重视对古礼的继承，“诸先生说得‘损益’字，不知更有个‘因’字不曾说。‘因’字最重。程先生也只衮说将去。三代之礼，大概都相因了”[①]。“因”即继承，意思是继承古礼的创制，不能脱离原有的礼仪范式。这也就是说新型礼仪虽有变革，但不是完全放弃传统礼仪形态，而应是在有所继承的基础上进行调整。“熹之愚盖两病焉，是以尝独究观古今之籍，因其大体之不可变者而少加损益于其间，以为一家之书”[②]。在继承的基础上，要对古礼进行变通，以应时俗。古礼不能行于今的一个原因是古礼过于繁杂，不易操作，“若是古人如此繁缛，如何教今人要行得”[③]。时代变迁，风俗不同要求对古礼进行适当改变，“以古今异便，风俗不同，虽有崇儒重道之君，知经好学之士，亦不得尽由古礼，以复于三代之盛”[④]。于是，继承和变革是朱熹制作《家礼》时对古礼采取的态度。

古礼的明显不足是异常繁缛，很难实践，即使是司马光为日常礼

---

① 〔宋〕朱熹:《子张问十世可知章》,载朱杰人等主编《朱子全书》,第14册,上海古籍出版社、安徽教育出版社，2002，第868页。

② 〔宋〕朱熹:《家礼序》，载朱杰人等主编《朱子全书》，第7册，上海古籍出版社、安徽教育出版社，2002，第873页。

③ 〔宋〕朱熹:《论考礼纲领》，载朱杰人等主编《朱子全书》，第17册，上海古籍出版社、安徽教育出版社，2002，第2877页。

④ 〔宋〕朱熹:《跋古今家祭礼》，载朱杰人等主编《朱子全书》，第24册，上海古籍出版社、安徽教育出版社，2002，第3826页。

仪生活编写的《书仪》一书也存在这个问题，“然程、张之言，犹颇未具，独司马氏为成书，而读者见其节文度数之详，有若未易究者，往往未见习行，而已有望风退怯之意。又或见其堂室之广，给使之多，仪物之盛，而窃自病其力之不足，是以其书虽布，而传者徒为箧笥之藏，未有能举而行之者也”[①]。要解决这个问题，朱熹认为必须举纲张目，进行大胆删减，以求增强实践性，“古礼繁缛，后人于礼日益疏略。然居今而欲行古礼，亦恐情文不相称，不若只就今人所行礼中删修，令有节文、制数、等威足矣”[②]。

当贺孙问：“祭礼，古今事体不同，行之多窒碍，如何？”朱熹说：“有何难行？但以诚敬为主，其他仪则随家丰约。如一羹一饭，皆可自尽其诚。若温公《书仪》所说堂室等处，贫家自无许多所在，如何要行得？据某看来，苟有作者兴礼乐，必有简而易行之礼理。”[③]朱熹指出古礼繁缛，无法融入现实生活中后，他在编写《家礼》的时候，提出要“略浮文、务本实”[④]。在对祭礼仪节的编订过程中，朱熹参考诸家学说，对每一个细小环节都进行了仔细的考据和推敲，之后从众多礼仪环节中提炼出关键仪节，并以简明的文字表述出来，使其易懂易行。关键仪节的确定既要考虑仪节本身所承载的内涵和意义，同时也要考虑是否具有可行性，两者缺一不可。在对四时祭礼的设定过程中，朱熹将其分为以下环节：

时祭用仲月，前旬卜日。前期三日斋戒。前一日，设位

---

① 〔宋〕朱熹：《跋三家礼范》，载朱杰人等主编《朱子全书》，第24册，上海古籍出版社、安徽教育出版社，2002，第3920页。

② 〔宋〕朱熹：《论考礼纲领》，载朱杰人等主编《朱子全书》，第17册，上海古籍出版社、安徽教育出版社，2002，第2877页。

③ 〔宋〕朱熹：《礼七·祭》，载朱杰人等主编《朱子全书》，第17册，上海古籍出版社、安徽教育出版社，2002，第3048页。

④ 〔宋〕朱熹：《家礼序》，载朱杰人等主编《朱子全书》，第7册，上海古籍出版社、安徽教育出版社，2002，第873页。

陈器，省牲，涤器，具馔。厥明夙兴，设蔬果酒馔。质明，奉主就位，参神，降神，进馔，初献，亚献，终献，侑食，阖门，启门，受胙，辞神，纳主，撤，馂。[①]

以上就是整个时祭仪式的所有仪节，简明扼要，重点突出，体现了朱熹在祭礼仪节制定中坚持主体仪节不变的原则性，同时操作方式可变的灵活性。“裁订增损，举纲张目，以附其后，使览之者得提其要，以及其详，而不惮其难行之者。虽贫且贱，亦得以具其大节，略其繁文，而不失其本意也”[②]。

可以看出，朱熹对祭礼普世化的期待，加之重大节、略繁文的祭礼原则，使得《家礼》祭礼中没有出现礼生的角色。

（二）作为“合用之人”的礼生

作为民俗生活的重要组成部分，民间祭礼自宋代兴起后，明清时期得到迅速发展。在祭礼兴起、发展过程中，存在一个特殊群体，他们既是祭礼的实践者，也是祭礼知识的阐释者和解读者，同时推动着祭礼的社会传播，这一特殊群体就是传统社会中的文人集团。在传统社会，文人阶层是文化知识的拥有者和生产者，他们是时代文化的代表，也影响着社会生活的发展方向。

明代，《家礼》文本进入民俗生活过程中的一件大事是丘濬《文公家礼仪节》一书的出现。纵观明代众多的《家礼》注释文本，丘濬《文公家礼仪节》最为紧密贴合民俗生活现实，从家族礼仪生活需求出发，实现了家礼理论和民俗实践的良性对接。继《家礼》之后，《文公家礼仪节》成为明清时期家族礼仪生活的又一重要指导文本。“冠

---

① 〔宋〕朱熹:《家礼·祭礼》，载朱杰人等主编《朱子全书》，第 7 册，上海古籍出版社、安徽教育出版社，2002，第 936—940 页。

② 〔宋〕朱熹:《跋三家礼范》，载朱杰人等主编《朱子全书》，第 24 册，上海古籍出版社、安徽教育出版社，2002，第 3920 页。

婚丧祭，风俗攸关，吾家相传丧祭之礼，俱合《文公仪节》。”[①] 丘濬《文公家礼仪节》是朱子《家礼》在明清时期产生广泛社会影响的重要助推力。

1. 丘濬的“实践性”家礼思想

《文公家礼仪节》的作者丘濬是明朝成化、弘治年间著名的思想家、政治家和史学家。作为一代大儒，丘濬一生都重视对儒家经典的研读和阐发。他著作颇丰，有《朱子学的》《文公家礼仪节》《世史正纲》《大学衍义补》等。《朱子学的》是丘濬早期的学术著作，成书于明天顺七年（1463），以“学的”为名意在阐发朱子学说精髓。朱子学说中常提到“体”和“用”，并认为“体”是理，“用”是理之实践。丘濬在其著述中也关心“体”与“用”，然而丘濬并不是抽象地谈论两个字的含义，而是强调两者同等重要，尤其提出要重视实践应用方面。

丘濬对实践的重视贯穿在他的著述中，其中最能体现他对实践应用的重视的是《文公家礼仪节》。《文公家礼仪节》八卷，成书于明宪宗成化十年（1474）。在序文中作者说：

> 礼之在天下，不可一日无也。中国所以异于夷狄，人类所以异于禽兽，以其有礼也。礼其可一日无乎！成周以礼持世，上自王朝，以至于士庶人之家，莫不有其礼。秦火之厄，所余无几。汉、魏以来，王朝郡国之礼，虽或有所施行，而民庶之家，则荡然无余矣。士夫之好礼者，在唐有孟诜，在宋有韩琦诸人，虽或有所著述，然皆略而未备，驳而未纯。文公先生因温公《书仪》，参以程、张二家之说，而为《家礼》

① 〔明〕《新安林塘范氏宗规》，明万历年间刻本。

一书，实万世人家通行之典也。[1]

丘濬认为《家礼》一书是“万世人家通行之典”。《家礼》对庶民家族礼仪重建做出历史性贡献，它在礼仪传承过程中的重要地位决定了丘濬要对其进行注疏、阐发。

到丘濬生活的时代，《家礼》已出现近三百年，在这期间，民俗生活的变化是《家礼》所不能预测的。在新的生活环境下，《家礼》显得“礼文深奥，而其事未易以行也”，需要根据时代特点对其进行调整。“是以不揆愚陋，窃取文公《家礼》本注，约为《仪节》，而易以浅近之言，使人易晓而可行，将以均诸穷乡浅学之士。”丘濬注读《家礼》所追求的是“易晓可行”的目标。当然，丘濬深知《文公家礼仪节》的适用范围有限，它只适合作为普通民众家族礼仪生活指导文本，对于其他文化精英而言，礼仪问题的思考还需要更加深入，“若夫通都巨邑，明经古孝之士，自当考文公全书，又由是而上进于古《仪礼》云”。

2. 作为“合用之人”的礼生

《文公家礼仪节》对后世祭礼发展产生重要影响的一个原因是“合用”理念的提出。在《文公家礼仪节》中，丘濬在原有《家礼》祭礼仪节基础上，专门增加了“具修”一节，并放置在前旬卜日之后，重点提出。“具修”仪节具体包括“合用之器”、“合备之物”和“合用之人”三部分。

“合用”理念的提出是丘濬“实践性”祭礼思想的直接体现。祭礼是否能够在社会得到广泛推行，受到物质条件和礼仪传统本身的双重影响。从祭祀仪式的物质基础看，仪式的举行需要一定的经济支持，所需器物、祭品均要耗费经费。如果家贫无力提供经济基础，就会影

---

① 需要说明的是，这里所使用的《文公家礼仪节》一书资料，均出自〔明〕丘濬辑《文公家礼仪节》，收入《四库全书存目丛书》(经部)，第114册，齐鲁书社，1997，第430—432、438—441、582—600页。

响祭礼的举行。到了明代初期，丘濬看到“今人家贫富不同，不能皆立祠堂，置祭田，备祭器，具牲醴粢盛等物，临时措办实难”。同时，祭礼传承方面也有缺失。明朝初年，“况礼久废，行者颇少，不人人能也”。在这种情况下，要想复兴祭礼，必须找到适宜的解决办法。丘濬提出“合用”理念，以求为祭礼恢复提供帮助。“今拟合用之器，合备之物，合用之人于后，使行礼之家，先期置办，赁借免请，庶不至失误。”

明代初年，丘濬在编写《文公家礼仪节》时意识到家礼推行中遇到的种种困难，原因之一就是礼仪传承的中断，“况礼久废，行者颇少，不人人能也。苟非先事备物致用，讲明演习，则其临时失误也必多矣”。家礼不行于家已久，人们缺乏基本的礼仪知识，成为阻碍礼仪推行的重要原因之一，于是他提出“合用之人”的理念，希望通过培养“合用之人”，指导祭礼实践，帮助行礼之人走出礼仪知识不备的困境。

“礼废之后，人家一切用佛道二教。乡里中求其知礼者盖鲜。必欲古礼之行，必须朝廷为之主，行下有司，令每乡选子弟之谨敏者一人，遣赴学校，依礼演习，散归乡社，俾其自择社学子弟以为礼生。凡遇人家有丧葬事，使掌其礼。如此，则圣朝礼教行于天下，而异端自息矣。”①尽管他的建议没有得到明王朝的采纳。

“合用之人”是指仪式的引导者和解释者。丘濬将祭礼人员分为“礼生、祝读、执事者”。较之《家礼》，增加了礼生的角色。按照丘濬的设定，祭礼仪式应由礼生负责唱礼。丘濬指出，礼生角色渊源已久，早在司马光编订《书仪》时，设定赞唱者，负责执礼，“《书仪》祭礼注引《开元礼》有设赞唱者，位西南西面之文”。但是朱熹编写《家礼》时出于祭礼普世化的期待，以及“重大节、略繁文”的祭礼原则，没有延续这一角色。到了明代，家礼废弛已久，且祭礼仪节繁缛，为

① 〔明〕丘濬：《大学衍义补》，林冠群、周济夫校点，京华出版社，1999，第449页。

了保障礼仪的顺利进行，丘濬提出由礼生执礼。“况今礼废之后，仪文曲折，行者不无参差。今拟用引赞一人，通赞一人，择子弟或亲朋能者为之，先期演习，庶行礼之际，不至差矣。”引赞、通赞作为礼生区别于祝和执事者，他们不再是仪式的辅助人员，而成为仪式的主导者和指挥者，是专职的仪式人员，由他们唱礼，指导仪式进程。从南宋到明初，丘濬对祭礼的认识已经不同于朱熹。朱熹在创制《家礼》时，希望将祭礼推行到每个家族，人人都能熟识祭礼，祭礼实践不需要专职人员进行指挥，参祭者完全可以独立完成。但到了丘濬生活的时代，祭礼不行已久，甚至少为人知。在这种情况下，要想恢复祭礼，必须依赖专职的仪式人员。同时，即使是人们熟知祭礼，但若是千百人共同参加的始祖祭祀，仍需专职的仪式人员进行统一指挥，才能保证仪式按程序进行。

出于复兴祭礼的现实考虑，丘濬突破了《家礼》只有祝读和执事者的设定，向上追溯到《书仪》，主张设置礼生这个“文化中介”，承担仪式过程中的执礼工作。“朱子《家礼》中原本已有所谓的‘祝’与‘执事者’从旁襄助典礼进行的设计，由《家礼》文本的脉络看来，这两种人员基本上属于助手的性质，而丘濬由‘礼生’引领仪式的想法则来自官方的礼制，在角色上属于仪式的指导者，甚至是礼仪进行前与进行中各种疑难问题的解释者。从推广儒礼的角度看来，丘濬‘礼生’的设置可说已经注意到一套仪式的推广，不能仅停留在解释理论与推出礼仪文本的阶段，更必须仰赖一批熟知礼文的礼仪专家，就有如佛、道教的神职人员在民间所发挥的效能一样。”[①] 从祭礼的社会推广和实践角度看，虽然朱熹编写《家礼》时已经对前代繁缛礼节进行了大胆删削，宋代的人们可以直接读懂《家礼》文本，但随着时间推移，生活环境的变迁，后代的人们开始对《家礼》所记载的诸多仪节感觉生

① 何淑宜：《香火：江南士人与元明时期祭祖传统的建构》，稻香出版社，2009，第185—186页。

疏。礼仪知识不备再次成为祭礼复兴与传承的障碍。按照丘濬的想法，有必要设置礼生这一角色，并经过长期的礼仪培训，使其熟悉祭礼理论与实践方式，承担起仪式的现场指导工作。实际上“合用之人”理念的提出是将礼仪的指导权分配给一个特殊人群，减轻普通参与者仪式负担，为祭礼的全面复兴清除障碍。

（三）明清时期徽州祭礼仪式中的礼生

徽州宗族接受了丘濬提出的“合用之人”的理念，但是在“合用之人”的设定方面，徽州宗族没有严格按照礼生、祝读和执事者的分类进行。

1. 礼生的类别与职责

在徽州祭礼仪式中，根据祭礼仪节设定的不同，各个家族使用礼生的数量和类型不尽相同。除了最主要的通赞、引赞外，部分祭礼仪式中还有分献、歌童、司樽、司爵、司馔、司帛、司鼓、司金等。例如民国时期婺源晓川正月十八祭祀越国公汪华时，礼生包括通赞二、引赞二、分献六、毛血二、诗伯一、歌童八、读祝一、司樽一、司爵一、司馔一、司帛一、司鼓一、司金一、椵词二、利成三、巡风、纠仪，每个人在仪式中都有特定的角色与任务。[①]汪氏家族将在祭礼中参与执礼的服务人员统称为礼生。

表 5-1　徽州祭礼中礼生类别与职责列表[②]

<table>
<tr><th colspan="2">礼生类别</th><th>主要职责</th></tr>
<tr><td colspan="2">通赞（又称鸣赞、大赞）</td><td>唱礼，指导仪式按程序进行</td></tr>
<tr><td rowspan="2">引赞（又称引礼）</td><td>正引、分引</td><td>辅助通赞唱礼</td></tr>
<tr><td>左引、中引、右引</td><td>辅助通赞唱礼</td></tr>
</table>

① 《汪氏家谱》，民国二十七年（1938），江西婺源。

② 需要说明的是，本表资料分别来自《新安林塘范氏宗规》，明万历年间刻本；《西门汪氏宗祠祭祀》，清康熙四十八年（1709），徽州休宁；〔清〕吴翟辑撰《茗洲吴氏家典》，刘梦芙点校，黄山书社，2006。

（续表）

礼生类别		主要职责
祝读		恭读祝文、读嘏辞、焚祝
执事者	司帛	执帛、奉帛、焚帛
	司樽	执樽、酌酒
	司爵	执爵、献爵
	司馔（又称进馔儿童）	捧馔、进馔
	司盥	捧水、授巾
司过（又称纠仪、纠过、巡风）		监督违礼者
司歌		执歌
歌诗生		朗诵诗歌
司乐（司鼓、司金、司磬、司钟）		奏乐

以上是徽州祭礼中主要礼生的类别与职责。其中，祝读和执事者是《家礼》时已经出现的仪式辅助人员。执事者中司帛、司樽、司爵、司馔、司盥的主要职责是负责祭器、祭品的呈递工作。祝读的主要职责是恭读祝文，部分家族还要恭读圣谕，如清代绩溪吴氏家族祭祖规定，“至若饮时，各照昭穆坐定，礼生出班宣讲圣谕六条，众各静坐听讲，毋许喧混”[①]。

在如何引领仪式进行问题上，丘濬提出增加通赞一人、引赞一人作为礼生，他们主要职责是唱礼，即宣布仪式进程。徽州祭礼继承了丘濬任用专职礼生的做法，由通赞、引赞唱礼，指挥仪式进行。虽然徽州家族拥有重视教育的文化传统，族人有很多礼仪学习机会，但祭礼程序复杂，仪节之间交错衔接，为了保障祭礼能够按秩序进行，尚需专职的仪式人员进行指挥、规范。在徽州，通赞又称鸣赞、大赞，是祭礼最主要的指挥者，由他宣布仪式程序。休宁西门汪氏祭礼时设“通赞礼生二位”，在仪式中共同唱礼。[②] 引赞又称引礼，辅助通赞唱

① 《绩溪眉山吴氏族谱·宗祠古训·重饮福》卷一，民国刻本。

② 〔清〕《西门汪氏宗祠祭祀》，清康熙四十八年（1709），徽州休宁。

礼。在一些大型祭礼仪式上，由于参祭人数众多，又可将引赞分为正引、分引两类或左引、中引、右引三类，分层级辅助通赞唱礼。休宁西门汪氏祭祖时设“引赞礼生六位”，分左引、中引、右引，各两位，分立在祠堂左、中、右，辅助通赞唱礼。[①] 同时，汪氏家族还规定通赞、引赞必须由应考生监担任，“俱以应考生监行”，而其他执事者可以由普通生监担任，“执事，各序主生监行”。

在徽州祭礼仪式中，礼生还有司过、司歌、歌诗生和司乐，这些礼生是徽州祭礼中新增加的角色。在徽州祭礼中，司过主要负责督礼，监督族人在仪式进行过程中是否有违礼现象。黄氏家族规定，“凡祭时各宜虔诚端肃，俨如祖考临之在上，听赞礼者喝拜，声静方下，声静方起，庶不至参差。今乃有闲谈者、跛倚者、回顾者、嬉笑者、摇扇者，均不敬，宜纠仪者二人纠之”[②]。为了增强司过在祭礼中的重要性，一些家族还在仪式中增加了相关仪节，如茗洲吴氏家族在冬祭仪式开始时，司过要跪在祖先面前起誓，一定努力监督仪式进行，当仪式将近尾声时，司过要再次跪在祖先面前，禀告监督结果。[③] 徽州祭礼仪式中增加司过一职，有两点考虑：一是家族组织管理需要。对于家族管理者而言，祭礼仪式是一次整顿家族秩序、教育族人的契机，他们要在神圣的祠堂中，在礼仪的演进中，实现对族人的教化和管理，维护家族秩序。二是族人参加祭礼仪式时信仰程度降低的必然要求。按照古礼传统，祭礼具有神圣性，参与者带着强烈的祖先信仰参加祭礼，仪式中表现得十分虔诚。但是从司过者的职责上可以看出，明清时期徽州祭礼仪式的神圣性趋减，参祭者在祭礼过程中闲谈、跛倚、回顾、嬉笑、摇扇，人们内心中的祖先信仰再无法成为约束参祭者行为的内在动力。

---

① 〔清〕《西门汪氏宗祠祭祀》，清康熙四十八年（1709），徽州休宁。

② 〔清〕《续修黄氏宗谱》，清乾隆五年（1740），刻本。

③ 〔清〕吴翟辑撰：《茗洲吴氏家典》，刘梦芙点校，黄山书社，2006，第259—262页。

与《家礼》《文公家礼仪节》中的祭礼仪式相比，徽州祭礼仪式新增了声乐部分，相应的礼生包括司歌、歌诗生和司乐。司歌和歌诗生负责朗诵诗歌，司乐负责奏乐。清乾隆时期茗洲吴氏家族冬至祭始祖仪式中，歌诗生在仪式中要歌颂《茗山之阳》四章。在祭祀先祖仪式中，歌诗生朗诵《条风应侯》四章。司乐在每句诗歌之后击磬一、鼓一、钟一。歌毕，击磬三声。[①] 民国时期，婺源汪氏祭礼仪式中，歌童八人在司鼓、司金的乐器伴奏下，依次朗诵《太和之曲》一、《咸和之曲》二、《安和之曲》三、《康和之曲》四、《景和之曲》五、《清和之曲》六。[②] 徽州祭礼中司歌和司乐的增设主要是想通过声乐的形式表达族人对祖先的尊崇之情，这也是对声乐祭祖传统的传承。但从祭礼发展路径上看，从朱熹到丘濬都没有提出应在祭礼中增设声乐部分，那么为何徽州祭礼仪式中增加了声乐部分？从祭礼发展历史上看，声乐祭祖是上古祭礼的重要方式，也被宋明以来王侯贵族祭礼所沿袭。徽州祭礼仪式中使用声乐，无疑是对传统祭礼形式的模仿。在祭礼仪式中增加声乐部分，可以渲染气氛，增加祭礼的神圣性，达到祭礼凝聚精神、以申孝思的目的。同时，通过朗诵诗歌的形式，将家族辉煌历史再次呈现在族人面前，有利于培养家族自豪感和责任感，团结族人，巩固宗族共同体。

2. 徽州祭礼仪式中礼生的来源与培训

关于徽州礼生的来源，王振忠提出，徽州没有职业礼生，家族礼仪生活依赖家族内的文化资源（“先生”或“斯文”）就能满足需求。[③] 他认为徽州文化发达，教育普及度高，宗族组织中熟知家礼知识的读

① 〔清〕吴翟辑撰：《茗洲吴氏家典》，刘梦芙点校，黄山书社，2006，第 261—262、264—265 页。

② 《汪氏家谱》，民国二十七年（1938），江西婺源。

③ 王振忠：《明清以来徽州的礼生与仪式》，第四届传统中国研究国际学术讨论会，上海，2009。

书人众多，他们构成了祭礼中的礼生群体。按照徽州礼仪传统，礼生多是宗族中的读书人，尤其以获得功名者为先，“公议凡遇祠祭日，俱以应考生监行，行礼不可越，永为定例”[①]。

祭礼是家族神圣且隆重的典礼，凝聚了族人强烈的心理期盼。在这场庄严的家族盛典中，作为仪式的指挥者，礼生实际上是家族形象的代表，一旦礼生出错，不仅典礼会受到影响，家族也会颜面受损。于是，为了防止礼生出错，保证祭礼的顺利进行，徽州家族特别强调要对礼生进行培训：一方面，通过教育可以使宗族子弟获得完备的礼仪知识；另一方面，定期习礼，使宗族子弟熟识礼仪知识的实践方法。定期习礼分为两类，一是日常生活中对礼生进行定期培训。清嘉庆年间，徽州汪氏家族家规中明确规定，汪氏族人要定期“习礼教”，让族人学习礼仪知识，以备仪式需要。汪氏族人说：“古人重礼教，冠婚丧祭之仪载在文公《家礼》甚详，吾族中家长宜于每月朔望令子弟通儒业者集众人而讲明之，遇事则细陈条款，一一依之而行。”[②]二是每次祭礼之前，礼生要提前演习礼仪。演礼时间一般是祭前一日或两日。林塘范氏家族规定祭前两日演礼，“祭之前二日，……预定主祭、正分献及各执事花名，粘贴祠壁，即行通知，以便习礼”[③]。演习礼仪的目的是使礼生熟知礼仪程序，通过实践演练，保证执礼时不出现差错，“凡祠中一切应行事件，皆预办齐备，毋得临时仓卒，失礼取罚”[④]。在徽州祭礼中，礼生地位突出，责任重大，他们一旦被选为礼生，必须承担起相应的责任。如果礼生执礼有误，必须接受严厉的惩罚。

在徽州的宗族生活中，祭礼是家族大事，礼生也备受重视。在家族组织的管控下，礼生既要经过严格的选拔和培训，又要严肃执礼，

---

① 〔清〕《西门汪氏宗祠祭祀》，清康熙四十八年（1709），徽州休宁。

② 〔清〕《霞川汪氏重修族谱》，清嘉庆十九年（1814），刻本。

③ 〔明〕《新安林塘范氏宗规》，明万历年间刻本。

④ 〔明〕《新安林塘范氏宗规》，明万历年间刻本。

充分发挥“文化中介”的重要作用，以实现祭礼知识与礼仪实践的良性对接。

（四）礼生与祭礼知识传承

从历史进程上看，在民间祭礼的发轫期，朱熹怀着祭礼普世化的期待，在设定祭礼模式时未曾设置礼生的角色。直到明代，丘濬面对祭礼中断的社会现实，出于复兴传统儒家礼乐文明的宏大目标，提出要复兴传统祭礼。在如何恢复祭礼问题上，丘濬从服务现实家族礼仪实践出发，认为应该设置作为“合用之人”的礼生，由礼生专门负责执礼，以减轻参祭者的负担。丘濬的理论设想很快被地方家族所认同，并付诸实践。明清以来的徽州祭礼仪式文献材料证明，礼生确实在祭礼仪式中负责执礼，发挥了“文化中介”作用。

为了在祭礼仪式中更好地执礼，礼生在日常生活中必须对祭礼问题进行前期学习。一方面，通过诵读礼仪经典，熟练掌握礼仪与礼义知识；另一方面，要定期习礼，习练礼仪行为。重视礼仪的实践特性是礼生区别于文人精英的显著特征。因而，对祭礼知识的熟练掌握，加之定期习礼，使礼生不仅成为祭礼知识的权威拥有者、阐释者，且承担着将祭礼知识转化为行为实践的责任。可以说，宋明以来，祭礼及其所蕴含的孝道文化得以历史传承、产生广泛的社会影响，礼生这一角色做出重要贡献。

二、祭礼中的女性角色及其历史演变

宋代以后民间祭祖活动除了以祠堂为中心的祠祭之外，还有包括以祖厝为中心的家祭和以祖墓为中心的墓祭。[①] 较之家祭和墓祭，祠祭作为士大夫的行为特色，基本上接受了朱熹《家礼》的提倡，发展

① 郑振满:《明清福建家族组织与社会变迁》，中国人民大学出版社，2009，第175页。

成为明中期以后关乎宗族组织未来发展的重要仪式而存在。[①]

作为血缘共同体的重大仪式，祠祭在对行动者人格、品性进行内在模塑的同时，也是对社会角色、社会分工与社会地位的仪式性确认。不同性别群体在祠祭中扮演的角色、活动的空间与掌控的权力，在一定程度上是现实生活的仪式化展演。祠祭中的角色通常由男、女两个性别群体组成，既包括被祭祀的对象——祖先，也包括祖先的后裔们。后一类身份群体的构成较为复杂，在不同历史时期，受到仪式所处社会文化背景，以及自身属性、价值功能等多种要素的影响与制约。

关于祭礼与女性地位的关系，朱凤瀚进行了经典论述："能用来说明女性在家族内地位高低的标志之一，就是女性在家族祭祀活动中所处的位置。因为祭祀祖先等神灵无疑是宗法制度下家族成员显示其身份的最重要的活动之一。也正因此，女性参与祭祀的程度亦可以说在一定程度上反映了家族内部宗法形态的差异与父权的强弱。"[②]

（一）主妇:《仪礼》《家礼》中的女性角色

中国传统祭礼以《仪礼》《家礼》两部经典礼仪文献为蓝本。《仪礼》记述的是先秦时期贵族阶层的祭礼模式，后被汉唐贵族社会长期传承实践。直至经历了唐末五代之乱，世家大族瓦解、庶族社会兴起之后，宋代文人知识分子急需重新评估礼仪的社会文化价值，并重建满足庶族社会需要的祭礼模式，在司马光《书仪》之后，朱熹"援俗入礼"，编订《家礼》，为正处于形成期的新型庶民家族组织提供了祭礼规范与行动指南。

1.《仪礼》中的女性角色

中国传统祭礼模式始建于《仪礼》，其中《特牲馈食礼》《少牢馈

---

① 常建华:《明代宗族祠庙祭祖的发展——以明代地方志资料和徽州地区为中心》，载张国刚主编《中国社会历史评论（第二卷）》，天津古籍出版社，2000，第16页。

② 朱凤瀚:《论商周女性祭祀》，载张国刚主编《中国社会历史评论（第一卷）》，天津古籍出版社，1999，第129页。

食礼》《有司彻》三篇分别记述了士与大夫阶层的祭礼。内容虽略有差异，其建构的祭礼模式却基本相同。[1]

从女性出现的空间看，女性出现在房与室。先秦祭祀场所的建筑格局是室、堂、房。室地位最尊，是整个建筑的核心。祭祀时，主人位与尸位都在室中，主人在室中接神、事尸，“祝筵几于室中”，即将供神的席铺设在室中，尸入室后，“使即席坐”，然后主人拜尸。房与堂并置于室左右，西堂东房，均陈设祭器。祭礼准备时“盛两敦，陈于西堂”，分别盛有黍稷的两个敦，陈设在西堂。同时，“几席设于西堂”，主人在西堂与众宾及诸兄弟行礼。而“实豆、笾、铏，陈于房中”。主妇位在东房，“主人缅笄，宵衣，立于房中”。行礼时由房入室，礼毕立即由室返回房，“主妇出，返于房”。房也是主妇酬女宾的地方，“主妇及内宾、宗妇亦旅，西面”。

从女性参与的具体仪节方面看，女性只参与祭祀当天的部分仪式。先秦时期，正式祭祀之前要举行“筮日”仪式，选择祭祀日期。祭祀前三日要“筮尸”，通过占卜确定尸的人选。接着“宿尸”，邀请尸，再“宿宾”，直至祭祀前一日陈设器皿、洗涤祭器，这些仪式均不需要女性参与。

祭祀当天，主妇先要参与部分祭品的制作、摆放等准备工作，“主妇视饎爨于西堂下”。之后，主妇穿戴齐整，在房中等待陈设祭品，“主妇盥于房中，荐两豆：葵菹、蠃醢，醢在北”，“主妇设两敦黍稷于俎南，西上”。祭礼中主妇参与制作、陈设的祭品主要是谷物类“粢盛”，区别于主人、男子执事负责宰杀、清洁、进献的“牺牲”。除了在仪式中多次敬奉祭品之外，主妇在整个祭祀仪式中的重要角色体现在主人初献之后行亚献礼，“主妇洗爵于房，酌，亚献尸。尸拜受，主妇北面拜送”。

① 文中所使用《仪礼》资料，如无特殊说明均出自彭林注译《仪礼》，岳麓书社，2001。

从《仪礼》的记载看，女性不仅参与了祭祀活动，而且是以主妇的角色出现，那是否能够说明先秦时期女性拥有较高的宗族地位呢？关于先秦时期祭祀与女性地位问题，朱凤瀚通过对周代青铜器铭文资料分析认为，自西周晚期贵族家族内妇女已有权参与家族内重要祭祀，介入了男性贵族的世袭领地。[①] 但陈昭容通过对周代大量青铜器铭文的比较分析予以了指正，认为周代是以男性或父权为中心的时代。祭器的制作和整体祭祀活动，掌握在男性手中；去世后享祀，男性祖先的地位亦高于女性祖先，女性并没有突出的家族权力。[②] 青铜器铭文的记载已经充分表明女性在祭器制作、受祀权、祭祀祖先主导权方面都没有独立的权力，为何《仪礼》中记载女性在祭祀中可以作为主妇参与行礼呢？

按照礼书的记载，先秦时期"祭必子妇俱"，即祭礼必须有女性的参与。《祭统》云："国君取夫人之辞曰：'请君之玉女与寡人共有敝邑，事宗庙、社稷。'此求助之本也。夫祭也者，必夫妇亲之，所以备外内之官也。"[③]《礼器》云："君亲制祭，夫人荐盎；君亲割牲，夫人荐酒。卿大夫从君，命妇从夫人。洞洞乎其敬也，属属乎其忠也。"[④]《召南·采蘋》云："于以奠之，宗室牖下。谁其尸之，有齐季女。"[⑤] 上述礼书中的祭祀思想，受宗法制度的直接支配，也在一定程度上包含了后世儒家的构拟成分。在宗法制度下，祭祀祖先首先是血脉传延、子嗣繁衍的象征，主人、主妇共同祭祀是其直接体现。其次，祭礼的岁时举行可以用来维护、强化固有的性别秩序与文化观念。"整个祭祀过程都

---

① 朱凤瀚：《论商周女性祭祀》，载张国刚主编《中国社会历史评论（第一卷）》，天津古籍出版社，1999，第129—135页。

② 陈昭容：《周代妇女在祭祀中的地位》，载李贞德、梁其姿主编《妇女与社会》，中国大百科全书出版社，2005，第11—40页。

③ 〔清〕孙希旦：《礼记集解》下，沈啸寰、王星贤点校，中华书局，1989，第1238页。

④ 〔清〕孙希旦：《礼记集解》中，沈啸寰、王星贤点校，中华书局，1989，第663页。

⑤ 周振甫：《诗经译注》，中华书局，2002，第22页。

是主人行礼开其端，主妇从之续其后，妇女的价值在主从关系的框架下在家庭中进一步实现。"[①] 仪式过程中时刻反映出作为男性代表的主人与作为女性代表的主妇是"主从""尊卑"的关系。女性在仪式中"陪同"主人献礼，主要源于女性承担生育任务使宗族得以延续，故从本质上看，其宗族地位不可能与男性平等，而是依赖男性，并将自身融化于男性意识之中。

2.《家礼》中的女性角色

无论《仪礼》的祭礼模式是否在当时社会被真正推行，《仪礼》作为文化传统，所创制的祭礼模式在汉唐社会，已长期被主流社会奉为圭臬。直至唐末五代社会动荡，庶族社会成长，先秦以来的传统礼制不合时宜，宋代文人知识分子开始重新探索适合时代需求的新型礼仪模式。祭礼的传承，既受到当时社会传统礼仪重建时势的影响，也是新型庶民宗族形成过程中的现实需要。前后有张载、二程、司马光等人的祭礼探索，最终集大成者朱熹编著了《家礼》。从祭礼的应用对象和属性上看，《仪礼》是贵族阶层的礼仪行为，而朱子《家礼》关注的是作为庶民日常生活的礼仪，是在继承传统基础上为新型庶民宗族设计的祭礼模式。[②]

在祭礼的仪节方面，《家礼》基本沿袭了《仪礼》的祭礼模式，但将具体内容大量精简。[③]《家礼》中规定祭祀之前要"卜日"，"时祭用仲月，前旬卜日"。"卜日"的具体做法是"孟春下旬之首，择仲月三旬各一日，或丁或亥，主人盛服，立于祠堂中门外"。"卜日"之后，直到祭祀前三天全体参祭人员要斋戒："前期三日，主人帅众丈夫致斋于外；主妇帅众妇女致斋于内。沐浴，更衣。饮酒，不得至乱；

① 王小健：《中国古代性别结构的文化学分析》，社会科学文献出版社，2008，第278页。

② 邵凤丽：《朱子〈家礼〉与宋明以来家祭礼仪模式建构》，《中原文化研究》2015年第1期。

③ 文中所使用《家礼》资料如无特殊说明均出自《景印文渊阁四库全书》，第142册，台湾商务印书馆，1986。

食肉，不得茹荤。不吊丧。不听乐。凡凶秽之事，皆不得预。”到了祭祀前一天，进行准备工作：“前一日，设位陈器，省牲，涤器，具馔。”

在准备工作中，祭馔本应由主妇亲自负责，这是传统祭礼的要求，但是到了宋代，传统祭礼早已消亡，主妇也未必亲自入庖造馔。对此司马光在《书仪》专门提到这种现象：“往岁，士大夫家妇女皆亲造祭馔。近日，妇女骄倨，鲜肯入庖厨。凡事父母舅姑，虽有使令之人，必身亲之，所以致其孝恭之心。今纵不能亲执刀匕，亦须监视庖厨，务令精洁。”①

祭礼当天，主妇全程参与祭礼，从“请主”开始，直至最后的“馂”。主妇的工作有三种。一是洗涤祭器、准备祭品。如在“蔬果酒馔”的准备中，“主妇背子炊暖祭馔，皆令极热，以合盛出置东阶下大床上”。仪式结束后，“主妇监涤祭器而藏之”。在宋代，各阶层妇女都要参与洗涤祭器、准备祭品的工作。如魏侯夫人是太宗皇帝的曾孙，身份高贵，嫁给左屯卫大将军魏侯，在魏氏祭祖时，她必“斋明洁齐，岁时祭享供陈之物，手自执授”②。吴夫人“每春秋祭祀，躬修仪物，秩其几筵，蠲其盏斝，祓其户牖，酒醴在樽，葅醢在皿，牲牷在盘，磬折而立，濯手而执事”③。由于祖先祭祀活动的神圣性，有的女性会终生亲自操办，无论是生病还是年迈，都不让他人代理。张氏“岁时佐寺簿羞馈，祀必躬以严，必丰以洁，如是者二十有四年。姑殁，独春秋之事勤劳怵惕如初，他皆付幼子”④。

---

①〔宋〕司马光：《书仪》卷十，《景印文渊阁四库全书》，第142册，台湾商务印书馆，1986。

② 曾枣庄、刘琳主编：《全宋文》，第47册，上海辞书出版社、安徽教育出版社，2006，第355页。

③〔宋〕谢逸：《溪堂集》卷九《吴夫人墓志铭》，《景印文渊阁四库全书》，第1122册，台湾商务印书馆，1986，第543页。

④〔宋〕杨简：《慈湖遗书》卷五《叶元吉请志妣张氏墓》，《景印文渊阁四库全书》，第1156册，台湾商务印书馆，1986，第659页。

二是进献各种食物。如“降神”之后，主妇陪同主人一起“进馔”，“主人升，主妇从之，执事者一人以盘奉鱼肉，一人以盘奉米面食，一人以盘奉羹饭，从升。至高祖位前，主人搢笏奉肉，奠于盘盏之南；主妇奉面食，奠于肉西。主人奉鱼，奠于醋碟之南；主妇奉米食，奠于鱼东。主人奉羹，奠于醋碟之东；主妇奉饭，奠于盘盏之西”。

三是参与馂食。“诸妇女献女尊长于内，如众男之仪，但不跪。……诸妇女诣堂前，献男尊长寿，男尊长酢之如仪。众男诣中堂，献女尊长寿，女尊长酢之如仪。”

四是主持“亚献”之礼，这是整个仪式中凸显主妇身份的关键仪节。朱熹指出，亚献由“主妇为之，诸妇女奉炙肉及分献，如初献仪，但不读祝”。朱熹沿袭了古礼传统，让主妇进行亚献，而在宋代，很多文人知识分子都倡导由男性行亚献之礼，吕东莱云：“主人为初献，亚终二献以诸弟为之。”[①]

如果将《家礼》与《仪礼》进行对比会发现，《家礼》中女性对祭礼的参与度明显高于《仪礼》，女性一直与男性并存在于仪式现场，并未离开。究其原因，“宋代的礼家既想以传统礼教维系、加强伦常纲纪，又不能不正视和顺应现实环境的巨大变化，因而大都处在崇古和维新两种情绪的交织之中”[②]。朱熹在《家礼序》中指出：“三代之际，礼经备矣，然其存于今者，宫庐器服之制、出入起居之节皆已不宜于世。”他主张对古礼“因其大体之不可变者而少加损益于其间”[③]。从《家礼》的写作背景和目的上看，《家礼》是朱熹在社会失序之后为了解决礼俗矛盾的理论诉求和文化实践，他试图从理论高度为祭礼的推行

① 〔宋〕吕祖谦：《东莱别集》卷四《祭礼》，《景印文渊阁四库全书》，第1150册，台湾商务印书馆，1986，第201页。

② 杨志刚：《中国礼仪制度研究》，华东师范大学出版社，2001，第178页。

③ 〔宋〕朱熹：《家礼序》，载朱杰人等主编《朱子全书》，第7册，上海古籍出版社、安徽教育出版社，2002，第873页。

提供保障，引导祭礼的发展方向，从而最终推动尊卑有序的新型宗族生活秩序的形成。延续宗族血脉、重建生活秩序是祭礼承载的重要功能，这必然要求象征宗族绵延的主人、主妇共同执礼。此时的祭礼中虽男女有别，但是不过多强调男尊女卑，而是主人主妇分工合作、相辅相成。

同时，女性在祭礼中的角色也与当时女性的社会地位有关。有学者认为，妇女的社会地位在古代中国一直处于下降趋势，宋代亦如此。理学家们尽管有歧视妇女的倾向，但其思想未必就及时贯彻到社会之中，当时的社会舆论并不受理学的支配，两性地位虽不平等，但妇女仍在一定程度上享有某种权力。[①] 这在一定程度为女性延续主妇角色提供了依据。

从《仪礼》到《家礼》，形成了典型的中国古代祭礼文化模式。在该模式中，女性一直保持着主妇的角色，在家庙、祠堂中获权行亚献之礼。但《仪礼》《家礼》中所记祭礼之女性只能代表儒家思想中理想的礼仪模式中的女性，并不能等同于它所影响、塑造的真实社会中的女性，文化传统、礼仪模式对性别的规整，会随着社会的发展出现相应的调整。

（二）从主妇到厨娘：明清时期守礼与从俗的矛盾

关于中国宋代以后的宗族组织的研究，很多学者常常关注祠堂、族谱和族田三大要素，认为这是宋以后中国传统社会新型宗族组织的普遍模式。[②] 对此，郑振满提出了不同的看法。他认为“在宋以后宗族组织的发展进程中，普遍存在而且始终起作用的因素，并不是以上

---

① 朱瑞熙等：《辽宋西夏金社会生活史》，中国社会科学出版社，1998 年，第 108—115 页。

② 徐扬杰在《宋明以来的封建家族制度述论》中说，“所有的家族，都由祠堂、家谱和族田三件东西联接起来”。《中国社会科学》1980 年第 4 期。

三大‘要素’，而是各种形式的祭祖活动”[①]。他的证据是，有不少宗族直至清代仍未修谱，甚至也未建祠堂，但却不失为严密的宗族组织，这就进一步证明宗族组织的存在与发展，并不取决于修谱、建祠之类的形态特征，而是取决于祭祖活动的规模及祭祖方式的变化。

明代中后期以来，随着宗族祠堂的大量建造，岁时祭祖活动逐步在社会各阶层间推广开来。常建华提出“议大礼”的推恩令允许庶民祭祀始祖，客观上为宗祠的普及提供了契机。[②]陈柯云、赵华富也指出明代中后期徽州宗族祠堂开始普及。[③]在宗祠祭礼的实践中，人们首先遵循《明集礼》《明会典》等国家礼制的规定。《明集礼》第一次将《家礼》内容纳入国家礼典。[④]但是从祭礼的社会传播和推广角度看，《明集礼》对明代社会礼仪发展的实际影响范围有限，“虽然《大明集礼》的品官家庙礼言明权仿《家礼》的规定，但由于《集礼》修成而未刊布，影响并不大，《家礼》主要仍是流传于信奉程朱之学的学者之间，而且流传的广度显然不可过高估计。至于《家礼》由特定的学术流派之书，转变为实际上具备国家礼典的性质，则与永乐年间纳入《性理大全》中颁示天下有关”[⑤]。永乐年间，作为官方意识形态集中体现的《性理大全》将《家礼》纳入其中，继承了明朝政府对《家礼》的一贯推崇态度，并进一步将《家礼》原文直接抄录到礼典中，

---

① 郑振满：《乡族与国家：多元视野中的闽台传统社会》，生活·读书·新知三联书店，2009，第103页。

② 常建华：《明清时期祠庙祭祖问题辨析》，载明清史国际学术讨论会论文集编辑组《第二届明清史国际学术讨论会论文集》，天津人民出版社，1993，第233页。

③ 陈柯云：《明清徽州的修谱建祠活动》，《徽州社会科学》1993年第4期。赵华富：《徽州宗族祠堂的几个问题》，载周绍泉、赵华富主编《'95国际徽学学术讨论会论文集》，安徽大学出版社，1997，第20页。

④ 若无特殊版本说明，这里使用的《明集礼》品官、庶人祭祖礼仪文献材料均出自〔明〕徐一夔等：《明集礼》卷六《品官享家庙仪》，《景印文渊阁四库全书》，第649册，台湾商务印书馆，1986，第175—179页。

⑤ 何淑宜：《香火：江南士人与元明时期祭祖传统的建构》，稻香出版社，2009，第162页。

从形式上再次肯定了《家礼》的国家礼典地位，这样彻底改变了其私家著述的性质。之后，随着《性理大全》刊布天下，《家礼》也被在明代社会各个阶层间广泛推广和普及。“就算是利用官方力量刊布的官书，倘若只藏于官府却无人阅读，也无从发挥其影响力，与科举挂钩的《性理大全》显然并非如此”，“在当时，尤其是明代中叶之前，不仅举子读之以应试，由于其包罗甚广，也被学者认为是一部有用的学术集成”，“有些士人甚至手抄《性理大全》而深有所得”。[①] 对此，杨志刚做出评价，“自《明集礼》肯定《家礼》的地位，又特别是《性理大全》收录《家礼》，《家礼》遂被官方礼制所吸纳，其性质也由私人编撰的著作，变成为官方认可、体现官方意志的礼典。有明一代，城乡读书人家都把《家礼》奉为金科玉律”[②]。通过国家赋权，《家礼》改变了文人礼书的属性，上升为国家礼典，具有了官方话语权威。清朝《大清通礼》同样肯定了《家礼》的礼典地位，继续将其作为国家礼典在地方社会推行。但国家礼典不等同于礼仪实践，在具体的祭礼实践中是否延续《家礼》传统，让女性行亚献之礼，不同身份群体做出了不同的回应。

1. 秉持传统：主妇行亚献礼

明清时期，女性社会地位较前代明显下降。但是就是在这样的社会语境之中，人们对于女性是否应该参与祭礼的意见并不统一，甚至有人坚持延续《仪礼》《家礼》创制的祭礼传统，让女性行亚献之礼，凸显主妇在祭礼中的重要位置。

明景泰元年（1450）汤铎刊印《家礼汇通》，完全沿袭《家礼》传统，由主妇执行亚献之礼，“主妇为之，唱行亚献礼，引主妇盥帨，由西阶上，其礼如初献仪，四毚献毕，四拜，复位，不读祝”。不仅主妇

① 何淑宜：《香火：江南士人与元明时期祭祖传统的建构》，稻香出版社，2009，第171—172页。

② 杨志刚：《中国礼仪制度研究》，华东师范大学出版社，2001，第239页。

亚献，且赞礼也是女性，“用女赞”，这是《仪礼》《家礼》中并未有过的事。汤铎还特别强调，男女拜礼不同，在“男妇拜礼”中写道女性行四拜礼，“凡拜男子再拜为礼；女子四拜为礼。若主人主妇同行礼，女子先下一拜，男子随后一拜，同下则男子一拜，女子再拜，后拜亦然。是男子再拜，女人四拜，此谓之侠拜，家常男女相拜亦如之”[①]。与《仪礼》《家礼》的记载相比，汤铎在女性行礼方面花费了更多的笔墨。汤铎之所以编写一部《家礼汇通》，是因为有感于当时佛道盛行，习俗不正，“痛释道之昧正学，或俗流之谕奢僭”[②]，他要通过《家礼汇通》的编写坚守儒家礼仪正统，排斥佛、道习俗的干扰和破坏，重新确立儒家礼仪秩序。“俾人皆由于正礼而学，不惑于他技，家孔孟而户朱程，谨名分而崇爱敬，修身齐家之道勃然而兴，慎终追远之心犹可复见，矢心无二，勉助而成，然于国家化民之意或亦不无小补云。”[③]与汤铎坚守《家礼》传统不同，明代著名学者丘濬主张在传承传统的同时，应该根据时代变迁进行适当的礼仪变革，以适应日益世俗化的日常生活需要，也正是他因俗而变的礼仪创造，使他被誉为“继承朱熹《家礼》而使之世俗化之第一功臣”。[④]

丘濬乃明代中期大儒，怀抱“以礼经世”的宏伟抱负，有感于佛道盛行，礼教不倡，于是在丁忧居乡时期编写《文公家礼仪节》一书，此书成书于成化十年（1474）。他在序言中说：“窃以为《家礼》一书，诚辟邪说，正人心之本也。使天下之人，人诵此书，家行此礼，慎终有道，追远有仪，则彼自息矣，儒道岂有不振也哉！”[⑤]为了重振儒道，必须推进礼仪进入日常生活，“是以不揆愚陋，窃取文公《家礼》本注，

① 〔明〕汤铎：《家礼汇通》，景泰元年（1450）刻本。

② 〔明〕汤铎：《家礼汇通》，景泰元年（1450）刻本。

③ 〔明〕汤铎：《家礼汇通》，景泰元年（1450）刻本。

④ 王尔敏：《明清社会文化生态》，广西师范大学出版社，2009，第76页。

⑤ 若无特殊版本说明，丘濬《文公家礼仪节》均出自《四库全书存目丛书》（经部），第114册，齐鲁书社，1997。

约为《仪节》，而易以浅近之言，使人易晓而可行，将以均诸穷乡浅学之士”。为了达到“易晓而可行”的目标，主妇亚献的传统不一定必须遵从。在丘濬看来，主妇必须参加祭礼，按照《家礼》传统，从前三日斋戒，一直到祭祀当天，全程参加。如进馔时，“主人升，主妇从，执事者一人以盘盛鱼肉，一人以盘盛米面食，一人以盘奉羹饭。主人、主妇逐一自进，子弟进祔位，毕”。丘濬《文公家礼仪节》与《家礼》的不同之处在于，将亚献设定为三种情况：一是主人行亚献，二是主妇行亚献，三是主人之兄弟长者行亚献。“主人亚献，则诸妇之长者逐位进炙肉。若主人或其兄弟之长者行，则次长者进之。”

虽然从主观意愿上看，丘濬本意坚守祭礼文化传统，但是生活现实与礼仪传统的疏离是不可忽视的，现实生活中极度被压抑的女性不可能在神圣的祭礼中获得存在空间。她们虽然承担着传宗接代、延续后嗣的重任，但是“男女有别”“闺门整肃”的律条早已把她们排除出祠堂亚献之礼，就是这种守礼与从俗之间矛盾的必然产物。

从根本上看，无论是汤铎还是丘濬，秉持的都是汉代以来形成的政教礼俗观，在他们看来，礼是对个人行为、社会秩序进行有序规整的重要工具，礼的象征性意义必须给予保留。也正是为了延续祭礼文化传统、展现祭礼的双重内涵，他们才不顾世俗生活变迁的现实，继续给予女性主妇的角色。但社会生活的发展不是文化传统所能禁锢和掌控的，生活的变迁不断对传统礼仪模式提出挑战，迫使人们在守礼与从俗的矛盾中进行抉择。

2. 发明传统：女性角色的多样化

在守礼与从俗的矛盾抉择中，一部分人发明了传统。所谓发明传统是指沿用《仪礼》《家礼》创制的祭礼模式，允许女性参与祭礼，但不行亚献之礼。

第一，保留女性的主妇角色，主张“夫妇并献”。毛奇龄（1623—1713）在《辨定祭礼通俗谱》中说，“凡祭子妇俱”，“主祭者与主妇俱，诸子助祭，与诸妇俱”。[①] 主妇即主人之妻，主人之母不能担任主妇的角色，“父死而母尚在，则母不主祭，但统诸妇助祭者，而先其列，父妾则稍后，所谓子无嫡庶，而母有嫡庶，仅与诸妇之在先列者差立而已”。

在准备阶段，主人省牲，杀牲，瘗毛血。主妇则“授内饔(即内妇婢)簠簋(十二)、清钟(十八)、笾(四十八，上祭加十六)、豆(四十八，上祭加十六)”，还要“帅诸妇(弟子侄妇)办簠簋、笾豆所需实者”。

祭祀当天，主妇“各易盛服，诣家堂”。站立的位置次序是“主人、主妇居中，弟以次东，弟妇以次西为一列，子侄以次由中至东，妇以次由中至西为一列。有母列西上一位，有庶母列西稍上一位，女弟与妇列，女与子侄列。若有次嫡并贵不主祭者，则与妇厕(侧)主人主妇后为第二列，而降子侄为第三列，如子侄贵者则但与妇厕(侧)主者后，仍第二列”。仪式开始后主妇要不断配合主人行礼。安主时，“主人奉安考主，妇奉安妣主”，荐腥时，“主人奉盘，主妇奉副”，初献时“主人奉清盏，主妇奉醴盏”，再献时“主人奉清爵，主妇奉醴爵”。对此，毛奇龄说：“古献只一爵，不知考妣分合何等。今合主人主妇为并献，而以二爵进考妣，较为近礼。”之后进粢饮，“主人奉簠簋，主妇奉清钟”；进笾豆，“主人奉笾，主妇奉豆”；饮福受胙时，“主人主妇诣香案前”；神赐饮食时，“主人啐酒，主妇哜脯”。

毛奇龄主张主妇应该参与祭礼，这是对《仪礼》《家礼》传统的遵循，但是按照他的礼仪设定，主妇不仅参与了祭礼，且要陪同主人向祖先进献各种祭品，并一起接受祖先的赐福。从仪式的参与度方面看，毛奇龄一方面扩展了主妇对祭礼的参与度，同时他又通过剥夺主妇的亚献权，消解了主妇在整个祭礼中角色的特殊性。“夫妇并献”现象的出现，表明在毛奇龄的宗族礼仪观念中，“凡祭子妇俱”的古

---

① 若无特殊版本说明，毛奇龄《辨定祭礼通俗谱》，均出自《景印文渊阁四库全书》，第142册，台湾商务印书馆，1986。

礼传统依然具有重要的价值，但是仪式中的主妇已然丧失了独立的性别身份，完全成为男性的附属品。

第二，“存礼意”，缩减女性参与仪节。清代林伯桐（1778—1847）特别关注祭礼的施行问题，撰写了《品官家仪考》《士人家仪考》《人家冠昏丧祭考》。在《品官家仪考》中他详细描述了女性参与祭礼的情况。他指出虽然按照祭礼传统，女性必须参加祭祀，“按祭祀之礼，必夫妇亲之，故男女皆入庙”，但是真实的情况是“世家大族亦罕闻有行此者”，世家大族之所以不让女性参与祭礼，主要原因是宗族祭祀，参与人数众多，且“亲疏咸在”，这时候“妇女出入不侵”。[①]

受“男女有别”主流意识形态的限制，女性不能同男性一起参与公共活动，那么应如何处理礼与俗之间的矛盾呢？林伯桐坚持“但其仪如此，礼意所存固当考也”。为了“存礼意”，他给出的解决办法是主妇在相应仪节中进祠堂进献祭品，但不能停留在祠堂中参与仪式，进献之后应退回房。在初献时，“主妇率诸妇出于房，荐匕箸醢酱于几前案北（谓分荐于四世各几之前，各案之北），跪，一叩，兴，遍及祔位（谓分荐于东西两祔位），退，皆入于房”。亚献时，“主妇率诸妇和羹以实于铏，又实饭于敦（按铏敦皆早在房中者），出荐于案（分荐于四室前之各案），荐腊肉炙胾（此实于笾与豆者），皆遍跪，叩，兴，退入于房”。终献时也是如此，“主妇率诸妇出于房，荐饼饵与果蔬，叩，退入于房”。三献之时，主妇都要从房中出来，进入祠堂，进献食物，然后返回房中。主妇不能在祠堂中与男性一起参与其他仪节，这样做是为了“存礼意”，实现女性作为主妇的象征性。林伯桐允许女性在祭礼中保留部分权力，但此种特权仅限于品官之家，对于士庶人家，祭礼无需女性参与。虽然林伯桐没有解释这其中的原因，但联系到“礼不下庶人”的古礼传统，很容易理解林伯桐的用意，品官之家应保留

① 若无特殊版本说明，林伯桐《人家冠昏丧祭考》均出自《丛书集成三编》，第25册，新文丰出版公司，1997，第431—442页。

礼仪的象征性，但是士庶之家便可从俗，女性不必参加祭礼。

元代郑氏祭礼遵行《家礼》，“今遵《家礼》，而略有损益者，盖时或有所禁，而礼乐之器之文不得不异，吾求其质而已矣”[①]。整个祭祀仪式中女性都没有出现，只有到了最后的馂食仪节中，“家长中坐，男女东西相向而坐”。在郑氏宗族，女性不可以参加祠堂中的祭礼，仅可以参加最后的馂食，与男性一同接受祖先的福佑。另外，在宗族日常礼仪活动中，女性可以参加朔望两日的参拜礼仪，“家长率众子妇诣祠堂前”，参拜之后，所有人来到有序堂，“家长出，坐有序堂，男女左右坐定”，听子弟宣读家训。郑氏宗族中并未将女性完全排斥在宗族礼仪活动之外，女性可以参与日常性的参拜礼，但是祭祀祖先时只能在最后出现。

在这些发明传统的人看来，祠堂早已是被男性主导的神圣空间，性别身体决定了女性要远离祠堂，自然也不必参与祭礼，亚献权力的丧失是必然结果，但是“夫妇共之”的古礼传统依然强固。人们不能完全脱离祭礼传统，祭礼传统作为习惯力量一直在束缚着人们的行为与选择。如果祭礼作为香火传承、延续后嗣的象征性意义必须保留，则女性不能在祭礼中完全缺失，其性别身份的象征性必须在特定仪节中予以保留。

第三，增加、扩充女性参与仪节，认为女性不仅可以参加祭礼，甚至可以主持祭祀。明清时期，徽州是典型的宗族社会，也是《家礼》实践的重要场域。按照徽州习俗，祖先祭祀通常是男性成员参与的活动，女性不必参与，或是只能参与最后的馂食环节。但是特殊情况下，则允许宗族中德高望重的女性主持祭礼。如程母汪孺人，归长公后，长公长期在浙江经营商业，家里内外家政“大者蒸尝，次者庋阁，次

---

① 〔元〕郑泳:《郑氏家仪·序》,《四库全书存目丛书》(经部)，第114册，齐鲁书社，1997，第391页。

宾客燕享”，“一切倚办孺人”。[①]程母潭渡许氏，归封公，“躬摄家秉，事无巨细，无恩封公”，作为家中长媳，宜人“内奉宗祊，外应闾里，无所失”。[②]汪道昆之母去世时，诸母回忆：“……祭礼燕享，夫人能也……为吾党祭酒。”[③]在徽州，不仅有正妻，还存在继室担当主祭的角色。元君安人余氏为继室，对丈夫前妻所生四子视为己出，主管一切家务，操办祭祀大事，“家事悉委之夫人，自朝夕飧餐，以致祭祀宾客燕享，诸子必禀命夫人”。且受到家人好评曰：“女正位乎内，男正位乎外。……富家之吉，夫人殆庶几焉。”后来遵循丈夫的遗命，“建祠修谱，凡鸠工庀材以次兴作，夫人谕诸子某经理某事，某督率某工，某出某处，届期毕效克日落成”。[④]

徽州女性可以参与祭礼，甚至主持祭礼，成为仪式的核心人物，承担了超越传统礼制赋予女性的权力。这种现象的存在，既与《家礼》设定的祭礼文化模式不同，又与明清时期女性低下的社会地位不符。那么，应如何解释徽州女性参与祭祀、主持祭祀的这一特殊现象呢？在徽州地区，一些宗族有女性主持祭礼的文献记载，但女性主持祭祀活动在徽州地区并不具有普遍性。徽州地区长期恪守礼教传统，女性日常行动受到宗族的严格约束。黟县环山余氏宗族提出，“闺门内外之防，最宜严谨”。余氏宗族认为，“古者，妇人昼不游庭，见兄弟不逾阈，皆所以避嫌而远别也”。他们也要按照古礼传统，“凡族中妇女，见灯毋许出门，及仿效世俗往外观会、看戏、游山、谒庙等项，违者议罚”[⑤]。徽州宗族对族内女性日常行动的严格约束和限制并非余氏宗族特有，而是明清时期徽州社会普遍存在的现象。对此，唐力行认为

---

① 〔明〕汪道昆：《太函集》，胡益民、余国庆点校，黄山书社，2004，第895页。

② 〔明〕汪道昆：《太函集》，胡益民、余国庆点校，黄山书社，2004，第897页。

③ 〔明〕汪道昆：《太函集》，胡益民、余国庆点校，黄山书社，2004，第930页。

④ 〔清〕洪定渭：《歙西王充东源洪氏宗谱》卷十，乾隆二十一年刻本。

⑤ 〔清〕《环山余氏宗谱》卷一《余氏家规》，咸丰年间，安徽黟县。

徽商的发展得力于商人妇的大力支持，当时社会价值观念的变化在一定程度上使妇女的地位有所提高，但是商人在实际经营中的需要促使宗族制度强化，封建纲常对妇女的束缚比以往更甚。[①]

一方面被封建纲常所束缚，另一方面由于男性长期外出经商，徽州女性不得不操持家中事务，有时还要主持祭祀。这些可以参与祭祀、主持祭祀的女性背后通常是男性主祭不在家中，自己是以母代子、以妇代夫主持祭祀，仪式中的身份具有双重性，既有女性自身的身份，也有其所替代的男性身份。可以说，正是这种身份的双重性才赋予了女性特殊的仪式权力，女性主祭的出现是徽州特定地域文化中礼俗调和的产物。

3. 摒弃传统：女性被逐进厨房

明清时期的徽州社会是中国传统宗族制度发展的典型区域之一。伴随着宗族制度的发展，祠祭也获得了实践场域。在祠祭发展过程中，徽州人凭借朱熹桑梓的地域性特点，产生了强烈的地域文化认同感和自豪感。在这种浓重的地域文化情感的推动下，徽州人不但熟知《家礼》内容，且一切家族礼仪都严格遵照《家礼》的设定进行，“古人重礼教，冠婚丧祭之仪载在文公《家礼》甚详，吾族中家长宜于每月朔望令子弟通儒业者集众人而讲明之，遇事则细陈条款，一一依之而行”[②]。在祭礼的操作过程中，徽州家族按照《家礼》祭礼模式设定仪节程序，“祭祀每年以春秋仲月所首辛为期，头首先期洒扫以俟拜献，其祭仪悉遵文公《家礼》”。[③] 但在具体操作过程中，徽州家族选择了与《家礼》不同的操作方式，即由男性主祭或陪祭进行亚献，主妇不进行亚献。献祭者的更换是对《家礼》祭礼模式的重大调整。《家礼》规定主妇及家族女性均应参加祭礼。在祭礼中，主妇与主人对立而站，

---

① 唐力行:《论商人妇与明清徽州社会》,《社会学研究》1992 年第 4 期。

② 〔清〕《霞川汪氏重修族谱》，嘉庆十九年（1814）刻本。

③ 〔清〕《霞川汪氏重修族谱》，嘉庆十九年（1814）刻本。

由主妇亚献、献茶，其他妇女参与行礼。到了丘濬时，他提出妇女应参加准备工作和正式祭礼。前一日“涤器，主妇帅众妇女濯祭器，洁釜鼎”。具馔，“主妇帅众妇女具祭馔”。在三献礼中，由主妇及诸妇女献馔。但在明清时期徽州祭祖仪式中，女性没有出现在仪式现场。

明清时期徽州地方文献，尤其是在家谱的祭祀条目中，很少提及女性与祭祀的关系问题。其中，一个比较重要的资料出现在明万历年间《新安林塘范氏宗规》中。范氏家族规定，“今祠惟焚黄者，同主妇入祭点茶外，清明等祭，俱惟男子”[①]。

在明清社会生活中，受主流意识形态的影响，女性的活动空间被严格限制。在家庭生活中，女子必须服从“四德三从之训”，且男子有责任管教女性，“若以姑息为爱，稍听妇言，则非但唇舌渐多，伤残一家和气，而昏惑日深，酿祸不小矣，务相禁戒”，“违者罚及夫男”。在“四德三从”的束缚之下，“各妇女非本宗嫁娶吊丧，毋得轻出”[②]。

除了主流意识形态的管控之外，一些宗族也说出了具体困难。这些宗族称，“按礼，主人主妇例应致祭，众子众妇从之，古之制也”。但是现实生活中困难重重，致使他们无法沿袭古礼。困难一是祭祀时人数众多，祠堂空间有限，没有地方留给女性。宗族分布“星罗棋布”，人数众多，祭祀时“祠屋虽广”，“尤惧其跪立无地也”。困难二是远地祭祖，来回行路不便。“且礼妇女无百里奔丧之文，况祠祭乎？则子孙告享而诸妇似不必与焉，亦权之正矣。”[③]在明清族谱中，像曾氏宗族一样较为详细地阐明女性不能参祭原因的极少，人们更倾向于直接将女性驱逐出祭祀现场，族谱中不做任何记载。因而，无论是出于主流意识形态的考虑，还是现实生活中的困难，女性都不必参与祭礼，或者说在男性话语权力下女性被彻底剥夺了祭祀权。

---

① 〔明〕《新安林塘范氏宗规》，万历年间刻本。

② 〔明〕《新安林塘范氏宗规》，万历年间刻本。

③ 〔清〕《太平曾氏彤公房谱·祭礼论》，湖南邵阳，清末刻本。

作为宗族共同体的标志性建筑，传统宗族中的“祠堂是成年男性的世界，女性一般不准入祠堂祭祀”[①]。葛学溥在20世纪初对中国广东凤凰村的调查发现，凤凰村共有三个宗祠，人们在里面举行祭祀活动。仪式上出场的是男性家长和宗族的男性后代。他们向祖先进献祭品，给祖先鞠躬，最后一起参加丰盛的宴会，还要平等地分享祭祀食品。整个仪式上没有女性的身影。[②]

林耀华同样指出直至20世纪30年代，福建乡村中的女性依然不能参与祠祭活动。在义序，“祠堂祭祀可以分两部：一是族房长、绅衿代祭，一是族人合祭。所谓族人合祭，因地点的限制，亦分各支分祭，族人只包括已成年的男子，妇人和子女不在此例”[③]。因为在义序地方文化传统中，女性一直是男性的附属品，出嫁从夫，夫死从子，任何时候都不允许女性出头露面。“家庙十规”中明确规定“禁妇人投祠”，“投祠原非美事，况妇人乎？妇人出嫁从夫，夫死从子，有夫有子，而妇人出头，成何体统？今后若非夫亡子幼，并夫与男出外者，借泼闯投，无论理之是非，其夫与男必加重罚”。[④]

按照以上论说，女性不用亲自到祠堂参祭，但并不意味着女性不用参与祭礼的相关事务。实际上，祭礼所需要的祭品通常都是由女性负责烹制的，厨娘是女性的重要角色。从《仪礼》到《家礼》，再到明清祭礼实践，祭品的烹制一直都是女性的重要工作。一旦女性不烹制祭品，就会被批判失礼，清代颜元说：“想见宋时妇女骄踞之态，观《家礼》中妇人衣衰绖带不为制，祭礼中妇人不亲厨办祭，先儒屡言之，可见彼时内庭不足为礼”[⑤]。清代张文嘉也说：“凡祭祀专在诚敬，

---

① 麻国庆：《家与中国社会结构》，文物出版社，1999，第83页。

② ［美］丹尼尔·哈里森·葛学溥：《华南的乡村生活——广东凤凰村的家族主义社会学研究》，周大鸣译，知识产权出版社，2006，第228页。

③ 林耀华：《义序的宗族研究》，生活·读书·新知三联书店，2000，第51页。

④ 林耀华：《义序的宗族研究》，生活·读书·新知三联书店，2000，第201页。

⑤ 〔清〕颜元：《颜元集·礼文手抄》，王星贤、张芥尘、郭征点校，中华书局，1987，第387页。

须主妇亲入庖厨监视，务令精洁，未祭之前，勿令人先食，尤防猫犬虫鼠及童稚侵污。”[①] 虽然在大宗族中，主妇未必亲自烹制祭品，但是古礼传统还是被人们高度赞扬的。在百姓之家，祭品的烹制自然是女性的工作，鲁迅在《祝福》中这样记载："这是鲁镇年终的大典，致敬尽礼，迎接福神，拜求来年一年中的好运气的。杀鸡，宰鹅，买猪肉，用心细细的洗，女人的臂膊都在水里浸得通红，有的还带着绞丝银镯子。煮熟之后，横七竖八地插些筷子在这类东西上，可就称为'福礼'了，五更天陈列起来，并且点上香烛，恭请福神们来享用，拜的却只限于男人，拜完自然仍然是放爆竹。”[②] 将女性与祭品联系起来并非偶然。这与女性的社会分工有关，长期以来，女性主内，负责烹饪，到了祭祀时人们自然将祭品准备工作分配给了女性。同时，女性负责准备祭品，还具有另外一重意义。祭品自古以来就带有神圣性，是沟通神与人的重要媒介，后人以祭品敬献祖先，以示孝道，祖先以祭品回馈后人，以示福泽。因而，女性烹制祭品在一定意义上也可以看作是参与祭礼的一种特殊方式。

宋明以来，随着宗族组织的扩大发展，岁时祭祖成为民众生活的大事。从女性的参与方面看，常建华指出明代时，“不论是家祭还是墓祭，都有女性参加，说明女性在家中和社会上还是有相当地位的”[③]，但是祠祭却经历了完全不同的发展历程。明清时期，伴随祠堂的大量修建，加之士大夫的提倡和推动，祠祭成为宗族组织最为重视的仪式活动。在祠祭中，女性的角色由居于核心地位的主妇逐步被边缘化为专司祭品的厨娘，几乎不会出现在祠祭现场。女性在家祭、墓祭和祠祭中不同的角色表明三种祭祀活动的性质与功能方面存在重大差异。

---

① 〔清〕张文嘉：《重定齐家宝要》，《四库全书存目丛书》（经部），第115册，齐鲁书社，1997，第733页。

② 鲁迅：《祝福》，《鲁迅全集》第一卷，新疆人民出版社，1995，第325页。

③ 常建华：《观念、史料与视野：中国社会史研究再探》，北京大学出版社，2013，第243页。

弗里德曼指出在中国的东南宗族中，“祠堂举行的仪式由男人主持，由男人参加；他们的女儿和妻子不直接参与仪式的过程”，“相反的是，在祖先崇拜方面，无论是理论上女性的地位如何低下，她们在家里表演的仪式中则占中心的地位。她们照料家里的神龛，而且可能完成每天的燃香仪式。……正是女性主要负责家庭的祖先祭祀仪式，纪念祖先的忌日”①。究其原因，“宗族不是扩大的家庭，宗族较高裂变单位举行的祖先崇拜与家庭内举行的祖先崇拜也有点区别。在家祭中，人们与他们在生活中熟知的逝者联系在一起，而且能够向他们贡献，使其在另一个世界中快乐。另一方面，祠堂中举行的祖先崇拜仪式基本上是集体行为的方式，社区的权力和地位之结构以仪式的方式表达出来。在宗族的所有层面，亲属体系所要求的裂变单位……在仪式过程中得以表达和强化。这是一致的仪式。但是在祠堂表演的仪式中，人们是不平等的，这种一致是和不平等连在一起产生的”②。家祭是在家中进行，墓祭也是以家庭、家支为单位，几乎没有“外人”在场，整个仪式要表达的是子孙的孝思。祠祭是在作为宗法制度核心和象征的祠堂进行，在“报本反始，以申孝思”的祭礼核心精神之上，更是“为了收族、治人，巩固封建统治”③，进而迫使女性完全退出了祠祭空间，祠祭彻底转变为展示男性话语权力、强化固有性别秩序、血缘伦理的工具仪式。

三、祭礼的区域个案研究——以明代山东莱芜为例

若对华南宗族社会有研究的学者到山东农村做田野调查，会对当

① ［英］莫里斯·弗里德曼：《中国东南的宗族组织》，刘晓春译，上海人民出版社，2000，第101页。

② ［英］莫里斯·弗里德曼：《中国东南的宗族组织》，刘晓春译，上海人民出版社，2000，第114页。

③ 赵华富：《徽州宗族祠堂的几个问题》，载周绍泉、赵华富主编《'95国际徽学学术讨论会论文集》，安徽大学出版社，1997，第32页。

地的祖先祭祀有一种既熟悉又陌生的感觉。与岭南人一样，山东人也拜祭祖先，以山东中部山区为例，这里的村民每年会有四次固定的祭祀祖先的时间，分别为春节、清明节、中元节和寒衣节（农历十月初一）。在这四个节点中，春节和中元节是在家户内进行“请家堂”的祭祖仪式，清明节和寒衣节则要到祖先坟墓“上坟”。

家户内举行“请家堂”仪式时，家里所供奉的往往是绘制有祖先木主的画像卷轴，称为“祖影”或“家堂轴子”。祖影所绘的，是从一世祖到父祖一代的祖先。这个卷轴，平日是收起来的，挂在屋内高处，到了正月元日或是七月十五中元节，家人集聚，便把“祖影”卷轴拉开，大家一起拜祖先。除了悬挂“祖影”，在鲁中山区的村落中，村民还会在家户祭拜祖先时，用红纸绘制祖先神主牌位，但这样的牌位会在当天仪式结束时烧掉。虽然我们可以说，绘画或书写木主也是神主牌位，从这个意义上来讲，山东与华南地区的祖先祭祀仪式好像差别不大。

但其实华南和山东在拜祭祖先的习惯上，存在很大的差别。在华南地区，家户内安放了祖先木主，表示祖先也住在家里；木主放置在神龛里，表示祖先也有他们的“房间”。子孙是与祖先住在同一屋檐下，既然如此，子孙要“敬如在”，即每天都为祖先上香，过节的时候供奉的食品要更加丰盛。但是在山东，如上所描述，祖先并不是住在家里的，只是过节的时候把他们“请”到家里（就是把祖影卷轴展开、制作牌位）供奉而已。

那么山东人的祖先是“住”在哪里的？其实在他们的观念中，祖先是住在坟地里的。祖坟是祖先居住的场所，每年四次祭拜祖先的时候，或是将祖先从其居所祖坟地用香“请”回家中供奉，与家人团聚享用美食；或者是子孙带着香、火纸以及菜肴前往祖坟地进行“上坟”。不管是“请家堂”还是“上坟”，村民们均认为祖先平日是居住在祖坟里的，并不与生者同在一个空间内。

“上坟”至今仍是山东人的祖先崇拜中非常核心的部分，在包括莱芜在内的鲁中地区，每年起码有两次——清明节和寒衣节，但还可以加上祖先的忌日，新娶媳妇和添丁等仪式场合。祖坟地往往在村民居住的村庄附近，但并非每一个祖先都有墓碑。只有少数有功名的祖先，其子孙才会在这位取得功名的祖先坟地旁边竖立一块墓碑，墓碑之上刻有该祖先的墓志铭。而这样一块墓志铭，也成为子孙追溯祖先历史,甚至家族历史的重要依据。这样有功名的祖先的墓碑还是少数，大多数祖先的坟墓，仅仅是一块土堆。

只要人们走到这些在山东被称作“祖林”或者“林地”的地方，便会发现地上有不少隆起的小土丘，每个小土丘就是一个祖先的埋葬地。由于没有任何的墓碑或标示，对于子孙来说，虽然是每年上坟，但往往只清楚与其关系较近的几代祖先坟地的位置，对于更早世系的祖先坟地，便很难单凭记忆去处理。而且，年代久远，土丘很容易变得平坦，或许会成为另一祖先的葬地。“祖林”间有墓碑，甚至在墓前会建起一些颇具气派的装饰，但那是非常重要的族人坟墓，例如始迁祖，又或是某一门、某一支的始祖。

今天在山东所见到的祭祖习惯，很多是在明清时期的宗族社会所遗留下来的传统。那么我们应该如何将今天的习俗与历史相连，如何分析明代山东中部的人们的始祖祭祀，建立一套祖茔墓祭的礼仪，从而把同一姓氏的人群整合起来，形成宗族呢?

（一）“大礼议”与华南的经验

祭祀始祖的重要性，在于把庞大数量的同姓人，纳入一个组织里面。试想一个宗族，若只拜祭近几代祖先，宗族的成员会非常有限；但若追到始祖，便可包容很多成员；始祖追得愈远，成员也愈多。

士庶对于始祖的祭祀，也并非一开始就被朝廷礼制所允许的，中间牵涉两个问题。首先，历来只有贵族才能祭祀祖先，祭祖与爵位继承是同一事情，这是所谓“宗法制度”。负责祭祀的子孙，就是继承爵位的人。因此，祭祀祖先所包含的关系，是大宗。南宋时，朱熹(1130—1200)倡议士庶也应拜祭祖先，他在《家礼》中主张："君子将营宫室，先立祠堂于正寝之东。"[①] 而祠堂的格式，他主张："祠堂之制，三间。外为中门，中门外为两阶，皆三级，东曰阼阶，西曰西阶，阶下随地广狭以屋覆之，令可容家众叙立。"[②] 在祠堂之内，以近北一架为四龛，龛内置神位，自西至东为高祖、曾祖、祖、父。不过朱熹强调最多是四个木主，亦只有是"大宗"可以供奉四个木主；如果曾祖和父亲均是"小宗"的话，该"君子"只能供奉父亲的神位。明初的礼法参考了朱熹的家礼，例如庶民只可以在居室内供奉祖父和父亲的神主牌位，但贵族和有品位的官员（明朝人认为相当于朱熹所云的"君子"），则可以在居所之东立祠堂，以祀高、曾、祖、考。虽然在明代的礼法中，每个品官均能拜四代祖先。但若只祭拜四代，那么祠堂所包含的子孙人数不可能很多。换言之，以这些祠堂为中心，不可能组织大宗族。[③]

明代华南一带的士大夫建立大宗祠，拜祭始祖，早在嘉靖初年已经开始，其中一个发起者是曾经参与嘉靖大礼议的霍韬（1487—1540）。霍韬来自广东佛山的石头乡霍氏，霍氏何时迁入石头定居已无可稽考，唯知在洪武年间，其二世祖"业焙鸭蛋，得利什百，遂起家"[④]。霍韬19岁入乡塾，正德八年(1513)乡试第二，正德九年(1514)会试第一。正德十六年（1521）出任兵部主事（正六品），正值嘉靖皇帝的"大礼议"事件。事缘霍韬出任兵部主事的同一年，正德皇帝朱厚照病死，无嗣，结果由堂弟朱厚熜入继大统。朱厚熜开出条件

① 〔宋〕朱熹：《家礼》卷一，《景印文渊阁本四库全书》，第142册，第531页，台湾商务印书馆，1986年。

② 〔宋〕朱熹：《家礼》卷一，《景印文渊阁本四库全书》，第142册，第531页，台湾商务印书馆，1986年。

③ 〔宋〕朱熹：《家礼》卷一，《景印文渊阁本四库全书》，第142册，第531页，台湾商务印书馆，1986年。

④ 《石头霍氏族谱》卷一，《原序》。

——追尊生父兴献王朱祐杬为“皇考”，并在北京建庙供奉木主。时内阁首辅杨廷和以不合礼制反对，但碍于新君嘉靖皇帝的坚持和部分朝臣的附和，同意让步。但随即那些附和新君的大臣便被铲除，而兵部主事霍韬便是其中一个。嘉靖二年（1523）霍韬谢病归乡，便开始了建构石头霍氏宗族的行动，此举亦可视为继续支持嘉靖皇帝为生父尽孝的持续支持。嘉靖四年（1525），霍韬创建石头霍氏大宗祠。值得注意的是，霍氏大宗祠表面上是遵从法律供奉四代祖先，实际上不然。本来只是“高、曾、祖、父”的木主，在霍氏大宗祠内变成“中为始、高、曾、祖神位，而以各房伯叔之祖附之”[①]。这个改变的意义很大。首先，确认了始祖，便可以把原本已经各自衍化分散出来的家族成员重新统整在始祖以下的血缘范围内。其次，将父亲及各房叔伯之祖的木主附祭以上四个神位，便可泯灭了大宗和小宗的分界，将父亲以下所有族人整合在宗祠之内。对于这个祭祀上的改动，便曾有族人询问:“各房之祖同祀，礼乎？”不合礼就是不合法，这是很危险的。但刚在北京支持嘉靖皇帝以孝道改变大礼的霍韬，也以孝道回复这个问题，他说:“一父数子同居共食，礼也。生可共食，殁独不可共享乎？”“礼非从天设地产，因人情耳。”[②]

在祠堂之下，霍韬积极地联系族人，他规定族人每逢朔望，阖族男女集于大宗祠拜祖先，然后同餐共膳。霍氏族人除了可以在朔望到祠堂用膳，还可以承耕祠堂田地（蒸尝），所以只要是霍氏族人，便不愁粮米。霍韬的支持，不久得到响应，随着嘉靖皇帝尊崇生父典礼的逐步实现，嘉靖六年（1527），皇帝把霍韬召回京城，负责编修《明伦大典》。嘉靖七年（1528）四月，进礼部右侍郎（正二品）。同年六

① 〔明〕霍韬:《石头录》卷二,《北京图书馆藏珍本年谱丛刊》, 第45册, 北京图书馆出版社, 1999, 第229页。

② 〔明〕霍韬:《石头录》卷二,《北京图书馆藏珍本年谱丛刊》, 第45册, 北京图书馆出版社, 1999, 第229页。

月，朝廷颁布《明伦大典》，将大礼议进行定调，同时也定反对皇帝尽孝诸臣的罪，其中杨廷和怀贪天之功，制挟君父，革职为民，其他各人也次第免去官职，大礼议的斗争到此基本上告一段落。[①]

嘉靖十五年（1536），士大夫祭祀始祖的习惯，更是得到朝廷的肯定。是年十一月，皇帝迎亲父献皇帝入太庙。在宗庙告成之日，翰林学士夏言上疏，建议皇帝在官民祭祀祖先方面也加以“推恩”。世宗皇帝正有此意，称：“人皆有所本之祖，情无不同，此礼当通于上下，惟礼乐名物不可僭拟，是为有嫌，奈何不令人各得报本追远耶。”[②]夏言在此疏的第二条“乞诏天下臣民冬至日得祭始祖”中，向皇帝建议开放臣民冬至祭祀始祖。他提议要恢复宋儒程颐在《六礼》中的定制的祭祖规制：“大略家必有庙，庶人立影堂，庙必有主，月朔必荐新，时祭用仲月，冬至祭始祖，立春祭先祖。”[③]程颐定制的规则总结来说有四点，即祭祀祖先的场所、场所中的摆设、荐新的时间以及祭祀始祖和先祖的时间。他并不赞成朱熹在家礼中认为士庶祭祀始祖是僭越之事。为了既令士民可以祭祀始祖，又满足世宗“惟礼乐名物不可僭拟”的顾虑，夏言给出的办法是士民可以在冬至祭始祖，立春祭祀始祖以下高祖以上的祖先。[④]

夏言的这一做法在嘉靖十五年（1536）之后的实行情况如何呢？根据常建华的考证，虽然在《明世宗实录》中未载夏言的建议，但在

---

① 罗一星：《明清佛山经济发展与社会变迁》，广东人民出版社，1994，第96页。科大卫：《国家与礼仪：宋至清中叶珠江三角洲地方社会的国家认同》，《中山大学学报》（社会科学版）1999年第5期。

② 夏言：《夏桂州先生文集》卷十一《请定功臣配享及令臣民得祭始祖、立家庙疏》，收入《四库全书存目丛书》，第74册，庄严文化事业有限公司，1997，第528页。

③ 夏言：《夏桂州先生文集》卷十一《请定功臣配享及令臣民得祭始祖、立家庙疏》，四收入《四库全书存目丛书》，第74册，庄严文化事业有限公司，1997，第528页。

④ 夏言：《夏桂州先生文集》卷十一《请定功臣配享及令臣民得祭始祖、立家庙疏》，收入《四库全书存目丛书》，第74册，庄严文化事业有限公司，1997，第528—530页。关于对夏言建议的考证，可参考常建华《明代宗族祠庙祭祖礼制及其演变》，《南开学报》2001年第3期。

万历十四年（1586）王圻编《续文献通考》卷一一五《宗庙考·大臣家庙》中节录了夏言的奏疏，当时皇帝对“乞诏天下臣民冬至日得祭始祖”一议的态度是被世宗肯定的“上是之”。[①]但是，夏言的这次提议，在世宗之后的诸朝却未得到承认。万历四年（1576）续修的《大明会典》中并无士人和庶民祭祀始祖的规定，次年修订成书的《明世宗实录》中也不载夏言关于祭始祖、建家庙的建议。可见在嘉靖之后的官方典籍中，似乎在有意规避世宗以及夏言的这次改变。

那么这场嘉靖年间的礼仪改革究竟对地方社会又有何影响，或者说，地方上的士大夫也好，庶民也罢，他们对这次礼仪的争论是作何反应呢？目前很多关于宗族的研究均是基于这点展开，而且大多集中在华中、华南一带，从“大礼议”之后的祠堂的兴起以及在庶民中的普及，多是他们讨论的重点。[②]在山东中部山区，从目前搜集到的族谱中关于明代的数据以及明人的笔记来看，作为祭祀祖先的“祠堂”还很少存在，宗族的发展则以墓祭为主。就明中叶山东开始出现的新的以“宗族”组织的方式，首先便是士大夫们对本族始祖的考证、追认和祭祀。

（二）山东：始祖、祖林与墓祭礼仪

“始祖”不断出现在明末山东的族谱中，成为士大夫联宗的重要依据，即通过始祖来确定与哪些人属于同一宗支。这使得对于一个宗族来说“始祖”非常重要，以至于士大夫们要专门费笔墨进行考证。

慎终追远，祭祀始祖，首先便须确认始祖是谁。一般来说，始祖就是始迁祖，亦即始迁定居地的祖先，但这也不易考订。例如莱芜朱氏，根据其族谱记载，祖先在洪武年间迁到莱芜，《朱氏族谱》如此记载：

---

① 常建华:《明代宗族研究》，上海人民出版社，2005，第18页。

② 科大卫:《祠堂与家庙——从宋末到明中叶宗族礼仪的演变》，载《历史人类学学刊》2003年第2期。常建华:《明代宗族研究》，上海人民出版社，2005。作者从第二章到第四章分别对安徽徽州府、福建兴化府以及江西吉安府的宗族祠庙祭祖发展进行论述。

始祖入莱，五世始知文字，四世之上略无碑珉，故坟墓皆失所在。至今长老相传，咸指茔之左侧兀然突起者为始祖母，祖母之西，南北联络不绝者，其南为始祖，次为二世，次三世，极北乃至四世。长老意欲建石碣以识之，转恐知之不详，益增舛谬，故著之于谱，使后之子孙不忘先世云。[①]

族谱虽未记载寻找祖茔的具体年份，但仍可见，当朱氏要建立宗族的时候，不单是始祖，即便是从二至四世祖的坟墓都没有确定的位置，而且就连其长老也"恐知之不详"。虽然如此，他们还是将茔田中突起的几个地方认作家族前四代的坟墓。做法有点随便，但还算是厘清了始祖墓地的位置。

莱芜另一个在明代中期开始显赫的家族是亓氏，他们在嘉靖年间便开始建构宗族，族人首先是把洪武初年的亓世能作为始祖，但至万历年间当亓氏重修族谱时，却又追认了新的始祖。万历年间亓氏重新追认始祖的主要人物是亓诗教，他在万历二十六年（1598）高中进士，对重整宗族的事情非常用心。例如在这一年，亓诗教回家省墓，发现邑中有大姓要侵占他们祖茔，于是他找来地方官帮忙，祖茔遂得以保住。到了万历四十五年（1617），亓诗教已经是礼科给事中，因公事路过莱芜，便与侄儿亓之伟商议重修羊庄祖茔。更有趣的是，亓诗教趁此机会，写了一篇《正始解》，重新考证了亓氏始祖。亓诗教参考了写于嘉靖年间的三篇谱序和两篇墓表，指出它们的内容"大相矛盾""令人不可解"。诗教整合了来自传记、碑刻中的几种矛盾说法，然后提出了亓氏的始迁祖应该是"亓士伯"的观点。不仅如此，这位亓士伯有四个儿子，他们分别是勤、宾、全和世能。因此，此前被亓氏追认为一世祖的"世能"变成二世祖。

亓氏重新追认始迁祖是有其原因的。亓诗教在万历四十五年

① 《先世墓》，根据光绪二十年（1894）甲午重镌《续修博阳朱氏族谱》，务本楼藏版，第 2b 页。本族谱现存于山东省济南市莱芜区羊里镇朱家庄村民家中。

（1617）要处理的宗族事情，是要把外来一支亓氏纳入宗族之内，但同时又不想打乱世能的原来的支系，于是最好的办法，便是把始迁祖向前推一代，把士伯作为始祖，而世能只是士伯的四个儿子中的其中之一而已。世能既有三个兄弟，那么便可为亓氏进行认祖归宗提供了庞大的空间。结果，新来的一支亓氏，被纳入作为了士伯的次子“宾”的后裔，称为“南三门”。[①]

像亓氏这样通过考证始祖进行收族的姓氏并不少见，“始祖”往往是士大夫们编修族谱的重要内容之一。比如在天启四年（1624）朱童蒙撰《朱氏族谱序》中有道:“吾始祖之入莱也，年方十六，未有室，偕其母与弟。”[②] 崇祯十六年（1643）谭孔教在编纂族谱时，收录在《纪传志状》第一篇的便是“始祖纪”。此文中考证了始祖迁入莱芜之前的籍贯、迁入莱芜的时间、生卒行辈以及始祖坟墓的所在地，但结果往往是“无考”。可见，虽然在万历年间编纂的《大明会典》中并未采纳夏言“乞诏天下臣民冬至日得祭始祖”的建议，但“始祖”在山东中部的民间社会却得到重视，并且成为他们联宗的一种手段。

确定了始祖，亓诗教便开始安置祖坟，他的想法是把历代祖先都放在同一坟区内，这便需要占据一大片土地作为“祖林”。亓氏在嘉靖年间编修的族谱中，已经说了祖坟在羊庄，但这并不等于羊庄内就只有亓氏一族的祖先。他吩咐侄儿亓之伟，说要完成他和之伟父亲亓才的宏愿，重修祖墓。[③] 亓诗教说:“吾兄逝矣，吾葺祖墓，当与共之。

---

① 有关“南三门”的故事，可参考任雅萱《分“门”系谱与宗族构建——以明代山东中部山区莱芜县亓氏为例》，《中国社会经济史研究》2017年第2期。

② 光绪二十年（1894）甲午重镌《续修博阳朱氏族谱》，务本楼藏版，明天启四年（1624）朱童蒙撰《朱氏族谱序》。

③ 亓才与诗教同年（嘉靖三十七年，1558）出生，二人均是积的后裔，不过诗教属一门，而才属二门。才也有功名，在万历二十二年（1594）中举，此时已逝世。

尔董其事，凡所需，吾当捐资以备，务期峻事，勿负吾与吾兄之约也。”[①]

在亓诗教的敦促下，亓之伟遂开始为祖林划定范围。他随即发现：

西南一隅，仍为族姓菑畬。之伟欲矩一方，乃言于中丞叔（按：亓诗教），委曲计而有之。至于东中半壁，久为横民窃占，中丞叔以大义责之，渠始逊谢，还吾故物矣！[②]

即是说，当时羊庄仍有两段地方不是亓氏所有，西南一方乃他姓所有，于是由亓诗教出面将土地买下来；至于东面土地，则为“横民”侵占，亓诗教遂以“大义责之”，然后这些“横民”立即归还土地。至此，亓氏在羊庄建立起自己宗族的祖林，而这能够成功，实有赖当官的亓诗教的地位。

考证了始祖，规划了祖林，亓诗教便修建始祖墓，他更为士伯墓前竖立石刻生平，称为“墓表”。墓表的渊源不详，金元时期华北已经有，不过多属很有军功或显赫地位的望族。很有可能，当明中叶士庶宗族出现，模仿了此前望族的习惯。当时诗教为士伯竖立了《亓氏始祖墓表》，其中有云：

始祖之墓所凭，即始祖之灵所栖也。试偕同族瞻拜其下，有一不徘徊、追慕、感叹、凄怆者乎？诚于此反而思之，虽欲疏而不亲、离而不合，岂可得哉？诗教窃有以验之矣。当戊戌成进士，还家省墓。及昨岁丙辰奉差归里，两祭祖墓，阖族皆与，尊长卑幼，列班行礼，连席交欢，济济跄跄，不下数百余人，此非相亲相合之一明证乎？[③]

在亓诗教的这段话中，他认为祖茔中最重要的坟墓，即为始祖之墓，

---

① 亓之伟：《祖茔筑垣建坊记》，崇祯年间撰写，《亓氏族谱》，乾隆五十二年（1787）手抄本。此族谱现藏于山东省济南市莱芜区农业局宿舍亓氏后人家中，族谱中未标明页码。

② 亓之伟：《祖茔筑垣建坊记》，崇祯年间撰写，《亓氏族谱》，乾隆五十二年（1787）手抄本。此族谱现藏于山东省济南市莱芜区农业局宿舍亓氏后人家中，族谱中未标明页码。

③ 亓诗教：《亓氏始祖墓表》，万历四十六年（1618）岁在戊午孟夏之吉撰写，《亓氏族谱》，乾隆五十二年（1787）手抄本。

是同族瞻拜的凭依。我们也看到，在亓诗教考中进士之后，曾两次还家祭墓，并且在祭墓时全族按照尊卑长幼依次排列行礼，进行墓祭的族人多达数百人。

对明代山东人来说，霍韬所建的那种“祠堂”应是非常陌生的。他们的世系，不是体现在祠堂内的木主排列上，而是表示在祖林内的坟墓上。万历年间，亓诗教重新整理了亓氏宗族，除了修建始祖墓，更为自己一支的前代祖先重修坟墓和加上墓表，例如一世祖“士伯”的《亓氏始祖墓表》，三世祖“积”的《三世祖敬先亓公墓表》，四世祖“正”的《四世祖文中亓公墓表》，五世祖“宁”的《高祖仲康亓公墓表》，等等。

明代山东的宗族虽然也有少数纸质族谱开始刊刻，但大部分的山东宗族，是把谱系刻在石块上，再竖立在始迁祖墓表的旁边。[①] 这种刻在石头上的谱系，被称作“谱碑”“石谱”“硬谱”。在没有刊刻成册的族谱之前，谱碑便成为村民记录祖先及血缘谱系的主要方式，对当地人来说非常重要，被视作一“族”最初有文字记载的开始。“石谱”通常被竖立在祖茔内。对于新迁入的居民来说，祖茔及谱碑是他们通过族属的方式进行聚居的表现。王日根、张先刚认为铭刻在墓碑上的谱系起源较早，宋以后有宗族意义的碑刻谱系开始流行，在碑刻上刻录家族世系图表在宋元时代相当普遍。[②] 日本学者饭山知保在研究中也对金元时期的“谱碑”及特点进行考证。他认为雕刻有祖先谱系图的“先茔碑”，是元朝时期在北方流行的一种立在家族墓地旁的碑刻。[③]

① 万历年间亓诗教有如此的记录：“而谱完矣，既付剞劂，乃聚族中尊长卑幼，叮咛申告之曰：诗教今之梓是谱也。”从这看来，虽然不知道亓氏是否把族谱印刷出来，但已经做了木刻板，应是肯定的。参考亓诗教《增修族谱序》，万历四十五年（1617）仲夏之吉撰写，《亓氏族谱》，乾隆五十二年（1787）手抄本。

② 王日根、张先刚：《从墓地、族谱到祠堂：明清山东栖霞宗族凝聚纽带的变迁》，《历史研究》2008年第2期。

③ 饭山知保：《金元时期北方社会演变与“先茔碑”的出现》，《中国史研究》2015年第4期。

在这种情况下，所谓重修族谱，就是在原有的“谱碑”旁竖立新的“谱碑”，从而显示世系的繁衍。总之，祖茔以及祖先谱系，都是山东村民叙述祖先故事的重要依据。

要建立一个具有紧密联系的宗族，单单在思想上追认始祖是不够的，还要透过祭祖仪式的制定，才能加强这种认同感，以及厘清族内的尊卑和亲疏关系。这个道理，亓诗教是很明白的。泰昌元年（1620），光宗即位，重用东林党人，亓诗教不属于东林党，受到弹劾，被迫引疾归里。然而光宗不到一年气数即尽，熹宗即位。魏忠贤任司礼太监，东林党失势，天启五年（1625），亓诗教再度进京，升为都察院右佥都御史，并以钦差身份巡视河南等地。但一年之后，亓诗教再因党争被贬，再次抱病归里，隐居在汶河南岸的苍龙峡。崇祯二年（1629），他撰写《仁孝社记》，目的是要制定一套上坟的祭祀礼仪。

“仁孝社”成立于万历四十七年（1619），是亓氏族内处理上坟事务的组织。崇祯元年（1628），诗教认为需要一套严谨的祭祖仪式。在崇祯二年（1629）的《仁孝社记》中，他首先强调了士大夫阶层在一邑一乡中的教化作用，然后说：

> 惧其离且涣也，因为设仁孝社，联束族人。一岁之中，春以清明，冬以十月朔，奉祖茔。先期而戒，及期而举，尊长卑幼，咸以从事唯谨，祀竣礼成，登仁孝堂燕享焉。是日也，若祖若伯叔若子孙侄孙，以次揖就坐（座），导饮上食，略仿旅酬下为上之义行之，每次予辄举觯扬言于众，曰：凡子若孙，皆祖宗一脉所分也，有如今日众心欢矣。乃我祖宗之灵，顾此有不欢焉者乎？夫为子若孙而至上得祖宗之欢，可不谓孝子慈孙也哉！众皆唯唯，繇斯观之，始乎倡率，卒乎渐摩，必且易与为善，难与为非矣。亦势使然也。予即不敢当贤士大夫，然岁时伏腊，得与族人亲亲长长，杯酒欢洽，相游于靡争之俗，倘亦家居者之一大快乎。社肇于万历己未，

迄今崇祯己巳，更泰昌、天启，业十一年于兹矣。谨勒之石，以示来者。

崇祯二年，岁在己巳季春之吉[①]

大意是说，亓氏子孙，须于每年清明、十月初一到祖茔处拜祭。拜祭中，对长幼尊卑的站次是非常讲究的。拜祭完毕，则一起去仁孝堂聚餐。这里提及的“仁孝堂”，此碑记中没有明确说明其所在位置，但根据山东祖林的普遍规制来看，我们推测“仁孝堂”应是建立在祖林的房子，供祭祀完祖先之后子孙一起聚餐之用，故有飨堂之意。

经过亓诗教从万历到崇祯的一番整理，亓氏的宗族已成规模。崇祯年间，亓之伟在亓诗教的基础上，继续宗族的构建事业，并且继续将士大夫对“宗族”的观念付诸实践。

（三）宗族社会的扩大

亓之伟，字坦之，号超凡，是亓氏一族中第三个取得功名的人。他是亓才的儿子，明万历九年（1581）出生于莱芜羊庄村，天启元年（1621）中举人，一年后中进士。亓之伟前后为官二十二年，崇祯元年（1628），亓之伟升任户部主事，负责监兑苏松常镇漕运，正值上海县令漂没漕米万余石，被坐罪，降为西安府经历。但不久又再升宣府司理，再恢复户部主事原职，负责苏州浒墅关，累升至直隶河间府知府。可以说，亓氏在明代一族三杰，亓之伟是继亓才、亓诗教后另一个获得功名和官位的族人。[②]

亓之伟任职河间府知府期间，亓氏在莱芜地区是首屈一指的大宗族，也是在这时，在羊庄祖林建筑围墙和牌坊。从亓之伟撰写的《祖茔筑垣建坊记》观之，事情应是他一手策划的，这包括了在亓氏祖茔

① 亓诗教：《仁孝社记》，崇祯二年（1629）岁在己巳季春之吉撰写，《亓氏族谱》，乾隆五十二年（1787）手抄本。

② 民国《莱芜县志》卷之十九，《人物志 · 忠节》，张梅亭、王希曾纂修，济南启明印刷社，民国十一年（1922）铅印本，现在藏于莱芜市史志办公室。

外围修建石垣，划定祖茔田土的范围，并在垣前竖立一个牌坊，额书“亓氏祖茔”。《祖茔筑垣建坊记》也明确了祖茔内土地的贡赋是由他自己和亓诗教共同负责。而祖茔内的日常管理工作，则由诗教这位德高望重的族叔“择族姓之醇谨者任之”。

明代士大夫的坟墓可以相当有气派，即依循其任官时的品级而有不同的仪制。比如莱芜城子县村朱氏宗族中的朱童蒙，万历三十八年（1610）中进士，时年38岁。万历四十年（1612）任中书舍人，他入仕时正处在朝中党争激烈的时期：“时值多事，举朝舌战，加膝投渊，各携爱憎，公方中坦。”[①]泰昌元年（1620），进入兵部，初任兵科给事中，继任兵科都。天启元年（1621），兵部尚书兼右副督御史熊廷弼因辽左战事失败被弹劾，以病免职。朱童蒙主动请命前往辽左勘察此事。当时他的装备，是“载甲挟弓矢，乘马而趋至辽阳，峰警日急，十日之中凡三战”[②]。他勘察之后一一条奏给皇帝。天启二年（1622）弹劾宪臣邹元标、冯从吾建“首善书院”而得罪东林党人。天启四年（1624）东林党败，魏忠贤召回朱童蒙为太仆寺少卿，不久升至正三品都察院右副督御史，并巡抚延绥。同年正月，朱童蒙开始在家乡莱芜县筹备编修朱氏族谱，并撰写第一篇《朱氏族谱序》。崇祯思宗继位后，开始清理魏忠贤为首的阉党。朱童蒙受到牵连，遂返回故里城子县村。他在崇祯十年（1637）去世，坟墓就遵照明代三品的仪制建设：“石坊一，诰敕碑、华表、羊、虎、马、翁仲各二，墓碑三，皆龙头龟座，从中丞公爵也。煌煌恩光，万世不朽矣。奕世子孙其亦念此而笃忠孝乎。”[③]

---

① 《中丞公》，光绪二十年（1894）甲午重镌《续修博阳朱氏族谱》“续修列传”，务本楼藏版，第19b页。

② 《中丞公》，光绪二十年（1894）甲午重镌《续修博阳朱氏族谱》“续修列传”，务本楼藏版，第20a页。

③ 《仪制》，光绪二十年（1894）甲午重镌《续修博阳朱氏族谱》，务本楼藏版，第3a—3b页。

山东庶民阶层即使没有品位，也可通过联宗的方式建立宗族组织。崇祯十年（1637），亓之伟正担任河间府知府一职。河间府初属河南省，但后来被升格为由直隶管辖。有一天，一位叫作亓豫的河南举人前来拜访亓之伟。二人闲谈间，互诉乡情。亓之伟是山东莱芜人，其族谱中祖先的来源不详，只知来自“淮上”，即淮河流域地区。亓豫一听，便说出自己祖籍是安徽，也即“淮上”，这就对得上了。然后之伟说起自己年轻时，曾向族叔亓诗教请教祖先在迁居莱芜前在“淮上”的事迹。当时亓诗教说过一件事情，就是自己在淮安任推官的时候，曾经有“青青数辈”的亓氏来访，请他给这些亓氏正在编修的族谱作序。亓诗教直言当时也不太了解他们为何人，因公事繁忙，并未好好招待和询问细节，便完成此序言，而后这“青青数辈”也离开了。谁知亓豫听罢后，又立即指出其中一个求序的年轻人，便是他的父亲。亓豫说，有一年，父亲几天未归，便问母亲，母亲说，因父亲听说有莱芜族人去淮安当官，便离家拜候求序了。之伟最后还问为何亓豫祖籍安徽颍州，却在河南应试？亓豫也能自圆其说：“颍之卫与州同在一垣，驻在州而籍在卫也。”[①] 意思是，亓氏的家族是军户，虽然驻扎在河南（中州），但籍贯却是安徽颍州。

我们并不知道崇祯年间的河南举人亓豫，是否就是万历年间淮安其中一个“青青数辈”的儿子。但可以肯定的是，从万历到崇祯，山东人透过联宗的方式去编纂族谱，建立宗族是很普遍的事情，这是中国社会宗族化横向的发展。此外，宗族组织更有纵向的发展，便是打破了社会阶层的隔膜。在上述的例子中，我们必须要明白，明代的科举考试，本是“民户”亦即地主阶层的权利，与军户无关。亓豫出身于卫所军户无疑，但他首先考取了举人，算是有一定功名，摆脱了一些军户的味道，但始终不是来自品官家族，若建立宗族，在明代法律

① 亓之伟：《始祖原来考》，崇祯年间撰写，《亓氏族谱》，乾隆五十二年（1787）手抄本。

上还是不太容许的，但依附在莱芜亓氏的族门内，便比较合法了。

此次亓氏联宗很成功，亓豫与亓之伟见面后，便在同年编成了《颍州亓氏族谱》，并在自序中写上当日的见面："丁丑春计偕至京，得晤宗兄超凡公备道其事，即求登其原始之本，与夫序述之章，俾嗣是起家制科代有兴者，要诸世德不亦绵绵乎？"[①]"求登其原始之本"道出了颍州亓氏想与莱芜亓氏联宗的意图，而在谱序上写明关系，算是有了联宗的证据。其实，莱芜亓氏也对这段关系有所记录，在乾隆《亓氏族谱》中，收录了一份《颍州亓氏族谱所列》，列出了颍州亓氏的世系。值得注意的是，在这份颍州亓氏世系中，有一世祖一人，二世祖一人，而第九世便是亓中雅和亓豫二人。亦即是说，从第三世到第八世均无记载。对此，族谱的编修者也只有一句简单的描述："至八世皆世袭，第九世始开书香。"[②]通过上述族谱中的记载，我们可以推测颍州亓氏的祖先记录是亓豫在见了亓之伟之后才匆匆做出来的。

亓之伟不仅使莱芜亓氏与颍州亓氏联宗，还与山东潍县（今潍坊市）亓氏进行了联宗。其时潍县有叫亓玮的人请求联宗，之伟答应了。亓之伟在描述类似亓豫、亓玮等人的联宗行为时说道：

> 玮也，豫也，中雅也，与伟年皆相若，因世次莫稽，遂共约为兄弟。后此者果能联异为同，视远如迩，合疏以戚，吾族不更慰藉耶？不能无望于继起者矣。[③]

在这里，亓之伟道出了联宗的本质，即联宗之前他们并没有什么关系，本是不同族且相隔疏远的。因世次已不可考，但他又与玮、豫、中雅年纪相仿，为了联为一宗他们才追认同一始祖，共约为兄弟。联宗的产生，是来自想象。

---

① 亓豫：《颍州亓氏族谱原序》，崇祯十年（1637）岁次丁丑撰写，《亓氏族谱》卷一，第七次续修办公室，2001年。

② 《颍州亓氏族谱所列》，《亓氏族谱》，乾隆五十二年（1787）手抄本。

③ 亓之伟：《始祖原来考》，崇祯年间撰写，《亓氏族谱》，乾隆五十二年（1787）手抄本。

考证始祖、为先祖撰写墓表、修建有始祖的祖茔以及围绕其展开的祭祖仪式，是明代中后期在山东兴起的士大夫建设和组织宗族的重要方式。可以说，这是新兴的士大夫建立起来的士庶宗族礼仪。此时期“祖茔”的概念和内容与明初相比已经发生了改变。“祖茔”不再是仅仅埋葬几代祖先的墓地，而是成为有世系次序分布的大规模祖林墓地。不仅如此，围绕墓祭，这些新兴的士大夫还制定了祭拜祖先坟墓时要依循“尊长卑幼”的礼仪规矩，产生了上坟的组织“某某社”，以及在祖茔处建立了供祭祀完毕之后宴食的场所“某某堂”。这一系列发生在山东中部山区的士庶宗族礼仪建设，反映了在明代的山东，有始祖及前几代祖先墓地的祖林，是他们实践宗族观念的重要场所，而且可以通过联宗不断扩大族人数量和宗族规模。也就是说，在华南地区开始大规模兴起祠堂祭祖的士庶礼仪规范之际，在华北的山东，却是以墓地的形式展开。

进入 21 世纪以来，随着中国民俗学研究的整体转向，人生仪礼的研究不再局限于朝向过去，而是倾向于将传统人生仪礼和当代社会、民生结合，重视将学术研究与社会治理、乡村振兴等社会重大问题相结合，将学术成果回馈社会，把学科发展放置于国家文化建设之中，为国家和社会的发展提供建议和策略。

在研究范式上，祭祀礼仪研究逐渐从重历史梳理、重个案描述，转变为阐释性、实用性、“朝向当下”的学术研究范式，并始终坚守“为人民做学问”的学术理念。本专题主要从两方面开展，一方面是不断累积祭礼历史研究成果，在祭礼传统、礼生、女性、礼仪文献、区域礼仪等方面进行了扎实的历史研究，夯实祭礼研究的根基。另一方面不断强化社会参与意识、问题意识。面对社会转型、祭礼重建的现实，专题组先后在浙江、山西、辽宁、安徽等多省地进行了长期的田野调查，持续关注当代祭礼重建的文化传统、主体力量、礼仪形态、礼仪经济、思想内涵等现实问题，并有针对性地推出学术成果，为当代祭礼重建与传承贡献学术力量。

第二节　祭祀礼仪重建的动因

作为一种传统，祭礼在当代社会得到了积极的重建。其重现生机的原因，除了作为外因而存在的宽松的社会氛围、传统文化复兴浪潮，以及非物质文化遗产保护政策的持续推进外，更为直接的推动原因是家族组织和家族活动逐渐重现。综观祭礼的重建过程，实质上是祭礼内在生命力的绵延。

当下社会生活中，祭礼的重建已经作为一种社会现象而存在，如黄山汪氏家族清明祭越国公汪华、温州刘氏春秋二次祭祀刘伯温、山西闻喜裴氏家族三月三祭唐朝中兴贤相裴度、辽宁尚氏家族清明祭祀清朝平南王尚可喜等。在中国文化中，祭祖是慎终追远的孝道的重要体现，拥有悠久而强固的历史传统，但却自 20 世纪以来不断被破坏、批判，甚至一度消亡。直至 20 世纪晚期出现复兴与重建态势，并日益兴盛。[①]

学界对 20 世纪 80 年代以来家族组织及家族活动重现的态度可以分为以下几类：一是认为家族重现是历史的倒退，会影响农村社会改革的推进，甚至成为破坏力量。[②] 二是认为家族的当代复兴只是短暂的，在历史的发展中一定会被时代的发展所淘汰。[③] 与以上两种否定家族在当代生活中的价值的态度不同，有学者提出家族可以通过自身

---

① 这里需要说明的是，20 世纪中期祭礼的消亡是指祭祖仪式的消失，但是祖先观念依旧存在，被保留在精神层面，并且依旧强烈，一旦得到时机，就会演变成为一场神圣、隆重的仪式。因而，这里所说的祭礼传统的重建特指行为层面的重建，仪式场景的重建。

② 陈永平、李委莎：《宗族势力：当前农村社区生活中一股潜在的破坏力量》，《社会学研究》1991 年第 5 期。肖唐镖、幸珍宁：《江西农村宗族情况考察》，《社会学研究》1997 年第 4 期。

③ 王沪宁：《当代中国村落家族文化——对中国社会现代化的一项探索》，上海人民出版社，1991，第 238、288 页。杨雅彬：《中国家族制度的演变》，《社会科学战线》1993 年第 4 期。

的转变在新的生活中找到自己的位置，因为家族的“本体性”意义，即孝道、伦理、道德等与现代生活是可以契合的，并不冲突。[①] 还有学者从公民社会角度来认识家族组织，认为家族和其他民间组织一样，只是它利用了传统资源。[②] 这种观点非常适用于阐释当代大型“宗亲会”型的家族组织。

在当下中国，家族组织的发展呈现多样化状态，但作为家族组织标志性集体活动，恢复祭祖是家族重建的首选，祭祖重建也需要家族的有效组织管理，但同时也需要礼仪传统、“原初”空间、“礼仪经济”三者共存，相辅相成，才能最终推动祭礼的顺利重建。

一、文化传统的强大内驱力

当代人对祭礼首先是将其作为一种传统来看待。希尔斯曾将传统定义为“世代相传的东西，即任何从过去延传至今或相传至今的东西”，其中他将“世代相传”的时间范围界定为三代人。[③] 按照这个定义，祭礼无疑是一种传统。如果追溯历史渊源，祭礼自先秦产生以来，经过宋元转型，到了明清时期已经发展成社会上下层通行的礼仪形式。在 20 世纪中期的特殊时期内，祭礼在行为层面曾经一度消亡，但是在精神层面却从未被人们抛弃。可以说，在中国人的观念中，祖先也从未离开，一直活在中国人的心里，世世代代的中国人都期望获得祖先的庇佑，幸福绵长。

20 世纪 80 年代以来，外在氛围的宽松为祭礼重建提供了重要保

---

① 钱杭、谢维扬：《传统与转型：江西泰和农村宗族形态》，上海社会科学出版社，1995，第 10—11 页。冯尔康：《18 世纪以来中国家族的现代转向》，上海人民出版社，2005，第 25—28 页。

② 麻国庆：《类别中的关系：家族化的公民社会的基础——从人类学看儒学与家族社会的互动》，《文史哲》2008 年第 4 期。高丙中、夏循祥：《作为当代社团的家族组织——公民社会的视角》，《北京大学学报》（哲学社会科学版）2012 年第 4 期。

③ ［美］E. 希尔斯：《论传统》，傅铿、吕乐译，上海人民出版社，2014，第 12 页。

障，加之近年来传统文化复兴浪潮、非物质文化遗产保护政策的推动，祭礼传统的生命力开始显现，那些拥有祭礼传统的家族纷纷开始重建传统。

汪氏家族是古徽州的大姓家族，宋人邓名世说，“今黟、歙之人，十姓九汪，皆华后也”。[①] 胡適也曾经指出，“汪姓绝大多数都出自徽州，‘四门三面水，十姓九家汪’”。[②] 虽然“十姓九汪”的说法需要进一步考证，但说明从人口数量上看，汪姓是徽州大姓。

汪氏家族自古重祭。在传统社会，由于家族支派众多，散居各地，为了有序祭祀，汪氏家族云岚山始祖墓祠祭祀分春秋两祭。春祭由各分支祭祀，秋祭是全族合祭。清咸丰二年（1852）《越国汪公祠墓志》记载，“每岁自春徂夏，附近各支按期致祭，殆无虚日”[③]。春祭时间从每年二月初一至三月十三，民国时期将标祀日期延长到三月二十八。每日祭祀支派的多寡根据族人多少而定，例如初三日冯塘、初九葛山、十一日东堂岭、十二日石冈西祠、十三日片上村、十四日考川等，由于这些支派人数众多，每日只能安排一个分支进行祭祀。其他人数较少的分支则一日数支同时祭祀，如初二日潭石头、吴清山、上路木牌坊三支同时祭祀，初六日琶塘、七贤后汪、飞鸟、践石四支同时祭祀。这样，从二月初一开始，每个支派按照固定的时间到云岚山进行祭祀，风雨不误。鄣岐族在二月初一日标祀，“二月初一日标祀，先到东乡吴清山三十三世彻公、三十六世道献公墓。……面罢渡河而入北乡云岚山汪王墓”[④]。秋祭时间是每年秋季九月十五日，举行家族合祭，“议九月十五日秋祭，司年经办”[⑤]。

① 转引自汪承兴、汪如红编著《大唐越国公汪华颂歌》，新华出版社，2009，前言第19页。

② 转引自汪承兴、汪如红编著《大唐越国公汪华颂歌》，新华出版社，2009，前言第19页。

③〔清〕《越国汪公祠墓志 · 祀典》，清咸丰二年（1852），刻本。

④《汪怀德管王祖会事务总簿》，民国十三年（1924），抄本。

⑤〔清〕《越国汪公祠墓志 · 规条》，清咸丰二年（1852），刻本。

春秋二祭的传统延续到了民国时期。后来，20世纪中期，云岚山墓祠被毁，墓祭中断。直至2008年，汪氏家族才恢复了墓祭传统，但将时间定为每年的清明节，举行全族合祭。在经历了半个多世纪的中断之后，汪氏族人经过艰辛寻找，先是寻找祖先墓址，再集资修墓、联系各地族人、筹集祭祀活动经费，恢复了一年一度的集体墓祭仪式。汪氏家族能够成功，关键原因之一是他们曾经拥有过墓祭传统，岁时祭祖曾是他们生活的重要组成，这种传统虽已成为过去，但是记忆仍然真实可感，墓祭的传统仍然活在他们的内心深处。对于当代汪氏族人来说，恢复墓祭，既是延续祭礼传统，亦是延续生活的未来。墓祭是家族历史文化的重要标识，只有使其重新融入生活、焕发生机，才能将分散的族人聚拢到一起，实现血缘家族的身份认同，获得家族共同体的归属感。

辽宁海城尚氏家族的祭礼活动可以追溯到清朝初期。据《尚氏宗谱》记载，海城尚氏家族源出山西洪洞，明嘉靖年间，始祖尚生迁居河北衡水。万历年间，二世祖尚继官移居到了辽宁海城地区。三世祖尚学礼是明朝将领，战死在楼子山（今本溪关门山）。四世祖尚可喜字元吉，号震阳，万历三十二年（1604）出生于海城，天启三年（1623）投军，天聪八年（1634）归顺后金，康熙十五年（1676）十月病逝，享年73岁。尚可喜去世后，经康熙皇帝批准，按其遗愿，归葬辽宁海城老家，封谥号为“平南敬亲王”，给予安葬银八千两，特设两个佐领管理守墓祭祀事宜。①

尚氏家族墓祭一直持续到民国时期。《尚氏宗谱》记载，尚氏家族每年有六大祭两小祭。大祭有正月十五日的初祭、二月十五日的春祭、八月十五日的秋祭、十二月二十五日的终祭、三月二十五日尚学礼的忌日以及八月一日尚可喜的诞辰；小祭有十一月二十八日的尚可

① 《尚氏宗谱》（六修），1994年。

喜夫人忌日以及十二月十六日尚可喜生母刘氏的忌日。尚氏祭礼，由两名佐领负责，“上祭头一日，两佐领兴坟违，必得齐集，以便起早，其余族人虽有来着，而屋宇窄小不能留住”。具体礼仪，按照朱子《家礼》举行，“王庙祭祀及生辰忌辰，悉遵《家礼》。所设祭品席面，如《家礼》未载，听主祭者自便，其行礼仪节悉照《会典》”[①]。参祭人员的服装规定严格，“族人入祠行礼，不许擅穿白服，即白帽白鞋亦不准，如违定责”[②]。这样的家族祭祀在20世纪中期中断，直到1994年恢复。此后，每年清明时节，各地的尚氏族人都汇聚在尚王陵，祭祀祖先。

又据温州文成刘氏家族民国十九年（1930）编写的《刘族大宗祭事须知》记载，刘氏显祖刘伯温祭祀自明朝初期开始，一直延续。“我显祖文成公祠，自明迄今，祀以太牢，体制隆重。”[③]该祭祀在20世纪中期中断，20世纪80年代正式恢复，其形式遵循《刘族大宗祭事须知》的记载。经过二十多年的不断完善发展，2011年，“太公祭”被列入第三批国家级非物质文化遗产名录。

中国人共享儒家重祭的文化大传统，但同时受地域文化、家族文化小传统的影响，不同家族在重建祭礼过程中的热情与认同度不同。[④]在拥有强固祭礼传统的汪氏、尚氏、刘氏等家族中，祭礼的重建更容易获得人们的接受、认同与参与。而在一些相对缺乏小传统的地方，祭礼的重建，尤其是大型集体祭祀活动的重建，存在一定的难度，即便如此，儒家文化大传统熏陶中的中国人并不否认自己的祖先崇拜，定会守护祖墓，以鲜花清酒寄托孝思。

希尔斯认为传统对人们拥有强大的吸引力，源于其中的神圣的“克

---

① 《尚氏宗谱》（六修），1994年。

② 《尚氏宗谱》（六修），1994年。

③ 刘耀东：《刘族大宗祭事须知》，1930年。

④ 关于大传统与小传统，详见［美］罗伯特·芮德菲尔德：《农民社会与文化：人类学对文明的一种诠释》，王莹译，中国社会科学出版社，2013。

里斯玛（Charisma）”特质[①]。对于当代中国人来说，祭礼传统中也存在“克里斯玛”，那就是“礼莫大于祭，祭也者，所以申孝思敦化理者也”[②]。孝道、伦理、秩序是中国人赋予祭礼的神圣的“克里斯玛”。当代人正是为了展现“克里斯玛”，才重视祭礼重建。同时，作为曾经长期存在的生活方式，祭礼早已规训了中国人的身体，内化为岁时节庆的重要组成部分，不可或缺。

二、“原初”空间的神圣感召力

从祭礼举行的地点看，大型祭祖多是发生在家庙、祠堂，或者墓地，均是祖先安身之所，亦是家族的标志性建筑。在当代祭礼重建过程中，家族组织依然重视对家庙、祠堂、墓地这样的神圣空间的保护与坚守。

（一）守家庙，祭祖先

祭之以祠，是朱熹在《家礼》中提出的首要原则。凡是有能力之家都要建祠祭祖。宋明以来，作为家族组织的重要组成要素，祠堂成为传统家族的标志性建筑。在家族当中，祠堂是“妥先灵，隆享祀”的祭祀场所，同时也是处理家族事务、维持家族秩序的权力场所。

据河北溪村吴氏家谱记载，民国时期吴氏家族有一座距今两百多年的“家庙”建筑。[③] 20 世纪初时，“家庙”总体建筑包括北屋三间、西屋三间和南屋一间。民国十五年（1926），一个族人偷偷把“家庙”卖给了当地的天主教作为教堂。后来，吴氏家族不同意，要求教堂退还“家庙”，但由于双方已经订立了文约，教堂拒绝了吴氏家族的要求。当时吴氏家族在族长吴振玉的带领下，向当地政府提出诉讼，时间长

---

① ［美］E. 希尔斯：《论传统》，傅铿、吕乐译，上海人民出版社，2014，译序第 3 页。

② 刘耀东：《刘族大宗祭事须知》，1930 年。

③ 关于吴氏家族家庙事件经过，详见邵凤丽《“家庙事件”与当代北方乡村家族变迁——河北溪村吴氏家族田野调查报告》，载《民俗典籍文字研究》（第九辑），商务印书馆，2012，第 163 页。

达十三年。在这期间，为了筹措诉讼费用，吴氏家族将田产变卖，但是仍然不够，又召集以族人捐资，才勉强维持。直到 1939 年，家庙才重新回到吴氏家族手中，继续作为供奉、祭祀的地点。

后来，家族里的三位孤寡老人因为没人照看，相继住进了家庙，负责照看家庙。之后，一个族人因为家庭矛盾无处居住，经过族内同意在家庙南房门口盖了一间屋子居住。几年以后，老人相继离去，这家人开始照看家庙，直到土改分房时，搬到了北屋居住，并在 1949 年将三间北房作为私产办理了土地房产所有证。后来，1986 年，这家人又办理了宅基地证，但两证均未向其他族人公开。每年春节族人们依然在族长、家长的带领下来北屋祭祖。

2006 年春节，这个房主以私宅为由拒绝族人进院祭祖，并向族人出示了 1949 年《土地房产所有证》和 1986 年《宅基地证》的两份证明。面对两份证明，吴氏族人表示怀疑。经家族商议后，推选出家族代表先到镇政府请求协调，未有结果。之后，吴氏族人到县人民法院进行上诉，法院行政判决的结果是撤销《宅基地证》。但此人对判决结果表示不满，后到市中级人民法院上诉，仍被驳回。根据当时《中华人民共和国民法通则》规定，吴氏家庙的所有权问题需经地方政府，即镇政府确权。

在两次“家庙事件”中，家庙作为家族祭祖的圣地，得到了吴氏族人的深度文化认同和全力保护。无论是民国时期，还是当代社会，他们都不愿意放弃祠堂的所有权以及岁时祭祖的文化权力。为了保护家庙，他们动用了家族中所有的人力、物力和财力，因为在吴氏族人的心里，只有将家庙长久地保存下来，他们才能和祖先紧密地联系在一起，过去的记忆才不会消失。也只有在家庙中举行岁时祭祖，族人的血缘认同、孝道亲情等家族历史文化才会源源不断地传承下去，他们的根才不会断。

（二）寻墓地，祭祖先

墓地是祖先的死葬之地，也是举行祭礼、哀悼亲人的神圣空间。徽州汪氏家族春祭地点是云岚山汪华墓。在歙县“北七里，唐越国公汪华葬此，有祠在焉”[①]。该墓建于唐代，唐永徽二年（651），汪华死于长安，诸子奉柩而归。永徽四年（653）十月二十六日葬于歙县城北的云岚山。天复二年（902），歙州刺史陶雅为之筑垣建亭、立石人石兽。宋元明清各代又多次修护。

据族中老人回忆，20世纪前期，墓祠在动乱中多遭损毁。20世纪50年代，墓祠破损，唯一一幢破旧的祠宇老屋被用作“敬老院”，祠里面住满了老人、孤儿和一些无处居住的流浪人员。1962年被歙县民政局拆除，祠址犹存。[②]

虽然汪氏家谱中记载汪华的墓地在云岚山地区，但到了当代却没有人能够精确地说出墓地的具体位置。直至2005年7月，汪氏后裔WCF在云岚山下发现了汪华墓的遗址和碑文。据他回忆，当他发现汪华墓碑的时候，墓碑正被一农户当作栅栏板放在猪圈里使用，许多写着汪氏祖先名字的牌位被钉在一起使用，汪华墓祠的残砖断瓦在猪圈附近被发现，光绪年间的御封碑文被用来砌猪圈。[③] 面对这样惨败的景象，WCF倍感伤痛。之后，他联系其他汪氏族人，并经当地村民的多方介绍才最终确定了汪华墓地的位置。

很快，WCF将发现墓地的消息通过“汪氏宗亲网”告知了更多汪氏后裔，并倡议大家为恢复、保护汪华墓献计献策。他们决定与云岚山所在地的歙县政府取得联系，希望通过政府的力量给予保护。2006年歙县有关单位对汪华墓进行了实地考察，并进行了清理、修复。

---

① 〔明〕弘治《徽州府志》卷一《山川》，彭泽、汪舜民编纂，1964年上海古籍书店据明弘治间刻本影印本，12册12卷。

② 被访谈人:汪氏老人。访谈时间:2011年3月31日上午。访谈地点:安徽歙县云岚山脚下。

③ 被访谈人:WCF。访谈时间:2011年3月31日上午。访谈地点:安徽歙县云岚山汪华墓前。

同年6月歙县政府将汪华墓正式列为县级文物保护单位。为了进一步维修墓地，汪氏家族通过多种方式筹集资金。从2008年起，一年一度的清明祭祖仪式在这里举行。

从祭礼举行的空间看，云岚山汪华墓是汪氏族人血脉来源的象征性标志，也是汪氏家族历史发展的物质见证。在历史的发展过程中，即使墓祠被毁，墓址无存，但从汪氏族人寻找和修复汪华墓的行动中可以看到，他们对汪华墓怀有神圣的敬意和浓厚的情感。汪华墓作为物质见证虽然一度消失，但是汪氏族人的祖先崇拜一直存在，汪氏家族辉煌历史也一直存活在汪氏族人的记忆当中，他们试图通过修墓、举行祭祀仪式将家族历史、文化记忆进一步物化、可视化，努力将其展现出来，并期待更好地传承下去。

对于中国人来说，祠堂、墓地作为重要的家族公共空间，是岁时祭礼举行的重要场所，是人们获得历史感、存在感、神圣感的空间依托，承载着历史文化记忆绵延的重要使命。米尔恰·伊利亚德曾反复强调宗教信仰中“原初”的神圣时空，个体的生命体验与时空感觉会因为这些不同类型的原初空间的重现而再次强化。[①] 作为中国人祖先崇拜的“原初”的神圣空间，祠堂、墓地既是祖灵所依之所，是家族的文化标志物，亦承载着家族的历史文化记忆，人们不愿意丢弃，也不能丢弃“原初”的神圣时空。当代祭礼重建过程中，空间重建作为前提条件而存在，很多家族举全族之力，重建、维护祠堂、墓地等家族公共空间，这是对家族历史文化记忆延续的直接而有效的保障。只有在祠堂、墓地“原初”的神圣空间举行祭礼，才能让人们切实感受到历史的延续、生命的绵长，真正实现身份认同，从而最大程度上发挥祭礼彰显孝道、伦理、秩序的作用。

---

① ［罗］米尔恰·伊利亚德：《神圣与世俗》，王建光译，华夏出版社，2002，第40页。

三、“礼仪经济”的基础支撑

无论古今,“礼仪经济”都是祭礼举行的重要物质基础。所谓“礼仪经济”是指冠、婚、丧、祭等礼仪活动成功举行所需要的经济基础。祭礼是以家族为单位组织开展的大型祭祀活动，少则几十人，多则上千人。在祭祀过程中，鼓乐齐鸣，奉献三牲酒果各色祭品。祭祀之后族人一同宴饮，共享祖先福泽，还应致谢所有执事人员。整个过程，需要耗费大量人力、物力，因而在经费筹集方面要求甚严。

依据朱熹《家礼》的要求,每次祭礼之前都要准备好相应的祭器,包括香案、香炉、香合、束茅聚沙等物。在祭品准备方面,“每位果六品,菜蔬及脯醢各三品，肉、鱼、馒头、糕各一盘，羹、饭各一碗，肝各一串，肉各二串”。朱熹根据当时祭礼情况，设定了以上祭物，但他同时也提出了祭品随宜的原则，“凡祭，主于尽爱敬之诚而已，贫则称家之有无，疾则量筋力而行之，财力可及者，自当如仪”。[1]祭礼当中使用物品的多寡没有统一标准，人们应根据实际情况自行决定，但是祭礼要“尽爱敬之诚”,如果财力允许自当按照以上规定备办祭物。

2015 年，浙江南氏家族举行春祭大典。活动现场张贴两张红色榜单，一张是光荣榜，一张是南氏春祭助资名单，引得很多人围观、谈论。光荣榜上一共登载了十九位南氏族人名字，对照旁边的春祭助资名单，这十九人分别助资 5000 至 11000 元不等。

南氏春祭助资名单可分为以下几种类型：一是基础助资型，即 500 元的最低标准，计 235 人 117500 元；二是中间型，即 800 元至 5000 元，5000 元 9 人，3000 元 2 人，2500 元 1 人，2000 元 15 人，1500 元 4 人，1000 元 42 人，800 元 1 人，计 74 人 132300 元；三是最高型，即 10000 至 11000 元，10000 元 8 人，10800 元 1 人，11000

---

① 〔宋〕朱熹:《家礼》，载朱杰人等主编《朱子全书》，第 7 册，上海古籍出版社，安徽教育出版社，2002，第 941 页。

元 1 人，共计 10 人 101800 元。

早在 2015 年春节之前，南氏族人便已开始筹集这些资金，他们通过动员会的方式，对族人尤其是中高型助资人一一进行动员。虽然资助活动只设最低门限——500 元，没有上限，但动员会仍然希望大家能够踊跃参与，多多资助。参考历次春祭费用支出情况，加之近两三年越来越好的发展趋势，初步估算至少需要筹集 40 万元作为经费基础，否则春祭活动恐难顺利进行。

对于为何南氏家族愿意耗巨资举办祭祖活动，杨美惠认为，“温州模式”中的生气勃勃的“浪费性”的礼仪支出可以避免异化和战争灾难，祭祀花费意味着愿意在此世受到物质损失以获得更高的精神超越。[①] 除了个人精神层面的追求外，近年来地区经济持续发展、各家族间的攀比之风、个人为了凸显社会地位等现实因素，无疑也推动了祭礼经费的逐年上涨。

对于更多的家族来说，无法想象在一次祭祀活动中花费 40 万元，但是人们“祭必有物”的仪式追求是一样的。2015 年辽宁海城尚氏家族举行清明祭祀活动时，共收到族人捐款 91313 元：包括尚氏宗亲会总会领导每人 5000 元最低标准，计 4 人 20000 元；各地分会上交会费 15000 元；族人捐款由 5 元至 10000 元不等。这些钱主要用于购香、鲜花、祭品、雇乐队、租用餐饮用具等支出。另外，也有族人直接捐赠祭祀所需物品。2017 年尚氏清明祭祖时，尚氏族人捐供品 100 件、啤酒 100 箱、白酒 6 箱、供酒 4 箱、蔬菜 300 斤、酸菜 230 斤、武昌鱼 200 条、小河鱼 120 斤、仪式服装 70 件、酒店客房住宿 3 间、抽纸 120 盒、地毯 100 条、磁化水 100 桶、纸水杯 1000 个。[②]

因生活环境的差异，也有一些家族不向族人收取任何费用，由族长自己准备祭品。在河北吴氏家族，祭礼中所使用物品均是祠堂历代

① 杨美惠、何宏光：《“温州模式”中的礼仪经济》，《学海》2009 年第 3 期。

② 被访谈人：SSY。访谈时间：2017 年 4 月 5 日。访谈地点：辽宁沈阳。

传承之物，祭品则由族长自行准备，种类不限，数量不限，任凭当年情况决定。[①]

为何当代人还要坚守"祭必有物"的祭礼原则呢？一次祭礼究竟能带给参与者什么？当代人捐资助祭，"礼仪经济"的意义至少包括以下几种：一是物质的，通过具体的捐资数额，使自己客观地参与到活动当中。二是情感的、伦理的，捐资助祭是抒发孝思之情的一种方式，捐资者通过金钱的花费可以获得归属感、满足感，加强血缘文化认同。三是社会的，从社会层面看，捐资助祭可以增强家族团结，让自己的家族获得更高的声望。四是精神信仰的，从最高远的精神超越方面看，如杨美惠所言，此世所受的物质损失可以换取更高的精神超越。他们认为以财物祭祖先，定会得到祖先的福佑，一切顺遂。

四、家族组织的有效管理

家族是祭礼传承过程中的执行主体，是真正的礼仪操作者、实践者。经过20世纪多次社会变革之后，奠基于农业宗法社会的传统家族组织已不复存在，新时期的家族组织既与传统家族组织存在相似之处，又带有许多新特点，不是传统家族组织的简单翻版。关于当代家族组织的形式，冯尔康指出由于当代家族组织的复兴和重建尚属于萌发期，各地区、各家族之间的发展程度具有不均衡性，有传统宗族型、松散型和向现代社会俱乐部型过渡的大陆"宗亲会"型。[②] 三种类型的家族组织虽内在属性不同，却同时存在于当代社会之中。家族组织发展的多样性表明，在当代社会文化环境下，家族组织自身的发展正处于转型期，具有诸多不确定性，这对祭礼的恢复和未来发展产生了直接影响。

当代家族在恢复家族活动时，再次强调血缘共同体的特殊性，凸

---

① 被访谈人：WZJ。访谈时间：2009年10月6日。访谈地点：河北溪村。

② 冯尔康：《18世纪以来中国家族的现代转向》，上海人民出版社，2005，第314页。

显血缘传承的神圣性，努力使之成为凝聚家族共同体的重要方式。

（一）“宗亲会”型家族组织——黄山市汪华文化研究会

黄山汪氏家族自2008年恢复一年一度的清明祭礼，具体活动是由“黄山市汪华文化研究会”（以下简称“研究会”）负责。2008年，汪氏家族组织成立了汪华文化研究会。从研究会章程上看，是一个学术性、非营利性的民间社团组织。从人员构成上看，主要是汪氏族人，还有一小部分徽文化研究者和爱好者。研究会以汪氏家族显祖唐朝越国公汪华为名，一是准备进行汪华文化研究，二是为了团结更多的汪氏族人。可以看出，该研究会具有较强宗亲会性质。

从地域辐射范围看，汪氏祭礼属于全国范围超大型祭祀活动。汪氏宗亲会也是全国汪氏联谊总会，他们在选择家族组织的领导时，首先要求汪氏后裔，其次要热心于家族事务、拥有较高的社会身份。

对于此类家族组织，高丙中指出，当代“家族组织正经历着从宗法性、血缘性、集体本位的群体，朝着个人本位的同姓社团这样的方向演化，向着现代社会的普通民间团体方向演变。虽然这一过程远远没有完成，但无论在中国乡村社会还是在世界范围，都体现了非常强大的生存能力”，并提出应该将此类家族组织看作是利用传统组织资源的当代社团。[①]

（二）传统宗族型家族组织——浙江S村南氏家族

浙江南氏家族属于聚族而居的传统型家族，按照家族传统奉行“三房四村”的轮值祭祀方法。每年春祭由一个村落负责组织，2015年轮值S村。该村成立了“2015年春祭仪式临时负责小组”。该小组由村委、“老协”和“头家”组成，村委主要负责，“老协”和“头家”主要配合村委工作。

“老协”作为辅助组织，协助村委处理村内事务，也是祭祖活动

---

① 高丙中、夏循祥：《作为当代社团的家族组织——公民社会的视角》，《北京大学学报》（哲学社会科学版）2012年第4期。

的重要组织者。现任“老协”会长的儿子在外做生意，家庭经济富裕，村中威望高。他本人对家族活动十分热心，愿意积极参与。

“头家”是村落管理中的民间自发组织，按照人口比例，自然生成，协助村委和“老协”组织一年当中的主要活动。S村约有一百七十户，每年头家二十户，负责一年当中的所有活动，包括祖先、地方神的祭祀活动，以及龙船、鱼灯等娱乐活动。

祭礼活动本属于家族内部事务，限于具有血缘关系的族人。S村此次以行政村落为单位组织，并要求所有村民参与。其原因一是该村是以南姓为主的杂姓村，且与其他姓氏之间均有姻亲关系，从伦理亲情角度都应参与祭祀。二是支书、村主任均姓南，且热心于家族事务，是祭礼活动的积极倡导者和参与者。

村委耗费大量时间、精力动员村民，筹集祭祀经费，组织为期三天的春祭活动，意图不只是祭祖先、申孝思，同时也暗含与其他三个村落的力量比较，并向外人展示村落实力。

S村春祭活动的成功举行表明，在当下乡村生活中，传统的家族观念依然存在，是凝聚村落力量的重要依据，但表现形式上已经突破了传统，可以更加灵活机动，在具体的生存环境中进行适当调整，以契合现代生活。

（三）松散型家族组织——吉林杨氏家族

吉林杨氏家族属于松散型家族组织。据杨氏族人回忆，杨家窝卜村的杨氏家族最早开始于一百多年前始迁祖杨德林，由山东“闯关东”到了吉林，在杨家窝卜村安了家。经过一百多年的繁衍生息，现在人口近四百人。杨德林“闯关东”所携带的物品非常简单，除了必需的生活用品之外，只有一张杨氏族谱。为了纪念杨氏祖先，杨氏族人每年春节的时候都要将这张老族谱悬挂起来，进行祭拜。这些年来，杨氏家族没有族长，也没有族田、族规，能够有效证明家族存在的就是春节时的祭祖仪式。杨氏家族祭祀时负责保存家谱的长房家把家谱挂起来，接受族人的祭拜。前来祭拜的族人无需携带祭品，也没有复杂的仪式，只需跪拜磕头即可，祭祀之后也没有聚餐。20 世纪中期，祭祀仪式中断了几十年，后来慢慢恢复。近年来，随着村里人口大量外出务工，过年时村里的人越来越少，即使在村里过年，很多人也不来祭拜祖先了。①

通过以上个案可以看到，由于祭祖活动自身属性的特殊性，祭礼活动要想顺利进行，必须依靠强有力的家族组织机构。如果家族组织无法承担起相应的责任，那么祭祀活动很可能无法维系。在当代民俗生活中，传统的祖先崇拜、家族观念依然具有内在生命力，人们没有抛弃，也不可能完全摒弃几千年来积淀下来的文化传统，但作为外在表现形式的家族组织不应被历史所束缚，在秉持对孝道、伦理认同的基础上，只有不断地进行自我调适，才能实现家族生命的自我更新，更好地与现代社会契合。

作为一种社会现象，传统祭礼的重建是其内在生命力的直接展现。在中国文化中，祭礼首先拥有一个稳固的传统，记录在家谱中、刻印在祠堂里、保存在记忆中的那些关于祭礼的历史，成为推动祭礼重建的最强助推力。传统在给现实行为提供历史依据的同时，也提供了合理性，人们将孝道、伦理、秩序都融合在祭礼行为中，这样，通过一次次礼仪的展演，历史将与现实成功对接，传统也获得了新的生命力。但为了实现礼仪的成功展演，家族组织必须成为行动主体，主动承担起必要的职责，既要对家庙、祠堂、墓地等“原初”空间进行护卫，更要对“礼仪经济”进行积极筹集。因此，在当代语境中，只有在礼仪传统、“原初”空间、“礼仪经济”与新型家族组织四者并存，且相互支撑、辅助的情况下，祭礼的重建才能成为可能。

---

① 被访谈人：YGQ。访谈时间：2015 年 2 月 3 日。访谈地点：杨家窝卜村。

第三节　祭祀礼仪重建的主要类型、构成与特点

中国祭祀礼仪的发展深受朱子《家礼》模式的影响，并且这种影响一直延续到了当代社会，成为当代社会复兴祭礼的重要基础。当代社会，祭祖礼仪在不同地区、不同家族被不断实践。若仔细观察这些重新出现的祭祖礼仪，会发现它们并不是单纯地继承传统祭祖礼仪，而是呈现出许多具有新时期社会文化特点的崭新形态。

一、当代祭祀礼仪的主要类型

如果从对传统祭祖仪节的传承与更新角度对当代祭祖礼仪类型进行划分，可以分为三类：一是重视保留传统祭祖仪节的传统型祭祖礼仪，此类型祭祖礼仪强调遵循传统祭祖礼仪模式，保留传统祭祖仪节不变；二是大量简化传统祭祖仪节的简易型祭祖礼仪，其以简便易行为目的，不强调保留传统祭祖仪节，亦不对仪节的具体操作方法进行规定；三是模仿当代国家公祭典礼的仿国家公祭型祭祖礼仪，此类型的祭祖礼仪在仪节设定方面仿效国家公祭典礼，突出祭祀仪式的公共性。

（一）传统型祭祀礼仪

从仪节角度看，当代祭祖礼仪中存在一种自觉坚守传统祭祖仪节的祭礼类型，可称为传统型祭祖礼仪。传统型祭祖礼仪重视保持传统祭祖礼仪原貌，在最大程度上坚守传统祭祖仪节。从祭祖礼仪执行程序方面看，传统型祭祖礼仪继承了《家礼》祭祖礼仪模式，保留了祭前准备、请神、降神、三献礼、受胙、焚祝、辞神的传统祭祖核心仪节。

传统型祭祖礼仪的存在表明，《家礼》设定的祭祖礼仪模式不仅能为传统社会祭祖实践提供文本参考和行动指南，到了现代社会，它所设定的祭礼形式仍然可以和现代社会相结合，被运用到民俗生活当中，继续指导当代祭祖礼仪实践。《家礼》所设定的祭祖礼仪模式能

够被当代民俗生活所接受并继续使用，离不开祭礼的长久传承与人们对历史传承的推崇。从发生空间看，传统型祭祖礼仪通常复兴于具有悠久祭祖礼仪传统的地方或家族。悠久的祭礼传统形成了强烈的文化认同感，人们赋予祭礼丰富的内涵和价值，并持有恒久不变的态度。即便外部环境的强烈束缚，人们也会采取积极主动的措施恢复传统祭礼。

有历史传统的地方固然容易恢复传统型祭祖礼仪，但并不意味着没有历史传统的地方就不能举行传统型祭祖礼仪。虽然没有历史传统的优势资源，但人们对传统祭祖礼仪模式的肯定和推崇会引导人们以传统祭祖礼仪为模板，在现实生活中重新建构起传统祭祖礼仪，发掘传统祭祖礼仪的历史文化价值，服务于当下民俗生活。

（二）简易型祭祀礼仪

从祭祖礼仪的仪节多寡角度出发，本书将对朱子《家礼》祭祖礼仪模式所包含的仪节进行大量删减，甚至放弃作为核心仪节的三献礼的祭祖礼仪类型，称为简易型祭祖礼仪。

简易型祭祖礼仪作为一种具有特殊表现形态的祭礼类型，长期存在于祭祖礼仪发展过程当中。在传统社会，虽然朱子《家礼》祭祖礼仪模式已发展成为不同地域家族组织执行祭祖礼仪的标准文本，但从洞庭王氏祭祖礼仪个案中可以看到，王氏祭祖仪式“略礼仪”。虽然每年举行两次隆重的祭礼，但是仪式当中“略礼仪”，没有充分重视仪节的作用。[①]传统社会祭祖仪节减少的原因是复杂的。按照明代《四礼初稿》《李文节先生家礼》等简化类礼书的观点，《家礼》设定的祭祖礼仪模式仪节繁缛不易操作，这是阻碍其进入民俗社会的症结所在，只有对仪节进行简化后才能使其被民俗社会所接受。清末洞

---

① 〔清〕《洞庭王氏家谱》，宣统三年（1911），二十八卷首末各一卷，王熙桂、叶耀元等修，木活字印本，江苏。收入中国谱牒学研究会编《中华族谱集成·王氏谱卷》第16册，巴蜀书社，1995，第158—160页。

庭王氏家族简易型祭祖礼仪的存在，表明他们对家族生活现状及其需求具有敏锐的洞察力和理解力。

简易型祭祖礼仪作为《家礼》祭祖礼仪模式实践的特殊状态一直存在于民俗生活当中，但由于所处社会环境的差异以及家族属性的历史变迁，传统社会的简易型祭祖礼仪与当代社会的简易型祭祖礼仪只是表现形态具有一致性，形成的原因、产生的影响与意义方面并不完全相同。当代社会简易型祭祖礼仪的出现，有以下两点原因：一是祭祖礼仪传统缺失。在没有形成祭祖礼仪传统的地区或家族，新建构起来的祭祖礼仪缺乏祭礼传统作为依据。二是社会生活的变迁中断了传统祭祖礼仪发展路径。在祭祖礼仪传统浓厚的地方，重新恢复的祭祖礼仪受外在生活环境变迁的影响，不得不大量删减传统仪节，只保留其中部分仪节。

简易型祭祖礼仪仪节简单、便于操作，在祭祖礼仪施行较为困难的地域或家族更容易被接受和推行。在祭祖仪节的删减过程中，大量传统仪节被删减，只重点保留了祭品准备、进献跪拜两个仪节过程。即使是简易型祭祖礼仪，也必须准备一定的祭品，用以表达对祖先的尊崇之情，没有任何祭品的祭礼是不能被接受的。进献跪拜作为族人以申孝思的直接体现方式，是参与祭礼不可逾越的行为方式，也是祭礼精神的最佳承载体，在任何类型的祭祖礼仪中都不可或缺。因而，准备祭品和进献跪拜构成了简易型祭祖礼仪的核心仪节部分。

（三）仿国家公祭型祭祀礼仪

祭祖礼仪是与国家公祭礼仪相对存在的私祭礼仪。在礼制规定甚为严格的传统社会，家族私祭和国家公祭存在礼制上的区分。礼制上的区分通过仪节多寡、祭品丰俭给予直接体现，且在祭礼举行的时间、地点和祭祀对象的设定方面也进行严格规定，私祭礼不能逾越国家礼制规定。

到了当代社会，依然存在国家公祭和家族私祭两种祭礼形式。当代的国家公祭是以国家政府为主导，对历史上为国家民族的发展做出重要贡献的历史人物进行公开祭祀，如陕西黄帝陵清明节公祭人文始祖轩辕黄帝。

国家公祭是以国家政府为主体，具有严密组织、鲜明等级以及示范意义的祭礼行为。从祭礼仪节的设定方面看，国家公祭在继承传统祭礼仪节的基础上，根据现代生活环境，借鉴西方祭礼仪式，对传统祭礼仪节进行了适应性调整。本书关注的祭祖礼仪，虽本质上不同于国家公祭典礼，但仅从祭礼仪节的设定方面看，祭祖礼仪在一定程度上受到国家公祭典礼的影响。国家公祭典礼成为民间祭祖礼仪仿效的经典模式，可称之为仿国家公祭型祭祀礼仪。

仿国家公祭型祭祀礼仪本质上属于祭祖礼仪，能够发挥凝聚族人、培养族人家族文化认同和孝道思想的基本功能。从祭礼形式上看，仿国家公祭型祭祀礼仪采取与传统祭祖礼仪不同的表现形式，但祭礼的精神核心没有改变。仿国家公祭型祭祀礼仪是建立在祖先崇拜基础上的血缘共同体的祭祀行为。同姓族人聚集在祖墓前参与祭礼，能起到团聚族人、增强家族凝聚力的作用。他们在仪式中跪拜、上香、敬酒，表达了内心的尊祖之情，也有利于培养家族文化认同感和孝道思想。

祭礼形式的调整使祭祖礼仪增添了附加功能。仿国家公祭型祭祀礼仪的重要特点是具有公共性，受众面广，参与者众多。仿国家公祭型祭祀礼仪公共性的表现，一是扩大血缘共同体范围。例如临清汪氏祭祖礼仪本以始迁祖明代汪广洋为祭祀对象，但却继续扩展到汪氏家族得姓始祖，使所有汪姓族人从理论上都成为此次祭礼的参祭者。二是引入国家政府的参与，增强祭祖礼仪的社会影响力。汪广洋是明朝重臣，也是临清地方重要历史人物。临清市将“汪广洋家族墓”列入市文物保护单位，并大力推动建造“汪氏文化园”，重要目的之一是发掘优秀的历史文化资源，服务于当代地方社会发展。因而，对于临清汪氏家族来说，要想在新的历史机遇下，充分发掘家族历史文化资源，服务于家族未来的发展，他们必须对家族文化进行重新定位和阐释，将家族文化建设融入地方文化建设当中。在祭祖礼仪方面，既要继续发挥传统祭祖礼仪凝聚族人的基本功能，同时，又要重视发挥促进家族文化建设和未来发展的附加功能。体现在祭礼形式上，需要对传统祭礼形式进行调整，寻找一种既能传承祭祖礼仪核心精神，同时又能被官方肯定、易于进行社会推广的表现形式。在综合考虑家族的现实发展需求之后，临清汪氏家族将传统祭礼仪节和当代国家公祭仪节综合运用，出现了仿国家公祭型祭祀礼仪。

20 世纪 80 年代后，三种类型的祭祖礼仪同时存在，不同地域、不同家族在恢复祭祖礼仪时各有选择，使得恢复后的当代祭祖礼仪表现形式具有多样性和复杂性。当代社会恢复祭祖礼仪时出现三种不同类型祭礼形式的原因是多方面的。首先，当代祭祖礼仪正处于恢复期和转型期，尚未形成统一的行为模式。从时间上看，礼仪的发展、演变、定型需要长时间的锤炼、磨合，才能最终形成被民俗社会公认的标准模式。祭祖礼仪在 20 世纪中期被迫中断，恢复发展至今只有数十年的时间，尚不足以形成统一的祭祖礼仪模式。其次，新型家族组织性质上的差异在一定程度上影响了祭祖礼仪类型的选择。在当代社会，祭祖礼仪是在家族组织下进行，家族组织的性质差异会影响其对祭祖礼仪形式的取舍。冯尔康提出当代社会的家族组织可分为三个类型，传统宗族型、松散型和向现代社会俱乐部型过渡的大陆“宗亲会”型。[1] 当代家族组织的三个类型和祭祖礼仪的三个类型之间不是一一对应关系，但其中却存在内在关联。家族组织通常要根据自身性质特点和价值取向，设定祭祖礼仪形式，以满足家族发展的需要。最后是祭祖礼仪传统的影响。祭祖礼仪的恢复和发展受到历史传统的影响和制约。通常情况下，在具有悠久祭祖礼仪传统的家族或区域，祭祖礼

① 冯尔康：《18 世纪以来中国家族的现代转向》，上海人民出版社，2005，第 314 页。

仪的恢复和发展会更加迅速。相反，若没有历史传统作为基础，祭祖礼仪处于全新建构过程中，其发展规模、表现形态和推广程度可能会受到限制。

二、当代祭祀礼仪的构成及特点

仪式的外在表现形式是仪式精神和价值的承载体，是可以感受或触及的物质与非物质表现形式。仪式具有固定的模式，可以被套用，从而减轻参祭者在祭礼知识方面的负担，也便于仪式进行跨越时空的发展、传承。自朱子《家礼》设定祭祖礼仪模式后，形成了一套严密而周详的礼仪体系，该体系包括时间、地点、祭祀对象与参祭者、祭品、具体操作仪节几个主要方面，且这套标准祭礼体系在传统民俗社会被长期奉行。人们在参与行礼过程中，升华了对祖先文化、血缘历史的认识，并将这种升华了的认识带入日常生活当中。但祭礼绝不只是僵化的礼仪模式，它是家族生活的文化表达，也是民众内心情感的真实诉说，是存在于生活当中活态的且富有生命力的一种生活方式。当外在的生活环境发生改变，或者人们内心的情感诉求出现变动，作为一种生活方式的祭礼也会随之调整和更新。

（一）重视传统节日：当代祭祀礼仪的时间属性

从当代祭祖礼仪发生的时间看，除了忌日之祭、生日之祭拥有固定时间外，其他祭礼则更倾向于在传统节日期间举行，呈现出祭礼与传统节日相融合的状态。传统节日成为当代祭祖礼仪的时间选择，与传统节日自身的文化特质有关。尤其是春节和清明节两个带有浓厚祭祀属性的传统节日，它们自身所蕴含和传承的祭礼意义被当代社会所接受并继续发展。选择在春节、清明节这样的传统节日期间举行祭祖礼仪也与当代社会国家的节日政策有关。它们作为法定节日，给予了人们时间自由，人们可以利用这段时间举行祭礼、参加祭礼。因而在传统节日内在的祭祀文化属性被认同和延续的基础上，加之国家的节日政策，两者共同促成了当代祭祖礼仪的时间选择样式。

岁末祭祖是年度时间转换过程中的重要仪式活动。在当代民俗生活中，许多保留老祠堂的家族依然会在春节时到祠堂祭祖。河北吴氏族人按照祭祖时间规定，在每年大年三十的下午三点齐聚到祠堂举行祭祖仪式，不能提前也不能推后。吉林杨氏家族虽没有专门的祠堂举行祭祖仪式，但族人们在年三十晚上聚集在长辈家中悬挂家谱，举行祭礼。

春节祭祖并非固定在年三十当天，整个春节期间都可以举行祭祖仪式。山东临清汪氏家族春节祭祖的日子定为每年正月初五。按照临清当地习俗：正月初一是拜年的日子；初二人们祭财神；初三第一年出门的女儿回娘家，“请女婿”；初四没有特殊要求，人们在家中处理自家事务，这时外出的人们都要回到家中，准备参加初五的家族祭祖活动；初五一大早，人们吃过早饭后，聚集在祖墓所在村落，按秩序入场祭祖。

从祭礼的时间安排上看，当代人们把祭祖礼仪活动纳入春节时间范畴中，将生人的庆典和对亡者的悼念融合在一个时空当中进行，目的是让祖先能同后裔们一起分享节日的喜庆，也将春节团聚的主旨发挥到最大限度，实现整个家族所有成员的团聚。

（二）重“合祭”：当代祭祀对象的变化

在当下的民俗生活中，人们重视通过举行祭礼表达孝思。然而受时间、祭祀经费等因素的限制，祭祖礼仪虽得以恢复，但是从频率上看，通常情况下每个家族一年之中只举行一次大型祭礼，以年度为周期表达对祖先的感恩和尊崇，与传统家族每年多次举行祭礼有所区别。

作为家族集体祭礼活动，一年一度的祭礼仪式要将所有应祭祖先进行祭祀，即祭礼形式上采取“合祭”。“合祭”作为一种祭祀形式，早在明清时期已经得到重要发展。“合祭”仪式明显的优势是通过一次祭礼祭祀多位祖先，减轻多次“特祭”仪式带来的种种负担。对于刚刚恢复家族活动的当代家族而言，“合祭”是现实生活的必然选择，也会对家族的发展产生积极的影响。

吉林杨氏家族春节时要拜谱祭祖。作为族人的祭拜对象，杨氏家谱正中间上方刻印男女两张画像，画像中间的格子里书写“供奉杨门先远祖宗亲之位”，右侧男性画像旁边的格子里书写“始祖公”，左边女性画像旁边的格子里书写“始祖母”。始祖之下按辈分、年长顺序依次填写该家族所有男性祖先姓名。从包含范围上看，这张杨氏族谱记载了杨氏所有祖先，每次的祭拜活动，都是对所有杨氏祖先的“合祭”。

“合祭”的特点是在一次祭祀仪式中祭祀所有应祭祖先，以达到团聚所有族人的目的。在“合祭”中，每个参祭者的祖先都是祭祀对象，祭礼对每个参祭者都具有同等意义。与之相比，传统社会中的“特祭”以家族某一祖先为祭祀对象，意在凸显其对家族的特殊贡献，“特祭”祖先与参祭者的血缘关系存在远近之分。从形式上看，“特祭”与“合祭”最大的区别在于祭祀对象的多寡，但从祭礼的意义和价值上看，“特祭”仪式通常不具有“合祭”仪式在统合族人、凝聚家族力方面的重要作用。

当代家族组织将祭礼次数规定为一年一次，少于传统祭祖次数。这种现象出现的原因有很多。首先，是祭礼与当代人的生活关系发生了变化。与传统家族社会重视“报本反始”的祖先祭祀相比，祖先祭祀仪式在当代民俗生活中扮演的角色、发挥的作用都发生了很大变化。祖先祭祀仪式是当代人寻找自我认同、表达内心情感的手段和方式，是带有强烈情感的自发行为，这区别于传统家族社会重视通过祭礼稳固家族秩序的外在诉求。在当代民俗生活中，一年一度的祭祖礼仪能够给予人们的是情感的满足和伦理秩序的维护，因而融合在传统节日中的年度祭礼成为最好的形式选择。其次，当代家族组织性质也发生了转变。当代家族组织是建立在自愿、平等基础上的血缘共同体，他们凭借责任和义务服务于家族组织，区别于作为家族管理机构的传统家族组织。由于祭祖仪式的举行要经过筹划、准备，占据组织者一定的工作、生活时间，所以一年一次也是合适的时间选择。最后，祭礼的举行受到祭祀经费方面的限制。当代祭祖礼仪所需开支主要来自家族成员的自愿捐献，没有了传统族田提供的经济支撑。对于家族成员而言，他们有责任和义务为祭礼仪式的举行贡献自己的力量。但如果每年举行多次祭礼，自然会增加族人的经济负担，影响正常的生活秩序。

（三）祭祀礼仪与性别：参祭人员标准的变化

作为祭礼的设计者和实践者，家族成员是整个祭礼得以进行的核心构成要素。然而，不同时期的家族组织对参祭人员身份规定不同。虽然按照《家礼》文本的最初设定，家族中的男性成员和女性成员共同参加祭礼，但是这一规定并没有被明清时期的家族组织所认同。明清社会家族组织严格规定女性不能参加祭礼，剥夺了女性作为家族成员参加祭礼的权利。女性成员被驱逐出了祭礼仪式现场，使得她们在祭礼的参与中由现场转到幕后，更多的是负责祭品的准备工作，而无权以参祭人员的身份出现在祭祀现场。与之相比，在当代祭祖仪式中，女性成员再次出现在祭礼现场，作为正式的参祭者参加祭礼。

在杨氏春节祭祖仪式中，参加祭礼的女性成员主要是家族媳妇，她们不仅负责祭品备办，且可以参加祭礼，同男性成员一样进香祭拜。在临清汪氏春节墓祭仪式中，女性成员不仅包括以媳妇身份进入家族的外族女性，还包括汪氏家族的女性后代，这两种家族女性成员都获得了参加祭礼的权利，可以遵循自愿原则参加清明祭礼。虽然在部分祭祖仪式上，家族的媳妇和女儿都获得了参加祭礼的资格，但是这种变化还处于发展过程中，呈现出不均衡性。可以看出，当代社会人们对参祭者身份的判别标准具有多元化特征，但传统男性主导的参祭者标准正在经受挑战。

在家族女性成员当中，媳妇因婚姻关系获得了家族成员身份，这一点毋庸置疑。但是女儿是否是家族成员呢？传统社会否认女儿的家族成员身份，只能接受作为以媳妇身份嫁进来的外姓女儿。到了现代社会，人们正在逐步打破这种观念，强调血缘传承的重要性。如果是具有血缘传承关系，无论是男性还是女性都是家族的正式成员，既可以参加祭祖，也可以登入族谱，“原谱让女孩明显处于附属地位，新谱对此作了改变，女孩不仅和男孩一样，在父母栏目中并提，还在正档位中和男孩一样，占有一席之地”[①]。当代家族中的女儿获得参加祭礼、登上族谱的权利，究其原因，主要是民俗生活环境发生了变化。自20世纪80年代以来，随着计划生育政策的实施，一个家庭只生育一个孩子，这使得人们的性别观念发生了改变，重男轻女的传统观念逐渐被摒弃，人们在思想上开始接受女儿作为家族成员和传承人，并给予更多的家族权力和责任。

人是祭礼仪式的设计者、实践者，是仪式得以进行的原初推动力，只有充分调动所有人的参与热情和积极性，才能保障祭礼仪式长久不衰的延续。现在，由于家族组织正处于转型期，祭祖礼仪的恢复发展也尚未形成统一的模式和规范，不同地区、不同家族对女性是否可以参加祭礼的看法尚不统一。但若从家族文化的历史延续和凝聚族人角度出发，家族组织要保证祭祖礼仪未来的更好发展，必定会努力吸收更多族人参与，其中就包括家族女性成员。只有抛弃性别的界限，才能充分调动家族所有力量，维护和促进祭祖礼仪的良性发展。

（四）由“公”到“私”：当代祭祀礼仪祭祀经费来源的变化

为了能够给祭礼仪式的举行提供祭品、祭器等物质保障，家族组织需要拥有稳定的经济来源承担祭礼中的各种费用。根植于传统家族社会的祭田是传统祭祖礼仪举行的重要经济保障，但这一经济保障随着家族社会的消亡而消亡。在这种情况下，家族组织想要保证一年一

① 2005年《汉阳汪氏宗谱·后跋》，湖北汉阳。

度祭祖礼仪的顺利进行，势必要通过其他渠道寻求经济援助。在寻求经济援助的过程中，他们首先求助于具有血缘关系的族人，而族人为了表达孝思之情，也有责任和义务捐资助祭。这样，族人捐资成为当代家族组织获取祭祀经费的首要来源。

自愿参与是当代祭祖礼仪的首要参与原则，在这一原则指导下，人们对祭礼的捐资行为也随其所愿。临清汪氏家族每年祭礼之前，族人都遵循自愿原则捐资助祭，捐款数目没有限制，多少均可。族人捐款助祭，家族组织则以张贴红榜的方式公布，以示表扬。家族组织将收到的捐款统一起来，用来购置这一年祭礼所需的祭品、器物。在吉林杨氏家族，祭祖仪式在主祭人家中举行，一切物品均由主祭人负责备办，其他族人不参与准备，也不必出资。在河北吴氏家族，祭祖仪式中的物品是家族祠堂历史传承下来的物品，祭品则由族长自行准备，家族组织不干涉。从以上三个个案看，他们举行祭礼的经费来源已经由家族组织转到个人，由集体到个人，由“公”到“私”，这是当代祭祀经费来源的重要转变。

当代祭祖礼仪的经费主要来自个人，通过自愿的方式进行捐献，不是强行摊派。族人为祭礼捐资，既是他们表达孝思的一种方式，同时也是家族责任感的表现。人们如果要将家族活动开展下去，要把祭祖仪式办得隆重、热烈，就需要在活动过程中做出自己力所能及的贡献。

（五）必备的祭品：当代祭祀礼仪中祭品种类与祭祀类型

为了保障祭礼顺利进行，祭礼前的物质准备工作必不可少。由于祭祖情况不同，各个家族所做的祭前准备工作重点也不同。吉林杨氏家族祭前准备工作主要是祭品的制作和供桌等物品的擦洗、摆放。祭礼当天清早，主祭家庭开始制作祭品，主要包括供饭、供菜两大类。供饭要用新熟的米饭，供菜分三种与五种两类，菜品依传统而定，即猪肝、猪肚（配上葱叶，做成大象的形状）、炸鱼、粉肉与炸粉条五种。中午之后，人们准备香案，摆放在屋中北墙处。最后将供饭、供菜摆好，配以筷子。将之前准备好的馒头左右各放五个，将两个烛台、香碗放置左右，再将年货中的新鲜水果挑选若干一同摆放。与之相比，在河北吴氏家族春节祠祭中，祭品由族长准备，种类、数量没有规定。临清汪氏祭祖仪式中的祭品由研究会指派专人负责筹备，主要是从市场上购置，祭品的种类和数量并无规定。负责人在市场上购置新鲜的水果、肉类、点心等，带回后直接摆放在供桌上，以备行礼。

通过以上三个家族祭品准备过程可以看出，不同家族在祭品准备方面各有规定，这与祭品的准备与祭祖礼仪的类型，以及家族组织的类型密切相关。当代社会重新复兴的家族内部结构不同，使得祭品备办规定不同。杨氏祭祖礼仪注重按照传统习俗备办祭品，因其属于聚族而居的传统型家族组织；吴氏家族只由族长自行置办祭品，因其属于松散型家族组织；临清汪氏家族指派研究会专人购置祭品，因其是宗亲会型家族组织。

人们可能会选择不同种类、数量的祭品，但一定要保证祖先面前摆有祭品。没有任何祭品的祭礼是不可想象的。祭品的存在，不仅是形式上的供奉，更具有丰富的象征意义。它们既是族人心中崇敬之情的承载体，也是仪式象征意义的物质依托。参祭者在祭礼之前通过捐资助祭、准备祭品，在过程中将自己和仪式紧密联系起来，将自己参加仪式的心理感受通过外在的物质形式予以表达。同时，族人为祭礼捐献金钱、物品，是其展示家族贡献的最好契机。在全体族人面前，为家族礼仪的顺利进行提供物质支持，这是获得家族认同、提高家族地位的重要方式。

（六）坚守“三献礼”：当代祭祀仪节的传承与变迁

作为祭祖仪式的核心构成部分，仪节一直是人们关注的重点。在当代祭祖仪式上，人们要虔敬地鞠躬、跪拜、进献，通过一系列身体行为将自己对祖先的崇敬之情予以表达。

在祭礼仪节的历史发展中，仪节自身会随着时代的变迁发生变化。

从宋至明清,《家礼》所设定的祭祖礼仪模式得到了后世家族的认同和实践，祭礼仪节也被广泛地推广到各个地域。但到了当代社会，外在生活环境的变化致使当代祭祖仪节也发生了变化。

从仪节发展角度看，当代祭祖仪节的调整与变化可分为以下两大类。

1. 传统祭祀仪节的保留与更新

传统祭祖仪节在当代祭祖仪式中被保留了下来，同时人们也根据家族自身特点对传统祭祖仪节进行了适应性调整。

每个仪式都有其正式开始的标志。传统祭祖仪式以请神为标志，全体族人秉持诚敬之心聚集在祖先灵位前，恭请“祖先神”前来接受族人的祭拜。这一传统的祭礼开始标志在当代祭祖仪式中仍有传承。吉林杨氏家族祭祖仪式正式开始的时间是年三十晚上八点左右。祭礼的第一个环节是“请神”。“请神”仪节只有家族男性成员才能参与。族人在主祭家聚齐后，携带纸钱、爆竹前往杨氏祖坟“请神”。到达坟地后，先放鞭炮，燃纸钱，然后由主祭人邀请“祖先”回家过年，小辈们先后磕头，然后转回家中。当“请神”的人群回到家里后，要在院中燃火，鸣放鞭炮，邀请“祖先”进屋，然后在屋内香案上悬挂家谱。如果家族中有人去世未满三年，或者是非正常死亡，那么此人不能上谱，但可以将名字写在红纸上，粘在家谱相应位置上，与其他祖先共同享祭。之后点燃香烛、纸钱，族人依次磕头，给祖先磕头数量规定为四个。如果家里还同时供奉了其他神祇，如财神等，则要磕三个，当地俗语说“神三鬼四”，磕头之后便完成了“请神”仪式。从仪节上看，杨氏祭祖保留了请神仪节，但是在具体操作方法上与《家礼》所设定的请神、降神、参神方式有所区别。从仪节的意义上看，杨氏家族通过请神仪节，将“祖先神”邀请回来，接受祭礼。

无论是朱子《家礼》文本对祭祖仪节的设定，还是明清社会的祭祖实践，都表明三献礼是祭祖仪式的核心仪节，是承载整个祭礼意义和价值的重要环节。当代祭祖仪式也对这一核心仪节进行了继承和适应性调整。

经过三献礼之后，祭礼仪式进入后半部分。按照传统祭祖仪式规定，受胙是祖先给后人赐福的一种方式。受胙之后，送走祖先。人们将仪式中使用的祭品、祭器收拾妥当。同时，《家礼》规定将祭酒、祭品封存，以备族人食用。杨氏家族认为祭品带有福气，让小孩子吃可以保佑小孩子一年中顺顺利利，称为“吃福”，但这些祭品不会随意赠给别人。与杨氏家族“吃福”相对照，临清汪氏祭祖仪式上的祭品没有特殊的处理要求，族人带回去自行处理。仪式结束后族人一起到饭店聚餐。

虽然不同家族对祭品的处理方式不同，但对祭品所蕴含的意义认同具有一致性。祭品既是后人向祖先表达孝思和崇敬之情的物质载体，也是祖先福佑后人的重要方式。经过祖先赐福的食物是神圣的，人们在祭礼的最后通过分享祭品的方式，获得祖先赐福，获得了心理满足和慰藉，并由此产生自信和力量，为生活提供动力。

当代人在恢复祭礼过程中，对传统祭祖仪节进行了开放性传承。当代家族要表达对祖先的崇敬和感恩，必须选择适当的仪节作为展现手段。在仪节的设定过程中，以《家礼》三献礼为代表的传统祭祖仪节为人们提供了可参考、借鉴的范本。《家礼》三献礼礼仪模式产生以后，经历明清家族长期实践，已经深入民俗文化骨髓，并指导、影响着当代祭祖仪节的设定与实践。虽然时代变迁是不可回避的历史事实，但仪节的设定却可以超越时空的限制，在物质变迁的外壳下，仪节的传承可以将“报本反始”的祭礼精神长期传递下去。

2. 传统祭祀仪节的增损

在保留传统祭祖礼仪基本框架不变的前提下，当代民俗生活的变迁、民众信仰文化的调整也通过祭祖仪节的增损体现出来。

与传统祭祖仪节相较，当代祭祖礼仪主要削减了两大类仪节。一是侑食、阖门和启门等仪节。在传统祭祖礼仪中，这些仪节的设定是为了给祖先提供独自饮食、享受祭品的时间。在传统民众思想中，祖先是已故的先人，他们来自幽暗之处，不能在生人面前歆享祭品。族人全部退出祠堂，关闭大门，才能为祖先提供歆享祭品的最佳环境。当代祭祖礼仪削减了此类仪节，没有为祖先提供单独享用祭品的时空。在当代人的思想中，举行祭礼，奉献祭品，就是“报本反始”的全部行为。只要通过进献和跪拜，就可以达到举行祭礼以示感恩和尊崇的目的，而不一定需要给祖先提供享用祭品的时空。在当代祭礼过程中，作为仪式主导者的是生人，他们控制着整个仪式的发生，重视表达自我的孝思与感恩，也自我决定着祖先福佑后人的祭祖仪式功能发挥。在整个仪式中，祖先变成了被动的祭祀对象，无条件接受族人的奉献。区别于传统祭祖仪式重视族人与祖先的多次互动，族人在互动中获得祖先福佑。从以上仪节的变更中可以看到，不同时代的人对人与祖先之间关系的看法不同。生活在传统宗族社会的民众不仅重视祭祀祖先，且凸显祖先在仪式中的主导性，他们重视通过具体的仪节设置，用非常具象的行为、物品来象征祖先的福佑，使得整个仪式的象征意义更加突出。在当代祭祖仪式中，虽然民众也重视通过祭祖获得祖先赐福，但是仪式的象征性已经明显减弱，象征性在当代祭祖仪式中被应用的范围以及它的地位、作用都低于传统祭祖仪式。

当代祭祖仪式削减的第二类重要仪节是宣读戒词、誓词、训词等具有家法族规性质的文字。在《家礼》祭祖礼仪模式中没有宣读家法族规的仪节设定，但是随着明清时期家族组织的发展，家族规模日益增大，出于加强家族管理、确保家族秩序的考虑，家族组织增加了宣读戒词、誓词的仪节。这些仪节的设定有效地维护了传统祭祖仪式的秩序，也确保了整个家族秩序的良性运行，作为戒词、誓词等家族法规的生存土壤，传统家族组织消失后，它们也随之消亡。建立在自由、平等基础上的当代新型家族组织不再以家族管理为主要责任，也无权对族人进行强制性管理，家族秩序的维护更加依赖于产生于族人内心的自我约束和自我管理。

在削减部分传统祭祖仪节的同时，当代祭祖仪式也增加了部分新仪节。新仪节的增入，体现出了新时代民俗生活的崭新面貌，也彰显了新时代民众独特的情感表达方式和价值诉求。在祭祖仪节的设定中，族人讲话成为仪式的重要组成部分。但是从仪式有效运行的角度考虑，必须有条件地选择部分族人代表发言。谁能成为族人代表，其标准是什么？首先，祭祖礼仪源于血缘传承关系，先天血缘关系成为首要标准，依照辈分高低，以辈分高者为代表。其次，在事业上获得成功的家族优秀人物也是家族代表的重要人选。这些优秀族人代表全体族人表达对祖先的无限尊崇与孝思，同时也勉励族人以祖先德业为榜样，奋发上进，为家族的发展做出更多的贡献。

一度衰歇的祭祖礼仪到了当代社会又得以复兴，但这不是对传统祭祖礼仪的简单恢复。作为传统祭祖礼仪的历史延续，当代祭祖礼仪传承了“报本反始”的祭礼精神，通过备办祭品、设定仪节，申说孝思。同时，复兴于现代生活环境中的祭祖礼仪要想适应当代社会需求，就必须在历史传承的基础上，对外在表现形态进行调整。当代祭祖礼仪要保留作为祭礼核心仪节的三献礼，削减宣读家法族规等不适宜当代社会生活的祭礼仪节，同时给族人提供更多展现自我、表达孝思的机会，并重视将节日的娱乐因素与祭礼结合，突出传统节日祭祀与娱乐共存的特性。祭祖礼仪要想在当代社会得到完全的复兴和重建，仪节设定方面必须在继承传统核心仪节的基础上不断革新，在周而复始的岁时循环中增添新意，让人们在年度祭礼中不断得到身心的慰藉与愉悦，才能保证祭祖礼仪对民众的吸附性，服务于日常生活。

第四节　祭祀礼仪重建的社会文化功能

祭祖礼仪自 20 世纪 80 年代开始复兴至今，已经历了 40 余年的发展。在发展过程中，祭祖礼仪的外在表现形式在继承传统与革新调试中呈现多样化存在，但其内在的祖先崇拜和家族伦理精神没有改变，服务乡土生活需求的社会文化功能依旧。

一、祭礼与乡土文化传承

松阳县隶属于浙江省丽水市，位于浙江省西南部。松阳地方民谚说“无叶不成村”“无叶不成家”，说的是叶氏家族是松阳地方的大姓家族之一。松阳县现有叶姓人口 3 万多，约占总人口的 13%。松阳县 400 个行政村中，叶姓人口在 100 人以上的村落有 87 个。[①]

叶氏家族自东汉末年始迁祖叶望定居松阳卯山以来，人口繁衍，逐渐成为当地的大姓家族。叶氏家族人口众多，且名人辈出：晋代有爱民如子的钱塘令叶琚，文武双全的折冲将军、临海郡太守叶俭；唐代有历五朝尊宠的越国公叶法善；两宋时期历任宰相的有叶梦得、叶梦鼎、叶梦锡、叶义问、叶颙，还有被誉为“浙商之父”的永嘉学派领军人物叶适等；元代有丞相叶李；明代有开国四大名将之一的叶琛、京台监察御史叶希贤、首辅叶向高；清代有两广总督叶名琛；现代有北伐名将、新四军军长叶挺，共和国元帅叶剑英，开国上将叶飞等。卯山也成了江南叶氏家族的祖籍地、发源地和圣地。[②]

叶氏家族传统上重视祖先祭祀文化。松阳县原有 70 多座叶氏宗祠，现存 30 多座，著名的有建于宋治平元年（1064）的卯山俭公祠，修建于清乾隆四十五年（1780）的桐溪村叶梦得公祠，清代重修的叶川头村叶希贤公祠等。

叶氏家族祭祖的方式主要有祠祭、家祭、墓祭三种。其中，祠祭尤为隆重，在叶氏人们的日常生活和历史记忆中都占有较大比重。当代的叶氏祠祭又可以分成两种类型。一是有统一组织的传统祭祀，二

---

① 叶平编著:《叶姓圣地 · 松阳》，卯山文化研究会内部刊物，第 60 页。

② 参见叶世均主编《松阳卯山 · 叶姓发祥地》，中国文史出版社，2014。

是没有统一组织的分散型祭祀。但由于诸种原因，叶氏虽有祠堂至今仍没有恢复祭祖活动。

（一）江南叶氏祭祖的历史传统与民俗传承

在传统社会，叶氏家族特别重视岁时祭祖。据《叶氏广远宗谱》记载："吾族祭田虽少而岁时伏腊，世不乏祀。"[①] 祭礼遵循《文公家礼》，"凡一切礼文必准《文公家礼》，而或增或损，参以时制，终不失先民之轨度"。

1. 叶氏传统祭礼形态

（1）祭祀时间

传统社会，叶氏家族祭祖主要有六次：新年、清明、中元、重阳、冬至与除夕。

每逢元旦（大年初一）时，叶氏男丁要到祠堂上香，合祭远祖。"元旦，敬备祭品，早鸣钟鼓，候齐拜祖，逐代参贺新岁，于祠散胙。"初二日分祭房族。由于家族支派众多，在初一集体祭祖后，初二这一天分别祭祀各房祖先。正月初八日，头首（首事）准备香烛到卯山祭祀各处祖坟。"新正初八日，新班头首敬备香烛火炮于卯山观、大面山各处祖坟醮祭。"初九日到旧市永宁观园内各祖坟前祭祀。

清明节是祭祖扫墓的重要节日，"清明，敬备猪首、鹅一付于各祖坟祭扫"。

中元节建道场一昼两夜。松阳地方道教文化传统深厚，民间中元节祖先祭祀仪式中也吸收了道教仪式成分。

重阳节时准备猪头、鹅一付，到各祖坟祭扫。

冬至祭祖历来被重视，头一天晚上要将祭品准备好，举行集体祭祖。

除夕夜祠内燃烛，头首办礼于祖前、土地前谢年。祠堂祭祀产生

---

① 《叶氏广远宗谱·祀典篇》，清道光十一年（1831）。这里使用的《叶氏广远宗谱》内容，如无特殊说明，均出于此。

费用及头首祭祀所需的开支从族田支出。

（2）祭祀仪式程序

祠堂祭祀是全族的大事，极其神圣、肃穆，也相当烦琐。涉及祭祀对象的选择、祭祀的类型与日期、祭器和供品、祭告的内容、主祭人与司事人员的职责、参祭人的条件，等等。

叶氏传统祭祖仪式内容丰富，有赞词、乐章、嘏词、迎神曲、送神曲。祭器祭品也都有讲究。祭祀时要使用专门的祭器，大香炉、大净瓶、瓷炉、瓷瓶、石香炉、地台、香盒、祝板、茅盘、盥盘及架、帨巾并架、酒樽、幂、匙、饭盂、羹盆、爵、碗、碟、箸，元宝桌一座、长祭桌十张、方桌三十张、香几五张、茶几十六张、校椅廿四把、眉公椅四十把。

此外，叶氏族人对祖先的祭祀，除了岁时祭祀，每逢成年礼、婚礼、添丁，都要选择初一或十五在祠堂祭祖。

2. 叶氏祭礼的重建与创新

江南叶氏卯山祭祖仪式在20世纪后半期曾经中断，直至2016年才得以恢复。早在2006年，松阳本地开展了叶氏家族文化研究工作。当时成立了卯山文化研究会，研究会主要工作之一是对卯山叶氏历史文化进行研究，出版了《松阳卯山·叶姓发祥地》《卯山文化》等著作。2007年起，每年有专家、学者、叶姓宗亲到松阳卯山观光考察、寻根祭祖。2011年10月卯山文化论坛举办，2015年，叶姓家族成立浙江省叶氏宗亲会，具体负责叶氏家族文化研究和家族活动的组织策划。

（1）2016年第一次清明集体祭祖活动

2016年，江南叶氏家族中断数十年的集体祭祖活动得以恢复。2015年下半年，一些叶姓年轻人聚会时表示有意愿组织集体祭祖。祭祖地点为江南叶氏开基祖叶望墓前。据《叶氏广远宗谱》记载，叶望（152—217）是叶姓始祖叶公沈诸梁的二十二世孙，东汉建安二年（197）从青州（今山东省青州市）启程南迁，到了丹阳的句容（今江苏镇江东南）。当时又逢孙策为统一江南与少数民族发生战争。叶望在句容难以立足，又辗转迁居到松阳卯山。直至1987年，叶望墓被考古发现，卯山叶氏才确认叶望为叶氏江南始祖。之前，叶氏家族根据族谱记载，虽知叶氏江南始祖是叶望，但不知具体墓址。1987年卯山山麓的东角垄村西社庙山的一座古墓被盗掘，出土西晋“元康七年七月三十日叶家富贵”纪年砖，还出土了青瓷虎子及青瓷盘口壶、铜镜、谷仓、碗、水盂等文物，附近还发现大量古墓葬，1989年松阳县政府将社庙山定为“晋至南朝的古墓葬群文物保护点”。近年，又出土了“建安昭宝叶”纪年墓砖、青瓷虎子、五管瓶、水盂等汉代文物。叶平认为这些文物的出土，说明了四个问题：一是出土古墓砖上的铭文“昭宝叶”及“叶家富贵”，证明墓主人应是“叶”姓；二是古墓均有青瓷虎子出土，说明墓主人是男性，因虎子是男性日常生活器皿，俗称尿壶；三是纪年铭文墓砖及出土文物档次较高，证明墓主的社会地位和富有状况；四是“建安”“元康七年”的纪年砖，证明两墓主分别在汉末献帝建安年间和西晋第二个皇帝惠帝司马衷在位间去世。这些出土文物可以判定早在东汉建安年间就有叶姓祖先生活在松阳卯山附近。[①]

此次祭祖，原打算邀请2000人参加，但由于叶望墓前空间有限，无法容纳2000人共同祭祀，同时考虑到山路崎岖，必须保证参祭者的安全问题，组委会决定参祭人数限定为600人。实际上祭祀当天人数超过1000人，很多本地人虽未报名参加活动，但是知道举办活动后也自发前往祭祀。[②]

4月8日，来自浙江省多个市县及北京、上海、江苏、辽宁、贵州、福建、河北等地的叶氏宗亲在叶望墓前举行了“叶氏江南始祖叶望公清明祭典”活动。

---

① 叶平：《江南叶氏始祖叶望等陵墓续考》，《中华叶氏研究》2008年第4、5期合刊。

② 被访谈人：YP。访谈时间：2017年8月20日。访谈地点：松阳县古市镇。

上午九时，祭祀司仪宣布叶氏江南始祖望公祭奠开始，九旬老人YYJ宣读祭文，浙江省各祭祖团推荐的七名主祭人肃立望公墓前代表浙江叶氏宗亲向望公三拜，行上香礼。

祭祖典礼结束后，叶氏族人纷纷拍照留念。中午，在某休闲山庄举行午宴，各地宗亲捐款重修望公墓园和望公祠亭。

（2）2017年江南叶氏秋祭大典

2016年叶氏清明祭祀活动受到了族人的普遍赞扬，也得到了世界叶氏联谊总会的肯定，提升了江南叶氏始祖叶望的认同度，叶氏家族认为有必要将这一活动继续下去，传承叶氏家族岁时祭祖的优秀传统。

与2016年墓祭地点不同，2017年叶氏祭祖选择在卯山上俭公祠与天师殿之间的空地举行，原因是此次祭祀活动参与人数将超过一千人，叶望墓前的空间无法容纳。受物理空间所限，此次活动的文化空间转换到了俭公祠与天师殿之间。在叶氏家族发展史上，俭公祠里供奉的叶俭与天师殿里供奉的叶法善都是叶氏祖先，且都是家族名人，具有标志性符号意义。文化空间的转换在一定程度上是由始祖到家族名人的转换。虽然这种转换的发生并非出于主观意愿，但也是经过叶氏祭祖组委会慎重考虑的结果，反映出当代叶氏族人对家族发展历史认同的两个维度：一是先赋的血缘传承关系，始祖叶望凭借此原因成为最佳祭祀对象；二是历史影响度的考量，叶俭、叶法善因此能够成为仪式中出现的关键人物。

按照传统祭礼要求，每次祭祀祖先都有明确的时间规定，并且书写在家谱中，无故不能更改。到了现代社会，作为三大祭祀性节日之一的清明节成为叶氏2016年祭祖活动的举行时间，但是2017年并没有沿袭这一时间选择。2017年叶氏祭祖时间是9月29日，这次祭祖活动原本安排在10月或11月，后因文化遗产传承人研培班在9月份举行，故将时间提前，作为研培班的活动项目之一。在访谈中了解到，除了研培班这个突发性因素的影响外，叶氏家族期望集体祭祀时间安排在10月或11月，主要是考虑到气候的影响，春季清明时节多雨，2016年祭祀就是在蒙蒙小雨中进行，给祭祀活动带来不便，为了避免天气原因带来的影响，选择在天高气爽的秋季举行祭祀活动，同时，按照松阳本地素有的春秋二祭的习惯，秋季祭祖也符合文化传统。

从2016年清明祭祀，到2017年9月祭祀，叶氏家族目前尚未明确祭祖的时间，这种情况既受礼仪重建过程的直接影响，实际上也在一定程度上影响了祭礼的神圣性。

此次江南叶氏祭祖扩大泛化了祭祀共同体，由世界叶氏联谊总会、福建省联谊会、安徽省联谊会、江西省联谊会和浙江省联谊会共同主办，由北京市、上海市、辽宁省、陕西省、湖北省、湖南省、广东省、广西壮族自治区、贵州省宗亲联谊组织协办，并由浙江省联谊会、浙江松阳卯山文化研究会、浙江松阳月宫调音乐研究会承办。

卯山是江南叶氏祖居地，也是江南叶氏发源地，对叶望的祭祀活动不仅是松阳县叶氏族人的责任与义务，也是其他地区江南叶氏后裔的责任与义务。从血缘发展来看，江南叶氏是中华叶氏的一个分支，其活动与世界叶氏联谊会联系密切。近年来，随着家族活动的不断推进，卯山叶氏已经加入了世界叶氏联谊总会，并参与了活动。江南叶氏在各地的分支也纷纷建立联谊会，负责该地区叶氏族人的联络和活动组织工作，同时以地区联谊会为单位，参加其他地区的叶氏家族活动。

作为卯山叶氏祭祖的东道主，浙江省联谊会自然成为承办单位，同时此次祭祀活动还邀请了卯山文化研究会和月宫调音乐研究会参与。卯山文化研究会的成员虽然不都是叶姓，但是研究会长期以来致力于卯山叶氏文化研究，在祭祀礼仪方面积累了丰富的研究经验，可以为祭祀活动的举办提供理论帮助。

月宫调音乐研究会参与此次祭祀活动，一是由于该研究会的主要负责人长期致力于卯山叶氏家族文化研究，在叶氏家族礼仪方面积累丰富；二是由于祭祀活动设有月宫调演奏环节。祭祀音乐是此次祭祀活动的一大特点，在祭礼的多个环节都有音乐。按照《叶氏广远宗谱》记载，叶氏祭祖过程中有音乐，但是并没有具体的乐谱。月宫调音乐研究会长期从事民间音乐的搜集与整理工作，在松阳县一些村落中发现了月宫调这种地方传统音乐。

作为文化空间的主体，叶氏族人是此次祭祀活动的主要参加者。从访谈中了解到，叶氏族人对卯山祭祖活动的参与性非常高，2016年有超过千人前来祭祖，2017年人数继续上升，远远超过接待能力，最后不得不限定人数，按照地区给定参祭名额。省外代表名额230名：福建省30名，江西省20名，安徽省30名，北京市10名，上海市10名，辽宁省20名，陕西省20名，河北省10名，湖北省20名，湖南省10名，广东省20名，贵州省10名，广西壮族自治区10名，海外10名。

虽然这是组委会所能接待的最上限，但是还是有很多人多次来电话，希望增加名额，让更多人来参加祭祀活动。实际上，当天参加祭祀的人数仍然超过千人。

（3）祭祀经费来源扩大

作为祭祀活动的物质基础，祭祀经费的收取是为了保障祭祀活动的顺利进行。当代家族已经没有了传统祭田的收入，祭祀经费均需要自筹，卯山叶氏祭祖经费也主要出自叶氏家族内部。自2016年起，参加祭祀活动收取活动费每人500元，主要用于购买祭祀用品、布置场地、车费、伙食费等。除了固定的人头费外，祭祀活动还接受族人的捐献。数额不等，有些族人直接捐钱，有些族人以实物的形式进行捐献。如2017年祭祖时，一位叶氏族人捐款100000元，一位捐款10000元，某宗祠集体捐款50000元，贵州茅台镇一叶氏老板捐茅酒50箱（300瓶），杭州一叶氏族人捐200瓶家酒，安徽黄山一叶氏族人捐助矿泉水2400瓶，淳安一叶氏族人捐助饮料1000听，温州一叶氏族人主动承担了祭祀场地的布置费用。据组委会统计，每年收缴的人头费和接受的族人捐资足以支付祭祀活动中的各种支出。从对参祭人的访谈中了解到，500 元的活动费是可以接受的，并没有过多的经济压力。

作为叶氏家族的文化传统，祭礼十分严格规范。清末编修的《叶氏广远宗谱》中有《祀典篇》，详细地记载了祭祖活动的主要内容。但是由于祭礼中断了数十年，2016 年举行清明祭祖时，仪节设定方面较为简单，并没有按照《叶氏广远宗谱》的程序进行。在经历了一年的准备后，2017 年祭祖活动依照《叶氏广远宗谱》的程序举行。

2017 年叶氏祭典，在 2016 年的基础上增添了统一服饰、道教音乐、道士表演、童声朗诵家训、望公宴等新元素，祭祀严格根据《叶氏广远宗谱 · 祀典篇》里的祭祀流程。

在祭祀服装方面，为了突出活动的组织性，也为了强化认同，此次祭祖的主要参加人员统一穿蓝色 T 恤，前面印有叶氏标志，背后写着“江南始祖望公秋祭大典 2017”字样，并佩戴黄丝带。同时，主祭和副祭等需要登台的族人统一穿汉代服饰，源于叶望是汉代人，作为时代标志性服饰，汉服更具历史文化特色。

在祭品准备方面，主要有：五谷——五谷丰登，人丁兴旺；五果——风调雨顺，国泰民安；糕点——多子多福，世代荣昌；山珍——高山仰止，寿比南山；海味——四海一家，福如东海；三牲——六畜兴旺，丰衣足食；木雕八仙、福禄寿、金童玉女；铜铸十二生肖——举国繁荣，百业同贺。三牲用的是全羊、全猪和鹅，没有牛。

在《叶氏广远宗谱》中记载，祭品共计七十五种，但是时代变迁，现在无法全部恢复，只能部分继承，其中最主要的全羊和全猪一定要准备。

本次祭祀活动的一大特点是月宫调演出。演出者根据《叶氏广远宗谱 · 祀典篇》里的记载，恢复了五个乐曲，其中之一是叶氏家族祭礼主体音乐，用于仪式开始时，唱初上歌（讲述的是祖先到卯山开疆辟土）、再上歌（讲述的是祭祀祖先的场景）、三上歌（讲述的是祭祀完成后的家族宴的热闹场景）的伴奏音乐，乐器有钟、鼓、琴、瑟、笙、箫、管、笛、板、柷、磬组合，庄严肃穆、气势恢宏。该曲是松阳地区传统道场仪式上的音乐。另外还有上香台、敬酒调、迎神行路曲和送神曲。

祭祀活动中还有丰富的道教仪式。松阳本地道教文化十分厚重，道教仪式在丧祭典礼中都有使用。祭祖活动开始前有文道士清场、武道士表演，展示居家道士的风采。

活动中，还有童声诵读家训。松阳叶氏历史上出了一位名人——叶梦得，叶梦得的《石林家训》广为传诵，叶氏家族也十分重视家训的传承。此次祭祖过程中，为了强调家训的重要性，也将儿童吸纳到祭祖典礼中，组委会设置了童声诵读家训的环节，希望借此达到家训传承、文化传递的目的。此次朗诵家训的 18 个儿童都是古市镇小学五年级的学生，在学校经过了培训，并由老师带队前来参加祭祀活动。

在主祭、副祭的选择上，按照传统祭礼规定，每次祭祖活动都有主祭人代表家族向祖先致祭，但是本次祭祀活动在主祭人的安排上进行了调整。由于参祭者来自不同省市，无法统一推举主祭人，最后只能每个地区选择一个主祭和副祭，上台献礼，主祭、副祭共计三十余人，分三批上台献礼。

在祭礼上，祭文被认为是与祖先进行沟通的重要的文字，历来承载着神圣的使命。祭文的撰写不仅受到家族的重视，宣读祭文的人同时也被认为是家族的代表性人物。

最后是祭奠仪式后的聚餐，这是历代的文化传统。在叶氏家族，2016 年祭奠之后也举行了集体聚餐，2017 年聚餐时发生了新的变化，组委会将此次聚餐命名为“望公宴”，意在恢复古礼“以饮食亲宗族兄弟”。此次聚餐共设 83 桌，每桌 10 人。

（二）叶氏祭礼与松阳乡土文化

在中国文化传统中，祭祖是最盛大的家族庆典，是岁时生活的重要构成，同时也是基层社会自我秩序调整的重要方式。每逢岁时节日，人们就会在神圣的氛围中虔诚地奉献与叩拜，但中国人祭祖与西方人信仰宗教不同，它不仅是仪式行为，更是礼义的具象体现。中国人在祭祖过程中融入了自己对祖先的崇拜、感恩、怀念等复杂情感，人们通过跪拜、进献，确认了自己的孝子孝孙身份，开始承担起一份延续家族历史、传承乡土文化的历史责任。

1. 传承孝道，践行社会主义核心价值观

“孝的伦理观念是中华民族生生不息的重要精神基因，是中华文化的价值内核之一。”[①] 作为中国传统文化的基石和核心，孝道既是做人的准则，也是安身立命之本。孝不仅是百行之首，也是百行之先、百行之本。

无论是传统社会还是现代社会，对祖先的祭祀活动都是彰显孝道的神圣仪式行为。人们通过定期的祭祀仪式来表达自己对祖先的孝敬、对家族伦理的认同和坚守。古语云“祭祖以隆孝”，当代祭礼重建的外在表现形式呈现多样化，但作为精神核心的孝道伦理没有改变。孝道仍是塑造中华民族集体品格和个体人格的重要文化资源，对内是个体事功之源与修身之道，对外是治国之器、教化之本。

2. 重温亲情，促进团结和谐

地方社会是一个朝夕相处的人情礼俗社会，人们之间的相互关爱，有利于地方社会的团结与和谐。祭祖礼仪是凝聚族人的重要方式，是促进家族团结、社会和谐的重要途径。叶氏对血缘家族的认同促进了卯山祭祖礼仪的恢复和发展，而祭礼的实践又强化了叶氏族人对血缘家族的认同。一年一度的祭祖礼仪使得家族得以有效运转，也给叶氏

---

① 龚群：《传统孝文化的现实意义》，《人民日报》2015 年 4 月 29 日，第 07 版。

族人获得了彼此熟悉、交流的契机。他们利用祭礼的纽带作用，构建了家族共同体。由于家族成员之间先天的血缘关系，加之人们对血缘关系的认同，族人之间更容易建立彼此信任的关系，在情感上互相交流，也在生活上互相帮助。这样每个人都以积极的心态参与到祭祖礼仪中，不仅实现了家族血缘共同体的内部的团结，而且促进了个人心态的平和、心理的健康，也将大力助推基层社会的和谐发展。

3. 传承历史，加强地方历史文化建设

从文化的视角来观察，家族是一个充满生机的地方文化衍生体。家族历史的发展不仅是血脉传承的历史，也是地方文化积淀和延续的历史。卯山祭祖主要祭祀对象是叶氏江南始祖叶望，同时对叶法善、叶梦得、叶挺、叶剑英等叶氏名人进行宣传，并专门设置了童声朗诵叶氏家训的环节。这样的祭礼仪式是为了纪念这些对国家、社会做出重要贡献的人物，歌颂他们的历史功绩以及崇高的道德品质。对于叶氏家族来说，这些人是他们的祖先，具有血缘关系，而对于松阳地方社会来说，这些人都是地方名人，是地方文化孕育的结果，并深刻地影响了地方文化的发展。岁时祭礼对祖先和名人的祭祀与颂扬，不仅能强化叶氏族人的文化认同，也能强化地方历史文化认同，进而推进地方历史文化建设。

4. 强化社区认同，推进非遗保护

当代江南叶氏祭礼重建过程中，不断加大社会融合，在最大限度内利用地方文化资源，扩展祭礼的参与群体，将不同姓氏人群吸纳进来，努力打造地方文化名牌，实现该社区主体对地方历史文化的高度认同感和荣誉感。从 2016 年、2017 年祭祀活动的参与人数、地域覆盖范围两者均呈增长的趋势来看，卯山祭祖获得了江南叶氏族人的高度认同和参与。同时，需要指出的是，松阳本地的其他族姓人也参与到其中。2017 年祭祀活动中，月宫调乐队、执事人群、参加朗诵家训的小学生等都有其他姓氏的人参加。从参与主体上看，叶氏族人无疑是本次祭祀活动的主要参与群体，但是非叶姓人也积极地参与到了这次祭祀活动当中，发挥了重要作用。卯山祭祖获得了江南叶氏族人和松阳本地民众的高度认同，并进行了积极的实践。因此，江南叶氏祭祖的深厚历史文化底蕴，已被当代人所传承和使用，同时也已经成为叶氏族人及松阳本地人日常生活的重要组成部分。在当下生活中，卯山祭祖承载着传承孝道、重温亲情、传承历史、强化认同等重要价值，无疑是一宗重要的非物质文化遗产，应该得到大力保护和传承。

作为松阳地区传统文化的重要代表，叶氏祭祖不仅是叶氏族人寻根问祖的行为，也是松阳地区乡土文化传承的重要依托与载体。叶氏是松阳大姓家族之一，长期以来形成了尊祖重祭的文化传统。传统社会中，七十余座叶氏宗祠遍布于松阳大小乡村，成为叶氏族人岁时祭祖、凝聚族众的重要标志。20 世纪 80 年代以来，尚有三十余座叶氏宗祠依旧保存，并部分重修。近年来，在叶氏家族文化传承人、乡贤、地方政府等多方力量的共同推动下，卯山祭祖、桐溪叶梦得宗祠祭祖等岁时祭礼得以重建，并呈稳定发展趋势。

2016 年、2017 年的卯山江南叶氏祭祖庆典已经逐渐发展成为松阳地区影响最大、仪式最为隆重的庆典活动。卯山祭祖以叶氏族人为主要参与群体，又因“无叶不成村”“无叶不成家”的缘故，叶氏祭祖吸收了很多其他姓氏人群参与。同时因叶法善、叶梦得等叶氏家族名人的历史影响，叶氏祭祖已经超越了叶氏家族祖先祭祀的范畴，发展成为松阳地区重要的区域文化实践活动。因此，在日常生活中，江南叶氏祭祖礼仪承载着传承孝道、重温亲情、传承历史、强化区域认同等多重功能与价值，为松阳地区乡土文化的良性传承提供了重要保障。

二、祭礼与乡村社会治理

S 村位于浙江省南部，俗语云“七山一水二分田”，意思是 S 村地处丘陵，层峦叠嶂，70% 的面积是山，中间 10% 的面积是水，剩下 20% 的面积是平原田地，可用于种植水稻等农作物。由于特殊的地理原因，20 世纪 80 年代至今，S 村多半村民外出经商。

S 村是以南氏家族为主体的杂姓聚居村。其中，南氏族人分属一、二、三房，长期居住于 S 村南宅。历史上由于照管 S 村附近的田地，三房族人陆续迁至于此，慢慢形成了自然村落。后来，受地方行政划分的影响，这个自然村落被命名为 S 村，而原来居住在一起的部分族人（近三十户）被划分到另外一个行政村。

（一）南氏家族春祭简述

据《南氏宗谱》记载明嘉靖年间南炳烈说："乐成南氏，迁自洛阳，肇自南宗，迄今传世二十有三，支分派衍，了如指掌。始祖文陟公，自洛阳来迁，而始祖以前，查无所据。"[①] 南氏以南巘为始迁祖，亦称始祖。按家谱小传记载，南巘字文陟，号静斋，洛阳人。登北宋宣和进士，官徐州签判。靖康二年（1127），汴京沦陷，高宗即位于应天府。南巘勤劳王事，尽瘁斡旋。后来跟随宋室南迁临安，但不久临安又沦陷，君臣只好一路沿海南航。"公携家追随，不避艰辛"，一路逃难到此，"但无奈官卑年老，并为眷属所累，无力报效"。他看见此地"山水佳丽"，悠然心慕，告老归隐，高宗敕封"卫驾功臣"，至今在南氏宗祠中仍高悬"卫驾功臣"匾。

六世祖南遇福，字天兴，号古愚，年少时为"乡族所奇，长即豪迈"。成年后乐善好施，"时朝廷阙饷求金，公应命纳钱万贯，得授泉州镇江县尉"。于丁酉复归，南遇福见天下骚乱，仕途多险，决定不再当官，特向朝廷申请在白山净土，创建兰若，并得到赐额曰"延福"。南遇福卒至正九年（1349）三月十八，寿七十，葬小田岙。

自南迁以来，南氏家族已经经历了近九百年的发展，人口繁衍众

① 需要说明的是，文中所引《南氏宗谱》内容均出自 2001 年重修《南氏宗谱》，现存于南氏祠堂。

多，以浙江为中心，迁徙至全国多个地区。

作为家族存在的重要标志，祭祖是南氏家族生活中的重要组成部分。传统上南氏祭祖时间是三月初十。据民间传说，南宋中期，七里港有一位簪缨望族的太学生陈有谅，娶了名门钱氏之女为妻，钱氏随带龙山四亩林场陪嫁。此龙山四周松篁郁葱，溪流映带，是一块风水宝地，陈有谅夫妇亡故便安葬于此。

到了元朝至正年间，南氏六世祖南遇福慕白山风土之嘉，亦在此卜坟。陈、南两族都是当地望族，家世煊赫。陈氏家族每年春祭时间是三月初八，而南氏家族春祭时间是三月初十，两者相差只有两日。每到祭祀时间，人山人海，吹吹打打非常热闹。陈、南两家多是江边渔户，每当祭祖时携带海鲜到白山销售，顺便购些山货回去。白山三面环山，附近有近百个山村，盛产竹、木、石类物品及其手工制品，这些山货正是平原人们生产生活所需要的。清明时节，正值春耕前夕，家家户户都要添置农资农具，于是约定俗成，山区与平原经济互补，创立了一个历史悠久、客商云集的白山大会市，一直延续至今。

按照南氏家族“三房四村”的轮值祭祀传统，2015 年春祭活动由 S 村负责。这次春祭活动，以 S 村为主，兼及五板桥南氏族人。南宅祭祖本是南氏家族的内部活动，与其他姓氏无关。然而，在 S 村，由于历代家族通婚的缘故，南氏家族与村中其他家族在一定程度上都存在姻亲关系，作为南氏家族的姻亲群体，他们也愿意参与祭祀。参加 2015 年春祭活动的一位陈姓司机说：“我不姓南，我妈妈、奶奶都姓南，姓陈的姓南的都连在一起了。”①

1. 初九长孙“请太祖”

三月初十是南氏祭祖的正日子，族人们带着三牲供品前往白山墓地祭祖。但是南氏春祭活动在前一天已经拉开了帷幕。初九这一天的

① 被访谈人：CM。访谈时间：2015 年 4 月 28 日。访谈地点：南氏祭祖现场。

主要活动，俗称“请太祖”，又可称为“请佛”。这一年轮值 S 村举办春祭，他们要在初九这一天将容亭、香亭等一应祭祀物品从殿前村南氏祠堂请到 S 村。

早晨七点整，“请太祖”的队伍浩浩荡荡从 S 村村委会出发。长孙是整个“请太祖”队伍中最显要的人物角色。按照南氏族规，每次祭祖时要求长孙披红挂彩参加。长孙是该村辈分最低的男孩。长孙参与祭祖意在象征南氏家族血脉延绵不息，人丁兴旺。在 S 村，目前辈分最低的男孩只有三岁，考虑孩子幼小，出行不便，此次“请太祖”由他的爸爸，即上一辈的长孙代替。但是初十祭祖，长孙必须亲自参加。“明天轮不到他了，要他儿子。”[①] 长孙到了祠堂后，要将一个彩带缠绕的木箱背在身上，带回 S 村。

香亭来到 S 村村委会临时祭祀地时，众多妇女手持香烛，一拥而上，竞相将手中香插入香炉。她们相信“把太公请过来，拜一拜，保佑下一代读书聪明，能做官，平安”[②]。祖先赐福，佑护平安发达是此香的重要情感寄托。

2. 初十长辈祭太祖

大清早，南氏族人早早将各色祭品、器物准备停当，装在大小车辆上，等待吉时出发。六点半左右，由大小四十几台车辆组成的祭祀队伍在鞭炮声中驶离 S 村。走在车队最前方的是燃放鞭炮的车子，他们要在每一个重要的路口、桥头、村口燃放鞭炮。同时，为了表达心意，祭祀队伍经过自己门口时，南氏族人也会燃放鞭炮“接一下”，表示心意，也获得太祖赐福。鞭炮车子后面是装载香亭、容亭的车子，紧接着是铜鼓队车、小戏班车、大客车、面包车、私家车等。

（1）礼生执礼

南氏春祭“三房四村”轮值，每村都有一名礼生负责执礼。南氏

---

① 被访谈人：NJF。访谈时间：2015 年 4 月 26 日上午。访谈地点：南氏祠堂。

② 被访谈人：S 村村民。访谈时间：2015 年 4 月 26 日上午。访谈地点：S 村村委会。

春祭礼生历来由族内人担任，无需像婚丧等其他礼仪活动外请专门的礼仪人员。家祭礼生通常是村中德高望重且学识渊博的长者。S 村的礼生为 NXX，这一年七十六岁，是著名书法家、画家，曾有多幅作品获得省市级奖项。NXX 自幼时参加春祭活动，已历数次，在四年一度的礼仪实践中他已经习得祭礼的基本流程。但若干年前，当他要作为礼生负责执礼时，他还恭敬地向前辈礼生抄录祭文、三堂献等文字，并参照家谱进行研读，以求将家族历史和祭礼知识准确无误地带入仪式现场。

（2）长辈主祭

在南氏春祭仪式中，两个人的存在尤显重要：一是象征家族绵延万代的长孙，二是象征家族权威的长辈。长孙与长辈，一小一老披红挂彩出现在春祭现场，让南氏族人对血缘家族进行了再次认同。

按照血统的自然传承，南氏春祭中的长辈由村中辈分最高者担任。长辈无需参加初九的“请太祖”活动，但是必须参加初十的墓祭。在初十的仪式中，首先是长辈必须按照传统规矩穿着服饰。祭祀时，长辈身着黑色长衫，头戴礼帽，并系红布带。无论天气如何，祭服都不能更换。春祭队伍从白山下车，步行到墓地。作为血缘家族的代表，长辈首先整肃衣冠，态度严肃、虔敬地站在祖墓正前方，然后按照礼生喊礼的顺序，代表全族人向祖先行礼祭拜、进献牺牲酒果，完成血缘家族代表的神圣使命。

（3）三堂献与读祭文

按照祭礼传统，南氏春祭行三堂献礼，由主祭人逐一将祭品奉献给祖先，并由礼生宣读祭文。

（4）吃酒

墓祭仪式结束后，人们乘车回到 S 村“吃酒”。“吃酒”又可称为“上坟酒”“祭祖酒”，但现在人们更倾向于说“吃酒”，他们认为“上坟酒”不好听就不说了。[①]

S 村在村委大院前后共准备了九十桌酒席，当祭祖的车队回来时，酒席已经摆好，大家入席等待。按照村委会的安排，前边靠近戏台的地方，坐的是南氏长辈、外来族人代表以及重要嘉宾。

由于此次活动参与人数众多，且有很多外来人，S 村村委特意安排了支书作为主持人，以示郑重。

南氏春祭是家族祭祀活动，重点是家族历史传承，因而村委会特别安排 NSH 负责向族人们讲解南氏家族史，尤其是历代重要人物。NSH 是老书记，在村中德高望重，熟悉家族历史。他通过一篇长达两千字的讲话稿向南氏族人讲述了两方面重要问题：一是南氏家族的历史渊源、族人迁徙情况，其中重点介绍了重要家族人物的功绩。二是介绍 S 村的历史发展。S 村原本是一个闭塞的小山村，但是经过若干年的努力，如今的 S 村经济迅速发展，村民生活富裕，村庄环境得到极大改善，原来泥泞小路变成了水泥路，村民也用上了优质自来水，文化教育也获得了长足发展。归根结底，S 村的这些变化，是他们引以为傲的，同时他们也心怀感恩，“今日的祭祖饮水思源，我们决不能辜负党中央的英明领导，既不忘先烈所流的汗水、鲜血和所献的生命，又不忘始祖的润泽桑梓”[②]。在 NSH 的讲话中，始终强调家与国是不可分割的，家是国中之家，家的发展依赖国的发展。

（5）家族的景仰

2015 年南氏春祭活动，吸引了全国不同省市近百名外来南姓族人的参与，他们都不出自南宅，但是却不辞辛劳赶来参加活动。这些外来的南姓族人的组织者名为 NGY，七十余岁，江西人。几年前，一次偶然的机会了解到南宅春祭活动，出于对传统姓氏文化的热情，来到南宅。就是这一次偶然的到访，让他对南宅留下了深刻印象，并

① 被访谈人：NSH。访谈时间：2015 年 4 月 25 日下午。访谈地点：S 村村委会。

② NSH，2015 年春祭发言稿（打印版），2015 年 4 月 28 日。

将南宅祭祖的讯息传遍大江南北，吸引了越来越多的南姓人参与。NGY 对南宅祭祖印象有三：一是南宅祭祖历史悠久，元代以来未曾中断；二是祭礼形式遵循古礼，一直没有改变；三是祭礼规模宏大，参加人数众多，祭祀经费数额庞大。虽然江西南氏也有祭祖活动，但是规模、历史远不及南宅，他愿意将南宅春祭作为南氏祭祖仪式的典型进行推广，让越来越多的人了解南宅春祭，也参与南宅春祭。南宅南氏本是宋时河南南氏家族的一支脉，但是悠久的春祭传统，加之当代快速发展的经济背景，南宅春祭似已成为全国南氏家族祭之以礼的楷模。NGY 作为外地族人代表，特献锦旗表达对 S 村热情款待的感谢。

3. 十一“送太祖”

在S村接受三天供奉的太祖要在十一日上午“起驾回銮”。就像“请太祖”时一样,S 村负责将太祖容像等一应物品送回“太祖殿”。清晨，人们在鞭炮声中将容亭、香亭抬起，妇女们持香在门外恭送太祖。一路上彩旗飘展、鼓乐齐奏，人们护送着太祖“銮驾”回到南氏祠堂，结束了一年一度的春祭仪式。

（二）岁时祭祖与乡村社会

祭祖活动要想顺利进行，必须依靠强有力的组织者。为了使这次祭祖活动有序进行，S 村成立了临时负责组织——2015 年春祭仪式临时负责小组，分别由村委、老协和“头家”组成。按照当下村落管理方式，村委作为基层群众性自治组织，参与处理村中大小事宜。S 村村委由南、陈、葛、胡等姓氏组成，其中村主任、支书均姓南。村主任、支书一方面在村中担任干部，在村中拥有较高的威望，另一方面两个人都十分热衷于家族活动，能全方位调动村落资源，保障祭祀活动的顺利展开。

四年一次的举办机会，每个村落都想做得更好，组织者更是想尽一切办法调动资源，这个过程中也不免遇到困难。于是，便由村中德高望重的长辈以孝道伦理为由进行劝说，让所有人积极参与祭祖。这样把所有族人都充分团结起来，实现身份认同，其意义不止是一次祭祖活动的成功举办，更关系着村落的长久发展。

S 村村委全力组织这次祭祀活动，存在多重目的。一是延续家族历史文化传统，保证祭祀活动的顺利延续。二是对外进行村落宣传，打造 S 村的文化名牌。春祭活动虽是南氏家族的内部活动，但近年来，随着地方经济的迅速崛起，以及网络通信、交通的日益便利，外来参与人员逐年增加。2015 年外来人员数已超过百人，除了浙江省内南氏族人外，还有江西、湖北、福建、山东等地的南氏族人。面对这些外来人，S 村村委意识到这次春祭活动是他们进行自我展现与宣传的大好时机。就如村委大门上那副对联所说：游子思故乡循源远祖泽，羁旅念人文承脉溯立基。

综观整个春祭过程，S 村村委承担了此次春祭活动主要的组织管理工作，包括前期的四十万元经费筹集、全体村民动员场地布置，以及当天的仪式设计、外来人员的吃住接待等。在这个过程中，村委的角色是组织者，是仪式的领导者。支书、村主任作为 S 村南氏家族的代表人物，通过实际工作，向人们展示了他们作为南氏后裔应尽的责任与义务。同时，作为村委领导，他们在组织过程中，时而以南氏后裔的身份出现，时而以村干部的身份出现，存在一种微妙的平衡与张力。S 村中的一幅标语似乎表达了这个意思，“今日的幸福既不忘太祖美德的润泽，又不辜负党的英明领导”。可以说，在活动过程中，S 村村委具有双重身份认同，既是家族成员，也是村落管理者。他们通过传统春祭的当代传承实践，实现了历史文化传统与当下生活需求的良性衔接、国家基层治理与血缘家族延续的和谐并存与共促发展。

祭祖礼仪是具有悠久历史传统的民俗文化，既体现在外在表现形式方面，也体现在内在精神核心方面，但祭礼不是一成不变的僵化教条，它会随着时代的发展而不断得到更新。祭礼诞生于传统农业宗法社会，它要适应现代生活，其精神核心、表现形式以及社会文化功能都必须进行适当调整，使其成为展现当代人精神追求、建构良好社会秩序的重要方式。祭礼是中国文化的重要构成，不仅因为祭礼具有高度的展现力，更重要的是祭礼可以服务于生活，为生活提供助益。当代社会祭礼重建，不仅使个人获得了抒发孝道情感的机会，也为乡土文化记忆的传承、基层社会和谐秩序的建构提供了有力保障。

第六章　礼仪综合研究

在专题研究的基础上，回顾与总结专题研究成果，课题组认为人生礼仪的当代重建与传承研究必须把握几个关键问题。第一，宋代是礼仪实践的关键节点。宋代以降的家礼实践有着高度的社会价值，在乡村社会秩序的维系与礼俗生活的建设中，发挥着重要的作用，它对于当代乡村礼俗与文化重建仍具有重要意义。第二，“人情”构成了礼仪文化的关键语汇。人情是日常礼俗的精神基础，是社会聚合的文化表象，如何保持传统人情固有的优良善性，发挥它促进社会团结的特定功能，值得我们思考。第三，乡贤是礼仪实践的重要力量。乡贤是沟通社会上下层关系、宣扬主流价值观念和传承正统文化的重要媒介，应注重发挥乡贤以礼仪文化参与社会治理的重要价值。第四，高校应是受到重视的礼仪文化阵地，应注重培养、熏陶大学生对传统礼仪形态的认识和理解，加强高校学生对传统社会生活的理解，塑造高等学府的人文精神。第五，祭祀是慎终追远的根本。当代墓园作为公共空间，应该主动承担社会责任，传承公家祭祀文化和历史与社会教育的祭祀传统，以加强后人的历史认同、人格提升和社会和谐。

第一节　宋代以降的家礼实践与乡村礼俗重建

在古代中国，礼几乎无所不包，影响、浸淫至制度、器物、行为、观念等各个层面。“修身、齐家、治国、平天下”，几乎“无礼不立”。礼不仅是对大化流行之道的呈现，也贯穿于日用生活之中。所谓“形而上者谓之道，形而下者谓之器”，礼本于“太一”，而行于饮食衣冠应对进退之间。在传统礼仪的构架中，贯穿生命历程与社会生活的冠、婚、丧、祭、乡饮、相见诸礼显示了礼在人文内涵方面最核心的内容，《礼记·王制》云其为“礼之在民者”。古人对于礼的重视和殷殷致意并不止于著述、落实于实践的层面，关注社会秩序与礼俗生活，通过对礼的践行，最终生成一种与天道相符，并囊括个人、家庭、社会、天下的礼治秩序，才是真正旨归。对风俗进行品评与批评的观风问俗，对民众日常生活进行礼仪规范的移风易俗、化民成俗是古代至为重要的政治实践。历代政府和士大夫文人不断试图通过教化，对基层社会生活进行规范，将其纳入礼的秩序之中。

宋代士大夫以基层礼俗生活重建为目的的礼仪实践，影响尤为深远。其中，朱熹所撰《家礼》，以冠婚丧祭为纲，意在为士庶行礼提供指南，成为后世民间礼仪实践所遵循的范本。元明以来，以《家礼》为基础的文人礼书、礼仪指南大量涌现，参与到基层社会礼俗生活的建设之中。朱熹《家礼》以及随之而来的家礼撰作与家礼实践对当代乡村社会治理来说仍具有重要价值。

一、朱熹的礼仪实践与《家礼》

在儒家思想中，风俗是礼的秩序实现的重要一环。中国古代格外重视风俗是否淳美。文人士大夫通过对风俗美恶的品评，来判定社会的好坏。古代有帝王“采风”之制。汉代设有风俗使，分适四方，览观风俗。纠正当世之疵谬，指出向上一路，以辨风正俗、移风易俗，是这些风俗批评的共同特点。对风俗的重视，以及对风俗的批评，最终指向以礼化俗、移风易俗的实践。

历代士人以道自任，是以礼化俗实践的主动承担者。积极参与到基层礼俗生活的建设之中，这是“士”在中国文化史上一个值得注目的侧影。面对五代浇漓，以及辽、夏、金的环伺，宋代士人有着强烈的重建儒家理想秩序的诉求。无论是宋初士人对于正统的学术思辨，对“三代之治”的向往，还是王安石新学的制度重建，以及贯穿两宋的理学发展，当时的各种历史文化和思想活动都贯穿着一条主线，即儒家要求重建一个合理的人间秩序。宋学的各派都将以重建国家社会为目标，如何使社会秩序获得安定作为揣在心中的大问题。宋代士人从广泛的社会生活切入，以重建世俗化的儒家生活文化为旨归。一方面，宋儒强调风俗对于社会秩序的重要性，对于当时的礼俗关注颇多，对民间生活诸如嫁娶丧祭等不合于礼者多有批评；另一方面他们则致力于基层礼俗生活的重建，对民间生活进行礼仪规范与礼仪改革，使儒家的伦常观念与生活规范深入民间社会。对他们而言，风俗的厚薄关系着人心的正邪，治平之要不只在个人的内在道德，更迫切的是儒家生活礼仪的外在实践。

朱熹的礼仪实践正是在上述背景中展开的。朱熹一生热衷于礼仪的向下推行。他曾慨叹“礼不难行于上，而欲其行于下者难矣”，因而提议“取自州县官民所应用者，参以近制，别加纂录……锓板模印而颁行之州县。……而民庶所用则又使州县自锓之板，正岁则摹而揭之市井村落，使通知之，则可以永久矣”，并辅以讲诵教习、库藏祭器、制颁祭服、撰作礼图诸事，以在士庶生活中推行礼仪，重建基层礼俗生活。[①]他曾自述制礼之志，欲撷取诸家之说，撰写一本纲目清晰、易于遵行的礼仪范本，“使览之者得提其要以及其详，而不惮其难行

① 〔宋〕朱熹：《民臣礼议》，载朱杰人等主编《朱子全书》，第23册，上海古籍出版社、安徽教育出版社，2002，第3352—3354页。

之者。虽贫且贱，亦得以具其大节，略其繁文，而不失其本意也”。[①]

撰作《家礼》是朱熹礼仪实践的重要体现。《家礼》从世俗生活本身的改善入手，重新在冠、婚、丧、祭、生活起居、应对进退、饮食男女各方面，恢复礼之精神，将其所重视的儒家价值和伦理规范体现于人伦日用中，以达礼俗生活与社会秩序重建的目的。在朱熹之前，已有家礼、家仪、家范、吉凶书仪等指导礼仪实践的文本。然而，这些文本并不以指导基层社会的礼仪实践为目的，大多都是行用于士大夫之家的礼仪指南。朱熹所制《家礼》，无论是从写作动机，还是内容设置，都将对象真正扩及一般庶民，面向基层社会。

按《家礼·自序》所述，他编定家礼的方法原则是“独究观古今之籍，因其大体之不可变者，而少加损益于其间”。他主张古礼繁缛难行，今人不必尽从，制礼要能“只就今人所行礼中删修，令有节文、制数、等威足矣”[②]，使礼仪易为更为广泛的人群所遵循。在内容上，以通礼、冠、婚、丧、祭为基本构架，本诸《仪礼》，近参司马光、张载及二程等诸儒之说，并参酌时俗，因时制宜；在体例上，则文本附注相结合，文本叙述各项礼仪的具体进程，附注则对仪节、衣饰、视听言动、进退揖让等加以说明，或对相关问题进行讨论。无论是日常居家之通礼，还是冠婚丧祭之人生礼仪，都贯穿于个体的生命成长与家庭社会交往，既是个体生命的必经历程，亦是社会秩序的骨节，彰显人伦。《家礼》的设篇布局彰显了所载礼仪的连续性，以及之于基层礼俗生活的重要性。

具体而言，《家礼》在祠堂、祭田、深衣与宗法制度等礼制内容方面有着明显创发。通礼参考《司马氏居家杂仪》，是对日常起居进退应对的礼仪规定，强调祠堂的重要性以及家庭成员在家庭中的角色

① 〔宋〕朱熹：《跋三家礼范》，载朱杰人等主编《朱子全书》，第24册，上海古籍出版社、安徽教育出版社，2002，第3920页。

② 〔宋〕黎靖德编：《朱子语类》，王星贤点校，中华书局，1986，第2178页。

和责任，是对儒家家庭伦理关系的进一步申发。冠、婚、丧、祭之礼则因应时俗，对经典所载古礼做了不同程度的改动。如对婚礼的制定，《家礼》把传统“六礼”省并为纳采、纳币、亲迎“三礼”，并改亲迎之后的“三月庙见”为“三日庙见”。

二、朱熹《家礼》的传播与实践

朱熹《家礼》是一部未完成之作，草创未定，便被窃走，至朱熹卒后才出现，后经过弟子们的刊刻传播，才得以流传。尽管《家礼》尚不完备，但确立了新的礼仪文本范式和礼仪实践的方式。随着朱子学说的广泛流传，《家礼》经由士人的推崇与国家的认定，成为新的礼仪经典，并逐渐成为民间礼仪实践的重要范本，深入基层礼俗生活建设之中。

元代，程朱理学被国家认定为儒学正统，《家礼》也被规定为民间礼仪开展的参考。随后，经明代政府的提倡与推广，《家礼》逐渐被纳入国家礼典之中。明洪武三年（1370）正式颁行的国家礼典《大明集礼》有多项礼制承袭自朱熹《家礼》，如“祭祖礼制”“品官家庙”。洪武六年（1373）颁布的“家庙制度”则是依照《家礼》的“祠堂”而定。除此之外，明初庶人婚礼、皇帝神主、品官丧礼等礼制，均是以《文公家礼》作为仪制的主要依据。明成祖永乐年间，《家礼》颁行于天下；永乐十三年（1415）《家礼》被编入《性理大全》，颁布于学宫，天下学子皆要诵习。此后，明代各朝屡次有大臣上书重颁《家礼》，指导基层礼俗生活的建设。

南宋以降，关注礼教的地方官和士绅，在朱子学的影响之下，将《家礼》视为化民成俗的范本和民间行礼的指南。明清方志常见“冠、婚、丧、祭，悉遵文公《家礼》”的记述。朱熹《家礼》成为乡绅们规范自身与所在乡族行为的标准，也成为他们解释各种礼仪活动正统性和合法性的依据。《元史》载浙江大族郑氏之后郑大和事迹，称其“不奉浮屠、老子教，冠昏丧葬，必稽朱熹《家礼》而行执”[①]。郑氏家中礼仪均奉《文公家礼》而行，并编订《郑氏家仪》，作为家族行礼的具体指南。宋代以降，这样的家族不在少数。如明代宋诩撰《宋氏家仪》作为家族行礼的范本，也明确标明本诸朱熹《家礼》[②]。许多明清家谱都将《家礼》内容收录其中，作为家族礼仪实践的参考范本。明代以来，乡约组织兴起，用以规范乡里礼仪行为的乡约，也包含了“家礼”的成分。广东的士大夫编制了一系列有关礼仪的书籍，如明洪武年间唐豫编有《乡约十则》[③]，成化年间新会县知县丁积则撰有《礼式》[④]，嘉靖年间广东学者黄佐则编有《泰泉乡礼》。这些乡约都是以庶民社会为对象，虽然形式上是乡约，但实际上已包含推广“家礼”的内容。万历《新会县志》载丁积《礼式》是“遵高皇帝礼制及朱子家礼修举而正之”，黄佐《泰泉乡礼》在关于“四礼”的部分，明确注明“俱依文公家礼”。

明、清还时见《家礼》的踵武之作，这些著述以“家仪”“家礼”或“四礼”为名，延续了《家礼》的四礼格局和基本体例，在《家礼》内容的基础上，斟酌损益，修订改编，或加注解，或附辩说，或附图解，呈现民家日用常行之四礼——冠婚丧祭的具体仪节与礼仪内容，以资参考。知名者如明丘濬《文公家礼仪节》，清吕子振《家礼大成》、戴翊清《家礼会通》等，此外又有以“四礼”为名者，如明吕坤《四礼翼》、清王心敬《四礼宁俭编》等。

此外，随着文字在乡村的普及，有关家族和乡村日常生活礼仪的读本越来越多。这些礼仪指南以《家礼》为基本框架，更具地方性和

① 〔明〕宋濂等：《元史》卷一百九十七《孝友·郑大和传》，中华书局，2013，第4452页。

② 〔明〕宋诩：《宋氏家仪》，收入《北京图书馆古籍珍本丛刊》子部·杂家类，第61卷，书目文献出版社，1988。

③ 收入吴道熔原稿、张学华增补，广东文征编印委员会编《广东文征》卷八十一“杂文”，香港中文大学出版社，1973。

④ 〔明〕王命璇、黄淳等纂修：《新会县志》卷二《礼教》。

实用性，更加注重具体实用的礼仪知识的辑录，收录了与冠婚丧祭诸礼相关的各类知识。除了各种礼仪的基本进程和详细仪节之外，还包括亲属称谓、婚丧喜庆所用各种帖式的格式、祠堂和庙宇祭祀时的礼仪和祭文格式范本、各项礼仪活动中张贴的对联范例等，构成了一个系统、详尽的礼仪知识系统，便于实践者操作。如《四礼便览》、《家礼便书》、《家礼便册》或《家礼便览》之类的手册，流行于华南地区，至今仍行用于日常生活中。包筠雅（Cynthia J. Brokaw）对闽西四堡出版业的研究显示礼仪指南是四堡刻本的重要种类[①]。宋代以降，传播广泛的日用类书大多也设有"家礼门""四礼门""嫁娶门""丧祭门"等与家礼相关的门类，辑录上述礼仪知识。还有一些礼仪指南则专门辑录一种礼仪的相关知识，如现存于台湾的南宋刻本《新编婚礼备用月老新书》是专门的婚礼指南，所载内容包括婚礼仪节、对联、帖式、书启范文、歌谣、故事等，各种婚礼知识一应俱全。且具体内容极为详备，如聘定书启的格式范文罗列了姑舅、世婚、契旧、女先男、两姨、弟妹、师友、幼婚、宗姻、农工、再娶、赘、娶妾、取倡等各种情况。一些礼仪指南则专门辑录礼仪实践中的一类知识，如清代陈鸣盛所辑《家礼帖式集成》是对礼仪进程中所用的各类文书式样的收录。在实地调查中我们还发现了为数不少的礼仪指南手抄本，如《喜歌集》《礼文汇》《家礼簿》等。

宋代以降，与《家礼》相关的书籍数量相当可观。这些书籍、手册的撰写者、编订者或传抄者，除了一些载入史籍的士大夫之外，大多是籍籍无名的中下层文人，具有一定的知识素养，未走上仕途，或为中下层官员，长期生活于民间或与基层社会有密切接触，并享有一定的声望。这些里儒乡绅谙熟儒家礼仪，具有相当的文化自觉，在文本与礼仪实践、王朝礼制与乡村习俗中扮演着文化中介的角色，主导

① ［美］包筠雅：《文化贸易：清代至民国时期四堡的书籍交易》，刘永华、饶佳荣等译，北京大学出版社，2015。

着传统乡村社会的礼仪实践。他们应用所掌握的礼仪知识，参与到嫁娶丧祭诸礼中，引导礼仪的行进，在一些地方被赋予“礼生”的称谓。他们继承了朱熹的礼俗态度，一方面自觉地在礼仪实践中传递儒家礼仪的价值，另一方面也“因时而易”，维持地方固有的秩序和利益，尊重并吸纳地方习俗，找到礼俗的共通点。

三、乡村礼俗生活重建的意义

宋代以降的家礼实践有着高度的社会价值，在乡村社会秩序的维系与礼俗生活的建设中，发挥着重要的作用。在传统社会中，“皇权不下县”，朝廷直接任命的官吏最低只到达县级。传统乡村社会的日常运作具有某种自主性。乡村的社会生活的运行，以宗法制度为基本，以文化伦理教化为基础，依靠乡村精英来维系。礼仪的践行是乡村社会秩序维系的重要手段。家礼实践中所涉及的冠婚丧祭、生活起居诸礼，既关乎个体生命，也关乎家庭与社会。在人生历程的各个重要节点，如成年、婚姻、丧葬中，礼仪中的特定仪式伴随人们度过；同时，礼仪也通过对不同参与者的不同规定，表达着人们所处的社会体系以及身份和地位等。关于日常起居生活的各种细致礼仪规定，实则反映的是不同的社会关系。乡村伦理和社会秩序，在不断进行的家礼实践中得到申明与强化，并逐渐构成乡村社会最为核心的价值观和文化传统。在某种程度上，中华文明的绵延不辍，正是建立在这样一种乡村文化传统之上的。

然而自近代以来，在新旧转换的现代化进程中，随着西方价值观念与生活方式的蔓延以及传统文化的失势，传统礼仪曾经被视为旧社会、旧道德的代名词，遭到破坏、排挤。在大力发展经济的当下，全球化、商业化的冲击，文化交流的频繁，多元价值的激荡，以及传统礼仪本身的繁复，使得礼仪在社会中的应用机会越来越少。“礼仪”

逐渐单薄缺失，人的内心与宇宙、与自然、与文化相通的一套规则被破坏，人与人之间的纽带出现了断裂。伴随着各种变革与运动，传统文化不断受到批判，人们在断然抛弃旧礼仪时却一直没有建立起符合新时代的礼仪。近年来，传统乡土社会向现代社会的转型更为迅猛，原有的社会结构七零八碎，原本建立于乡土文化的日常生活和公共生活被打破，日常生活中的传统礼仪也随之崩溃。曾经在乡村礼俗生活建设中发挥了重要作用的地方精英与知识分子在当下乡村社会中身影罕见。传统价值观念与社会秩序的式微与崩溃，加上文化的匮乏，乡村的发展处于进退失据的艰难困境之中。当代乡村出现的种种问题，在某种意义上都可以视为“礼仪阙失”的后果。

上述困境越发凸显了乡村礼俗生活重建的重要性。20 世纪初的乡村问题研究者与乡村建设参与者，对此就已形成了相当的认识。如费孝通在《乡土中国》中以“礼治秩序”界说传统中国基层社会的特征，认为礼是社会公认合式的行为规范，乡土社会是“礼治”的社会，礼治在维持传统乡村社会秩序方面具有重要作用。[①]在《乡土重建》中，费孝通则进一步申明“礼的存在是中国社会结构的特质之一”[②]。梁漱溟的乡村建设则首先是建立在对乡村社会文化特性的认识之上，而礼俗是其所认为的乡村社会秩序所赖以维持的要点之一，在乡村建设的整体构架中强调重建乡村礼俗与守住乡村伦理的重要性。尽管传统礼仪形成的传统政治环境已不复存在，但传统礼仪在价值观念和行为习惯的层面上曾发挥广泛、稳定而持久的影响，对于当代乡村社会的文化建设和公共生活重建仍具有重要价值。对传统乡村礼仪加以研究、保护和利用，重建礼俗生活，恢复礼之精神，修复人与人之间的纽带与公共生活，再度寻回个体生命与社会的价值感受，建立起适合当下

① 费孝通:《乡土中国》, 上海观察社, 1948, 第 52—53 页。

② 费孝通:《乡土重建》, 上海观察社, 1948, 第 1—15 页。

乡村建设的礼仪与文化观念，才能使当下的乡村建设不流于浅层，而根基深厚，并与新时代的社会理想相得益彰。

尽管面临诸多困境，但是从家礼在当代社会的延续状况以及实践，我们仍然可以窥见乡村礼俗生活重建的可能性。朱熹《家礼》很早便流播异邦，声被日、韩，对整个东亚社会都产生了某种程度的不可忽视的影响。在今天的许多国家和地区，《家礼》所规定的礼仪与伦理规范，仍然发挥着维系世道人心的作用。在当代中国仍有一些碎片化的家礼实践。在调查中我们发现，在晋南一些地方，传统礼仪仍较为完整地行用于乡村。当地的“礼宾”群体，拥有系统丰富的传统礼仪知识，在婚丧中发挥着至关重要的作用，引导礼仪的行进。这些礼宾先生，与传统社会中引导家礼实践的里儒乡绅有着某些相似的特征。如他们大多具有一定的知识素养和社会声望，其中一些人曾是教师或政府工作人员，退休之后回到乡村，主动参与到礼仪实践之中。他们的传统礼仪知识通过师徒传承或是自我学习获得。对于传统文化和乡村礼仪，这些礼宾先生们有着相当高的文化自觉，并自发成立了“民俗礼仪文化研究会”，著书立说，开坛讲课，共同探讨传统礼仪。近年来，复兴儒家传统礼仪尤其是朱子《家礼》的实践活动频见于媒体。上述种种，都体现了家礼实践所承载的礼仪文化在当代社会的活力。

礼关乎现实生活，关乎个体、家、国。传统礼仪之所以能对中国社会产生持续深远的影响，源于其对于日常生活与日常实践的关注。宋代以降的家礼实践，因为对乡村礼俗生活的关注，以及为数众多的乡村精英与地方士绅的积极参与，深刻影响了宋代以来的乡村社会，形塑了宋代以来的乡村文化与价值伦理。沉淀、浸润于广大乡村社会之中关乎个体生命、家庭、社会的诸种生活礼俗，赋予传统礼仪文化以强大的生命力，使其可以超越具体的历史环境而延续。当下，保护传承乡村文化传统，重建乡村礼俗，培育新的乡村文化，对于乡村建设有着重要的价值。

第二节　“人情”与中国日常礼俗文化

“不行春风，哪有夏雨”，“千里送鹅毛，礼轻情意重”，民谚说的都是中国人的人情。中国传统社会是礼俗社会，在悠久农业文明滋润之下，重礼让，尚和谐，礼俗丰盈，人情绵密。中国礼俗文化是厚重的历史文化，同时也是负载着浓浓人情的情感文化。与此形成鲜明对照的是欧美社会，它继承了古代重商传统，人们交往权责计算分明，并以独立的个体结成法理社会,人们之间基本上没有模糊的礼俗空间。而重视集体人格的中国传统社会，它以礼俗作为文化规制，人情是传统社会的“王法”。在中国日常礼俗中,“人情”是一个极为重要的概念，人情在日常生活中无处不在。它既指行为，也指具体物件，更是一种观念。它与情感、关系、荣誉、礼仪与利益等有着紧密的联系。它是中国传统社会的胶合剂，也是当代基层社会依然生动传承的社会文化遗产。它既体现了民间社会互惠互助的结合原则，保有人与人之间的情感关怀与温暖，是和谐社会的重要资源；同时也是把双刃剑，处之失当，就会造成社会关系的庸俗与人情往来的负担。当今中国面临着人情传统的功利与人情畸变的局面，如何应对与引导人情关系的良性发展，是社会学、民俗学等学科亟须探讨研究的课题。

一、人情与中国传统社会

人情按照中国最初的词义是指人的基本情感,《礼记·礼运》:“何谓人情？喜、怒、哀、惧、爱、恶、欲，七者弗学而能。”七情源于人的本性，如果将这种基本情感作为理解他人的基础，那就是同情。这种悲喜与共的同情要让他人感知，就需要有一定的载体来实现情感的传递，包括语言、行为、物品等。由此，人情演变为人们之间的情感表达与情感期待，是人的情感流动，也是群体成员的互惠方式。人与人之间的关爱与互惠一旦成为文化习惯，人情也就成为情分、情谊、情面、交情的专有名词。[①]作为礼俗的“人情”，它具有内在情感关怀与外在的交际规范。民间流传有“人情大似王法”的俗语，这俗语说明了“人情”在礼俗社会的重要性。虽然“人情”未必有国家法律那样条款分明，具有威慑力与强制性，但民间社会对于人情的倚重与人情网络的绵密，以及中国人荣誉优先的“面子原则”，使“人情”表达成为民俗社会首要遵循的社交原则。在日常礼俗中“人情”处在主动与被动之间，如何通晓人情世故，熟练处理人情关系，是生活在传统社会之中的人们必须掌握的文化观念与生活技术。法国人类学家莫斯在研究波利尼西亚人的礼物时发现，日常礼物交换中存在一种必须回报的强制机制，这种强制是观念性的，人们认为礼物之中存在一种被称为 Mana（曼纳）的礼物之灵，这种礼物之灵与人的荣誉、财富、权力相关，它在流动中存在，如果终止，就会产生破坏力量。[②]人情虽然没有这般神秘，但同样是一种流动的情感力量。

“人情”如何成为中国社会普遍遵循的文化表象，滋生它的社会基础是什么，需要我们分析与理解。中国古代社会以宗法关系为主，自朝廷到百姓，贯穿着“亲亲”的伦理原则。中国传统社会的主要生产方式是农业，以土地为生产资料的生计方式，促成定居式农业的发展。依赖土地而聚合的人们，通常具有家族的先赋关系，或者在长期共处过程中形成村社聚落的乡土关系。在物质生产条件与宗法社会关系的共同作用下，朝夕与共的人们有着相互依存的精神需要与物质需

① 如《水浒传》第七回：“又送金子与俺，和你分了罢，落得做人情。”《一捧雪》剧：“这个玉杯，已是天大的人情。”

② 参见［法］马塞尔·莫斯《礼物——古式社会中交换的形式与理由》第一章，汲喆译，上海人民出版社，2002。

要，容易获得共同体的感觉，建立起互相之间的亲密关系。随着岁月的流淌，世代的沿袭，人们无论是情感上或是利益上都处在紧密关系扭结之中，“人情”就成为一种共享的文化资产，或者说是一种相互联系的含义丰富的文化象征，正如费孝通在《乡土中国》中所说：“亲密社群的团结性就倚赖于各分子间都相互地拖欠着未了的人情。”[①]

植根于农业宗法社会的儒家思想，适应着社会的需要，提出了完整的以仁爱为中心的价值体系，其论证的逻辑起点与终点无非是人情法则。忠孝是儒家的核心概念，人事的忠诚，基于家庭的孝道。“教以孝，所以敬天下之为人父者也。教以悌，所以敬天下之为人兄者也。教以臣，所以敬天下之为人君者也。”[②]亦如孔子在回答学生父母去世，为何要守丧三年的提问时说：小孩子三岁才脱父母之怀，所以要守孝三年，报答父母养育之恩。这是儒家对丧葬礼俗的经典解释，其解释的核心理由，就是父母的养育之恩需要报偿，这就是人情。在儒家思想中，家庭社会等基本关系处理原则，也是以伦理情感为出发点的，“父子有亲，君臣有义，夫妇有别，长幼有序，朋友有信”[③]，五伦是传统社会的五种基本关系，人们只要在日常生活中掌握“亲”“义”“别”“序”“信”等人伦原则，就能熟练应对这五种人情关系。儒家还推崇人际交往中的君子品德，即温、良、恭、俭、让，恭敬、谦让、友善、俭朴是人际交往的理想方式。其中“敬”得到特别强调，“敬其父则子悦，敬其兄则弟悦，敬其君则臣悦，敬一人而千万人悦”[④]。

儒家的礼义原则虽然是针对宗法社会等级秩序的维护而言，但由于儒家思想长期作为主流意识形态，它的思想权威笼罩整个社会，在“广教化，美风俗”的长期文化影响与政治治理之下，儒家伦理思想

① 费孝通：《乡土中国》，生活·读书·新知三联书店，1985，第75页。

② 《孝经·广至德章第十三》，《十三经注疏》影印本，中华书局，1980，第2557页。

③ 《孟子·滕文公上》，载朱熹《四书章句集注》，中华书局，2013，第263页。

④ 《孝经·广要道第十二》，《十三经注疏》影印本，中华书局，1980，第2556页。

渗入社会基层，成为人们自觉遵循的文化传统。“缘人情而制礼，依人性而作仪”①，是自古以来的礼仪生产原则，“人性有男女之情，妒忌之别，为制婚姻之礼；有交接长幼之序，为制乡饮之礼；有哀死思远之情，为制丧祭之礼；有尊尊敬上之心，为制朝觐之礼”②。因此上层社会的礼仪除了少数政治礼仪外，都可以俗化为庶民社会的行为规范。虽然大部分普通百姓没有读过儒家经典，但他们的言行灵活地实践着《论语》《礼记》《孝经》中的思想。生活的伦理传统，让中国日常礼俗充满了人情。这种饱含文化原则的人情，一旦升华、抽象，成为普遍文化传统，它就超出家族、乡土，成为普通中国人为人处世的态度。

二、传统社会日常礼俗的人情表现

中国传统社会大体上是休戚与共的人情社会，人情原则是人际交往的普遍原则。“送人情”“赶人情”“还情”是民间交往的常态方式。在当代日常礼俗中，尤其是在农村地区，人情仍然是最重要的文化原则。按照人情形态划分，中国社会的人情可分为日常性人情与仪式性人情，日常性人情是指日常生活中的人情往来，仪式性人情是指人生礼俗与节庆礼俗等重要活动中的人情往来。③日常礼俗中的人情包含日常性人情与仪式性人情两类，因为这两类人情在中国人的礼俗生活中有着密切联系。

在日常社交礼俗中，中国人强调人情表达，人情是礼俗的核心概念，礼俗语言、行为、物品馈赠等都是人情的具体体现。一般说来，在日常社交礼俗中遵循以下原则：

一是人情优先原则。俗话说“人情大似王法”，“人情物理四字，千古圣贤，离它不得”。人情是生活律令。人情与面子密切相关，在

---

① 《史记》卷二十三，《礼书第一》，中华书局，1959，第1157页。

② 〔汉〕班固撰，〔唐〕颜师古注：《汉书》，中华书局，1962，第1027—1028页。

③ 参见杨华《农村人情的性质及其变化》，《中南财经政法大学研究生学报》2008年第1期。

熟人社会里，人情是否练达，处事是否得体，关乎人的荣誉与尊严。在城市乡村，人们在日常礼俗交往中，既有日常的亲邻走动、嘘寒问暖的人情关怀，也有建房搬迁、店铺开张、庆生祝寿、贺婚吊丧等大事的人情帮忙与资助。在人们的日常生活与仪式生活中，人情无处不在，人情表达的形式多种多样：它可以是人的直接交流，“人情人情，人到就是情”；可以是礼物礼金，不拘泥多少，“千金不为多，四两不为少”，“千里送鹅毛，礼轻情意重”。人情不在于金钱的多少，关键这是一种礼俗，是必须尽到的。人情是一种文化约定，如果生活在特定群体中，与周边亲友乡邻没有礼俗往来，那就是不通世故人情。即时而得体的人情表达，既是群体生活身份的需要，也可获得人们的正面评价，有时宁愿舍财抱屈，也要获得人情声誉。如旧时北京市民有庙会组织者在花会活动中为了场面，不计成本，所谓“耗财买脸”，这时观众的一声“好”，就是给办会者捧场的人情酬报。

二是人情往来原则。人情存在的社会，往往是熟人社会，在这一社会中，人们遵循礼尚往来的古老人情原则。《礼记·曲礼》在强调道德情感之后，提出了社交礼俗的“施报”原则，“大上贵德，其次务施报。礼尚往来，往而不来，非礼也；来而不往，亦非礼也”。人际往来是相互关系决定的，施与报是一个稳定的群体之间的互惠行为，正如民间俗语所说的“人情似拉锯，你有来我有去”。它不仅是情感道德的交流，也具有特定时间内的资源流动与相互资助的社会意义。正是这样的人情相互亏欠与累积，传统社会才保持了它强固的内聚力。我们常说亲戚之间要多走动，否则就疏淡了，这里的走动就是人情的往来。民间还有一个俗语“远亲不如近邻”[①]，也是从人情的角度说的，

---

① 据孙锦标著、邓宗禹标点《通俗常言疏证》亲戚类，第二十一条“远亲不如近邻”下，元人秦简夫《东堂老》剧：“岂不闻远亲呵，不似我近邻。”《杀狗记》剧：“算远亲不如近邻。”《翡翠园》剧：“行商不如坐贾，远亲不如近邻”。参考孙锦标《通俗常言疏证》，邓宗禹标点，中华书局，2000，第156页。

亲戚关系疏远或者居住空间相距甚远，一般就很少有往来的机会，而街坊邻里虽无血缘关系，但朝夕相处，守望相助，自然免不了乡亲之间日常的与仪式性的人情往来。特别是婚丧大事，邻里是重要帮手，没有邻里协助，几乎不可能完成。这时人情显得特别重要。

三是人情贮备与增值原则。日常礼俗中的往来，强调施与报的互惠，但这种互惠不仅是预期的人情回馈，也是人情资源的贮备，是一种熟人社会长期共存的人情回报的期待。如民谚所说，“不行春风，哪来夏雨”，“人情到处放，遇难好收账”。日常礼俗中的人情，类似于一种情感的定向投资，按照礼俗社会的运行逻辑，人情的定向投放，具有可收获的预期，而且在未来日常性人情或仪式性人情的活动中，人情收获要大于当初的人情投资。《诗经 · 卫风》早有“投我以木瓜，报之以琼琚”，民谚亦云“你请人家吃四盘，人家请你吃八碗”，这是基于人情回报的补偿与增值原则。在民间，人们在日常性人情，特别是仪式性人情上，对于人情收取，都有清晰的记忆或文字记录（一般会留下收取礼金的账单），目的就是要在日后一笔笔地予以回馈，回馈的方式可以是金钱，可以是礼物，也可以是体力劳动，或者其他帮助。而且通常的礼俗人情回馈，是要超过当初自己收取的份额。比如张家儿子结婚，收到李家礼金 500 元，等到李家女儿出嫁时，张家就得奉上超过 500 元的礼金，如 600 元或 800 元。如果是等额回馈也可以，但总觉得在人情面子上不那么好看。送出的份子钱在数量上是模糊的，没有定数，但对人情的回馈一定进行过精确算计，以高出当初收到的礼金或礼物数量为原则。

四是人情表达的动态均衡原则。民间社会是有秩序的，这种秩序体现在各人明白自己在亲属网络或社会网络中的位置，以及在日常礼俗中应该有的可预期的互动行为。人们通过日常礼俗交往，依照亲属关系与社会关系的远近进行人情的适当表达。为了和谐人际关系，人们在日常礼俗互动中采用动态性的均衡原则。如作为外甥或内侄在与姑舅亲戚家进行礼俗往来时，他需要注意两个问题：一是对处于同一亲等关系的亲戚要同等对待；二是要以与同辈人大致相同的人情份额孝敬姑舅等尊辈。所以他要在礼俗往来的人情上与同辈人事前沟通，达成共识。如舅舅大寿，外甥之间要提前沟通，商量送多少礼金合适，即使张姓外甥经济条件好，李姓外甥经济条件较差，但张姓外甥在给舅舅送生日寿礼时，得考虑李姓外甥的处境、经济承受能力与情面，选择合适礼金份额。这种考虑他人感受的礼俗交往，贯穿的就是人情适度的均衡原则。当然这种均衡也处在动态调整中，比如，张姓外甥在从前人生某一阶段，曾经得到舅家特殊关照，而舅家目前又处在不太好的境遇，就可以给予舅家特别的人情馈赠。

五是人情流转的原则。在日常人际交往礼俗中，人情是可以流转的，这种流转通常依托一定的载体从两个方向展开。一个方向是特定群体内的礼物流转。如莫斯所说的礼物的流动，礼物始终在人与人之间流动，当然在流动过程中礼物会出现替代与变化，如潮州拜年礼中的“送大橘”，拜年客的礼物中必有两个大的橘子，主家一般收下这两个橘子，同时送给拜年客两个橘子，表示“共同吉祥”。有的拜年客就是在裤兜装两个橘子去拜年，拜完一圈回来，裤兜还是两个橘子，当然他也说不清是哪家的橘子（有人戏称这是年节期间的换橘运动），重要的是这样的礼物具有了丰厚的情感价值。青岛是由渔村发展起来的，在其传统礼俗中，有正月相互走动送礼的习俗，拜年客提着礼篮，篮内放馒头、饼干、水果等礼物，篮子上盖着喜庆的红布巾。走到一家，送上礼篮，主人取几种礼品，又添上几种，由拜年客带走。到下一家，又是如此，这样一个正月走完一圈亲戚，吃了一圈饭，带回家的还是一篮礼物，一件不少。而且由于篮子是盖着的，看不到里边的礼物，人家也不会攀比。这样的礼物流动实际上是人们感情的流动，也是关系的润滑，人情礼俗周到完满。另一个流转方向是代际的纵向传递，所谓“积善之家，必有余庆”。前辈人在日常礼俗交往中积累下来的人情，它不会随老人故去而消散，往往还会成为一种人情资产传递到子孙后代。我们在生活经验中常常看到先辈好友将对亡人的追念转寄到对其子孙的着意资助与扶养，这是中国人常有的人情传统。

在民间社会日常礼俗中，人际交往围绕着“人情”展开，这人情无论大小，无论厚薄，无论轻重，无论主动还是不得已，它都以上述原则伴随着人们的日常生活。

在中国民间社会的日常礼俗中，人情还是值得夸耀的资产。如果某家建房，自发来了一批乡邻帮工，或送来菜肴米面、礼金等，主人就觉得自已特有人缘。如果有婚丧大事，前来赶人情的人越多，场面越大，主家的面子就越足。“热闹”是日常礼俗追求的目标，添丁进口的诞生庆贺礼，新婚大礼、丧葬仪礼都以各种手段烘托气氛。人情在礼俗社会是获得荣誉的方式，无论是送人情的人，还是接受人情者，他们都通过人情的交往获得社会的积极评价。

三、当代日常礼俗中的人情的两极化与社会文化认同的忧思

当代中国正发生急剧变化，由农业社会转向工业社会、信息社会，传统的以人情为主导的礼俗社会正向以公共契约为主导的法理社会转移，社会结构正在发生重大变迁。在传统失序，新的社会规范尚未形成的时代，我们看到的一些传统礼俗正在发生急剧变化，这种变化有的是合乎逻辑地保留人情秩序内涵，而在形式上发生改变，但更多的是人情礼俗的畸变。当代中国传统儒家温情的面纱，正被赤裸裸的利益之剑划破。目前中国社会在人情礼俗上出现两极变化：

一极是快速的城市扩张与城市更新过程中，大中城市由于城市改造扩建，城市老街坊、老居民在拆迁中星散，熟悉的生活共同体快速变成陌生的社区。新型住宅区的居民大部分是城市的新移民，人们没有历史传承下来的共享的精神与生活传统。因为居民结合的时间短暂，

以及当代利益分散，城市居民大多成为彼此独立的个体，老死不相往来，比邻而居，并不相识，也没有相互关怀的情感动力与互惠的日常需要。因此日常礼俗的人情范围可能限于极小的家庭范围，人情礼俗自然淡漠。

另一极是县域以下的小型城市与乡村，人们依然生活在传统的人际范围中，大家彼此熟悉，传统的人情关系依然是生活的中心关系。为了维持彼此的关系基础，礼俗往来必不可少。但在人口趋于流动、人际关系波动与商品经济的刺激下，传统人情关系明显受到功利性因素影响，人情礼俗日益物欲化，本来是民间社会情感关怀与生活扶助的人情互惠，却变成了一些人收受财物的借口与机会。攀比性、炫耀性的人情消费，变成了普通人的人情负担。生活在小城镇的人年度随礼的频率与数量远远超过历史时期。我们从调查与观察得知，现在人情礼俗往来的名目繁多，搬新房、上大学、参军、订婚、结婚、生子、成年、祝寿、探病、丧葬、重要民俗节日等，都得随礼。礼金数目年年看涨。据调查，在湖北一个山区小县，一位基层公务人员，他的人情圈层有亲戚圈、同学圈、朋友圈、工作关系圈等，每年至少要参加30个左右的人情礼俗活动，每次礼金200或300元，一年送出的礼金在8000元左右。而其年工资只有3万元，人情开支占个人收入超过四分之一。按他的话说，人人都抱怨人情负担重，但还不得不送或收着人情。这种现象在中国小型城市与乡镇较为普遍。传统的礼俗往来与人情沟通，畸变为无奈的礼俗负担，它失去的不仅是人与人密切交流的情感关系，更是传统礼俗特定的团结社会的功能。

为了说明当代人情礼俗在社会中的实际存在情况，我们以问卷与深度访谈的方式，委托多人调查了吉林、山东、山西、甘肃、河北、重庆、湖南、福建、江西、海南等地人情礼俗变化的情况。收到田野报告11份，分布范围为大、中小城市与乡村。从总体情况看，人情仍然是人们普遍重视的问题，但以20世纪90年代末为界，人情属性有明显变化。在 20 世纪 90 年代末前，日常生活中的人情礼俗，基本是传统格局——近亲、近邻之间的日常往来与互助，人们以礼物、换工的方式表达人情。礼物以实物为主，实用、象征性强，较少现金馈送。20 世纪 90 年代末以后，日常生活中的人情礼俗发生重要变化，人情范围超出了传统近亲、邻里的格局，人情重心开始向非亲属非邻里方向转变，重视同学关系、战友关系与同事关系。礼物价值也随着物价上涨而上涨。现金馈送渐成为主要的送礼方式，而且数额越来越大。[①] 以重庆巫溪县下堡镇宁桥上街为例，这里有几百户人家，人际关系紧密。1997 年，当时办酒席的机会只有诞生、婚、丧、老人寿庆与乔迁五种，最少的礼金是 20 元。到 2000 年以后，办酒的名目明显增多，中年人开始办生日宴，生子的办满月宴，二婚也办婚宴，上大学有升学宴，酒席越来越频繁，送礼范围越来越宽泛，功利性考虑越来越重，人情越来越淡。在 2000 年，礼金最少 30 元，2006 年最少 50 元，2011 年以后，最少 100 元。这还是不很熟悉的人。如果是亲戚朋友，2003 年之前，一般家庭的亲兄妹之间最多 500 元，堂兄妹 100~200 元，普通亲戚 50~100 元；2006 年，分别上升为亲兄妹之间是 1000~2000 元，堂兄妹 500~800 元，普通亲戚 100~200 元；2013 年则分别为 1000~3000 元，500~1000 元，200~500 元。[②] 根据同样来自巫溪的另一份田野报告，巫溪原本是民风淳朴的人情社会，送礼叫“送人情”，还礼叫“还人情”。如果主家主办婚礼，是否送礼，还要问对方“受不受情”。除了互惠性的感情交往外，还有一种“惠弱小”“惠贫穷”的人情，如家里有人病重，家里就宴请宾客，以宾客的人气冲走晦气，宾客送来的礼钱属于纯粹馈赠。这样的人情交往，主要是构

---

① 参考贺少雅：《冀中平原农村礼俗往来现状调查——以河北省 Y 村为例》（未刊稿），2014 年 5 月；张聪颖：《城市居人情交往礼俗调查报告——以石家庄市裕华区石炼佳园社区为例》（未刊稿），2014 年 5 月；高忠严：《山西人情交往礼俗调查报告》（未刊稿），2014 年 5 月。

② 刘燕玲：《重庆巫溪县人情往来习俗调查》（未刊稿），2014 年 3 月。

建一种“情感”流转模式。但近年来随着社会的日益浮躁，人们利用“人情”敛财，巫溪的人情交往越来越趋向功利与世俗。巫溪民间流传着这样一首打油诗：“巫溪人民名堂多，一年半载不烧锅。大家都来办酒席，每个周末不休息。这个年代人精明，找钱方式很得行。拉块石头立块碑，亲朋好友请一堆。先人名字虽重要，关键还是为钞票。修间猪圈整两天，理由很好是搬迁。买个灶头就开张，烟花爆竹放两箱。今年才满四十几，做个大生要雄起。邻居有个一百多，自觉惭愧没见过。有些人的脸皮厚，一年三桩还不够。准备要办第四回，真想给你五大锤。你家办来我家办，张家结束李开场。恶性循环在上演，只为金钱不要脸。乡里乡亲不攀比，餐桌浪费伤不起。有事还照老规矩，相帮只帮丧嫁娶。”巫溪新的人情方式是“升学酒”，高考之后，不问成绩好坏，就办酒收钱，有人就此项得送几千元。这些现象引起了政府关注，巫溪政府2014年对公务人员采取了严格限制，收到一定成效。[①]巫溪的人情礼俗畸变，是当代中国乡村极端的例子，但也有相当的典型性。

在日常礼俗的人情淡化与物化的趋势下，民俗社会出现了认同维系的危机。以人情为主导的民俗社会，在人情与利益之间有一个主次的协调与平衡，虽然物质的互惠在人情礼俗中有着重要作用，但人们更看重的是人际关系中情感的沟通，礼物是载体，礼物的流动是情感关系的润滑。人们利用节庆、人生礼仪及其他日常礼俗的时机，显示群体内部的亲密关系与归属感。一旦这种以礼物为载体的人情往来，变成以礼物或者直接是礼金为中心的利益交换，人们关注的自然就会是礼物的分量、礼金的数量，而不是人情的价值。人们相互之间就不会说那是相互拖欠的人情，而是要权衡，我送出去的礼物能否有预期的回馈。因此，民间会有各种收礼的庸俗手法，最极端的例子是家里母猪下崽也要办喜酒，来客自然要随礼。在此种礼俗严重物化的情形

① 傅国群：《重庆巫溪县农村人情交往田野调查报告》（未刊稿），2014年5月。

之下，民俗社会出现了自内向外的瓦解。这种基层社会内部关系的畸变，是社会转型期的非正常状态。

人情礼俗作为传统社会形成的生活传统，在物资匮乏、缺少社会保障的相对固定与封闭的时代，依照传统人情礼俗惯习，在强固家族关系、稳定地方社会方面，有着积极与现实的意义。在极端个人主义流行的现代社会，一些人秉持以利益为最高取向的价值观，自然要抛弃传统的人情礼俗的文化观念，或者以庸俗的利益交换来败坏传统礼俗，造成人与人之间的诸多隔膜与冲突。在当代社会，我们应当反思传统的人情礼俗，重新评估传统人情礼俗在加强人际关系，和谐家庭、团结社会方面的功能价值。人生活在家庭与社会中，需要情感的抚慰、交流与沟通，在特定时期也需要有一定的物力与人力支持。特别是我们作为现代公民，不仅应该有对生活在身边的家人、邻里的关怀与友善，在日常生活礼俗中播撒“人情”，还应有“民胞物与”的情怀大爱，对他人不幸遭遇有同情与悲悯，选择节庆或其他特定时机，对需要帮助的人提供情感关怀与物质的资助。这是孕育形成于乡土社会的传统人情在当代社会的积极性的蜕变与新生。作为群居的动物，相互的情感依赖与生活过程中的相互需要，是人不变的社会本性与生存发展的条件，虽然现代社会有许多看似冷酷无情的法则规条，但在具体社会生活中，礼俗仍具有其特定存在空间，人们在社会中友善相处，将使我们的世界充满温情与和谐。

第三节　礼仪实践：当代乡贤参与基层社会治理的重要途径

党的十八届三中全会提出，全面深化改革的总目标是完善和发展中国特色社会主义制度，推进国家治理体系和治理能力现代化。全面深化改革必须创新社会治理体制。创新社会治理体制，是对于国家建设的新思想、新要求和新部署，将“社会管理”提升为“社会治理”，更加突出党委和政府主导下的多元社会主体共同参与、良性互动；更加突出源头治理、综合施策、标本兼治、健全机制。[①]创新社会治理体制更强调“双向互动”的过程，更突出“参与”的要素，强调社会力量的参与和人民群众的主体地位。[②]

乡贤人物作为重要的社会主体，在当代基层社会治理中积极参与，发挥了不容忽视的作用。中国传统社会是一个礼俗社会，儒家传统的伦理道德观念根深蒂固。尽管历经多次政治运动，加之当前社会的急遽转型，社会价值观逐渐多元化，并出现一定的“碎片化”[③]，但是调查中发现，传统礼俗仍然是当下人们日常生活的重要组成部分，其背后所蕴含的伦理道德观念亦未解体，仍然是约束人们行为、维持社会稳定的内在力量。当代部分乡贤正以传统礼仪为抓手，充分利用自身的社会声望以及基层组织的力量，将社会主义核心价值观以及中国传统文化中的优秀基因融入礼仪实践当中，以形塑基层民众伦理道德观念，调整村落之间、人群之间的利益关系，进而促进居民的良性互动、稳定基层社会秩序、推动村落自治，这正符合国家提出的多元主体合作共治的系统治理理念，对当前基层社会治理具有一定的借鉴意义。

一、乡贤的构成及其参与基层社会治理的传统

乡贤是中国农业社会的产物，关于乡贤的定义和构成，学界说法不一，多以精英、士绅、乡绅等名词加以笼统概括，但这并不能完全指代古代乡贤的构成。比如，有的研究者以清代的士绅构成为例，指

---

① 魏礼群：《积极推进社会治理体制创新》，载魏礼群主编《创新社会治理体制》，北京师范大学出版社，2014，第3页。

② 李强：《怎样理解创新社会治理体制》，载魏礼群主编《创新社会治理体制》，北京师范大学出版社，2014，第38页。

③ 胡宝荣、李强：《论社会主义核心价值观在社会治理中的作用》，《中国特色社会主义研究》2014年第2期。

出当时在地方社会居于领导地位或有重大影响的乡贤基本由士绅与平民两部分组成，其中士绅可分为中上层士绅和以生监为主体的下层士绅，平民主要由读书人、技艺人、商人和一般劳动者组成，其中以下层士绅人数最多。不过，总体上以士绅占主导性。[①] 对于当代乡贤的构成的探讨亦然，学者张颐武认为，现代社会存在两种乡贤："在场"乡贤和"不在场"乡贤。"在场"乡贤扎根本土，对农村情况了如指掌，能够通过自己的努力把现代的价值观传递给村民；"不在场"乡贤出去奋斗，却有着深厚的乡土情结，有了成就之后再回馈乡里，他们有的可能不在当地，但可以通过多种方式关心家乡的发展，用自己的思维观念、知识和财富影响家乡，有的愿意则以经济投资、技术回援、信息回馈、扶贫济困、助教助学等形式来反哺家乡。[②] 现在学界定义的乡贤，一般而言指的是农村中具有一定威望和能力的人，既有因品德才学为乡人推崇敬重的本土精英，比如优秀的党员干部、致富带头人、道德模范等，也包括在外求学、为官、经商的精英，还有一些在农村投资创业的外来精英。

中国自古即有乡贤参与社会管理的传统。在古代中国，国家行政管理的最基层单位是县一级，县以下的乡村治理主要靠本乡本土的饱学之士和贤达之辈——士绅，他们就是乡土社会的实际管理者，也是社会主流价值观和文化精神的守护者和倡导者。他们大多见过世面，视野开阔，思想开放，了解社会。有的年轻时在外为官经商，年老时回乡，其独有的才识和独到的见解容易得到村民的认同，独特的亲和力和人情味也较易得到"熟人社会"的尊重，从而带来一定的话语权，尤其是在调节人际冲突、凝聚社会资源、树立正面价值观等方面显得不可或缺。

---

① 参见余新忠、惠清楼《清前期乡贤的社会构成初探——以浙西杭州和湖州府为中心》，《苏州科技学院学报》（社会科学版）2003 年第 3 期。

② 郭超：《用乡贤文化滋养主流价值观：访北京大学教授张颐武》，《人民文摘》2014 年第 10 期。

我们看到，当代乡贤依然秉承着这一传统。当前，中国乡村社会正遭遇“两千年来未有之变局”，城市化快速发展，乡村出现“空心化”“老龄化”，价值观念逐渐多元化，传统文化与现代文明之间冲突不断。然而中国乡村社会结构并未发生根本改变，广大乡村依然是以家族和邻里关系为主体的温情脉脉的“熟人社会”，礼俗来往错综交织，人情互动频繁亲密。因此，社会声望仍然是衡量一个人的重要指标。乡贤作为当地精英，在村落中的话语力量不可小觑。所以，有些地方已经出现了一定规模的乡贤组织，比如浙江上虞乡贤研究会、广东乡贤理事会等，借乡贤的力量推动当地经济、文化、教育、公益事业等发展。而大部分农村地区虽由于种种原因尚未建设乡贤组织，但是村落内部依然自觉守护着乡贤文化传统,促进乡村社会的良性发展。

二、激活民间社会组织活力的尝试：山西闻喜民俗礼仪文化研究会的实践

我国在关于创新社会治理体制的理念中提到，要激活社会组织活力，发挥其在基层社会治理中的作用。山西省闻喜县民俗礼仪文化研究会的实践成为这一举措极好的注脚。

闻喜县位于山西省西南部，运城市北部，历史悠久，文化积淀深厚，有“后稷之生，豢龙之地，晋国旧都，宰相之村”之说。[①] 历史上名人辈出，春秋时期有不畏权贵、秉笔直书的史官董狐，西晋时有著名文学家郭璞等。其中仅裴柏村裴氏家族就出过高官、将军百余位，如历经唐宪宗、穆宗、敬宗、文宗四朝的宰相裴度等。民风淳朴，尚节俭，喜诗书，勤耕织，多礼仪，绳尺规矩，明晓大义。

近年来，随着现代化转型，乡村传统伦理道德观念正经受着时代的考验，维系人群之间以及村落之间的精神纽带也出现松动。当地乡

① 山西省运城市政协教科文卫体委员会编:《河东文史》第一辑,内部图书,2004,第 181 页。

贤看到了农村社会发展的潜在危机，他们以礼仪文化建设为切入点，利用自身的社会地位、声望资源和文化影响力，以积极主动的姿态投身到基层社会治理中。2012 年，闻喜县整合全县近 450 位礼宾先生，成立了民俗礼仪文化研究会。该研究会以传承优秀传统礼仪文化为己任，努力在乡村礼仪实践中弘扬传统孝道德行文化。之所以成立这样的研究会，是因为在当地人看来，闻喜礼仪文化有三个特点：一是礼仪文化细腻，保持完整，并具有很好的样本——境内裴氏家族所践行的就是非常传统的礼仪文化。而这种传统和氛围是其他县所没有的。二是闻喜的礼仪传统的文化含量高。当地有不少楹联村，村内很多人都能写会画，文化底蕴深厚。三是礼仪文化在当地人的德行教育中起到重要作用。当地红白事仪式非常讲究，仪式繁复隆重，教化意义强。当地人认为，仪式是严肃而有意义的事情，所以必须严肃认真、恭恭敬敬。[①] 经过礼宾先生们的努力，当下闻喜县营造出尊崇伦理道德的整体风貌，村落礼俗文化生活丰富，村风积极向上，社会和谐稳定。

作为一个社会组织，研究会建立了一整套制度。为保证研究会整体水平，切实发挥研究会在当地礼仪文化建设中的先导作用，研究会对成员的入会条件做出严格要求。参加者必须具备四个条件：第一，本人的德行要好。第二，要谦恭，说话文明，办事文明。第三，必须熟悉红白喜事等的基本流程和内容，包括诞生、成年、乔迁、婚嫁、丧葬等。第四，要会写相关礼仪文书。[②] 研究会会长 QSL 以他写的一副对联作为对礼仪先生的评价："博学多才，承孔孟礼数，演义民俗民风，功底匪浅；大器硕德，传鸿儒雅教，诠释乡情乡韵，造诣颇深。"我们在调查中发现，每一位礼宾先生都有自己的资料库，包括国家政策系列、民俗文化系列、礼仪文化系列等，以此培养起他们良好的文

① 被访谈人：QSL。访谈时间：2015 年 7 月 14 日下午。访谈地点：闻喜县 Y 村 QSL 家中。

② 被访谈人：WHY，闻喜民俗礼仪文化研究会会长。访谈时间：2015 年 7 月 14 日上午。访谈地点：闻喜县文化馆。

化素养和精神风貌。这些人上达国家政策，下通当地文化，再加入自己的文化理解和文字加工，为当地礼仪文化塑造了浓厚的文化品格。

在此基础上，闻喜民俗礼仪文化研究会紧紧抓住了孝道这个传统伦理道德的核心概念。正如有的学者所提出的，实现社会治理现代化，既要靠法治，又要靠德治，做到法治与德治相结合、二者并用。[①]而社会治理的根本在于对人的治理，人的治理的核心又在于价值观的塑造，即人心的管理。[②]

孝文化是中国传统文化的重要组成部分，从家庭中子女对长辈的孝，扩及社会上“老吾老以及人之老，幼吾幼以及人之幼”，再扩及对国家的忠诚，孝文化作为一种伦理道德规范，约束着个人的行为，在一定程度上协调着家庭、社会的关系，维持着社会的稳定。近代以来，随着当代社会的剧烈转型，孝文化价值体系受到了很大冲击，农村社会中小辈对长辈不尊、弃老嫌老的现象时有出现。因此，如何利用当代话语重建适应现代社会的礼仪文化，并维系良性的伦理道德观念，成为一些文化乡贤的思考方向。山西省闻喜县的礼仪先生 ZGX 就是在场乡贤在这方面做出努力的代表。

ZGX 是土生土长的闻喜人，自幼深受当地文化的滋养，作为一名律师，他一方面以正直负责的态度做好本职工作，另一方面因与生俱来和职业使然的正直态度，他时刻关注着乡村文化建设。在为一位耄耋女性辞世者写的悼词中，他首先以其德行来定论一生，说该女性生前“与人为善，心存大爱；广积阴德，成人之美；与世无争，敬业乐群；勤劳朴实，堪称楷模”，接着追述她在工作岗位和家庭生活中的功绩，提到“合作化时期，她以身作则，勤劳苦干……被县委县政府授予‘三超女将’称号，并向全县妇女发出向她学习的号召，成为

① 魏礼群：《积极推进社会治理体制创新》，载魏礼群主编《创新社会治理体制》，北京师范大学出版社，2014，第 3 页。

② 参见李强、胡宝荣《人心管理：社会管理的重中之重》，《河北学刊》2012 年第 5 期。

妇女学习的榜样。她支持丈夫积极加入党组织，带领社员壮大集体经济，发展生产，使粮、棉、油产量年年喜获丰收。……为支援三线建设，她踊跃报名，让二女儿奔赴第一线，为国争光”。在此基础上，认为该辞世的女性“所经受的艰难、苦难、磨难是十分罕见的，她的坚强毅力、信仰不倒的可贵精神，值得歌颂，她善良、博爱、理解、宽容、仁慈以及为他人做出的牺牲，齿德俱尊，无需渲染，无需修饰”。最后总结说，这位女性的一生“处处闪烁着人间大爱的美丽光环，时值践行、培育、弘扬社会主义核心价值观，无疑有启迪的作用”。从这篇悼词中我们看到，ZGX 从这位女性对国家、社会、村集体的贡献，对家庭的尽职尽责等几个方面表现出的高尚的德行做出了肯定，描摹出了一个伟大的传统中国母亲形象、一个标准的劳动模范和道德模范，并且与当前国家提出的社会主义核心价值观建设观念相结合，用普通老百姓能够接受的语言予以呈现，对普通村民是一次非常好的伦理道德和价值观的教育。

作为一位乡贤，ZGX 有着正直的品格，几十年来，他经手了很多重要案件，为农村普通百姓求取正义，赢得了乡民的赞誉。同时，他看到了农村变化中出现的新问题，意识到了自己的责任，为此他选择通过礼仪手段将传统的孝道观念融入进去，以此来教导村民，可谓是用苦心换良心。

闻喜民俗礼仪文化研究会中像 ZGX 这样扎根本土的乡贤还有很多，他们了解中国传统文化和当地乡村情况，同时又具有新知识、新眼界，很容易成为人们心目中价值导向的标杆和引导者，因而可以利用自身的人格魅力来影响周边的人，并通过村民易于接受的方式来宣传国家政策、传递价值观念和现代知识。

三、以家族文化促进村落自治的努力：以浙江温州南氏家族祭祖为例

家族是中国传统社会的基本单位，以祭祖活动为核心的家族文化

一直是凝聚中国村落共同体的精神纽带。但历经时代变迁，尤其是近代以来，由于社会结构和意识形态的变化，家族结构以及支撑其存在的祖先信仰、祭祖仪式等都受到了很大冲击。改革开放以来，虽然在一定程度和范围内有所复苏，但总体而言，家族力量在基层社会的影响仍呈现趋弱之势。费孝通先生说“从基层上看去，中国社会是乡土性的”[①]，人群是以血缘和地缘凝结而成相对同质的群体。但在信息时代，从土地上聚落而生的村落共同体，相较以前更为开放，人群流动更为频繁，人群之间不再像以前那样黏着在一起，对于很多人而言，乡土社会不再是“生于斯、死于斯的社会”[②]，在这种情况下，如何维持人群之间、村落之间的关系，凝聚合作的力量，考验着每一个生存在此和曾经生存在此的人。浙江温州南氏祭祖中的做法不失为一种努力，其中乡贤人物也起到很大作用。

南氏家族地处乐清市东南部，三面环山，一面向海，自古就有“七山一水二分田”的说法，因此经商是当地人的首选，人群流动很大。相较于郑氏、汪氏、叶氏等世家大族而言，南氏家族在当地并不算大，但据南氏族人介绍，南氏祭祖自南宋迁来至今未中断过。

南氏祭祖活动一年一次，举办活动的主要有D村、S村、H村、N村四个行政村，每个村子主办一次，四年一轮。祭祖日期为每年的三月初十，祭祖地点在白石镇，历史上因为南氏的祭祖形成了一个白石会市，会期十余天，如今已经成为当地重要的物资交流大会。因为涉及捐资筹款以及活动的具体安排等诸多事项，南氏祭祖活动从筹备至结束前后要持续几个月的时间。随着祭祖活动影响的扩大，现在已经发展成全国规模的南氏宗亲祭祖大会，每年从全国各地前来参与活动的南氏宗亲日益增加，如2015年的南氏春祭就有来自江西、湖北、河南、河北以及浙江省内其他市县的南氏宗亲近百位。传统的祭祖活

① 费孝通:《乡土中国·生育制度》，北京大学出版社，1998，第6页。

② 费孝通:《乡土中国·生育制度》，北京大学出版社，1998，第9页。

动已经超越了地域的限制和家族的范围。

当地利用祭祖活动作了很多有益的尝试。最典型的就是树立标杆性的乡贤典型，带动乡贤群体。在当地民众心中，因国学研究而蜚声中外的南怀瑾先生可谓是乡贤的典型。南怀瑾作为家族名人，在《南氏宗谱》中有传。传中记述，南怀瑾著作等身，为当代著名学者。他身在海外，但心系桑梓。1987年移旅香港后，为沟通对内地投资，发挥了经济桥梁作用。同年，捐资80万港币，与温州市有关部门建立南氏医药科技奖励基金会及东南农业科技奖励基金会，以表赤子之心。1988年秋，又提出了合资开发金温铁路的建议。[①]这些事迹在当地妇孺皆知。

当地利用南怀瑾先生的名望调动村民的集体荣辱感。2015年南氏春祭现场橱窗里贴着《南氏太祖贤孙——国学大师南怀瑾简史》，介绍南怀瑾的生平经历，包括幼年秉承家训、投笔从戎。其中特别突出介绍了南怀瑾的重要贡献，分别是促成"汪辜会谈"、推进两岸和平和投身文化复兴。同时现场还在显眼位置张贴着春祭捐资名单，对捐资人的功绩予以肯定，对其他族人也起到引领和示范效应。

在标杆人物的带领下，当地乡贤以各种形式积极参与到乡村的建设中。比如，NSK先生年轻时曾在外学徒，后在陶瓷厂工作。虽长期在外打拼，但是对家乡和亲人的深厚感情始终没有改变，多次回乡参加祭祖活动，并且利用其社会地位和资源为家乡的文化建设提供支持。再比如NH先生，他是一名媒体从业人员，出于对家乡文化的热爱，多年来他一直在搜集整理南氏家族和村落历史文献，并写就大量文章，宣传南氏家族和当地文化，在当地引起不小的反响，并引起历史文化和民俗文化研究者的重视。

由于这些乡贤人物的亲身参与，当地村落民众之间因为祭祖活动

---

① 浙江省乐清市南氏族人编：《南氏宗谱》，2001年重修。

凝聚起强大的精神力量，具有很强的家族荣誉感，对当地的经济发展起到了一定的带动作用。当地人大多从事工业生产，工业生产模式多以家族起家，族人带动。同时，当地人群流动性大，但是祭祖活动作为一种精神纽带，很好地勾连起各地的同宗人群，加强了村落的内聚性。此外，祭祖活动涉及的几个村落，虽都是南姓子孙，但相互之间也免不了冲突和纠纷，通过这个活动，村落之间形成一种竞争与合作的关系，维持着小区域的稳定局面。可以说，民众对于传统家族文化的传承和发扬，对于基层社会自治起到了很好的促进作用，可谓一举多得。

当代乡贤尽管未如传统社会中的士绅阶层那样形成一个显性的相对统一的社会阶层,但是他们在社会发展中发挥的实际作用不可估量。当代乡贤，不论是生活在本乡本土的在场乡贤，还是身在外地或出入于家乡与异地之间的不在场乡贤都具有强烈的家乡情结，并以自己的实际行动参与家乡的建设。他们以传统礼仪文化为途径，以参与和建设基层文化为己任，努力实现传统文化和当代社会发展的融合，能够促进基层社会的稳定和发展，实现社会良性治理。

第四节　高校传统礼仪文化教育的路径建构与实践

礼是中华民族的一种思维方式,一种行为准则。礼乐文化主“尊、敬”,体现人文精神,具有高度的社会价值。认识中国文化,有关“礼”的理解与教育非常重要。20 世纪 90 年代以来，随着“国学”复兴，传统文化教育也随之兴起,《国家“十一五”时期文化发展规划纲要》就提出:“加强传统文化教学与研究基地建设，推动相关学科发展。”2017 年 1 月中共中央办公厅、国务院办公厅印发的《关于实施中华优秀传统文化传承发展工程的意见》更是对其进一步的助推，传统文化教育已经并将继续成为高校教育的一个热点问题。传统礼仪文化作为传统文化的重要部分也自然备受高等教育的关注。如何构建高校传统礼仪文化教育的路径是我们需要慎重思考的问题。而“礼，履也”，传统礼仪文化是通过践行而体悟教育之精髓，因此“实践”传统礼仪文化教育的路径既是教育的践行，也是礼仪的践行。

一、高校传统礼仪文化教育的意义与价值

中国被誉为“礼仪之邦”，礼仪在传统社会生活中无处不在：诞生有礼、成年有礼、婚庆有礼、寿诞有礼、丧葬有礼、相会有礼、送别有礼、宴请有礼、馈赠有礼、岁时有礼、邦交有礼、祭祀有礼，传统礼仪形态丰富完整，是中国宝贵的文化遗产。“礼”作为中国传统文化的重要元素，对中国历史与社会生活产生过广泛而深远的影响，它曾经滋养了中国社会，培育了社会秩序与安宁。[①] 礼仪传统是经年传承的文化智慧、文化经验、文化实践和文化表达的综合体。

近代以来，中国文化环境发生重大改变，随着社会的持续发展与西方生活模式的进入，与中国人精神生活紧密相关的传统礼仪趋于淡化、改易或消失，而在当代全球化的背景下，应该与时俱进地根据中国特色的发展，恢复和弘扬一些传统的礼仪遗产，使“礼仪之邦”更加名副其实。[②] 重建礼仪传统有助于从内部塑造有德的公民，构建互相尊重的社会秩序。而高校作为培养社会未来建设力量的重要园地，如何在教育中构建恰当、有效、长远、深厚的传统礼仪教育路径是非常值得思考的问题。在高校中大力推进优秀传统礼仪文化教育的研究与实践，将引领民族文化传承与创新的时代新潮流，并能带动全社会

---

① 胡俊修、姚伟钧：《“礼仪之邦”：中国礼文化与社会和谐的诉求》，《学术论坛》2008 年第 6 期。

② 彭兆荣：《“礼”之体与“仪”之用：中国与世界的仪式人类学对话》，《云南民族大学学报》（哲学社会科学版）2013 年第 6 期。

酝酿出浓厚的优秀传统礼仪文化教育氛围。[①]如何将传统礼仪传承的重大问题具体落实到高校教育中则显得尤为重要。高校推广传统礼仪文化教育应在思想认识层面、具体操作层面及运作机制层面形成一个较为稳定的传承体系。[②]

首先，在高校中培养、熏陶学生对传统礼仪形态的认识和理解，有利于深化对中国传统社会礼俗生活、礼俗文化传统特性的认识，把握中国传统文化的核心，从而加强高校学生对传统社会生活的理解，为中国当代社会的人文精神的塑造、公共生活建设、实现民族文化认同提供切实的路径。

其次，教育本身就是形塑社会理想和优秀价值观念的过程，高校传统礼仪的教育能够在教育实践中实现礼仪传统与生活实践的深度互动。从不同的角度对“礼仪”这一概念进行发掘，有利于扩大和深化礼仪研究，更有利于推进传统礼仪文化教育，并在进一步的推广和实践中不断夯实基础。

最后，通过选择合适、有效的教育路径，对传统礼仪形态与当今社会礼仪实践情况的对比，再结合礼仪传承与实践的历程与变化特点，高校传统礼仪教育能为当代传统礼仪教育与民族礼仪规范重建提供重要的参考与合理的建议。

二、高校传统礼仪文化教育的路径建构

（一）完善高校传统礼仪文化教育课程设置与实施

传统礼仪文化的教育应该更多依靠通识课，采用专业课与通识课相结合的方式进行。在高校，有能力开设传统礼仪文化相关课程的院系应适当地增加相关课程。传统礼仪文化涉及的专业非常多，因此不同专业可以从各自优势的领域出发，使学生有机会获得相关的知识。

① 孙正林:《论高校传统文化教育自觉》,《国家行政学院学报》2014 年第 8 期。

② 史铁杰、余妍霞:《高校传统文化的传承现状及其对策研究》,《江淮论坛》2015 年第 2 期。

因为通识教育突破单一专业教育局限、追求人自身完整发展的理念与我国传统主流文化追求人之德行完美的价值取向具有内在一致性。因此无论是教师的组成、讲授的内容、教育对象都呈现多元共融的状态，非常有利于围绕传统礼仪文化为主题的教育实施，也容易获得比较好的效果。[①] 传统礼仪文化通识课应把中华传统礼仪文化拓展为中国文化、社会史、传统文献、田野调查方法、非物质文化遗产保护等课程共同构建的通识教育课程。以传统礼仪文献为基本的出发点，引领学生阅读经典，理解其内涵；结合时代的特点、社会变迁等去理解礼仪的构建、变化与发展；学习基本的田野调查方法，在当代社会生活中去认识、理解传统礼仪的当代形态；在非物质文化遗产概念提出后，传统礼仪文化的部分内容成为非遗保护的对象，此时又如何去理解传统礼仪文化的保护与发展问题。通过合理的课程设置和安排，以冠婚丧祭、岁时节日礼仪、社交礼仪等中国传统六大礼仪为主要内容，以经典文本、国家法典、文人笔记、家谱、日用类书、地方史志等相关文献为基本载体，通过对其中礼义、礼仪、礼器的介绍，让学生认识、理解传统礼仪文化的基本形态、变迁。

（二）多元拓展教育园地

高校传统礼仪文化教育不能仅仅限于课堂，而应该充分利用各种资源，构建多元的教学园地。为了更好地发挥传统礼仪文化对大学生的正面导向作用，高校应多途径、多渠道加强校园传统文化建设，努力完善大学生全面发展的内在要求，充分实现高校传统礼仪文化教育的价值与诉求。[②] 并在具体的教育教学活动中，充分挖掘传统礼仪文化教育资源，整合优化传统礼仪文化教育的手段，充分利用各种新兴

---

① 明国辉：《通识教育视野下的高校传统文化教育》，《黑龙江高教研究》2012 年第 11 期。

② 陆风：《高校传统文化教育的价值诉求与路径建构》，《江苏高教》2015 年第 1 期。

媒体、网络拓展传统礼仪文化教育的路径。[①]

首先，从单纯的文献话语理解到语境中田野调查的拓展。“授人以鱼不如授人以渔”，在传统礼仪文化教学中讲授田野调查方法无疑就是授学生以“渔”。田野调查有助于学生感性体验与真正理解传统礼仪文化的概念与范畴；了解传统礼仪文化的传承环境，认识其特征与功能;体会传统礼仪文化的价值、意义及相关课程的重要性。因此，积极地组织学生走向传统礼仪文化当代实践的情景语境的田野，把课堂教学和田野调查有机结合起来，一定会让同学们在调查过程中感知到传统礼仪文化的价值和无穷魅力。

其次，从传统礼仪文化知识的学习到潜移默化的习得。优秀传统礼仪文化不仅是活态的文化，而且是需要现代民众不断传承的文化遗产。传统礼仪文化知识的习得传承即是在潜移默化的情景中无意识地获得相关知识，进行传统礼仪文化的传承。传统礼仪文化知识性学习往往以理解记忆为主要手段，而潜移默化的习得传承则以参与展演或参与体验为主要手段。

最后，从单向知识习得转向多向的礼仪文化实践活动。传统礼仪文化的活态性、传承性理念启示我们，必须注重作为传统礼仪文化主要传承群体的大学生以往观众或听众身份的改变，大学生已经成为整个传统礼仪文化的参与者或传承者。应结合课堂展示、田野作业，呈现传统礼仪修持的特性、传统礼仪实践的面貌、礼仪与现实生活的关系，让学生在课堂上形象化地体验、认识、理解传统礼仪文化。

（三）整合多元灵活的传统礼仪文化教育队伍

在高校传统礼仪文化的教育中，教师绝不仅仅是传统礼仪知识的讲授者和输出者，而是知识的多元传授者、引导者与践行者。因此高校传统礼仪文化教育的路径构建还要多元整合，灵活组成教育队伍。

---

① 郭学利、高红梅:《传统文化教育与大学生核心价值观的构建》,《内蒙古师范大学学报》(教育科学版)2013 年第 7 期。

第一，教育队伍构成角色的多样化。高校传统礼仪文化教育内容丰富且复杂，强调的是学生对传统礼仪行为和理念的理解，因此，不仅仅需要各专业的授课老师，还需要高校辅导员、团委等相关的老师参与。

第二，教育队伍的灵活整合。传统礼仪文化的教育需要多学科知识的结合，也需要灵活多样的教学方式和内容。因此教育队伍也应该灵活地整合，将学校内部各种相关专业的老师整合起来，有计划而又灵活多样地安排课程、活动、讲座。还可以广泛地与校外各种教育资源合作，借助相关文化单位、组织、群体的力量一起完成高校的传统礼仪文化教育。

第三，教育队伍的多层次化。传统礼仪文化既是一种知识，也是行为养成与实践，更是需要传承与发展的文化。因此高校传统文化的教育仅仅有学校课堂教育是不够的，还需要教育者与学生一起参与各种传统礼仪活动，走出校门去践行传统礼仪文化。同时，教育队伍既要有专门的传统文化的研究者，也需要有专门的时间和精力经常与学生互动的教育者，还需要在实际工作中经常接触到传统礼仪文化相关知识的各类专业人士。所以，高校传统礼仪文化的教育队伍要有一个清晰的层次划分，各层次扬长避短，互相合作。

三、高校传统礼仪文化教育的实践

高校传统礼仪文化教育的学生和教育者，应该将身份定位为传统礼仪文化的实践和传承者。教育者在传授知识的基础上，积极组织作为传统礼仪文化传承主体的学生参与到各种传统礼仪文化实践活动中去，最终实现传统礼仪在生活中的传承与发展。而学生则从传统礼仪文化的接受者向传承者转变。在过去的传统礼仪文化教学中，学生往往作为文化知识的接受者，是整个教学活动的观众或听众。这种教学客体化的理念深度限制了传统礼仪传承群体。当代大学生完全可以作为传统礼仪文化传承者参与传统礼仪文化活动，并在活动中享受传统礼仪的情感道德熏陶和艺术感染。大学生作为未来社会的文化接班人，如果能在学习过程中认识传统礼仪文化的价值和意义，习得其遗产资源，在未来就可以为传统礼仪文化传承和保护，甚至可为整个民族文化的传承和保护积累巨大的能量和资源。近年来，高校传统礼仪文化教育实践出现了可喜的创新与发展，进一步丰富发展了高校传统礼仪文化教育的路径。

（一）静态的课程与动态的实践教学相结合

随着各高校对传统礼仪文化教育的重视，相关课程也在各大高校陆续以选修课的形式、通识课的形式，或者以网络课程的形式渐次展开。

以清华大学为例。清华大学对传统礼仪有非常深入的研究，对传统礼仪文化教育也非常关注，强调以研究带动教学。清华大学的传统礼仪文化教育以清华大学中国礼学研究中心为研究依托，以著名的礼学研究者彭林教授为带头人，面向整个清华大学开展传统礼仪文化教育，并以网络为依托面向全国高校进行传统礼仪文化教育。以“中国古代礼仪文明”课程为例，该课程 2001 年春季在清华大学开设，深受学生欢迎，每学期选课人数大大超过限额，2008 年被评为北京市和国家精品课程。[①]2013 年该课程作为网易网络公开课在网络开授，共 19 集，通过大量的文献材料，讲授中国古代礼仪文明的基本框架，建立中华传统礼仪观念的过程，以培养学生人文素养，使其建立良好操守,并在生活中践行中华传统礼仪。该视频课程既注重于传统文献，同时又生动灵活地将传统文献与现实社会相结合，既有文化深度，同时生活气息也很浓重，能够吸引听众。由此，经过实践教学的传统礼仪文化课程被清华大学从校园推向了网络，让更多的人能够认识、了

① 彭林、顾涛:《大学人格培育之路径探索——以清华大学“中国古代礼仪文明”课为例》,《中国大学教学》2012 年第 6 期。

解传统礼仪文化。另外，除了课堂教学，清华大学传统礼仪文化教育还非常重视礼乐推广，通过一日一礼、礼乐研习班、礼乐文化教育培训等形式展开礼仪文化的实践。

各大高校在传统礼仪相关教学的过程中，也都在尝试通过寻找适时的机会或者专设固定的时间进行传统礼仪文化的当代实践，并通过校际合作更好地整合资源，同时还以实践成果建立动态的传统礼仪文化教学数据库并运用于教学。例如，2017 年清明节期间，由华东师范大学牵头，包括北京师范大学、中山大学、华中师范大学、山西大学、山西师范大学、江苏大学、贵州民族大学、湖北民族学院、河南大学、南京农业大学等十六所高校和科研文化单位参与的“追思先贤风范，传承大师精神”，就是很有意义的传统礼仪文化实践活动。

（二）开放地利用传统礼仪文化活态资源

以往的传统礼仪文化教学内容往往是围绕相关教材讲授整个传统礼仪文化的学科体系，新形势下的传统礼仪文化教学内容不能局限于传统的教学模式，而应该以更开放的传统礼仪活态资源作为教学内容。教师要把视野投向更为广阔的世界，利用各类学习资源丰富教学内容。如博物馆、展览馆、中小学、科研机构、社区服务机构等都可以成为师生利用的资源，让学生通过参观、访问、讲座、讨论、见习、实习等途径来扩大教学内容的“广度”。师生还可利用相关的文化网站、公共数据库等网络资源的信息共享来进行资料收集和学习。

目前，不少高校有针对性推出的公众号，既是传播知识的途径，也是实践传统文化教学的平台。师生互动、线上线下，活力十足。其中有北京师范大学社会学院民俗学与人类学系推出的“北师大民俗学”公众号、北京师范大学文学院古代汉语专业推出的“章黄国学”公众号、华东师范大学推出的“民俗学”公众号、山西师范大学文学院黄河民俗研究所推出的“晋善晋美”公众号、广西师范大学文学院民族文化与民间文学教研室推出的“岭外风雅颂”公众号等，都是以高校相关学科为支撑，以传播传统文化、民俗文化为己任的。亦庄亦谐，轻松活泼的公众号，深受师生和社会各界人士好评。

以广西师范大学文学院推出的“岭外风雅颂”公众号为例。“岭外风雅颂”在2016年广西“三月三”期间创刊，设有岭外风云、岭外风谣、岭外风情、学术活动四个栏目，专注于介绍、推广以广西为核心区域的民俗文化，关注用户已达千人，推送文章100余篇，并有北师大民俗学公众号、民俗学论坛公众号、桂林旅游局官方公众号等转发相关稿件，具有一定的影响力。该公众号不仅是一个传播知识的平台，同时也是研究生、本科生参与传统礼仪文化实践的平台。2016年暑期，公众号举行了面向本科生的“说故事的人”征文活动，学生通过自己的实际考察对各种家乡传统礼俗有了更深刻的认识和理解，并通过自己的方式表述出来。研究生、本科生的各种与传统礼俗相关的田野调查活动也不定期在公众号刊载。“岭外风雅颂”已经成为广西师大文学院传统礼仪教育的一个重要园地。

（三）丰富多元的教育队伍

以往的传统礼仪文化教学一直侧重书面知识的传授，而当代高校传统礼仪文化教育，应该突出传统礼仪实践语境中的活态的展演方面的教学内容。平面的传统礼仪文化知识在学生平时的阅读中完全可以掌握，而在课堂上应尽量让学生领略到鲜活的、立体的活态展演，以便更能让学生在实践中了解传统礼仪文献的原貌、领略传统礼仪文化的丰富内涵和鲜活魅力。例如各大高校推出的诵读经典系列活动、汉服毕业仪式的活动等都是传统礼仪文化在高校的活态展演。在这种情况下，阅读只是传统礼仪文化教育的一种手段，更重要的是在仪式展演中去体悟文化精髓。而再仅仅以教师为教育者就远远不够了，所以可以整合相关社会人士参与到教学中来，例如茶艺师、汉服制作者、非物质文化遗产传承人、当代仪式专家、吟诵专家等。以课程设置为核心，灵活地整合教育队伍将有助于高校传统礼仪文化教育的深化。

以成立于2007年的北京师范大学南山诗社为例。该诗社虽然是一个致力于古典诗词吟唱的学生社团，但其整合了北师大文学院强大的师资力量和积累丰厚的教学研究实力，成为学习、传播传统礼仪文化的重要平台。除了吟唱教育资源,南山诗社还整合了各类乐器专家，汉服专家和制作者，礼仪专家，化妆、服饰专家，并与文化单位、中小学广泛合作。这样灵活多样的教育队伍的构成无疑大大加强了其对传统礼仪文化的传播与教育。

总之，高校传统礼仪文化教育的实践要结合课堂教学与课外的传统礼仪文化实践活动，拓展理解与认识。切实评估当今社会的礼仪实践情况并将其与传统礼仪形态进行比照，探究演变的历程与原因，在此基础之上，提出有关传承与发展传统礼仪文化的方式，有利于探讨如何进行传统礼仪文化的教育，以传统礼仪文化形塑“人文精神”。

第五节　从墓园祭祀延续儒家“仁”道教化——兼谈马来西亚华人殡葬的礼仪传承

祭礼包含两个层面的意义，一是外在的表现形式，二是内在的文化内涵。文化内涵依赖于形式的存在,同时也丰富了形式的价值与意义。

一、祭祀：实现慎终追远的根本

在儒家来说，“仁”是构成思想体系的重要概念，被视为五常之首。《论语·颜渊》记载樊迟问仁，孔子说是“爱人”,《国语·周语下》有说“言仁必及人”,《说文解字》解说“仁，亲也，从人从二”，可见，所谓“以人为本”说到底即是以“仁”为本，这才合乎古人的思路。如此延伸思考，既然“二人为仁”，对任何主体而言，他人终有一天必然死亡，也即意味主体与他人在世上互相行使的“仁”之关系都属短暂性质，都会永远消失，主体于他人亦复终归如此。这样一来，只要同意“仁”是以人心为载体也是从人心出发，又承认所有人先后都会死亡，就不能不引申出对“仁”的探讨：它到底是不是仅仅存在于“我”个人的信仰中？抑或它只是限于一生一世的人心？又或者“仁”是超越时间与空间的存在？这对个人生命来说，是如何维持仁道、为何维持仁道、能否维续仁道的考验。

严格来说，儒家的答案其实也很“宗教”。随着《诗经·大雅》以及《中庸》的流传，儒家已经总结出“上天之载”的设想，儒者相信天命，也相信天命与人心可以相互贯通交感。其理念由后儒继续发展，如张载《张子正蒙·天道篇》即主张“上天之载，有感必通”[①]，说到底还是把人心与天命视为可以互相对应结合，由此也就可以把“仁”的态度行为视为与天理一贯，主张“仁”既是超越人心又是内在于人心的价值理想。如此，对死者的情感也因此可以从“仁”的超越性与内在性得到肯定，确定其不朽与传承的必要性不会因死者的消失而消失，由此亦能推论出纪念死者的必要与合理，并且还要能将之延续与传播。这既是纲常的传承，也是儒家基本思想的传承。

养生送死，此日常生活之大事也。尤其是生离死别，是日常生活所常见所常闻，但一旦涉及人们心中最后对死者如何定位，就变成非比寻常又必须正常处理的大事。儒家判断个人应对死亡的心态行为正常与否，以至判断他人对待死者死亡之态度行为正常与否，常以纲常观念作为标准，事实是以处理生死大事是否合乎“仁”作终极判断，由此也就表现为把丧事办成“丧葬礼仪”的重视。“丧”要成“礼”，目的是要确保生者与死者的关系能继续合乎“仁”的内涵和表达，因此也能够让亲友之间继续散播与传承“仁”的意识。这样一来，在儒家丧葬礼仪之所以有意义，就是因为它要求礼仪习俗之中的每一步骤或细节必须有规范也有内涵，目的在通过礼仪去传播仁道的教导，从

---

① 〔宋〕张载:《张载集》，中华书局，1978，第15页。

丧葬礼节的过程与细节召唤大众肯定自己与他人心中有“仁”。曾子的总结即是“慎终追远，民德归厚矣”[①]。

可见，在古代儒者的理想中，儒教之存在与否，并非表现于殿堂上的沐猴而冠，也并非表现于腐儒眼中的科举功名，而是表达在人们正常的生活之中，通过日常生活的实践体现出来。所以人类日常生活的本态便足以告示每个人何谓之“人”，个人肯定亦可以从自身的日常生活体验到“人”不仅是生物化学定义上的有机体，也拥有文化人、社会人、历史人的身份。人之异于禽兽，是人的思想与记忆能累积与传承各种知识与价值观念，以及由此构成文化，并建立起对前人的感恩和肩负起对未来的责任。个人如何对待死者，涉及个人如何看待自己与别人，也涉及个人如何处理死者留下的人际关系。活着的人如何对待死去的他人，其态度与行为是落实在自己的生命过程中的，表达出这个人对于纲常观念以至整个文化传承的内化与实践程度。这又是对于人的考验。

可是，在现实生活中，各人传播和继承先人文化意识的能力、认识与程度，其实总是参差不齐，或者此中还有些人的所作所为，可以成为反面教材。

继续说下去，死者的死亡从来不只是死者个人的事，也关系到死者直接或间接的社会关系。死者留给活人什么？活人如何对待死者？都是在实践层面上传达社会意识，一旦忽略其实践的形式与内容，又会影响纲常观念的正当表述与正常存在。在《论语·乡党》中，孔子朋友死后没有亲属负责遗体的殡葬，大家担心死者“无所归”，孔子便主动建议“于我殡”，可见他懂得殡仪，也把殡仪视为仁道的义务。儒教影响下的华人殡葬之所以会重视死者“盖棺定论”与“哀荣”，并强调家属应当怀抱“节哀顺变”的心情，显然是有个不让死者“无

① 《广注论语读本》，上海世界书局印行，中华民国二十年（1931），卷一，页三。

所归”的前提，将个人死亡视为照顾死者最后归属、维护社会纲常正常化的重要环节。孔子在《论语 · 子罕》中还说过：“出则事公卿，入则事父兄，丧事不敢不勉，不为酒困，何有于我哉？”这段文字中提到人事经验的三大范围，其中之一就是处理丧事，而孔子自己是不敢不尽心，能做到不失分寸，也不会为了喝酒而误事。从语意脉络，孔子重视的殡葬内容并不属于操作或技术层次上的问题，他是思考着如何从处理殡葬去成全仁道，包括确保纲常理念的正常传播与继承。

由此而言，中华文化主张人们以“节哀顺变”的心情面对亲友殡葬，其所要求于生者的心情基础，既是要求生者感情真挚，又是要求生者能有效地调节情志。“节哀”是由于人们先设地意识到“纲常”在人心中的真实感和永恒性，因此死者消失于“我”自己的日常生活，并不等于切断“我”原来对死者的认识与感觉。这即是主张实践文化与伦理价值必须从具体的个人心情出发，去体会支持着人们感情与关系正常运作的伦理系统，以伦理关系的情感的内化与表达去感受死者在“我”的生活经验是不以死者生命时间为转移的真实与永恒存在，从而也肯定人际关系的实在与永恒。

就基于人际以“仁”为旨，所以生者对往后的日常相处再也见不到死者产生哀伤，是正常的；生者考虑到死者对生者一贯的期盼，以及自己对其他人还有义务，必须节哀保护身心，也是正常的；生者更要意识到所有人事关系和涉及的社会资源都会由于死者离去而出现变数，所以要能“顺变”，确保生活重新调整正常，更是必要。换句话说，从“节哀顺变”的离情到“音容宛在”的记忆，之所以会有意义，都是源于生者与死者不可能因死别而断绝的“二人为仁”的关系，由此也确定了纲常的真实性与永恒性，以后要“慎终追远”——将对死者的认识与感情传达给后代传承，才有意义。

因此，孔子在《论语·为政》中把仁孝之道形容为“生，事之以礼；死，葬之以礼，祭之以礼”，也就是基于儒家教化重视通过礼仪实践去强化伦理价值，以影响人们的态度行为。包括作为“仁”的最初、最基本表现的孝道，都是靠实践来传承，而且实践也不能因死者离世而荒废。这一来，我们谈儒家的社会教化，就不能不重视“祭”的实践，把它视为生者对死者“二人为仁”关系的永远延续。《礼记·郊特牲》把“祭”解说为“有祈焉，有报焉，有由辟焉”[①]，“祈”是祈求，“报”是得福感恩，“由辟”是避开坏事。说明对生者而言，是设想客观上存在着死者“如在”的心中与身外的境界，而且诚挚地如同死者生前一般向死者沟通和表达心情，强化生者向着死者建立的精神纽带。也唯有这种建立在精神上而不是物质形式上的纽带，才能抵挡时间的侵蚀。人与人的关系可以因生命的限制而中断，但既然“仁”存在，由它引申出来的纲常道德就是可以无限延续的，而它就需要一种延续的方式，“祭”就是生者与死者精神超越时空相通的途径。

《孟子·滕文公上》有说：

> 盖上世尝有不葬其亲者，其亲死，则举而委之于壑。他日过之，狐狸食之，蝇蚋姑嘬之。其颡有泚，睨而不视。夫泚也，非为人泚，中心达于面目，盖归反虆梩而掩之。掩之诚是也，则孝子仁人之掩其亲，亦必有道矣。[②]

这是单单针对埋葬活动而言，从人们会有埋葬死者的行为动作，说明生者对待死者的情志不应是由于死者失去生命而变化。

《礼记·祭义》则说：

> 孝子将祭祀，必有齐庄之心以虑事，以具服物，以修宫室，以治百事。及祭之日，颜色必温，行必恐，如惧不及爱然。其奠之也，容貌必温，身必诎，如语焉而未之然。宿者皆出，其立卑静以正，如将弗见然。及祭之后，陶陶遂遂，如将复入然。是故悫善不违身，耳目不违心，思虑不违亲，结诸心

---

① 〔汉〕郑玄注、〔唐〕孔颖达疏：《礼记正义》，中华书局，1957，第1214页。

② 〔清〕焦循：《孟子正义》，河北人民出版社，1988年，第238页。

形诸色而术省之，孝子之志也。[1]

又说：

致齐于内，散齐于外。齐之日，思其居处，思其笑语，思其志意，思其所乐，思其所嗜。齐三日，乃见其所为齐者。祭之日，入室，僾然必有见乎其位；周还出户，肃然必有闻乎其容声；出户而听，忾然必有闻乎其叹息之声。是故先王之孝也，色不忘乎目，声不绝乎耳，心志嗜欲不忘乎心。致爱则存，致悫则着。着存不忘乎心，夫安得不敬乎。[2]

这是指生者对于亡者的“二人为仁”关系，还会在死者身后重现以及延续。生者对死者的“二人为仁”，有赖于生者肯定他们对死者生前关系不会因后者不在人世而断绝，以及可以通过心中载满死者记忆而进入精神相通的境界。《礼记 · 祭义》主要说明主持和参与祭祀者要如何对先人恭恭敬敬与专心一致，以期最大实现“音容宛在”。生者祭祀时不仅要毫无杂念，还要做到在祭祀前三日隔绝外界的声色活动，专心思念观想先人的生前种种，到了祭祀过程中专心投入，心情就仿佛先人又已经活在现场。其感受深刻而且真实体验到的精神境界，又是可以通过周而复始的演练祭祀活动得到印证，得以一再重现，此即一般所说的“音容宛在”，通过规范的仪式确保其实现、放大与升华，最终转升出“慎终追远”之至诚。

此种境界，亦在于《礼记 · 祭统》所说的：“夫祭者，非物自外至者也，自中出生于心也。”[3] 后人通过仪式实践心目中的“音容宛在”，又可证明基于“仁道”的各种关系与相应的精神表现，都是可以长期埋藏在心坎的，深化其美善感觉也是可实现的，而且是真实与永恒的，甚至可以通过祭祀仪式带动新参与者一起感受，一代传一代。由此也

---

① 〔汉〕郑玄注、〔唐〕孔颖达疏：《礼记正义》，中华书局，1957，第1974—1975页。

② 〔汉〕郑玄注、〔唐〕孔颖达疏：《礼记正义》，中华书局，1957，第1930—1931页。

③ 〔汉〕郑玄注、〔唐〕孔颖达疏：《礼记正义》，中华书局，1957，第1985页。

可以与《论语·八佾》所说的“祭如在，祭神如神在”互相解说，探讨儒门这套教化人心的主张与实践可以脱开与超离各种宗教关于死后世界的解说，以至连无神无鬼的说法都可以一概存而不论，也不一定要规定“祭”的形式一成不变。因为在同一段文字下句有云“吾不与祭如不祭”。

今人对“吾不与祭如不祭”的白话版本不少，最常见是译作：“我如果不亲自参加祭祀，(由别人代祭)那就如同不祭祀一样。”如此翻译，是指出了个人诚意在祭祀活动之重要性，以及说明由祭祀到参加祭祀油然产生的使命，都依赖于个人感受。但如果采取杨伯峻《论语译注》中提到的断句“吾不与，祭如不祭”，则可译为：“若是我所不同意的祭礼，祭了同没祭一般。”[①]针对的是祭礼对个人本身的意义。再看傅佩荣的注解又是采取另一种断句，把孔子的看法理解为“吾不与‘祭如不祭’”，意即“我不苟同那些祭祀时缺乏诚敬，好像不是在祭祀的人”。[②]三种断句方式固然造成三种不同理解方向，但至少三者都同意，祭祀的原意、重心和关键之处，是立足于通过祭祀活动去启动人心的真诚，以使祭祀的对象如同自祭祀者内心感应投射在虚空，重新“活”了出来。这样一来，祭祀活动的对象即使是过去的人物，但也因祭祀者心中的对象是具体而真实的，所以能支撑和升华出追寻文化与历史记忆的核心需求，从而在重复的活动与仪式循环中将记忆复苏、强化。之所以有价值，是因为其有益于参与者诚心恭敬地体会和肯定自己心中的“仁”，确认自己的人格与人性，也强化了自己对先人的认同，认同先人所代表的以“仁”为核心的文化传承。

勇敢地说，生者在生活中如果缺少确保自己精神联系死者的祭祀活动，而仅仅以为“仁”是存在于现实中的人际互动，个人的生命也就会缺少那生死不渝、感同身受的伦理价值实践。古代儒家教化的伦

① 杨伯峻：《论语译注》，中华书局，2009，第27页。

② 傅佩荣解读：《论语》，台北立绪文化事业有限公司，1999，第54—55页。

理实践，之所以会重视祭祀活动，把从丧葬到扫墓祭祖视为重要表达形式，正由于祭祀活动往往表现为“既是超越性又是内在性”的精神建设活动。

二、义冢：实践摄义归仁的载体

统历史、文化、社会三者意义合言，建设坟墓、立碑行仪，目的不在埋葬死者，而在围绕着后人对死者的记忆与诠释，构建长期可用的场所与氛围，让祭祀者从内心召唤出他们心目中死者的印象。因此，一处墓地，可以因范围大小，以及日益增加的祭祀者的需求，在坟墓旁或干脆围绕墓地建祠建庙。也因此，自古以来，虽说祭祀先人并不拘泥于固定的场所，但一旦某场所能通过建设与营造氛围凝聚大众的记忆，且是众人可以集合的场所，也将成为众人心中愿意集中的场所。从孔子到近代南洋华人，许多先贤与忠烈义士的祭祀崇拜，所经历不外是由坟而祠庙，由祠庙而延续香火，形式总不离以其“音容宛在”推而“慎终追远”。

由此可见，自古群体之墓园亦是群体历史之见证，可为群体历史之纪念场，其主要功能其实不仅在于埋葬死者，而在于满足活人祈祷死者入土为安之心愿。一旦安葬死者的步骤完成，其未来延续的祭祀活动是要将墓葬场所转化作群体追思先人的神圣空间，成全人们心灵中对仁义忠孝的肯定。

正如南洋各地华人义冢，陆续埋葬立碑的先后年代，足以证明其先辈筚路蓝缕、前仆后继地开拓当地的历史。而这些墓碑不论用明朝年号、清朝年号，或者不愿臣服清朝而启用代表遥待正朔的“龙飞”“洪运”“天运”等说法，都在表明此“仁”道表现为忠孝节义的延伸。

若具体以马来西亚现存最早坟地为例，则有马六甲三宝山义冢的明朝天启二年（1622）黄维弘墓。其中榜的“皇明显考维弘黄公妣寿祖谢氏”，右下角刻着“孝男黄子辰同立”，反映着当地华人从信仰文化到殡葬习俗，至死不忘“君臣、父子、夫妻、兄弟”四伦长幼尊卑。南洋墓葬中子女为父母立碑、祖先崇祀之习，包括孩子以天干地支命名，足以体现儒学教化的价值取向南传。可见南洋华人墓葬之孝道，依旧包含着《中庸》所谓“仁者人也，亲亲为大”的意识，且是最基要表示。而义冢作为当地的公共空间，提供大众互相照顾养生送死的功能，则显见“朋友”之伦。以中华传统社会理念视之，社会重视五伦关系、讲究五伦俱全，方是仁道的落实。何况，根据过去南洋习俗，死者家属收得帛金，总会捐献给义冢，作为设立私塾或救济贫老者等社会福利的香油钱。

不单黄维弘墓，在其年代之后的马六甲三宝山上其他墓葬，也都一样地表达出墓园是以坟墓这一基本元素，结合其整体氛围，传达着文化的价值观念，由此也支持着人们因此可以实行相应的仪式。其场所的功效发挥，即帮助大众能尽心投入墓园氛围到礼仪本身，完成“摄义归仁”的机制，带给社会共同体鼓励向善向上的功能。[①] 三宝山上大量墓碑采用同类规范，也在有证有据地表达当地华人的文化归宿的方向。葡萄牙人殖民马六甲时代，当时落脚南洋的华人尚算少数，但他们从自己的社会到每一个家庭，都还是在异地努力重构伦理纲常。

由此亦可见，在宋明以来昔日所谓“南海”旧疆，要寻找明清中国流传下南洋各国的文化模式，马来西亚土地上的马六甲和槟榔屿或者可作为恰当的讨论目标。这两个西洋人先后开辟的资本主义海港都市，地名更早出现在明代《武备志 · 郑和航海图》，都是位处马六甲海峡东边，拥有连接从暹罗、缅甸到印度海岸线的地缘优势，15世纪以来明朝商船来往沿岸，17世纪之前就有过华人来往定居，沟通从华南朝向大小西洋的交通。自马六甲1511年被葡萄牙人占领，1641年又落入荷兰人手中，其港口热衷转运的中国产品无非是丝绸、

---

① ［马］王琛发：《东南亚：生死五常》，《看历史》2013年第1期。

茶叶、陶瓷，而英国人1786年殖民槟榔屿是为了打破荷兰垄断区域海道，最初也是致力对华贸易。

从南洋华人墓葬理解早期南洋先民从中国继承思想观念，黄维弘夫妇的墓葬是过去到现在所有相似格式的同类例子之中，迄今被发现的最早案例。若考察当地反映设立义冢的地方华人社会碑铭，则可以从碑铭内文发现“仁”这个观念对于义冢的影响，由此亦可发现儒门纲常教化是如何渗透在当地华人社会的处理生死事务的生活意识当中。以1786年马六甲三宝山《大功德主曾公颂德碑》为例，其碑文第一句话即以“闻之，乾父坤母，人生期间，胞与相属，所谓仁也”开始，称赞甲必丹曾其禄“或死丧而无依，则买山为之葬”等善行，说他是“仁者必有寿”。再对照十五年后出现的槟城广东暨汀州会馆1801年《槟屿义冢墓道志》，其内容则说“一遇死亡，若不相识，为何赖乎乡亲乎？骨骸不至暴露，既可以表亲友之情，子孙易于跟寻，复可以成孝子仁人之隐……生前则为腹心之朋，死后则为义祭之友……何殊故土之群居而族处”。到了1856年，槟城福建公司扩修时，在浮罗池滑山地的《槟城福建义冢碑记》也是从“自谢惠连有祭古之作，王阳明有瘗旅之文”说起，以“仁人用心，昭然若揭”形容自身宗旨。而同一处的1892年《凉亭碑记》则又感叹故冢年久失修，令“仁人君子，所以忘而兴叹”，形容重修筹款是“兹赖仁人仗义，争倾运麦之舟；长者婆心，不吝栽芦之地”。

上述年代较老的义冢碑记，各自谈到义冢之所以存在的主旨，碑刻内容屡次采用“仁”字以明其方向，大致反映马来西亚华人集体认同的主流。大部分人都会延续着祖先对儒家“仁”道的信仰与推崇，都认为在南洋各地的人们要互相依赖着生存，也应以仁互待。此种心情，偶尔会伴随着一些墓园出现“今日吾躯归故土，它朝君体也相同”的对联，表达大众之间该有互相同理同情，愿意为“客死异乡”的同人善后。究其背后认识，则总离不开儒家理念，将人们生前之“仁”

延续到对待同胞死后的关系，诚意不变。

到了18世纪初，正如三宝山义冢1795年《建造祀坛功德碑》上边曾经抱憾说“先贤故老有祭冢之举，迄今六十余载。然少立祀坛，逐年致祭，常为风雨所阻，不能表尽寸诚”，可知当地社会组织处理个人的死亡，已经是兼而重视殡、葬、祭，要求三个部分都要圆满。因此，这两地碑文，也足以反映义冢在当时为旅居或开拓地方的同胞所需，群体社会互相之间表达“仁道”，往往相应于死难者的前仆后继而表现在义冢香火年年不绝，即死者入土之后也是逢年过节祭祀不绝。这正是三宝山义冢1795年《建造祀坛功德碑》文字背后的内涵。当地父老重视长期祭祀，要建亭实现不受风雨骚扰的长远之计，而自诩斯举为“尽美尽善”，碑文恰恰反映大众心中的义冢内涵，共同把维护义冢的经营与祭祀功能视为维持社会稳定发展的集体事业，其组织必须照料生者安心与死者无憾,视为整体社会互相行“仁”的表达。

或从信仰角度来看，那个时代的先民南下海外开拓，生命难以保证，海外义冢的管理，包括了逢年过节都不间断对死者集体“祭之以礼”，又何止保障了生者对死者的交代？义冢之存在，以及能常年做到《重建宝山亭碑记》的“重祭祀”,或者《槟屿义冢墓道志》所提的“义祭”，是由集体负责葬地、保证常年祭祀，实有助于安抚生者异地谋生的彷徨，免除死在外乡“无所归”的无主孤魂之忧。这正是1801年《槟屿义冢墓道志》里头形容的“死后则为义祭之友”。而同年在马六甲，当地甲必丹蔡士章领着大众设立《重建宝山亭碑记》，也提到三宝山建亭目标是“所以奠幽冥而重祭祀者也”。此后又过了约90年，1890年槟城福建公冢众董事立的《重修波池滑公冢序》提到“祭扫尽容车马”,而马六甲三宝山翌年立的《重修宝山亭碑记》也说“祭亦圣王所重，而后人所当继述者也”，说的都是那么一回事。这样一处空间，尤其是“祭”的延续，所根据的是中华原有祭礼，历代的祭祀者和被祭祀的先辈也都是深受传统文化与纲常思想潜移默化影响的南来先人,祭祀目标更是以慎终追远的心情去完成对有功者崇德报功、对一切死者同理同情悼念，无疑都是表现着对仁道的传承。如此，各地华人依靠墓地祭祀以延续原乡价值观念的习俗相沿发展，也就成为大众在他乡重建祖先故土文化的基础。这有益于流落外地的华人在延续祖先文化当中潜移默化重建从祖辈传下社会纲常秩序，也保证了当地华人社会秩序的安定。

以古代历史对照，南洋各地华人社会的公共墓园，不论叫“义冢”或“公冢”的场所，还是当地惯称的“义山”，作为社区或群体公冢，意义虽与中国古代专供贫苦者下葬的公共墓园略有差距，但其做法无非是以集体力量置业以维持全体的丧葬所需，又以收益的盈余维持设医办学等福利。说是源自儒者对社会的仁道思想，也并非全无先人文献为据。它隐约就是在南海异地延续着宋代范仲淹推行义庄十三规以来的传统，试图在具体社区实践仁义教化与平衡社会的理想。[①]

而马来西亚许多华人公冢还常见有人设立衣冠冢，又或常见业缘、地缘、血缘的小群体各自在公冢为群体先辈设立“总坟”。其做法是埋下一块金牌代表全部参与过当地开拓的先辈，不管这些先人知名不知名、有没有后代，设立“总坟”的群体也都会在每年春秋二祭请这些已故先人集体“魂兮归来”，接受子孙祭祀。以马来西亚槟城广东公冢戊午年(1798)“粤东清显祖兴潜叔公奕郑公府君墓”为典型，这座老坟据说是一座衣冠冢，也一度是槟城顺德会馆同人在会馆成立前的聚会象征，被当成“总坟”祭祀，多次重修。可见，“总坟”可以出现在会馆或行团建筑之前,成为凝聚认同的象征。[②]有了总坟制度，

---

① ［马］王琛发:《来者可追——省思儒家文化在马来西亚华人社会的历史际遇》，载王琛发、黄震合编《亚洲华人文化研究与族群互动》，马来西亚孝恩文化—欧亚大学出版公司、广西师范大学出版社联合出版，2007，第1页。

② ［马］王琛发:《马来西亚华人义山与墓葬文化》，吉隆坡艺品多媒体传播中心，2001，第36页。

甚至总坟作为群体拥有会馆宗祠等实体之前的就有的组织形态，以及人们年年春秋二祭尽礼祭坟，或可进一步证实此地对延续华南风俗虽有独特的重视，但毕竟先民设立“总坟”是为了成就其理而欲变其礼，以便年年祭祀礼仪不会漏掉任何一位先人，完成由“摄礼归义”而“摄义归仁”。

各地区皆有设立总坟之盛况，也在证明至迟到18世纪，南洋公冢运作上的主要功能虽然是埋葬死者，但重要作用在于实现儒教“祭”的意义。祭能常在，则魂之安否，不一定重在遗体之保存，而在于后人能坚守先人纲常传统。不论坟墓里是否埋有死者，人们是根据墓碑上的遣词用字，认识先人文化，逢年过节周而复始地祭祀。在祭祀过程中对碑文上人物投射集体的寄望，也将心灵的伦理价值追求通过墓葬象征的集体价值观念“神人相接”，从而让生者肯定自身活在前人种树后人乘凉的稳健的安身立命之感。这才是墓园的存在意义以及人们上墓的原因。只不过，各地公冢内部之所以存在着不同宗族或府县的总坟，也说明南下华人不一定有能力根据原乡宗族村落或府县各自开辟本身族人义冢。地方华人社会的成员甚至来自不同方言语系，公冢也属于各宗族或府县成员联合经营，则照顾的对象显然已从宗族推及更大的群体。

三、规则：成全族群意识的凝聚

各地华人群体为了自身集体的养生送死之需而设立义冢，目标在实现人与人之间的仁道，因而称墓园为“义冢”——以“义”称冢，当然即表达着“仁”，墓园亦是“摄义归仁”的载体。而对比马来西亚华人墓碑所使用的年号，也可以反映当地华人昔日认同的传统文化，其内涵不外是儒学所提倡的仁道，以及由此把“仁”表达在不同方向的情感与行为——对国家民族是“忠”、对社会与朋友是“义”。这在马来西亚华人即表现在遇上明朝国难，当地华人神主与墓碑上的年号仍是一度跟随郑成功继续奉1646年殉国的隆武帝为正朔，直到郑成功于1661年收复荷兰人占据的台湾。身处荷兰势力范围的华人虽不能公开追随郑成功采用永历年号，但坚持蓄发不投降清廷，在马六甲三宝山等地的神主与碑记也就另外采用“龙飞”为年号，隐喻明朝遗民等待新君登极。[①]所谓“龙飞”，渊源于张衡《东京赋》用“龙飞白水”形容汉室子孙刘秀依靠民间势力从白水乡奋起，重建汉朝。1641年访问马六甲的荷兰使者斯侯登（Schouten）的记载说，马六甲的乌比萨巴克郊区有300至400名华人，其中33名是荷兰殖民马六甲为了有人种菜从巴达维亚输入的农民；[②] 1678年荷兰驻马六甲总督浦脱报告，马六甲人口4814人，华人426人，其中成年男子127人、妇女140人、儿童159人。[③] 可知17世纪马六甲华人其实不多。但是，从越南后来演变为“明乡人”的群体，到马六甲华人，再到缅甸的华人，大家在他人统治的土地上，明知明朝灭亡，还是交织使用着“皇明”“龙飞”等年号，在墓园与祠堂虚拟着一个流亡与重构在外的明朝，这里头显见人们普遍奉行“忠”与“义”两个行为操守。由此可说明，从三宝山这些墓碑，到越南等地的墓园或庙祀的“龙飞”遗痕，不只以碑文上的汉字反映着中华文化之南传，实际上整体义冢范围正是一处维续道统于民众生活的祭祀空间，由墓碑上的文字信息折射出儒教之潜移默化。

---

① ［马］王琛发：《马来西亚华人殡葬业的演变与挑战》，载长沙民政技术学院殡葬系编《中国现代殡葬教育十年论文集》，2006，第47页。

② Schouten, J., *Report of Visit to Malacca*, 1641, translated by Mac Hacobian from P. A. Leupe's Extracts from the *Archives of the Dutch East India Company in Berigten van het Historisch Genootschap*, Utrecht 1859, in *Journal of the Malayan Branch of the Royal Asiatic Society 1936*, Vol. 14, Part 1.

③ Bort, B., *Report on Malacca*, 1678, translated by M. J. Brenner and published with an Introduction and Notes by C. O. Blagden in *Journal of the Malayan Branch of the Royal Asiatic Society 1927*, Vol. 5, Part 1.

《荀子 · 礼论》称礼有三本："天地者，生之本也；先祖者，类之本也；君师者，治之本也。"[1]从荷兰1641年殖民马六甲之前早已经存在的明代老墓，到后来三宝山又经历清代和民国，坟墓愈来愈多，上墓祭拜的公众既拜墓边之后土，又祭祀表忠于历朝的墓中先人，尤其敬重采用"皇明"与"龙飞"的开拓先贤，究其实，是大众的信仰着实从未离开敬仰天地、先祖、君师三者之祭祀之礼，乃至不论墓碑的书写或后人的祭祀，都不离碑文对由三者而五伦的强调。这么一来，相较于中国的宗族墓园，在马来西亚地方上的墓园，有的是根据中国方言群或原乡作为纽带组织义冢，也有的是宗姓义冢，又或者根据在地的地缘结合而属于一处村镇全体华人，形成联合照顾死者的社会组织，所谓维持着的，不外是尊重天地君亲师之传统思维。其礼俗又往往根据死者亲属的乡土文化，满足死者与生者关系，由逢年过节礼仪的循环，一再叮咛人在他乡勿忘实践民族文化及乡土的认同。它显然是可以跨民系、跨血缘，但却以维续天地、先祖、君师三者执礼，营造大众的中华认同。正如槟城一处建立于1856年的家族墓园"李成茂园"的凉亭对联所说："行其礼，奏其乐；敬所尊，爱所亲。"撰写者佚名，但已经将墓园发生的"葬之以礼、祀之以礼"的画面，既有针对性又形象化地形容出来。

由于众碑文所反映的认同对象，是大众日常生活也强调的人伦关系，因此对先人的祭仪就更显重要。义冢组织的责任不只是提供殡仪馆及葬地，而且也要安排设施，方便组织本身、死者家属以及死者生前参与的社群，年年节节能顺利上坟拜祭。具体地说，各地义冢组织以春秋二祭仪式祭祀天地神灵、故明君王、当地先贤死者的需要，因此演变出的年年清明、中元举办法会的传统，是为了完成对所有过往先人，包括在当地客死异乡的人的慎终追远，才能完整地替所有这些

---

① 王森译注：《荀子白话今译》，中国书店，1992，第229页。

同胞安魂。由于每年祭魂是所有义冢组织之责任，所以马来西亚各义冢的章程都会列明春秋二祭的细则。

若看 1860 年槟城《广东暨汀州众信士新建槟榔屿福德祠并义冢凉亭碑记》，其碑记其实更是在纸面章程以外，把所有捐款团体议定的祭墓时间规则放置在义冢山下入口，以昭大信。这块碑石上说："爰立祭扫定期，以敦和睦。每逢清明之日则义兴馆，前期一日或两日则海山馆，前期三日则宁阳馆，凡各府州县及各族姓，随便订期同祭、分祭，总不离清明前十日至后十日者。是展同心之欢娱，慰旅魂之零落。"这要结合那时马来西亚北部华人趋向分裂的局势，可知碑文说明公冢是中立的——纵然碑上作为捐款单位的义兴、海山等洪门会党分支，连同其他府县会馆组织，其时因利益矛盾互相间势力交错、连连械斗，但是大家也都尊重共同或各自的祖先，并寄望战死同胞无需把恩怨带到身后世界，因此立碑记载各自分开扫墓，以免在地面作战双方有人一时冲动，把恩怨带到上山，影响义冢祭祀本该应时应地应人去尽仁尽孝尽义的神圣。如此一来，义冢明显是跨语系或跨民系、跨党派的，各群体不会因暂时分裂而否定自身对共同体的义务，各方的死者最终也都是要抬上同一座义山，当大家协议如何年年保持同地联合或分头祭仪的和谐，由此留下一处缓和人事的余地。不论倾向义兴或海山，所有组织既然最终没有忘记两者毕竟都隶属标榜"反清复明"的队伍，互相能看到对待义冢的诚意，就还是留有和解机会，能以儒教纲常思想说理，共同承认自身是接受礼教熏陶的，可以审时度势重新团结成一大集体。

就事情而言，这是定规则；就规则的背景而言，这是讲仁义；就定规则的宗旨与效果而看，有仁有义，必定也成全对民族对文化的忠心义气。若论到此等公冢对礼制的传承，则百年以前的公冢维护儒教的立场不只是自觉的，而且极为主动。以槟城的福建人为例，在槟城峇都干冬的福建公冢，众董事于光绪十二年（1886）刻在凉亭石屏上的《福建第三公冢规则》第二十九条说："凡我闽省人等，娶别种妇女为妻妾，既遵我圣教，则能葬此冢地。如我圣教中人，有入异端者，则不能葬此地。若入异教之人，要葬时，诈骗无报明白，后日被理事人察出，该坟当移埋于他冢。乃即重罚，以警忘本。"此种说法，颇有"夷狄入中国者则中国之，中国人夷狄者则夷狄之"的味道。如何抉择死亡仪式，其实也会是种民族倾向结合信仰意识的表达，它的精神就体现在群体的义冢规划和个人的坟墓设计之上。

甚至，在20世纪前，不少华人义冢颁发的章程居然是把辫子视为民族意识象征，以此作为坚持"圣教"的民族归属特征，竟规定没有绑辫子的遗体不准在华人义冢下葬，以此避免华人子弟改奉基督教、伊斯兰教或者是与外族通婚。马来西亚各地义冢原本多在章程上规定主办春秋二祭的细则，由社团及义冢组织年年公祭客死异乡的组织成员，起着稳定情绪的作用，但单身成员一旦失去葬地，也等于死后无人祭祀。清末马来西亚各地华人义冢如此维护"圣教"，以至出现"辫子章程"，反映的是当年华人面对异文化冲击的危机意识，需要自我保护族群文化。这是把加入异教的族群成员当成"叛族"者，不让他们享受公共义冢的一切利益，要惩罚他们变成孤魂野鬼。"辫子章程"在南洋特殊情境也确实在客观上起过"夷狄之辨"的作用。当时各地华人面对一次又一次排华冲突，居然有人宁可让对手识别到辫发特征，不惜殉难，也不愿剪辫失节，放弃"葬身之地"。一直到1911年以后，南洋华人接受新一轮改革潮流影响，开始有越来越多人重新认识辫子的历史，视脑后绑辫子为负面象征，"辫子章程"才因此废除。[①]

也因为所有曾经在各地华人义冢下葬的，原本都是自家先人，所以义冢一方面定下规矩，不让内部成员各自随意墓葬，家属之间不因地段方位、墓地大小、风水禁忌等问题伤了和气，稳定内部；另一方

① ［马］王琛发：《马来西亚华人殡葬业的演变与挑战》，载长沙民政技术学院殡葬系编《中国现代殡葬教育十年论文集》，长沙民政技术学院殡葬系，2006，第50页。

面，则也要通过定下的规则鼓励和照顾伦理秩序，或鼓励义务服务过义冢的先人，或体恤贫病穷困之族人。如槟城广东暨汀州会馆1953年修订规则第二十八条，其中除说明对现任信理员与董事逝世致哀送殡的规格，也有提出："曾任本会馆之董事本人逝世时，可用本会馆灯笼横彩，其担工费由本会馆支给。"[①] 而槟城浮罗池滑福建公冢设碑《公议条规》的第二十一条，则是说明凡是同乡在义冢办丧葬，只要是一般人家使用，义冢组织会提供盘碗，"五领席以内，免还使费"，二十二条才规定超过者的收费。在峇都干冬《福建第三公冢规则》碑刻，其第十二条和十三条是借助《通胜》的风水民俗去实现管理方便，分别规定"凡东西向方年，须葬东西向方地段""凡南北向方年，须葬南北向方地段"；其第十五条则提出照顾大众的说法："或云公司要定硬法，须一连之地葬满，然后再开别连，照次序安葬。但此法过严，有违孝子之心。诚恐堪舆先生言：该地是绝地，不忍葬埋，而公司要执硬法，不顺孝子之志。宜无论双穴单穴，先所开之行，不论多寡，若伸至四十穴，公司须再开别行四十穴，以利人便。至小穴先所开之穴，不论多寡，倘伸至一百二十穴，亦须连开别行与人葬，不可延缓。"可见，这批19世纪下半叶的槟城福建公冢董事，是从民俗、信仰、人情、管理等处着手，尽可能面面俱到。

值得注意的是，《福建第三公冢规则》碑刻上的第十六条文规定："童子以十六岁成丁，乃许开穴，如十六岁内未成丁，不得与诸坟并列。另设一所，仍依次序而葬。"这除了反映当时以十六岁为适婚年龄之外，还以不让未尽孝而早殁的未成年人与成年人葬在同样地段作为警示，鼓励早婚。

自1511年葡萄牙人占领马六甲王朝的港口首府起，这个地区一直都需要中国工匠和种植人。一直到1641年荷兰人取而代之，以后

---

① 陈仲敏主编：《槟城广东暨汀州会馆170周年纪念特刊》，槟城广东暨汀州会馆，1973，第122页。

又在1786年轮到英国人占领槟榔屿，西方对华贸易的需要，也使这片地区成为华南海商集团甘冒海禁之险的通洋之处。尤其英国殖民者为了工业革命的原产品需求，大量引进华人矿工与种植劳工到马来西亚各地开荒，形成了马来西亚几乎无处不华人、无处不需要华人义冢的历史面貌。马来西亚华人义冢的历史反映的是先民的开拓史，可是他们的集体遭遇却是有家难归、埋骨荒野异域。[①] 如此一来，不论是在异地延续故乡的殡葬文化，或是在墓碑上刻写家乡所在，都是在落实着重构中华纲常的理念。从东南亚的墓葬与祭祀看义冢组织，即使不讨论义冢如何以收集香油钱办学兴校，也可以发现义冢本身就是传承儒家教化的载体。

四、礼仪：维续民德归厚的传承

《荀子·礼论》说："礼者，谨于治生死者也。生，人之始也，死，人之终也，终始俱善，人道毕矣。故君子敬始而慎终，终始如一，是君子之道，礼义之文也。"[②] 是故，海外华人以义冢之空间尽仁道之礼，使得民族于海外谋生而不失文化，因而墓园实际上已经成为由中国而南洋的文化与历史记忆载体，是再建群体社会认同的基础。从儒家的社会教化强调重视祭祀之举，到祭祀之礼曾经在海外凝聚民族文化，可以印证丧葬礼仪到墓园祭祀，不断成为影响群体到个人生命观念的文化活动，都是有利于重构海外华人的祖先传统与社会意识的经验实践。

《礼记·祭统》说："凡治人之道，莫急于礼。礼有五经，莫重于祭。夫祭者，非物自外至者也，自中出生于心也。心怵而奉之以礼，是故唯贤者能尽祭之义。"[③] 又说贤者之祭是无所不顺："内尽于己，而

① 陈仲敏主编：《槟城广东暨汀州会馆170周年纪念特刊》，槟城广东暨汀州会馆，1973，第47页。

② 王森译注：《荀子白话今译》，中国书店，1992，第231页。

③〔汉〕郑玄注、〔唐〕孔颖达疏：《礼记正义》，中华书局，1957，第1985页。

外顺于道也。忠臣以事其君，孝子以事其亲，其本一也”[①]“祭者，所以追养继孝也”[②]。再说:“是故孝子之事亲也有三道焉:生则养，没则丧，丧毕则祭。养则观其顺也，丧则观其哀也，祭则观其敬而时也。尽此三道者，孝子之行也。”[③]这些说法，都是针对个人的自我观察以及观察他人而言。但若实行起来，是个人通过祭礼正面认识自己的行为心态，其效果却不是属于个人的，而是在借个人自我肯定与社会道德意识相互推动，最终利于社会大众去认识死亡意义，从而朝向积极、自信与和谐。这一代人有必要把步子迈开，考虑如何在现代复兴传统的祭祀制度，让它能继续传统的功能，又有切合时代的创新生命力。

从空间与人事的和谐来说，空间与人事配合制造的氛围是提升心识境界的客观条件。“祭祀”，本就具有将空间神圣化的功能，也即是令人们在有限的时间和空间的配合中，各就其位，通过动态的仪式与静态空间之间的互动，将祭祀的精神内涵契合祭祀者的精神与思想境界。祭祀礼仪之所以肃穆庄严，在于整个活动名正言顺、直接触动在场者心灵，于是便能用崇敬的心灵去感受到空间与时间转换成为神圣意识的载体，从而提升人生的信念与展望。以祭祀转化墓园为生者与死者对话的空间，是建立活着的当代与留下生命力量的过去传统之间的精神纽带。细心和用心去做，就成就了文化传承、历史认同、人格提升。

再按儒教的“祭祀”功能去看，在祭祀过程引发的信仰展望不一定需要依赖神秘体验，而在于奉行儒教的行为规范。相信所祭祀的对象代表的是这一套规范，所以才觉得古人的“典型在夙昔”“古道照颜色”，充沛自己内省的心灵，提升精神与思想境界。而人们的自强不息、包容万物的胸怀，也就在于能有诚敬之意去坚守这一套规范。

民国二十年（1931）上海世界书局印行供中等学校使用的《广注

① 〔汉〕郑玄注、〔唐〕孔颖达疏:《礼记正义》，中华书局，1957，第1985—1986页。

② 〔汉〕郑玄注、〔唐〕孔颖达疏:《礼记正义》，中华书局，1957，第1986页。

③ 〔汉〕郑玄注、〔唐〕孔颖达疏:《礼记正义》，中华书局，1957，第1987页。

论语读本》，其《慎终章》的开题注解释全章的大旨说“这是说孝道的容易化民”，“慎终，是有了丧事能够尽他的悲哀；追远，是祭祀能够尽他的恭敬”[①]。漓江出版社在2005年出版广西师范大学原校长张葆全译析的《论语通译》，则把原文译析为“在上位的人如果能恭谨地对待父母的死亡，追念而不忘祖先的功绩，老百姓的道德风气也会跟着归于淳朴忠厚了”。对“慎终追远”的这样一种理解，其实有其历史渊源。正如张葆全转引魏何晏注、宋邢昺疏《论语注疏》里头记载的汉代孔安国说法：“慎终者，丧尽其哀。追远者，祭尽其敬。君能行此二者，民化其德，皆归于厚也。”所谓“祭”者，是为了“追远”，慎终追远的目的是要“民德归厚”。

中华历史上对于丧葬原本就有一套礼仪的规制，使之转化为社会教育。死者已矣，而家人必须节哀顺变。等到死者死去一年后的“小祥”礼开始，死者家人怀念美好的感情逐渐盖过悲痛伤感，感到死者音容宛在，等三年之丧满二十五月，死者上了祖先牌位成为家中的“神”，则死者已经成为家族或家庭生生不息承载传统的文化象征。祭祀亦从白事的意义转向吉礼过渡，以后哀思都化为家族先辈留给后人的美好回忆或传奇，激励着后人。到了子孙年年过节祭祖，向着祖先昭告后人的成就以及宣告未来的理想，则祭祀是吉礼，清明上墓是红事而不是白事。祭黄帝陵是如此，祭神农是如此，祭祖先、祭先烈也都是如此。

在过去，中国历代以来原本正是根据《仪礼》等儒教古典的精神，以“有常理而无常礼”的理解，一再推动以祭祀礼仪移风易俗。《礼记·祭法》谈论说：“夫圣王之制，祭祀也。法施于民，则祀之；以死事勤事，则祀之；以劳定国，则祀之；能御大灾，则祀之；能捍大患，则祀之。”[②]每个人对于有功于自己生命的祖先、曾经丰富过自己人生的先人和亲友，亦应作如是观。说到底，华夏殡葬文化强调墓葬原来

① 《广注论语读本》，上海世界书局印行，中华民国二十年（1931），卷一，页三。

② 〔汉〕郑玄注、〔唐〕孔颖达疏：《礼记正义》，中华书局，1957，第1918页。

的一大作用，本来就是通过保护好死者的遗体，以及结合逢年过节的祭祀活动，去保存与彰显后人的记忆。其目的是要把死者曾经的生命意义从肉身的短暂转化成精神的永恒，以至随时可以在人们纪念的心识中反复内化与投射，“临现”为认同的纽带、学习的楷模、鼓舞的力量。今后若要改造社会上缺乏历史自豪与文化底蕴的浮躁，尤其是时人对人格修养以及社会义务的藐视，让墓园重建它们的祭祀传统，以墓园作为集文化、历史与社会教育的载体，或可补充来自政策、公益机构以至学校教育等各方面的不足。以内化个人心中的仁道为核心的传统祭祀，不仅有利再现儒教孕育人格以及维护人性的精神，实质效果就是使社会和谐，不愿辱没先人的后代肯定不容易变坏。正因如此，《春秋左传 · 成公十三年》才会说“国之大事，在祀与戎”①，把祭祀和武备视为相互重要作用。而《荀子 · 礼论》的说法是：“礼者，谨于治生死者也。生，人之始也，死，人之终也，终始俱善，人道毕矣。”②

从 15 世纪到 20 世纪初，从中国到马来西亚华人的殡葬事业，经营墓园的主体是社会组织。马来西亚的华人墓园，其实就是模仿其祖籍原乡的墓园传统，由地方社会组织经营当地人的集体义冢，又将经营宗族村落墓园或市镇民众墓园的盈利，视为死者贡献给集体的香油钱，拨归地方办学校、办医疗、看顾老人院等公益。由死者出殡到入葬，若有亲友慰问死者家属的帛金，家属也往往会以死者名义捐赠，以为死者和亲友积累功德。总结来说，在传统殡葬礼仪，死者的尊严就在于其人死亡以后，礼生协助家属处理殡葬，最后一直完成到以墓园中的逢年过节祭祀，实现长远循环不辍的慎终追远，支持着整个社会的善念。今天在南洋可以看到的各地义冢，它们现在还在延续过去曾经有过的许多经验，其实是继承祖籍原乡文化的结果。

① 〔春秋〕左丘明撰、〔晋〕杜预注、〔唐〕孔颖达疏：《春秋左传正义》，中华书局，1957，第 1085 页。

② 王森译注：《荀子白话今释》，中国书店，1992，第 231 页。

究其实，“生死关头”的处理，涉及也影响文化与思想归宿。如何回归中华殡葬的传统，用最现代的建设维续传统，会影响每个逝者的亲友。华人殡葬业本来是有传统的，它就是要做出本身的文化味道，才能显示中华殡葬的内涵与主体特性，才能让大众如古人所思所觉，认为殡葬消费是传承文化、凝聚亲友、教育子孙的载体，才能让人觉得其是有意义的消费和投资。或许，当代人必须回归到《礼记》《仪礼》等古书去思考，对传统有敬仰与爱护之心，按传统文化自定位、开格局、规划当代可服务范围和经营模式，整个殡葬产业链才可能更丰富，才有机会确保环环相扣的各种业务及服务支持当下的可持续扩展。

来到当代社会，要有真正相关殡葬礼仪的概念、复原殡葬文化过去拥有的强烈的社会教化功能，也是中华殡葬礼仪研究乃至实践层面的挑战。一旦到了较深层的讨论，就会发现整个社会很少有人会承认殡葬礼仪乃至墓园氛围是社会教育的一环，也不太有人支持殡葬礼仪可以非物质文化遗产视之论之。同时大家还得应对一个现实的问题，替它找答案：现在的墓园与传统墓园最大差别就在于当代经营的“业者”是以盈利为目标，去维持墓园的开发、运作、发展，从社会到业者，要如何才能以维护业者经济合理增长作为基础，去支持民族殡葬相对西方观念建立主体性、建立行业主体尊严？如果少了一层主动的认识，又如何能唤起传承的需要？

附录

实践民俗学：人生礼仪研究的重要转向

2014 年 12 月，我申请的国家社科基金重点课题“人生礼仪传统的当代重建与传承研究”获得批准立项。2015 年 3 月 15 日，在北京师范大学文学院励耘学术报告厅召开了课题启动会，邀请了部分在京民俗学、社会学方面的专家与课题组同人共同探讨如何开展课题研究工作，与会学者就课题发表了真知灼见。为了让读者能分享学术智慧，经发言人同意，特此刊发。感谢各位学者与发表本文的编辑同志。

如何实现民俗学研究方法的转向

陈连山（北京大学中文系教授）

人生礼仪是很重要的事，众所周知，“五四”以来传统礼仪被破坏了，造成现在我们见面不知道怎么称呼，尤其是陌生人之间，叫小姐、同志都不合适，意思都变了；服装上也是，不知道怎么穿合适。下面落实到人生礼仪研究的话题上。以往我们民俗学研究只是学理方面的，不干涉实际生活，但是现在面临人生礼仪当代传承与重建，这个课题中的“重建”就涉及干预问题。可是，一干预就会影响到我们研究的客观性，跟古代知识分子讲“制礼作乐”是一个意思。这是否违背了我们做科学研究的基本原则？我觉得这可能是我们这个课题所面临的一个潜在的问题。重建人生礼仪不是我们过去的民俗学研究路子，那么，应该怎样和过去的研究协调，是做纯研究还是要做一些干预？如果主张干预，学理依据是什么？该怎么做？这是很大的问题。

现在有一批人在做传统文化重建工作。国家提倡，地方政府在搞（比如一些官方的祭祀活动），还有一些民间团体也在自发地做。河北有一个儒学会，他们按照儒学那一套礼仪，整天到处宣传。一些地方还有汉服会，他们也在做礼仪文化重建工作。因此，我建议在本课题做调查的时候，选一些这种实践者做一些访谈，看看他们的方案和实践。这些东西可以作为这个项目对当前重建人生礼仪的实践效果的考察对象。这对课题研究的第三部分是有参考价值的。如果只是自己在那里想，看文献，没有经过试验，没有考察当代那些人的实践，很难判断自己建构的模式是不是合适。我们的目的毕竟不是完全复活古礼，而是要与民间生活联系起来。这些民间的实践者做过一些实践，不管是好的不好的，成功的不成功的，都可以作为研究对象。这些研究对象或许对我们会有所启发。

这个课题的研究工作我希望能够成功，能走出一条新的道路，能对未来民俗学的发展有比较大的影响。但做起来是太难了。按照目前的项目计划，又要梳理文献，又要做田野调查，还要有具体设计，想做的事情太多，建议可以做适当削减。

主持人回应：谢谢陈老师很好的建议。他讲了几个问题，一个是以前民俗学主要做纯学术研究，去理解民俗文化，理解生活，而现在我们要做的不只是理解，还要帮助民俗在生活里的重建，这是一个拓展和变化。那么，这里怎么去协调，可能是提出了一个问题。然后他提了一个很好的建议，就是怎么去把民间本来就有的组织作为一个考察对象，去总结他们的经验，开展我们的工作。我们在做调查点的时候应该考虑这些问题。

结构和要素的关系——民俗学研究的基本问题

高丙中（北京大学社会学系教授）

首先是子课题设计，分成诞育、冠、婚、丧、祭五大传统是可以的，但是表述的时候存在一个语言和对象的问题。诞育礼，其实用孕育也可以，因为诞育前面还有求子。再就是冠礼不如用成年礼。祭礼很多时候是放在丧葬礼中，当然在中国当代祭礼作为独立的仪式活动，是越来越重要的，适当重视还是很有意义的。总的来说这个结构还是很好的，但是怎么样表述得更好，还需要认真考量。

诞育礼，尤其是祈子，与我们国家计划生育的政策有关系，那么求子怎么来处置好呢。越是进入现代社会，就越会鼓励生育，因为大家的生育意愿普遍降低了。实际上，祈子不只是企盼多一个孩子，关键是这个过程从精神生活角度来说，无论对年轻人还是老年人，都能带来正面的东西。所以，祈子的活动有利于解决近代以来我们对日常生活的否定，传统的日常生活具有自己的路径和理念，现在要把它慢慢恢复过来，不是几个词和几个观念的问题，而是生活中各种具体的程式，各种细节都要重新建立起来，要思考怎样给公众提供正面看待这种现象的概念。同样的都是生孩子，很多时候西方人嘲笑中国人生孩子要坐月子，还要人伺候着，这个从科学的角度来说可能是没有特殊道理的。当然也有人说我们中国人身体不一样，也可能有一定道理。总而言之，就算各有各的理吧。从社会生活的角度来说，西方的小家庭比较独立，没有人来给你伺候孩子，老人没有这个责任义务。中国就不一样了，一个女孩子，从一个家庭走到另一个家庭，必须使她得到温暖，建立情感关系，所以说伺候月子是公婆与媳妇建立社会生活价值的机会。因此，从中国社会的人际关系建构来说，坐月子是很有社会意义的仪式活动。这样说来，我们就能够正面看待这项习俗了。总之，对这些传统的东西，在今天如何做到正面看待，是我们民俗学最基本的也是最具有挑战的，而这也是我们对传统进行重建和传承的依托。所以，民俗学在一些具体领域的具体分析方面还是要较真才行。

关于婚礼，我还是想讲一下大结构。民俗学的一个长处就是做结构研究，尤其是做叙事文本的时候有一套叙事分析概念体系，哪怕是做仪式研究的也喜欢转化成文本来分析，只不过用了不同的概念。人生礼仪的研究恰好有点像故事学，它的结构要素从功能的角度来理解有一套好用的体系，就是说这种结构、功能、要素搭配研究的话，一定要把它当成一个整体。可是到当代之后，我们看到，很多时候看到的只是要素了。比如婚礼，现在是穿白色的婚纱，结婚的地点还跑到宾馆去，传统上婚礼一定是在家里，要穿大红色礼服。所以，从传统的结构来说现在的仪式是碎片化的。但是我觉得，我们讲历史形态在过渡到当代形态的时候还是要把它作为一个整体来看待。首先我们从什么角度把它作为整体来看待？明明是碎片化的，怎么能够把它当作一个整体来看待？这是我们近代以来整个社会不接受的思路。但是总体上与我们要重建的结构不矛盾，我觉得这个整体性，通过文献，或者是梳理传统可以建立起来。面对当代呢，首先就是要定义，你比如说婚礼，究竟哪些要素属于婚礼的范围？在实际调查中，这个婚礼上穿白色婚纱，从民俗学的角度该怎么看呢？新郎新娘拜天地拜父母，穿传统服装，新娘穿红色中装，一会儿还有宴会还有那些娱乐活动，那又穿白色婚纱了。如果研究者采用“结构”的视角，这些都归入作为通过仪式的婚礼；如果我们只是按照传统婚礼的要素来看，符合传统的要素的才算我们的研究对象，要素不是传统的，就不算，那么你的研究就只有那么几个断裂的、碎片化的要素。这个完全是一个理念概念的演绎，跟现实总不是很好对接的。

总而言之，在通过仪礼的调查研究中，要处理好要素和结构的关系，也就是，究竟是把“俗”作为传统要素，还是把“俗”视为传统，因为如果承认“俗”是一个结构，就要容纳更多的要素，这里必须要有一个包容性。

这样之后，就会有一个古今中外的要素怎么样跟结构发生关系的问题。我们再讲一点这个传统的结构，比如说成年礼，如果承认这个概念，现在好多成年仪式，学校把初中毕业生、高中毕业生组织起来搞，他们会说你那个是传统的，我这个是现代的，我们各是各的。但是如果你现在承认了成年礼仪这个话语结构，那么这个社会就慢慢接受了新式的成人仪式所包含的这个结构。这个时候，民俗学的成年礼就要进行适应现代生活的转化，就是要坚持原有成年礼作为结构的意义，重新看待要素问题。在今天，怎么看待成年礼的重建，社会各有各的理解，但我们作为一个专业的团队，应该提供具有专业能力的认识框架，通过更好的调查研究，面对真实的生活，然后来提出更好的方案。从观察生活中真实的重建案例，到直接参与设计具体情境中的重建方案，这样就回到一个你对话语言说的承认的问题上来了。我们学者对结构话语的言说被社会接受了，就意味着社会对这个人生礼仪结构上的认可，认可之后，在专业上才是传承研究。在调查的环节，终归还是落到一些要素或者核心要素上面来，如果你的结构能够被承认，那么这个要素，尤其是这个传统的要素被传承就成为自然的事情，而当要素被肯定性地认知，实际上就支撑着这个结构也在被传承。

主持人回应：高老师很清楚地给我们提了一个很高的要求，首先概念层面，他认为要将诞育的时间向前延伸，改为孕育。关键是他刚才讲的一个如何认知传统与当代的问题，就是说在今天社会里面，是用传统的视角看当代还是当代的视角看传统，可能这是一个重要的问题，这就关系到一个结构和要素的提炼的问题，结构是存在的，要素要怎么提炼，我想高老师给我们提了一个很好的意见，有启发意义的看法。就是说我们把今天的生活不是当作一个碎片来看，传统与当代的融合本身就是一个整体，那么这个整体只是变化中没有定型的整体。我们从这个角度去思考的话，可能就会有不太一样的认识。总的意思就是我们把一些概念,重新回到社会，本身就是一种贡献，如果再去做研究做要素的提炼就是更多的贡献。就是我们到底是做观察研究，还是参与研究，还是观察参与的结合研究，可能我们还是需要去讨论，但我倾向于如果我们能够把我们的成果用来服务社会的话，那可能还是有现实意义的，也是我们对日常生活的一种关注和关心。到底研究的深度怎么样，程度怎么样，到底能不能达到目标那就是我们自己修炼的问题。今天的生活本来是一个整体，我们不能做一个碎片化的理解，那怎么把握，这个难度也是非常大。特别是一些当代现实的问题，我们要去理解，去提出我们的一个意见，供大家参考，如果我说我们提得比较合理，大家参考性就强，如果提得差，那就没人参考。当然我觉得这些都是学者做的一些东西。

实践民俗学的提倡

吕微（中国社会科学院文学研究所研究员）

连山老师提到这个实践和观察的关系，我觉得这个很难有直接把握。观察是不是就要提出一个具体的方案来啊？这个参与观察与实践的方式有很多的。我这两年比较关注丙中老师的文章，主要就在于他提出民俗学研究要具有很强的实践性，但并不是一定要参与什么其中的具体的实践，不是当年晏阳初、梁漱溟在河北、山东的农村改造的实践，那个实践性好像是直接的实践性。我们现在所说的实践性，是不是一定就是那样的？我觉得不一定。丙中老师在他的论文集（《日常生活的文化与政治——见证公民性的成长》，社会科学文献出版社2012年版）里提到要见证公民社会的成长，不是公民社会，是公民性，见证公民性的成长，这个公民性和公民社会有很细微也很重要的区别。

但是注意“见证”，见证是不是仅仅是观察？见证不仅仅是观察。所以我在最近的《民俗研究》（2015 年第 1 期）上的一篇文章里特别讲了“表述”这个词。就是说，丙中老师说的“表述”，就是你把你的东西说出来，让它成为一个可见的东西。我们当年所说的新文化运动就是要提出一个“根本的见解”（胡適），这个根本的见解就是一个观念，这个观念影响社会，你说这不是实践吗？当然是实践。新文化运动提出的“自由”“民主”的观念，关于“人”的这些观念，深刻地影响了中国一百多年的社会实践。它不仅仅是一个观念，实际上是已经把一些重要的想法（不一定是一个具体方案）拿出来，影响了这个社会。所以我觉得“表述”这个词本身已经带有了实践性，在观察和实践的区分里头，现在我们跟过去的理解不完全一样了，这个可能是需要考虑的。

第二个我想说丙中老师说的结构和整体性的问题。胡塞尔有一句名言：“不要大钞票，要小零钱。”“小零钱”是什么？就包括民俗学做的这些个案研究。一个具体的案例研究的“小零钱”可以以小见大，做一些整体的“大钞票”的考察。当然，这个“整体”的“大钞票”的意思包含很多，就是说我们除了直奔一些我们看到的东西，还要注意一些我们没有看到的东西。我们原来做的整体是把我们看到的东西当作一个整体，那我们现在想到的是把我们没有看到的整体，即在直观的整体之外的那个没看到的东西，再加进来，这又是一种整体，这个整体可能对我们来说也挺重要的。所以说在这些年，很多老师都讲“在场”。什么是“在场”？在场就是各种因素在场，不只是你看到的在场，你可以感受到“国家的在场”，此外还有一些我们没有意识到的在场，还有很多其他什么“……世界”的在场。比如婚礼穿白纱，仅仅是国外仪式的在场吗？也不一定，它本身也可能代表着某一种观念，这种观念也不一定就是外国的，可能还代表了一个更深层的理念。这个可能性是要注意的，就是说，有时在场不仅仅是代表传统的在场，还代表着未来的在场，一种更普遍的在场。你不要小看老百姓，他们在做着各种实验。所以我们要去见证这些东西，我们要用见证的方式来参与，通过见证提出我们的一些观念来参与社会。有时知识分子在生产一个具体的方案的时候，未必有老百姓的那个方案实用，但是你可以参与一种观念的生产，这个观念的生产就是一种实践，表述本身就是一种实践。

我最后想说的是，中国古代也一直在做实践的东西，最突出的我觉得就是宋明理学。传统的东西我们怎么重新去解释，历代都在做这些事情。这里面最重要的不只是外在的仪式，更在于内心，宋明理学讲的最重要的就是心学，是讲的心。在儒家传统里头，荀子一派，孟子一派，外在的礼仪派和内在的心性派，这两派其实是互补的，那你就要注意在讨论外在仪礼的时候,也要讨论它的内在心性。内在心性，其实是近代以来中国社会关注的最重大的问题,它不光是中国的问题，也是世界性的问题。用康德的话说，过去我们那个时候还是幼儿的时候，过去的我们就需要很多传统的礼仪，因为我们还没有成年，需要父母制定礼仪管着我们。但是当逐渐成年以后，现代社会最重要的仪礼的变化，是出自人的内心的需要，因为成年了，有理性了，可以自己管自己了，这个是特别重要的。传统的乡规社会是熟人社会，现在的社会最重要的一个区别是：现在是一个陌生人的社会。熟人社会一个很大的特点就是一切都在监督之下，所以说礼仪的实践是个很好办的事儿；但是现代社会是陌生人的社会，你提倡礼仪，人家会说，你管得着吗? 因此，礼仪重建的最重要的一个问题就是要“管得着”，不仅外在的礼仪，还有内在的心性，重建的是道德心性的自觉。这是人从未成年到成年最重要的人格转换问题。就我自己的理解，我们关注老百姓是如何在自觉地重建自己的心性，比如诚信，诚信是可以通过很多仪式培养的，但是更重要的是我们怎样把这些零散的碎片合在一起，在一个更深层的基础上，重建自觉的心性。

主持人回应：吕老师讲得非常有高度，吕老师讲实践不只是直接做才是实践，还有一种我们作为学者在见证这个时代的变化，在见证过程中，我们在强调一种观念，这个观念的表达就是说你表述过程也是实践，这个观念让社会承认，成为动力，也是一种参与。也就是说，不一定非要制订一个方案去参与，把一个概念重新让社会接受，然后影响大家，这也是参与、也是实践，我觉得非常有深度。我们做礼仪文化重建不仅仅是礼的问题，还是礼义的问题。今天这个社会形势可能有很多变化，但是内心的精神的、道德的力量的唤醒，心性的重建，既是我们历代知识分子、文化人的传统，也是当代和谐社会建设、精神社会建设、社会凝聚力建设的一个很重要的内容。每一个人如果在内心有一种道德感的话，人与人沟通交流就会有一个良性的状态，这个不仅是我们传统，也是我们整个世界、整个社会在成长过程中必须走的一个阶段。这个课题除了礼仪的规整之外，内心的东西也希望得到重视。其实以前我们很多时候仅仅讲的是一个很高远的梦想，讲的一个道德，那个东西可能跟生活离得比较远，那今天我们说从我们的生活实际出发，内心心性的唤醒，然后通过外在礼仪程序的保证，内外结合，达到理想的状态。

再谈理论与实践的关系

户晓辉（中国社会科学院文学研究所研究员）

我很高兴也很荣幸来参加这个开题会。课题负责人刚才说，召开这样一个会并非国家课题本身的要求，而是他自己觉得有必要，这让我对他顿生敬意。

先说课题的框架。我觉得题目有点大，如果加上“中国的”之类限定词，就可以把别国的人生礼仪排除掉。但“中国的”人生礼仪也很大呀，中国有各个民族，而且每个民族还有那么多地区，因此，是否考虑进一步限定为“汉族人生礼仪”？你们的每个子课题有三大部分，第一部分是典籍整理，可以称为古；第二部分是当代礼仪传承，也就是今；第三部分好像是回到社会实践，可不可以理解为是想把古今的东西落实到现在的社会实践中。但不知道这三部分之间怎么联系起来，这涉及整个课题的出发点和整体构思。另外，你们设想的成果形式分成四个部分，可我觉得，作为一个研究成果，这四个部分之间的联系不够紧密，还缺一个总论，也就是说，应该考虑有一个整体的东西把这四个部分串起来，构成一个相对完整的整体。

另外，我谈一点感想，这实际上涉及研究理念的问题。我说的可能有点过于理想，不是要求你们全都达到。我们研究人生礼仪需要观察、参与还是实践？实践也不是非要提出对社会直接有用的对策，但是怎样生产某种观念，怎样观察一个东西？按照高标准的要求，我们在观察人生礼仪的变化和重建时，用什么标准来判断它缺少什么或者哪些要素该变、哪些要素不该变？我觉得我们得有框架和概念，否则就可能对好多东西视而不见。许多人都认为，做田野调查好像就是选个点，跑去做个全程观察记录，就算深入生活了。可是，这样看到的就是生活吗？生活的东西真的就这样让你看到了吗？没有理论和框架性的眼光，你看到的可能都是碎片化的东西，当然在后现代主义者们看来，生活本来就是碎片化的。但我认为，研究者的眼光和老百姓自己去看还是要有所不同。我们做这个课题的更高标准是，拓展我们的知识储备。我们用什么样的头脑去看，那是不一样的，呈现的东西也不一样。

说到知识储备，吕微老师刚才提到了礼仪塑造人的问题以及礼仪与道德的关系问题。其实，礼仪涉及的不仅是道德，还有外在的、看得见的行为和生活秩序。如果我们用区分道德和法律的眼光来看礼仪，那又是不一样的。因为法律是管外在行为的，仪式也是外在行为，法的知识有助于我们观察礼仪并且判断其中的要素变化。我觉得，我们这个行当对法律尤其是西方意义上的法律接触太少。也许有人会说，我们又不是搞法的，我们能够提供专业知识就足矣。问题是，我们提供了什么样的专业知识，这是大可追究的。我们提供的专业知识就一定是对的吗？不一定。如果有了区分内在和外在的意识，我们看礼仪就会真的不一样，我们看它的变化的时候也就不一样。在研究礼仪要素的变化和增减时，我们就能够不按照当代意识形态去分析它，而是有普遍的标准和尺度。

关键的问题在于，我们观察人生礼仪的变化和重建，需要有一个大的理论框架。从实质上说，人生礼仪的变化和当代重建离不开社会整体结构变化的大背景。许多东西只有在这样的整体框架和背景之下才看得清楚，才好判断。在这方面，韦伯的理论就非常有用。他谈的是社会的 Rationalisierung / rationalization，有人译作“理性化”，我觉得译为“合理化”更恰当。无论是否愿意，我们的社会都在朝着合理化的方向发展，这种理想型意义上的整体进程有助于我们在考虑礼仪重构的时候来判断：哪些要素是需要的，哪些要素又是不需要的。当然，能够给我们提供参照和借鉴的不止有韦伯的理论，滕尼斯的《共同体与社会》也能够给我们提供一个从共同体到社会的整体框架。

因此，民俗学的实践研究不一定非要提出有针对性的现实策略，而是为社会生产观念，但我们的观念生产必须有理论预见性，而不仅仅是对现状的简单归纳和描述，否则就可能只是生产了一些一厢情愿却没有用处的意见。其实现象不仅归纳不完，而且我们看到的现象常常都是乱象。如果学术只是沉浸在种种现象里面，那就不能说有多高的水平，学术要有前瞻性。我们不要说理论都是没用的，韦伯和滕尼斯的理论恰恰能够预测到他们身后社会发展的整体方向，可见，真正的理论对实践所具有的前瞻性和预见性是单纯观察现象的研究所难以具备的。理论上的观念生产对实践有巨大的影响力和作用，它不是立刻就能有用，正如科研是有规律的，有时不一定立竿见影一样。理论上的观念生产是一种真正的实践。我提出这些，仅供参考，当然你们还可以选择其他路径。

主持人回应：感谢户老师。户老师从学术积累和学术修养的角度对我们的课题提出比较高的要求，是非常理想的、非常有意义的东西。关于我们课题内在的学术联系，我们的考虑是有联系的，从文献来看，我们探讨我们这群人的历史，这群人的历史文献是怎样塑造人的？塑造什么样的人？如何塑造人的？当代情况下这些方面是什么状态？我们根据历史传统和当代状态去思考我们应该怎么去塑造人，这个是有联系的，这个联系是可以回答的，不能简单说三个部分是没有联系的。当然要达到最高的理念，我们目前的研究水平和程度使得我们只能是心向往之，只能尽量去做。做到什么程度呢？我们理想目标是做有用的，对人的独立性，公民社会有益的课题。但是有一个可以去做的努力是观念生产，我们能不能把高老师提出的结构要素提出来，把几个观念提出来，是可以继续做的。会后我们将进一步消化户老师的观点。

如何提高人生礼仪研究的实效性

安德明（中国社会科学院文学研究所研究员）

接着大家的话题，先谈谈对礼仪手册的看法。按照这个课题设计，是要做出一本礼仪手册，作为成果的重要组成部分。我觉得，倒不如不做这个礼仪手册，免得费力不讨好。我们最后的成果，应该是从对传统礼仪的观察和研究中提炼出有价值、有意义的基础观念，就像丙中老师刚才说的，是一种大的框架。这个框架根植于我们民族的精神体系之中，发挥着基础性的作用。我们可以看到，不同民族之间的礼仪有不同的表现形式，道德要求方面的具体规则可能都有很大的差别。

但是如果要去追寻的话，会发现一个非常一致的结构，我想，如果能够就这个思路，从中提炼出一些基础概念或关键词的话，它的意义可能就不只是对于中国传统礼仪的重建了，而是会对整个世界的文化交流、民族交往贡献自己的思考。

我们在研究传统礼仪过程中还应该考虑这样一个问题：为什么这些传统观念在当代社会的约束力和影响力会变得这么弱小，而在某一个时期（如果曾经有一个那样的时期的话），它的力量却那么的大？发生变化的原因是什么？我们是否可以找到一个礼仪在某一场所或情境下发挥相对强大作用的案例——一个村落或其他一个相对比较传统的社会或者社区？如果可以，那么我们可以把这样一个案例和今天在都市化的过程中发生的各种各样的问题加以比较，来看为什么在那样一个情境之下礼仪有那么大的约束力，而在这样一个情境下它的影响会弱化。假如我们能够做这样一个对照的话，一定会有助于提炼前面说的那样一个框架。说到研究成果的实效，我们现在实际上有很多针对当前文化建设提出的方案，比如说要建立中国的情人节、建立中国的母亲节等各种各样的方案，听起来都非常有吸引力，也往往会引起一时的轰动。但是这些方案能不能够真正地发挥作用，就完全是另外一回事了。所以，这就是我为什么说我们这个成果不一定要提出一个礼仪手册之类的那么切实的方案的原因。因为即使你提出来了，即使它看起来很合理，但最后能不能被社会所接受，能不能产生什么效果，那个结果是可想而知的。

另外，就像刚才连山老师提到的，我们是从纯粹的研究走向干预。那么，怎样处理好二者之间的衔接关系，这个问题就非常重要。在这方面，现在越来越有影响力的公共民俗学的一些观念和做法可以供我们参考。概括地说，民俗学既是一门纯粹的人文学科，又是一门社会科学。一方面，我们要对很多基础性的文化和社会问题进行探讨，另一方面，又要提出对于社会发展有意义的建议。

对于课题结构，我还有一个建议，就是每一个子课题可以根据每一种礼仪自身的特点来确定是否要重建，而不一定在每一个部分都要强调重建。其实重建这个提法本身又有很多可以讨论的问题。这里我想要强调的主要有三点：第一，我们今天所期待的这个传统里头，其实应该包括很多被我们当成非传统来看待的东西。比如说婚礼，在饭店举行婚礼、到照相馆照婚纱照等做法，其实已经融入人们的日常生活实践当中去了。假如我们在思考的时候非得把这些看成是非传统的内容，那对我们的工作可能会造成很大的一个限制，最后提出的方案可能会离现实生活非常遥远。第二，为什么不一定对每一种礼仪都要强调重建。比如说丧葬仪式，今天的生活已经发生了很大的变化，而你设计出的一套比较规范的丧葬礼仪，究竟能够在什么样的场合去适用呢？比如以过去土葬的习俗为参照，那确实是非常繁复的一套体系，而这样一套体系在城市生活中究竟有多少可操作性呢？所以不同的礼仪有不同的特点，不一定每一个都要重建，具体可以根据每一个的自身特点去设计。有些传统礼仪，我们要是能从中提取出一些可供当前社会吸纳的有益的观念也就足够了。第三，每一种礼仪在不同阶段重建的可操作性也是有差别的，比如诞育礼仪，其中的求子，以及孕前、孕期等过程中的诸多禁忌，这些跟信仰相关的内容，究竟该如何去操作呢？相比之下，大家目前比较熟悉的抓周、洗三等活动，倒是有较强的可操作性。

所以，最为重要的，还是应该从诸多传统礼仪的表现形式中提炼那些最抽象的因素，那些能够为大家所接受的元素，作为传递给当代大众的知识性的内容，供他们参考，而不是做出规范性的指导。这其实已经就是作为学术研究者能够做出的了不起的贡献了。

主持人回应：谢谢安博士。他其实讲了一个很重要的观点，我们不能用一种固定的程序去约束生活，可能我们的研究就是看能不能提出一个最大公约数，一个超越古今超越中外的结构，人类本性需要的一个结构，这是我们追求的一个理想。另外一个我们在具体礼仪的复兴过程中，要根据自己礼仪的特性，不同的阶段不同的特性可能有不同的要求，这个具体的问题具体分析的启发我也觉得是非常好的。这对我们既有宏观要求也有微观要求，比如这个手册到底做不做，我们再讨论。

漫谈人生礼仪研究的复杂性

林继富（中央民族大学文学与新闻传播学院教授）

就我个人研究经历来说，我想，完成一个课题有两个基本要求，第一个是结项的基本要求，第二个就是对社会贡献的要求。就这个课题而言，我觉得研究路径设计得很好，整体比较合理，研究内容具体、研究步骤清晰、研究目标明确，课题主持者对课题的目标，显然在于为当下的中国社会礼俗制度的恢复和重建作一些贡献。我觉得这正是我们学者应该做的，也必须承担的社会责任。

这个课题讨论的是传统民俗，研究的是民俗的传统内容和当代社会民生结合的问题，这应该是当下中国民俗学研究的重要方向。我一向主张，学术研究不要脱离社会生活，应该积极投身到当代中国发展的大潮中去，用我们的学术成果回馈社会，回应当代社会重大问题，应该把我们的学科知识参与到国家的文化基本建设中，为国家和社会的发展提供一些路径、建议和策略。这个课题恰好体现了这种现实关怀。

这个课题是建立在历史高点上，回应当下社会问题，因此将历史与现实统一起来，这就导致了这个课题在研究工作中的复杂性，下面我从四个方面来谈谈自己的想法。

第一点，我觉得这个课题有一个问题需要回答，就是“人生礼仪传统”这个词怎么理解。中国人生礼仪传统是发展的，中国人生礼仪传统是多元的，因此，将什么样的人生礼仪传统在当代社会重建，就会出现以什么样的人生礼仪传统作为重建的对象，也就是说，你重建的依据是什么？因此，我以为，在研究这个课题的时候，应该对中国人生礼仪的复杂性有足够的重视，应该很好地检视中国人生礼俗传统，首先人生礼仪是传统儒家的人生礼仪，还是以儒家为核心，包容其他人生礼俗传统呢？即使是儒家的人生礼仪，也是很有复杂性，比如说它在发展的过程中和地方生活联系在一起，还有在中国社会，儒释道三教从来就不是水火不相容的，而是在发展的道路上，它们之间彼此兼容、相互融合的现象十分严重。另外，很多民族、地区的人生礼仪传统是不相同的，而且相互融合，比如唐代文成公主入藏以后，大量的汉民族人生礼仪著作被翻译到藏文里面去了，那么，藏族的传统难道和儒家没有关系吗？以《仪礼》作为重建的根本文献，对于《仪礼》的看待，不应该将其视为静止的、仅仅作为一部文献来对待，《仪礼》在每个时代，被重新诠释，也被民众应用在生活实践中，因此，今天人对待《仪礼》自然有自己的解释倾向和实践倾向。从这些方面来看，人生礼仪传统的重建过程中应该清晰地看到不同层次、不同地区以及传统人生礼仪动态性所体现的复杂性。

第二点，我想我们做人生礼仪传统重建研究，实质上是一个当代性的民俗研究，做这项研究我以为不应该泛泛而谈，讨论面和点不应该铺设太广，因此，其研究调查点比较重要。好的调查点要使所有的研究具有可操作性，具有和当代社会紧密结合的特点，会使我们的研究切实地落地，从而使礼仪重建的问题具有阐释力、穿透力和可操作性。具体来说，选定当代社会的一个点，要研究调查分析传统的仪式在这个点中是如何存在的，哪些是需要引导的，哪些跟传统礼仪有背离，哪些传统人生礼仪在选择调查点的人群那里是缺失的，我们需不需要去丰富它、补充它。所以这些均以当下民众生活需要为目的，也就是说，将人生礼仪传统与具体社区或村落民众生活结合起来分析、比较，从而建构一个符合当地人人生礼仪运行的可行性模式，这样做起来，就将课题的研究过程置于特定社区或村落民众生活之中，课题研究成果直接回馈到民众生活之中，从而实现了理论研究和实践活动的紧密结合。如果田野关系较好的话，我们可以将调查研究成果在民众社会生活的不同方面进行渗透。比如现在的文化墙，宣扬社会主义核心价值观特别多，这就使好的道德观念、仪式内容和文化元素，通过一个村落的公共文化空间得到了很好的呈现，让人们自觉地接受。

第三点，就是重建的时候需要重建的是什么，我认为这个重建是对传统符号的一个重建，而且不是游离于我们生活之外的。我觉得中国社会的任何一个时代都在重建，这个过程从来没有中断，只是我们重建的传统传承的可能有的多一些，有的少一些，或者有一些变化。比如婚礼，在宾馆举行的婚礼，一定在家里还有一个婚礼，这时候它是怎么操作的，体现什么观念，都需要追问。所以，重建的时候对人生传统仪式的核心符号提取是比较关键的。

最后，我还想提到我在调查和研究土家族人生仪式时的一些的思考。土家族生活在中部地区，周边被汉族文化包围，在他们的人生仪式中道教传统非常明显，当然土家族本土人生礼仪传统也十分突出，比如在土家族诞生礼、婚礼和葬礼中都有歌唱的传统，他们在人生礼仪场合唱的歌谣包含了许多的优秀的正能量的东西，比如唱人生经历中的友情、爱情，唱祖先生产和生活中的艰辛，唱勤劳、守信和忠诚的为人之道，唱人生美好的愿望和期待等。所以，人生仪式中表达积极的人生态度的内容非常丰富，我希望通过这个课题可以很好地把它抽取出来，弘扬开来。

主持人回应：非常感谢林老师。林老师讲了很多实际的问题，他主持国家重点课题，有很多操作的经验。讲到课题的复杂性问题，就是重建的传统依据是什么，文献的历史依据究竟是什么，用的是儒家、道家，还是佛家的东西，还是佛道融合的东西，这个我们在重建的时候，在总结传统的时候要做细致的考量。还有一个是操作性的问题，要选取一个点，这个点的丰富性问题，是不是我们说的五个点，还是一个点很多东西同时进行，还是一个点作为实际操作的基础。他讲到渗透性的问题，怎么把我们的理念渗透到生活中去，通过很多细节来呈现出来，这都是非常受用的。

也谈人生礼仪研究的实践性

王霄冰（中山大学中文系教授）

我首先谈一下这个课题的意义。前面的各位老师对课题的社会意义给予了肯定，我来说一下对于民俗学学科的意义。我们都知道，当前中国民俗学面临着转型和发展的问题，大家都在关注着，并提出了自己的一些见解。其中有学者就指出，民俗学不只是经验科学，也是一门实践科学；也有学者强调，民俗学在转向社会学、人类学的过程中，也不能一味地把自己变为社会科学，不能忘了它还是一门应该具有人文情怀的人文科学。这样一些学科建设的理念，应如何在研究实践中得以实现呢？我认为我们这个课题如果做好了，也能为解决这些学科问题提供比较有参考价值的答案。

下面对课题计划谈几点看法。课题的研究内容和预期成果，第一部分是文献资料方面的，包括历史文献资料的整理和研究；第二部分的田野报告是关于现在礼仪传承的现状的；第三部分是礼仪手册。就第一部分的文献研究而言，我的建议是能不能借鉴一些已有的相关研究，这样可以节约时间，把精力放到主要问题上。另外能否考虑也收集一些当代的礼书（包括台湾和香港地区的），这样可以使研究更加具有现实性，更接地气。第二个部分的田野报告主要涉及一个确定个案的问题。我觉得调查的设计应该从实践民俗学的思路出发，在观察、调查和记录的同时，也加入一些带有实验性质的内容。比如说一些礼仪指导手册在做出来以后，是否可以先拿到田野点去试验一下，通过实践来检验其可行性和适用性，并根据结果再做进一步修改。在调查中当然也有必要采取社会学的问卷调查和深度访谈等技巧，以了解现代人对于人生礼仪的理解和对于礼仪重建的需求，比如成年礼，广大家长和年轻人对于重建这个礼仪到底是怎么看的。第三个部分的内容是礼仪手册的制定。我自己是非常赞成做礼仪手册的，但是也觉得确实要很慎重地对待这个事情，因为我们这些人比较擅长做学理研究，现在要来做指导实践的礼仪手册，是一种角色的反串。礼仪手册实际上就像是古代的礼书，它所代表的其实不是一种经验的模式，而是一种理想的模式，反映的是一种价值观，功用在于规范人们的思想和行为。这里我们需要顾及根本性的几对矛盾：一是传统和现代的矛盾。与传统生活相比，现代生活已经发生了很大变化，传统的东西在现代有哪些还适用，有哪些已不适用，其中特别是唯物主义的意识形态和传统民俗信仰的矛盾该怎么处理，是需要考虑的。二是地方化、本土化和标准化、普遍化之间的矛盾。历史上的人们在使用礼书时其实往往是很变通的。国外的汉学家经常会使用实证主义的方法，把礼书的内容和实际的社会实践进行对比，比如把《礼记》中有关丧葬的礼制规定和两汉时期的墓葬形制进行比较，结果发现大多数葬法都是不合礼仪的。确实，中国幅员辽阔，地域性的差异很大，尤其还存在汉族和少数民族之间的诸多文化差异。制礼作乐提供的只是一种标准化的规范,但在推行礼制的实践过程中还会有各方面的其他因素发生作用，从而把统一的“礼”转变为千奇百怪的“俗”。三就是刚才吕微老师说的礼的“形于外，本于内”的问题，即要兼顾到外在形式和内在价值这两个相互作用的方面。人生礼仪伴随着一个人的塑造过程，从出生，到成年，到为人子、为人父母，逐步成长为一个社会的人和有责任有担当的人，最后再有尊严地把他从这个世界上送走。每一个阶段的礼仪都关系到该怎么做人和该怎么塑造人的问题。礼是象征性的、外在的表现，但它最关键的却还是要本于内，即表现出一种价值观和道德观。那么，礼仪所要依据的应该是一种什么样的价值伦理观念呢？吕微老师已经说了，关键是要体现出一种普遍的价值。只有站在全人类的高度，礼的理想性才能凸显出来。具体到编修礼仪手册上，我想就不仅要设计出在某种状况下人该怎么去行动，而且更要指导人们应该怀着怎样的心境和心情去做准备和履行这些义务。还以成年礼为例，重要的不只是一个仪式，而是仪式的准备阶段。过去有的民族有把成年期的少年人放逐到森林里去经历生死搏斗、体验孤独，让他从中体会成为一个独立的人的艰难过程，现在这样做当然不太可能了。但关键还是要引导当事人去做各种心理上的准备，包括父母应该怎么想怎么做，孩子又该怎么想怎么做，等等。

主持人回应：谢谢王老师。她提的意见很好：个案点的选择要考虑到将实践性和实验性结合在一起；要借鉴问卷的方式，希望课题组科学地制定问卷，获取当代的资料。关于手册的意见，她的意思是倾向于做手册，但是这个东西本来是不该我们做，手册不等于实用的东西，而是一个参考，是理想和价值观的导向；另外，还有怎么考虑到各种矛盾的和谐和调剂，一元和多元，汉族和少数民族等，这些提醒都是非常好的。还有一个是外在的礼仪和内在情感、道德和心性的问题，她也做了强调。接下来，我们再认真去思考和消化。

民俗学研究的视角和方法：从日常生活体验说开去

张勃（北京联合大学北京学研究所研究员）

今天非常荣幸来参会，刚才各位老师对很多问题都提出了很好的想法，对我来说，这是一个很好的学习机会。我在今年1月敬文沙龙上讲过一个题目《建构时代的中国节日建设》，当时高丙中老师给我有一个定位，说是文化越位。我在想，民俗学者的身份究竟是什么？

这个课题也存在相似的情况。刚才大家谈到民俗学的实践问题，我们应该做纯学理的研究，还是参与到公共文化建设中来？最近我在关注移风易俗的话题，如果放在这个概念下理解的话，其实这个题目也涉及移风易俗，就是我们作为学者怎样通过自己的观察和实践，回应社会的一些重要问题。这也牵涉到这个课题做指导手册是否可行的问题。我个人认为是可以的。礼仪重建不仅是学者的问题，在生活中大家也都在建设。从个人来看，生育、成年、婚丧嫁娶就是他的生活，是个人必须经历的事情。从一些公司来说，比如婚庆公司、殡葬公司，也在为了自己更好地发展，通过提供相关服务来做一些建设，他们不断结合各地习俗进行文化整合，再放到具体的仪式中去。这本身也是一种建设。

针对这个课题，我想从以下几个方面来考虑，即为什么重建，重建什么，在哪里重建，又如何重建。

就为什么重建而言，我首先想到的是“重建”这个概念包含两层含义：一层含义是建设，再一层含义才是重建。那么“重”字从何而来？这意味着变之前应该是本来有一个东西，建设一个东西，又重新建设一个东西。为什么要重建的背后暗含着一种缺失，那么缺失了什么而需要重建，这是需要厘清的。同时，谈重建还意味着期望重建的东西是对生活有意义的，是生活中不可缺少的，如果没有意义没有价值就没有必要重建。因此，对于这个课题而言，解释人生礼仪对于生活的意义将是非常重要的内容。

为什么要有人生礼仪，我很想从自己的人生体验来讲。在我的人生过程中迄今经历了结婚、生育、父亲去世等事件。我想以父亲的丧葬礼为例。我父亲是国家干部，他的丧葬仪式是按照公家人礼仪和民间传统仪式都做了一遍。整个过程我都参与其中，在其中，我深刻体会到传统丧葬礼虽然十分繁杂，但其设计的每一个环节都颇具意义，既有关照个人情感让其释放的方面，也有避免个人情感过于放纵、让人直面现实的方面。它有助于缓解个人和家庭突然遭遇不幸、处于危急情况下的紧张焦虑与不适，有利于生活状态从失衡到平衡的转换和修复。比如在我老家那里，骨灰下葬过程中允许大家哭，但下葬结束要回家的时候就不允许哭了，孝子孝女也不可以，而且讲究不能回头，这是一种禁忌。我当时不懂，边回头看父亲的新坟边哭，走不动，在我身边扶着我的一个本家嫂子就告诉我这时候不能回头了，也不能再哭了，再回头再哭的话就对以后不好，尤其是对哥哥家不好。听了她的话，我就不敢再哭了。后来我考虑这样一种禁忌安排的意义：你总是回头的话，就会过于哀伤，而且仪式就很难结束，后面的事情就很难继续。

再简单举一个例子，我女儿在北京市第十四中学读书，3 月 21 日学校要为高三的学生举行成年礼，要求家长给孩子一封信。昨天我刚刚写完这封信，在写这封信的过程中，我回想了女儿成长过程中的许多片断和细节，我把自己对她的期待和愿望写下来，内心充满了爱意与温情。这是成年礼的一个环节对于我的意义。

所以，我们探究人生礼仪价值和意义的时候，不仅要有理性的分析和思辨，更要格外关注人生礼仪相关人员的感受与体验，通过调查了解他们在仪式中的感受和体验，看他们如何看待仪式对于自己的真正意义。这样我们的讨论才能更具有说服性，才能说明礼仪重建的必要性和重要性。

下面我想讲重建什么这个问题，重建什么是和为什么重建有关联的。当今时代，是不是所有的人生礼仪都中断了？也可能并非中断，而只是发生了变化，是在新的时代产生了和过去不一样的东西，有很多新的因素的介入。像婚礼、丧葬礼可能都只是在以不同于过去的方式呈现。至于成年礼，现在已经受到了很多人的关注，我在课堂上对学生进行了几年的调查，有不少学生都经历过自己的成年礼。因此，我认为有必要厘清各种人生礼仪目前的基本形态，并和过去的东西进行比对，在此基础上考虑是不是真的需要专门的重建，又有哪些是需要学者和大家有意识去重建的。

再一个问题是在哪里重建。与民俗学研究直接相关的就是田野调查点的选择特别重要，按照现在的课题设计，人生礼仪有五种，每一种又各有其丰富性和复杂性，而且城乡之间、不同民族的差别特别大，选点的时候要精心选择，考虑到这个点在多大程度上具有代表性。

如何重建是一个大问题，我说一点个人经验，希望可以提供一些参考。最近几年，我在课堂上会让学生做关于成年礼的作业，参加过成年礼的同学就写自己经历的成年礼是什么样的，自己和家人、学校如何准备，又有怎样的感受。没有参加过的同学就设计自己理想的成年礼。比如，有一个同学提到自己的成年礼上，学校铺设了一条长达十八米的红地毯，并在红地毯的一边安置了成年之门，一米代表一岁，让父母牵着自己的手共同走过红地毯，穿过成年之门，就十分具有象征意义。许多同学都提供了他们不同的人生礼仪的经历和感受，同学们的经验和设计对于设计成年礼指导手册应该是有帮助的。我觉得，从民俗学研究的角度而言，这种调查方法也是有益的。

主持人回应：非常感谢。张勃很有自己的体会，她追问了几个为什么，对我们来说是一种提醒。她的一些意见，比如仪式不是中断的，是不断变化的等观点都是很有建设性的。吕微老师分析了更高于道德的是什么，这是一个很重要的提示，就是我们需要什么社会关系，什么样的人，如果有这么一个自觉意识，可能在我们制定手册和不制定手册的研究过程中都能更应付自如。

主要参考文献

（一）古籍资料

[1] 许慎．说文解字［M］．北京：中华书局，1963.

[2] 仪礼注疏［M］．王辉，整理．上海：上海古籍出版社，2008.

[3] 礼记正义［M］．吕友仁，整理．上海：上海古籍出版社，2008.

[4] 刘文典．淮南鸿烈集解［M］．冯逸，乔华，点校．北京：中华书局，1989.

[5] 崔寔．四民月令辑释［M］．缪启愉，辑释．万国鼎，审订．北京：农业出版社，1981.

[6] 班固．汉书［M］．北京：中华书局，1962.

[7] 司马迁．史记［M］．西安：太白文艺出版社，2006.

[8] 王嘉．拾遗记［M］// 汉魏六朝笔记小说大观．王根林，黄益元，曹光甫，点校．上海：上海古籍出版社，1999.

[9] 杜预．春秋左传集解［M］．上海：上海人民出版社，1977.

[10] 颜之推．颜氏家训［M］．夏家善，夏春田，注释．天津：天津古籍出版社，2016.

[11] 杜佑．通典［M］．王文锦，等，点校．北京：中华书局，1988.

[12] 徐坚，等．初学记［M］．北京：中华书局，1962.

[13] 周密. 武林旧事 [M]. 钱之江，校注. 杭州:浙江古籍出版社，2011.
[14] 景印文渊阁四库全书 [M]. 台北：台湾商务印书馆，1986.
[15] 欧阳修. 新五代史 [M]. 徐无党，注. 北京：中华书局，1974.
[16] 黎靖德. 朱子语类 [M]. 王星贤，点校. 北京：中华书局，1986.
[17]孟元老. 东京梦华录笺注[M]. 伊永文,笺注. 北京:中华书局，2006.
[18] 张载. 张载集 [M]. 北京：中华书局，1978.
[19] 吴自牧. 梦粱录 [M]. 符均,张社国,校注. 西安:三秦出版社，2004.
[20] 李之亮. 苏轼文集编年笺注：诗词附 [M]. 成都：巴蜀书社，2011.
[21] 朱熹. 四书章句集注 [M]. 北京：中华书局，1983.
[22] 脱脱，等. 宋史 [M]. 北京：中华书局，1977.
[23] 丘濬. 朱子家礼 [M]. 清嘉庆十四年重订本.
[24] 丘濬. 文公家礼仪节[M]// 四库全书存目丛书. 济南:齐鲁书社，1997.
[25] 徐一夔，等. 大明集礼 [M] // 景印文渊阁四库全书. 台北：台湾商务印书馆，1986.
[26] 丘濬. 大学衍义补 [M]. 林冠群，周济夫，校点. 北京：京华出版社，1999.
[27] 汪道昆. 太函集 [M]. 胡益民,余国庆,点校. 合肥:黄山书社，2004.
[28] 黄佐. 泰泉乡礼 [M]// 文渊阁四库全书. 上海:上海古籍出版社，1987.
[29] 皮锡瑞. 经学通论 [M]. 北京：中华书局，1954.
[30] 凌廷堪. 礼经释例 [M]. 彭林，校点. 北京:北京大学出版社，

2012.
[31] 王先谦. 荀子集解 [M]. 沈啸寰，王星贤，整理. 北京：中华书局，2012.
[32] 陈作霖，陈诒绂. 金陵琐志九种 [M]. 南京：南京出版社，2008.
[33] 孙希旦. 礼记集解 [M]. 沈啸寰，王星贤，点校. 北京：中华书局，1989.
[34] 陈立. 白虎通疏证 [M]. 吴则虞，点校. 北京：中华书局，1994.
[35] 上海图书馆. 中国家谱资料选编：礼仪风俗卷 [M]. 陈秉仁，整理. 上海：上海古籍出版社，2013.
[36] 丁世良，赵放. 中国地方志民俗资料汇编：华北卷 [M]. 北京：书目文献出版社，1989.
[37] 韩理洲，等. 全三国两晋南朝文补遗 [M]. 西安：三秦出版社，2013.
[38] 胡朴安. 中华全国风俗志 [M]. 长沙：岳麓书社，2013.
[39] 吴翟 . 茗洲吴氏家典 [M]. 刘梦芙，点校. 合肥：黄山书社，2006.
[40] 王国维. 观堂集林 [M]. 北京：中华书局，1959.
[41] 夏纬瑛. 夏小正经文校释 [M]. 北京：农业出版社，1981.
[42] 徐元诰. 国语集解 [M]. 王树民，沈长云，点校. 北京：中华书局，2002.
[43] 杨伯峻. 论语译注 [M]. 北京：中华书局，2009.
[44] 曾枣庄，刘琳. 全宋文 [M]. 上海：上海辞书出版社，合肥：安徽教育出版社，2006.
[45] 郑强胜. 郑氏规范 [M]. 郑州：中州古籍出版社，2016.
[46] 朱熹. 朱子全书 [M]. 朱杰人，严佐之，刘永翔，主编 . 上海：

上海古籍出版社，合肥：安徽教育出版社，2002.
[47]张宗平，吕永和．清末北京志资料[M]．北京：北京燕山出版社，1994.

（二）论著

[48] 蔡元培．中国伦理学史[M]．上海：上海古籍出版社，2005.
[49] 常建华．明代宗族研究[M]．上海：上海人民出版社，2005.
[50] 冯尔康．18世纪以来中国家族的现代转向[M]．上海：上海人民出版社，2005.
[51] 高明士．东亚传统家礼、教育与国法（一）：家族、家礼与教育[M]．上海：华东师范大学出版社，2008.
[52] 葛兆光．道教与中国文化[M]．上海：上海人民出版社，1987.
[53] 郭于华．死的困扰与生的执著：中国民间丧葬仪礼与传统生死观[M]．北京：中国人民大学出版社，1992.
[54] 何淑宜．明代士绅与通俗文化的关系：以丧葬礼俗为例的考察[M]．台北：台湾师范大学历史研究所，2000.
[55] 何淑宜．香火：江南士人与元明时期祭祖传统的建构[M]．台北：稻香出版社，2009.
[56] 贾绍兴．喊礼：湘西神秘婚丧礼俗考察记[M]．北京：学苑出版社，2009.
[57] 科大卫．明清社会和礼仪[M]．曾宪冠，译．北京：北京师范大学出版社，2016.
[58] 李安宅．《仪礼》与《礼记》之社会学的研究[M]．上海：上海人民出版社，2005.
[59] 李景汉．定县社会概况调查[M]．上海：上海人民出版社，2005.
[60] 李振声．钱穆印象[M]．上海：学林出版社，1997.

[61] 林素英. 丧服制度的文化意义：以《仪礼 · 丧服》为讨论中心 [M]. 台北：文津出版社有限公司，2000.
[62] 林耀华. 义序的宗族研究 [M]. 北京：生活 · 读书 · 新知三联书店，2000.
[63] 陆惠明. 永远的十八岁 [M]. 上海：学林出版社，2000.
[64] 彭林. 中国礼仪要义 [M]. 南京：南京大学出版社，2014.
[65] 彭美玲. 古代礼俗左右之辨研究：以三礼为中心 [M]. 台北：台湾大学出版委员会，1997.
[66] 钱杭，谢维扬. 传统与转型：江西泰和农村宗族形态 [M]. 上海：上海社会科学出版社，1995.
[67] 钱穆. 国史大纲：修订本 [M]. 北京：商务印书馆，1996.
[68] 钱穆. 中国学术思想史论丛（三）[M]. 台北：东大图书公司，1985.
[69] 沈从文. 中国古代服饰研究 [M]. 上海：上海书店出版社，2005.
[70] 唐长孺. 魏晋南北朝史论丛 [M]. 北京：商务印书馆，2010.
[71] 王尔敏. 明清社会文化生态 [M]. 桂林：广西师范大学出版社，2009.
[72] 王汎森. 权力的毛细管作用：清代的思想、学术与心态 [M]. 北京：北京大学出版社，2015.
[73] 王沪宁. 当代中国村落家族文化：对中国社会现代化的一项探索 [M]. 上海：上海人民出版社，1991.
[74] 吴丽娱. 礼与中国古代社会：明清卷 [M]. 北京：中国社会科学出版社，2016.
[75] 萧放. 传统节日与非物质文化遗产 [M]. 北京：学苑出版社，2011.
[76] 萧放. 中国民俗史：明清卷 [M]. 北京：人民出版社，2008.

[77] 杨向奎. 宗周社会与礼乐文明 [M]. 北京: 人民出版社, 1992.
[78] 杨宽. 古史新探 [M]. 上海: 上海人民出版社, 2016.
[79] 杨与龄. 民法概要 [M]. 北京: 中国政法大学出版社, 2002.
[80] 杨志刚. 中国礼仪制度研究 [M]. 上海: 华东师范大学出版社, 2001.
[81] 叶大兵, 叶丽娅. 中国锁文化史 [M]. 北京: 知识产权出版社, 2011.
[82] 叶国良, 等. 汉族成年礼及其相关问题研究 [M]. 台北: 大安出版社, 2004.
[83] 大清律例 [M]. 张荣铮, 刘勇强, 金懋初, 点校. 天津: 天津古籍出版社, 1993.
[84] 赵和平. 敦煌写本书仪研究 [M]. 台北: 新文丰出版公司, 1993.
[85] 赵克生. 明代国家礼制与社会生活 [M]. 北京: 中华书局, 2012.
[86] 郑振满. 乡族与国家: 多元视野中的闽台传统社会 [M]. 北京: 生活·读书·新知三联书店, 2009.
[87] 郑振满. 明清福建家族组织与社会变迁 [M]. 北京: 中国人民大学出版社, 2009.
[88] 周一良. 魏晋南北朝史论集续编 [M]. 北京: 北京大学出版社, 1991.
[89] 周一良, 赵和平. 唐五代书仪研究 [M]. 北京: 中国社会科学出版社, 1995.
[90] 姜伯勤. 敦煌艺术宗教与礼乐文明: 敦煌心史散论 [M]. 北京: 中国社会科学出版社, 1996.
[91] 安东尼·吉登斯. 现代性与自我认同: 晚期现代中的自我与社会 [M]. 夏璐, 译. 北京: 中国人民大学出版社, 2016.

[92] 莫里斯·弗里德曼. 中国东南的宗族组织 [M]. 刘晓春,译. 上海: 上海人民出版社，2000.
[93] 霍布斯鲍姆,兰格. 传统的发明 [M]. 顾杭,庞冠群,译. 南京: 译林出版社，2004.
[94] E. 希尔斯. 论传统 [M]. 傅铿,吕乐,译. 上海:上海人民出版社，1991.
[95] 罗伯特·芮德菲尔德. 农民社会与文化：人类学对文明的一种诠释 [M]. 王莹，译. 北京：中国社会科学出版社，2013.
[96] 玛格丽特·米德. 萨摩亚人的成年：为西方文明所作的原始人类的青年心理研究 [M]. 周晓虹，李姚军，刘婧，译. 北京：商务印书馆，2010.
[97] 尼尔·波兹曼. 娱乐至死：童年的消逝 [M]. 章艳，吴燕莛，译. 桂林：广西师范大学出版社，2009.
[98] 杜维明. 道、学、政：论儒家知识分子 [M]. 钱文忠，盛勤，译. 上海：上海人民出版社，2000.
[99] 彼得·伯格，托马斯·卢克曼. 现实的社会构建 [M]. 汪涌，译. 北京：北京大学出版社，2009.
[100] 包筠雅. 文化贸易：清代至民国时期四堡的书籍交易 [M]. 刘永华，饶佳荣，等，译. 北京：北京大学出版社，2015.
[101] 雅克·勒高夫. 历史与记忆 [M]. 方仁杰,倪复生,译. 北京：中国人民大学出版社，2010.
[102] 马克斯·韦伯. 儒教与道教 [M]. 洪天富，译. 南京：江苏人民出版社，1995.
[103] 赫尔曼·鲍辛格，等. 日常生活的启蒙者 [M]. 吴秀杰，译. 桂林：广西师范大学出版社，2014.
[104] 米尔恰·伊利亚德. 神圣与世俗 [M]. 王建光，译. 北京：华夏出版社，2002.

[105] 钟鸣旦. 礼仪的交织：明末清初中欧文化交流中的丧葬礼 [M]. 张佳，译. 上海：上海古籍出版社，2009.
[106] 吾妻重二. 朱熹《家礼》实证研究 [M]. 吴震，郭海良，等，译. 上海：华东师范大学出版社，2012.
[107] 武田昌雄. 满汉礼俗 [M]. 上海：上海文艺出版社，1989.
[108] 丹波康赖. 医心方 [M]. 北京：人民卫生出版社，1955.
[109] 酒井忠夫. 中国善书研究：增补版 [M]. 刘岳兵，孙雪梅，何英莺，译. 南京：江苏人民出版社，2010.

（三）论文

[110] 安国楼. 朱熹的礼仪观与《朱子家礼》[J]. 郑州大学学报（哲学社会科学版），2005（1）.
[111] 蔡锋. 先秦时期礼俗的发展历程及其界说 [J]. 山西大学学报（哲学社会科学版），1991（3）.
[112] 陈桦. 语言与历史:清代“人丁”概念的异变 [J]. 清史研究，2006（4）.
[113] 陈泽芳，杨映红. 潮汕“出花园”习俗调查 [J]. 清远职业技术学院学报，2014（2）.
[114] 储冬爱. 甘肃西和与广州珠村两地乞巧文化的比较 [J]. 文化遗产，2014（6）.
[115] 高丙中. 作为非物质文化遗产研究课题的民间信仰 [J]. 江西社会科学，2007（3）.
[116] 高丙中，夏循祥. 作为当代社团的家族组织：公民社会的视角 [J]. 北京大学学报（哲学社会科学版），2012（4）.
[117] 郭学利，高红梅. 传统文化教育与大学生核心价值观的构建 [J]. 内蒙古师范大学学报（教育科学版），2013（7）.
[118] 黄进. 童年研究：一场观念和方法上的革命 [J]. 教育研究与

实验，2009（5）.
[119] 胡俊修，姚伟钧．“礼仪之邦”：中国礼文化与社会和谐的诉求［J］．学术论坛，2008（6）.
[120] 焦杰．试论先秦冠礼和笄礼的象征意义［J］．南开学报（哲学社会科学版），2011（4）.
[121] 科大卫．祠堂与家庙：从宋末到明中叶宗族礼仪的演变［J］．历史人类学学刊，2003（2）.
[122] 刘秒伶．万安一个乡村礼生的历史与现实生活：以我的外祖父为例［J］．华南研究资料中心通讯，2005（39）.
[123] 刘永华．亦礼亦俗：晚清至民国闽西四保礼生的初步分析［J］．历史人类学学刊，2004（2）.
[124] 陆风．高校传统文化教育的价值诉求与路径建构［J］．江苏高教，2015（1）.
[125] 马流辉．从成年礼到同辈共同体：上海农村“庆号”习俗的社会学考察［J］．民俗研究，2013（5）.
[126] 明国辉．通识教育视野下的高校传统文化教育［J］．黑龙江高教研究，2012（11）.
[127] 任雅萱．明代山东中部的墓祭礼仪与宗族观念［J］．民俗典籍文字研究，2018（1）.
[128] 彭林，顾涛．大学人格培育之路径探索：以清华大学“中国古代礼仪文明”课为例［J］．中国大学教育，2012（6）.
[129] 彭兆荣．“礼”之体与“仪”之用：中国与世界的仪式人类学对话［J］．云南民族大学学报（哲学社会科学版），2013（6）.
[130] 邵凤丽，萧放．礼生与祭礼知识传承［J］．文化遗产，2015（5）.
[131] 邵凤丽，萧放．从主妇到厨娘：传统宗祠祭礼中女性角色的历史变迁［J］．民俗研究，2017（3）.
[132] 史铁杰，余妍霞．高校传统文化的传承现状及其对策研究［J］．

江淮论坛，2015（2）.
[133] 孙正林. 论高校传统文化教育自觉［J］. 国家行政学院学报，2014（8）.
[134] 王琛发. 东南亚：生死五常［J］. 看历史，2013（1）.
[135] 王琛发. 来者可追：省思儒家文化在马来西亚华人社会的历史际遇［C］// 王琛发，黄震，合编. 亚洲华人文化研究与族群互动. 马来西亚孝恩文化—欧亚大学出版公司，广西师范大学出版社联合出版，2007.
[136] 王琛发. 马来西亚华人义山与墓葬文化［J］. 吉隆坡艺品多媒体传播中心，2001.
[137] 王琛发. 马来西亚华人殡葬业的演变与挑战［C］// 长沙民政技术学院殡葬系，编. 中国现代殡葬教育十年论文集. 长沙民政技术学院殡葬系，2006.
[138] 王杰文. "演礼"以"成人"：中国古代"成人仪式"的理想与实践［J］. 民间文化论坛，2016（1）.
[139] 王小璐. 个体化进程中的成年：当代青年对成年标志的选择及认知［J］. 广西民族大学学报（哲学社会科学版），2014（4）.
[140] 王亚红. 甘肃陇南汉水流域乞巧节的"通过仪礼"意蕴阐释［J］. 临沧师范高等专科学校学报，2010（1）.
[141] 吴飞. 当前的礼学研究与未来预期［J］. 中国哲学年鉴，2015.
[142] 萧放. 从成年礼的传承变异看传统社会生活中的文化示范意义［C］. 民俗典籍文字研究：第一辑. 北京：商务印书馆，2003.
[143] 萧放，李晓冬. 成年礼的仪式传统及其当代实践［J］. 中原文化研究，2015（1）.
[144] 许木柱. 男性成年礼的功能与现代生活：一个人类学的探讨［C］// 中华文化复兴运动推行委员会，编. 生命礼俗研讨会论文集. 1984.

[145] 杨志刚.《司马氏书仪》和《朱子家礼》研究 [J]. 浙江学刊，1993（1）.

[146] 张爱华. 贝克的个体化理论以及对研究中国社会的启示 [J]. 理论界，2011（10）.

[147] 张大均，吴明霞. 社会变革时期青少年心理问题及对策研究的理性思考 [J]. 西南师范大学学报（人文社会科学版），2004（2）.

[148] 张梦洲. 河北农村的"鸿号"习俗 [J]. 民俗研究，1998（4）.

[149] 张祥龙. 儒家当代婚礼仪式：保真与从时的尝试 [J] // 复见天地心：儒家再临的蕴意与道路. 北京：东方出版社，2014.

[150] 周一良. 敦煌写本书仪中所见的唐代婚丧礼俗 [J]. 文物，1985（7）.

[151] 朱琪. 北京民间婚姻礼俗 [J]. 民国档案，1994（3）.

[152] 罗友枝. 一个历史学者对中国人丧葬仪式的研究方法 [J]. 历史人类学学刊，2004（1）.

[153] 华琛. 中国丧礼仪式结构 [J]. 历史人类学学刊，2003（2）.

后记

在牡丹花开的谷雨时节，我们的“人生礼仪传统的当代重建与传承研究”课题成果，在各位同人的共同努力下，终于定稿。作为一个民俗学人，我长期关注传统礼仪文化，2011 年申请承担了国家社科基金课题“中国传统礼仪形态与当代社会生活规范研究”，并结合课题指导完成了三篇博士论文，该课题是我们进入传统礼仪文化研究的正式开端。在此项研究基础上，2014 年，我们参与投标国家社科基金重大项目“《仪礼》复原的文化研究”，投标书上虽然写了对《仪礼》本体的解释，但我们的重点是研究传统礼仪文化的当代重建与传承。虽然没能如愿获得重大项目，但在国家社科办指导下，我们调整了项目名称与研究重点后，以“人生礼仪传统的当代重建与传承研究”为题获批国家社科基金当年度的重点课题。

此后几年间，为了保证课题质量，我组织了一支以海内外中青年学者为骨干的研究团队，分工研讨人生礼仪的各环节。我们的团队成员广泛搜集研读自《仪礼》以下的官方礼典与民间礼书，系统梳理礼仪文化的历史传承，整理完成了几十万字的礼仪文献资料；深入大江南北、国内国外，到实地田野观察、访谈，考察礼仪文化活态传承，写出了数十篇翔实的调查报告，足迹遍及北京、吉林、甘肃、河北、山东、山西、河南、安徽、湖北、湖南、浙江、江西、福建、广东、广西、台湾，以及马来西亚的吉隆坡与槟城。我们为发现古代礼学家精彩的礼俗评论而兴奋，为田野中发现一则珍贵的民间礼书而惊喜，为在民间礼仪程式与习语中发现古礼遗存而激动，为我们利用优秀的传统礼仪知识，帮助中学或企业策划具有传统意蕴而又贴近当代的成人仪式而欣慰。

我们的团队还基于对中华优秀传统礼仪文化的体认，结合田野调查中的实践思考，在专业期刊组织专栏，在核心刊物发表学术论文十几篇，主持出版礼仪专辑系列著作与儿童礼仪专书；结合北京师范大学社会学院的寒暑假学生返乡实践，组织了礼仪传承现状调查；并特别重视课题的社会服务，课题组专家在报纸、电视台传播传统礼仪文化，并向政府管理部门建言献策，由此获得参与当代民族文化建设的成就感。我们的课题成果丰富而全面,既有传统礼仪文化的历史探讨，也有现代人生礼仪文化重建传承的思考。

我们团队的共同努力获得了相关部门与专家的认可，2020 年本课题获得国家社科基金课题结项优秀成果等级，2022 年江西教育出版社依托课题申请了国家出版基金，获得批准。

八易寒暑，我们终于完成最后成果。这是我们团队的集体成果，也是各位学界前辈、同人与民间礼仪先生、访谈人支持帮助的成绩体现。在这里我要对各位参与人一一表达感谢之意。感谢北京师范大学社会学院贺少雅讲师，她作为我的学术助手，从课题启动到田野调查组织与成果汇聚出版，都付出了大量的精力与心血，感谢她的无私奉献；感谢福建工程学院何斯琴讲师为课题的申请立项与婚礼的研讨付出的心力（撰写第三章部分）；感谢辽宁大学邵凤丽副教授、广西师范大学龙晓添副教授、山东社会科学院郑艳副研究员，作为研究团队主力成员从国家一般礼仪课题到重点礼仪课题的全程参与、辛勤奉献，她们分别撰写了本书第五章、第四章、第一章，邵凤丽还协助出版了学校礼仪丛书，作为课题成果；感谢中山大学王霄冰教授、山东大学任雅萱副教授分别对诞育礼仪与祭祀礼仪部分的调研支持；感谢北京师范大学博士生林加补充关于北京婚礼仪式的个案研究；感谢洛阳师范学院林秀富副教授、台湾宜兰大学陈丽莲副教授对台湾地区人生礼仪的调研；感谢马来西亚韩江大学王琛发教授对马来华人人生礼仪的深入研究。由此我们的中华人生礼仪文化研究获得较为全面的呈现。绪论部分与第六章是我与部分同人的综合研究。感谢北京师范大学博士生贾琛在结题统稿中的协助支持。北方工业大学马克思主义学院韩小南老师在课题中也参加了部分工作。值得说明的是课题组多位作者都是北京师范大学民俗学专业博士毕业，我们已经形成了一个课题研究与人才成长协同、具有较强凝聚力的科研团队。

感谢江西教育出版社陈骥策划，没有他的组织申请与认真催促，我们的成果出版不会这样顺利。当然也要感谢诸位编辑的辛勤劳动，让我们的著作编校质量得到进一步保证。

还要感谢浙江师范大学陈华文教授在课题立项与研究过程中的支持，感谢协助我们调研的山西师范大学高忠严副教授、电子工业出版社青少年教育分社刘同彪编辑、杭州师范大学袁瑾副教授、山西工程科技职业大学孙英芳副教授。

当然，我们要感谢山西闻喜礼仪协会的王海燕会长、湖南湘乡的礼生、浙江松阳平卿村村民等受访对象，以及协助调查的地方同人，没有他们的协助，我们是不能很好完成田野工作的。

感谢北京师范大学中国社会管理研究院、社会学院首任院长魏礼群先生，感谢赵秋雁书记。感谢北京师范大学民俗典籍文字研究中心主任王立军教授的帮助。

特别感谢中国社会科学院荣誉学部委员、著名民俗学家刘魁立先生，著名文字学家、北京师范大学资深教授王宁先生，两位前辈不仅在日常工作研究中对我们多加指导，而且在国家出版基金申请时予以推荐，特别感谢两位先生。

最后特别需要说明的是，国家社科基金办批准课题立项并予以全过程指导，我们基金课题批准号是 14AZD120，真诚感谢国家出版基金管理委员会 2022 年度对本书出版的立项支持！

感谢所有给予我们课题调查与研究以帮助的单位与个人，没有他们的支持，我们不会取得多方面的综合成果。

萧放谨识

2022 年 4 月 26 日